2025 中财传媒版
年度全国会计专业技术资格考试辅导系列丛书·*注定会赢*®

中级会计实务
通关题库

财政部中国财经出版传媒集团　组织编写

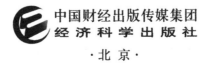

中国财经出版传媒集团
经济科学出版社
·北京·

图书在版编目（CIP）数据

中级会计实务通关题库／财政部中国财经出版传媒
集团组织编写 . -- 北京 ：经济科学出版社，2025.4.
（中财传媒版 2025 年度全国会计专业技术资格考试辅导系
列丛书）. -- ISBN 978 - 7 - 5218 - 6774 - 9

Ⅰ. F233 - 44

中国国家版本馆 CIP 数据核字第 2025DX3304 号

责任编辑：黎子民
责任校对：徐　昕　孙　　晨
责任印制：张佳裕

中级会计实务通关题库

ZHONGJI KUAIJI SHIWU TONGGUAN TIKU

财政部中国财经出版传媒集团　组织编写

经济科学出版社出版、发行　新华书店经销

社址：北京市海淀区阜成路甲 28 号　邮编：100142

总编部电话：010 - 88191217　发行部电话：010 - 88191522

天猫网店：经济科学出版社旗舰店

网址：http：//jjkxcbs. tmall. com

北京季蜂印刷有限公司印装

787 × 1092　16 开　29 印张　880000 字

2025 年 4 月第 1 版　2025 年 4 月第 1 次印刷

ISBN 978 - 7 - 5218 - 6774 - 9　定价：89.00 元

（图书出现印装问题，本社负责调换。电话：010 - 88191545）

（打击盗版举报热线：010 - 88191661，QQ：2242791300）

前　言

　　2025年度全国会计专业技术中级资格考试大纲已经公布，辅导教材也已正式出版发行。与2024年度相比，新考试大纲及辅导教材的内容都有所变化。为了帮助考生准确理解和掌握新大纲和新教材的内容、顺利通过考试，中国财经出版传媒集团本着为广大考生服务的态度，严格按照新大纲和新教材内容，组织编写了中财传媒版2025年度全国会计专业技术资格考试辅导"注定会赢"系列丛书。

　　该系列丛书包含3个子系列，共9本图书，具有重点把握精准、难点分析到位、题型题量丰富、模拟演练逼真等特点。本书属于"通关题库"子系列，包括三部分，第一部分考试情况、命题规律与解题技巧，突出对历年真题考点的分析和解题方法的介绍；第二部分客观题强化训练，根据近年真题命题规律及解题思路，按章节内容设计客观题目强化练习，并配有答案与解析；第三部分主观题综合演练，针对教材的重难点内容进行专题设计，根据命题规律设计经典例题、总结考点、专项突破。

　　中国财经出版传媒集团旗下"中财云知"App为购买本书的考生提供线上增值服务。考生使用微信扫描封面下方的防伪码并激活下载App后，可免费享有题库练习、学习答疑、每日一练等增值服务。

　　全国会计专业技术资格考试是我国评价选拔会计人才、促进会计人员成长的重要渠道，是中国式现代化人才战略的重要组成部分。希望广大考生在认真学习教材内容的基础上，结合本丛书准确理解和全面掌握应试知识点内容，顺利通过2025年会计资格考试，在会计事业发展中不断取得更大进步，为中国式现代化建设贡献更多力量！

　　书中如有疏漏和不当之处，敬请批评指正。

财政部中国财经出版传媒集团

2025年4月

目 录

第五章　投资性房地产

第六章　长期股权投资和合营安排

第七章　资产减值

第八章　金融资产和金融负债

第九章　职工薪酬

第十章　股份支付

第十一章　借款费用

第十二章　或有事项

第十三章　收　　入

第十四章　政府补助

第十五章　非货币性资产交换

第十六章　债务重组

第十七章　所　得　税

第十八章　外币折算

第十九章　租　　赁

第二十章　持有待售的非流动资产、处置组和终止经营

第三部分　主观题综合演练

专题一　存　货

专题二　固定资产

专题三　无形资产

专题四　投资性房地产

专题五　长期股权投资

专题六　资产减值

第一部分 考试情况、命题规律与解题技巧

一、考试情况

（一）考试时间

经财政部、人力资源社会保障部研究决定2025年度全国会计专业技术资格考试（以下简称"会计资格考试"）继续采用无纸化方式，中级会计资格考试将于2025年9月6日至8日举行，共3个批次，在2025年10月31日前，将完成数据核验及评卷质量抽查，之后下发2025年度中级会计资格考试成绩，并在"全国会计资格评价网"公布。具体考试时间如下表所示：

考试日期	考试时间	考试科目
9月6日~9月8日	8：30~11：15	中级会计实务
	13：30~15：45	财务管理
	18：00~20：00	经济法

（二）考试时长

2025年中级会计实务科目考试时长为2小时45分钟，题目总量为34题，需要考生在规定时间内完成答题。

（三）考试形式

中级会计实务科目采用无纸化考试形式。

二、近3年真题命题规律

（一）真题题型题量及分值分布

年度	题量和分值	单选题	多选题	判断题	计算分析题	综合题	总计
2022	题量	10	10	10	2	2	34
	分值	15分	20分	10分	22分	33分	100分
2023	题量	10	10	10	2	2	34
	分值	15分	20分	10分	22分	33分	100分
2024	题量	10	10	10	2	2	34
	分值	15分	20分	10分	22分	33分	100分

中级会计实务考试题型包含主观题和客观题两部分。客观题包括单选题、多选题和判断题；主观题包括计算分析题和综合题。2025年考试的题型题量预计与2024年度相同，包括10道单选题、10道多选题、10道判断题、2道计算分析题和2道综合题。总分100分，及格标准60分。具体如下：

（1）单选题。本类题共10小题，每小题1.5分，共15分。每小题备选答案中，只有一个符合题意的正确答案。错选、不选均不得分。

（2）多选题。本类题共10小题，每小题2分，共20分。每小题备选答案中，有两个或两个以上符合题意的正确答案。请至少选择两个答案，全部选对得满分，少选得相应分值，多选、错选、不选均不得分。

（3）判断题。本类题共10小题，每小题1分，共10分。请判断每小题的表述是否正确。每小题答案正确的得1分，错答、不答均不得分，也不扣分。

（4）计算分析题。本类题共2小题，共22分，第1小题10分，第2小题12分。凡要求计算的，应列出必要的计算过程；计算结果出现小数的，均保留小数点后两位小数。

（5）综合题。本类题共2小题，共33分，第1小题15分，第2小题18分。凡要求计算的，应列出必要的计算过程；计算结果出现小数的，均保留小数点后两位小数。

（二）考点分布

1. 根据历年真题的分析得知，中级会计实务考点知识遍布全章节内容，每个章节都会涉及，但是以下几个章节需要注意：

"非货币性资产交换"、"债务重组"、"租赁"、"持有待售的非流动资产、处置组和终止经营"、"企业合并"和"公允价值计量"属于2022年新增章节；"总论"属于2023年新增章节；"股份支付"属于2024年新增章节。因此，在2022年、2023年或2024年之前，上述章节没

有题目可以展示。

除上述章节外，整体来看考试内容的范围没有超出教材和大纲。近五年具体考点及分布如下列表格所示。每个表格分别展示了2020～2024年每年各题型知识点的分布情况。本部分不再展示计算分析题与综合题知识点的分布情况，这两类知识点的分布情况将在本书第三部分主观题综合演练中展示。

2. 历年单项选择题真题知识点分布如下表所示：

章节	2024 年	2023 年	2022 年	2021 年	2020 年
第一章	会计信息质量要求	会计人员从事会计工作的基本要求	—	—	—
第二章	存货期末计量方法	—	存货期末计量方法	存货的初始计量	存货的初始计量
第三章	—	外购固定资产	资本化后续支出	—	外购固定资产；自行建造固定资产；固定资产使用寿命、预计净残值和折旧方法的复核
第四章	外购无形资产的成本	—	使用寿命有限的无形资产	无形资产的确认条件；使用寿命有限的无形资产、使用寿命不确定的无形资产	内部开发的无形资产的计量；使用寿命有限的无形资产
第五章	房地产转换	房地产转换	自用房地产转换为以公允价值模式计量的投资性房地产、采用公允价值模式计量的投资性房地产	采用公允价值模式计量的投资性房地产；投资性房地产后续计量模式的变更；自用房地产转换为以公允价值模式计量的投资性房地产	采用成本模式计量的投资性房地产；自用房地产转换为以成本模式计量的投资性房地产
第六章	长期股权投资的初始计量——企业合并形成的长期股权投资、权益法——投资损益的确认	投资损益的确认	同一控制下企业合并	—	投资损益的确认

续表

章节	2024 年	2023 年	2022 年	2021 年	2020 年
第七章	资产减值损失的确定及其账务处理——资产减值损失的确定；资产可能发生减值的迹象	—	资产未来现金流量现值的预计	资产未来现金流量现值的预计；资产减值损失的确定及其账务处理	—
第八章	—	—	以摊余成本进行后续计量的金融资产的会计处理	以公允价值计量且其变动计入当期损益的金融资产的会计处理；金融负债的后续计量	—
第九章	—	一般短期薪酬的确认和计量	设定提存计划的确认和计量	一般短期薪酬的确认和计量	短期利润分享计划的确认和计量
第十章	—	—	—	—	—
第十一章	—	借款费用开始资本化的时点	借款利息资本化金额的确定	借款利息资本化金额的确定	借款费用暂停资本化时点的确定
第十二章	—	—	—	重组义务	重组义务
第十三章	—	在某一时段内履行的履约义务	—	—	—
第十四章	—	—	与收益相关的政府补助	与资产相关的政府补助	政府补助的定义
第十五章	非货币性资产交换的认定	—	非货币性资产交换的认定	—	—
第十六章	—	—	以资产清偿债务	—	—
第十七章	—	所得税费用的计算与列报	递延所得税负债的确认和计量	固定资产的计税基础；可抵扣暂时性差异	固定资产的计税基础；以公允价值计量且其变动计入当期损益的金融资产的计税基础
第十八章	外币交易的会计处理——资产负债表日或结算日的会计处理	外币财务报表折算的一般原则	外币非货币性项目在资产负债表日或结算日的会计处理	外币货币性项目在资产负债表日或结算日的会计处理；外币交易发生日的会计处理；外币财务报表折算的一般原则	外币交易发生日的会计处理；外币财务报表折算的一般原则
第十九章	—	—	出租人对经营租赁提供激励措施	—	—

续表

章节	2024 年	2023 年	2022 年	2021 年	2020 年
第二十章	—	—	—	—	—
第二十一章	—	—	编制合并资产负债表时应进行抵销处理的项目；存货价值中包含的未实现内部销售损益的抵销处理；同一控制下吸收合并的会计处理；内部固定资产交易的抵销处理；非同一控制下控股合并的会计处理；非同一控制下吸收合并的会计处理	—	存货价值中包含的未实现内部销售损益的抵销处理；内部固定资产交易的抵销处理
第二十二章	前期差错更正的会计处理	会计估计变更的概念	会计政策概念	会计政策概念	会计政策概念
第二十三章	—	—	资产负债表日后调整事项	—	资产负债表日后非调整事项；资产负债表日后调整事项
第二十四章	政府会计模式	—	—	长期股权投资	—
第二十五章	—	捐赠收入	—	—	—

通过上表可以发现，单选题真题考点基本遍布每个章节，并且个别章节知识点每年都会重复涉及，一方面说明中级会计实务真题考试的范围比较广，另一方面也说明真题考试的知识点重难点突出，比如"第九章　职工薪酬""第十一章　借款费用""第十八章　外币折算""第二

十二章　会计政策、会计估计变更和差错更正"等，每年都有相关题目。虽然是同一个具体知识点，但是考查的角度多样化，也增加了备考时的难度。

3. 历年多选题知识点分布如下表所示：

章节	2024 年	2023 年	2022 年	2021 年	2020 年
第一章	—	会计人员职业道德规范	—	—	—
第二章	—	—	—	存货的初始计量；存货期末计量方法	存货的初始计量；存货期末计量方法
第三章	固定资产的初始计量	—	自行建造固定资产	—	固定资产使用寿命、预计净残值和折旧方法的复核；固定资产的后续支出

续表

章节	2024 年	2023 年	2022 年	2021 年	2020 年
第四章	使用寿命有限的无形资产	—	—	无形资产的确认条件；外购无形资产的成本；使用寿命有限的无形资产、使用寿命不确定的无形资产	土地使用权的处理
第五章	—	投资性房地产的范围	—	投资性房地产后续计量模式的变更、房地产转换	采用成本模式计量的投资性房地产、投资性房地产后续计量模式的变更
第六章	长期股权投资核算方法的转换——公允价值计量或权益法核算转为成本法核算	—	—	权益法	同一控制下企业合并
第七章	—	资产减值损失的确定及账务处理	资产预计未来现金流量现值的确定	资产预计未来现金流量现值的确定	资产减值损失的确定及其账务处理
第八章	金融资产和金融负债的初始计量、金融资产和金融负债的后续计量——金融资产的后续计量	—	金融资产之间重分类的会计处理	金融负债的分类；以公允价值计量且其变动计入其他综合收益的金融资产的会计处理	—
第九章	—	一般短期薪酬的确认和计量	一般短期薪酬的确认和计量	—	职工薪酬的概念和内容，一般短期薪酬的确认和计量，辞退福利的确认和计量
第十章	股份支付的账务处理——可行权日之后	—	—	—	—
第十一章	—	—	—	—	—
第十二章	或有事项的计量	未决诉讼及未决仲裁	—	—	债务担保
第十三章	—	合同履约成本	—	—	主要责任人和代理人
第十四章	政府补助的定义及其特征	政府补助的定义	与收益相关的政府补助；政府补助退回	政府补助的特征	—
第十五章	—	—	—	—	—

续表

章节	2024 年	2023 年	2022 年	2021 年	2020 年
第十六章	—	—	—	—	—
第十七章	—	—	递延所得税负债的确认和计量、递延所得税资产的确认和计量	可抵扣暂时性差异	—
第十八章	—	—	外币财务报表折算的一般原则	外币交易发生日的会计处理	外币财务报表折算的一般原则
第十九章	出租人对融资租赁的会计处理	短期租赁和低价值资产租赁	使用权资产的折旧	—	—
第二十章	—	—	划分为持有待售类别后的计量；持有待售类别的列报	—	—
第二十一章	—	—	同一控制下吸收合并的会计处理；内部固定资产交易的抵销处理	—	—
第二十二章	—	—	会计政策变更及其条件	会计政策概念	前期差错更正的会计处理
第二十三章	—	资产负债表日后事项的概念	—	资产负债表日后调整事项	资产负债表日后调整事项；资产负债表日后调整事项的具体会计处理方法
第二十四章	—	—	部门（单位）合并财务报表	部门（单位）合并财务报表	财务会计要素；政府会计要素
第二十五章	—	—	捐赠收入	净资产；限定性净资产	—

通过上表可以发现，多选题真题考点基本遍布每个章节（新增章节与拆分章节除外），虽然历年考点重复度不高，但是结合当年的考试大纲可以发现，涉及考点均为当年考试大纲中要求等级为"掌握"或是"熟悉"的内容，并且内容多为理论性选择题。因此，考生备考时，在多选题环节需要加强对基本理论内容的掌握与记忆。

4. 历年判断题知识点分布如下表所示：

章节	2024 年	2023 年	2022 年	2021 年	2020 年
第一章	—	国家统一的会计核算制度体系概述	—	—	—
第二章	存货的初始计量	存货期末计量方法	—	存货期末计量方法	存货期末计量方法
第三章	固定资产处置的会计处理	自行建造固定资产	固定资产折旧方法	—	—

续表

章节	2024 年	2023 年	2022 年	2021 年	2020 年
第四章	—	—	无形资产报废	土地使用权的处理；使用寿命不确定的无形资产；使用寿命有限的无形资产	内部开发的无形资产的计量
第五章	—	—	与投资性房地产有关的后续支出	投资性房地产转换形式及转换日；自用房地产转换为以公允价值模式计量的投资性房地产	自用房地产转换为以成本模式计量的投资性房地产
第六章	—	—	初始投资成本的调整	同一控制下企业合并	企业合并以外的其他方式取得的长期股权投资
第七章	资产可能发生减值的迹象	资产减值损失的确定及其账务处理	—	资产预计未来现金流量现值的确定	资产预计未来现金流量现值的确定
第八章	—	金融负债的初始计量	—	金融负债的分类	金融工具的减值
第九章	设定受益计划的确认和计量	—	—	一般短期薪酬的确认和计量、辞退福利的确认和计量	辞退福利的确认和计量
第十章	股份支付的账务处理——企业集团内涉及不同企业的股份支付交易	—	—	—	—
第十一章	—	外币专门借款汇兑差额资本化金额的确定	外币专门借款汇兑差额资本化金额的确定	—	借款利息资本化金额的确定
第十二章	—	亏损合同	—	—	预计负债的计量；债务重组
第十三章	—	授予知识产权许可	—	售后回购	在某一时段内履行的履约义务
第十四章	与收益相关的政府补助	与收益相关的政府补助	—	与资产相关的政府补助；与收益相关的政府补助	总额法
第十五章	以公允价值为基础计量的非货币性资产交换的会计处理	以公允价值计量的非货币性资产交换的会计处理	以公允价值计量的非货币性资产交换的会计处理	—	—

章节	2024 年	2023 年	2022 年	2021 年	2020 年
第十六章	—	债务重组的定义	—	—	—
第十七章	—	—	—	以公允价值计量且其变动计入当期损益的金融资产的计税基础	递延所得税资产的计量
第十八章	—	外币交易的会计处理	外币货币性项目在资产负债表日或结算日的会计处理	记账本位币的变更；外币货币性项目在资产负债表日或结算日的会计处理；外币财务报表折算的一般原则	外币货币性项目在资产负债表日或结算日的会计处理；外币财务报表折算的一般原则
第十九章	使用权资产的后续计量——使用权资产的折旧	售后租回交易；转租赁	—	—	—
第二十章	—	终止经营的列报	某些特定持有待售类别分类的具体应用；划分为持有待售类别后的计量	—	—
第二十一章	—	非同一控制下企业合并的会计处理原则；编制合并资产负债表时应进行抵销处理的项目	非同一控制下控股合并的会计处理；非同一控制下吸收合并的会计处理	—	编制合并资产负债表时应进行抵销处理的项目；内部投资收益（利息收入）和利息费用的抵销处理
第二十二章	—	前期差错更正的会计处理；会计估计变更的会计处理	前期差错更正的会计处理	前期差错更正的会计处理	前期差错更正的会计处理
第二十三章	—	—	资产负债表日后非调整事项的具体会计处理方法	—	资产负债表日后调整事项；资产负债表日后非调整事项的具体会计处理方法
第二十四章	—	净资产业务	财务会计要素	政府单位会计核算的基本特点	—
第二十五章	政府单位会计核算的基本特点	—	限定性净资产	限定性净资产	捐赠收入；限定性净资产

　　上表展现了历年判断题知识点的分布情况。由于判断题的出题点一般是教材中独立且很难与其他内容结合命题的内容，所以，出题内容在全书的分布比较零散。但是，相关的考试内容仍是全书的重点和难点，比如存货期末计量方法、前期差错更正的会计处理等。因此，考生在备考

时，仍应对相关知识点作重点掌握。

（三）出题方向

根据真题考点知识点分布情况可知，近几年中级会计实务考试的题型、题量每年保持不变，但是不同考试批次难度会有所不同。客观题的知识点涵盖比较全面，涉及教材每一章节的知识，需要全面掌握。主观题知识点主要分布在第五章、第六章、第八章、第十二章、第十四章、第十五章、第十六章、第十八章、第二十一章、第二十二章和第二十三章。主观题会结合各章节综合出题，对知识点交叉考核，特别是综合题，知识点会涉及多个章节的内容。考生需要掌握理解各章节重要知识点，并具有跨章节思考的意识。

三、解题技巧

（一）学习方法

1. 加强无纸化练习。

中级会计资格考试采用无纸化（机考）模式，考生平时要注重加强机考模式练习，提高答题速度。在日常练习时，需要有意识地提高打字速度，并熟练掌握相关计算公式的录入，以避免因打字速度等问题而出现无法完成试卷作答的现象。

2. 提高客观题的正确率。

客观题的正确率高低直接影响考生能否顺利通过中级会计实务考试。虽然客观题的分值只有45分，但是主观题的难度系数较客观题高很多，考生面对主观题，很多时候都处于低得分或是不得分的状态，所以，考生必须加强客观题的得分。并且，根据历年真题也可知，虽然客观题的考试范围较广，每章都会涉及，但是主要为每章节的基本知识、基本理论。所以，在学习客观题对应的知识点时应适当加强记忆教材中涉及理论的案例性题目，同时对于教材中涉及计算例题的知识点，务必重点关注，计算性例题不光可以帮助考生加强对理论的理解，而且也可能成为客观题的考查内容。

3. 注意对章节整体和跨章节问题的思考。

中级会计实务的主观题有计算分析题和综合题两种。其中，计算分析题一般是章节内考核，基本不涉及跨章节问题，此类题目侧重考查考生对章节整体掌握程度。所以考生在备考时，需要加强对章节整体的连贯性掌握，相关

可考查章节如下：

（1）无形资产。

（2）金融资产和金融负债。

（3）租赁。

（4）收入。

（5）借款费用（需注意，本章节出题一般涉及借款费用的资本化计算，通常会结合固定资产等内容考查，属于计算分析题中少有的跨章节命题内容，但考题整体偏基础，所以考生无需过分担心）。

（6）股份支付（需注意，本章节为2024年新增章节，难度系数很大，计算分析题中可以单独考核，也可在综合题中结合合并报表来考核，本章节务必重点关注）。

综合题则一般是跨章节考核，考生在学习时应注意相关章节的综合思考，相关可结合考查的章节如下：

（1）所得税费用＋存货＋固定资产＋无形资产＋投资性房地产＋交易性金融资产＋或有事项。

（2）合并报表＋长期股权投资＋存货＋固定资产＋无形资产。

（3）资产负债表日后事项＋会计政策、会计估计变更和差错更正＋收入＋或有事项＋政府补助。

（4）长期股权投资＋金融资产和金融负债＋持有待售的非流动资产、处置组和终止经营。

（5）收入＋非货币性资产交换＋债务重组。

（6）固定资产＋借款费用＋债务重组（或非货币性资产交换）。

（7）外币折算＋长期股权投资＋企业合并和合并财务报表。

（二）解题技巧

中级会计实务的考试题型分为单选题、多选题、判断题、计算分析题和综合题。应针对题目类型不同，采用不同的应对策略和复习技巧。

1. 单选题。

此类题型考试范围比较广，几乎每章都会涉及，考试题目相对简单，大致考试内容为简单的知识框架和基础计算。

2. 多选题。

此类题型考查综合性知识点，出题内容比较活，题目多为文字性描述内容、基础案例，考生需要从多维度掌握知识点。

3. 判断题。

此类题型考试范围相对比较小，题型多为一句话或是用简单案例的形式要求考生判断，考查的内容多为基础知识点，难度比较小。考生需要准确把握教材的基础知识点，注意理解和记忆。

4. 计算分析题。

此类题型一般是章节内考核，基本不涉及跨章节问题，考生备考时，应加强对本章节内知识点的连贯应用，尤其是基本知识点。只要考生能够掌握上述要点，此类题型便可轻松应对。

5. 综合题。

此类题型一般是跨章节考核，相关可组合命题章节，请参考"（一）学习方法"中的"3. 注意对章节整体和跨章节问题的思考"。综合题一般题目资料比较长，考生在答题时，可先略过资料，直接看问题。因为老师出题时，一般是一个资料对应一道题目，所以，考生可根据问题定资料，然后进行解答，这样可以节省时间，也有助于将一道大题拆解为数道小题，进而减小答题难度。最后，根据题目要求一步一步完成作答，争取拿到最高的分值，顺利通过考试。

第二部分　客观题强化训练

第一章　总　论

教材变化

2025年本章教材主要变化涉及：（1）第二节中与《会计法》相关的表述；（2）国家统一会计制度作用的相关表述；（3）《民间非营利组织会计制度》中关于民间非营利组织的表述；（4）新增可持续信息披露相关内容。

考情分析

本章主要内容包括会计人员从事会计工作的基本要求、会计人员职业道德规范、国家统一的会计核算制度体系概述、企业会计要素及其确认条件和会计信息质量要求等。本章由于是2023年新增章节，所以下表仅列示2023年和2024年考查知识点范围，考查题型为客观题，每年分值为1~2分。

年份	单选题	多选题	判断题
2024	会计信息质量要求	—	—
2023	会计人员从事会计工作的基本要求	会计人员职业道德规范	国家统一的会计核算制度体系概述

强化练习题

一、单选题

1. 下列各项中，不属于会计工作的是（　　）。
   A. 出纳　　　　　　　B. 稽核
   C. 审计　　　　　　　D. 决算报告编制

2. 下列各项中，不属于会计人员的是（　　）。
   A. 甲公司的出纳人员
   B. 乙公司的内部审计人员
   C. 丙公司的会计档案管理人员
   D. 丁公司的费用核算人员

3. 会计职业道德要求中，属于对会计人员履职要求的是（　　）。
   A. 坚持诚信，守法奉公
   B. 坚持准则，守责敬业

   C. 坚持学习，守正创新
   D. 坚持管理，守护传统

4. 下列会计人员的行为中，属于符合"坚持学习，守正创新"要求的是（　　）。
   A. 遵守《中华人民共和国会计法》的相关规定
   B. 严格执行新收入准则的规定，保证收入确认的真实完整
   C. 勤于学习，持续提升会计专业能力
   D. 拒绝使用虚假增值税专用发票记账

5. 下列各项中，不适用政府会计准则制度体系的是（　　）。
   A. 财政部门负责的财政总会计
   B. 与本级政府财政部门间接发生预算拨款关

系的国家机关

C. 执行《民间非营利组织会计制度》的社会团体

D. 与本级政府财政部门直接发生预算拨款关系的社会团体

6. 基金（资金）类会计制度要求以某项基金或资金作为独立的会计主体进行核算，其核算基础一般采用（　　）。

A. 权责发生制　　　B. 收付实现制

C. 实地盘存制　　　D. 永续盘存制

7. 企业按照《企业会计准则》编制的财务报告，有助于财务报告使用者作出经济决策，其使用者中不包括（　　）。

A. 投资人

B. 债务人

C. 政府及有关部门

D. 社会公众

8. 下列各项中，属于资产的是（　　）。

A. 制造费用　　　B. 实收资本

C. 预收账款　　　D. 合同履约成本

9. 下列关于收入的表述中，正确的是（　　）。

A. 一定会导致资产增加

B. 一定会导致负债减少

C. 一定会导致所有者权益增加

D. 一定会导致费用减少

10. 会计信息质量的相关性要求，是以（　　）为基础。

A. 可靠性　　　B. 可理解性

C. 重要性　　　D. 及时性

11. 企业合并中，虽然投资人拥有被投资企业50%以下的股份，但是投资人通过与其他有表决权持有人的协议使其拥有对被投资方的控制权，这体现的会计信息质量要求是（　　）。

A. 可靠性　　　B. 可比性

C. 实质重于形式　　　D. 谨慎性

12. 企业应将附有追索权的商业承兑汇票出售确认为质押贷款，这体现的会计信息质量要求是（　　）。

A. 可靠性　　　B. 重要性

C. 实质重于形式　　　D. 谨慎性

13. 商品售后回购，且回购价格低于原售价的，应当视为租赁交易，这体现的会计信息质量

要求是（　　）。

A. 可靠性　　　B. 实质重于形式

C. 谨慎性　　　D. 可理解性

14. 2×23年1月1日，甲公司以200万元的价格向乙公司销售自产货物。双方约定，甲公司于2×25年以220万元的价格将其回购。甲公司将其作为融资业务进行会计处理，未确认收入，则该业务体现的会计信息质量要求是（　　）。

A. 可比性　　　B. 及时性

C. 实质重于形式　　　D. 重要性

15. 企业对可能发生的资产减值损失计提资产减值准备，体现的会计信息质量要求是（　　）。

A. 可靠性　　　B. 重要性

C. 谨慎性　　　D. 实质重于形式

16. 下列各项中，符合谨慎性要求的是（　　）。

A. 将期末未决诉讼可能导致的赔偿100万元，作为预计负债列入资产负债表

B. 对使用寿命不确定的无形资产，至少于每一会计期末进行减值测试

C. 对生产设备采用工作量法计提折旧

D. 无形资产研发过程中属于研究阶段的支出，在发生期作为期间费用计入当期损益核算并列报

17. 某企业将自行研制的软硬件为一体的商品进行销售，销售合约约定商品销售后还将提供免费的维护和升级服务。如果该企业在提供后续服务合约到期日再确认全部销售收入，则违反的会计信息质量要求是（　　）。

A. 可靠性　　　B. 可比性

C. 谨慎性　　　D. 及时性

18. 下列各项中，符合及时性会计信息质量要求的是（　　）。

A. 将本月预先收取的货款确认收入（3个月后交付货物）

B. 月末将已验收入库，但尚未收到发票的货物暂估入库

C. 本年报销上年销售人员的差旅费

D. 计提上月漏记的固定资产折旧额

二、多选题

1. 会计人员从事会计工作时，应当符合的要求有（　　）。

A. 遵守《会计法》和国家统一的会计制度等法律法规

B. 具备良好的职业道德

C. 按照国家有关规定参加继续教育

D. 拥有接受会计工作压力的良好心理素质

2. 下列各项中，属于担任会计机构负责人应当具备的基本条件有（　　　）。

A. 坚持原则，廉洁奉公

B. 从事会计工作不少于 2 年

C. 有较强的组织能力

D. 具备初级会计师以上的专业技术职务资格

3. 单位负责人对本单位的会计工作和会计资料的（　　　）负责。

A. 可理解性　　　　B. 合理性

C. 真实性　　　　　D. 完整性

4. 根据我国《会计人员职业道德规范》的规定，新时代会计人员职业道德的要求有（　　　）。

A. 坚持准则，守责敬业

B. 坚持管理，守护传统

C. 坚持学习，守正创新

D. 坚持诚信，守法奉公

5. 下列各项中，属于"坚持诚信，守法奉公"要求的有（　　　）。

A. 学法知法守法，公私分明

B. 树立良好职业形象，维护会计行业声誉

C. 自觉抵制会计造假行为，维护国家财经纪律和经济秩序

D. 不断适应新形势新要求，与时俱进、开拓创新

6. 会计法律制度中层次最高的法律规范是会计法律，包括（　　　）。

A.《会计法》

B.《总会计师条例》

C.《中华人民共和国注册会计师法》

D.《企业会计准则——基本准则》

7. 下列各项中，属于企业会计准则制度的有（　　　）。

A. 企业会计准则体系

B. 小企业会计准则

C. 企业会计制度

D. 政府及非营利组织会计准则制度

8. 下列各项中，会计核算基础一般采用收付实现制的有（　　　）。

A.《住宅专项维修资金会计核算办法》

B.《社会保险基金会计制度》

C.《民间非营利组织会计制度》

D.《企业会计制度》

9. 下列各项中，属于财务报告目标的有（　　　）。

A. 向财务报告使用者提供与企业财务状况、经营成果和现金流量等有关的会计信息

B. 反映企业管理层受托责任的履行情况

C. 实现股东财富最大化，从而进行可持续投资

D. 为投资者提供回报，为社会创造价值

10. 财务报告目标的两种主要学术观点有（　　　）。

A. 决策有用观　　　B. 管理活动观

C. 受托责任观　　　D. 信息系统观

11. 企业在现行条件下已承担的义务，包括（　　　）。

A. 过去义务　　　　B. 未来义务

C. 法定义务　　　　D. 推定义务

12. 所有者权益的金额确定主要取决于（　　　）。

A. 资产　　　　　　B. 负债

C. 收入　　　　　　D. 费用

13. 企业发生的下列业务中，属于日常活动的有（　　　）。

A. 工业企业制造并销售产品

B. 商业企业销售商品

C. 安装公司提供安装服务

D. 建筑企业提供建造服务

14. 利润的金额确定主要取决于（　　　）。

A. 收入　　　　　　B. 费用

C. 利得　　　　　　D. 损失

15. 为了贯彻可靠性要求，企业应当做到（　　　）。

A. 以实际发生的交易或者事项为依据进行确认、计量

B. 在符合重要性和成本效益原则的前提下，保证会计信息的完整性

C. 在财务报告中的会计信息应当是客观中立的、无偏的

D. 提供的会计信息应当清晰明了，便于投资人等财务报告使用者理解和使用

16. 企业下列业务的会计处理中，符合实质重于形式要求的有（　　　）。

A. 非货币性资产交易的一方直接对另一方持股且以股东身份进行交易，应当适用权益

性交易会计处理的有关规定

B. 将附有追索权的商业承兑汇票出售确认为质押贷款

C. 商品售后回购的，且回购价格高于原售价的，应当视为融资交易，并不确认销售收入

D. 生产用专利技术的研发中属于研究阶段的大额支出，在发生期为期间费用计入当期损益核算并列报

17. 企业故意低估资产或者收益，这不符合会计信息质量要求中的（   ）。

A. 可靠性　　　　B. 相关性

C. 可理解性　　　D. 谨慎性

18. 为满足可持续信息基本使用者的信息需求，企业披露的可持续信息应当包括的核心要素有（   ）。

A. 治理

B. 战略

C. 风险和机遇管理

D. 指标和目标

三、判断题

1. 担任机构的会计机构负责人，属于会计人员。　　　　　　　　　　　（   ）

2. 国家统一的可持续披露准则体系由基本准则、具体准则和应用指南组成。（   ）

3. 小型企业应当设置总会计师。（   ）

4. 因违反《会计法》有关规定而受到行政处罚五年内不得从事会计工作的会计人员李某，处罚期届满后任何单位也不得聘用其从事会计工作。（   ）

5. 经单位领导人同意，会计人员可以向外界提供会计信息。（   ）

6. 符合《中小企业划型标准规定》的且具有金融性质的小企业适用《小企业会计准则》。（   ）

7. 挂靠工会管理的社会团体应当按规定执行《民间非营利组织会计制度》。（   ）

8. 财务报告目标的决策有用观与其受托责任观是有机统一的。（   ）

9. 一台在技术上已经被淘汰，不能再用于产品生产，且无交换价值的生产设备，依旧属于企业的固定资产。（   ）

10. 企业取得的利息收入，应在资产负债表日，按照他人使用本企业货币资金的时间和实际利率计算确定利息收入金额。（   ）

11. 满足会计信息可比性的要求，就表明企业不得变更会计政策。（   ）

快速查答案

一、单选题

序号	1	2	3	4	5	6	7	8	9	10	11	12
答案	C	B	B	C	C	B	B	D	C	A	C	C
序号	13	14	15	16	17	18						
答案	B	C	C	B	D	B						

二、多选题

序号	1	2	3	4	5	6	7	8	9	10	11	12
答案	ABC	AC	CD	ACD	AB	AC	ABC	AB	AB	AC	CD	AB
序号	13	14	15	16	17	18						
答案	ABCD	ABCD	ABC	ABC	ABD	ABCD						

三、判断题

序号	1	2	3	4	5	6	7	8	9	10	11
答案	√	√	×	×	√	×	√	√	×	√	×

参考答案及解析

一、单选题

1. 【答案】C　【解析】本题考查的知识点是会计人员从事会计工作的基本要求——会计人员的范围。会计人员包括从事下列具体会计工作的人员：（1）出纳；（2）稽核；（3）资产、负债和所有者权益（净资产）的核算；（4）收入、费用（支出）的核算；（5）财务成果（政府预算执行结果）的核算；（6）财务会计报告（决算报告）编制；（7）会计监督；（8）会计机构内会计档案管理；（9）其他会计工作，选项A、B、D均属于会计工作。因此，选项A、B、D错误。

2. 【答案】B　【解析】本题考查的知识点是会计人员的范围。会计人员包括从事下列具体会计工作的人员：（1）出纳；（2）稽核；（3）资产、负债和所有者权益（净资产）的核算；（4）收入、费用（支出）的核算；（5）财务成果（政府预算执行结果）的核算；（6）财务会计报告（决算报告）编制；（7）会计监督；（8）会计机构内会计档案管理；（9）其他会计工作，选项A、C、D均属于会计人员，选项A、C、D错误。
【提示】内部审计工作不属于会计岗位。会计岗位主要从事财务记账工作；而内审不仅是财务方面的，还包括内控、绩效、系统、组织架构等多个方面。

3. 【答案】B　【解析】本题考查的知识点是会计人员职业道德规范。《会计人员职业道德规范》提出"三坚三守"，强调会计人员"坚"和"守"的职业特性和价值追求是对会计人员职业道德要求的集中表达。第一条"坚持诚信，守法奉公"是对会计人员的自律要求；第二条"坚持准则，守责敬业"是对会计人

员的履职要求；第三条"坚持学习，守正创新"是对会计人员的发展要求。因此，选项B正确。

4. 【答案】C　【解析】本题考查的知识点是《会计人员职业道德规范》的规定。《会计人员职业道德规范》中规定，新时代会计人员职业道德的要求有：（1）坚持诚信，守法奉公；（2）坚持准则，守责敬业；（3）坚持学习，守正创新。因此，选项C正确。

5. 【答案】C　【解析】本题考查的知识点是政府及非营利组织会计准则制度。政府会计准则制度体系适用于政府会计主体。政府会计主体主要包括各级政府、各部门、各单位。具体来说：（1）各级政府指各级政府财政部门负责的财政总会计。（2）各部门、各单位是指与本级政府财政部门直接或者间接发生预算拨款关系的国家机关、军队、政党组织、社会团体、事业单位和其他单位。但是，军队、已纳入企业财务管理体系的单位和执行《民间非营利组织会计制度》的社会团体，其会计核算不适用政府会计准则制度体系。选项C，不适用政府会计准则制度体系。因此，选项C正确。

6. 【答案】B　【解析】本题考查的知识点是国家统一的会计制度体系概述——其他会计制度。与企业、政府和非营利组织会计准则制度不同的是，基金（资金）类会计制度要求以某项基金或资金作为独立的会计主体进行核算，核算基础一般采用收付实现制。因此，选项B正确。

7. 【答案】B　【解析】本题考查的知识点是财务报告目标。按照《企业会计准则——基本准则》规定，财务报告的目标是向财务报告使用者提供与企业财务状况、经营成果和现

金流量等有关的会计信息，反映企业管理层受托责任履行情况，有助于财务报告使用者作出经济决策。财务报告使用者包括投资者、债权人、政府及其有关部门和社会公众等。因此，选项 B 正确。

8. 【答案】D 【解析】本题考查的知识点是企业会计要素及其确认条件——资产及其确认条件。制造费用属于费用，选项 A 错误；实收资本属于所有者权益，选项 B 错误；预收账款属于负债，选项 C 错误；合同履约成本，属于资产。因此，选项 D 正确。

9. 【答案】C 【解析】本题考查的知识点是企业会计要素及其确认条件——收入及其确认条件。收入既可能表现为资产的增加（例如银行存款的增加），也可能表现为负债的减少（例如合同负债的减少），还可能表现为两者的组合（例如预收款方式销售货物，实现收入时，部分冲减合同负债，部分增加合同资产或应收账款等）。因此，选项 C 正确。

10. 【答案】A 【解析】本题考查的知识点是会计信息质量要求——相关性。相关性是以可靠性为基础，两者之间并不矛盾，不应将两者对立起来。因此，选项 A 正确。

11. 【答案】C 【解析】本题考查的知识点是会计信息质量要求——实质重于形式。在企业合并中，经常会涉及"控制"的判断，有些合并，从投资比例来看，虽然投资者拥有被投资企业 50% 或 50% 以下股份，但是投资企业通过与其他表决权持有人的协议使其可以持有足以主导被投资方相关活动的表决权，从而拥有对被投资方的权力，就不应当简单地以持股比例来判断控制权，而应当根据实质重于形式的原则来判断投资企业是否控制被投资单位。因此，选项 C 正确。

12. 【答案】C 【解析】本题考查的知识点是会计信息质量要求——实质重于形式。企业出售金融资产时，如果根据与购买方之间的协议约定，在所出售金融资产的现金流量无法收回时，购买方能够向企业进行追偿，企业也应承担任何未来损失。此时，可以认定企业保留了该金融资产所有权上几乎所有的风险和报酬，基于实质重于形式要求，企业不应当终止确认该金融资产。因此，选项 C

正确。

13. 【答案】B 【解析】本题考查的知识点是会计信息质量要求——实质重于形式。商品售后回购需要根据实质重于形式要求判断是否确认商品销售收入。因存在与客户的远期安排而负有回购义务，企业应根据下列情况分别进行相应的会计处理：一是回购价格低于原售价的，应当视为租赁交易；二是回购价格不低于原售价的，应当视为融资交易，不确认商品销售收入。因此，选项 B 正确。

14. 【答案】C 【解析】本题考查的知识点是会计信息质量要求——实质重于形式。因为回购价格 220 万元大于出售价格 200 万元，所以该业务实质上具有融资性质，不应确认收入，这体现了实质重于形式的要求。因此，选项 C 正确。

15. 【答案】C 【解析】本题考查的知识点是会计信息质量要求——谨慎性。企业对可能发生的资产减值损失计提资产减值准备、对售出商品可能发生的保修义务等确认预计负债等，体现了会计信息质量的谨慎性要求。因此，选项 C 正确。

16. 【答案】B 【解析】本题考查的知识点是会计信息质量要求——谨慎性。（1）期末未决诉讼可能导致的赔偿 100 万元，应作为或有负债在附注中披露，不符合谨慎性要求，选项 A 错误；（2）对生产设备采用双倍余额递减法或年数总和法计提折旧，属于谨慎性体现，选项 C 错误；（3）无形资产研发过程中属于研究阶段的支出，在发生期作为期间费用计入当期损益核算并列报，属于重要性要求，选项 D 错误。因此，选项 B 正确。

17. 【答案】D 【解析】本题考查的知识点是会计信息的质量要求——及时性。某企业将自行研制的软硬件为一体的商品进行销售，销售合约约定商品销售后还将提供免费维护和免费升级服务。如果企业不考虑商品销售后提供免费维护和升级服务将全部销售一次性确认为当期销售收入，就属于提前确认、计量、记录和报告销售收入；反之，如果企业在提供后续服务合约到期日再确认全部销售收入，则属于延后确认、计量、记录、报告销售收入。正确的会计处理应当按合理的比例在销售当期和后期维护及升级合约持续期间分配确认各期销售收入。因此，选项 D 正确。

18.【答案】B 【解析】本题考查的知识点是会计信息的质量要求——及时性。及时性要求企业对于已经发生的交易或者事项，应当及时进行确认、计量和报告，不得提前或者延后。（1）将本月预先收取的货款确认收入（3 个月后交付货物），属于提前进行会计处理，违反了及时性要求中的不得提前进行会计处理的要求。因此，选项 A 错误。（2）本年报销上年销售人员的差旅费和计提上月漏记的固定资产折旧额，属于延后进行会计处理，违反了及时性要求中的不得延后进行会计处理的要求。因此，选项 C、D 错误。

二、多选题

1.【答案】ABC 【解析】本题考查的知识点是会计人员从事会计工作应当符合的基本要求。会计人员从事会计工作，应当符合下列要求：（1）遵守《会计法》和国家统一的会计制度等法律法规；（2）具备良好的职业道德；（3）按照国家有关规定参加继续教育；（4）具备从事会计工作所需的专业能力。因此，选项 A、B、C 正确。

2.【答案】AC 【解析】本题考查的知识点是会计机构负责人（会计主管人员）和总会计师应当具备的基本条件。会计机构负责人（会计主管人员）应当具备下列基本条件：（1）坚持原则，廉洁奉公；（2）具备会计师以上专业技术职务资格或者从事会计工作不少于 3 年；（3）熟悉国家财经法律、法规、规章和方针、政策，掌握木行业业务管理的有关知识；（4）有较强的组织能力；（5）身体状况能够适应本职工作的要求。因此，选项 A、C 正确。

3.【答案】CD 【解析】本题考查的知识点是会计人员任用（聘用）管理相关规定。单位负责人对本单位的会计工作和会计资料的真实性、完整性负责。因此，选项 C、D 正确。

4.【答案】ACD 【解析】本题考查的知识点是《会计人员职业道德规范》的规定。《会计人员职业道德规范》中规定，新时代会计人员

职业道德的要求有：（1）坚持诚信，守法奉公；（2）坚持准则，守责敬业；（3）坚持学习，守正创新。因此，选项 A、C、D 正确。

5.【答案】AB 【解析】本题考查的知识点是会计人员职业道德规范。《会计人员职业道德规范》将新时代会计人员职业道德要求总结提炼为三条核心表述，即"坚持诚信，守法奉公""坚持准则，守责敬业""坚持学习，守正创新"，具体内容如下：（1）坚持诚信，守法奉公。要求会计人员牢固树立诚信理念，以诚立身、以信立业，严于律己、心存敬畏；学法知法守法，公私分明、克己奉公，树立良好职业形象，维护会计行业声誉。（2）坚持准则，守责敬业。要求会计人员严格执行准则制度，保证会计信息真实完整；勤勉尽责、爱岗敬业，忠于职守、敢于斗争，自觉抵制会计造假行为，维护国家财经纪律和经济秩序。（3）坚持学习，守正创新。要求会计人员始终秉持专业精神，勤于学习、锐意进取，持续提升会计专业能力；不断适应新形势新要求，与时俱进、开拓创新，努力推动会计事业高质量发展。因此，选项 C、D 错误，选项 A、B 正确。

6.【答案】AC 【解析】本题考查的知识点是会计法规制度体系的构成。会计法律是指由全国人民代表大会及其常务委员会经过一定立法程序制定的有关会计工作的法律，属于会计法律制度中层次最高的法律规范，是制定其他会计法规的依据，也是指导会计工作的最高准则。主要会计法律包括《会计法》和《注册会计师法》。因此，选项 A、C 正确。

7.【答案】ABC 【解析】本题考查的知识点是国家统一的会计制度体系概述。企业会计准则制度包括：企业会计准则体系、小企业会计准则和企业会计制度。因此，选项 A、B、C 正确。

8.【答案】AB 【解析】本题考查的知识点是其他会计制度。基金（资金）类会计制度要求以某项基金或资金作为独立的会计主体进行核算，核算基础一般采用收付实现制。因此，选项 A、B 正确。

【补充】基金（资金）类会计制度主要包括《住房公积金会计核算办法》（财会字〔1999

33 号）、《土地储备资金会计核算办法（试行）》（财会〔2008〕10 号）、《社会保险基金会计制度》（财会〔2017〕28 号）、《住宅专项维修资金会计核算办法》（财会〔2020〕7 号）、《机关事业单位职业年金基金相关业务会计处理规定》（财会〔2021〕19 号）、《道路交通事故社会救助基金会计核算办法》（财会〔2022〕15 号）等。

9.【答案】AB 【解析】本题考查的知识点是财务报告目标。按照《企业会计准则——基本准则》规定，财务报告的目标是向财务报告使用者提供与企业财务状况、经营成果和现金流量等有关的会计信息，反映企业管理层受托责任履行情况，有助于财务报告使用者作出经济决策。因此，选项 A、B 正确。

10.【答案】AC 【解析】本题考查的知识点是财务报告目标。财务报告目标要求满足投资者等财务报告使用者决策的需要，体现为财务报告目标的决策有用观；财务报告目标要求反映企业管理层受托责任的履行情况，体现为财务报告目标的受托责任观。因此，选项 A、C 正确。

11.【答案】CD 【解析】本题考查的知识点是企业会计要素及其确认条件——负债及其确认条件。现时义务是指企业在现行条件下已承担的义务，这里所指的义务可以是法定义务，也可以是推定义务。因此，选项 C、D 正确。

12.【答案】AB 【解析】本题考查的知识点是企业会计要素及其确认条件——所有者权益及其确认条件。所有者权益的确认主要依赖于其他会计要素，尤其是资产和负债的确认；所有者权益金额的确定也主要取决于资产和负债的计量。因此，选项 A、B 正确。

13.【答案】ABCD 【解析】本题考查的知识点是企业会计要素及其确认条件——收入及其确认条件。日常活动是指企业为完成其经营目标所从事的经常性活动以及与之相关的活动。例如，工业企业制造并销售产品、商业企业销售商品、咨询公司提供咨询服务、软件企业为客户开发软件、安装公司提供安装服务、建筑企业提供建造服务等，均属于企业的日常活动。因此，选项 A、B、C、D 均

正确。

14.【答案】ABCD 【解析】本题考查的知识点是企业会计要素及其确认条件——利润及其确认条件。利润反映的是收入减去费用、利得减去损失后的净额，因此，利润的确认主要依赖于收入和费用以及利得和损失的确认，其金额的确定也主要取决于收入、费用、利得损失金额的计量。因此，选项 A、B、C、D 正确。

15.【答案】ABC 【解析】本题考查的知识点是会计信息的质量要求——可靠性。为了贯彻可靠性要求，企业应当做到：（1）以实际发生的交易或者事项为依据进行确认、计量，将符合会计要素定义及其确认条件的资产、负债、所有者权益、收入、费用和利润等如实反映在财务报表中，不得根据虚构的、没有发生的或者尚未发生的交易或者事项进行确认、计量和报告。（2）在符合重要性和成本效益原则的前提下，保证会计信息的完整性，其中包括应当编报的报表及其附注内容等应当保持完整，不能随意遗漏或者减少应予披露的信息与使用者决策相关的有用信息都应当充分披露。（3）在财务报告中的会计信息应当是客观中立的、无偏的。因此，选项 A、B、C 正确。

16.【答案】ABC 【解析】本题考查的知识点是实质重于形式。企业发生的研发支出中属于研究阶段的支出，尽管多数情况下其金额较大，但是，从其功能看尚未形成预期会给企业带来经济利益的资源，在发生期作为期间费用计入当期损益核算并列报，属于重要性要求，选项 D 错误。因此，选项 A、B、C 正确。

17.【答案】ABD 【解析】本题考查的知识点是会计信息的质量要求——谨慎性。谨慎性的应用也不允许企业设置秘密准备，如果企业故意低估资产或者收益，或者故意高估负债或者费用，将不符合会计信息的可靠性和相关性要求，损害会计信息质量扭曲企业实际的财务状况和经营成果，从而对使用者的决策产生误导，这是不符合会计准则要求的。因此，选项 A、B、D 正确。

18.【答案】ABCD 【解析】为满足可持续信息

基本使用者的信息需求，企业披露的可持续信息应当包括下列四个核心要素：（1）治理，即企业管理和监督可持续风险和机遇的治理架构、控制措施和程序。（2）战略，即企业管理可持续风险和机遇的规划、策略和方法。（3）风险和机遇管理，即企业用于识别、评估、排序和监控可持续风险和机遇的流程。（4）指标和目标，即企业衡量可持续风险和机遇管理绩效的指标，以及企业已设定的目标和国家法律法规、战略规划要求企业实现的目标及其进展。

三、判断题

1.【答案】√【解析】本题考查的知识点是会计人员从事会计工作的基本要求——会计人员的范围。担任单位会计机构负责人（会计主管人员）、总会计师的人员，属于会计人员。因此，本题的说法是正确的。

2.【答案】√【解析】国家统一的可持续披露准则体系由基本准则、具体准则和应用指南组成：（1）基本准则对企业可持续信息披露提出一般要求。（2）具体准则对企业在环境、社会和治理等方面的可持续议题的信息披露提出具体要求。（3）应用指南包括行业应用指南和准则应用指南两类。

3.【答案】×【解析】本题考查的知识点是会计机构负责人（会计主管人员）和总会计师应当具备的基本条件。根据《会计法》第三十六条第二款的规定，国有的和国有资产占控股地位或者主导地位的大、中型企业必须设置总会计师。因此，本题的说法是错误的。

4.【答案】×【解析】本题考查的知识点是会计人员任用（聘用）管理相关规定。因违反《会计法》有关规定受到行政处罚五年内不得从事会计工作的人员，处罚期届满前，单位不得任用（聘用）其从事会计工作。因此，本题的说法是错误的。

5.【答案】√【解析】本题考查的知识点是《会计基础工作规范》关于会计人员职业道德的要求。会计人员应当保守本单位的商业秘密。除法律规定和单位领导人同意外，不能私自向外界提供或者泄露单位的会计信息。因此，本题的说法是正确的。

6.【答案】×【解析】本题考查的知识点是企业会计准则制度。《小企业会计准则》适用于在中华人民共和国境内依法设立的、符合《中小企业划型标准规定》所规定的小型企业标准的企业。但下列三类小企业除外：（1）股票或债券在市场上公开交易的小企业。（2）金融机构或其他具有金融性质的小企业。（3）企业集团内的母公司和子公司。因此，本题的说法是错误的。

【补充】股票或债券在市场上公开交易的小企业，包括深市、沪市、境外股市上市的小企业、发行企业债券的小企业、准备上市的小企业。

7.【答案】√【解析】本题考查的知识点是政府及非营利组织会计准则制度。《工会会计制度》适用于各级工会，包括基层工会及县级以上（含县级）工会。工会所属事业单位应当执行政府会计准则制度，工会所属企业应当执行企业会计准则制度，挂靠工会管理的社会团体应当按规定执行《民间非营利组织会计制度》。因此，本题的说法是正确的。

8.【答案】√【解析】本题考查的知识点是财务报告目标。财务报告目标要求满足投资者等财务报告使用者决策的需要，体现为财务报告目标的决策有用观；财务报告目标要求反映企业管理层受托责任的履行情况，体现为财务报告目标的受托责任观。财务报告目标的决策有用观与其受托责任观是有机统一的。

9.【答案】×【解析】本题考查的知识点是企业会计要素及其确认条件——资产及其确认条件。（1）资产是指企业过去的交易或者事项形成的、由企业拥有或者控制的、预期会给企业带来经济利益的资源。（2）将一项资源确认为资产，需要符合资产的定义，还应同时满足以下两个条件：①与该资源有关的经济利益很可能流入企业；②该资源的成本或者价值能够可靠地计量。一台在技术上已经被淘汰，且无交换价值的生产设备，尽管在实物上仍旧存在，但它实际上已经不能再用于产品生产，不能为企业带来未来的经济利益。所以，该生产线不应确认为固定资产。因此，本题的说法是错误的。

10.【答案】√【解析】本题考查的知识点是企

业会计要素及其确认条件——收入及其确认条件。对于企业让渡资金使用权取得的收入，如利息收入，企业应当在资产负债表日，按照他人使用本企业货币资金的时间和实际利率计算确定利息收入金额。因此，本题的说法是正确的。

11. 【答案】× 【解析】本题考查的知识点是会计信息的质量要求——可比性。为了便于投资人等财务报告使用者了解企业财务状况、经营成果和现金流量的变化趋势，比较企业在不同时期的财务报告信息，全面、客观地评价过去、预测未来，从而作出决策，可比性要求同一企业不同时期发生的相同或者相似的交易或者事项，应当采用一致的会计政策，不得随意变更。但是，满足会计信息可比性要求，并非表明企业不得变更会计政策。如果按照规定或者在会计政策变更后可以提供更可靠、更相关的会计信息，企业可以变更会计政策。有关会计政策变更的情况，应当在附注中予以说明。因此，本题的说法是错误的。

第二章 存 货

教材变化

2025 年本章教材新增了以下内容：（1）存货定义、存货与固定资产等非流动资产的区别；（2）对于确认为存货的数据资源相关采购成本的初始计量；（3）对于投资合同或协议约定价值不公允的存货的入账价值初始计量。

考情分析

本章主要内容是存货的初始计量、存货期末计量原则和存货期末计量方法。2020～2024 年考查知识点范围如下表所示，主要考查题型为客观题，计算分析题少有涉及，综合题中一般结合所得税、合并财务报表以及资产负债表日后事项等内容进行考核，每年分值 1～3 分。

年份	单选题	多选题	判断题	计算分析题
2024	存货期末计量方法	—	存货的初始计量	—
2023	—	—	存货期末计量方法	—
2022	存货期末计量方法	—	—	—
2021	存货的初始计量	存货的初始计量；存货期末计量方法	存货期末计量方法	—
2020	存货的初始计量	存货的初始计量；存货期末计量方法	存货期末计量方法	—

强化练习题

一、单选题

1. 存货区别于固定资产等非流动资产的最基本的特征是（   ）。
   A. 持有期限在一年以内或是超过一年的一个营业周期之内
   B. 为了出售
   C. 属于有形资产

   D. 单位价值相对较小

2. 下列各项中，不属于存货范围的是（   ）。
   A. 委托代销的甲产品
   B. 购货单位已交款并已经开出提货单，但尚未提走的乙产品
   C. 尚在生产中的丙产品
   D. 已支付货款，但在运输途中的丁材料

3. 2×24 年 8 月 1 日，甲公司（为增值税一般纳

税人）赊购一批原材料，取得的增值税专用发票注明的价款为 100 万元，增值税税额为 13 万元。另以银行存款支付运杂费 5 万元。不考虑其他因素，该批原材料的入账价值为（   ）万元。

A. 100   B. 105

C. 113   D. 118

4. 甲公司为增值税一般纳税人。2×24 年 12 月 15 日，从乙公司处购入一批空气净化器用于发放非货币性福利，取得的增值税专用发票注明的价款为 50 万元，增值税税额为 6.5 万元。另以银行存款支付运杂费 3 万元，入库前的挑选整理费 0.5 万元。不考虑其他因素，甲公司该批空气净化器的入账价值为（   ）万元。

A. 50   B. 53.5

C. 56.5   D. 60

5. 2×24 年 6 月 17 日，甲超市（为增值税一般纳税人）从乙公司处赊购商品一批，取得的增值税专用发票注明的金额为 500 万元，增值税税额为 65 万元。另以银行存款支付进货费用 5 万元，并将其进行费用化处理。不考虑其他因素，甲超市该批商品的入账价值为（   ）万元。

A. 500   B. 505

C. 565   D. 570

6. 2×24 年 7 月 19 日，甲公司购入原材料 100 千克，取得的增值税专用发票注明的金额为 150 万元，增值税税额为 19.5 万元。另以银行存款支付运输费 5 万元，中转仓储费 3 万元，入库前的挑选整理费 2 万元。验收入库 80 千克，其中 10 千克为合理损耗。不考虑其他因素，甲公司该批原材料的入库单价为（   ）万元/千克。

A. 2   B. 1.9

C. 1.8   D. 1.6

7. 甲公司（为增值税一般纳税人）委托乙公司加工一批玛瑙首饰。发出的原材料成本为 300 万元，加工费为 60 万元，收回时的运输费 16 万元。收回后，其中的 40% 将用于继续加工最新款式的玛瑙首饰。该批首饰适用的消费税税率为 10%，增值税税率为 13%；相关款项均以银行存款支付。不考虑其他因素，关

于甲公司该委托加工业务的会计处理中，不正确的是（   ）。

A. 收回时，借记"库存商品"科目 400 万元

B. 支付增值税时，借记"应交税费——应交增值税（进项税额）"科目 7.8 万元

C. 发出材料时，贷记"原材料"科目 300 万元

D. 支付消费税时，借记"应交税费——应交消费税"科目 16 万元，同时借记"委托加工物资"科目 24 万元

8. 某白酒生产企业为增值税一般纳税人。2×24 年 1 月 16 日，该企业销售新型白酒一批，该批白酒生产过程中领用原材料的金额为 280 万元，应付职工薪酬 60 万元，支付的水电费等生产费用总计 24 万元。另外，酿造过程中发生必要的仓储管理费 10 万元，应负担的消费税共计 106 万元。不考虑其他因素，该批白酒的入账价值为（   ）万元。

A. 364   B. 374

C. 470   D. 480

9. 甲公司委托乙公司加工 100 件应税消费品，发出材料的成本为 120 万元，支付的加工费为 32 万元，支付的增值税税额为 24.7 万元、消费税税额为 38 万元。收回的应税消费品数量为 95 件（已验收入库），合理损耗 5 件，甲公司将其直接对外出售。不考虑其他因素，甲公司下列会计处理的表述中，正确的是（   ）。

A. 收回的应税消费品的入账金额为 152 万元

B. 应税消费品的入库单价为 2 万元/件

C. 收回应税消费品支付的消费税，应借记"应交税费——应交消费税"科目

D. 合理损耗的 5 件应税消费品的金额，应当从验收入库的存货总成本中扣除

10. 2×24 年 10 月 31 日，甲公司库存 A 产品 50 件，单位成本为 12 万元/件。当日，甲公司与乙公司签订一份销售合同，向乙公司销售 A 产品 30 件，售价为 14 万元/件；A 产品市场价值 15 万元/件。将 A 产品全部售出，预计销售费用为 80 万元，预计税金为 40 万元。不考虑其他因素，甲公司对 A 产品应计提的存货跌价准备金额为（   ）万元。

A. 0   B. 8

C. 12   D. 20

11. 2×24 年 12 月 31 日，甲公司库存 M 材料 200 千克，成本总计 100 万元，未计提过存货跌价准备。当日，与乙公司签订一份不可撤销的销售合同，合同约定，甲公司应向其交付 18 件 A 产品，每件 5 万元（市场价值每件 4.5 万元）。生产上述产品需使用 60% 的 M 材料，预计需要支付加工费 24 万元，预计销售费用及税金 8 万元。剩余 M 材料用于出售，预计市场价值 45 万元，预计销售费用及税金 6 万元。不考虑其他因素，甲公司 2×24 年末对 M 材料应计提的跌价准备金额为（　　）万元。

A. 2　　　　　　　　B. 8

C. 3　　　　　　　　D. 10

12. 2×24 年 6 月 30 日，甲公司有关存货资料如下表所示：

单位：万元

品名	A 产品	B 产品	C 产品
成本	10	12	15
可变现净值	9	10	16
以前期间计提存货跌价准备金额	2	0	2

不考虑其他因素，2×24 年 6 月 30 日甲公司应计提的存货跌价准备金额为（　　）万元。

A. −1　　　　　　　B. 0

C. 1　　　　　　　　D. 2

13. 2×24 年 11 月 30 日，甲公司与乙公司签订一份不可撤销的销售合同，合同约定，甲公司从 2×25 年 1 月向乙公司销售 100 件 A 商品，每件价格 20 万元。2×24 年 12 月 31 日，甲公司库存 A 商品 300 件，每件成本 19.6 万元，每件市场价格 19.7 万元。将该批商品出售时，预计每件商品需支付 0.3 万元的销售费用。不考虑其他因素，甲公司 2×24 年 12 月 31 日该批存货的账面价值为（　　）万元。

A. 5 880　　　　　　B. 6 000

C. 5 840　　　　　　D. 5 820

14. 2×24 年 7 月 31 日，甲公司因管理不善，致使库存 A 材料受潮，并发生价值贬值 5 万元。2×24 年 8 月 31 日，因市场需求大幅上升，A 材料价值回升 3 万元。2×24 年 9 月 30 日，因市场需求减缓，A 材料价值贬值 3 万元。不考虑其他因素，下列说法不正确的是（　　）。

A. 2×24 年 7 月 31 日，甲公司利润表"营业利润"项目减少 5 万元

B. 2×24 年 8 月 31 日，甲公司利润表"营业利润"项目增加 3 万元

C. 2×24 年 9 月 30 日，甲公司利润表"营业利润"项目减少 3 万元

D. 2×24 年 9 月 30 日，甲公司资产负债表"存货"项目减少 3 万元

15. 下列关于存货跌价准备的会计处理的表述中，正确的是（　　）。

A. 已过期且无转让价值的存货，通常表明应计提的存货跌价准备等于存货账面价值

B. 已计提存货跌价准备的存货，在对外出售时，应当将原计提的存货跌价准备转回，并计入资产减值损失

C. 一项存货中有一部分有合同价格约定、其他部分不存在合同价格约定的，应当合并确定其可变现净值

D. 用于生产产品的材料的跌价准备，应以材料的市场价格低于其成本的差额计量

16. 2×24 年 12 月 1 日，甲、乙公司签订了不可撤销合同，约定以 205 元/件的价格销售给乙公司 1 000 件商品，2×25 年 1 月 10 日交货。2×24 年 12 月 31 日，甲公司该商品的库存数量为 1 500 件，成本 200 元/件，市场销售价格 191 元/件，预计产生销售费用均为 1 元/件。2×24 年 12 月 31 日甲公司应计提的存货跌价准备为（　　）元。

A. 15 000　　　　　　B. 0

C. 1 000　　　　　　D. 5 000

17. 2×24 年 1 月 1 日，甲公司存货跌价准备的余额为零。2×24 年 12 月 31 日，甲公司 M 商品的成本为 500 万元，市场售价为 480 万元，预计销售费用为 5 万元；专门用于生产 P 产成品的 N 原材料的成本为 400 万元，市场售价为 380 万元，P 产成品没有发生减值。不考虑其他因素，2×24 年 12 月 31 日，甲

公司对存货应计提的存货跌价准备金额为
（　　）万元。

A. 25　　　　　　B. 45

C. 20　　　　　　D. 40

18. 2×24 年 12 月初，甲公司结存一批库存商品，账面原值 500 万元，已计提存货跌价准备 50 万元。本月，甲公司对外销售 400 万元库存商品；完工入库的库存商品金额为 350 万元。2×24 年 12 月末，甲公司库存商品的可变现净值为 400 万元。不考虑其他因素，甲公司 2×24 年 12 月该批库存商品应计提的存货跌价准备金额为（　　）万元。

A. 50　　　　　　B. 40

C. 90　　　　　　D. 100

二、多选题

1. 下列各项中，属于与存货所有权相关的风险有（　　）。

A. 由于经营情况发生变化造成的相关收益的变动

B. 由于存货滞销造成的损失

C. 由于存货毁损造成的损失

D. 由于存货处置实现的利得

2. 下列情形中，属于不能可靠确定其成本而无法计入存货成本的有（　　）。

A. 承诺的订货合同

B. 预计发生的制造费用

C. 购买价款

D. 入库前的挑选整理费

3. 下列各项中，应计入外购原材料初始入账金额的有（　　）。

A. 入库后的仓储费用

B. 运输途中的保险费

C. 入库前的合理损耗

D. 入库前的装卸费用

4. 甲公司为增值税一般纳税人，下列各项中，应计入进口原材料入账价值的有（　　）。

A. 入库前的仓储费

B. 关税

C. 进口环节可抵扣的增值税进项税额

D. 购买价款

5. 下列关于企业存货计量的说法正确的有（　　）。

A. 季节性停工期间发生的停工损失应计入存货成本

B. 生产设备发生的日常维修费用应计入存货成本

C. 受托加工存货成本中，不应包括委托方提供的材料成本

D. 存货入库后发生的仓储费用应计入存货成本

6. 企业委托外单位加工存货发生的下列各项支出中，应计入收回的委托加工存货入账价值的有（　　）。

A. 收回委托加工存货时支付的运输费

B. 发出并耗用的原材料成本

C. 支付的加工费

D. 支付给受托方的可抵扣增值税

7. 下列情形中，通常表明存货的可变现净值低于成本的有（　　）。

A. 该存货的市场价格持续下跌，且在可预见的未来无回升的希望

B. 使用该项原材料生产的产品成本大于产品的销售价格

C. 因产品更新换代，原有库存原材料已不适应新产品的需要，而该原材料的市场价格又低于其账面成本

D. 提供的商品因过时，而使市场的需求发生变化，导致市场价格逐渐下跌

8. 甲餐饮公司库存的下列存货中，其可变现净值通常为零的有（　　）。

A. 腐烂变质的猪肉

B. 超过保质期而不能售卖的方便面

C. 主营方向变更而不再使用，但可以转让给其他餐厅的蓝纹奶酪

D. 长期无顾客点餐的鲱鱼罐头

9. 企业确定存货的可变现净值时，应考虑的因素有（　　）。

A. 存货可变现净值的确凿证据

B. 持有存货的目的

C. 资产负债表日后事项的影响

D. 形成会计差错的可能性

10. 甲公司为增值税一般纳税人。2×24 年 12 月 31 日，甲公司存货盘点中发现：（1）原材料收发计量差错盘亏 5 万元，增值税进项税额 0.65 万元；（2）原材料自然溢余盘盈 20

万元；（3）因洪水暴发致使仓库进水导致原材料毁损 1 200 万元，增值税进项税额 156 万元，获得保险公司赔偿 800 万元，出售毁损原材料取得残值收入 200 万元，增值税销项税额为 26 万元；（4）盘盈某产品 10 万元。假定上述存货盘盈盘亏金额均为成本，存货盘点发现的问题已经甲公司管理层批准处理。不考虑存货跌价准备及其他因素，下列各项关于存货盘盈盘亏在甲公司 2×24 年度会计处理的表述中，正确的有（　　）。

A. 盘盈某产品 10 万元冲减当期管理费用

B. 原材料自然溢余盘盈 20 万元冲减当期管理费用

C. 原材料收发计量差错盘亏 5 万元计入当期管理费用

D. 洪水暴发导致原材料净损失 200 万元计入当期营业外支出

三、判断题

1. 企业根据销售合同已经售出的存货，虽然其所有权已经转移，但是如果该项存货尚未运离本企业，则仍应将其确认为本企业的一项存货。　　　　　　　　　　（　　）

2. 甲企业委托乙企业销售的商品，虽然商品的所有权未发生转移，但是是由乙企业实际管理。所以，甲企业不应将该批商品确认为本企业的存货。　　　　　（　　）

3. 企业合理预计未来 1 个月内将发生的制造费用，由于未实际发生，所以，不应计入存货成本。　　　　　　　　　　　　　（　　）

4. 企业收回的委托外单位加工的应收消费品用于直接销售的，应将受托方代收代缴的消费税计入委托加工物资的成本。（　　）

快速查答案

一、单选题

序号	1	2	3	4	5	6	7	8	9	10	11	12
答案	B	B	B	D	A	C	A	D	B	C	C	D

序号	13	14	15	16	17	18
答案	C	B	A	D	A	B

二、多选题

序号	1	2	3	4	5	6	7	8	9	10
答案	ABC	AB	BCD	ABD	ABC	ABC	ABCD	AB	ABC	ABCD

三、判断题

序号	1	2	3	4
答案	×	×	√	√

参考答案及解析

一、单选题

1. 【答案】B 【解析】本题考查的知识点是存货的确认条件。存货区别于固定资产等非流动资产的最基本的特征是，企业持有存货的最终目的是为了出售，包括可供直接出售的产成品、商品，以及需经过进一步加工后出售的原材料等。因此，选项B正确。

2. 【答案】B 【解析】本题考查的知识点是存货的确认条件。根据销售合同已经售出（取得现金或收取现金的权利）的存货，其所有权已经转移，与其相关的经济利益已不再流入本企业，此时，即使该项存货尚未运离本企业，也不能再确认为本企业的存货。因此，选项B正确。

3. 【答案】B 【解析】本题考查的知识点是存货的初始计量——外购的存货。该批原材料的入账价值 = 100 + 5 = 105（万元）。因此，选项B正确。

4. 【答案】D 【解析】本题考查的知识点是存货的初始计量——外购的存货。甲公司该批空气净化器的入账价值 = 50 + 6.5 + 3 + 0.5 = 60（万元）。因此，选项D正确。
【提示】由于甲公司该批外购的空气净化器是用于发放非货币性福利，因此，增值税不得抵扣，应当计入空气净化器的初始入账价值。

5. 【答案】A 【解析】本题考查的知识点是存货的初始计量——外购的存货。商品流通企业采购商品的进货费用金额较小的，可以在发生时直接记入"销售费用"科目，所以甲超市该批商品的入账价值为500万元。因此，选项A正确。
会计分录如下：
借：库存商品   500
　　应交税费——应交增值税（进项税额）
　　　　　　　　　　　　　　65
　　销售费用   5
　　贷：应付账款   565
　　　　银行存款   5

6. 【答案】C 【解析】本题考查的知识点是存货的初始计量——外购的存货。存货的采购成本，包括购买价款、相关税费、运输费、装卸费、保险费以及其他可归属于存货采购成本的费用；但是，对于采购过程中发生的物资毁损、短缺等，除合理的损耗作为存货的"其他可归属于存货采购成本的费用"计入采购成本外，应区别不同情况进行会计处理：（1）应从供货单位、外部运输机构等收回的物资短缺或其他赔款，冲减物资的采购成本；（2）因遭受意外灾害发生的损失和尚待查明原因的途中损耗，不得增加物资的采购成本，应暂作为待处理财产损溢进行核算，在查明原因后再作处理。
（1）该批原材料的采购总成本 = 150 + 5 + 3 + 2 = 160（万元）；
（2）该批原材料的采购单价 = 160/100 = 1.6（万元/千克）；
（3）非合理损耗的原材料的价值 = 10 × 1.6 = 16（万元）；
（4）入库原材料的总成本 = 160 – 16 = 144（万元）；
（5）入库原材料的单价 = 144/80 = 1.8（万元/千克）
因此，选项C正确。

7. 【答案】A 【解析】本题考查的知识点是存货的初始计量——通过进一步加工而取得的存货。甲公司该委托加工业务的会计处理如下：
（1）发出材料时：
借：委托加工物资   300
　　贷：原材料   300
因此，选项C正确。
（2）支付加工费和税金：
①玛瑙首饰的组成计税价格 = （300 + 60）/（1 – 10%）= 400（万元）；
②受托方代收代缴的消费税税额 = 400 × 10% = 40（万元）
a. 记入"应交税费——应交消费税"科目借方的金额 = 40 × 40% = 16（万元）；

b. 记入"委托加工物资"科目借方的金额 = 40×60% = 24（万元）；

③应交增值税税额 = 60×13% = 7.8（万元）。

借：委托加工物资 84

应交税费——应交增值税（进项税额） 7.8

——应交消费税 16

贷：银行存款 107.8

因此，选项 B、D 正确。

（3）支付收回时的运输费：

借：委托加工物资 16

贷：银行存款 16

（4）收回玛瑙首饰：

借：库存商品［（300 + 60 + 16）×60% + 24］ 249.6

原材料［（300 + 60 + 16）×40%］ 150.4

贷：委托加工物资 400

因此，选项 A 错误。

8. 【答案】D 【解析】本题考查的知识点是存货的初始计量——通过进一步加工而取得的存货。在生产过程中为达到下一个生产阶段所必需的仓储费用，应当计入存货的成本中。本题

中，酿造过程中发生的必要的仓储管理费，属于在生产过程中为达到下一个生产阶段所必需的仓储费用，应当计入白酒的入账价值。所以，该批白酒的入账价值 = 280 + 60 + 24 + 10 + 106 = 480（万元）。因此，选项 D 正确。

9. 【答案】B 【解析】本题考查的知识点是存货的初始计量——通过进一步加工而取得的存货。

（1）因为收回的应税消费品，甲公司将其直接对外出售，所以支付的消费税应计入存货成本，因此，甲公司收回的应税消费品的入账金额 = 120 + 32 + 38 = 190（万元）。因此，选项 A、C 错误。

（2）甲公司收回的应税消费品的入库单价 = 190/95 = 2（万元/件）。因此，选项 B 正确。

（3）合理损耗的 5 件应税消费品的金额，应计入验收入库存货的金额，不应扣除。因此，选项 D 错误。

10. 【答案】C 【解析】本题考查的知识点是存货期末计量方法——存货跌价准备的计提与转回。本题中，由于 A 产品部分签订销售合同，部分未签订。因此，存货跌价准备的计提分情况讨论，会计处理如下表所示：

单位：万元

是否签订销售合同	数量	账面价值	预计售价	预计销售费用	预计税金	可变现净值	是否发生减值	存货跌价准备
是	30	360	420	48	24	348	是	12
否	20	240	300	32	16	252	否	0

2×24 年 10 月 31 日甲公司 A 产品应计提的存货跌价准备金额为 12 万元。因此，选项 C 正确。

11. 【答案】C 【解析】本题考查的知识点是存

货期末计量方法——存货跌价准备的计提与转回。本题中，甲公司库存 M 材料的用途分别是用于生产和出售。因此，存货跌价准备的计提分情况讨论，会计处理如下表所示：

单位：万元

用途	账面价值	预计售价	预计加工费	预计销售费用及税金	可变现净值	存货跌价准备
生产 A 产品	60	90	24	8	58	2
出售	40	45	—	6	39	1

甲公司 2×24 年末对 M 材料应计提的跌价准备金额 = 2 + 1 = 3（万元），选项 C 正确。

【提示】可变现净值确定时，应考虑存货持有的目的。

12. 【答案】D 【解析】本题考查的知识点是存货期末计量方法——存货跌价准备的计提与转回。本题中，甲公司 2×24 年 6 月 30 日的存货为 A、B、C 三种产品，因此，存货跌价准备的计提分类别进行讨论，会计处理如下表所示：

单位：万元

品名		A 产品	B 产品	C 产品
成本		10	12	15
可变现净值		9	10	16
以前期间计提存货跌价准备金额		2	0	2
本期计提（或转回）的存货跌价准备金额	计提	—	2	—
	转回	1	—	2

所以，2×24 年 6 月 30 日甲公司应计提的存货跌价准备金额为 2 万元。因此，选项 D 正确。

13. 【答案】C 【解析】本题考查的知识点是存货期末计量方法——存货跌价准备的计提与转回。本题中，由于 A 商品在 2×24 年 12 月 31 日的数量为 300 件，其中 100 件已与乙公司签订销售合同，另外的 200 件未签订合同。所以，需分情况处理，如下表所示：

项目	数量	每件成本（万元）	每件售价（万元）	每件销售费用（万元）	每件可变现净值（万元）	减值金额（万元）
已签订合同	100 件	19.6	20	0.3	19.7	0
未签订合同	200 件	19.6	19.7	0.3	19.4	20

所以，甲公司 2×24 年 12 月 31 日该批存货的账面价值 = 19.6 × 100 + 19.4 × 200 = 5 840（万元）。因此，选项 C 正确。

14. 【答案】B 【解析】本题考查的知识点是存货期末计量方法——存货跌价准备的计提与转回。

（1）2×24 年 7 月 31 日，甲公司因管理不善，致使库存 A 材料受潮，并发生价值贬值 5 万元。会计分录如下：

借：资产减值损失 　　　　5
　　贷：存货跌价准备 　　　　5

因此，选项 A 正确。

（2）2×24 年 8 月 31 日，因市场需求大幅上升，A 材料价值回升 3 万元。由于，A 材料的价值回升的因素并非 2×24 年 7 月 31 日 A 材料价值贬值的因素的消失所致。根据规定，导致存货跌价准备转回的是以前减记存货价值的影响因素消失，而不是在当期造成存货可变现净值高于其成本的其他影响因素。因此，虽然 A 材料价值回升，但是不作存货跌价准备转回的账务处理。因此，选项 B 错误。

（3）2×24 年 9 月 30 日，因市场需求减缓，A 材料价值贬值 3 万元。会计分录如下：

借：资产减值损失 　　　　　　　3
　　贷：存货跌价准备 　　　　　　　3

因此，选项 C、D 正确。

15. 【答案】A 【解析】本题考查的知识点是存货期末计量方法。（1）已计提存货跌价准备的存货，在对外出售时，应当将原计提的存货跌价准备转回，冲减营业成本。因此，选项 B 错误。（2）一项存货中有一部分有合同

价格约定、其他部分不存在合同价格约定
的，应当分别确定其可变现净值，其中有合
同的部分，按照合同约定价格计算；无合同
的，按照市场价格计算。因此，选项 C 错
误。（3）用于生产产品的材料的跌价准备，
应以材料所生产产成品的价格为基础确定。
因此，选项 D 错误。

16.【答案】D　【解析】本题考查的知识点是存
货期末计量方法——存货跌价准备的计提与
转回。
（1）签订不可撤销合同的 1 000 件产品的可
变现净值 = 1 000 × （205 - 1）= 204 000
（元）。
（2）签订不可撤销合同的 1 000 件产品的成
本 = 1 000 × 200 = 200 000（元）。
因为，签订不可撤销合同的 1 000 件产品的
可变现净值 204 000 元大于其成本 200 000
元，所以，不需要计提跌价准备。
（3）无合同的 500 件产品的可变现净值 =
500 × （191 - 1）= 95 000（元）。
（4）无合同的 500 件产品的成本 = 500 × 200 =
100 000（元）。
因为，无合同的 500 件产品的可变现净值
95 000 元小于其成本 100 000 元，所以，无
合同的 500 件产品发生减值，应计提存货跌
价准备的金额 = 100 000 - 95 000 = 5 000
（元）。
因此，选项 D 正确。

17.【答案】A　【解析】本题考查的知识点是存
货期末计量方法——存货跌价准备的计提与
转回。
（1）甲公司 M 商品的可变现净值 = 480 -
5 = 475（万元）。
（2）甲公司 M 商品的成本为 500 万元。
因为，甲公司 M 商品的可变现净值 475 万元
小于其成本 500 万元，所以，甲公司 M 商品
发生减值，应计提存货跌价准备的金额 =
500 - 475 = 25（万元）。
（3）N 原材料专用于生产 P 产成品，由于 P
产成品未发生减值，因此 N 原材料也没有发
生减值，无须计提存货跌价准备。
所以，甲公司 2 × 24 年 12 月 31 日应计提存
货跌价准备的金额为 25 万元。

因此，选项 A 正确。

18.【答案】B　【解析】本题考查的知识点是存
货期末计量方法——存货跌价准备的计提与
转回。
（1）甲公司对外销售 400 万元库存商品：
借：主营业务成本　　　　　　400
　　贷：库存商品　　　　　　　　　400
借：存货跌价准备　　　　　　40
　　贷：主营业务成本　　　　　　　40
甲公司该批库存商品的存货跌价准备余额 =
50 - 40 = 10（万元）
（2）2 × 24 年 12 月末库存商品的账面原值 =
（500 - 400）+ 350 = 450（万元）
因为，2 × 24 年 12 月末库存商品的可变现净
值 400 万元小于其账面原值 450 万元，所以，
该批库存商品发生减值，应确认的存货跌价
准备金额 = 450 - 400 = 50（万元）
所以，甲公司 2 × 24 年 12 月该批库存商品应
计提的存货跌价准备金额 = 50 - 10 = 40（万
元）。因此，选项 B 正确。

二、多选题

1.【答案】ABC　【解析】本题考查的知识点是
存货的确认条件——与该存货有关的经济利
益很可能流入企业。与存货所有权相关的风
险，是指由于经营情况发生变化造成的相关
收益的变动，以及由于存货滞销、毁损等原
因造成的损失；与存货所有权相关的报酬，
是指在出售该项存货或其经过进一步加工取
得的其他存货时获得的收入，以及处置该项
存货实现的利得等。因此，选项 D 错误，选
项 A、B、C 正确。

2.【答案】AB　【解析】本题考查的知识点是存
货的确认条件——该存货的成本能够可靠计
量。（1）企业承诺的订货合同，由于并未实
际发生，不能可靠确定其成本，因此就不能
确认为购买企业的存货。（2）企业预计发生
的制造费用，由于并未实际发生，不能可靠
地确定其成本，因此不能计入产品成本。因
此，选项 A、B 正确。

3.【答案】BCD　【解析】本题考查的知识点是
存货的初始计量——外购的存货。存货的采
购成本，包括购买价款、相关税费、运输费、

装卸费、保险费以及其他可归属于存货采购成本的费用。因此，选项B、C、D正确。

4. 【答案】ABD 【解析】本题考查的知识点是存货的初始计量——外购的存货。存货的采购成本，包括购买价款、相关税费、运输费、装卸费、保险费以及其他可归属于存货采购成本的费用。因此，选项A、B、D正确。

5. 【答案】ABC 【解析】本题考查的知识点是存货的初始计量——通过进一步加工而取得的存货。（1）制造费用是指企业为生产产品和提供劳务而发生的各项间接费用，包括企业生产部门（如生产车间）管理人员的职工薪酬、折旧费、办公费、水电费、机物料消耗、劳动保护费、车间固定资产的修理费用、季节性和修理期间的停工损失等。因此，选项A、B正确。（2）委托加工业务中，受托方收到的委托方的材料，应登记备查，不确认为受托方存货。因此，选项C正确。（3）企业在存货采购入库后发生的仓储费用，一般应计入当期损益；但是，在生产过程中为达到下一个生产阶段所必需的仓储费用，才应当计入存货的成本。因此，选项D错误。

6. 【答案】ABC 【解析】本题考查的知识点是存货的初始计量——通过进一步加工而取得的存货。支付给受托方的可抵扣增值税，应借记"应交税费——应交增值税（进项税额）"科目，不计入收回的委托加工存货入账价值，选项D错误。因此，选项A、B、C正确。

7. 【答案】ABCD 【解析】本题考查的知识点是存货期末计量方法——存货减值迹象的判断。存货存在下列情形之一的，通常表明存货的可变现净值低于成本：（1）该存货的市场价格持续下跌，并且在可预见的未来无回升的希望；（2）企业使用该项原材料生产的产品的成本大于产品的销售价格；（3）企业因产品更新换代，原有库存原材料已不适应新产品的需要，而该原材料的市场价格又低于其账面成本；（4）因企业所提供的商品或劳务过时或消费者偏好改变而使市场的需求发生变化，导致市场价格逐渐下跌；（5）其他足以证明该项存货实质上已经发生减值的情形。因此，选项A、B、C、D均正确。

8. 【答案】AB 【解析】本题考查的知识点是存货期末计量方法——存货减值迹象的判断。存货存在下列情形之一的，通常表明存货的可变现净值为零：（1）已霉烂变质的存货。（2）已过期且无转让价值的存货。（3）生产中不再需要，并且已无使用价值和转让价值的存货。（4）其他足以证明已无使用价值和转让价值的存货。因此，选项A、B正确。

9. 【答案】ABC 【解析】本题考查的知识点是存货期末计量方法——可变现净值的确定。企业确定存货的可变现净值时应当考虑的因素有：（1）存货可变现净值的确凿证据；（2）持有存货的目的；（3）资产负债表日后事项等的影响。因此，选项A、B、C正确。

10. 【答案】ABCD 【解析】本题考查的知识点是存货期末计量方法。（1）存货盘盈应当冲减管理费用。因此，选项A、B正确。（2）原材料因收发计量差错导致的盘亏，不需要转出进项税额，盘亏净损失应当计入管理费用，所以应当计入当期管理费用的金额为5万元。因此，选项C正确。（3）因自然灾害导致的存货盘亏，进项税额不需要转出，盘亏净损失应计入营业外支出，所以应计入当期营业外支出的金额 = 1 200 - 800 - 200 = 200（万元）。因此，选项D正确。

三、判断题

1. 【答案】× 【解析】本题考查的知识点是存货的确认条件——与该存货有关的经济利益很可能流入企业。通常情况下，取得存货的所有权是与存货相关的经济利益很可能流入本企业的一个重要标志。例如，根据销售合同已经售出（取得现金或收取现金的权利）的存货，其所有权已经转移，与其相关的经济利益已不再流入本企业，此时，即使该项存货尚未运离本企业，也不能再确认为本企业的存货。因此，本题的说法是错误的。

2. 【答案】× 【解析】本题考查的知识点是存货的确认条件——与该存货有关的经济利益很可能流入企业。委托代销商品，由于其所有权并未转移至受托方，因而委托代销的商品仍应当确认为委托企业存货的一部分。因此，本题的说法是错误的。

3. 【答案】√ 【解析】本题考查的知识点是存

货的确认条件——该存货的成本能够可靠地计量。企业预计发生的制造费用，由于并未实际发生，不能可靠地确定其成本，所以不能计入产品成本。因此，本题的说法是正确的。

4.【答案】√　【解析】本题考查的知识点是存货的初始计量——通过进一步加工而取得的存货。委托加工物资用于连续生产应税消费品的，受托方代收代缴的消费税不计入存货成本；委托加工物资直接用于销售的，受托方代收代缴的消费税计入存货成本。因此，本题的说法是正确的。

第三章　固定资产

教材变化

2025 年本章教材新增了固定资产的定义、投资合同或协议约定价值不公允的固定资产的入账价值初始计量，调整了自营方式建造固定资产的初始计量相关内容。

考情分析

本章主要内容是固定资产的确认、固定资产的初始计量、固定资产折旧、固定资产的后续支出、固定资产终止确认的条件和固定资产处置的会计处理。2020～2024 年考查知识点范围如下表所示，主要考查题型为客观题，主观题主要结合借款费用、所得税、会计差错更正等内容进行考查，每年分值为 4～5 分。

年份	单选题	多选题	判断题	计算分析题
2024	—	固定资产的初始计量	固定资产处置的会计处理	—
2023	外购固定资产	—	自行建造固定资产	—
2022	资本化后续支出	自行建造固定资产	固定资产折旧方法	—
2021	—	—	—	外购固定资产；固定资产折旧方法；资本化后续支出；固定资产处置的会计处理
2020	外购固定资产；自行建造固定资产；固定资产使用寿命、预计净残值和折旧方法的复核	固定资产使用寿命、预计净残值和折旧方法的复核；固定资产的后续支出	—	—

强化练习题

一、单选题

1. 下列各项中，属于固定资产的是（　　　）。
   A. 融资租出的设备
   B. 经营租出的厂房
   C. 已达预定可使用状态，但尚未办理竣工决算的办公楼
   D. 生产完成入库，准备出售的小汽车

2. 2×24 年 7 月 15 日，甲公司（为增值税一般纳税人）购入不需要安装的生产设备一台，取得的增值税专用发票注明的价款为 500 万元，增值税税额为 65 万元。另支付专业人员服务费 15 万元，员工培训费 10 万元。不考虑其他因素，该设备的入账价值为（ ）万元。

    A. 500   B. 510

    C. 515   D. 580

3. 2×24 年 9 月 30 日，甲公司外购的一台生产设备达到预定可使用状态，该设备价值 100 万元。另支付运杂费 5 万元，包装费 3 万元，以及该设备未来一年的维修费 10 万元。不考虑其他因素，该设备的入账价值为（ ）万元。

    A. 100   B. 105

    C. 108   D. 118

4. 2×24 年 7 月 19 日，甲公司（为增值税一般纳税人）一次性购入三台设备 A、B、C，取得的增值税专用发票注明的总价款为 180 万元，增值税税额为 23.4 万元；另支付运杂费 20 万元，A 设备的安装费 8 万元。A、B、C 三台设备的公允价值分别为 100 万元、60 万元、40 万元。不考虑其他因素，A 设备的入账价值为（ ）万元。

    A. 105   B. 108

    C. 115   D. 118

5. 2×24 年 9 月 30 日，甲公司于 2×24 年初开始建造的一条生产线达到预定可使用状态。建造过程中领用工程物资 300 万元；耗用自产产品一批，市场价值 60 万元（成本 30 万元）；应付工程人员薪酬 10 万元；专用借款利息费用 15 万元。不考虑其他因素，甲公司该生产线的初始入账价值为（ ）万元。

    A. 340   B. 355

    C. 370   D. 385

6. 2×24 年 4 月 1 日，甲公司采用自营方式建造一台生产设备，建造过程中耗用工程物资 700 万元，自产产品 80 万元（为生产成本），应付职工薪酬 80 万元，该设备在达到预定可使用状态前发生的相关测试费用 10 万元。该生产设备在试运行阶段生产的产品对外销售实现收入 20 万元，其生产成本 15 万元。6 月 30

日，该生产设备达到预定可使用状态。不考虑其他因素，甲公司该生产设备的入账价值为（ ）万元。

    A. 860   B. 865

    C. 870   D. 875

7. 2×24 年 1 月 1 日，甲公司收到投资人投入的管理用设备一台。合同约定，该设备价值 150 万元；投资人享有 15% 的投资额，价值 150 万元。当日，该设备的市场价值为 180 万元。不考虑其他因素，甲公司下列会计处理不正确的是（ ）。

    A. 借记"固定资产"科目 150 万元

    B. 借记"固定资产"科目 180 万元

    C. 贷记"实收资本"科目 150 万元

    D. 贷记"资本公积"科目 30 万元

8. 甲公司以自产产品一批换入乙公司一台生产设备（假定该业务具有商业实质）。交换日，甲公司自产产品的市场价值为 150 万元，生产成本为 130 万元；乙公司生产设备的公允价值为 140 万元，账面原值为 160 万元，已计提折旧 40 万元。乙公司另向甲公司支付补价 10 万元。不考虑增值税等其他因素，甲公司取得设备的入账价值为（ ）万元。

    A. 120   B. 130

    C. 140   D. 150

9. 特殊行业的特定固定资产，其初始计量存在弃置费用的，应将弃置费用的现值计入固定资产，同时确认相应的（ ）。

    A. 管理费用   B. 预计负债

    C. 营业外支出   D. 资本公积

10. 2×24 年 7 月 1 日，甲公司购入一台需要安装的生产设备。7 月 11 日，该设备送达甲公司处。7 月 29 日，该设备安装完成。不考虑其他因素，甲公司该设备开始计提折旧的日期是（ ）。

    A. 2×24 年 7 月 1 日

    B. 2×24 年 7 月 11 日

    C. 2×24 年 8 月 1 日

    D. 2×24 年 7 月 29 日

11. 2×24 年 9 月 15 日，甲公司自行建造的办公楼达到预定可使用状态，暂估价值为 9 800 万元，预计使用年限为 20 年，预计净残值为零，并采用直线法计提折旧。2×24 年 12

月15日，甲公司该办公楼办理竣工决算，并将暂估价值调整为实际成本为10 000万元，其他条件不变。不考虑其他因素，甲公司下列会计处理正确的是（　　）。

A. 2×24年9月15日，该办公楼暂不入账

B. 2×24年9月不提折旧

C. 2×24年12月不提折旧

D. 2×24年12月补提折旧2.5万元

12. 企业对固定资产合理选择折旧方法时，其依据是（　　）。

A. 以包括使用固定资产在内的经济活动所产生的收入为基础

B. 与固定资产有关的经济利益的预期消耗方式

C. 固定资产的使用寿命

D. 固定资产的实际产能、每月实际的工作量、实际工作环境或法律规定

13. 关于双倍余额递减法的下列说法中，正确的是（　　）。

A. 双倍余额递减法在加速计提折旧期间不考虑预计净残值

B. 采用双倍余额递减法计算的折旧额，每月都不一样

C. 双倍余额递减法属于非加速计提折旧法

D. 双倍余额递减法下，年折旧率翻倍，但是折旧年限减半

14. 2×23年9月30日，某企业一项固定资产达到预定可使用状态。该固定资产的原价为270万元，预计净残值为30万元，预计使用年限为5元，该企业采用年数总和法计提折旧。不考虑其他因素，该企业2×24年应对固定资产计提的折旧额为（　　）万元。

A. 64　　　　　B. 68

C. 76　　　　　D. 80

15. 甲公司以银行存款300万元购入一台生产设备，预计使用年限为5年，预计净残值为零。假定该设备各年产量基本均衡。不考虑其他因素，下列折旧方法中，会使该设备第一年计提折旧金额最多的是（　　）。

A. 年限平均法

B. 工作量法

C. 双倍余额递减法

D. 年数总和法

16. 2×22年6月20日，甲公司购入不需要安装的生产设备一台，价值1 500万元，预计使用年限为15年，预计净残值为零，采用年限平均法计提折旧。2×23年12月31日，估计该生产线可收回金额为1 209万元，其他条件不变。不考虑其他因素，2×24年末该资产的账面价值为（　　）万元。

A. 1 407　　　　B. 1 209

C. 1 250　　　　D. 1 116

17. 2×21年12月31日，甲公司购入的一台需安装的生产设备达到预定可使用状态，该设备原价为630万元，预计使用年限为9年，预计净残值为零，采用按直线法计提折旧。由于技术进步的原因，从2×24年1月1日起，决定对原估计的使用年限改为7年，同时改按双倍余额递减法计提折旧。不考虑其他因素，甲公司2×24年对该设备应计提的折旧额为（　　）万元。

A. 140　　　　　B. 180

C. 196　　　　　D. 252

18. 甲公司为扩大生产规模，改良一条生产线。该生产线于2×22年12月31日达到预定可使用状态，入账价值为480万元，预计使用年限为5年，预计净残值为零，采用直线法计提折旧。不考虑其他因素，2×24年12月31日甲公司该生产线的账面价值为（　　）万元。

A. 280　　　　　B. 288

C. 296　　　　　D. 480

19. 某企业对生产线进行改扩建，发生支出共计50万元（符合资本化条件的支出为45万元），被替换旧部件的账面原值为25万元，该设备原价为500万元，已计提折旧300万元。不考虑其他因素，该设备改良后的入账价值为（　　）万元。

A. 250　　　　　B. 245

C. 235　　　　　D. 225

20. 2×24年7月1日，甲公司于本年4月15日开始改造的生产设备更新改造完成。改造完成后，该设备的剩余使用年限为5年，预计净残值为零，采用年数总和法计提折旧。该设备原价为500万元，已计提折旧300万元（每月计提折旧5万元）；改造过程中的资本

化支出为 52 万元。不考虑其他因素，2×24 年甲公司该设备应计提的折旧额为（　　）万元。

A. 50　　　　　　　B. 55

C. 57　　　　　　　D. 62

21. 工业企业生产车间的生产设备发生的日常修理费用，应计入（　　）。

A. 管理费用　　　　B. 营业外支出

C. 制造费用　　　　D. 固定资产

22. 企业发生的与固定资产有关的下列支出中，能够影响企业当期损益的是（　　）。

A. 存在弃置费用的固定资产，在其使用寿命期内按照实际利率法计算确定的利息费用

B. 生产用的机器设备，在其使用寿命期内计提的折旧费用

C. 车间生产设备的日常维修费

D. 固定资产达到预定可使用状态前发生相关测试费用

二、多选题

1. 根据《企业会计准则第 4 号——固定资产》的规定，关于固定资产的下列说法中，正确的有（　　）。

A. 使用寿命超过 1 个会计年度

B. 为了生产商品、提供劳务、出租或经营管理而持有

C. 属于有形资产

D. 单位价值较大（一般在 2 000 元以上）

2. 一项资产如要确认为“固定资产”，除需满足资产的定义外，还应满足的条件有（　　）。

A. 属于有形资产

B. 是为生产商品、提供劳务、出租或经营管理而持有

C. 与该固定资产有关的经济利益很可能流入企业

D. 该固定资产的成本能够可靠计量

3. 下列各项中，应当计入固定资产成本的有（　　）。

A. 不含增值税的购买价款

B. 增值税进项税额

C. 安装调试成本

D. 安装过程中领用自产产品的账面价值

4. 下列各项中，应计入企业固定资产入账价值

的有（　　）。

A. 固定资产的预计弃置费用的现值

B. 固定资产的日常维修费

C. 固定资产建造期间因安全事故停工 4 个月的借款费用

D. 满足资本化条件的固定资产改建支出

5. 甲公司系增值税一般纳税人，2×24 年 9 月进口一台需安装的生产设备。在该设备达到预定可使用状态前，下列各项甲公司为该设备发生的支出中，应计入该设备初始入账成本的有（　　）。

A. 设备调试人员工资费用 5 万元

B. 安装过程中领用外购原材料的增值税 13 万元

C. 不含增值税的安装费 35 万元

D. 支付的进口关税 20 万元

6. 下列各项与企业以自营方式建造办公楼相关的支出中，应计入该办公楼成本的有（　　）。

A. 领用工程物资的实际成本

B. 建造过程中发生的机械施工费

C. 建造期间发生的符合资本化条件的借款费用

D. 通过出让方式取得土地使用权时支付的土地出让金

7. 下列各项中，应计入企业自行建造固定资产初始入账成本的有（　　）。

A. 建造过程中发生的负荷联合试车费用

B. 分摊的为建造工程发生的可行性研究费用

C. 建造过程中发生的工程物资盘亏净损失

D. 建造过程中发生建设施工人员的防暑降温费

8. 2×24 年 6 月 30 日，甲公司一条生产线的安装基本完成，并对其进行负荷联合试车以测试其可否正常运转，期限为 1 个月。试运行过程中，甲公司投入原材料 200 万元，发生人工 70 万元，计提生产线所在厂房折旧 25 万元，以银行存款支付水电费 5 万元。甲公司根据前期规划，预计正常生产能力水平下，上述支出能产出 100 件合格品，但试运行过程中仅产出 20 件合格品并完工入库。2×24 年 8 月，新生产线全部完工，达到设计要求并交付使用。不考虑其他因素，下列说法正确的有（　　）。

A. 2×24 年 7 月，完工入库的存货金额为 60 万元

B. 2×24 年 7 月，完工入库的存货金额为 300 万元

C. 2×24 年 8 月，固定资产的入账价值相较于截至 2×24 年 6 月 30 日累计发生的资本化支出应增加 240 万元

D. 2×24 年 8 月，固定资产的入账价值为截至 2×24 年 6 月 30 日累计发生的资本化支出

9. 2×24 年 6 月 30 日，甲公司自行建造的一栋办公楼达到预定可使用状态（但未办理竣工决算手续），并按照估计价值 3 600 万元入账。该办公楼的预计净残值为零，预计使用年限为 25 年，采用直线法计提折旧。2×24 年 10 月 31 日，该办公楼办理完竣工决算手续，确定价值为 3 750 万元。不考虑其他因素，下列说法正确的有（　　）。

A. 2×24 年 6 月 30 日，该办公楼的初始入账价值为 3 600 万元

B. 2×24 年 7 月至 9 月，每月计提折旧 12 万元

C. 2×24 年 10 月，该办公楼的初始入账价值调整为 3 750 万元

D. 2×24 年 10 月，该办公楼为新增固定资产，应当从次月开始计提折旧

10. 关于固定资产折旧的下列会计处理中，正确的有（　　）。

A. 基本生产车间使用的固定资产计提的折旧，应当计入生产成本

B. 未使用的固定资产计提的折旧，应当计入管理费用

C. 管理部门使用的固定资产计提的折旧，应当计入管理费用

D. 销售部门使用的固定资产计提的折旧，应当计入销售费用

11. 每年年末，企业应当对固定资产的下列项目进行复核的有（　　）。

A. 折旧方法

B. 预计净残值

C. 预计使用寿命

D. 已计提折旧

12. 下列固定资产后续支出的会计处理中，能够影响营业利润的有（　　）。

A. 生产车间使用与存货生产相关的固定资产的日常修理费（假定当期生产的产品全部对外销售）

B. 管理部门使用固定资产的日常修理费

C. 销售部门使用固定资产的日常修理费

D. 财务部门使用固定资产的日常修理费

13. 下列情形中，属于固定资产处置的有（　　）。

A. 将其划分为持有待售类别

B. 出售

C. 对外投资

D. 债务重组

14. 下列各项中，满足固定资产终止确认条件而应当终止确认的有（　　）。

A. 对外出售的机器设备

B. 用于出租的办公楼

C. 台风损毁的起重设备

D. 对外投资的厂房

15. 甲公司出售生产设备一台，取得价款 50 万元；支付清理费用 5 万元。处置当日，该设备的账面价值为 22 万元。不考虑其他因素，甲公司下列会计处理正确的有（　　）。

A. 贷记"营业外收入"科目 23 万元

B. 贷记"资产处置损益"科目 23 万元

C. 增加"营业利润"28 万元

D. 增加"营业利润"23 万元

三、判断题

1. 实务中，主要通过判断与该固定资产所有权相关的风险和报酬是否转移到企业，来判断与该项固定资产有关的经济利益是否很可能流入企业。（　　）

2. 企业财务人员根据最新资料，能够合理估计出固定资产的成本，则视同固定资产的成本能够可靠地计量。（　　）

3. 为净化环境购置的环保设备，由于不能为企业带来直接的经济利益，所以不应将其确认为一项固定资产。（　　）

4. 地质勘探企业应将所持有的管材等资产，确认为固定资产。（　　）

5. 民用航空运输企业持有的高价周转件，即便符合固定资产定义和条件的，也应确认为周转材料。（　　）

6. 在建的固定资产试运行中产生的产品进行销

售，其产品的销售收入和成本应计入当期损益。（　　）

7. 某核电厂的核设施在初始计量时，应当考虑弃置费用，并将弃置费用的现值计入核设施的成本中，同时确认相应的预计负债。（　　）

8. 对于在用的机器设备，企业可以按其生产产品实现的收入为基础计提折旧。（　　）

9. 企业在生产经营期间正常出售固定资产所产生的损失，应当计入营业外支出。（　　）

10. 企业以固定资产清偿债务的，应当按照债务重组的原则进行核算。（　　）

快速查答案

一、单选题

序号	1	2	3	4	5	6	7	8	9	10	11	12
答案	C	C	C	B	A	C	A	C	B	C	B	B
序号	13	14	15	16	17	18	19	20	21	22		
答案	A	C	C	D	C	B	C	B	C	A		

二、多选题

序号	1	2	3	4	5	6	7	8	9	10	11	12
答案	ABC	CD	ACD	AD	ACD	ABC	ABCD	AC	ABC	BCD	ABC	ABCD
序号	13	14	15									
答案	ABCD	ABCD	BD									

三、判断题

序号	1	2	3	4	5	6	7	8	9	10
答案	√	√	×	×	×	√	√	×	×	√

参考答案及解析

一、单选题

1.【答案】C　【解析】本题考查的知识点是固定资产的确认——固定资产的确认条件。（1）融资租出的设备，应通过"融资租赁资产"科目核算。因此，选项 A 错误。（2）经营租出的厂房，应通过"投资性房地产"科目核算。因此，选项 B 错误。（3）生产完成入库，准备出售的小汽车，应通过"库存商品"科目核算。因此，选项 D 错误。

2.【答案】C　【解析】本题考查的知识点是固定资产的初始计量——外购固定资产。该设备的入账价值 = 500 + 15 = 515（万元）。因此，选项 C 正确。

3. 【答案】C 【解析】本题考查的知识点是固定资产的初始计量——外购固定资产。甲公司该设备的入账价值 = 100 + 5 + 3 = 108（万元）。因此，选项C正确。

【提示】甲公司预付的该设备未来一年的维修费应通过"预付账款"科目核算，待实际发生维修支出时再确认为费用。

4. 【答案】B 【解析】本题考查的知识点是固定资产的初始计量——外购固定资产。A设备的入账价值 = (180 + 20) × 100/(100 + 60 + 40) + 8 = 108（万元）。因此，选项B正确。

5. 【答案】A 【解析】本题考查的知识点是固定资产的初始计量——自行建造固定资产。甲公司该生产线的初始入账价值 = 300 + 30 + 10 = 340（万元）。

【提示】企业购入需安装的固定资产或是采用自营方式建造不动产的，安装或建造期间不满1年的（即 <1 年），发生的借款费用不得资本化，应当费用化处理，记入"财务费用"科目。

6. 【答案】C 【解析】本题考查的知识点是固定资产的初始计量——自行建造固定资产。（1）固定资产达到预定可使用状态前的必要支出，比如测试固定资产可否正常运转而发生的支出，应计入该固定资产成本。所以，在该设备达到预定可使用状态前发生相关测试费用 15 万元，应计入生产设备的入账价值。（2）企业将固定资产达到预定可使用状态前或者研发过程中产出的产品或副产品对外销售的，应当按照《企业会计准则第 14 号——收入》《企业会计准则第 1 号——存货》等规定，对试运行销售相关的收入和成本分别进行会计处理，计入当期损益，不应将试运行销售相关收入抵销相关成本后的净额冲减固定资产成本或者研发支出。所以，在试运行过程中实现销售收入 20 万元，发生生产成本 15 万元，不应计入生产设备的入账价值。（3）甲公司该生产设备的入账价值 = 700 + 80 + 80 + 10 = 870（万元）。因此，选项C正确。

7. 【答案】A 【解析】本题考查的知识点是固定资产的初始计量——其他方式取得的固定资产。接受固定资产投资的企业，在办理了固定资产移交手续之后，应按投资合同或协议约定的价值加上应支付的相关税费作为固定资产的入账价值，但合同或协议约定价值不公允的除外（不公允的，按照公允价值入账）。因此，选项A错误。

8. 【答案】C 【解析】本题考查的知识点是固定资产的初始计量——其他方式取得的固定资产。企业以存货换取客户的非货币性资产的，适用《企业会计准则第 14 号——收入》。所以，甲公司取得设备的入账价值 = 150 – 10 = 140（万元）。因此，选项C正确。

会计分录如下：

（1）甲公司：

借：固定资产	140
银行存款	10
贷：主营业务收入	150
借：主营业务成本	130
贷：库存商品	130

（2）乙公司：

借：固定资产清理	120
累计折旧	40
贷：固定资产	160
借：库存商品	150
贷：固定资产清理	120
资产处置损益	20
银行存款	10

9. 【答案】B 【解析】本题考查的知识点是固定资产的初始计量——存在弃置费用的固定资产。特殊行业的特定固定资产，对其进行初始计量时，还应当考虑弃置费用。弃置费用通常是指根据国家法律和行政法规、国际公约等规定，企业承担的环境保护和生态恢复等义务所确定的支出。对此，企业应当将弃置费用的现值计入相关固定资产的成本，同时确认相应的预计负债。因此，选项B正确。

10. 【答案】C 【解析】本题考查的知识点是固定资产折旧——固定资产折旧范围。企业在实际计提固定资产折旧时，当月增加的固定资产，当月不提折旧，从下月起计提折旧；当月减少的固定资产，当月照提折旧，从下月起不提折旧。固定资产提足折旧后，不论能否继续使用，均不再计提折旧；提前报废的固定资产，也不再补提折旧。因此，选项

C 正确。

11. 【答案】B 【解析】本题考查的知识点是固定资产折旧——固定资产折旧范围。（1）已达到预定可使用状态但尚未办理竣工决算的固定资产，应当按照估计价值确定其成本，并计提折旧。因此，选项 A 错误。（2）企业在实际计提固定资产折旧时，当月增加的固定资产，当月不提折旧，从下月起计提折旧。本题中，甲公司该办公楼于 2×24 年 9 月 15 日达到预定可使用状态，即 2×24 年 9 月为增加当月，所以甲公司 2×24 年 9 月不对该办公楼计提折旧。因此，选项 B 正确。（3）2×24 年 12 月，甲公司该办公楼办理竣工决算手续，所以当月仍然需要计提折旧。因此，选项 C 错误。（4）待办理竣工决算后，再按照实际成本调整原来的暂估价值，但不需要调整原已计提的折旧额。所以，甲公司 2×24 年 12 月不需要补提折旧。因此，选项 D 错误。

【提示 1】办理竣工决算当月，不属于新增固定资产，只是需要调整固定资产的入账价值，所以，竣工决算当月仍需要计提折旧。

【提示 2】办理竣工决算当月，之所以不需要补提折旧，是因为这属于会计估计变更。会计估计变更采用的会计处理方法为未来适用法，所以，不需要调整原已计提的折旧额（即不需要补提之前期间的折旧）。

12. 【答案】B 【解析】本题考查的知识点是固定资产折旧——固定资产折旧方法。企业应当根据与固定资产有关的经济利益的预期消耗方式，合理选择折旧方法。需要注意的是，企业不能以包括使用固定资产在内的经济活动所产生的收入为基础进行折旧。因为收入可能受到投入、生产过程、销售等因素的影响，这些因素与固定资产有关经济利益的预期消耗方式无关。因此，选项 B 正确。

13. 【答案】A 【解析】本题考查的知识点是固定资产折旧——固定资产折旧方法。（1）双倍余额递减法是指在不考虑固定资产预计净残值的情况下，根据每期期初固定资产原价减去累计折旧后的余额和双倍的直线法折旧率计算固定资产折旧的一种方法。因此，选项 D 错误，选项 A 正确。（2）采用双倍余

额递减法计算的折旧额，在加速折旧期间，每年的年折旧额不一样，但是，每月的折旧额是由 "年折旧额/12" 计算得出，所以，每月的折旧额是一样的。因此，选项 B 错误。（3）双倍余额递减法属于加速计提折旧法。因此，选项 C 错误。

14. 【答案】C 【解析】本题考查的知识点是固定资产折旧——固定资产折旧方法。（1）2×23 年 10 月 1 日～2×24 年 9 月 30 日，该固定资产应计提的折旧额 = $(270-30) \times 5/15 = 80$（万元）。（2）2×24 年 10 月 1 日～2×25 年 9 月 30 日，该固定资产应计提的折旧额 = $(270-30) \times 4/15 = 64$（万元）。（3）该设备 2×24 年应计提的折旧额 = $80 \times 9/12 + 64 \times 3/12 = 76$（万元）。因此，选项 C 正确。

15. 【答案】C 【解析】本题考查的知识点是固定资产折旧——固定资产折旧方法。

解题思路一：假定该设备的工作总量为生产 20 万件产品，每年的工作量为 4 万件产品。

（1）年限平均法下第一年计提的折旧金额 = $300/5 = 60$（万元）；

（2）工作量法下第一年计提的折旧金额 = $300 \times 4/20 = 60$（万元）；

（3）双倍余额递减法下第一年计提的折旧金额 = $300 \times 2/5 = 120$（万元）；

（4）年数总和法下第一年计提的折旧金额 = $300 \times 5/15 = 100$（万元）。

经过比较，可知双倍余额递减法下第一年计提的折旧金额最多。因此，选项 C 正确。

解题思路二：

（1）因为该设备各年产量基本均衡，所以年限平均法和工作量法计提的折旧金额应当一致。同时，由于加速计提折旧法（即双倍余额递减法和年数总和法）在第一年计提的折旧额要高于年限平均法和工作量法，因此，选项 A、B 错误。

（2）双倍余额递减法和年数总和法，虽然同属于加速计提折旧法，但是由于双倍余额递减法的折旧率高于年数总和法，且年数总和法还需考虑预计净残值。因此，综合考虑可知双倍余额递减法下第一年计提的折旧金额最多，选项 D 错误。因此，选项 C 正确。

16. 【答案】D 【解析】本题考查的知识点是固

定资产折旧——固定资产使用寿命、预计净残值和折旧方法的复核。

（1）2×22年7月~2×23年12月，该生产线计提的折旧额 = 1 500/15 × 1.5 = 150（万元）。

（2）2×23年12月末，该生产线的账面价值 = 1 500 - 150 = 1 350（万元）。

（3）由于，该生产线在2×23年12月末的可收回金额为1 209万元，低于其账面价值，因此，发生减值。该生产线于2×23年12月末计提固定资产减值准备的金额 = 1 350 - 1 209 = 141（万元），计提完固定资产减值准备后的账面价值为1 209万元。

（4）固定资产发生减值后再计提折旧，属于会计估计变更，应当采用未来适用法。所以2×24年末该生产线的账面价值 = 1 209 - 1 209/13 = 1 116（万元）。

因此，选项D正确。

17.【答案】C　【解析】本题考查的知识点是固定资产折旧——固定资产使用寿命、预计净残值和折旧方法的复核。

（1）因为，甲公司购入的一台需安装的生产设备于2×21年12月31日达到预定可使用状态，根据规定，当月增加的固定资产，当月不计提折旧，从下月开始计提折旧，所以甲公司应从2×22年1月1日开始计提折旧，至2×24年1月1日累计计提2年的折旧。

2年的折旧额 = 630 × 2/9 = 140（万元）

因此，该设备于2×24年1月1日的账面价值 = 630 - 140 = 490（万元）。

（2）从2×24年1月1日，决定对原估计使用年限改为7年，同时改按双倍余额递减法计提折旧，该变更属于会计估计变更，应当采用未来适用法进行会计处理，即不调整以前各期折旧，也不计算累积影响数，只需从2×24年1月1日起按重新预计的使用年限及新的折旧方法计算年折旧费用即可。

甲公司2×24年对该设备应计提的折旧额 = 490 × 2/5 = 196（万元）。

因此，选项C正确。

18.【答案】B　【解析】本题考查的知识点是固定资产的后续支出——资本化的后续支出。

2×24年12月31日甲公司该生产线的账面

价值 = 480 - 480 × 2/5 = 288（万元）。因此，选项B正确。

【提示】固定资产更新改造当月（即从固定资产转入在建工程这笔业务），需要计提折旧。因此，本题中该生产线的折旧计提期间为：2×23年1月~2×24年12月，共计2年。

19.【答案】C　【解析】本题考查的知识点是固定资产的后续支出——资本化的后续支出。

（1）被替换的旧部件应计提的折旧额 = 25 × 300/500 = 15（万元）

（2）该设备改良后的入账价值 = （500 - 300）+ 45 - （25 - 15）= 235（万元）。

因此，选项C正确。

20.【答案】B　【解析】本题考查的知识点是固定资产折旧——固定资产折旧方法和固定资产的后续支出——资本化的后续支出。

（1）甲公司该生产设备改造完成后的入账价值 = 500 - 300 + 52 = 252（万元）。

（2）2×24年甲公司该设备应计提的折旧额 = 5 × 4 + 252 × 5/15 × 5/12 = 55（万元）。

因此，选项B正确。

【提示】固定资产更新改造完成当月不提折旧，应当从次月开始计提。

21.【答案】C　【解析】本题考查的知识点是固定资产的后续支出——费用化的后续支出。与存货的生产和加工相关的固定资产日常修理费用按照存货成本确定原则进行处理，计入"制造费用"等科目。因此，选项C正确。

22.【答案】A　【解析】本题考查的知识点是固定资产的后续支出——费用化的后续支出。生产用的机器设备，在其使用寿命期内计提的折旧费用，应通过"制造费用"科目核算，不影响损益，选项B错误；车间生产设备的日常维修费，属于与存货的生产和加工相关的固定资产的修理费用，应当按照存货成本确定原则进行处理，选项C错误；固定资产达到预定可使用状态前发生相关测试费用，应计入固定资产的初始入账价值，选项D错误。因此，选项A正确。

二、多选题

1.【答案】ABC　【解析】本题考查的知识点是固定资产的确认。固定资产具有以下三点特征：（1）固定资产是为生产商品、提供劳务、出租或经营管理而持有。（2）固定资产使用寿命超过1个会计年度。（3）固定资产为有形资产。因此，选项A、B、C正确。

【提示】"单位价值较大"属于企业会计制度中关于固定资产特征的描述，不属于企业会计准则中的说法。因此，选项D错误。

2. 【答案】CD 【解析】本题考查的知识点是固定资产的确认——固定资产的确认条件。一项资产如要作为固定资产加以确认，首先需要符合固定资产的定义，其次还要符合固定资产的确认条件，即与该固定资产有关的经济利益很可能流入企业，同时，该固定资产的成本能够可靠地计量。因此，选项C、D正确。

3. 【答案】ACD 【解析】本题考查的知识点是固定资产的初始计量。企业外购固定资产的成本，包括购买价款，相关税费，使固定资产达到预定可使用状态前所发生的可归属于该项资产的运输费、装卸费、安装费和专业人员服务费等。因此，选项A、C、D正确。

4. 【答案】AD 【解析】本题考查的知识点是固定资产的后续支出——费用化的后续支出。固定资产的日常维修费，计入管理费用、销售费用等，不计入固定资产的入账价值，选项B错误；固定资产建造期间因安全事故停工4个月的借款费用，满足应暂停借款费用资本化的条件，应将相关借款费用计入财务费用，选项C错误。因此，选项A、D正确。

5. 【答案】ACD 【解析】本题考查的知识点是固定资产的初始计量——外购固定资产。增值税属于价外税，不计入相关资产的初始成本中。因此，选项B错误。

6. 【答案】ABC 【解析】本题考查的知识点是固定资产的初始计量——自行建造固定资产。通过出让方式取得土地使用权时支付的土地出让金记入"无形资产"科目，但是在办公楼建造期间计提的摊销额应记入"在建工程"科目。因此，选项D错误。

7. 【答案】ABCD 【解析】本题考查的知识点是固定资产的初始计量——自行建造固定资产。企业以出包方式建造固定资产，其成本由建造该项固定资产达到预定可使用状态前所发生的必要支出构成，包括发生的建筑工程支

出、安装工程支出，以及需分摊计入的待摊支出。待摊支出，是指在建设期间发生的、不能直接计入某项固定资产价值，而应由所建造固定资产共同负担的相关费用，包括为建造工程发生的管理费、可行性研究费、临时设施费、公证费、监理费、应负担的税金、符合资本化条件的借款费用、建设期间发生的工程物资盘亏、报废及毁损净损失，以及负荷联合试车费等。因此，选项A、B、C、D正确。

8. 【答案】AC 【解析】本题考查的知识点是固定资产的初始计量——自行建造固定资产。存货成本包括直接材料、直接人工以及按照一定方法分配的制造费用是企业正常设计生产能力下的必要合理支出。固定资产达到预定可使用状态前试生产的存货，应以正常设计生产能力下的必要合理支出为基础，确认相关存货成本，试运行期间实际投入金额超出存货成本的部分计入在建工程正常设计生产能力下的必要合理支出，应结合固定资产达到预定可使用状态后的正常设计产能、产品正常生产投入产出比等因素考虑。本题中，甲公司新建生产线在达到预定可使用状态前试运行生产产品发生的支出金额 = 200 + 70 + 25 + 5 = 300（万元）。但是，甲公司根据前期规划，预计正常生产能力水平下，上述支出能产出100件合格品，但试运行过程中仅产出20件合格品并完工入库。所以，根据上述分析，完工的20件合格品的入账价值 = 300 × 20/100 = 60（万元），上述支出金额中超出完工产品的金额 = 300 − 60 = 240（万元），则应计入在建工程成本。因此，选项A、C正确。

9. 【答案】ABC 【解析】本题考查的知识点是固定资产折旧——固定资产折旧范围、固定资产折旧方法。

（1）已达到预定可使用状态但尚未办理竣工决算的固定资产，应当按照估计价值确定其成本，并计提折旧：

①2×24年6月30日，该办公楼的入账价值为3 600万元。因此，选项A正确；

②2×24年7月至9月，每月计提折旧 = 3 600/25/12 = 12（万元）。因此，选项B正确。

（2）待办理竣工决算后，再按照实际成本调

整原来的暂估价值，但不需要调整原已计提的折旧额：

①2×24年10月，将办公楼的入账价值调整为3750万元。因此，选项C正确；

②2×24年10月，该办公楼已在甲公司账上记入"固定资产"科目，所以，不属于新增固定资产。应在办理竣工决算手续的当月，按照调整后的办公楼的价值，计提折旧。因此，选项D错误。

10.【答案】BCD 【解析】本题考查的知识点是固定资产折旧——固定资产折旧方法。企业计提的固定资产折旧，应当根据用途计入相关资产的成本或者当期损益。（1）基本生产车间使用的固定资产，其计提的折旧应计入制造费用。因此，选项A错误。（2）管理部门使用的固定资产计提的折旧应计入管理费用。因此，选项C正确。（3）销售部门使用的固定资产，计提的折旧应计入销售费用。因此，选项D正确。（4）未使用固定资产，其计提的折旧应计入管理费用等。因此，选项B正确。

11.【答案】ABC 【解析】本题考查的知识点是固定资产折旧——固定资产使用寿命、预计净残值和折旧方法的复核。根据《企业会计准则第4号——固定资产》的规定，企业至少应当于每年年度终了，对固定资产的使用寿命、预计净残值和折旧方法等进行复核。因此，选项A、B、C正确。

12.【答案】ABCD 【解析】本题考查的知识点是固定资产的后续支出——费用化的后续支出。（1）与存货的生产和加工相关的固定资产日常修理费用按照存货成本确定原则进行处理，应当通过"制造费用"科目核算。又因为，假定当期生产的产品全部对外销售，所以，"制造费用"科目的金额最终会转入"主营业务成本"科目，能够影响营业利润。因此，选项A正确。（2）行政管理部门、企业专设的销售机构等发生的固定资产日常修理费用按照功能分类计入管理费用或销售费用。因此，选项B、C、D正确。

13.【答案】ABCD 【解析】本题考查的知识点是固定资产终止确认的条件。固定资产处置包括将固定资产划分为持有待售类别，以及

固定资产的出售、转让、报废或毁损、对外投资、债务重组、非货币性资产交换等。因此，选项A、B、C、D正确。

14.【答案】ABCD 【解析】本题考查的知识点是固定资产终止确认的条件。固定资产满足下列条件之一的，应当予以终止确认：（1）该固定资产处于处置状态（如：不再用于生产商品、提供劳务、出租或经营管理）。（2）该固定资产预期通过适用或处置不能产生经济利益。因此，选项A、B、C、D正确。

15.【答案】BD 【解析】本题考查的知识点是固定资产处置的会计处理。（1）甲公司出售生产设备应贷记"资产处置损益"科目的金额=50-5-22=23（万元）。因此，选项A错误，选项B正确。（2）"资产处置损益"科目属于利润表中"营业利润"的计算项目，所以，出售生产设备会增加"营业利润"的金额为23万元。因此，选项C错误，选项D正确。

三、判断题

1.【答案】√ 【解析】本题考查的知识点是固定资产的确认——固定资产的确认条件。企业在确认固定资产时，需要判断与该项固定资产有关的经济利益是否很可能流入企业。实务中，主要是通过判断与该固定资产所有权相关的风险和报酬是否转移到了企业来确定。因此，本题的说法是正确的。

2.【答案】√ 【解析】本题考查的知识点是固定资产的确认——固定资产的确认条件。企业在确定固定资产成本时，有时需要根据所获得的最新资料，对固定资产的成本进行合理的估计。如果企业能够合理地估计出固定资产的成本，则视同固定资产的成本能够可靠地计量。因此，本题的说法是正确的。

3.【答案】× 【解析】本题考查的知识点是固定资产的确认——固定资产的确认条件。企业由于安全或环保的要求购入设备等，虽然不能直接给企业带来未来经济利益，但有助于企业从其他相关资产的使用中获得未来经济利益或者获得更多的未来经济利益也应确认为固定资产。如为净化环境或者满足国家有关排污标准的需要购置的环保设备，这些

设备的使用虽然不会为企业带来直接的经济利益，但有助于企业提高对废水、废气、废渣的处理能力，有利于净化环境，企业为此将减少未来由于污染环境而需支付的环境治理费或者罚款，应将这些设备确认为固定资产。因此，本题的说法是错误的。

4.【答案】×　【解析】本题考查的知识点是固定资产的确认——固定资产的确认条件。对于工业企业所持有的工具、用具、备品备件、维修设备等资产，施工企业所持有的模板、挡板、架料等周转材料，以及地质勘探企业所持有的管材等资产，尽管该类资产具有固定资产的某些特征，如使用期限超过一年，也能够带来经济利益，但由于数量多、单价低，考虑到成本效益原则，在实务中通常确认为存货。因此，本题的说法是错误的。

5.【答案】×　【解析】本题考查的知识点是固定资产的确认——固定资产的确认条件。符合固定资产定义和确认条件的，应当确认为固定资产，比如企业（民用航空运输）的高价周转件等。因此，本题的说法是错误的。

6.【答案】√　【解析】本题考查的知识点是固定资产的初始计量——外购固定资产。企业将固定资产达到预定可使用状态前或者研发过程中产出的产品或副产品对外销售的，应当按照规定，对试运行销售相关的收入和成本分别进行会计处理，计入当期损益，不应将试运行销售相关收入抵销相关成本后的净额冲减固定资产成本或者研发支出。因此，本题的说法是正确的。

7.【答案】√　【解析】本题考查的知识点是固定资产的初始计量——存在弃置费用的固定资产。特殊行业的特定固定资产，对其进行初始计量时，还应当考虑弃置费用，并应当将弃置费用的现值计入相关固定资产的成本，同时确认相应的预计负债。因此，本题的说法是正确的。

【提示】企业应在固定资产的使用寿命内，按照预计负债的摊余成本和实际利率计算确定的利息费用，应当在发生时计入财务费用。

8.【答案】×　【解析】本题考查的知识点是固定资产折旧——固定资产折旧方法。企业应当根据与固定资产有关的经济利益的预期消耗方式，合理选择折旧方法。需要注意的是，企业不能以包括使用固定资产在内的经济活动所产生的收入为基础进行折旧。因此，本题的说法是错误的。

9.【答案】×　【解析】本题考查的知识点是固定资产处置的会计处理——固定资产出售、报废或毁损的账务处理。固定资产清理完成后的净损失，属于生产经营期间正常的出售、转让所产生的损失，借记"资产处置损益"科目，贷记"固定资产清理"科目；属于因自然灾害发生毁损已丧失使用功能等原因而报废清理所产生的损失，借记"营业外支出——非流动资产毁损报废损失"科目，贷记"固定资产清理"科目。固定资产清理完成后的净收益，借记"固定资产清理"科目，贷记"资产处置损益"或"营业外收入"科目。因此，本题的说法是错误的。

10.【答案】√　【解析】本题考查的知识点是固定资产处置的会计处理——其他方式减少的固定资产。其他方式减少的固定资产，如出售、转让划分为持有待售类别的固定资产或处置组以及以固定资产清偿债务、投资转出固定资产、以非货币性资产交换换出固定资产等分别按照持有待售的非流动资产、处置组和终止经营以及债务重组、非货币性资产交换等的处理原则进行核算。因此，本题的说法是正确的。

第四章　无形资产

教材变化

2025 年本章教材主要调整了"无形资产的处置"相关内容。

考情分析

本章主要内容是无形资产概述、无形资产的确认条件、无形资产的初始计量、研究与开发阶段的区分、研究与开发阶段支出的确认、内部开发的无形资产的计量、内部研究开发支出的会计处理、无形资产使用寿命的确定、使用寿命有限的无形资产、使用寿命不确定的无形资产、无形资产出售和无形资产报废。2020 ~ 2024 年考查知识点范围如下表所示，主要考查题型为客观题，以及计算分析题，每年分值为 5 ~ 6 分。

年份	单选题	多选题	判断题	计算分析题
2024	外购无形资产的成本	使用寿命有限的无形资产	—	—
2023	—	—	—	内部研究开发支出的会计处理；使用寿命有限的无形资产；无形资产出售
2022	使用寿命有限的无形资产	—	无形资产报废	
2021	无形资产的确认条件；使用寿命有限的无形资产、使用寿命不确定的无形资产	无形资产的确认条件；外购无形资产的成本；使用寿命有限的无形资产、使用寿命不确定的无形资产	土地使用权的处理；使用寿命不确定的无形资产；使用寿命有限的无形资产	—
2020	内部开发的无形资产的计量；使用寿命有限的无形资产	土地使用权的处理	内部开发的无形资产的计量	—

强化练习题

一、单选题

1. 关于无形资产的下列说法中，不正确的是（　　）。

A. 不具有实物形态

B. 由企业拥有或控制并能为其带来现时的经济利益

C. 能区别于其他资产可单独辨认

D. 属于非货币性资产

2. 下列各项中，符合无形资产定义的是（　　）。

   A. 客户名单

   B. 企业内部产生的品牌

   C. 自行研发的专利技术

   D. 企业合并产生的商誉

3. 下列各项中，应当确认为无形资产的是（　　）。

   A. 企业内部产生的品牌

   B. 客户关系

   C. 外购的专利权

   D. 经营租出的土地使用权

4. 甲公司为增值税一般纳税人。2×24年9月1日，甲公司购入一项专利权，取得的增值税专用发票注明的价款为100万元，增值税税额为6万元。另支付专业人员服务费8万元，引入新产品进行宣传发生的广告费12万元。不考虑其他因素，甲公司该专利权的初始入账价值为（　　）万元。

   A. 100　　　　　　B. 108

   C. 120　　　　　　D. 126

5. 2×24年7月1日，甲公司以银行存款2 000万元购入一项土地使用权，用于建造办公楼。另支付印花税1万元，契税100万元，耕地占用税30万元。不考虑其他因素，甲公司该土地使用权的入账价值为（　　）万元。

   A. 2 000　　　　　B. 2 001

   C. 2 130　　　　　D. 2 131

6. 2×24年1月1日，甲公司以分期付款的方式从乙公司购入一项专利，价值1 000万元，期限4年，每年年初支付250万元。当日，甲公司支付250万元，增量借款年利率为5%。已知（P/A，5%，3）=2.7232。为使该专利权达到预定用途，甲公司支付专业服务费20万元。不考虑其他因素，甲公司该专利的初始入账成本为（　　）万元。

   A. 1 000　　　　　B. 950.8

   C. 1 020　　　　　D. 930.8

7. 投资人A以一项专利技术对甲有限责任公司（以下简称甲公司）投资，该专利技术的合同约定价值为60万元（与市场价值相等），享有甲公司的注册资本金的比例为40%。甲公司的注册资本金为100万元。不考虑其他因素，甲公司下列会计处理正确的是（　　）。

   A. 借记"无形资产"60万元

   B. 贷记"实收资本"60万元

   C. 贷记"资本公积"60万元

   D. 贷记"营业外收入"20万元

8. 2×24年8月15日，甲公司收到投资人B投入的一项专利权。合同约定，该专利权的价值为150万元，投资人B享有的注册资本份额为30%，价值120万元。当日，该专利权的市场价值为180万元。不考虑其他因素，下列说法不正确的是（　　）。

   A. 甲公司该专利权的入账价值为150万元

   B. 甲公司的注册资本金增加120万元

   C. 所有者投入甲公司的资本金额为180万元

   D. 该业务属于权益性交易

9. 关于土地使用权的下列会计处理中，正确的是（　　）。

   A. 非房地产开发企业取得土地使用权用于建造自用办公楼的，应将该土地使用权记入"固定资产"科目

   B. 非房地产开发企业取得土地使用权用于对外出租的，应将该土地使用权记入"投资性房地产"科目

   C. 非房地产开发企业取得土地使用权用于增值后出售的，应将该土地使用权记入"持有待售资产"科目

   D. 房地产开发企业取得土地使用权用于建造商品房的，应将该土地使用权记入"无形资产"科目

10. 2×24年6月15日，甲公司购入一栋写字楼，支付不含增值税的价款5 000万元（为写字楼和土地使用权的价值总和，公允价值相对比例为4∶1），另以银行存款支付交易费用100万元。不考虑其他因素，甲公司下列会计处理正确的是（　　）。

   A. 固定资产的初始入账价值为5 100万元

   B. 固定资产的初始入账价值为4 100万元

   C. 固定资产的初始入账价值为4 080万元

   D. 无形资产的初始入账价值为1 000万元

11. 房地产开发企业用于建造商品房的土地使用权，在资产负债表中应列示的项目是（　　）。

   A. 存货　　　　　　B. 固定资产

   C. 无形资产　　　　D. 投资性房地产

12. 企业期末尚未完成的内部自行研究开发项目，发生的相关支出属于开发阶段，且能满足资本化条件的，应在资产负债表中列示的项目是（   ）。
    A. 无形资产　　　B. 研发支出
    C. 管理费用　　　D. 研发费用

13. 企业自行研发专利技术发生的下列各项支出中，应计入无形资产入账价值的是（   ）。
    A. 研究阶段发生的支出
    B. 无法区分研究阶段和开发阶段的支出
    C. 员工培训费用
    D. 专利技术的注册登记费

14. 甲公司自行研发一项专利权，累计发生研究开发支出 800 万元，其中符合资本化条件的支出为 500 万元。另支付注册登记费 8 万元，使用该项新专利的有关人员培训费 6 万元。不考虑其他因素，甲公司该项无形资产的入账价值为（   ）万元。
    A. 508　　　　　B. 514
    C. 808　　　　　D. 814

15. 关于自行研究开发无形资产的下列会计处理中，正确的是（   ）。
    A. 开发阶段的支出，均为资本化支出，应当计入无形资产的成本
    B. 开发阶段的支出，无论是否满足资本化条件，应先通过"研发支出"科目核算
    C. 满足资本化条件时点前发生的费用化支出，经核实能够资本化的，应当调整无形资产的入账价值
    D. 在开发无形资产的过程中使用的其他专利权的摊销，应当计入当期损益

16. 企业研发专利权的过程中，发生的无法区分研究阶段与开发阶段的支出，期末在利润表中列示的项目是（   ）。
    A. 管理费用　　　B. 研发费用
    C. 营业外支出　　D. 投资收益

17. 甲企业取得一项畅销品的商标。合同约定，甲企业可在保护期限届满时，以较低的手续费申请延期 10 年。甲企业有能力也可能申请延期。该商标生产的产品可在未来 6 年内为企业带来经济利益，而法律规定，该商标的使用寿命还有 5 年。不考虑其他因素，甲企业该商标的使用寿命为（   ）。

A. 5 年　　　　　B. 6 年
C. 10 年　　　　D. 不确定

18. 2×24 年 12 月 31 日，甲公司对一项使用寿命不确定的生产用专利权进行复核。经复核，该专利权的使用寿命还有 3 年。当日，甲公司与乙公司签订一份专利权的转让合同，合同约定，乙公司应在该专利权寿命到期时，以 5 000 元的价格购入。不考虑其他因素，下列说法正确的是（   ）。
    A. 甲公司更改复核后的使用寿命，属于会计政策变更
    B. 该专利权的预计净残值为零
    C. 甲公司应当补提以前年度的摊销额
    D. 2×25 年该专利权的摊销额应记入"制造费用"科目

19. 2×24 年 4 月 1 日，甲公司以银行存款 600 万元购入一项生产用专利技术。法律规定该专利技术的保护期间为 10 年，甲公司预计该专利技术生产的产品将在未来 5 年内为公司带来经济利益。该专利技术的预计净残值为零，并采用直线法计提摊销。假定甲公司 2×24 年使用该专利技术生产的产品全部对外出售，并取得收入 150 万元。不考虑其他因素，上述业务影响甲公司 2×24 年利润表中"营业利润"项目金额是（   ）万元。
    A. -90　　　　　B. 60
    C. 105　　　　　D. 150

20. 2×24 年 9 月 1 日，甲公司将一项管理用无形资产对外出租。合同约定，甲公司每月末收取租金 30 万元。该无形资产于 2×23 年 1 月 1 日购入，初始入账价值为 600 万元，预计使用年限为 5 年，预计净残值为零，采用直线法计提摊销。不考虑其他因素，该业务影响甲公司 2×24 年营业利润的金额是（   ）万元。
    A. 0　　　　　　B. 80
    C. -40　　　　　D. 120

21. 2×24 年 12 月 31 日，甲公司对一项使用寿命不确定的无形资产进行减值测试，其未来现金流量的现值为 660 万元。当日，该无形资产的公允价值减去处置费用后的净额为 560 万元，账面原值为 600 万元。不考虑其他因素，该业务对甲公司 2×24 年营业利润

的影响额是（ ）万元。

 A. -40   B. 60

 C. 0   D. -100

22. 企业应将出售无形资产产生的利得或损失记入的会计科目是（ ）。

 A. 投资收益   B. 营业外收入

 C. 资产处置损益   D. 其他收益

23. 某企业原拥有的一项非专利技术A（以下简称"技术A"）因被内部研发成功的新技术B替代，且该技术A已没有任何使用价值和转让价值，该企业选择对其转销。转销时，技术A的成本为900万元，累计计提摊销540万元，累计计提减值准备260万元，预计净残值为零。不考虑其他因素，该企业转销技术A影响营业利润的金额是（ ）万元。

 A. 0   B. 100

 C. 360   D. 640

二、多选题

1. 下列各项资产中，属于无形资产的有（ ）。

 A. 专利权   B. 非专利技术

 C. 商誉   D. 特许经营权

2. 如果企业将一项资源确认为无形资产，则该资源既要满足无形资产定义，又要满足的条件包括（ ）。

 A. 与该无形资产有关的经济利益很可能流入企业

 B. 必须是一项非货币性资产

 C. 流入企业的经济利益能够可靠计量

 D. 该无形资产的成本能够可靠计量

3. 下列各项关于无形资产的表述中，正确的有（ ）。

 A. 企业为新产品发生的宣传广告费计入无形资产

 B. 无形资产属于非货币性资产

 C. 对于使用寿命不确定的无形资产不应摊销，但应在每个会计期末进行减值测试

 D. 无形资产具有可辨认性的特征，可以从企业分离

4. 下列各项中，应当计入外购无形资产初始成本的有（ ）。

 A. 购买价款

B. 为引入新产品进行宣传发生的广告费

C. 注册登记费

D. 专业服务费用

5. 2×24年1月1日，甲公司与乙公司签订合同，购买乙公司的一项专利权。合同约定，甲公司2×24年至2×28年每年年末支付120万元。当日该专利权的现销价格为520万元。甲公司的该项购买行为实质上具有重大融资性质。不考虑其他因素，下列各项关于甲公司该专利权会计处理的表述中，正确的有（ ）。

 A. 未确认融资费用的初始入账金额为80万元

 B. 长期应付款的初始入账金额为600万元

 C. 该专利权的初始入账金额为520万元

 D. 未确认融资费用在付款期内采用直线法进行摊销

6. 企业取得的土地使用权，可能记入的会计科目有（ ）。

 A. 无形资产   B. 开发成本

 C. 投资性房地产   D. 固定资产

7. 企业将开发阶段的支出进行资本化处理，应满足的条件有（ ）。

 A. 完成该无形资产以使其能够使用或出售在技术上具有可行性

 B. 具有完成该无形资产并使用或出售的意图

 C. 有足够的技术、财务资源和其他资源支持完成该无形资产的开发，并有能力使用或出售该无形资产

 D. 归属于该无形资产开发阶段的支出能够可靠地计量

8. 企业估计无形资产使用寿命时，应考虑的因素有（ ）。

 A. 现在或潜在的竞争者预期采取的研发战略

 B. 无形资产的资本化支出

 C. 使用无形资产生产的产品市场需求情况

 D. 为宣传无形资产生产的新产品的宣传活动支出

9. 关于无形资产净残值的下列说法中，正确的有（ ）。

 A. 残值应以资产处置时的可回收金额为基础

 B. 企业至少应于每年年末对残值进行复核

 C. 如果残值重新估计后高于账面价值的，则无形资产不再计提摊销

D. 复核后的残值与原估计金额不同的,应当按照会计政策变更进行会计处理

10. 下列关于无形资产会计处理的表述中,正确的有(　　)。

A. 源自合同性权利取得的使用寿命有限的无形资产,应当按照法定年限计提摊销

B. 使用寿命不确定的无形资产,至少应于每年年末进行减值测试

C. 无形资产减值准备一经计提,后期不得转回

D. 摊销方法的变更,应当按照会计估计变更处理

11. 2×23 年 5 月 1 日,甲公司以 800 万元的价格购入一项专有技术用于生产 M 产品,预计使用该专有技术生产 M 产品 1 000 万吨,按照产量法对该专有技术进行摊销。2×23 年,甲公司共生产 M 产品 60 万吨,截至 2×23 年 12 月 31 日,M 产品尚未对外出售。2×24 年 1 月 1 日,甲公司改变经营战略,将 M 产品的未来产量调整为 800 万吨,2×24 年末,甲公司生产 M 产品 100 万吨。2×24 年 12 月 31 日,进行减值测试,该专有技术的可收回金额为 600 万元,不考虑其他因素,下列各项关于专有技术会计处理的表述中正确的有(　　)。

A. 2×23 年末因该专有技术摊销而减少的 2×22 年末营业利润 48 万元

B. 2×24 年末与该专有技术相关资产减值损失 58 万元

C. 2×24 年 12 月 31 日该专有技术在资产负债表中的列报金额为 600 万元

D. 2×24 年该专有技术的摊销金额为 100 万元

12. 2×24 年 6 月 30 日,甲公司某项无形资产的可收回金额为 160 万元,账面价值为 180 万元;2×24 年 12 月 31 日,该无形资产的可回收金额为 150 万元,账面价值为 120 万元。不考虑其他因素,甲公司的会计处理正确的有(　　)。

A. 2×24 年 6 月 30 日,甲公司应确认"无形资产减值准备"金额 20 万元

B. 2×24 年 7 月,甲公司应按照无形资产账面价值 160 万元计提摊销

C. 2×24 年 12 月 31 日,甲公司应转回"无形资产减值准备"金额 20 万元

D. 2×24 年 12 月 31 日,甲公司利润表中"资产减值损失"项目减少 20 万元

三、判断题

1. 无形资产是指企业拥有或者控制的没有实物形态的可辨认货币性资产。(　　)

2. 人力资源由于无法被企业控制其带来的未来经济利益,所以不属于企业的无形资产。(　　)

3. 企业内部产生的客户名单,由于不能与整个业务开发成本区分开来,成本无法可靠计量,不应确认为无形资产。(　　)

4. 为测试无形资产是否能够正常发挥作用的费用,不应计入外购无形资产的成本。(　　)

5. 按照实际利率法摊销的未确认融资费用,其摊销金额除满足借款费用资本化条件应当计入无形资产成本外,均应当在信用期内确认为财务费用,计入当期损益。(　　)

6. 投资者投入的无形资产,应当按照公允价值入账。(　　)

7. 房地产开发企业取得土地使用权建造对外出租的房屋的,应将该土地使用权计入投资性房地产。(　　)

8. 企业为建造厂房取得土地使用权而支付的土地出让金应当计入在建工程,并在完工后转入固定资产。(　　)

9. 企业内部研究开发项目,属于研究阶段的,相关支出应当全部费用化处理,计入当期损益。(　　)

10. 企业所发生的支出同时用于支持多项开发活动的,如果无法在各项开发活动之间合理分配的,应当资本化处理,计入开发活动的成本。(　　)

11. 无法区分研究阶段和开发阶段的支出,应当费用化处理,计入管理费用。(　　)

12. 内部开发无形资产的成本仅包括从开发阶段开始至无形资产达到预定用途前发生的支出总和。(　　)

13. 企业自行研发的无形资产达到预定用途时,如果有确凿的证据表明前期已经费用化的金额满足资本化条件时,则应将相关费用化支

出调整至无形资产的成本。　　　（　　）

14. 如果第三方承诺在无形资产使用寿命结束时以价款 30 万元购入，则该无形资产的残值为 30 万元。　　　（　　）

15. 如果无形资产的残值重新估计以后高于其账

面价值的，则无形资产不再摊销，直至残值降至低于账面价值时再恢复摊销。（　　）

16. 不能为企业带来未来经济利益的无形资产，企业应将其账面价值转入营业外支出。
　　　（　　）

快速查答案

一、单选题

序号	1	2	3	4	5	6	7	8	9	10	11	12
答案	B	C	C	B	D	B	A	A	B	C	A	B
序号	13	14	15	16	17	18	19	20	21	22	23	
答案	D	A	B	B	D	D	B	A	C	C	A	

二、多选题

序号	1	2	3	4	5	6	7	8	9	10	11	12
答案	ABD	AD	BCD	ACD	ABC	ABCD	ABCD	ACD	ABC	BCD	BC	AB

三、判断题

序号	1	2	3	4	5	6	7	8	9	10	11	12
答案	×	√	√	×	√	×	×	×	√	×	√	×
序号	13	14	15	16								
答案	×	√	√	√								

参考答案及解析

一、单选题

1. 【答案】B 【解析】本题考查的知识点是无形资产及其特征。无形资产具有以下特征：（1）由企业拥有或者控制并能为其带来未来经济利益；（2）不具有实物形态；（3）具有可辨认性，能够区别于其他资产可单独辨认；（4）属于非货币性资产。因此，选项 B 错误。

2. 【答案】C 【解析】本题考查的知识点是无形资产及其特征。（1）客户名单和企业合并

产生的商誉，由于不具有可辨认性，所以不属于无形资产。因此，选项 A、D 错误。（2）企业内部产生的品牌、报刊名等类似项目的支出，由于不能与整个业务开发成本区分开来，成本无法可靠计量，所以不应确认为无形资产。因此，选项 B 错误。

3. 【答案】C 【解析】本题考查的知识点是无形资产及其特征。（1）企业内部产生的品牌、客户关系等类似项目的支出，由于不能与整个业务开发成本区分开来，成本无法可靠计

量，所以不应确认为无形资产。因此，选项A、B错误。（2）经营租出的土地使用权，应确认为投资性房地产，选项D错误。

4.【答案】B 【解析】本题考查的知识点是无形资产的初始计量——外购无形资产的成本。外购无形资产的成本，包括购买价款、相关税费以及直接归属于使该项资产达到预定用途所发生的其他支出。所以，甲公司该专利权的初始入账价值 = 100 + 8 = 108（万元）。因此，选项B正确。

5.【答案】D 【解析】本题考查的知识点是无形资产的初始计量——外购无形资产的成本。外购无形资产的成本，包括购买价款、相关税费以及直接归属于使该项资产达到预定用途所发生的其他支出。所以，甲公司该土地使用权的入账价值 = 2 000 + 1 + 100 + 30 = 2 131（万元）。因此，选项D正确。

6.【答案】B 【解析】本题考查的知识点是无形资产的初始计量——外购无形资产的成本。（1）外购无形资产的成本，包括购买价款、相关税费以及直接归属于使该项资产达到预定用途所发生的其他支出。（2）购买无形资产的价款超过正常信用条件延期支付，实质上具有融资性质的，无形资产的成本应以购买价款的现值为基础确定。所以，甲公司该专利的初始入账成本 = 250 + 250 ×（P/A，5%，3）+ 20 = 950.8（万元）。因此，选项B正确。

7.【答案】A 【解析】本题考查的知识点是无形资产的初始计量——投资者投入无形资产的成本。甲公司应作如下会计处理：

借：无形资产　　　　　　　　60
　　贷：实收资本　　　　　　　　40
　　　　资本公积　　　　　　　　20

因此，选项A正确。

8.【答案】A 【解析】本题考查的知识点是无形资产的初始计量——投资者投入无形资产的成本。投资者投入无形资产的成本，应当按照投资合同或协议约定的价值确定，但合同或协议约定价值不公允的，应按无形资产的公允价值入账。所以，甲公司该专利权的入账价值为 180 万元。因此，选项A错误。

【提示】权益性交易是上市公司与其控股股东

或者其他关联方之间的交易。所以，投资人给公司投资属于权益性交易。

9.【答案】B 【解析】本题考查的知识点是无形资产的初始计量——土地使用权的处理。（1）非房地产开发企业取得土地使用权用于建造自用办公楼的，应将该土地使用权记入"无形资产"科目。因此，选项A错误。（2）非房地产开发企业取得土地使用权用于增值后出售的，应将该土地使用权记入"投资性房地产"科目。因此，选项B错误。（3）房地产开发企业取得土地使用权用于建造商品房的，应将该土地使用权记入"开发成本"科目。因此，选项D错误。

10.【答案】C 【解析】本题考查的知识点是无形资产的初始计量——土地使用权的处理。企业外购的房屋建筑物，实际支付的价款中包括土地使用权以及建筑物的价值的，应当对实际支付的价款按照合理的方法（例如，公允价值相对比例）在土地使用权和地上建筑物之间进行分配；如果确实无法在土地使用权和地上建筑物之间进行合理分配的，应当全部作为固定资产，按照固定资产确认和计量的原则进行处理。本题中，写字楼和土地使用权的公允价值相对比例为4∶1，因此，固定资产和无形资产的初始入账价值应当按照公允价值相对比例进行分配。

（1）固定资产的初始入账价值 =（5 000 + 100）× 4/5 = 4 080（万元）。

（2）无形资产的初始入账价值 =（5 000 + 100）× 1/5 = 1 020（万元）。

因此，选项C正确。

11.【答案】A 【解析】本题考查的知识点是无形资产的初始计量——土地使用权的处理。企业取得的土地使用权，应区分以下情况处理：（1）通常应当按照取得时所支付的价款及相关税费确认为无形资产；（2）属于投资性房地产的土地使用权，应当按照投资性房地产进行会计处理；（3）房地产开发企业，房地产开发企业用于在建商品房的土地使用权则应作为企业的存货核算。因此，选项A正确。

12.【答案】B 【解析】本题考查的知识点是研究阶段与开发阶段的支出的确认——研究阶

段支出。企业期末尚未完成的内部自行研究开发项目，发生的相关支出属于开发阶段，且能满足资本化条件的，应在资产负债表中列示为"研发支出"项目。因此，选项 B 正确。

13.【答案】D【解析】本题考查的知识点是研究阶段与开发阶段的支出的确认。（1）研究阶段发生的支出和无法区分研究阶段和开发阶段的支出应全部进行费用化处理，不计入无形资产成本。因此，选项 A、B 错误。（2）为有效使用自行研发的专利技术而发生的培训费用，不属于为使无形资产达到预定用途合理必要支出，不计入无形资产成本。因此，选项 C 错误。

14.【答案】A【解析】本题考查的知识点是内部研究开发支出的会计处理。在开发无形资产过程中发生的、除可直接归属于无形资产开发活动之外的其他销售费用、管理费用等间接费用，无形资产达到预定用途前发生的可辨认的无效和初始运作损失，为运行该无形资产发生的培训支出等，不构成无形资产的开发成本。所以，甲公司该项无形资产的入账价值 = 500 + 8 = 508（万元）。因此，选项 A 正确。

15.【答案】B【解析】本题考查的知识点是内部研究开发支出的会计处理。（1）开发阶段的支出，应将其中满足资本化条件的部分计入无形资产的成本。因此，选项 A 错误。（2）内部开发无形资产的成本仅包括在满足资本化条件的时点至无形资产达到预定用途前发生的支出总和，对于同一项无形资产在开发过程中达到资本化条件之前已经费用化计入当期损益的支出不再进行调整。因此，选项 C 错误。（3）内部开发活动形成的无形资产，其成本由可直接归属于该无形资产的创造、生产并使该无形资产能够以管理层预定的方式运作的所有必要支出组成。可直接归属成本包括：开发该无形资产时耗费的材料、劳务成本、注册费、在开发该无形资产过程中使用的其他专利权和特许权的摊销、按照借款费用的处理原则可以资本化的利息支出等。因此，选项 D 错误。

16.【答案】B【解析】本题考查的知识点是内

部研究开发支出的会计处理。企业研发专利权的过程中，发生的无法区分研究阶段与开发阶段的支出，应在发生时记入"研发支出——费用化支出"科目，期末转入"管理费用"科目，利润表中列示为"研发费用"项目。因此，选项 B 正确。

17.【答案】D【解析】本题考查的知识点是无形资产使用寿命的确定——确定无形资产使用寿命的主要原则。企业经过上述努力仍确实无法合理确定无形资产为企业带来经济利益的期限的，才能将其作为使用寿命不确定的无形资产。如企业取得了一项在过去几年中市场份额领先的畅销产品的商标，该商标按照法律规定还有 5 年的使用寿命，但是在保护期届满时，企业可每 10 年以较低的手续费申请延期，同时有证据表明企业有能力申请延期。此外，有关的调查表明，根据产品生命周期、市场竞争等方面情况综合判断，该商标将在不确定的期间内为企业带来现金流量。综合各方面情况，该商标可视为使用寿命不确定的无形资产。因此，选项 D 正确。

18.【答案】D【解析】本题考查的知识点是使用寿命有限的无形资产。（1）企业应当在每个会计期末对使用寿命不确定的无形资产的使用寿命进行复核。如果有证据表明该无形资产的使用寿命是有限的，应当作为会计估计变更进行处理，并按照使用寿命有限的无形资产的处理原则进行会计处理。因此，选项 A、C 错误。（2）无形资产的残值一般为零，但下列情况除外：①有第三方承诺在无形资产使用寿命结束时购买该无形资产。②可以根据活跃市场得到预计残值信息，并且该市场在无形资产使用寿命结束时很可能存在。本题中，"乙公司应在该专利权寿命到期时，以 5 000 元的价格购入"表明该专利权的预计净残值应当为 5 000 元。因此，选项 B 错误。

19.【答案】B【解析】本题考查的知识点是使用寿命有限的无形资产。（1）2×24 年甲公司使用该专利技术生产产品应分摊的摊销额 = 600/5×9/12 = 90（万元），该摊销额在使用该专利技术生产的产品全部对外出售后，会全部转入"主营业务成本"科目。所以，会减少甲公司 2×24 年利润表中"营业利润"项目金额。(2) 甲公司 2×24 年使用该专利技术生产的产品全部对外出售，并取得收入 150 万元。所以，"主营业务收入"科目会增加 150 万元。所以，会减少甲公司 2×24 年利润表中"营业利润"项目金额。综合考虑，上述业务影响甲公司 2×24 年利润表中"营业利润"项目金额 = 150 − 90 = 60（万元）。因此，选项 B 正确。

20. 【答案】A 【解析】本题考查的知识点是使用寿命有限的无形资产。该业务影响甲公司 2×24 年营业利润的金额 = 30 × 4 − 600/5 = 0。因此，选项 A 正确。

21. 【答案】C 【解析】本题考查的知识点是使用寿命不确定的无形资产。资产的公允价值减去处置费用后的净额与资产预计未来现金流量的现值为，只要有一项超过了资产的账面价值，就表明资产没有发生减值，不需要再估计另一项金额。本题中，"该无形资产的未来现金流量的现值为 660 万元"，该金额超过无形资产的账面原值 600 万元。所以，该无形资产未发生减值，不需要计提减值损失，故该业务对甲公司 2×24 年营业利润的影响额为 0。因此，选项 C 正确。

22. 【答案】C 【解析】本题考查的知识点是无形资产出售。企业出售某项无形资产，应当将取得的价款与该无形资产账面价值的差额计入当期损益（资产处置损益）。因此，选项 C 正确。

23. 【答案】A 【解析】本题考查的知识点是无形资产的报废。如果无形资产预期不能为企业带来未来经济利益，如某无形资产已被其他新技术所替代或超过法律保护期，不能再为企业带来经济利益的，则不再符合无形资产的定义，应将其报废并予以转销，其账面价值转入当期损益（营业外支出）。所以，该企业转销技术 A 影响营业利润的金额 = 0。因此，选项 A 正确。

二、多选题

1. 【答案】ABD 【解析】本题考查的知识点是无形资产及其特征。无形资产是指企业拥有

或者控制的没有实物形态的可辨认非货币性资产，通常包括专利权、非专利技术、商标权、著作权、特许权、土地使用权等。因此，选项 C 错误，选项 A、B、D 正确。

2. 【答案】AD 【解析】本题考查的知识点是无形资产的确认条件。无形资产应当在符合定义的前提下，同时满足下列两个确认条件时，才能予以确认：(1) 与该无形资产有关的经济利益很可能流入企业。(2) 该无形资产的成本能够可靠计量。因此，选项 B、C 错误，选项 A、D 正确。

3. 【答案】BCD 【解析】本题考查的知识点是无形资产及其特征、无形资产的初始计量——外购无形资产的成本、使用寿命不确定的无形资产。为引入新产品进行宣传发生的广告费、管理费用及其他间接费用，不属于无形资产的初始入账价值。因此，选项 A 错误。

4. 【答案】ACD 【解析】本题考查的知识点是无形资产的初始计量——外购无形资产的成本。外购无形资产的成本，包括购买价款、相关税费以及直接归属于使该项资产达到预定用途所发生的其他支出。其中，直接归属于使该项资产达到预定用途所发生的其他支出包括使无形资产达到预定用途所发生的专业服务费用、测试无形资产是否能够正常发挥作用的费用等，但不包括为引入新产品进行宣传发生的广告费、管理费用及其他间接费用，也不包括在无形资产已经达到预定用途以后发生的费用。因此，选项 A、C、D 正确。

5. 【答案】ABC 【解析】本题考查的知识点是无形资产的初始计量——外购无形资产的成本。(1) 购买无形资产的价款超过正常信用条件延期支付，实质上具有融资性质的，无形资产的成本应以购买价款的现值为基础确定。所以，选项 C 正确。(2) 甲公司在 2×24 年至 2×28 年每年年末支付 120 万元，所以，长期应付款的初始入账金额 = 120 × 5 = 600（万元）。因此，选项 B 正确。(3) 实际支付的价款与购买价款的现值之间的差额作为未确认融资费用，并应在付款期间内采用实际利率法进行摊销。因此，选项 D 错误，选项 A

正确。

6. 【答案】ABCD 【解析】本题考查的知识点是无形资产的初始计量——土地使用权的处理。（1）非房地产开发企业取得土地使用权用于建造自用办公楼的，应将该土地使用权记入"无形资产"科目。因此，选项 A 正确。（2）房地产开发企业取得土地使用权用于建造商品房的，应将该土地使用权记入"开发成本"科目。因此，选项 B 正确。（3）非房地产开发企业取得土地使用权用于增值后出售的，应将该土地使用权记入"投资性房地产"科目。因此，选项 C 正确。（4）企业外购的房屋建筑物，实际支付的价款中包括土地使用权和建筑物的价值的，应当对实际支付的价款按照合理的方法（例如，公允价值相对比例）在土地使用权与地上建筑物之间进行分配；如果确实无法在土地使用权与地上建筑物之间进行合理分配的，应当全部作为固定资产，按照固定资产确认和计量的原则进行会计处理。因此，选项 D 正确。

7. 【答案】ABCD 【解析】本题考查的知识点是研究阶段与开发阶段的支出的确认——开发阶段支出。开发阶段的支出同时满足下列条件的才能资本化：（1）完成该无形资产以使其能够使用或出售在技术上具有可行性。（2）具有完成该无形资产并使用或出售的意图。（3）无形资产产生经济利益的方式，包括能够证明运用该无形资产生产的产品存在市场或无形资产自身存在市场；无形资产将在内部使用的，应当证明其有用性。（4）有足够的技术、财务资源和其他资源支持完成该无形资产的开发，并有能力使用或出售该无形资产。（5）归属于该无形资产开发阶段的支出能够可靠计量。因此，选项 A、B、C、D 正确。

8. 【答案】ACD 【解析】本题考查的知识点是无形资产使用寿命的确定——估计无形资产使用寿命应当考虑的因素。确定无形资产的经济寿命，通常应考虑以下因素：（1）该资产通常的产品寿命周期，以及可获得的类似资产使用寿命的信息；（2）技术、工艺等方面的现实情况及对未来发展的估计；（3）以该资产生产的产品或服务的市场需求情况；

（4）现在或潜在的竞争者预期采取的行动；（5）为维持该资产产生未来经济利益的能力预期的维护支出及企业预计支付有关支出的能力；（6）对该资产的控制期限，对该资产使用的法律或类似限制，如特许使用期间、租赁期间等；（7）与企业持有的其他资产使用寿命的关联性。因此，选项 A、C、D 正确。

9. 【答案】ABC 【解析】本题考查的知识点是使用寿命有限的无形资产——应摊销金额。残值确定以后，在持有无形资产的期间内，至少应于每年年末进行复核，预计其残值与原估计金额不同的，应按照会计估计变更进行处理。因此，选项 D 错误。

10. 【答案】BCD 【解析】本题考查的知识点是使用寿命有限的无形资产和使用寿命不确定的无形资产。源自合同性权利或其他法定权利取得的无形资产，其使用寿命通常不应超过合同性权利或其他法定权利的期限。因此，选项 A 错误。

11. 【答案】BC 【解析】本题考查的知识点是使用寿命有限的无形资产。

（1）2×23 年，专有技术的摊销金额 = 60 × 800/1 000 = 48（万元），M 产品尚未对外出售，对营业利润无影响。因此，选项 A 错误。

（2）2×24 年末，该专有技术计提减值前的账面价值 = 752 − 94 = 658（万元），可收回金额是 600 万元。由于，2×24 年末该专用技术的账面价值 658 万元大于其可回收金额 600 万元，所以，该专有技术发生减值。该专有技术应计提减值的金额 = 658 − 600 = 58（万元）。因此，选项 B 正确。

（3）2×24 年 12 月 31 日该专有技术在资产负债表中的列报金额为 600 万元。因此，选项 C 正确。

（4）2×24 年发生会计估计变更，专有技术新的原值 = 800 − 48 = 752（万元），当年应计提的摊销金额 = 752 × 100/800 = 94（万元）。因此，选项 D 错误。

12. 【答案】AB 【解析】本题考查的知识点是使用寿命有限的无形资产、使用寿命不确定的无形资产、无形资产出售。（1）无形资产在资产负债表日存在可能发生减值的迹象时，其可收回金额低于账面价值的，企业应当将该无形资产的账面价值减记至可收回金额，减记的金额确认为减值损失，计入当期损益。因此，选项 A 正确。（2）无形资产计提减值后，应按照计提减值损失后金额计量。因此，选项 B 正确。（3）企业固定资产减值损失一经确认，在以后会计期间不得转回。因此，选项 C、D 错误。

三、判断题

1. 【答案】×　【解析】本题考查的知识点是无形资产及其特征。无形资产是指企业拥有或者控制的没有实物形态的可辨认非货币性资产。因此，本题的说法是错误的。

2. 【答案】√　【解析】本题考查的知识点是无形资产的确认条件——与该无形资产有关的经济利益很可能流入企业。会计实务中，要确定无形资产所创造的经济利益是否很可能流入企业，需要运用职业判断。而人力资源由于无法被企业控制其带来的未来经济利益，所以不属于企业的无形资产。因此，本题的说法是正确的。

3. 【答案】√　【解析】本题考查的知识点是无形资产的确认条件——该无形资产的成本能够可靠地计量。成本能够可靠地计量是确认资产的一项基本条件，对于无形资产而言，这个条件显得更为重要。如企业内部产生的品牌、报刊名、刊头、客户名单和实质上类似项目的支出，由于不能与整个业务开发成本区分开来，成本无法可靠计量，不应确认为无形资产。因此，本题的说法是正确的。

4. 【答案】×　【解析】本题考查的知识点是无形资产的初始计量——外购无形资产的成本。外购无形资产的成本，包括购买价款、相关税费以及直接归属于使该项资产达到预定用途所发生的其他支出。其中，直接归属于使该项资产达到预定用途所发生的其他支出包括使无形资产达到预定用途所发生的专业服务费用、测试无形资产是否能够正常发挥作用的费用等，但不包括为引入新产品进行宣传发生的广告费、管理费用及其他间接费用，也不包括在无形资产已经达到预定用途以后发生的费用。因此，本题的说法是错误的。

5. 【答案】√　【解析】本题考查的知识点是无

形资产的初始计量——外购无形资产的成本。按照实际利率法摊销的未确认融资费用，其摊销金额除满足借款费用资本化条件应当计入无形资产成本外，均应当在信用期内确认为财务费用，计入当期损益。因此，本题的说法是正确的。

6. 【答案】×　【解析】本题考查的知识点是无形资产的初始计量——投资者投入无形资产的成本。投资者投入无形资产的成本，应当按照投资合同或协议约定的价值确定，但合同或协议约定价值不公允的，应按无形资产的公允价值入账。因此，本题的说法是错误的。

7. 【答案】×　【解析】本题考查的知识点是无形资产的初始计量——土地使用权的处理。房地产开发企业取得的土地使用权用于建造对外出售的房屋建筑物，相关的土地使用权应当计入所建造的房屋建筑物成本。因此，本题的说法是错误的。

8. 【答案】×　【解析】本题考查的知识点是无形资产的初始计量——土地使用权的处理。企业为建造厂房取得土地使用权，应当确认为无形资产，并在厂房建造期间，将无形资产的摊销额计入在建工程的成本。因此，本题的说法是错误的。

9. 【答案】√　【解析】本题考查的知识点是研究阶段与开发阶段的支出的确认——研究阶段支出。考虑到研究阶段的探索性及其成果的不确定性，企业无法证明其能够带来未来经济利益的无形资产的存在，因此，对于企业内部研究开发项目，研究阶段的支出应当在发生时全部费用化，计入当期损益（管理费用）。因此，本题的说法是正确的。

10. 【答案】×　【解析】本题考查的知识点是研究阶段与开发阶段的支出的确认——开发阶段支出。在企业同时从事多项开发活动的情况下，所发生的支出同时用于支持多项开发活动的，应按照合理的标准在各项开发活动之间进行分配；无法合理分配的，应予以费用化计入当期损益，不计入开发活动的成本。因此，本题的说法是错误的。

11. 【答案】√　【解析】本题考查的知识点是研究阶段与开发阶段的支出的确认——无法区分研究阶段和开发阶段的支出。无法区分研

究阶段和开发阶段的支出，应当在发生时费
用化，计入当期损益（管理费用）。因此，
本题的说法是正确的。

12.【答案】×【解析】本题考查的知识点是内
部研究开发支出的会计处理。内部开发无形
资产的成本仅包括在满足资本化条件的时点
至无形资产达到预定用途前发生的支出总
和，对于同一项无形资产在开发过程中达到
资本化条件之前已经费用化计入当期损益的
支出不再进行调整。因此，本题的说法是错
误的。

13.【答案】×【解析】本题考查的知识点是内
部研究开发支出的会计处理。内部开发无形
资产的成本仅包括在满足资本化条件的时点
至无形资产达到预定用途前发生的支出总
和，对于同一项无形资产在开发过程中达到
资本化条件之前已经费用化计入当期损益的
支出不再进行调整。因此，本题的说法是错
误的。

14.【答案】√【解析】本题考查的知识点是使
用寿命有限的无形资产——应摊销金额。无

形资产的残值一般为零，但下列情况除外：
（1）有第三方承诺在无形资产使用寿命结束
时购买该无形资产。（2）可以根据活跃市场
得到预计残值信息，并且该市场在无形资产
使用寿命结束时很可能存在。因此，本题的
说法是正确的。

15.【答案】√【解析】本题考查的知识点是使
用寿命有限的无形资产——应摊销金额。如
果无形资产的残值重新估计以后高于其账面
价值的，则无形资产不再摊销，直至残值降
至低于账面价值时再恢复摊销。因此，本题
的说法是正确的。

16.【答案】√【解析】本题考查的知识点是无
形资产的报废。如果无形资产预期不能为企
业带来未来经济利益，如某无形资产已被其
他新技术所替代或超过法律保护期，不能再
为企业带来经济利益的，则不再符合无形资
产的定义，应将其报废并予以转销，其账面
价值转入当期损益（营业外支出）。因此，
本题的说法是正确的。

第五章　投资性房地产

教材变化

2025 年本章教材内容没有实质性变动。

考情分析

本章主要内容是投资性房地产的定义与特征、投资性房地产的范围、投资性房地产的确认和初始计量、与投资性房地产有关的后续支出、采用成本模式计量的投资性房地产、采用公允价值模式计量的投资性房地产、投资性房地产后续计量模式的变更、投资性房地产的转换和投资性房地产的处置。2020～2024 年考查知识点范围如下表所示，其内容主要在客观题、计算分析题中出现，每年分值为 5～13 分。

年份	单选题	多选题	判断题	计算分析题
2024	投资性房地产的转换	—	—	—
2023	投资性房地产的转换	投资性房地产的范围	—	外购投资性房地产的确认条件和初始计量；采用成本模式计量的投资性房地产；投资性房地产后续计量模式的变更；采用公允价值模式计量的投资性房地产
2022	自用房地产转换为以公允价值模式计量的投资性房地产、采用公允价值模式计量的投资性房地产	—	与投资性房地产有关的后续支出	外购投资性房地产的确认条件和初始计量；采用成本模式计量的投资性房地产；投资性房地产后续计量模式的变更；投资性房地产的处置
2021	采用公允价值模式计量的投资性房地产；投资性房地产后续计量模式的变更；自用房地产转换为以公允价值模式计量的投资性房地产	投资性房地产后续计量模式的变更、投资性房地产的转换	投资性房地产转换形式及转换日；自用房地产转换为以公允价值模式计量的投资性房地产	—
2020	采用成本模式计量的投资性房地产；自用房地产转换为以成本模式计量的投资性房地产	采用成本模式计量的投资性房地产、投资性房地产后续计量模式的变更	自用房地产转换为以成本模式计量的投资性房地产	外购投资性房地产的确认条件和初始计量；采用成本模式计量的投资性房地产；投资性房地产后续计量模式的变更；投资性房地产的处置

强化练习题

一、单选题

1. 下列各项中，不属于企业投资性房地产的是（　　）。
   A. 准备增值后转让的企业自有土地使用权
   B. 建设完成并以经营租赁方式出租的自有办公楼
   C. 租入后转租的仓库
   D. 以经营租赁方式出租的自有土地使用权

2. 2×24 年 12 月 1 日，甲公司购入一幢写字楼并于购买当日出租给乙公司，甲公司购买写字楼所取得的发票上注明的价款为 1 500 万元，全部款项尚未支付。购入该项资产时发生的契税为 50 万元，以银行存款支付。甲企业该项投资性房地产的入账金额是（　　）万元。
   A. 1 500
   B. 1 550
   C. 1 450
   D. 50

3. 企业对其分类为投资性房地产的写字楼进行日常维护所发生的相关支出，应当计入的财务报表项目是（　　）。
   A. 管理费用
   B. 营业外支出
   C. 营业成本
   D. 投资收益

4. 2×23 年 12 月 31 日，甲公司以银行存款 12 000 万元外购一栋写字楼并立即出租给乙公司使用，租期 5 年，每年年末收取租金 1 000 万元。该写字楼的预计使用年限为 20 年，预计净残值为 0，采用年限平均法计提折旧。甲公司对投资性房地产采用成本模式进行后续计量。2×24 年 12 月 31 日，该写字楼出现减值迹象，可收回金额为 11 200 万元。不考虑其他因素，与该写字楼相关的交易或事项对甲公司 2×24 年度营业利润的影响金额为（　　）万元。
   A. 400
   B. 800
   C. 200
   D. 1 000

5. 甲公司对投资性房地产以成本模式进行后续计量，2×24 年 1 月 10 日甲公司以银行存款 9 600 万元购入一栋写字楼并立即以经营租赁方式租出，甲公司预计该写字楼的使用寿命为 40 年，预计净残值为 120 万元。采用年限平均法计提折旧，不考虑相关税费及其他因素，2×24 年甲公司应对该写字楼计提的折旧金额为（　　）万元。
   A. 240
   B. 220
   C. 217. 25
   D. 237

6. 甲公司将一栋写字楼出租给乙公司使用，确认为投资性房地产，并采用成本模式进行后续计量。当日，该写字楼的成本为 7 200 万元，预计使用年限为 30 年，预计净残值为 0，采用年限平均法计提折旧，已计提折旧 5 年。双方签订的经营租赁合同约定，乙公司每月月末支付租金 40 万元。不考虑其他因素，甲公司关于该写字楼的下列会计处理不正确的是（　　）。
   A. "投资性房地产"的初始入账价值为 6 000 万元
   B. 每月计提的折旧，借记"其他业务成本"科目
   C. 至少应于每年年末对该写字楼进行减值测试
   D. 每月月末，利润表中"营业利润"项目的影响金额为 20 万元

7. 企业采用公允价值模式计量的投资性房地产，下列会计处理的表述中，正确的是（　　）。
   A. 资产负债表日应该对投资性房地产进行减值测试
   B. 不需要对投资性房地产计提折旧或摊销
   C. 取得租金收入计入投资收益
   D. 资产负债表日公允价值高于其账面价值的差额计入其他综合收益

8. 企业采用公允价值模式对投资性房地产进行后续计量的，资产负债表日应将投资性房地产公允价值与其账面价值的差额计入（　　）。
   A. 其他综合收益
   B. 公允价值变动损益
   C. 资本公积
   D. 资产减值损失

9. 投资性房地产的后续计量从成本模式转为公允价值模式的，转换日投资性房地产的公允价值高于其账面价值的差额会对下列财务报表项目产生影响的是（　　）。

A. 资本公积　　　　B. 营业外收入

C. 未分配利润　　　D. 投资收益

10. 2×24年4月10日，甲公司与乙公司签订一份租赁合同，合同约定，将甲公司的一栋办公楼出租给乙公司，租赁期开始日为2×24年5月1日，租期为5年，每月月末收取租金50万元。2×24年5月1日，该办公楼的账面余额为6 000万元，每月计提折旧20万元，已计提折旧25个月。甲公司对投资性房地产采用成本模式进行后续计量。不考虑其他因素，甲公司下列会计处理中，正确的是（　　）。

A. "投资性房地产"的初始入账价值为6 000万元

B. 2×24年5月末，"投资性房地产累计折旧"科目的金额为520万元

C. 2×24年5月末，甲公司资产负债表中"投资性房地产"项目的金额为5 980万元

D. 2×24年5月末，甲公司利润表中"营业利润"项目的金额增加50万元

11. 2×24年7月1日，甲公司将自用的写字楼转换为以成本模式进行后续计量的投资性房地产。转换当日写字楼的账面余额为5 000万元，已计提折旧500万元，已计提固定资产减值准备400万元；公允价值为4 200万元。甲公司将该写字楼转为投资性房地产核算时的初始入账价值为（　　）万元。

A. 5 000　　　　　B. 4 600

C. 4 200　　　　　D. 4 100

12. 企业将采用公允价值模式计量的投资性房地产转换为自用房地产时，转换日公允价值大于原账面价值的差额，将影响的财务报表项目是（　　）。

A. 其他综合收益

B. 其他收益

C. 公允价值变动收益

D. 资本公积

13. 房地产开发企业将作为存货的房屋转为采用公允价值模式计量的投资性房地产时，应将转换日该房屋的公允价值大于账面价值的差额计入（　　）。

A. 公允价值变动损益

B. 其他业务收入

C. 投资收益

D. 其他综合收益

14. 甲公司将一栋办公楼转换为采用公允价值模式进行后续计量的投资性房地产，该办公楼的账面原值为50 000万元，已累计计提的折旧为1 000万元，已计提的固定资产减值准备为2 000万元，转换日的公允价值为60 000万元，则转换日记入"其他综合收益"科目的金额为（　　）万元。

A. 60 000　　　　B. 47 000

C. 50 000　　　　D. 13 000

15. 2×24年8月20日，甲公司将原自用的土地使用权转换为采用公允价值模式计量的投资性房地产。转换日，该土地使用权的初始入账金额为650万元，累计摊销为200万元，该土地使用权的公允价值为500万元。不考虑其他因素，下列关于甲公司该土地使用权转换会计处理的表述中，正确的是（　　）。

A. 确认投资性房地产累计摊销200万元

B. 确认公允价值变动损失250万元

C. 确认投资性房地产450万元

D. 确认其他综合收益50万元

16. 甲公司对投资性房地产采用公允价值模式进行后续计量。2×24年3月1日，该公司将一项账面价值为300万元、公允价值为280万元的作为固定资产核算的办公楼转换为投资性房地产。不考虑其他因素，下列关于甲公司该转换业务对其2×24年度财务报表项目影响的表述中，正确的是（　　）。

A. 减少投资收益20万元

B. 减少其他综合收益20万元

C. 增加营业外支出20万元

D. 减少公允价值变动收益20万元

17. 某企业对投资性房地产采用公允价值模式进行后续计量。2×24年7月1日购入一幢建筑物，并于当日对外出租。该建筑物的实际取得成本为5 100万元，用银行存款付讫，预计使用年限为20年，预计净残值为100万元。2×24年12月31日，该投资性房地

产的公允价值为 5 080 万元。2×25 年 4 月 30 日该企业将此项投资性房地产出售，售价为 5 500 万元，不考虑其他因素，该企业处置投资性房地产时影响营业成本的金额为（　　）万元。

A. 5 080　　　　　　B. 5 100

C. 5 500　　　　　　D. 420

二、多选题

1. 下列各项中，房地产开发企业应当将其确认为投资性房地产的有（　　）。

A. 已出租的自用写字楼

B. 转租给其他单位的土地使用权

C. 持有并准备增值后转让的自用土地使用权

D. 用于销售的商品房

2. 2×24 年 6 月 10 日，甲公司与乙租赁公司（以下简称乙公司）签订了一项经营租赁合同，约定自 2×24 年 7 月 1 日起，甲公司以年租金 800 万元租赁给乙公司一间商铺，租赁期为 8 年。2×24 年 8 月 1 日，乙公司又将这间商铺转租给丙公司，以赚取租金差价。不考虑其他因素，下列说法不正确的有（　　）。

A. 甲公司应于 2×24 年 6 月 10 日将这间商铺确认为投资性房地产

B. 甲公司 2×24 年应确认租金收入 400 万元

C. 乙公司应于 2×24 年 8 月 1 日将这间商铺确认为投资性房地产

D. 乙公司转租商铺取得的租金不应确认租金收入

3. 甲房地产开发商建造一写字楼，分为 A、B、C 三栋，各栋楼均可单独计量和出售，其中 A 栋写字楼以经营租赁方式出租给家居卖场，B 栋和 C 栋写字楼在公开出售中。以下说法中正确的有（　　）。

A. A 栋写字楼应确认为投资性房地产

B. A 栋写字楼应确认为存货

C. B 栋和 C 栋写字楼应确认为固定资产

D. B 栋和 C 栋写字楼应确认为存货

4. 2×24 年 1 月 15 日，甲公司以银行存款 3 600 万元购入一栋写字楼（当日的公允价值为 4 000 万元）用于对外出租，并采用公允价值模式进行后续计量。次日，支付交易手续费和房屋所有权登记费 50 万元。不考虑其他因

素，下列说法正确的有（　　）。

A. 该写字楼的初始入账价值为 4 000 万元

B. 该写字楼的实际成本为 3 650 万元

C. 购入的写字楼，应借记"投资性房地产——成本"科目

D. 甲公司应于 2×24 年 1 月 16 日确认为投资性房地产

5. 下列各项中，属于自行建造投资性房地产的成本的有（　　）。

A. 土地开发费用

B. 安装成本

C. 应予资本化的借款费用

D. 分摊的间接费用

6. 下列关于采用成本模式计量的投资性房地产的会计处理中，正确的有（　　）。

A. 应当按照固定资产或无形资产的有关规定，按期（月）计提折旧或摊销

B. 取得的租金收入，应当按照《企业会计准则第 14 号——收入》的规定，确认收入

C. 投资性房地产存在减值迹象的，应当计提减值准备

D. 已计提的减值准备，后期不得转回

7. 下列各项关于企业投资性房地产后续计量的表述中，正确的有（　　）。

A. 采用公允价值模式计量的，不得计提折旧或摊销

B. 由成本模式转为公允价值模式的，应作为会计政策变更处理

C. 采用成本模式计量的，不得确认减值损失

D. 已经采用公允价值模式计量的投资性房地产，不得从公允价值模式转为成本模式

8. 投资性房地产的后续计量由成本模式变为公允价值模式时，其公允价值与账面价值的差额，对企业下列财务报表项目产生影响的有（　　）。

A. 资本公积　　　　B. 盈余公积

C. 其他综合收益　　D. 未分配利润

9. 下列各项中对企业以成本模式计量的投资性房地产会计处理的表述中，正确的有（　　）。

A. 年末无须对其预计使用寿命进行复核

B. 计提的减值准备，在以后的会计期间不允许转回

C. 存在减值迹象时，应当进行减值测试

D. 应当按期计提折旧或摊销

10. 企业将自用房地产转换为以公允价值模式计量的投资性房地产时，转换日公允价值与原账面价值的差额，可能影响的财务报表项目有（   ）。

　　A. 资本公积

　　B. 投资收益

　　C. 公允价值变动收益

　　D. 其他综合收益

11. 甲公司发生的与投资性房地产有关的下列交易或事项中，将影响其利润表营业利润项目列报金额的有（   ）。

　　A. 作为存货的房地产转换为以公允价值模式计量的投资性房地产时，公允价值大于账面价值

　　B. 以公允价值模式计量的投资性房地产，资产负债表日公允价值小于账面价值

　　C. 将投资性房地产由成本模式计量变更为公允价值模式计量时，公允价值大于账面价值

　　D. 将公允价值模式计量的投资性房地产转换为自用房地产时，公允价值小于账面价值

12. 下列关于企业投资性房地产会计处理的表述中，正确的有（   ）。

　　A. 自行建造的投资性房地产，按达到预定可使用状态前所发生的必要支出进行初始计量

　　B. 以成本模式进行后续计量的投资性房地产，计提的减值准备以后会计期间可以转回

　　C. 投资性房地产后续计量由成本模式转为公允价值模式时，其公允价值与账面价值的差额应计入当期损益

　　D. 满足投资性房地产确认条件的后续支出，应予以资本化

13. 企业在有确凿证据表明房地产用途发生改变，且满足相关条件时，应当将投资性房地产与其他资产进行转换。下列各项中，属于相关条件的有（   ）。

　　A. 投资性房地产开始自用

　　B. 作为存货的房地产改为出租

　　C. 自用土地使用权停止自用，改用于赚取租金或资本增值

　　D. 自用建筑物停止自用，改为出租

14. 下列关于投资性房地产转换日的说法中，正确的有（   ）。

　　A. 作为存货的房地产改为出租的，转换日为房地产的租赁期开始日

　　B. 自用建筑物停止自用，改为出租的，转换日为租赁期开始

　　C. 投资性房地产开始自用的，转换日为租赁期结束日

　　D. 自用土地使用权停止自用，改用于资本增值的，转换日为自用土地使用权停止自用后确定用于资本增值的日期

15. 2×24年6月30日，甲公司与乙公司签订一份房产转让合同。合同约定，甲公司将一栋租赁期限届满的写字楼转让给乙公司，转让价款55 000万元。当日，该写字楼的账面价值为47 000万元，其中，成本为45 000万元，公允价值变动为2 000万元。不考虑其他因素，甲公司下列会计处理不正确的有（   ）。

　　A. 确认"主营业务收入"金额55 000万元

　　B. 确认"其他业务成本"金额47 000万元

　　C. 2×24年6月，资产负债表中"投资性房地产"项目金额减少47 000万元

　　D. 2×24年6月，利润表中"营业利润"项目金额增加10 000万元

三、判断题

1. 企业将其拥有的办公大楼由自用转为收取租金收益时，应将其转为投资性房地产。（   ）

2. 企业租入后再转租给其他单位的土地使用权，不能确认为投资性房地产。（   ）

3. 甲公司将其自有写字楼的部分楼层以经营租赁方式对外出租，因自用部分与出租部分不能单独计量，为此甲公司将该写字楼整体确定为固定资产。（   ）

4. 以公允价值模式计量的投资性房地产在初始计量时，应当按照公允价值进行计量。（   ）

5. 企业将自行建造的房地产达到预定可使用状态时开始自用，之后改为对外出租，应当在该房地产达到预定可使用状态时确认为投资性房地产。（   ）

6. 企业对采用成本模式计量的投资性房地产进行再开发，且将来仍作为投资性房地产的，再开发期间应当对该资产继续计提折旧或

摊销。　　　　　　　　　　　　（　　）

7. 企业对采用成本模式计量的投资性房地产进行再开发，且将来仍作为投资性房地产的，再开发期间应当对此资产继续计提折旧或摊销。　　　　　　　　　　（　　）

8. 企业对投资性房地产进行日常维护所发生的支出，应当在发生时计入投资性房地产成本。　　　　　　　　　　　　（　　）

9. 企业通常应当采用成本模式对投资性房地产进行后续计量。　　　　　　（　　）

10. 已采用公允价值模式计量的投资性房地产，不得从公允价值计量模式转为成本计量模式。　　　　　　　　　　　　（　　）

11. 房地产企业将经营出租的房地产收回进行二次开发后用于对外出售的，应该在收回时将其从投资性房地产转为存货。　（　　）

12. 企业将其拥有的办公大楼由自用转为收取租金收入时，应将其转为投资性房地产。　　　　　　　　　　　　（　　）

13. 自用房地产转换为以成本模式计量的投资性房地产，不影响损益金额。　（　　）

14. 自用房地产转为公允价值计量的投资性房地产时形成的其他综合收益，在处置时转入留存收益。　　　　　　　　（　　）

快速查答案

一、单选题

序号	1	2	3	4	5	6	7	8	9	10	11	12
答案	C	B	C	C	C	C	B	B	C	B	D	C
序号	13	14	15	16	17							
答案	D	D	D	D	B							

二、多选题

序号	1	2	3	4	5	6	7	8	9	10	11	12
答案	AC	ACD	AD	BCD	ABCD	AD	ABD	BD	BCD	CD	BD	AD
序号	13	14	15									
答案	ABCD	ABD	ABD									

三、判断题

序号	1	2	3	4	5	6	7	8	9	10	11	12
答案	√	√	√	×	×	×	×	×	√	√	×	√
序号	13	14										
答案	√	×										

第五章

参考答案及解析

一、单选题

1. 【答案】C 【解析】本题考查的知识点是投资性房地产的范围——不属于投资性房地产的项目。(1) 投资性房地产主要包括已出租的土地使用权、持有并准备增值后转让的土地使用权和已出租的建筑物。因此，选项 A、B、D 属于企业的投资性房地产。(2) 选项 C，企业租入再转租的建筑物没有产权，不属于企业的投资性房地产。

2. 【答案】B 【解析】本题考查的知识点是投资性房地产的初始计量。外购的投资性房地产，按照取得时的实际成本进行初始计量。其实际成本包括购买价款、相关税费和可直接归属于该资产的其他支出。该写字楼的入账金额 = 1 500 + 50 = 1 550（万元）。

3. 【答案】C 【解析】本题考查的知识点是与投资性房地产有关的后续支出——费用化的后续支出。企业对投资性房地产进行日常维护所发生的支出，应当在发生时计入当期损益，借记"其他业务成本"等科目，贷记"银行存款"等科目，利润表中应列示于"营业成本"项目。因此，选项 C 正确。

4. 【答案】C 【解析】本题考查的知识点是采用成本模式计量的投资性房地产。
   (1) 2×24 年写字楼计提折旧金额 = 12 000/20 = 600（万元）。
   (2) 2×24 年 12 月 31 日，减值测试前写字楼的账面价值 = 12 000 − 600 = 11 400（万元）。由于该账面价值高于其可收回金额，发生减值，应计提减值准备金额 = 11 400 − 11 200 = 200（万元）。
   (3) 2×24 年，甲公司应确认的租金收入为 1 000 万元。
   (4) 与该写字楼相关的交易或事项对甲公司 2×24 年度营业利润的影响金额 = −600 − 200 + 1 000 = 200（万元）。
   因此，选项 C 正确。

5. 【答案】C 【解析】本题考查的知识点是采

用成本模式计量的投资性房地产。2×24 年甲公司应对该写字楼计提的折旧金额 = (9 600 − 120)/40 × 11/12 = 217.25（万元）。因此，选项 C 正确。

6. 【答案】C 【解析】本题考查的知识点是采用成本模式计量的投资性房地产。
   (1) 该写字楼在转为投资性房地产之前，累计计提的折旧金额 = 7 200/30 × 5 = 1 200（万元）。转换日，该写字楼的账面价值 = 7 200 − 1 200 = 6 000（万元），所以，"投资性房地产"的初始入账价值即为 6 000 万元。因此，选项 A 正确。
   (2) 甲公司对该写字楼采用成本模式进行后续计量，所以每月计提的折旧，借记"其他业务成本"科目。因此，选项 B 正确。
   (3) 采用成本模式计量的投资性房地产，存在减值迹象时，才应进行减值测试。因此，选项 C 错误。
   (4) 每月月末，利润表中"营业利润"项目的影响金额 = 40 − 20 = 20（万元）。因此，选项 D 正确。

7. 【答案】B 【解析】本题考查的知识点是采用公允价值模式计量的投资性房地产。
   (1) 采用公允价值模式进行后续计量的投资性房地产，不计提减值准备。因此，选项 A 错误。
   (2) 采用公允价值模式进行后续计量的投资性房地产，不计提折旧或摊销。选项 B 正确。
   (3) 投资性房地产取得租金收入计入其他业务收入。因此，选项 C 错误。
   (4) 采用公允价值模式进行后续计量的投资性房地产，资产负债表日公允价值不论是高于还是低于其账面价值的差额，均计入公允价值变动损益。因此，选项 D 错误。
   【拓展】《企业会计准则第 8 号——资产减值》中规定，采用公允价值模式计量的投资性房地产的减值，适用《企业会计准则第 3 号——投资性房地产》的规定。
   注意，由于采用公允价值模式进行后续计量

的投资性房地产理论上是不存在减值的，因此这里说的减值可以理解为资产负债表日投资性房地产的公允价值低于其原账面价值的差额。

8. 【答案】B　【解析】本题考查的知识点是采用公允价值模式计量的投资性房地产。采用公允价值模式计量的投资性房地产，企业应当以资产负债表日投资性房地产的公允价值为基础调整其账面价值，公允价值与原账面价值之间的差额计入当期损益（即公允价值变动损益）。因此，选项 B 正确。

9. 【答案】C　【解析】本题考查的知识点是投资性房地产后续计量模式的变更。投资性房地产由成本模式转为公允价值模式，应该作为会计政策变更处理，转换日投资性房地产的公允价值高于其账面价值的差额应计入留存收益。因此，选项 C 正确。

10. 【答案】B　【解析】本题考查的知识点是投资性房地产的转换。

（1）根据题目可知，甲公司对投资性房地产采用成本模式进行后续计量，因此甲公司将自用办公楼转为采用成本模式进行后续计量的投资性房地产时，"投资性房地产"的初始入账价值 = 6 000 − 25 × 20 = 5 500（万元）。因此，选项 A 错误。

（2）2×24 年 5 月末，"投资性房地产累计折旧"科目的金额 = 25 × 20 + 20 = 520（万元）。因此，选项 B 正确。

（3）2×24 年 5 月末，甲公司资产负债表中"投资性房地产"项目的金额 = 5 500 − 20 = 5 480（万元）。因此，选项 C 错误。

（4）2×24 年 5 月末，甲公司利润表中"营业利润"项目增加金额 = 50 − 20 = 30（万元）。因此，选项 D 错误。

11. 【答案】D　【解析】本题考查的知识点是投资性房地产的转换。根据题目可知，甲公司对投资性房地产采用成本模式进行后续计量，所以，应当按照该建物在转换日的原价、累计折旧和减值准备，分别转入"投资性房地产""投资性房地产累计折旧""投资性房地产减值准备"科目，甲公司将该写字楼转为投资性房地产核算时的初始入账价值 = 5 000 − 500 − 400 = 4 100（万元）。因此，选项 D 正确。

会计分录如下：

借：投资性房地产　　　　50 000 000
　　累计折旧　　　　　　　5 000 000
　　固定资产减值准备　　　4 000 000
　　贷：固定资产　　　　　　50 000 000
　　　　投资性房地产累计折旧
　　　　　　　　　　　　　　5 000 000
　　　　投资性房地产减值准备
　　　　　　　　　　　　　　4 000 000

12. 【答案】C　【解析】本题考查的知识点是投资性房地产的转换。企业将采用公允价值模式计量的投资性房地产转换为自用房地产时，应当以其转换当日的公允价值作为自用房地产的账面价值，公允价值与原账面价值的差额计入当期损益（即公允价值变动损益），并列示于利润表的"公允价值变动收益"项目。因此，选项 C 正确。

13. 【答案】D　【解析】本题考查的知识点是投资性房地产的转换。企业将作为存货的房地产转换为采用公允价值模式计量的投资性房地产时，应当按该项房地产在转换日的公允价值，借记"投资性房地产——成本"科目，原计提跌价准备的，借记"存货跌价准备"科目，按其账面余额，贷记"开发产品"等科目；同时，转换日的公允价值大于账面价值的，按其差额，贷记"其他综合收益"科目。因此，选项 D 正确。

【提示】转换日的公允价值小于账面价值的，按其差额，借记"公允价值变动损益"科目。

14. 【答案】D　【解析】本题考查的知识点是投资性房地产的转换。转换日记入"其他综合收益"科目的金额 = 60 000 − （50 000 − 1 000 − 2 000）= 13 000（万元）。企业将自用建筑物转换为采用公允价值模式计量的投资性房地产时，应当按该建筑物在转换日的公允价值，借记"投资性房地产——成本"科目，按已计提的累计折旧，借记"累计折旧"科目，原已计提减值准备的，借记"固定资产减值准备"科目，按其账面余额，贷记"固定资产"科目；同时，转换日的公允价值小于账面价值的，按其差额，借记"公允价值变动损益"科目，转换日的公允价值大于账面价值的，按其差额，贷记"其他综合收益"科目。

15.【答案】D 【解析】本题考查的知识点是投资性房地产的转换。甲公司该土地使用权转换的会计分录如下：

借：投资性房地产——成本

　　　　　　　　　　　5 000 000

　　累计摊销　　　　 2 000 000

　　贷：无形资产　　　　　 6 500 000

　　　　其他综合收益　　　　 500 000

因此，选项D正确。

16.【答案】D 【解析】本题考查的知识点是投资性房地产的转换。企业将自用建筑物转换为采用公允价值模式计量的投资性房地产时，应当按该建筑物在转换日的公允价值，借记"投资性房地产——成本"科目，按已计提的累计折旧，借记"累计折旧"科目，原已计提减值准备的，借记"固定资产减值准备"科目，按其账面余额，贷记"固定资产"科目；同时，转换日的公允价值小于账面价值的，按其差额，借记"公允价值变动损益"科目，所以甲公司该转换业务对其2×24年度财务报表中"公允价值变动收益"项目产生影响，减少20万元。因此，选项D正确。

【提示】利润表中，项目名称应当为"公允价值变动收益"。

17.【答案】B 【解析】本题考查的知识点是投资性房地产的处置——公允价值模式计量的投资性房地产的处置。出售时账面价值为5 080万元计入其他业务成本，公允价值变动损益－20万元（5 080－5 100）转入其他业务成本（借：其他业务成本20，贷：公允价值变动损益20），营业成本＝5 080＋20＝5 100（万元）。

二、多选题

1.【答案】AC 【解析】本题考查的知识点是投资性房地产的范围——属于投资性房地产的项目。

（1）投资性房地产主要包括已出租的土地使用权、持有并准备增值后转让的土地使用权和已出租的建筑物。因此，选项A、C正确。

（2）下列情形不属于投资性房地产：

①企业租入再转租的建筑物不属于投资性房地产。租入再转租给其他单位的土地使用权，企业不拥有产权，不能确认为投资性房地产，选项B错误。

②房地产开发企业用于销售的商品房应作为存货核算，选项D错误。

2.【答案】ACD 【解析】本题考查的知识点是投资性房地产的范围——属于投资性房地产的项目。

（1）甲公司应当自租赁开始日（即2×24年7月1日）起，将这间商铺确认为"投资性房地产"。因此，选项A说法错误。

（2）甲公司自2×24年7月1日起，将这间商铺以年租金800万元租赁给乙公司，所以，甲公司2×24年应确认租金收入400万元。因此，选项B说法正确。

（3）企业租入再转租的建筑物不属于投资性房地产。因此，选项C说法错误。

（4）乙公司转租商铺取得的租金，应当确认租金收入。因此，选项D说法错误。

3.【答案】AD 【解析】本题考查的知识点是投资性房地产的范围——属于投资性房地产的项目。各栋楼可以单独计价与出售，A栋写字楼以经营租赁方式出租，所以作为投资性房地产；B栋和C栋写字楼在公开出售，应作为企业的开发产品即存货核算。

4.【答案】BCD 【解析】本题考查的知识点是投资性房地产的确认和初始计量——外购投资性房地产的确认条件和初始计量。

（1）投资性房地产初始计量时，应当按照成本进行计量，所以该写字楼的初始入账价值（即实际成本）＝3 600＋50＝3 650（万元）。因此，选项A错误，选项B正确。

（2）甲公司对该写字楼采用公允价值模式进行后续计量，甲公司应在购入该写字楼时，借记"投资性房地产——成本"科目。因此，选项C正确。

（3）2×24年1月16日，甲公司完成该写字楼的产权变更手续，因此甲公司应于2×24年1月16日将该写字楼确认为投资性房地产。因此，选项D正确。

5.【答案】ABCD 【解析】本题考查的知识点是投资性房地产的确认和初始计量——自行建造投资性房地产的确认条件和初始计量。自行建造投资性房地产，其成本由建造该项资产达到预定可使用状态前发生的必要支出构成，包括土地开发费、建筑成本、安装成本、应予以资本化的借款费用、支付的其他费用和分摊的间接费用等。因此，选项 A、B、C、D 正确。

6.【答案】AD 【解析】本题考查的知识点是采用成本模式计量的投资性房地产。

（1）取得的租金收入，应当按照《企业会计准则第 3 号——投资性房地产》的规定，确认收入。因此，选项 B 错误。

（2）投资性房地产存在减值迹象的，适用资产减值的有关规定。经减值测试后确定发生减值的，应当计提减值准备。已经计提减值准备的投资性房地产，其减值损失在以后的会计期间不得转回。因此，选项 C 错误。

7.【答案】ABD 【解析】本题考查的知识点是采用成本模式计量的投资性房地产、采用公允价值模式计量的投资性房地产、投资性房地产后续计量模式的变更。

（1）采用公允价值模式计量的投资性房地产，不对投资性房地产计提折旧或摊销。因此，选项 A 正确。

（2）成本模式转为公允价值模式的，应当作为会计政策变更处理。因此，选项 B 正确。

（3）采用成本模式计量的投资性房地产，存在减值迹象的，适用资产减值的有关规定。经减值测试后确定发生减值的，应当计提减值准备。因此，选项 C 错误。

（4）已经采用公允价值模式计量的投资性房地产，不得从公允价值模式转为成本模式。因此，选项 D 正确。

8.【答案】BD 【解析】本题考查的知识点是投资性房地产后续计量模式的变更。投资性房地产由成本模式转为公允价值模式，应该作为会计政策变更处理，转换日投资性房地产的公允价值高于其账面价值的差额应计入留存收益（即盈余公积和未分配利润）。因此，选项 B、D 正确。

9.【答案】BCD 【解析】本题考查的知识点是

采用成本模式计量的投资性房地产。采用成本模式计量的投资性房地产，应当遵循以下会计处理规定：

（1）应当按期计提折旧或摊销。

（2）存在减值迹象的，适用资产减值的有关规定。经减值测试确定发生减值的，应当计提减值准备；已经计提减值准备的投资性房地产，其减值损失在以后的会计年度不得转回。

因此，选项 B、C、D 正确。

采用成本模式计量的投资性房地产，年末需要对其预计使用寿命、预计净残值、折旧或摊销方法等进行复核。因此，选项 A 错误。

10.【答案】CD 【解析】本题考查的知识点是投资性房地产的转换。企业将自用房地产转换为以公允价值模式计量的投资性房地产时，转换日公允价值与原账面价值的差额，应当分别以下两种情况进行会计处理：

（1）如果该房产的公允价值大于原账面价值，其差额应当计入其他综合收益。

（2）如果该房产的公允价值小于原账面价值，其差额应当计入公允价值变动损益。

因此，选项 C、D 正确。

11.【答案】BD 【解析】本题考查的知识点是投资性房地产后续计量模式的变更、投资性房地产的转换。

（1）作为存货的房地产转换为以公允价值模式计量的投资性房地产时，公允价值大于账面价值的差额，计入其他综合收益，不影响营业利润。因此，选项 A 错误。

（2）以公允价值模式计量的投资性房地产，资产负债表日公允价值小于账面价值的差额，计入公允价值变动损益，影响营业利润。因此，选项 B 正确。

（3）将投资性房地产由成本模式计量变更为公允价值模式计量时，公允价值大于账面价值的差额，计入留存收益，不影响营业利润。因此，选项 C 错误。

（4）将公允价值模式计量的投资性房地产转换为自用房地产时，公允价值小于账面价值，计入公允价值变动损益，影响营业利润。因此，选项 D 正确。

12.【答案】AD 【解析】本题考查的知识点是

与投资性房地产有关的后续支出、采用成本模式计量的投资性房地产、投资性房地产后续计量模式的变更、投资性房地产的转换。

（1）自行建造的投资性房地产，按达到预定可使用状态前所发生的必要支出进行初始计量。因此，选项A正确。

（2）采用成本模式计量的投资性房地产，其减值损失在以后的会计年度不得转回。因此，选项B错误。

（3）投资性房地产后续计量由成本模式转为公允价值模式时，其公允价值与账面价值的差额应当分别以下两种情况处理：

①如果该房产的公允价值大于原账面价值，其差额应当计入其他综合收益。

②如果该房产的公允价值小于原账面价值，其差额应当计入公允价值变动损益。

因此，选项C错误。

（4）满足投资性房地产确认条件的后续支出，应予以资本化。因此，选项D正确。

13.【答案】ABCD　【解析】本题考查的知识点是投资性房地产的转换。企业有确凿证据表明房地产用途发生改变，满足下列条件之一的，应当将投资性房地产转换为其他资产或将其他资产转换为投资性房地产：

（1）投资性房地产开始自用；

（2）作为存货的房地产改为出租；

（3）自用土地使用权停止自用，改用于赚取租金或资本增值；

（4）自用建筑物停止自用，改为出租；

（5）确凿证据表明房地产企业将用于经营出租的房地产重新开发用于对外出售，从投资性房地产转为存货。

因此，选项A、B、C、D正确。

14.【答案】ABD　【解析】本题考查的知识点是投资性房地产的转换。企业有确凿证据表明房地产用途发生改变，满足下列条件之一的，应当将投资性房地产转换为其他资产或将其他资产转换为投资性房地产：

（1）投资性房地产开始自用，即将投资性房地产转为自用房地产。在此种情况下，转换日为房地产达到自用状态，企业开始将其用于生产商品、提供劳务或者经营管理的日期。

（2）确凿证据表明房地产企业将用于经营出

租的房地产重新开发用于对外销售，从投资性房地产转为存货。在这种情况下，转换日为租赁期满，企业董事会或类似机构作出书面决议明确表明将其重新开发用于对外销售的日期。

（3）自用建筑物停止自用，改为出租。即企业将原本用于生产商品、提供劳务或者经营管理的房地产改用于出租，固定资产相应地转换为投资性房地产。在此种情况下，转换日为租赁期开始日。

（4）自用土地使用权停止自用，改用于赚取租金或资本增值。即企业将原本用于生产商品、提供劳务或者经营管理的土地使用权改用于赚取租金或资本增值，该土地使用权相应地转换为投资性房地产。在此种情况下，转换日为自用土地使用权停止自用后确定用于赚取租金或资本增值的日期。

（5）作为存货的房地产改为出租，通常指房地产开发企业将其持有的开发产品以经营租赁的方式出租，存货相应地转换为投资性房地产。在此种情况下，转换日为房地产的租赁期开始日。

因此，选项A、B、D正确。

15.【答案】ABD　【解析】本题考查的知识点是投资性房地产的处置——公允价值模式计量的投资性房地产的处置。

（1）甲公司处置该写字楼，应确认"其他业务收入"的金额55 000万元。因此，选项A会计处理错误。

（2）甲公司处置该写字楼，应确认"其他业务成本"的金额＝47 000－2 000＝45 000（万元）。因此，选项B会计处理错误。

（3）2×24年6月，资产负债表中"投资性房地产"项目金额减少47 000万元。因此，选项C会计处理正确。

（4）2×24年6月，利润表中"营业利润"项目增加的金额＝55 000－47 000＝8 000（万元）。因此，选项D会计处理错误。

会计分录如下：

借：银行存款　　　　　550 000 000

　　贷：其他业务收入　　550 000 000

借：其他业务成本　　　450 000 000

　　公允价值变动损益　　20 000 000

贷：投资性房地产——成本
450 000 000
——公允价值变动
20 000 000

三、判断题

1. 【答案】√ 【解析】本题考查的知识点是投资性房地产的范围——属于投资性房地产的项目。已出租的建筑物属于投资性房地产。自用办公大楼拥有产权，用途转为出租，应由固定资产转为投资性房地产。

2. 【答案】√ 【解析】本题考查的知识点是投资性房地产的范围——属于投资性房地产的项目。用于出租的建筑物是指企业拥有产权的建筑物，企业租入再转租的建筑物不属于投资性房地产。因此，本题的说法是正确的。

3. 【答案】√ 【解析】本题考查的知识点是投资性房地产的范围——不属于投资性房地产的项目。某项房地产部分用于赚取租金或资本增值，部分用于生产商品、提供劳务或经营管理，能够单独计量和出售的、用于赚取租金或资本增值的部分，应当确认为投资性房地产；不能够单独计量和出售的、用于赚取租金或资本增值的部分，不确认为投资性房地产。因此，本题的说法是正确的。

4. 【答案】× 【解析】本题考查的知识点是投资性房地产的确认和初始计量。投资性房地产初始计量时，应当按照成本进行计量。因此，本题的说法是错误的。

5. 【答案】× 【解析】本题考查的知识点是投资性房地产的确认和初始计量——自行建造投资性房地产的确认条件和初始计量。企业自行建造房地产达到预定可使用状态后一段时间才对外出租或用于资本增值的，应当先将自行建造的房地产确认为固定资产、无形资产或存货，自租赁期开始日或用于资本增值之日开始，从固定资产、无形资产或存货转换为投资性房地产。因此，本题的说法是错误的。

6. 【答案】× 【解析】本题考查的知识点是与投资性房地产有关的后续支出——资本化后续支出。以成本模式计量的投资性房地产再开发期间的折旧或摊销与固定资产和无形资产的相关规定一样，再开发期间不计提折旧或摊销。

7. 【答案】× 【解析】本题考查的知识点是与投资性房地产有关后续支出——资本化的后续支出。企业对某项投资性房地产进行改扩建等再开发且将来仍作为投资性房地产的，再开发期间应继续将其作为投资性房地产，不计提折旧或摊销。因此，本题的说法是错误的。

8. 【答案】× 【解析】本题考查的知识点是与投资性房地产有关后续支出——费用化的后续支出。企业对投资性房地产进行日常维护所发生的支出，不满足投资性房地产确认条件，应当在发生时计入当期损益（即借记"其他业务成本"等科目）。因此，本题的说法是错误的。

9. 【答案】√ 【解析】本题考查的知识点是采用成本模式计量的投资性房地产。企业通常应当采用成本模式对投资性房地产进行后续计量。因此，本题的说法是正确的。

10. 【答案】√ 【解析】本题考查的知识点是投资性房地产后续计量模式的变更。已采用公允价值模式计量的投资性房地产，不得从公允价值计量模式转为成本计量模式。因此，本题的说法是正确的。

11. 【答案】× 【解析】本题考查的知识点是投资性房地产的转换。有确凿证据表明房地产企业将用于经营出租的房地产重新开发用于对外销售，从投资性房地产转为存货，这种情况下，转换日为租赁期满，企业董事会或类似机构作出书面决议明确表明将其重新开发用于对外销售的日期。因此，本题的说法是错误的。

12. 【答案】√ 【解析】本题考查的知识点是投资性房地产的转换。企业有确凿证据表明房地产用途发生改变，且满足自用建筑物停止自用，改为出租。即企业将原本用于生产商品、提供劳务或者经营管理的房地产改用于出租，固定资产相应地转换为投资性房地产。因此，本题的说法是正确的。

13. 【答案】√ 【解析】本题考查的知识点是投资性房地产的转换。自用房地产转为成本模式下的投资性房地产时，应当按照该建筑物在转换日的原价、累计折旧和减值准备，分别转入"投资性房地产""投资性房地产累计折旧""投资性房地产减值准备"科目，不影响损益金额。因此，本题的说法是正确的。

14.【答案】×【解析】本题考查的知识点是投资性房地产的处置——公允价值模式计量的投资性房地产的处置。自用房地产转为公允价值模式计量的投资性房地产所形成的其他综合收益，在处置时应转入当期损益（即冲减"其他业务成本"科目）。因此，本题的说法是错误的。

第六章 长期股权投资和合营安排

教材变化

2025 年本章教材内容没有实质性变动，对例 6 - 14 进行了完善。

考情分析

本章主要内容是长期股权投资的范围、长期股权投资的初始计量、成本法、权益法、长期股权投资核算方法的转换、长期股权投资的处置、合营安排的概念和认定、共同经营中合营方的会计处理和共同经营中非合营方的会计处理。2020 ~ 2024 年考查知识点范围如下表所示，其内容在各种考试题型中均可能出现，每年分值 18 ~ 20 分。

年份	单选题	多选题	判断题	计算分析题	综合题
2024	长期股权投资的初始计量——企业合并形成的长期股权投资、权益法——投资损益的确认	长期股权投资核算方法的转换——公允价值计量或权益法核算转为成本法核算	—	—	长期股权投资核算方法的转换——公允价值计量转权益法核算、权益法——投资损益的确认
2023	投资损益的确认	—	—	—	—
2022	同一控制下企业合并	—	初始投资成本的调整	企业合并以外的其他方式取得的长期股权投资、初始投资成本的调整、投资损益的确认	企业合并以外的其他方式取得的长期股权投资、初始投资成本的调整、投资损益的确认、被投资单位其他综合收益变动的处理
2021	—	权益法	同一控制下企业合并	—	—
2020	投资损益的确认	同一控制下企业合并	企业合并以外的其他方式取得的长期股权投资	—	企业合并以外的其他方式取得的长期股权投资、投资损益的确认、被投资单位其他综合收益变动的处理

强化练习题

一、单选题

1. 下列股权投资中，应作为长期股权投资采用成本法核算的是（　　）。

    A. 投资企业对子公司的长期股权投资

    B. 投资企业对合营企业的股权投资

    C. 投资企业对联营企业的股权投资

    D. 投资企业对被投资单位不具有控制、共同控制和重大影响的股权投资

2. 下列关于同一控制下企业合并形成的长期股权投资的会计处理中，正确的是（　　）。

    A. 以转让非现金资产、承担负债以及发行权益工具的账面价值之和作为初始投资成本

    B. 购买价款中包含的已宣告但尚未发放的现金股利，应计入应收股利

    C. 支付资产的公允价值与账面价值之间的差额，应计入当期损益

    D. 支付的中介费用，应计入长期股权投资的初始投资成本

3. 2×24 年 1 月 1 日，甲公司发行面值为 5 000 万元，公允价值为 30 000 万元的普通股股票，从其最终控制方取得乙公司 80% 有表决权的股份，能够对乙公司实施控制，该合并属于同一控制下的企业合并。当日，在最终控制方合并财务报表中，乙公司净资产的账面价值为 20 000 万元，与乙公司相关的商誉金额为零；乙公司个别财务报表中净资产的账面价值为 15 000 万元。不考虑其他因素，甲公司该长期股权投资的初始入账金额为（　　）万元。

    A. 30 000　　　　　B. 16 000

    C. 12 000　　　　　D. 5 000

4. 丙公司为甲、乙公司的母公司，2×24 年 1 月 1 日，甲公司以银行存款 7 000 万元取得乙公司 60% 有表决权的股份，另以银行存款 100 万元支付与合并直接相关的中介费用，当日办妥相关股权划转手续后，取得了乙公司的控制权；乙公司在丙公司合并财务报表中的净资产账面价值为 9 000 万元。不考虑其他因素，甲公司该项长期股权投资在合并日的初始投资成本为（　　）万元。

    A. 7 100　　　　　B. 7 000

    C. 5 400　　　　　D. 5 500

5. 甲公司和乙公司为同一母公司最终控制下的两家公司。2×24 年 7 月 1 日，甲公司以一条生产线、一项专利权和一栋出租的办公楼（采用成本模式计量），从母公司处取得乙公司 60% 的股权。另支付交易费用 50 万元。当日，三项资产有关资料如下表所示：

单位：万元

项目	账面原值	计提折旧（或摊销）	减值准备	账面价值	市场价值
生产线	3 000	1 500	500	1 000	1 600
专利权	1 800	600	0	1 200	1 400
出租的办公楼	7 500	3 500	0	4 000	5 000

乙公司在母公司合并财务报表中的净资产账面价值为 12 000 万元。不考虑其他因素，甲公司下列会计处理正确的是（　　）。

    A. 长期股权投资的初始投资成本为 8 000 万元

    B. 转让生产线和专利权，确认"投资收益"的金额为 800 万元

    C. 支付的合并对价与长期股权投资初始投资成本间的差额，借记"资本公积"科目 800 万元

    D. 2×24 年 7 月，甲公司利润表中"管理费用"项目的影响金额为 50 万元

6. 甲公司和乙公司均为丙公司创立的子公司，

2×24 年 1 月 5 日甲公司以银行存款 800 万元和一项账面价值为 1 200 万元、公允价值为 1 500 万元的固定资产作为合并对价，获得乙公司 80% 的有表决权股份。该合并为同一控制下的企业合并，甲公司能够对乙公司实施控制。2×24 年 1 月 5 日，乙公司可辨认净资产的公允价值为 4 600 万元，其所有者权益在最终控制方丙公司的合并财务报表中的账面价值为 4 500 万元。不考虑其他因素，甲公司 2×24 年 1 月 5 日购入该长期股权投资的初始投资成本为（　　）万元。

    A. 2 000　　　　　　B. 2 300

    C. 3 680　　　　　　D. 3 600

7. 2×24 年 1 月 1 日，甲公司以银行存款 6 000 万元从母公司处取得乙公司 80% 的股份，并能够对乙公司实施控制。已知，乙公司 80% 股权为母公司从集团外部以现金对价 5 000 万元取得，能够对乙公司实施控制；购买日，乙公司可辨认净资产公允价值为 6 000 万元，账面价值为 4 500 万元；自购买日至 2×24 年 1 月 1 日，按购买日乙公司净资产的公允价值计算实现的净利润为 1 500 万元。不考虑其他因素，甲公司该长期股权投资的初始入账金额为（　　）万元。

    A. 6 000　　　　　　B. 6 200

    C. 5 000　　　　　　D. 6 160

8. 2×24 年 1 月 1 日，甲公司以银行存款 4 500 万元购入非关联方乙公司 30% 的股权，并能够施加重大影响。当日，乙公司可辨认净资产公允价值为 11 000 万元。2×24 年 6 月 30 日，乙公司上半年实现净利润 5 000 万元。2×24 年 7 月 1 日，甲公司再以银行存款 6 000 万元购入乙公司 30% 的股权，并能够实施控制。当日，原 30% 股权的公允价值为 5 500 万元。不考虑其他因素，甲公司 2×24 年 7 月 1 日该长期股权投资的初始入账价值为（　　）万元。

    A. 10 500　　　　　　B. 12 000

    C. 10 800　　　　　　D. 11 500

9. 2×24 年 12 月 31 日，甲公司以专利技术自非关联方处取得乙公司 70% 的股权，相关手续于当日完成，甲公司能够对乙公司实施控制，该专利技术原值为 1 200 万元，已累计摊销

200 万元，公允价值 1 500 万元，乙公司当日可辨认净资产账面价值为 800 万元，公允价值 1 000 万元，不考虑其他因素，该业务对甲公司个别利润表中当期利润总额的影响金额为（　　）。

    A. 减少 90 万元　　　　B. 增加 500 万元

    C. 增加 100 万元　　　　D. 增加 300 万元

10. 2×24 年 3 月 10 日，甲公司以定向增发面值总额为 8 000 万元、公允价值为 20 000 万元的普通股为对价，从非关联方取得乙公司 20% 的有表决权股份，对该股权投资采用权益法核算。甲公司为定向增发普通股支付了 500 万元的发行费用。当日，乙公司可辨认净资产的公允价值为 90 000 万元。不考虑其他因素，甲公司该项长期股权投资的初始入账金额为（　　）万元。

    A. 20 000　　　　　　B. 18 000

    C. 20 500　　　　　　D. 8 500

11. 长期股权投资成本法的适用范围是（　　）。

    A. 投资企业能够对被投资企业实施控制的长期股权投资

    B. 投资企业对被投资企业不具有共同控制或重大影响，并且在活跃市场中没有报价、公允价值不能可靠计量的长期股权投资

    C. 投资企业对被投资企业具有共同控制的长期股权投资

    D. 投资企业对被投资企业具有重大影响的长期股权投资

12. 下列各项中，影响长期股权投资账面价值增减变动的是（　　）。

    A. 采用权益法核算的长期股权投资，持有期间被投资单位宣告分派股票股利

    B. 采用权益法核算的长期股权投资，持有期间被投资单位宣告分派现金股利

    C. 采用成本法核算的长期股权投资，持有期间被投资单位宣告分派股票股利

    D. 采用成本法核算的长期股权投资，持有期间被投资单位宣告分派现金股利

13. 2×24 年 1 月 1 日，甲公司以银行存款 2 500 万元取得乙公司 20% 有表决权的股份，对乙公司具有重大影响，采用权益法核算。乙公司当日可辨认净资产的账面价值为 12 000 万元，各项可辨认资产、负债的公允价值与其

账面价值均相同。乙公司 2×24 年度实现的净利润为 1 000 万元。不考虑其他因素，2×24 年 12 月 31 日，甲公司该项投资在资产负债表中应列示的年末余额为（　　）万元。

A. 2 400　　　　　B. 2 500

C. 2 600　　　　　D. 2 700

14. 2×24 年 1 月 2 日，甲公司以银行存款 2 000 万元取得乙公司 30% 的股权，投资时乙公司可辨认净资产公允价值及账面价值的总额均为 8 000 万元。甲公司取得投资后可派人参与乙公司生产经营决策，但无法对乙公司实施控制。2×24 年 5 月 9 日，乙公司宣告分配现金股利 400 万元。2×24 年度，乙公司实现净利润 800 万元。不考虑所得税等因素，该项投资对甲公司 2×24 年度损益的影响金额为（　　）万元。

A. 240　　　　　B. 640

C. 860　　　　　D. 400

15. 甲公司持有乙公司 30% 的股权，能够对乙公司施加重大影响。2×24 年度乙公司实现净利润 8 000 万元，包含当年一项内部交易。2×24 年 6 月 20 日，甲公司将成本为 600 万元的商品以 1 000 万元的价格出售给乙公司，乙公司将其作为管理用固定资产并于当月投入使用，预计使用 10 年，净残值为零，采用年限平均法计提折旧。不考虑其他因素，甲公司 2×24 年度个别财务报表中应确认对乙公司投资的投资收益为（　　）万元。

A. 2 100　　　　　B. 2 280

C. 2 286　　　　　D. 2 400

16. 2×23 年 1 月 1 日，甲公司以 1 500 万元的价格购入乙公司 30% 的股权，并能够对其施加重大影响。当日，乙公司可辨认净资产的账面价值与公允价值相等，均为 4 800 万元。2×23 年，乙公司实现净利润 800 万元、其他综合收益增加 300 万元。乙公司从甲公司购入其生产的某产品形成年末存货 900 万元（未发生减值）。甲公司销售该产品的毛利率为 25%。2×24 年，乙公司宣告分配现金股利 400 万元，实现净利润 1 000 万元。上年度从甲公司购入的 900 万元的产品全部对外销售。甲公司投资乙公司前，双方不存在关

联方关系，不考虑相关税费及其他因素。甲公司对乙公司股权投资在其 2×24 年末合并资产负债表中应列示的金额为（　　）万元。

A. 2 010.00　　　　B. 2 062.50

C. 2 077.50　　　　D. 1 942.50

17. 2×24 年甲公司的合营企业乙公司发生的下列交易或事项中，将对甲公司当年投资收益产生影响的是（　　）。

A. 乙公司宣告分派现金股利

B. 乙公司持有的其他债权投资公允价值上升

C. 乙公司股东大会通过发放股票股利的议案

D. 乙公司当年发生的电视台广告费

18. 2×24 年 5 月 10 日，甲公司将其持有的一项以权益法核算的长期股权投资全部出售，取得价款 1 200 万元，当日办妥手续。出售时，该项长期股权投资的账面价值为 1 100 万元，其中，投资成本为 700 万元，损益调整为 300 万元，可重分类进损益的其他综合收益为 100 万元，不考虑增值税等相关税费及其他因素，甲公司处置该项股权投资应确认的相关投资收益为（　　）万元。

A. 100　　　　　B. 500

C. 400　　　　　D. 200

19. 权益法核算的长期股权投资发生超额亏损时，应遵循的处理顺序是（　　）。

A. 长期股权投资、长期应收款、预计负债、账外备查登记

B. 长期股权投资、预计负债、长期应收款、账外备查登记

C. 长期应收款、预计负债、长期股权投资、账外备查登记

D. 账外备查登记、预计负债、长期应收款、长期股权投资

20. 甲公司持有乙公司 25% 的股权，能够对乙公司施加重大影响。2×22 年 12 月 31 日，该长期股权投资的账面价值为 2 300 万元，其中，"投资成本"为 1 600 万元，"损益调整"为 500 万元，"其他综合收益"为 100 万元（属于可重新分类计入损益的其他综合收益），"其他权益变动"为 100 万元。2×23

年乙公司的亏损额为 10 000 万元。2×24 年乙公司个别财务报表发生净亏损 3 000 万元，持有的一项可重新分类计入损益的其他综合收益的债权投资公允价值增加 4 000 万元。不考虑其他因素，下列说法正确的是（　　）。

A. 2×23 年 12 月 31 日，甲公司应按照持股比例冲减"长期股权投资——投资成本"1 600 万元

B. 2×23 年 12 月 31 日，甲公司"长期股权投资"的账面价值为 0

C. 2×24 年 12 月 31 日，甲公司"长期股权投资——其他综合收益"科目增加 1 000 万元

D. 2×24 年 12 月 31 日，甲公司"长期股权投资——损益调整"科目余额为 −1 750 万元

21. 2×24 年 1 月 1 日，甲公司以银行存款 2 000 万元自母公司处取得乙公司 20% 的股权，并能够产生重大影响。当日，乙公司可辨认净资产公允价值为 11 000 万元。2×24 年 6 月 30 日，乙公司实现净利润 900 万元。2×24 年 7 月 15 日，甲公司发行普通股 1 000 万股（每股面值 1 元，每股市场价值 6 元）自母公司处取得乙公司 40% 的股权，并能够实施控制。当日，原 20% 股权的市场价值为 3 000 万元，母公司合并报表中乙公司净资产账面价值为 12 000 万元。上述交易不构成"一揽子"交易。不考虑其他因素，2×24 年 7 月 15 日甲公司应确认的长期股权投资初始投资成本为（　　）万元。

A. 9 000　　　　　　B. 8 380

C. 7 200　　　　　　D. 3 200

22. 2×24 年 4 月 1 日，甲公司以银行存款 1 500 万元购入乙公司股票 150 万股，占乙公司股份的 10%，甲公司将其划分为以公允价值计量且其变动计入当期损益的金融资产。2×24 年 6 月 30 日，乙公司股票每股 10.8 元。2×24 年 7 月 1 日，甲公司再以银行存款 8 500 万元购入乙公司 50% 的股权，并能够实施控制。当日，乙公司股票每股 11 元。不考虑其他因素，甲公司 2×24 年 7 月 1 日该长期股权投资的初始入账价值为（　　）万元。

A. 9 900　　　　　　B. 10 000

C. 10 120　　　　　　D. 10 150

23. 2×24 年 1 月，甲公司以银行存款 900 万元自非关联方处取得乙公司 10% 的股权，并将其作为以公允价值计量且其变动计入当期损益的金融资产。2×24 年 6 月 1 日，又以 1 800 万元自另一非关联方处取得乙公司 15% 的股权，至此甲公司对乙公司的股权达到 25%，并能够施加重大影响。当日，乙公司可辨认净资产的公允价值总为 15 000 万元，原 10% 股权的公允价值为 1 200 万元。不考虑其他因素，甲公司 2×24 年 6 月利润表中"营业利润"项目的影响金额是（　　）万元。

A. 300　　　　　　B. 750

C. 1 050　　　　　　D. 1 350

24. 2×24 年 1 月，甲公司以银行存款 900 万元自非关联方处取得乙公司 10% 的股权，并将其指定为以公允价值计量且其变动计入其他综合收益的金融资产。2×24 年 6 月 1 日，又以 1 800 万元自另一非关联方处取得乙公司 15% 的股权，至此甲公司对乙公司的股权达到 25%，并能够施加重大影响。当日，乙公司可辨认净资产的公允价值总额为 15 000 万元，原 10% 股权的公允价值为 1 500 万元。甲公司按照净利润的 10% 计提法定盈余公积。不考虑其他因素，甲公司 2×24 年 6 月利润表中"营业利润"项目的影响金额是（　　）万元。

A. 0　　　　　　B. 450

C. 600　　　　　　D. 1 050

25. 下列关于合营安排的叙述中，不正确的是（　　）。

A. 合营安排分为共同经营和合营企业

B. 未通过单独主体达成的合营安排，应当划分为共同经营

C. 各参与方均受到该安排的约束

D. 合营安排要求所有参与方都对该安排实施共同控制

26. 甲企业由 A、B、C 三个公司共同出资设立。公司章程规定，甲企业相关活动的决策至少需要 70% 表决权通过才能实施。假定 A、B、C 任意两方均可达成一致意见，但三方不可能同时达成一致意见。下列项目中，属于共同控制的是（　　）。

A. A公司、B公司、C公司分别持有甲企业34%、34%、32%的表决权股份

B. A公司、B公司、C公司分别持有甲企业45%、35%、20%的表决权股份

C. A公司、B公司、C公司分别持有甲企业40%、30%、30%的表决权股份

D. A公司、B公司、C公司分别持有甲企业75%、10%、15%的表决权股份

27. 2×24年1月1日，A公司和B公司共同以银行存款8 000万元购买一栋写字楼用于出租收取租金，各自拥有该写字楼50%的产权。已知该写字楼的决策由双方共同作出；出资、收入分享和费用分担比例均为各自50%。该写字楼预计使用寿命20年，预计净残值为320万元，采用直线法计提折旧。当日，双方将该写字楼出租给甲公司，每月月末收取租金40万元。A公司和B公司共同承担每月维修费2万元。假设A公司和B公司均采用成本法对投资性房地产进行后续计量。不考虑其他因素，下列A公司的会计处理正确的是（　　　）。

A. 确认租金收入时，贷记"主营业务收入"20万元

B. 计提折旧时，借记"主营业务成本"16万元

C. 承担维修费时，借记"其他业务成本"1万元

D. 购入写字楼时，借记"投资性房地产"8 000万元

二、多选题

1. 下列各项中，应当通过"长期股权投资"科目核算的有（　　　）。

A. 投资性主体甲公司持股80%的生产性主体乙公司

B. 甲公司与其他合营方一同实施共同控制的乙公司

C. 甲公司投资的能够施加重大影响的乙公司

D. 甲公司投资的风险投资机构乙公司

2. 下列关于同一控制下企业合并形成的长期股权投资会计处理表述中，正确的有（　　　）。

A. 合并方发生的评估咨询费用，应计入当期损益

B. 与发行债务工具作为合并对价直接相关的交易费用，应计入债务工具的初始确认金额

C. 与发行权益工具作为合并对价直接相关的交易费用，应计入当期损益

D. 合并成本与合并对价账面价值之间的差额，应计入其他综合收益

3. 下列关于商誉会计处理的表述中，正确的有（　　　）。

A. 商誉不具有实物形态，符合无形资产的特征，应确认为无形资产

B. 企业内部产生的商誉不应确认为一项资产

C. 同一控制下企业合并中合并方实际支付的对价与取得被投资方在合并日的净资产账面价值份额的差额不应确认为商誉

D. 非同一控制下控股合并中购买方实际支付的对价大于取得被投资方在购买日的可辨认净资产公允价值份额的差额，应在合并财务报表中确认为商誉

4. 下列关于企业对长期股权投资会计处理的表述中，正确的有（　　　）。

A. 取得合营企业股权时，支付的手续费计入长期股权投资的初始投资成本

B. 以发行债券的方式取得子公司股权时，债券的发行费用计入长期股权投资的初始投资成本

C. 以定向增发普通股的方式取得联营企业股权时，普通股的发行费用计入长期股权投资的初始投资成本

D. 以合并方式取得子公司股权时，支付的法律服务费计入管理费用

5. 甲公司通过定向增发1 000万股普通股取得乙公司25%的股权，并能够对乙公司施加重大影响。定向增发的普通股每股面值1元，每股市场价值3元。另以银行存款支付证券发行费用37.5万元，审计费用50万元。不考虑其他因素，下列说法正确的有（　　　）。

A. 甲公司长期股权投资的初始投资成本为3 000万元

B. 支付的证券发行费用37.5万元，应计入资本公积

C. 审计费用50万元，应计入管理费用

D. 该投资对甲公司损益的影响金额为0

6. 下列企业采用成本法核算长期股权投资进行

的会计处理中，正确的有（　　）。

A. 按持股比例计算享有被投资方实现净利润的份额调增长期股权投资的账面价值

B. 按追加投资的金额调增长期股权投资的成本

C. 按持股比例计算应享有被投资方其他债权投资公允价值上升的份额确认投资收益

D. 按持股比例计算应享有被投资方宣告发放现金股利的份额确认投资收益

7. 甲公司对乙公司的长期股权投资采用权益法核算，乙公司发生的下列交易事项中，将导致甲公司长期股权投资账面价值发生变动的有（　　）。

A. 提取法定盈余公积

B. 接受其他企业的现金捐赠

C. 宣告分派现金股利

D. 发行可转换公司债券

8. 2×24 年 1 月 1 日，甲公司以银行存款 3 950 万元取得乙公司 30% 的股权，另以银行存款支付直接相关费用 50 万元，相关手续于当日完成，甲公司能够对乙公司施加重大影响。当日，乙公司可辨认净资产的账面价值为 14 000 万元，各项可辨认资产、负债的公允价值均与其账面价值相同。乙公司 2×24 年实现净利润 2 000 万元，其他债权投资的公允价值上升 100 万元。不考虑其他因素，下列甲公司 2×24 年与该投资相关的会计处理中，正确的有（　　）。

A. 确认营业外收入 200 万元

B. 确认财务费用 50 万元

C. 确认投资收益 600 万元

D. 确认其他综合收益 30 万元

9. 甲公司对乙公司的长期股权投资采用权益法核算，乙公司发生的下列各项交易或事项中，将影响甲公司资产负债表长期股权投资项目列报金额的有（　　）。

A. 取得其他权益工具投资转让收益 30 万元

B. 收到用于补偿已发生费用的政府补助 50 万元

C. 其他债权投资公允价值增加 100 万元

D. 宣告分派现金股利 1 000 万元

10. 下列各项中，企业采用权益法核算长期股权投资时，影响长期股权投资账面价值的

有（　　）。

A. 被投资单位发行一般公司债券

B. 被投资单位其他综合收益变动

C. 被投资单位以盈余公积转增资本

D. 被投资单位实现净利润

11. 2×24 年 12 月 1 日，甲公司取得乙公司 30% 的有表决权股份，对该股权投资采用权益法核算。2×25 年度，乙公司实现净利润 6 000 万元、资本公积增加 500 万元、其他综合收益减少 300 万元。不考虑其他因素，乙公司的上述业务对甲公司 2×25 年度财务报表影响的下列各项表述中，正确的有（　　）。

A. 资本公积增加 150 万元

B. 长期股权投资增加 1 860 万元

C. 其他综合收益减少 90 万元

D. 投资收益增加 1 800 万元

12. 甲公司为境内上市的非投资性主体，其持有其他企业股权或权益的情况如下：（1）持有乙公司 30% 股权并能对其施加重大影响；（2）持有丙公司 50% 股权并能与丙公司的另一投资方共同控制丙公司；（3）持有丁公司 5% 的股权且对丁公司不具有控制、共同控制和重大影响；（4）持有戊公司结构化主体的权益并能对其施加重大影响。下列关于甲公司持有其他企业股权或权益会计处理的表述中，正确的有（　　）。

A. 甲公司对丙公司的投资采用成本法进行后续计量

B. 甲公司对乙公司的投资采用权益法进行后续计量

C. 甲公司对戊公司的投资采用公允价值进行后续计量

D. 甲公司对丁公司的投资采用公允价值进行后续计量

13. 下列各项中，处置以权益法核算的长期股权投资时，能够影响当期损益的有（　　）。

A. 持有期间被投资方实现净利润时确认的"长期股权投资——损益调整"

B. 持有期间被投资方持有的其他债权投资公允价值上涨时确认的"其他综合收益"

C. 持有期间被投资方所有者权益变动时确认的"资本公积——其他资本公积"

D. 出售价款与长期股权投资账面价值的差额

14. 2×24年1月1日，甲公司出售所持联营企业（乙公司）的全部30%股权，出售所得价款1 800万元。出售当日，甲公司对乙公司股权投资的账面价值为1 200万元，其中，投资成本为850万元，损益调整为120万元，因乙公司持有的非交易性权益工具投资公允价值变动应享有其他综合收益的份额为50万元，因乙公司所持丙公司股权被稀释应享有的资本公积份额为180万元。另外，甲公司应收乙公司已宣告但尚未发放的现金股利10万元。不考虑税费及其他因素，下列关于甲公司出售乙公司股权会计处理的表述中，正确的有（   ）。

A. 确认出售乙公司股权投资的转让收益600万元

B. 应收股利10万元在出售当期确认为信用减值损失

C. 因乙公司所持丙公司股权被稀释应享有的资本公积份额180万元从资本公积转入出售当期的投资收益

D. 因乙公司非交易性权益工具投资公允价值变动应享有其他综合收益份额50万元从其他综合收益转入出售当期的留存收益

15. 2×24年1月1日，甲公司对子公司乙的长期股权投资账面价值为2 000万元。当日，甲公司将持有的乙公司80%股权中的一半以1 200万元出售给非关联方，丧失对乙公司的控制权但具有重大影响。甲公司原取得乙公司80%股权时，乙公司可辨认净资产的账面价值为2 500万元，各项可辨认资产、负债的公允价值与账面价值相同。自甲公司取得乙公司股权至部分处置投资前，乙公司实现净利润1 500万元，增加其他综合收益300万元。甲公司按净利润的10%提取法定盈余公积。不考虑增值税等相关税费及其他因素。下列关于2×24年1月1日甲公司个别财务报表中对长期股权投资的会计处理表述中，正确的有（   ）。

A. 增加未分配利润540万元

B. 增加盈余公积60万元

C. 增加投资收益320万元

D. 增加其他综合收益120万元

三、判断题

1. 同一控制下的企业合并中，合并方为企业合并支付的审计费用应当计入当期损益。（   ）

2. 同一控制下企业合并形成的长期股权投资中，被合并方在合并日的净资产账面价值为负数的，其初始投资成本为付出资产、承担负债，以及发行权益工具的账面价值之和。（   ）

3. 同一控制下企业合并中，与发行债务性工具作为合并对价直接相关的交易费用，应当计入债务性工具的初始确认金额。（   ）

4. 在按照合并日应享有被合并方在最终控制方合并财务报表中的净资产的账面价值的份额确定长期股权投资的初始投资成本时，前提是合并前合并方与被合并方采用的会计政策应当一致。（   ）

5. 非同一控制下的控股合并中，企业合并成本大于被合并方可辨认净资产公允价值的份额时，差额部分应在个别财务报表中确认为商誉。（   ）

6. 非同一控制下企业合并中，购买方为企业合并发生的评估咨询费用，应于发生时计入当期损益。（   ）

7. 企业长期股权投资的初始投资成本，不包括支付的价款中包含的被投资单位已宣告但尚未发放的现金股利或利润。（   ）

8. 增值税一般纳税人企业以支付现金方式取得联营企业股权的，所支付的与该股权投资直接相关的费用应计入当期损益。（   ）

9. 采用权益法核算的长期股权投资的初始投资成本大于投资时应享有被投资单位可辨认净资产公允价值份额的，其差额不调整长期股权投资的初始投资成本。（   ）

10. 投资方在判断对被投资单位是否具有控制时，应当仅考虑直接持有的股权。（   ）

11. 企业因处置部分子公司股权将剩余股权投资分类为以公允价值计量且其变动计入当期损益的金融资产时，应在丧失控制权日将剩余股权投资的公允价值与账面价值之间的差额计入其他综合收益。（   ）

12. 投资方取得对联营企业的投资后，如果初始投资成本小于投资时应享有联营企业可辨认净资产公允价值的份额，应按其差额调整长

期股权投资的账面价值，同时确认营业外
收入。（　）

13. 企业采用权益法核算长期股权投资的，在确认投资收益时，不需考虑顺流交易产生的未实现内部交易利润。（　）

14. 投资方与联营企业之间的顺流交易产生的未实现内部交易损失，其中属于所转让资产发生减值损失的，有关未实现内部交易损失不应予以抵销。（　）

15. 采用权益法核算的长期股权投资，被投资方

因其他债权投资价值上涨确认的其他综合收益，在处置时，应将计入其他综合收益金额转入留存收益。（　）

16. 企业对长期股权投资计提的减值准备，在满足相关条件时，应当予以转回。（　）

17. 企业通过多次交易分步处置对子公司股权投资直至丧失控制权的，如果属于"一揽子"交易的，每次处置股权时，都应当在个别财务报表中确认投资收益。（　）

快速查答案

一、单选题

序号	1	2	3	4	5	6	7	8	9	10	11	12
答案	A	B	B	C	D	D	B	B	B	A	A	B
序号	13	14	15	16	17	18	19	20	21	22	23	24
答案	D	B	C	A	D	D	A	B	C	D	A	A
序号	25	26	27									
答案	D	B	C									

二、多选题

序号	1	2	3	4	5	6	7	8	9	10	11	12
答案	BC	AB	BCD	AD	BD	BD	BCD	ACD	ABCD	BD	ABCD	BD
序号	13	14	15									
答案	BCD	CD	ABD									

三、判断题

序号	1	2	3	4	5	6	7	8	9	10	11	12
答案	√	×	√	√	×	√	√	×	√	×	×	√
序号	13	14	15	16	17							
答案	×	√	×	×	×							

参考答案及解析

一、单选题

1.【答案】A 【解析】本题考查的知识点是长期股权投资的范围。选项B、C，应采用权益法核算；选项D，作为金融资产核算，适用金融工具准则。

2.【答案】B 【解析】本题考查的知识点是长期股权投资的初始计量——同一控制下企业合并形成的长期股权投资。

（1）同一控制下企业合并形成的长期股权投资，其初始投资成本为合并日应享有的被合并方在最终控制方合并财务报表中净资产的账面价值的份额。因此，选项A错误。

（2）同一控制下企业合并形成的长期股权投资，其转让的非现金资产、承担的负债以及发行的权益工具，应按照账面价值计量，所以不会产生差额。因此，选项C错误。

（3）同一控制下企业合并形成的长期股权投资，支付的中介费用，应计入管理费用。因此，选项D错误。

3.【答案】B 【解析】本题考查的知识点是长期股权投资的初始计量——同一控制下企业合并形成的长期股权投资。同一控制下企业合并形成的长期股权投资，其初始投资成本为合并日应享有的被合并方在最终控制方合并财务报表中净资产的账面价值的份额。所以，该长期股权投资的初始入账金额 = 20 000 × 80% = 16 000（万元）。因此，选项B正确。

4.【答案】C 【解析】本题考查的知识点是长期股权投资的初始计量——同一控制下企业合并形成的长期股权投资。同一控制下企业合并形成的长期股权投资，其初始投资成本为合并日应享有的被合并方在最终控制方合并财务报表中净资产的账面价值的份额。所以，该长期股权投资的初始投资成本 = 9 000 × 60% = 5 400（万元）。因此，选项C正确。

【提示】企业合并形成的长期股权投资（不区分同一控制下企业合并或是非同一控制下企业合并），与合并相关的中介费用应记入"管

理费用"科目，不计入长期股权投资初始投资成本。

5.【答案】D 【解析】本题考查的知识点是长期股权投资的初始计量——同一控制下企业合并形成的长期股权投资。

（1）同一控制下企业合并形成的长期股权投资，其初始投资成本为合并日应享有的被合并方在最终控制方合并财务报表中净资产的账面价值的份额。该长期股权投资的初始投资成本 = 12 000 × 60% = 7 200（万元）。因此，选项A错误。

（2）合并方以支付现金、转让非现金资产或承担债务方式作为合并对价的，相关资产和负债应当采用账面价值计量，不会产生损益。因此，选项B错误。

（3）支付的合并对价与长期股权投资初始投资成本间的差额 = 7 200 − (1 000 + 1 200 + 4 000) = 1 000（万元），贷记"资本公积"科目1 000万元。因此，选项C错误。

会计分录如下：

借：固定资产清理 10 000 000
　　累计折旧 15 000 000
　　固定资产减值准备 5 000 000
　　　贷：固定资产 30 000 000
借：长期股权投资 72 000 000
　　累计摊销 6 000 000
　　投资性房地产累计摊销 35 000 000
　　　贷：固定资产清理 10 000 000
　　　　无形资产 18 000 000
　　　　投资性房地产 75 000 000
　　　　资本公积 10 000 000

6.【答案】D 【解析】本题考查的知识点是长期股权投资的初始计量——同一控制下企业合并形成的长期股权投资。同一控制下企业合并形成的长期股权投资的初始投资成本为合并日应享有的被合并方在最终控制方合并财务报表中净资产的账面价值的份额。甲公司2×24年1月5日购入该长期股权投资的

初始投资成本 = 4 500×80% = 3 600（万元）。因此，选项 D 正确。

7. 【答案】B 【解析】本题考查长期股权投资的初始计量——同一控制下企业合并。

（1）母公司取得乙公司 80% 股份产生的商誉 = 5 000 – 6 000×80% = 200（万元）；

（2）甲公司该长期股权投资的初始入账金额 = （6 000 + 1 500）×80% + 200 = 6 200（万元）。选项 B 正确。

8. 【答案】B 【解析】本题考查的知识点是长期股权投资的初始计量——非同一控制下企业合并形成的长期股权投资和权益法转成本法核算。

（1）2×24 年 1 月 1 日，甲公司取得乙公司 30% 股权的初始投资成本 = 4 500 万元。

（2）2×24 年 1 月 1 日，甲公司享有乙公司可辨认净资产公允价值的份额 = 11 000×30% = 3 300（万元）。

因为，2×24 年 1 月 1 日，甲公司取得乙公司 30% 股权的初始投资成本 4 500 万元大于享有乙公司可辨认净资产公允价值的份额 3 300 万元，所以，无须调整长期股权投资的初始入账价值。当日，甲公司长期股权投资的初始入账价值为 4 500 万元。

（3）2×24 年 6 月 30 日，乙公司上半年实现净利润 5 000 万元。甲公司享有的净利润份额 = 5 000×30% = 1 500（万元）。当日，甲公司长期股权投资的账面价值 = 4 500 + 1 500 = 6 000（万元）。

（4）2×24 年 7 月 1 日，甲公司再取得乙公司 30% 的股权，至此，甲公司取得乙公司股权的份额为 60%，并能够实施控制。该业务属于长期股权投资增资，由权益法调整为成本法，所以，当日甲公司长期股权投资的初始入账价值 = 6 000 + 6 000 = 12 000（万元）。因此，选项 B 正确。

9. 【答案】B 【解析】本题考查的知识点是长期股权投资的初始计量——非同一控制下企业合并形成的长期股权投资。非同一控制下企业合并，长期股权投资初始投资成本为转让的非现金资产、承担负债以及发行权益工具的公允对价。投出的专利技术的公允价值 1 500 万元与账面价值 1 000 万元之间的差额

500 万元，应当确认资产处置损益，增加当期利润。因此，选项 B 正确。

10. 【答案】A 【解析】本题考查的知识点是长期股权投资的初始计量——非合并方式取得的长期股权投资。该业务属于非合并方式取得的长期股权投资，初始投资成本 = 付出对价的公允价值 + 初始直接费用 = 发行股票的公允价值 20 000 万元。定向增发普通股支付的 500 万元发行费用，不构成长期股权投资的初始投资成本。这部分费用应自所发行证券的溢价发行收入中扣除，溢价收入不足冲减的，应依次冲减盈余公积和未分配利润。

11. 【答案】A 【解析】本题考查的知识点是成本法。长期股权投资成本法的适用范围是投资企业能够对被投资企业实施控制的长期股权投资，即对子公司的投资。

12. 【答案】B 【解析】本题考查的知识点是成本法和权益法。被投资单位宣告分派股票股利的，投资方的长期股权投资不作任何账务处理，只需备查登记增加股票的数量，选项 A、C 错误；采用权益法核算时，被投资单位宣告分派现金股利，投资方应借记"应收股利"科目，贷记"长期股权投资——损益调整"科目，选项 B 正确；采用成本法核算时，被投资单位宣告分派现金股利，投资方应借记"应收股利"科目，贷记"投资收益"科目，选项 D 错误。

13. 【答案】D 【解析】本题考查的知识点是权益法——投资损益的确认。2×24 年 12 月 31 日，甲公司长期股权投资在资产负债表中应列示的年末余额 = 2 500 + 1 000×20% = 2 700（万元）。因此，选项 D 正确。

会计分录如下：

（1）2×24 年 1 月 1 日，取得长期股权投资时：

借：长期股权投资——投资成本
　　　　　　　　　　　25 000 000
　　贷：银行存款　　　25 000 000

（2）2×24 年 12 月 31 日，甲公司确认投资收益：

借：长期股权投资——损益调整
　　　　　　　　　　　2 000 000
　　贷：投资收益　　　2 000 000

14. 【答案】B 【解析】本题考查的知识点是权

益法——投资损益的确认。该项投资对甲公司2×24年度损益的影响金额 = （8 000 × 30% − 2 000） + 800 × 30% = 640（万元）。因此，选项B正确。

会计分录如下：

（1）2×24年1月2日，取得长期股权投资时：

借：长期股权投资——投资成本

　　　　　　　　　20 000 000

　　贷：银行存款　　20 000 000

由于长期股权投资的初始投资成本2 000万元小于投资日应享有的被投资方可辨认净资产公允价值份额2 400万元（8 000 × 30%），因此，两者间的差额400万元应调整长期股权投资的初始入账价值，会计分录为：

借：长期股权投资——投资成本

　　　　　　　　　4 000 000

　　贷：营业外收入　　4 000 000

（2）2×24年5月9日，乙公司宣告分配现金股利时：

借：应收股利　　　1 200 000

　　贷：长期股权投资——损益调整

　　　　　　　　　1 200 000

（3）2×24年度乙公司实现净利润时：

借：长期股权投资——损益调整

　　　　　　　　　2 400 000

　　贷：投资收益　　2 400 000

15.【答案】C 【解析】本题考查的知识点是权益法——投资损益的确认。甲公司2×24年度个别财务报表中应确认对乙公司投资的投资收益的金额 = （8 000 − 400 + 400/10 × 6/12） × 30% = 2 286（万元）。因此，选项C正确。

16.【答案】A 【解析】本题考查的知识点是权益法——投资损益的确认。投资日，甲公司应享有乙公司可辨认净资产公允价值的份额 = 4 800 × 30% = 1 440（万元），小于初始投资成本1 500万元，因此初始入账价值为1 500万元。2×23年调整后的净利润 = 800 − 900 × 25% = 575（万元），2×24年调整后的净利润 = 1 000 + 900 × 25% = 1 225（万元）。甲公司对乙公司股权投资在其2×24年末合并资产负债表中应列示的金额 = 1 500 + 575 ×

30% + 300 × 30% − 400 × 30% + 1 225 × 30% = 2 010（万元）。因此，选项A正确。

17.【答案】D 【解析】本题考查的知识点是权益法——被投资单位其他综合收益变动的处理。因为乙公司为甲公司的合营企业，所以甲公司对乙公司的长期股权投资应当采用权益法进行后续计量。

相关选项的会计分录如下：

（1）乙公司宣告分派现金股利：

借：应收股利

　　贷：长期股权投资——损益调整

该业务不影响损益金额。因此，选项A错误。

（2）乙公司持有的其他债权投资公允价值上升：

借：长期股权投资——其他综合收益

　　贷：其他综合收益

该业务不影响损益金额。因此，选项B错误。

（3）乙公司股东大会通过发放股票股利的议案：

乙公司不作账务处理，甲公司也不作账务处理。因此，选项C错误。

（4）乙公司当年发生的电视台广告费：

乙公司发生的广告费，应通过"销售费用"科目核算，会影响乙公司的净利润，致使甲公司按照持股比例确认的"投资收益"金额也会受到影响。因此，选项D正确。

18.【答案】D 【解析】本题考查的知识点是长期股权投资的处置。甲公司处置该项股权投资应确认的相关投资收益的金额 = 1 200 − 1 100 + 100 = 200（万元）。因此，选项D正确。

19.【答案】A 【解析】本题考查的知识点是权益法——超额亏损的确认。投资方在确认应分担被投资单位发生的损失时，应按照以下顺序处理：

首先，减记长期股权投资的账面价值。

其次，在长期股权投资的账面价值减记至零的情况下，考虑是否有其他构成长期权益的项目，如果有，则以其他实质上构成对被投资单位长期权益的账面价值为限，继续确认投资损失，冲减长期应收项目等的账面价值。

最后，在其他实质上构成对被投资单位长期权益的价值也减记至零的情况下，如果按照投资合同或协议约定，投资方需要履行其他额外的损失赔偿义务，则需按预计将承担责任的金额确认预计负债，计入当期投资损失。除按上述顺序已确认的损失以外仍有额外损失的，应在账外作备查登记，不再予以确认。因此，选项 A 正确。

20. 【答案】B　【解析】本题考查的知识点是权益法——超额亏损的确认。

（1）权益法核算的长期股权投资，因被投资方发生超额亏损，投资方应按照持股比例冲减"长期股权投资——损益调整"科目，金额应冲减至零。因此，选项 A 错误，选项 B 正确。

（2）2×24 年乙公司因持有的一项可重新分类计入损益的其他综合收益的债权投资公允价值增加 4 000 万元，甲公司应按持股比例确认"其他综合收益"1 000 万元，但 2×23 年长期股权投资有超额亏损 200 万元未入账，因此，应当先冲减该部分损失，再确认长期股权投资的增加额，所以 2×24 年 12 月 31 日，甲公司"长期股权投资——其他综合收益"科目的增加额 = 4 000×25% – 200 = 800（万元），选项 C 错误。

（3）2×24 年 12 月 31 日，甲公司"长期股权投资——损益调整"科目余额 = 500 – 2 300 – 750 = –2 550（万元），选项 D 错误。

21. 【答案】C　【解析】本题考查的知识点是长期股权投资核算方法的转换——权益法核算转成本法核算。企业通过多次交易实现同一控制下企业合并的，其取得的长期股权投资的初始投资成本为合并日应享有的被合并方在最终控制方合并财务报表中净资产的账面价值的份额。因此，2×24 年 7 月 15 日甲公司应确认的长期股权投资的初始投资成本 = 12 000×60% = 7 200（万元）。因此，选项 C 正确。

会计分录如下：

（1）2×24 年 1 月 1 日，甲公司自母公司处取得乙公司 20% 的股权：

借：长期股权投资——投资成本
　　　　　　　　　　22 000 000
　　贷：银行存款　　　20 000 000
　　　　营业外收入　　 2 000 000

（2）2×24 年 6 月 30 日，乙公司实现净利

900 万元：

借：长期股权投资——损益调整
　　　　　　　　　　 1 800 000
　　贷：投资收益　　　 1 800 000

（3）2×24 年 7 月 15 日，发行普通股 1 000 万股取得乙公司 40% 的股权：

借：长期股权投资　　72 000 000
　　贷：长期股权投资——投资成本
　　　　　　　　　　22 000 000
　　　　　　　　　——损益调整
　　　　　　　　　　 1 800 000
　　　　股本　　　　10 000 000
　　　　资本公积——股本溢价
　　　　　　　　　　38 200 000

22. 【答案】D　【解析】本题考查的知识点是长期股权投资核算方法的转换——公允价值计量转权益法核算。

（1）2×24 年 4 月 1 日，甲公司该交易性金融资产的初始投资成本 = 1 500 万元。

（2）2×24 年 6 月 30 日，甲公司该交易性金融资产的账面价值 = 150×10.8 = 1 620（万元）。

（3）2×24 年 7 月 1 日，甲公司再取得乙公司 50% 的股权，至此，甲公司取得乙公司股权的份额为 60%，并能够实施控制。该业务属于交易性金融资产增资转为长期股权投资，所以，当日甲公司长期股权投资的初始入账价值 = 150×11 + 8 500 = 10 150（万元）。因此，选项 D 正确。

23. 【答案】A　【解析】本题考查的知识点是长期股权投资核算方法的转换——公允价值计量转权益法核算。甲公司 2×24 年 6 月利润表中"营业利润"项目的影响金额 = 1 200 – 900 = 300（万元）。因此，选项 A 正确。

会计分录如下：

借：交易性金融资产——成本
　　　　　　　　　　 9 000 000
　　贷：银行存款　　　 9 000 000
借：长期股权投资——投资成本
　　　　　　　　　　30 000 000
　　贷：交易性金融资产——成本
　　　　　　　　　　 9 000 000
　　　　投资收益　　　 3 000 000
　　　　银行存款　　　18 000 000

借：长期股权投资——投资成本
　　　　　　　　7 500 000
　　贷：营业外收入　7 500 000

24.【答案】A 【解析】本题考查的知识点是长期股权投资核算方法的转换——公允价值计量转权益法核算。甲公司 2×24 年 6 月利润表中"营业利润"项目的影响金额为 0。因此，选项 A 正确。

会计分录如下：

借：其他权益工具投资——成本
　　　　　　　　9 000 000
　　贷：银行存款　　9 000 000

借：长期股权投资——投资成本
　　　　　　　　33 000 000
　　贷：其他权益工具投资——成本
　　　　　　　　9 000 000
　　　　盈余公积——法定盈余公积
　　　　　　　　600 000
　　　　利润分配——未分配利润
　　　　　　　　5 400 000
　　　　银行存款　　18 000 000

借：长期股权投资——投资成本
　　　　　　　　4 500 000
　　贷：营业外收入　4 500 000

25.【答案】D 【解析】本题考查的知识点是合营安排。选项 D 不正确，合营安排不要求所有参与方都对该安排实施共同控制。

26.【答案】B 【解析】本题考查的知识点是合营安排的认定。选项 A，A 公司、B 公司、C 公司任意两方都不能达到 70%，且三方不能达成一致意见，因此，不属于共同控制；选项 B，A 公司与 B 公司是能够集体控制该安排的唯一一组合，属于共同控制；选项 C，A 公司和 B 公司，A 公司和 C 公司是能够集体控制该安排的两个组合，不是能够集体控制该安排的唯一一组合，不构成共同控制；选项 D，A 公司单独即可达到对甲企业实施控制，不属于共同控制。因此，本题选项 B 正确。

27.【答案】C 【解析】本题考查的知识点是共同经营中合营方的会计处理。

A 公司的会计分录如下：

（1）购入写字楼时：

借：投资性房地产　40 000 000

　　贷：银行存款　　40 000 000

（2）每月确认租金收入时：

借：银行存款　　200 000

　　贷：其他业务收入　200 000

（3）每月确认折旧时：

借：其他业务成本　160 000

　　贷：投资性房地产累计折旧 160 000

（4）每月承担维修费时：

借：其他业务成本　10 000

　　贷：银行存款　　10 000

因此，选项 C 正确。

二、多选题

1.【答案】BC 【解析】本题考查的知识点是长期股权投资的范围。

（1）虽然甲公司为投资性主体，且对乙公司的持股比例为 80%，但是乙公司为生产性主体，不能为甲公司的投资活动提供相关服务，因此，甲公司不应予以合并，应当按照以公允价值计量且其变动计入当期损益的金融资产（即交易性金融资产）进行核算。因此，选项 A 错误。

（2）甲公司投资的风险投资机构乙公司，应当按照以公允价值计量且其变动计入当期损益的金融资产（即交易性金融资产）进行核算。因此，选项 D 错误。

2.【答案】AB 【解析】本题考查的知识点是长期股权投资的初始计量——同一控制下企业合并形成的长期股权投资。

（1）与发行权益工具作为合并对价直接相关的交易费用，应记入"资本公积"科目。因此，选项 C 错误。

（2）合并成本与合并对价账面价值之间的差额，应当记入"资本公积"科目。因此，选项 D 错误。

3.【答案】BCD 【解析】本题考查的知识点是长期股权投资的初始计量。

（1）商誉通常是与企业整体价值联系在一起的，无法与企业自身相分离而存在，不具有可辨认性，虽然是没有实物形态的非货币性资产，但不属于无形资产。因此，选项 A 错误，选项 B 正确。

（2）同一控制下企业合并中合并方支付的对

价与取得被合并方在合并日净资产账面价值
份额的差额应计入资本公积，不确认为商誉。
因此，选项 C 正确。

（3）非同一控制下企业合并中购买方实际支
付的对价，大于取得被购买方购买日可辨认
净资产公允价值份额的差额应确认为商誉，
如果是小于取得被购买方购买日可辨认净资
产公允价值份额的差额，则应计入当期损益
（营业外收入）。因此，选项 D 正确。

4.【答案】AD　【解析】本题考查的知识点是长
期股权投资的初始计量。以发行债券的方式
取得子公司股权时，债券的发行费用记入
"应付债券——利息调整"科目，不计入长期
股权投资的初始投资成本，选项 B 错误；以
定向增发普通股的方式取得联营企业股权时，
普通股的发行费用应冲减"资本公积——股
本溢价"，不足冲减的，依次冲减盈余公积和
未分配利润，不计入长期股权投资的初始投
资成本，选项 C 错误；企业合并方式取得子
公司股权时，支付的审计、法律服务、评估
咨询等中介费用计入管理费用，选项 D 正确。

5.【答案】BD　【解析】本题考查长期股权投资
的初始计量——非合并方式。

（1）甲公司长期股权投资的初始入账价值 =
1 000 × 3 + 50 = 3 050（万元）。因此，选项 A
错误。

（2）支付的证券发行费用 37.5 万元，应计入
资本公积，选项 B 正确。

（3）审计费用 50 万元，应计入长期股权投资
的初始投资成本，选项 C 错误。

（4）无论是股票的市场价值与面值的差额、
证券的发行费用还是审计费用，均不计入当
期损益，所以该投资对甲公司损益的影响金
额为 0，选项 D 正确。

6.【答案】BD　【解析】本题考查的知识点是成
本法。选项 A、C，都是权益法核算下的处
理，成本法下不作处理，其中选项 C，权益
法下是确认其他综合收益，而不是投资收益。

7.【答案】BCD　【解析】本题考查的知识点是
权益法——被投资单位其他综合收益变动的
处理。

（1）乙公司提取法定盈余公积，属于所有者
权益内部项目发生增减变动，不影响其所有

者权益总额，甲公司无须进行会计处理。因
此，选项 A 错误。

（2）乙公司接受其他企业的现金捐赠，应分
情况讨论：

①如果是非关联方的无偿捐赠，应将其确认
为"营业外收入"，该业务会影响乙公司的净
利润，甲公司需将乙公司净利润的影响部分，
确认为"长期股权投资——损益调整"。

②如果是关联方的无偿捐赠，属于权益性交
易，应将其确认为"资本公积"，该业务会影
响乙公司的所有者权益，甲公司需将乙公司
所有者权益的变动部分，确认为"长期股权
投资——其他权益变动"。

上述情况均会导致甲公司长期股权投资账面
价值发生变动。因此，选项 B 正确。

（3）乙公司宣告分派现金股利，贷记"长期
股权投资——损益调整"科目，该业务会导
致甲公司长期股权投资账面价值发生变动。
因此，选项 C 正确。

（4）乙公司发行可转换公司债券，其中属于
权益工具的部分，会增加乙公司所有者权益，
甲公司需将乙公司所有者权益的变动部分，
确认为"长期股权投资——其他权益变动"，
该业务会导致甲公司长期股权投资账面价值
发生变动。因此，选项 D 正确。

8.【答案】ACD　【解析】本题考查的知识点是
长期股权投资的初始计量——企业以合并以
外的其他方式取得的长期股权投资，权益
法——投资损益的确认、被投资单位其他综
合收益变动的处理。

（1）长期股权投资的初始投资成本 = 3 950 +
50 = 4 000（万元）。因此，选项 B 错误。

（2）2 × 24 年 1 月 1 日，甲公司享有的乙公司
可辨认净资产公允价值的份额 = 14 000 × 30% =
4 200（万元）。

投资日，甲公司对乙公司的初始投资成本
4 000 万元小于应享有的乙公司可辨认净资产
公允价值的份额 4 200 万元，因此，应当调整
长期股权投资的初始投资成本，并将差额 200
万元确认为"营业外收入"。因此，选项 A
正确。

（3）乙公司 2 × 24 年实现净利润 2 000 万元，
甲公司按照持股比例 30% 确认的收益金额 =

$2\,000 \times 30\% = 600$（万元），并将其计入投资收益。因此，选项 C 正确。

（4）乙公司 2×24 年其他债权投资的公允价值上升 100 万元，甲公司按照持股比例 30% 确认的收益金额 $= 100 \times 30\% = 30$（万元），并将其计入其他综合收益。因此，选项 D 正确。

9. 【答案】ABCD 【解析】本题考查的知识点是权益法——被投资单位其他综合收益变动、其他权益变动的处理。

（1）乙公司应将取得其他权益工具投资转让收益 30 万元，确认为留存收益，会使乙公司的所有者权益总额增加，甲公司需按照持股比例将乙公司所有者权益总额增加的部分，确认为"长期股权投资——其他权益变动"。因此，选项 A 正确。

（2）乙公司应将收到用于补偿已发生费用的政府补助 50 万元，确认为"营业外收入"，会使乙公司的净利润总额增加，甲公司需按照持股比例将乙公司净利润总额增加的部分，确认为"长期股权投资——损益调整"。因此，选项 B 正确。

（3）乙公司应将其他债权投资公允价值增加 100 万元，确认为"其他综合收益"，会使乙公司的所有者权益总额增加，甲公司需按照持股比例将乙公司所有者权益总额增加的部分，确认为"长期股权投资——其他综合收益"。因此，选项 C 正确。

（4）乙公司宣告分派现金股利 1 000 万元，甲公司需按照持股比例将其贷记"长期股权投资——损益调整"科目。因此，选项 D 正确。

10. 【答案】BD 【解析】本题考查的知识点是权益法——投资损益的确认、被投资单位其他综合收益变动的处理。

（1）被投资单位发行一般公司债券，不会影响被投资单位的损益和所有者权益，投资企业也无须作相关的会计处理，不影响投资企业长期股权投资的账面价值。因此，选项 A 错误。

（2）被投资单位以盈余公积转增资本，不影响被投资单位的所有者权益总额，投资企业也无须作相关的会计处理，不影响投资企业长期股权投资的账面价值。因此，选项 C

错误。

11. 【答案】ABCD 【解析】本题考查的知识点是权益法。资本公积增加 500 万元，即所有者权益增加，属于其他权益变动；实现净利润 6 000 万元，相应确认投资收益和调整长期股权投资账面价值；其他综合收益减少 300 万元，属于其他综合收益变动，相应调整其他综合收益和长期股权投资账面价值，上述业务的相关会计分录如下：

借：长期股权投资——损益调整（6 000×30%）
　　　　　　　　　　　　　　　1 800
　　　　　　——其他权益变动（500×
　　　　　30%）　　　150
　　贷：投资收益　　　　　　　1 800
　　　　资本公积——其他资本公积 150
借：其他综合收益　　　　　　　90
　　贷：长期股权投资——其他综合收益
　　　　　（300×30%）
　　　　　　　　　　　　　　　90

12. 【答案】BD 【解析】本题考查的知识点是成本法、权益法。

事项（1），属于对联营企业投资，应作为长期股权投资并采用权益法进行后续计量。因此，选项 B 正确。

事项（2），属于对合营企业投资，应作为长期股权投资并采用权益法进行后续计量。因此，选项 A 错误。

事项（3），应作为金融资产核算，并划分为以公允价值计量且其变动计入当期损益的金融资产或是指定为以公允价值计量且其变动计入其他综合收益的金融资产。因此，选项 D 正确。

事项（4），属于对联营企业投资，应作为长期股权投资并采用权益法进行后续计量。因此，选项 C 错误。

13. 【答案】BCD 【解析】本题考查的知识点是长期股权投资的处置。持有期间被投资方实现净利润时确认的"长期股权投资——损益调整"，已在变动当期记入"投资收益"，处置时不再确认"投资收益"。因此，选项 A 错误。

14. 【答案】CD 【解析】本题考查的知识点是长期股权投资的处置。

（1）出售乙公司股权投资的转让收益金额＝1 800－1 200－10＋180＝770（万元）。因此，选项 A 错误。

（2）应收股利 10 万元应在处置时予以转出，不需确认信用减值损失。因此，选项 B 错误。

15.【答案】ABD 【解析】本题考查的知识点是长期股权投资的处置。

2×24 年 1 月 1 日甲公司个别财务报表中对长期股权投资的会计处理如下：

借：银行存款　　　　　　　12 000 000
　　贷：长期股权投资　　　　10 000 000
　　　　投资收益　　　　　　 2 000 000
借：长期股权投资——损益调整
　　　　　　　　　　　　　　6 000 000
　　　　　　　——其他综合收益
　　　　　　　　　　　　　　1 200 000
　　贷：盈余公积　　　　　　　600 000
　　　　利润分配——未分配利润
　　　　　　　　　　　　　　5 400 000
　　　　其他综合收益　　　　1 200 000

因此，选项 A、B、D 正确。

【提示】甲公司处置 40% 的股权后，剩余部分股权的初始投资成本为 1 000 万元，应享有的乙公司可辨认净资产公允价值的份额＝2 500×40%＝1 000（万元），两者金额相等，因此，无须调整长期股权投资的初始入账价值。

三、判断题

1.【答案】√ 【解析】本题考查的知识点是长期股权投资的初始计量——同一控制下企业合并形成的长期股权投资。企业合并形成的长期股权投资（不区分同一控制下企业合并或是非同一控制下企业合并），与合并相关的中介费用应计入管理费用，不计入长期股权投资初始投资成本。因此，本题的说法是正确的。

2.【答案】× 【解析】本题考查的知识点是长期股权投资的初始计量——同一控制下企业合并形成的长期股权投资。同一控制下企业合并形成的长期股权投资，如果被合并方在合并日的净资产账面价值为负数的，长期股权投资成本按零确定，同时在备查簿中予以登记。因此，本题的说法是错误的。

3.【答案】√ 【解析】本题考查的知识点是长期股权投资的初始计量——同一控制下企业合并形成的长期股权投资。与发行债务性工具作为合并对价直接相关的交易费用，应当计入债务性工具的初始确认金额。因此，本题的说法是正确的。

4.【答案】√ 【解析】本题考查的知识点是长期股权投资的初始计量——同一控制下企业合并形成的长期股权投资。在按照合并日应享有被合并方在最终控制方合并财务报表中的净资产的账面价值的份额确定长期股权投资的初始投资成本时，前提是合并前合并方与被合并方采用的会计政策应当一致。因此，本题的说法是正确的。

5.【答案】× 【解析】本题考查的知识点是长期股权投资的初始计量——非同一控制下企业合并形成的长期股权投资。对于非同一控制下的控股合并，企业合并成本大于合并中取得的被购买方可辨认净资产公允价值份额的差额，应确认为商誉，在合并方的资产负债表上列示。因此，本题的说法是错误的。

6.【答案】√ 【解析】本题考查的知识点是长期股权投资的初始计量——非同一控制下企业合并形成的长期股权投资。购买方为企业合并发生的审计、法律服务、评估咨询等中介费用以及其他相关管理费用，应于发生时计入当期损益。因此，本题的说法是正确的。

【补充】购买方作为合并对价发行的权益性工具或债务性工具的交易费用，应当计入权益性工具或债务性工具的初始确认金额。

7.【答案】√ 【解析】本题考查的知识点是长期股权投资的初始计量。取得长期股权投资时，购买价款中包含的被投资单位已宣告但尚未发放的现金股利或利润，应单独确认为"应收股利"，不计入长期股权投资的初始投资成本。因此，本题的说法是正确的。

8.【答案】× 【解析】本题考查的知识点是长期股权投资的初始计量——企业以合并以外的其他方式取得的长期股权投资。以支付现金方式取得联营企业股权的，所支付的与该股权投资直接相关的费用应计入长期股权投资初始投资成本。因此，本题的说法是错误的。

9. 【答案】√ 【解析】本题考查的知识点是权益法。权益法核算时，初始投资成本大于享有被投资单位可辨认净资产公允价值份额的，不调整长期股权投资的初始投资成本。

10. 【答案】× 【解析】本题考查的知识点是成本法。投资方在判断对被投资单位是否具有控制时，应综合考虑直接持有的股权和通过子公司间接持有的股权。因此，本题的说法是错误的。

11. 【答案】× 【解析】本题考查的知识点是长期股权投资的处置。企业因处置部分子公司股权投资，将剩余股权投资分类为以公允价值计量且其变动计入当期损益的金融资产时，应在丧失控制权日将剩余股权投资的公允价值与账面价值之间的差额计入投资收益。

12. 【答案】√ 【解析】本题考查的知识点是权益法——初始投资成本的调整。投资方取得对联营企业投资，初始投资成本小于取得投资时应享有被投资单位可辨认净资产公允价值份额的，两者之间的差额体现为双方在交易作价过程中转让方的让步，该部分经济利益流入应计入取得投资当期的营业外收入，同时调整增加长期股权投资的账面价值。因此，本题的说法是正确的。

13. 【答案】× 【解析】本题考查的知识点是权益法——投资损益的调整。对于投资方或纳入投资方合并财务报表范围的子公司与其联营企业及合营企业之间发生的未实现内部交易损益应予抵销。即，投资方与联营企业及合营企业之间发生的未实现内部交易损益，按照应享有的比例计算归属于投资方的部分，应当予以抵销，在此基础上确认投资损益。因此，本题的说法是错误的。

14. 【答案】√ 【解析】本题考查的知识点是权益法——投资损益的调整。投资方与联营、合营企业之间的顺流交易或逆流交易产生的未实现内部交易损失，其中属于所转让资产发生减值损失的，有关未实现内部交易损失不应予以抵销。因此，本题的说法是正确的。

15. 【答案】× 【解析】本题考查的知识点是长期股权投资的处置。采用权益法核算的长期股权投资，被投资方因其他债权投资价值上涨确认的其他综合收益，在处置时，应将计入其他综合收益金额转入投资收益。因此，本题的说法是错误的。

16. 【答案】× 【解析】本题考查的知识点是长期股权投资的减值。长期股权投资的减值准备一经计提，不得转回。因此，本题的说法是错误的。

17. 【答案】× 【解析】本题考查的知识点是长期股权投资的处置。企业通过多次交易分步处置对子公司股权投资直至丧失控制权，如果上述交易属于"一揽子"交易的，应当将各项交易作为一项处置子公司股权投资并丧失控制权的交易进行会计处理；但是，在丧失控制权之前每一次处置价款与所处置的股权对应的长期股权投资账面价值之间的差额，在个别财务报表中，应当先确认为其他综合收益，到丧失控制权时再一并转入丧失控制权期间的当期损益。因此，本题的说法是错误的。

第七章　资产减值

教材变化

2025 年本章教材内容没有实质性变化。

考情分析

　　本章主要内容是资产减值的概念及其范围、资产可能发生减值的迹象、资产可收回金额计量的基本要求、资产的公允价值减去处置费用后净额的确定、资产预计未来现金流量现值的确定、资产减值损失的确定及其账务处理、资产组的认定、资产组可收回金额和账面价值的确定、资产组减值测试、总部资产减值测试。2020～2024 年考查知识点范围如下表所示，其内容主要在客观题、计算分析题中出现，每年分值为 6～7 分。

年份	单选题	多选题	判断题	计算分析题
2024	资产减值损失的确定及其账务处理——资产减值损失的确定	—	资产可能发生减值的迹象	—
2023	—	资产减值损失的确定及其账务处理	资产减值损失的确定及其账务处理	—
2022	资产未来现金流量现值的预计	资产预计未来现金流量现值的确定	—	—
2021	资产未来现金流量现值的预计；资产减值损失的确定及其账务处理	资产预计未来现金流量现值的确定	资产预计未来现金流量现值的确定	—
2020	—	资产减值损失的确定及其账务处理	资产预计未来现金流量现值的确定	资产组可收回金额和账面价值的确定、资产组减值测试、资产减值损失的确定及其账务处理

强化练习题

一、单选题

1. 下列各项资产中，无论是否存在减值迹象，至少应于每年年度终了对其进行减值测试的是（　　）。

A. 使用寿命不确定的无形资产

B. 固定资产

C. 长期股权投资

D. 投资性房地产

2. 2×24 年 10 月 31 日，甲公司对一台出现减值迹象的生产设备进行减值测试，其公允价值为 155 万元，预计处置费用为 10 万元，预计未来现金流量为 150 万元。当日，该设备的账面价值为 148 万元。不考虑其他因素，下列说法正确的是（　　）。

A. 该生产设备的可收回金额为 145 万元

B. 应确认"资产减值损失"的金额为 0

C. 如果该设备计提过减值准备，2×24 年 10 月最多可转回减值准备的金额为 2 万元

D. 2×24 年 10 月，甲公司利润表中"营业利润"项目的影响金额为 7 万元

3. 某公司于 2×22 年 12 月 31 日对其下属的某酒店进行减值测试。该酒店系公司于 4 年前贷款 1 亿元建造的，贷款年利率 6%，利息按年支付，期限 20 年。公司拟于 2×24 年 3 月对酒店进行全面改造，预计发生改造支出 2 000 万元，改造后每年可增加现金流量 1 000 万元。酒店有 30% 的顾客是各子公司人员，对子公司人员的收费均按低于市场价 30% 的折扣价结算。公司为减值测试目的而预测酒店未来现金流量时，下列处理中正确的是（　　）。

A. 将改造支出 2 000 万元调减现金流量

B. 将每年 600 万元的贷款利息支出调减现金流量

C. 将改造后每年增加的现金流量 1 000 万元调增现金流量

D. 将向子公司人员的收费所导致的现金流入按照市场价格预计

4. 甲公司为开拓新能源汽车市场，拟对其现有燃油车业务进行重组。2×24 年末，甲公司与该业务重组有关的资产组的账面价值为 8 700 万元，公允价值减去处置费用后的净额为 6 000 万元，不考虑业务重组影响的资产组的未来现金流量为 5 600 万元，业务重组对资产组的未来现金流量的影响为 1 000 万元。甲公司该重组事项已对外公告。不考虑其他因素，甲公司该业务对 2×24 年损益的影响金额为（　　）万元。

A. 2 700　　　　　　B. 3 100

C. 2 100　　　　　　D. 4 100

5. 2×24 年 12 月 1 日，甲公司一台设备的初始入账金额为 200 万元，已计提折旧 90 万元，已计提减值准备 20 万元，2×24 年 12 月 31 日，甲公司对该设备计提当月折旧 2 万元，因该设备存在减值迹象，甲公司对其进行减值测试，预计可收回金额为 85 万元。不考虑其他因素，2×24 年 12 月 31 日，甲公司对该设备应确认的减值损失金额为（　　）万元。

A. 25　　　　　　　B. 3

C. 23　　　　　　　D. 5

6. 2×24 年 12 月 31 日，甲公司账面价值为 85 万元的 K 固定资产存在减值迹象，经减值测试，其公允价值为 80 万元，预计处置费用为 2 万元，预计未来现金流量的现值为 75 万元。不考虑其他因素，2×24 年 12 月 31 日应确认 K 固定资产减值损失的金额为（　　）万元。

A. 7　　B. 5　　C. 12　　D. 10

7. 2×24 年 12 月 31 日，A 公司一台原价为 500 万元、已计提折旧 220 万元、已计提减值准备 20 万元的固定资产出现减值迹象。经减值测试，其未来税前和税后净现金流量的现值分别为 255 万元和 210 万元，公允价值减去处置费用后的净额为 240 万元。不考虑其他因素，2×24 年 12 月 31 日，甲公司应为该固定资产计提减值准备的金额为（　　）万元。

A. 5　　　　　　　　B. 20

C. 50　　　　　　　D. 10

8. 甲公司行政管理部门于 2×22 年 12 月底购入一栋建筑物，该建筑物原值 2 100 万元，预计净残值率为 5%，预计可使用 5 年，采用年数总和法计提折旧。该建筑物由于暴风雨造成一定损害，发生了减值，因此，甲公司在 2×24 年 12 月 31 日对该建筑物进行减值测试。经估计，预计其公允价值为 720 万元，处置费用为 50 万元；无法估计其未来现金流量的现值。假定不考虑其他因素，甲公司持有该建筑物对其 2×24 年度利润总额的影响金额为（　　）万元。

A. 183　　　　　　　B. 715

C. 765　　　　　　　D. 233

9. 2×24 年 12 月 31 日，甲企业对其持有的部分资产进行减值测试，相关信息如下表所示。

单位：万元

项目	账面余额	已计提折旧	已计提减值	预计可回收金额
库存商品	1 500	—	300	1 600
长期股权投资	6 000	—	—	4 800
其他债权投资	2 800	—	300	2 700
固定资产	8 300	4 300	400	3 900
合同资产	3 600	—	350	3 450

不考虑其他因素，上述事项对甲企业 2×24 年 12 月损益的影响金额为（ ）万元。

A. −100 　　　　　B. −200

C. −500 　　　　　D. −700

10. 企业的下列各项资产中，以前计提减值准备的影响因素已消失，已计提的减值准备可转回的是（ ）。

A. 原材料 　　　　B. 长期股权投资

C. 固定资产 　　　D. 商誉

11. 企业对下列各项资产计提的减值准备在以后期间不可转回的是（ ）。

A. 合同取得成本

B. 合同资产

C. 长期股权投资

D. 库存商品

12. 2×24 年 2 月 1 日，甲公司以 2 800 万元购入一项专门用于生产 H 设备的专利技术。该专利技术按产量法进行摊销，预计净残值为 0，预计该专利技术可用于生产 500 台 H 设备。甲公司 2×24 年共生产 90 台 H 设备。2×24 年 12 月 31 日，经减值测试，该专利技术的可收回金额为 2 100 万元。不考虑增值税等相关税费及其他因素。甲公司 2×24 年 12 月 31 日应该确认的资产减值损失金额为（ ）万元。

A. 700 　　　　　B. 0

C. 196 　　　　　D. 504

13. 2×24 年 1 月 1 日，甲公司自行研发的一项专利技术达到预定可使用状态并立即投入使用，累计研究支出为 10 万元，开发支出 90 万元（其中，符合资本化条件的支出为 80 万元），该专利技术的使用寿命无法合理确定，当年年末的可收回金额为 70 万元，甲

公司对该项专利技术应当确认的资产减值损失为（ ）万元。

A. 10 　　　　　B. 40

C. 20 　　　　　D. 30

14. 甲公司有 A、B、C 三家分公司作为三个资产组（资产组内各资产使用寿命均一致），账面价值分别为 600 万元、500 万元和 400 万元。预计使用寿命分别为 10 年、5 年和 5 年，总部资产账面价值 200 万元，2×24 年末甲公司所处的市场环境发生变化，出现减值迹象，需进行减值测试。假设总部资产能够根据各资产组的账面价值和剩余使用寿命加权平均计算的账面价值比例分摊至各资产组，分摊总部资产后各资产组的账面价值分别为（ ）万元。

A. 720，600，480

B. 840，600，360

C. 600，500，400

D. 714.29，547.62，438.10

二、多选题

1. 下列各项资产中，以前计提减值准备的影响因素已消失的应在已计提的减值金额内转回的有（ ）。

A. 无形资产

B. 存货

C. 采用成本模式计量的投资性房地产

D. 应收账款

2. 下列各项资产中，企业应采用可收回金额与账面价值孰低的方法进行减值测试的有（ ）。

A. 债权投资

B. 固定资产

C. 长期股权投资

D. 存货

3. 下列各项资产中，无论是否发生减值迹象，企业均应于每年年末进行减值测试的有（　　）。

A. 使用寿命确定的无形资产

B. 企业合并形成的商誉

C. 以成本模式计量的投资性房地产

D. 使用寿命不确定的无形资产

4. 下列各项中，属于固定资产减值迹象的有（　　）。

A. 固定资产将被闲置

B. 计划提前处置固定资产

C. 有证据表明固定资产已经陈旧过时

D. 企业经营所处的经济环境在当期发生重大变化且对企业产生不利影响

5. 下列各项中，属于处置费用的有（　　）。

A. 与资产处置有关的法律费用

B. 与资产处置有关的搬运费

C. 财务费用

D. 所得税费用

6. 预计资产未来现金流量的现值时，需要综合考虑的与资产有关的因素有（　　）。

A. 预计未来现金流量

B. 使用寿命

C. 折现率

D. 公允价值

7. 企业在进行固定资产减值测试时，预计未来现金流量现值需要考虑的因素有（　　）。

A. 剩余使用年限

B. 预计未来现金流量

C. 账面原值

D. 折现率

8. 下列各项中，企业对固定资产进行减值测试时，预计其未来现金流量应考虑的因素有（　　）。

A. 与所得税收付有关的现金流量

B. 资产使用寿命结束时处置资产所收到的现金流量

C. 筹资活动产生的现金流量

D. 资产持续使用过程中产生的现金流量

9. 企业在资产减值测试时，下列关于预计资产未来现金流量的表述中，正确的有（　　）。

A. 不包括与企业所得税收付有关的现金流量

B. 包括处置时取得的净现金流量

C. 包括将来可能会发生的尚未作出承诺的重组事项的现金流量

D. 不包括筹资活动产生的现金流量

10. 下列各项中，影响企业使用寿命有限的无形资产计提减值准备金额的因素有（　　）。

A. 累计摊销额

B. 取得成本

C. 公允价值减去处置费用后的净额

D. 预计未来现金流量的现值

11. 下列关于资产组的表述中，正确的有（　　）。

A. 资产组认定以其产生的主要现金流入是否独立于其他资产或者资产组的现金流入为依据

B. 某服装企业有童装、西装、衬衫三个工厂，每个工厂在核算、考核和管理等方面都相对独立，在这种情况下，每个工厂通常为一个资产组

C. 某家具制造商有 A 车间和 B 车间，A 车间专门生产家具部件，生产完后由 B 车间负责组装，该企业对 A 车间和 B 车间资产的使用和处置等决策是一体的，在这种情况下，A 车间和 B 车间通常应当认定为一个资产组

D. 从煤矿引出的运煤专用铁路线通常为一个资产组

12. 大洋公司在甲、乙、丙三地拥有三家分公司，其中，丙分公司是上年吸收合并的公司。由于甲、乙、丙三家分公司均能产生独立于其他分公司的现金流入，所以该公司将这三家分公司确定为三个资产组。2×24 年 12 月 31 日，企业经营所处的技术环境发生了重大不利变化，出现减值迹象，需要进行减值测试。减值测试时，丙分公司资产组的账面价值为 680 万元（含合并商誉为 80 万元）。该公司计算丙分公司资产组的预计未来现金流量现值为 480 万元，无法估计其公允价值减去处置费用后的净额。假定丙分公司资产组中包括甲设备、乙设备和一项无形资产，其账面价值分别为 280 万元、180 万元和 140 万元。假定不考虑其他因素的影响，大洋公司下列说法中，正确的有（　　）。

A. 丙资产组 2×24 年 12 月 31 日计提减值后的账面价值为 480 万元

B. 丙资产组中甲设备 2×24 年 12 月 31 日资

产负债表中列示的金额为 224 万元

C. 丙资产组中乙设备 2×24 年 12 月 31 日资产负债表中列示的金额为 144 万元

D. 丙资产组中无形资产 2×24 年 12 月 31 日资产负债表中列示的金额为 112 万元

13. 甲公司某生产线由 A、B、C 三台设备组成，共同完成某产品生产。A 设备、B 设备、C 设备均不能单独产生现金流量。截至 2×24 年 12 月 31 日，该生产线账面价值为 1 500 万元，其中 A 设备的账面价值为 400 万元，B 设备的账面价值为 500 万元，C 设备的账面价值为 600 万元，均未计提固定资产减值准备。三台设备预计尚可使用年限均为 5 年。2×24 年 12 月 31 日，该生产线公允价值减去处置费用后的净额为 1 184 万元，其中：C 设备的公允价值减去处置费用后的净额为 450 万元，A 设备、B 设备均无法合理估计其公允价值和处置费用。预计该生产线未来产生的现金流量的现值为 1 150 万元。则甲公司下列会计处理中，正确的有（　　）（计算结果保留两位小数）。

A. 该生产线应确认的减值损失总额为 350 万元

B. A 设备计提减值准备金额为 84.27 万元

C. B 设备计提减值准备金额为 105.33 万元

D. C 设备计提减值准备金额为 150 万元

三、判断题

1. 使用寿命不确定的无形资产至少应当于每年年末进行减值测试。　　　　（　　）

2. 如果在资产负债表日，没有证据表明企业合并中形成的商誉存在减值迹象，则企业无须对该商誉进行减值测试。　　（　　）

3. 企业持有的某项资产实现的营业利润远远低于预计金额时，表明该资产发生减值，应当确认减值损失。　　　　　（　　）

4. 企业持有待售的非流动资产，其最终取得的未来现金流量往往是资产的处置净流入。
　　　　　　　　　　　　　　　（　　）

5. 当期市场利率或市场投资报酬率上升，对计算资产未来现金流量现值采用的折现率影响不大的，也应当重新估计资产的可收回金额。
　　　　　　　　　　　　　　　（　　）

6. 企业估计资产的公允价值减去处置费用后净额的最佳方法应当是根据公平交易中资产的销售协议价格减去可直接归属于该资产处置费用的金额确定。　　　　（　　）

7. 固定资产的可收回金额，应当根据该资产的公允价值减去处置费用后的净额和未来现金流量现值两者之中的较低者确定。　　（　　）

8. 甲企业对专利技术进行资产减值测试时，计算资产未来现金流量现值所使用的折现率应当为税前利率。　　　　　（　　）

9. 在建工程出现减值迹象，企业预计其未来现金流量时，应当包括预期为使其达到预定可使用状态而发生的全部现金流出数。（　　）

10. 甲公司的一条生产线存在减值迹象，在预计其未来现金流量时，不应当包括该生产线未来的更新改造支出。　　　　（　　）

11. 资产负债表日，企业对现金流量为外币的固定资产进行减值测试时，应以资产负债表日的即期汇率对未来外币现金流量的现值折算。　　　　　　　　（　　）

12. 通过债务重组抵偿债务的方式终止确认资产的，应当将该资产之前计提的减值准备予以转销。　　　　　　　　（　　）

13. 甲公司下有 M 车间和 N 车间，其中 M 车间专门生产部件且该部件没有活跃市场，生产后由 N 车间负责组装并对外销售，且甲公司对 M 车间和 N 车间资产的使用和处置等决策是一体化的，此时，甲公司应当将 M 车间和 N 车间认定为一个资产组。（　　）

14. 资产组一经确定，在各个会计期间应当保持一致，不得随意变更。　　（　　）

15. 资产组的账面价值包括可直接归属于资产组与可以合理和一致地分摊至资产组的资产账面价值，通常还应包括已确认负债的账面价值。　　　　　　　（　　）

16. 包含商誉的资产组发生的减值损失，应按商誉的账面价值和资产组内其他资产账面价值的比例进行分摊。　　　　（　　）

17. 企业在对某一资产组进行减值测试时，应当先认定所有与该资产组相关的总部资产，再根据相关总部资产能否按照合理和一致的基础分摊至该资产组。　　（　　）

快速查答案

一、单选题

序号	1	2	3	4	5	6	7	8	9	10	11	12
答案	A	B	D	C	B	A	A	C	C	A	C	C
序号	13	14										
答案	A	D										

二、多选题

序号	1	2	3	4	5	6	7	8	9	10	11	12
答案	BD	BC	BD	ABCD	AB	ABC	ABD	BD	ABD	ABCD	ABC	ABCD
序号	13											
答案	BC											

三、判断题

序号	1	2	3	4	5	6	7	8	9	10	11	12
答案	√	×	×	√	×	√	×	√	√	√	√	√
序号	13	14	15	16	17							
答案	√	√	×	×	√							

参考答案及解析

一、单选题

1. 【答案】A 【解析】本题考查的知识点是资产可能发生减值的迹象。资产存在减值迹象是资产需要进行减值测试的必要前提，但对于企业合并所形成的商誉和使用寿命不确定的无形资产，无论是否存在减值迹象，至少应当每年进行减值测试。因此，选项 A 正确。

2. 【答案】B 【解析】本题考查的知识点是资产可收回金额计量的基本要求。

（1）可收回金额应根据资产的公允价值减去处置费用后的净额与资产预计未来现金流量的现值两者之间较高者确定。因为，该设备的公允价值减去处置费用后的净额 = 155 − 10 = 145（万元），预计未来现金流量的现值为 150 万元，该设备的预计未来现金流量的现值较高，所以该生产设备的可收回金额为 150 万元。因此，选项 A 错误。

（2）由于该设备的可收回金额 150 万元高于当日该设备的账面价值 148 万元，所以该设备未发生减值，不需要确认"资产减值损失"。因此，选项 B 正确。

（3）根据《企业会计准则第 8 号——资产减值》的规定，固定资产的减值一经计提，后期不得转回。因此，选项 C 错误。

（4）根据前面分析可知，2×24 年 10 月 31 日，甲公司该设备未发生减值，因此甲公司利润表中"营业利润"项目的影响金额为 0。因此，选项 D 错误。

3.【答案】D 【解析】本题考查的知识点是资产预计未来现金流量现值的确定——资产未来现金流量的预计。预计资产未来现金流量应当考虑的因素：（1）以资产的当前状况为基础预计资产未来现金流量，对固定资产未来的改良导致现金流量的变化不考虑；（2）预计资产未来现金流量不应当包括筹资活动和所得税收付产生的现金流量；（3）对通货膨胀因素的考虑应当和折现率相一致；（4）内部转移价格应当予以调整。所以，选项 D 正确。

4.【答案】C 【解析】本题考查的知识点是资产预计未来现金流量现值的确定——资产未来现金流量的预计。企业已经承诺重组的，在确定资产的未来现金流量的现值时，预计的未来现金流入和流出数，应当反映重组所能节约的费用和由重组所带来的其他利益，以及因重组所导致的估计未来现金流出数。本题中，甲公司该重组事项已对外公告，因此在计算该资产组的未来现金流量时，应考虑重组影响。

（1）甲公司与该业务重组有关资产组的公允价值减去处置费用后的净额 = 6 000 万元；

（2）甲公司与该业务重组有关资产组的未来现金流量 = 5 600 + 1 000 = 6 600（万元）。

因为甲公司与该业务重组有关资产组的未来现金流量高于公允价值减去处置费用后的净额，所以，可收回金额应当是未来现金流量 6 600 万元。因此，甲公司与该业务重组有关的资产组应计提的资产减值损失 = 8 700 − 6 600 = 2 100（万元），选项 C 正确。

5.【答案】B 【解析】本题考查的知识点是资产减值损失的确定及其账务处理——资产减值损失的确定。

（1）2×24 年 12 月 31 日，该设备的账面价值 = 200 − 90 − 20 − 2 = 88（万元）；

（2）2×24 年 12 月 31 日，该设备的可收回金额 = 85 万元；

（3）2×24 年 12 月 31 日，甲公司该设备的预计可收回金额 85 万元小于其账面价值 88 万元，应计提减值损失 = 88 − 85 = 3（万元）。

因此，选项 B 正确。

6.【答案】A 【解析】本题考查的知识点是资产减值损失的确定及其账务处理——资产减值损失的确定。

（1）K 固定资产的公允价值减去处置费用后的净额 = 80 − 2 = 78（万元）。

（2）K 固定资产的预计未来现金流量现值 = 75 万元。

（3）可收回金额应根据资产的公允价值减去处置费用后的净额与资产预计未来现金流量的现值两者之间较高者确定，所以 K 固定资产的可收回金额为 78 万元。

（4）由于甲公司 K 固定资产的预计可收回金额 78 万元小于其账面价值 85 万元，所以 K 固定资产应计提的减值准备金额 = 85 − 78 = 7（万元）。

因此，选项 A 正确。

7.【答案】A 【解析】本题考查的知识点是资产减值损失的确定及其账务处理——资产减值损失的确定。2×24 年 12 月 31 日，A 公司该项固定资产账面价值 = 500 − 220 − 20 = 260（万元）。可收回金额按照预计未来现金流量现值和公允价值减去处置费用后的净额孰高确认，因计算资产未来现金流量现值时所使用的折现率应当反映当前市场货币时间价值和资产特定风险的税前利率，所以 A 公司预计未来现金流量现值为 255 万元，故可收回金额为 255 万元，账面价值大于可收回金额，A 公司应计提减值准备 = 260 − 255 = 5（万元）。

8.【答案】C 【解析】本题考查的知识点是资产减值损失的确定及其账务处理——资产减值损失的确定。2×23 年的折旧额 = 2 100 × （1 − 5%）× 5 ÷ 15 = 665（万元），2×24 年的折旧额 = 2 100 × （1 − 5%）× 4 ÷ 15 = 532（万元），至 2×24 年末计提减值准备前固定资产的账面价值 = 2 100 − 665 − 532 = 903（万元），高于估计可收回金额 = 720 − 50 = 670（万元），应计提减值准备 = 903 - 670 = 233（万元）。则该设备对甲公司 2×24 年利润的影响数为 765 万元（管理费用 532 + 资产减值损失 233）。

单位：万元

项目	账面余额	已计提折旧	已计提减值	账面价值	预计可收回金额	-减值（+转回）
库存商品	1 500	—	300	1 200	1 600	300
长期股权投资	6 000	—	—	6 000	4 800	-1 200
其他债权投资	2 800	—	300	2 500	2 700	200
固定资产	8 300	4 300	400	3 600	3 900	0
合同资产	3 600	—	350	3 250	3 450	200

上述事项对甲企业 2×24 年 12 月损益的影响金额 = -1 200 + 300 + 200 + 200 = -500（万元）。因此，选项 C 正确。

【提示】其他债权投资的减值转回虽然不通过损益，但是账务处理时，贷记"信用减值损失"，会影响损益金额，所以计算上述事项对甲企业 2×24 年 12 月损益的影响金额时，应当将其计入。

10.【答案】A 【解析】本题考查的知识点是资产减值损失的确定及其账务处理——资产减值损失的确定。适用《企业会计准则第 8 号——资产减值》规定的资产包括对子公司、联营企业和合营企业的长期股权投资，采用成本模式进行后续计量的投资性房地产，固定资产，无形资产，探明石油天然气矿区权益和井及相关设施等，上述资产的减值损失一经确认，在以后会计期间不得转回。因此，选项 A 正确。

11.【答案】C 【解析】本题考查的知识点是资产减值损失的确定及其账务处理——资产减值损失的确定。适用《企业会计准则第 8 号——资产减值》规定的资产包括对子公司、联营企业和合营企业的长期股权投资，采用成本模式进行后续计量的投资性房地产，固定资产，无形资产，探明石油天然气矿区权益和井及相关设施等，上述资产的减值损失一经确认，在以后会计期间不得转

回。因此，选项 C 正确。

【提示】合同取得成本、合同资产的减值准备计提，应通过"资产减值损失"科目核算。

12.【答案】C 【解析】本题考查的知识点是资产减值损失的确定及其账务处理——资产减值损失的确定。

（1）甲公司购入的专利技术可用于生产 500 台 H 设备，2×24 年共生产 90 台 H 设备，所以该专利技术的摊销应当按照工作量法计算。2×24 年该专利技术计提的摊销额 = 2 800 × 90 ÷ 500 = 504（万元）；

（2）2×24 年末，该专利技术的账面价值 = 2 800 - 504 = 2 296（万元）；

（3）2×24 年末，该专利技术的可收回金额 = 2 100 万元；

（4）2×24 年末，该专利技术的可收回金额 2 100 万元小于其账面价值 2 296 万元，所以该专利技术发生减值，应计提的减值准备的金额 = 2 296 - 2 100 = 196（万元）。

因此，选项 C 正确。

13.【答案】A 【解析】本题考查的知识点是资产减值损失的确定及其账务处理——资产减值损失的确定。

（1）2×24 年末，该专利技术的可收回金额 = 70 万元；

（2）2×24 年末，该专利技术的账面价值 =

80 万元；

（3）2×24 年末，该专利技术的可收回金额 70 万元小于其账面价值 80 万元，所以该专利技术发生减值，应计提的减值准备的金额 = 80 - 70 = 10（万元）。

因此，选项 A 正确。

14.【答案】D 【解析】本题考查的知识点是总部资产减值测试。

A 公司账面价值 = 600 + 200 × （600 × 2）÷ （600 × 2 + 500 + 400）= 714.29（万元）

B 公司账面价值 = 500 + 200 × 500 ÷（600 × 2 + 500 + 400）= 547.62（万元）

C 公司账面价值 = 400 + 200 × 400 ÷（600 × 2 + 500 + 400）= 438.10（万元）

二、多选题

1.【答案】BD 【解析】本题考查的知识点是资产减值的概念及其范围。属于资产减值准则规范的资产：（1）对子公司、联营企业和合营企业的长期股权投资；（2）采用成本模式进行后续计量的投资性房地产（选项 C）；（3）固定资产；（4）无形资产（选项 A）；（5）探明石油天然气矿区权益和井及相关设施，减值一经确认，在以后持有期间不得转回。

2.【答案】BC 【解析】本题考查的知识点是资产减值的概念及其范围。

（1）适用《企业会计准则第 8 号——资产减值》规定的资产包括对子公司、联营企业和合营企业的长期股权投资，采用成本模式进行后续计量的投资性房地产，固定资产，无形资产，探明石油天然气矿区权益和井及相关设施等。因此，选项 B、C 正确。

（2）债权投资的减值，适用《企业会计准则第 22 号——金融工具确认和计量》的规定，按照预期信用损失法计提减值准备。因此，选项 A 错误。

（3）存货的减值，适用《企业会计准则第 1 号——存货》的规定，在期末按照成本与可变现净值孰低计量。因此，选项 D 错误。

3.【答案】BD 【解析】本题考查的知识点是资产可能发生减值的迹象。资产存在减值迹象是资产需要进行减值测试的必要前提，但对于企业合并所形成的商誉和使用寿命不确定

的无形资产，无论是否存在减值迹象，至少应当于每年年末进行减值测试。因此，选项 B、D 正确。

【补充】尚未达到可使用状态的无形资产，由于其价值通常具有较大的不确定性，也应当于每年年末进行减值测试。

4.【答案】ABCD 【解析】本题考查的知识点是资产可能发生减值的迹象。企业可能发生减值的迹象，主要可从企业外部信息来源和企业内部信息来源两方面加以判断：

（1）从企业外部信息来源看，以下情况均属于资产可能发生减值的迹象，企业需要据此估计资产的可收回金额，确定是否需要确认减值损失：

①资产的市价当期大幅度下跌，其跌幅明显高于因时间的推移或者正常使用而预计的下跌。

②企业经营所处的经济、技术或者法律等环境以及资产所处的市场在当期或者将在近期发生重大变化，从而对企业产生不利影响。

③市场利率或者其他市场投资报酬率在当期已经提高，从而影响企业计算资产预计未来现金流量现值的折现率，导致资产可收回金额大幅度降低。

（2）从企业内部信息来源看，以下情况均属于资产可能发生减值的迹象，企业需要据此估计资产的可收回金额，确定是否需要确认减值损失：

①有证据表明资产已经陈旧过时或者其实体已经损坏。

②资产已经或者将被闲置，终止使用或者计划提前处置。

③企业内部报告的证据表明资产的经济绩效已经低于或者将低于预期。

因此，选项 A、B、C、D 正确。

5.【答案】AB 【解析】本题考查的知识点是资产的公允价值减去处置费用后净额的确定。处置费用，是指可以直接归属于资产处置的增量成本，包括与资产处置有关的法律费用、相关税费、搬运费以及为使资产达到可销售状态所发生的直接费用等，但是财务费用和所得税费用等不包括在内。因此，选项 A、B 正确。

6.【答案】ABC 【解析】本题考查的知识点是资产预计未来现金流量现值的确定。预计资

产未来现金流量的现值，需要综合考虑资产的预计未来现金流量、资产的使用寿命和折现率三个因素。因此，选项 A、B、C 正确。

7.【答案】ABD　【解析】本题考查的知识点是资产预计未来现金流量现值的确定。预计资产未来现金流量的现值，需要综合考虑资产的预计未来现金流量、资产的使用寿命和折现率三个因素。因此，选项 A、B、D 正确。

8.【答案】BD　【解析】本题考查的知识点是资产预计未来现金流量现值的确定——资产未来现金流量的预计。预计资产未来现金流量应当考虑的因素有：

（1）以资产的当前状况为基础预计资产未来现金流量。

（2）预计资产未来现金流量不应当包括筹资活动和与所得税收付有关的现金流量。

（3）对通货膨胀因素的考虑应当和折现率相一致。

（4）对内部转移价格应当予以调整。

因此，选项 B、D 正确。

9.【答案】ABD　【解析】本题考查的知识点是资产预计未来现金流量现值的确定——资产未来现金流量的预计。预计资产未来现金流量应当考虑的因素有：

（1）以资产的当前状况为基础预计资产未来现金流量。

（2）预计资产未来现金流量不应当包括筹资活动和与所得税收付有关的现金流量。

（3）对通货膨胀因素的考虑应当和折现率相一致。

（4）对内部转移价格应当予以调整。

因此，选项 A、B、D 正确。

在预计资产未来现金流量时，企业应当以资产的当前状况为基础，不应当包括与将来可能会发生的、尚未作出承诺的重组事项或者与资产改良有关的预计未来现金流量。因此，选项 C 错误。

10.【答案】ABCD　【解析】本题考查的知识点是资产减值损失的确定及其账务处理——资产减值损失的确定。企业在对资产进行减值测试并计算确定资产的可收回金额后，如果资产的可收回金额低于账面价值，应当将资产的账面价值减记至可收回金额，减记的金额确认为资产减值损失，计入当期损益，同时计提相应的资产减值准备。因此，选项 A、B、C、D 正确。

【补充】资产的账面价值是指资产成本扣减累计折旧（或累计摊销）和累计减值准备后的金额。

11.【答案】ABC　【解析】从煤矿引出的运煤专用铁路线，不能单独创造现金流入，应与煤矿的其他资产认定一个资产组，一并考虑减值问题。所以，选项 D 错误。

12.【答案】ABCD　【解析】丙资产组 2×24 年 12 月 31 日的账面价值为 680 万元，可收回金额为 480 万元，所以计提减值准备 200 万元（680 − 480），计提减值准备后的账面价值为 480 万元。丙资产组中的减值额先冲减商誉 80 万元，剩余 120 万元分配给甲设备、乙设备和无形资产。甲设备应承担的减值损失 = 120 ÷（280 + 180 + 140）× 280 = 56（万元），计提减值后的账面价值 = 280 − 56 = 224（万元），乙设备应承担的减值损失 = 120 ÷（280 + 180 + 140）× 180 = 36（万元），计提减值后的账面价值 = 180 − 36 = 144（万元）；无形资产应承担的减值损失 = 120 ÷（280 + 180 + 140）× 140 = 28（万元），计提减值后的账面价值 = 140 − 28 = 112（万元）。

13.【答案】BC　【解析】该生产线应确认的减值损失总额 = 1 500 − 1 184 = 316（万元），选项 A 错误；C 设备应分摊的减值损失的金额 = 316 × 600 ÷ 1 500 = 126.4（万元），C 设备计提减值准备后的金额 = 600 − 126.4 = 473.6（万元），大于公允价值减去处置费用后的净额 450 万元，所以 C 设备计提减值准备金额为 126.4 万元，选项 D 错误；A 设备应确认减值损失金额 = 316 × 400 ÷ 1 500 = 84.27（万元），选项 B 正确；B 设备应确认减值损失金额 = 316 × 500 ÷ 1 500 = 105.33（万元），选项 C 正确。

三、判断题

1.【答案】√　【解析】本题考查的知识点是资产可能发生减值的迹象。资产存在减值迹象是资产需要进行减值测试的必要前提，但对于企业合并所形成的商誉和使用寿命不确定的无形资产，无论是否存在减值迹象，至少应当于每年年末进行减值测试。因此，本题的说法是正确的。

2. 【答案】×　【解析】本题考查的知识点是资产可能发生减值的迹象。资产存在减值迹象是资产需要进行减值测试的必要前提，但对于企业合并所形成的商誉和使用寿命不确定的无形资产，无论是否存在减值迹象，至少应当于每年年末进行减值测试。因此，本题的说法是错误的。

3. 【答案】×　【解析】本题考查的知识点是资产可能发生减值的迹象。企业内部报告的证据表明资产的经济绩效已经低于或者将低于预期，如资产所创造的净现金流量或者实现的营业利润（或者亏损）远远低于（或者高于）预计金额等，表明该资产可能发生减值，企业需要据此估计资产的可回收金额，确定是否需要确认减值损失。因此，本题的说法是错误的。

4. 【答案】√　【解析】本题考查的知识点是资产可收回金额计量的基本要求。如果没有确凿证据或者理由表明，资产预计未来现金流量现值显著高于其公允价值减去处置费用后的净额，可以将资产的公允价值减去处置费用后的净额视为资产的可收回金额。如企业持有待售的非流动资产，该资产在持有期间（处置之前）产生的现金流量可能很少，其最终取得的未来现金流量往往就是资产的处置净流入。在这种情况下，以资产的公允价值减去处置费用后的净额作为其可收回金额是恰当的，因为该类资产的未来现金流量现值通常不会显著高于其公允价值减去处置费用后的净额。因此，本题的说法是正确的。

5. 【答案】×　【解析】本题考查的知识点是资产可收回金额计量的基本要求。以前报告期间的计算与分析表明，资产可收回金额相对于某种减值迹象反应不敏感，在本报告期间又发生了该减值迹象的，可以不因该减值迹象的出现而重新估计该资产的可收回金额。例如，当期市场利率或市场投资报酬率上升，对计算资产未来现金流量现值采用的折现率影响不大的，可以不重新估计资产的可收回金额。因此，本题的说法是错误的。

6. 【答案】√　【解析】本题考查的知识点是资产的公允价值减去处置费用后净额的确定。根据公平交易中资产的销售协议价格减去可直接归属于该资产处置费用的金额确定，这是估计资产的公允价值减去处置费用后净额的最佳方法，企业应当优先采用这一方法。因此，本题的说法是正确的。

7. 【答案】×　【解析】资产的可收回金额，应当根据资产的公允价值减去处置费用后的净额与资产预计未来现金流量的现值两者之间较高者确定，而不是较低者。

8. 【答案】√　【解析】本题考查的知识点是资产预计未来现金流量现值的确定——折现率的预计。在资产减值测试中，计算资产未来现金流量现值时所使用的折现率应当是反映当前市场货币时间价值和资产特定风险的税前利率。因此，本题的说法是正确的。

9. 【答案】√　【解析】本题考查的知识点是资产预计未来现金流量现值的确定——资产未来现金流量的预计。对于在建工程、开发过程中的无形资产等，企业在预计其未来现金流量时，应当包括预期为使该类资产达到预定可使用（或可销售）状态而发生的全部现金流出数。因此，本题的说法是正确的。

10. 【答案】√　【解析】本题考查的知识点是资产预计未来现金流量现值的确定——资产未来现金流量的预计。在预计资产未来现金流量时，企业应当以资产的当前状态为基础，不应当包括与将来可能会发生的、尚未作出承诺的重组事项或者与资产改良有关的预计未来现金流量。因此，本题的说法是正确的。

11. 【答案】√　【解析】本题考查的知识点是资产预计未来现金流量现值的确定——外币未来现金流量及其现值的确定。预计资产的未来现金流量如果涉及外币，应将该外币现值按照计算资产未来现金流量现值当日的即期汇率进行折算，从而折算成按照记账本位币表示的资产未来现金流量的现值。因此，本题的说法是正确的。

12. 【答案】√　【解析】本题考查的知识点是资产减值损失的确定及其账务处理——资产减值损失的确定。资产报废、出售、对外投资、以非货币性资产交换方式换出、通过债务重组抵偿债务等符合资产终止确认条件的，企业应当将相关资产减值准备予以转销。因此，本题的说法是正确的。

13. 【答案】√ 【解析】本题考查的知识点是资产组的认定——认定资产组应当考虑的因素。资产组的认定，应当考虑企业管理层管理生产经营活动的方式（如是按照生产线、业务种类还是按照地区或者区域等）和对资产的持续使用或者处置的决策方式等。如企业各生产线都是独立生产、管理和监控的，则各生产线很可能应当认定为单独的资产组；如果某些机器设备是相互关联、相互依存，且其使用和处置是一体化决策的，则这些机器设备很可能应当认定为一个资产组。因此，本题的说法是正确的。

14. 【答案】√ 【解析】本题考查的知识点是资产组的认定——资产组认定后不得随意变更。资产组一经确定，在各个会计期间应当保持一致，不得随意变更，即资产组各项资产的构成通常不能随意变更。因此，本题的说法是正确的。

15. 【答案】× 【解析】本题考查的知识点是资产组可收回金额和账面价值的确定。资产组的账面价值包括可直接归属于资产组与可以合理和一致地分摊至资产组的资产账面价值，通常不应包括已确认负债的账面价值。这是因为估计资产组可收回金额时，既不包括与该资产组的资产无关的现金流量，也不包括与已在财务报表中确认的负债有关的现金流量。因此，本题的说法是错误的。

16. 【答案】× 【解析】本题考查的知识点是资产组减值测试。包含商誉的资产组发生的减值损失，应先抵减分摊到资产组中商誉的账面价值；然后再根据资产组内其他资产的账面价值所占比例，抵减其他各项资产的账面价值。因此，本题的说法是错误的。

17. 【答案】√ 【解析】本题考查的知识点是总部资产减值测试。企业在对某一资产组进行减值测试时，应当先认定所有与该资产组相关的总部资产，再根据相关总部资产能否按照合理和一致的基础分摊至该资产组。因此，本题的说法是正确的。

第八章　金融资产和金融负债

教材变化

2025 年本章教材内容变动较大，以摊余成本计量的债权投资、以公允价值计量且其变动计入其他综合收益的金额资产、以公允价值计量且其变动计入当期损益的金融资产、指定为以公允价值计量且其变动计入其他综合收益的非交易性权益工具投资的会计处理按企业会计准则应用指南进行了调整。

考情分析

本章主要内容是金融资产的分类、金融负债的分类、金融资产和金融负债的初始计量、金融资产和金融负债的后续计量、金融资产之间的重分类。2020～2024 年考查知识点范围如下表所示，其内容在各种题型中均可出现，每年分值为 8～23 分。

年份	单选题	多选题	判断题	计算分析题	综合题
2024	—	金融资产和金融负债的初始计量、金融资产的后续计量	—	—	—
2023	—	—	金融负债的初始计量	—	—
2022	以摊余成本进行后续计量的金融资产的会计处理	金融资产之间重分类的会计处理	—	—	—
2021	以公允价值计量且其变动计入当期损益的金融资产的会计处理、金融负债的后续计量	金融负债的分类、以公允价值计量且其变动计入其他综合收益的金融资产的会计处理	金融负债的分类	—	—
2020	—	—	—	以公允价值计量且其变动计入其他综合收益的金融资产的会计处理、以公允价值计量且其变动计入当期损益的金融资产的会计处理	以公允价值计量且其变动计入当期损益的金融资产的会计处理、以公允价值计量且其变动计入其他综合收益的金融资产的会计处理

强化练习题

一、单选题

1. 甲公司对其购入债券的业务管理模式是以收取合同现金流量为目标，该债券的合同条款规定，在特定日期产生的现金流量仅为对本金和以未偿还本金金额为基础的利息的支付。不考虑其他因素，甲公司应将该债券投资分类为（　　）。
   A. 其他货币资金
   B. 以公允价值计量且其变动计入其他综合收益的金融资产
   C. 以摊余成本计量的金融资产
   D. 以公允价值计量且其变动计入当期损益的金融资产

2. 为了盘活存量资产，提高资金使用效率，甲企业与银行签订应收账款无追索权保理总协议，银行向甲企业一次性授信 10 亿元人民币，甲企业可以在需要时随时向银行出售应收账款。历史上甲企业较为频繁地向银行出售应收账款，且出售金额重大，上述出售满足终止确认的规定。不考虑其他因素，甲企业应将应收账款分类为（　　）。
   A. 以摊余成本计量的金融资产
   B. 以公允价值计量且以摊余成本进行后续计量的金融资产
   C. 以公允价值计量且其变动计入其他综合收益的金融资产
   D. 以公允价值计量且其变动计入当期损益的金融资产

3. 甲上市公司决定于 2×24 年 10 月 15 日改变其管理某金融资产的业务模式。不考虑其他因素，甲公司该金融资产的重分类日是（　　）。
   A. 2×24 年 10 月 1 日
   B. 2×24 年 10 月 15 日
   C. 2×24 年 11 月 1 日
   D. 2×25 年 1 月 1 日

4. 下列金融负债中，企业应当将其分类为以摊余成本计量的是（　　）。
   A. 交易性金融负债
   B. 以低于市场利率贷款且不属于交易性金融负债的贷款承诺
   C. 发行的一般公司债券
   D. 继续涉入被转移金融资产所形成的金融负债

5. 甲公司为制造企业，下列交易或事项形成的现时义务，属于金融负债的是（　　）。
   A. 为已销售产品计提质量保证金 5 000 万元
   B. 按年度奖金计划计提的应付职工薪酬 30 万元
   C. 预收乙公司商品采购款 800 万元
   D. 向证券公司借入丙上市公司 100 万股股票对外出售

6. 2×24 年 7 月 1 日，甲公司购入乙公司发行的公司债券，支付价款 2 600 万元（其中包含已到付息期但尚未领取的债券利息 100 万元），另支付交易费用 30 万元。该笔债券的面值为 2 800 万元。甲公司将其划分为交易性金融资产进行管理和核算。不考虑其他因素，甲公司该交易性金融资产的初始入账价值为（　　）万元。
   A. 2 500　　　　　B. 2 530
   C. 2 600　　　　　D. 2 800

7. 2×24 年 1 月 1 日，甲公司以银行存款 5 020 万元购入乙公司于 2×22 年 1 月 1 日发行的 5 年期公司债券；另支付交易费用 22 万元。该债券的面值为 5 000 万元，票面年利率为 6%，实际年利率为 8%，按年付息，到期偿还本金。甲公司将其分类为以摊余成本计量的金融资产。不考虑其他因素，该债权投资的初始入账价值为（　　）万元。
   A. 4 722　　　　　B. 4 742
   C. 5 000　　　　　D. 5 042

8. 2×24 年 7 月 1 日，甲公司经批准公开发行短期融资券 100 万份，每份面值 100 元。该短期融资券流通期限为 1 年，票面年利率为 6%，到期一次偿还本息。另支付相关发行费用 500 万元。当日，该短期融资券市场价格为每张 110 元。甲公司将其作为以公允价值计量且其变动计入当期损益的金融负债管理。不考虑其他因素，甲公司该短期融资债券的初始入账价值为（ ）万元。

A. 9 500 B. 10 000
C. 10 500 D. 11 000

9. 2×24年1月1日，甲公司以2 100万元的价格发行期限为5年、分期付息到期偿还面值、不可提前赎回的债券，发行费用为13.46万元，实际收到的发行所得为2 086.54万元，该债券的面值为2 000万元，票面年利率为6%，实际年利率为5%，每年利息在次年1月1日支付。不考虑其他因素，2×24年1月1日该应付债券的初始入账金额为（ ）万元。

A. 2 100 B. 2 086.54
C. 2 000 D. 2 113.46

10. 下列各项中，不应计入相关金融资产或金融负债初始入账价值的是（ ）。
A. 发行长期债券发生的交易费用
B. 取得交易性金融资产发生的交易费用
C. 取得债权投资发生的交易费用
D. 取得其他债权投资发生的交易费用

11. 2×24年1月1日，甲公司支付1 947万元从二级市场购入乙公司当日发行的期限为3年、按年付息、到期偿还面值的公司债券。该债券的面值为2 000万元，票面年利率为5%，实际年利率为6%。甲公司将该债券分类为以摊余成本计量的金融资产。不考虑其他因素，2×24年12月31日，该债券投资的账面价值为（ ）万元。

A. 1 930.18 B. 1 963.82
C. 1 947 D. 2 063.82

12. 2×24年1月1日，甲公司溢价购入乙公司当日发行的到期一次还本付息的3年期债券，作为债权投资核算，并于每年年末计提利息。2×24年末，甲公司按照票面利率确认当年的应计利息590万元，利息调整的摊销金额10万元，不考虑相关税费及其他因素，2×24年度甲公司对该债券投资应确认的利息收入为（ ）万元。

A. 600 B. 580
C. 10 D. 590

13. 2×24年1月1日，甲公司以银行存款1 100万元购入乙公司当日发行的5年期债券，面值为1 000万元，票面年利率为10%，每年年末支付利息，到期偿还债券面值。甲公司将该债券投资分类为以公允价值计量且其变动计入其他综合收益的金融资产。该债券投资的实际年利率为7.53%。2×24年12月31日该债券公允价值为1 095万元，预期信用损失20万元。不考虑其他因素，2×24年12月31日，甲公司该债券投资的账面价值为（ ）万元。

A. 1 095 B. 1 075
C. 1 082.83 D. 1 062.83

14. 长江公司于2×24年1月1日从证券市场上购入X公司于当日发行的债券，长江公司将其划分为以公允价值计量且其变动计入其他综合收益的金融资产，该债券的期限为3年，票面年利率为5%，每年1月5日支付上年度的利息，到期一次归还本金和最后一次利息。购入债券时的实际年利率为6%。长江公司购入债券的面值为2 000万元，实际支付价款1 911万元，另支付相关交易费用40万元。2×24年12月31日，该债券的公允价值为2 000万元（不含利息）。长江公司购入的该项债券2×24年12月31日计入其他综合收益（ ）万元。

A. 31.94 B. 117.06
C. 2 000 D. 17.06

15. 2×24年12月31日，甲公司将其持有的其他债权投资全部对外出售，收取价款4 650万元。当日，其他债权投资的账面价值为4 500万元，其中，成本借方余额4 000万元，利息调整借方余额161.63万元，公允价值变动借方余额338.37万元。不考虑其他因素，甲公司出售其他债权投资对其2×24年度营业利润的影响金额为（ ）万元。

A. 0 B. 150
B. 338.37 D. 488.37

16. 甲公司于2×24年3月25日以每股8元的价格购进X公司发行的股票100万股，其中包含已宣告但尚未发放的现金股利每股0.3元，另支付交易费用5万元，甲公司将其指定为以公允价值计量且其变动计入其他综合收益的非交易性权益工具投资。2×24年5月10日，甲公司收到购买价款中包含的应收股利。2×24年12月31日，该股票收盘价为每股9元。2×25年5月1日以每股9.8元的价格将股票全部售出。不考虑其他因素，甲公司出售该项其他权益工具投资计入留存收益的金额为（   ）万元。

A. 125　　　　　　B. 205

C. 12.5　　　　　D. 72

17. 甲公司2×24年4月10日购入乙公司6%的股权，将其划分为以公允价值计量且其变动计入当期损益的金融资产核算。甲公司支付购买价款108万元（其中包括已宣告但尚未发放的现金股利8万元），另支付交易费用5万元。2×24年6月30日该股权的公允价值为110万元，2×24年7月6日甲公司将该股权出售，取得处置价款112万元。不考虑增值税等其他因素，则甲公司处置该股权时应确认的投资收益是（   ）万元。

A. 2　　　　　　　B. 12

C. 4　　　　　　　D. -1

18. 2×24年1月10日，甲公司以银行存款5 110万元（含交易费用10万元）购入乙公司股票，将其作为交易性金融资产核算。2×24年4月28日，甲公司收到乙公司2×24年4月24日宣告分派的现金股利80万元。2×24年12月31日，甲公司持有的该股票公允价值为5 600万元，不考虑其他因素，该项投资使甲公司2×24年营业利润增加的金额为（   ）万元。

A. 580　　　　　　B. 490

C. 500　　　　　　D. 570

19. 2×24年1月1日，甲公司发行分期付息、到期一次还本的5年期公司债券，实际收到的款项为18 800万元，该债券面值总额为18 000万元，票面年利率为5%。利息于每年年末支付；实际年利率为4%。不考虑其他因素，2×24年12月31日，甲公司该项应付债券的摊余成本为（   ）万元。

A. 18 000　　　　B. 18 652

C. 18 800　　　　D. 18 948

20. 2×23年10月15日，甲银行以银行存款50万元购入一项面值为50万元的公司债券，并将其分类为以摊余成本计量的金融资产。2×23年12月31日，甲银行变更了其管理

债券投资组合的业务模式，其变更符合重分类的要求，因此，甲银行于2×24年1月1日将该债券从以摊余成本计量重分类为以公允价值计量且其变动计入当期损益。当日，该债券的公允价值为55万元，已确认的信用减值准备为1万元。不考虑其他因素，甲银行2×24年1月1日的下列会计处理正确的是（   ）。

A. 借记"交易性金融资产——成本"49万元

B. 借记"交易性金融资产——公允价值变动"6万元

C. 贷记"公允价值变动损益"6万元

D. 贷记"投资收益"6万元

21. 2×24年4月1日，甲公司以银行存款100万元购入一项面值为100万元的公司债券，并将其分类为以摊余成本计量的金融资产。2×24年9月30日，甲公司确认该债券的减值准备金额为4万元。2×24年10月1日，甲公司将该债券重分类为以公允价值计量且其变动计入其他综合收益的金融资产。当日，该债券的公允价值为90万元。不考虑其他因素，甲公司2×24年10月1日"其他债权投资"的入账价值是（   ）万元。

A. 86　　　　　　　B. 90

C. 96　　　　　　　D. 10

22. 2×23年9月15日，甲银行以银行存款50万元购入一项面值为50万元的公司债券，并将其分类为以公允价值计量且其变动计入其他综合收益的金融资产。2×23年10月31日，甲银行确认该债券的减值损失1万元。2×24年1月1日，甲银行将该债券重分类为以摊余成本计量的金融资产。当日，该债券的公允价值为49万元。不考虑其他因素，甲银行该金融资产重分类业务对2×24年1月利润表中"营业利润"项目的影响金额为（   ）万元。

A. -1　　　　　　　B. 0

C. 1　　　　　　　D. 2

23. 下列已确认减值损失的金融资产价值恢复时，减值损失不得通过损益转回的是（   ）。

A. 债权投资的减值损失

B. 应收账款的减值损失

C. 其他债权投资的减值损失

D. 合同资产的减值损失

24. 2×24 年 7 月 1 日，甲公司经批准公开发行 50 000 万元短期融资券，期限为 1 年，票面年利率为 3%，到期一次还本付息。甲公司将该短期融资券指定为以公允价值计量且其变动计入当期损益的金融负债。2×24 年 12 月 31 日，该短期融资券的公允价值为 50 200 万元（不含利息）。甲公司当期的信用风险未发生变动，该短期融资券的利息不满足借款费用资本化条件。不考虑其他因素，甲公司 2×24 年度与该短期融资券相关的各项会计处理表述中，不正确的是（ 　　 ）。

A. 2×24 年度财务费用为 750 万元

B. 2×24 年 12 月 31 日应付利息的账面价值为 750 万元

C. 2×24 年度公允价值变动损失为 200 万元

D. 2×24 年 12 月 31 日交易性金融负债的账面价值为 50 000 万元

二、多选题

1. 下列各项中，属于金融资产的有（ 　　 ）。

A. 银行存款　　　　B. 应收账款

C. 垫款　　　　　　D. 基金投资

2. 企业根据其管理金融资产的业务模式和金融资产的合同现金流量特征，将金融资产划分为（ 　　 ）。

A. 以摊余成本计量的金融资产

B. 以公允价值计量且其变动计入其他综合收益的金融资产

C. 以公允价值计量且其变动计入当期损益的金融资产

D. 以公允价值计量且采用摊余成本进行后续计量的金融资产

3. 企业持有的下列资产中，应分类为以公允价值计量且其变动计入当期损益的金融资产的有（ 　　 ）。

A. 准备持有到期的公司债券

B. 在特定情况下发行方可赎回，且无须为赎回支付额外款项的公司债券

C. 基金

D. 可转换公司债券

4. 制造企业的下列各项负债中，应当采用摊余成本进行后续计量的有（ 　　 ）。

A. 交易性金融负债

B. 长期借款

C. 长期应付款

D. 应付债券

5. 企业对下列金融资产和金融负债进行初始计量时，应将发生的相关交易费用计入初始确认金额的有（ 　　 ）。

A. 以摊余成本计量的金融资产

B. 以公允价值计量且其变动计入当期损益的金融负债

C. 以公允价值计量且其变动计入其他综合收益的金融资产

D. 以公允价值计量且其变动计入当期损益的金融资产

6. 企业支付的下列各项中介费用中，应直接计入当期损益的有（ 　　 ）。

A. 为企业合并支付的法律服务费

B. 支付的年度财务报表审计费用

C. 为发行股票支付给证券承销商的佣金

D. 为取得以摊余成本计量的金融资产支付的手续费

7. 关于金融资产初始计量的下列会计处理中，正确的有（ 　　 ）。

A. 以摊余成本计量的金融资产，应当按照成本计量

B. 初始确认的应收账款未包含重大融资成分的，应当按照交易价格进行初始计量

C. 企业取得金融资产所支付的价款中包含的已宣告但尚未发放的现金股利，应当单独确认为应收项目

D. 以公允价值计量且其变动计入其他综合收益的金融资产，应将交易费用计入当期损益

8. 下列关于以摊余成本计量的债权投资会计处理的表述中，正确的有（ 　　 ）。

A. 期末应采用摊余成本计量

B. 取得时的交易费用应计入初始投资成本

C. 持有期间的投资收益应采用实际利率法计算

D. 处置时的所得与其账面价值的差额应计入当期损益

9. 下列各项中，影响以摊余成本计量的债权投资的摊余成本因素的有（ 　　 ）。

A. 确认的信用减值准备

B. 分期收回的本金

C. 利息调整的累计摊销额

D. 对到期一次付息债券确认的票面利息

10. 下列各项中，将影响企业以摊余成本计量的金融资产处置损益的有（　　）。

A. 卖价

B. 账面价值

C. 缴纳的印花税

D. 支付给代理机构的佣金

11. 下列各项交易或事项中，将导致企业所有者权益总额变动的有（　　）。

A. 账面价值与公允价值不同的债权投资重分类为其他债权投资

B. 其他债权投资发生减值

C. 其他权益工具投资的公允价值发生变动

D. 权益法下收到被投资单位发放的现金股利

12. 下列各项中，影响当期损益的有（　　）。

A. 无法支付的应付款项

B. 因产品质量保证确认的预计负债

C. 研发项目在研究阶段发生的支出

D. 其他债权投资公允价值的增加

13. 下列关于企业交易性金融资产会计处理的表述中，正确的有（　　）。

A. 处置时实际收到的金额与交易性金融资产初始入账价值之间的差额计入投资收益

B. 资产负债表日的公允价值变动金额计入投资收益

C. 取得时发生的交易费用计入投资收益

D. 持有期间享有的被投资单位宣告分派的现金股利计入投资收益

14. 下列各项中，应将之前计入其他综合收益的累计利得或损失从其他综合收益转入当期损益的有（　　）。

A. 出售以公允价值计量且其变动计入其他综合收益的债券投资

B. 将以公允价值计量且其变动计入其他综合收益的债券投资重分类为以公允价值计量且其变动计入当期损益的金融资产

C. 将以公允价值计量且其变动计入其他综合收益的债券投资重分类为以摊余成本计量的金融资产

D. 出售指定为以公允价值计量且其变动计入其他综合收益的非交易性权益工具投资

15. 制造企业的下列各项负债中，应当采用摊余成本进行后续计量的有（　　）。

A. 应付债券

B. 长期应付款

C. 长期借款

D. 交易性金融负债

三、判断题

1. 金融资产的分类一经确定，不得变更。
（　　）

2. 银行向企业客户发放的固定利率贷款，在满足业务模式是以收取合同现金流量为目标，且没有其他特殊安排的情况下，则该贷款可分类为以摊余成本计量的金融资产。（　　）

3. 企业正常商业往来形成的具有一定信用期限的应收账款，如果企业拟根据应收账款的合同现金流量收取现金，且不打算提前处置应收账款，则该应收账款可分类为以公允价值计量且其变动计入当期损益的金融资产。
（　　）

4. 通常情况下，企业持有的股票应当分类为以公允价值计量且其变动计入当期损益的金融资产。（　　）

5. 在非同一控制下的企业合并中，企业作为购买方确认的或有对价形成金融负债，应当按照以公允价值计量且其变动计入当期损益进行会计处理。（　　）

6. 企业对金融负债的分类一经确定，不得变更。
（　　）

7. 在特定条件下，企业可以将以公允价值计量且其变动计入当期损益的金融负债重分类为以摊余成本计量的金融负债。（　　）

8. 对于以公允价值计量且其变动计入当期损益的金融资产，企业应将相关交易费用直接计入当期损益。（　　）

9. 企业对以公允价值计量且其变动计入当期损益的金融负债进行初始计量时，相关交易费用应直接计入当期损益。（　　）

10. 企业处置一项以公允价值计量且其变动计入其他综合收益的金融资产时，应将持有期间确认的"其他综合收益"金额转入留存收益。（　　）

11. 对于指定为以公允价值计量且其变动计入其他综合收益的非交易性权益工具投资，不计提减值准备。　　　　　（　　）

12. 指定为以公允价值计量且其变动计入其他综合收益的非交易性权益工具投资，当终止确认时，之前计入其他综合收益的累计利得或

损失应当从其他综合收益中转出，计入当期损益。　　　　　　　　　　（　　）

13. 企业将以摊余成本计量的金融资产重分类为以公允价值计量且其变动计入当期损益的金融资产，应当按照该金融资产在重分类日的公允价值进行计量。　　　　（　　）

快速查答案

一、单选题

序号	1	2	3	4	5	6	7	8	9	10	11	12
答案	C	C	D	C	D	A	B	D	B	B	B	B
序号	13	14	15	16	17	18	19	20	21	22	23	24
答案	A	A	D	B	A	D	B	C	B	B	C	D

二、多选题

序号	1	2	3	4	5	6	7	8	9	10	11	12
答案	ABCD	ABC	CD	BCD	AC	AB	BC	ABCD	ABCD	ABCD	AC	ABC
序号	13	14	15									
答案	CD	AB	ABC									

三、判断题

序号	1	2	3	4	5	6	7	8	9	10	11	12
答案	×	√	×	√	√	√	×	√	√	×	√	×
序号	13											
答案	√											

参考答案及解析

一、单选题

1. 【答案】C　【解析】本题考查的知识点是金融资产的分类——金融资产的具体分类。甲公司购入债券的业务管理模式是以收取合同现金流量为目标，同时该债券的合同条款规定，在特定日期产生的现金流量仅为对本金和以未偿还本金金额为基础的利息的支付。满足以摊余成本计量的金融资产确认条件，应当确认为以摊余成本计量的金融资产。因此，选项C正确。

2. 【答案】C　【解析】本题考查的知识点是金

融资产的分类——金融资产的具体分类。本题中，应收账款的业务模式符合"既以收取合同现金流量为目标又以出售该金融资产为目标"，且该应收账款符合本金加利息的合同现金流量特征，因此应当分类为以公允价值计量且其变动计入其他综合收益的金融资产。因此，选项 C 正确。

3. **【答案】D** 【解析】本题考查的知识点是金融资产的分类——不同金融资产之间的重分类。重分类日是指导致企业对金融资产进行重分类的业务模式发生变更后的首个报告期间的第一天，所以甲公司该金融资产的重分类日是 2×25 年 1 月 1 日。因此，选项 D 正确。

4. **【答案】C** 【解析】本题考查的知识点是金融负债的分类。

除下列各项外，企业应当将金融负债分类为以摊余成本计量的金融负债：

（1）以公允价值计量且其变动计入当期损益的金融负债，包括交易性金融负债（含属于金融负债的衍生工具）和指定为以公允价值计量且其变动计入当期损益的金融负债。

（2）不符合终止确认条件的金融资产转移或继续涉入被转移金融资产所形成的金融负债。

（3）不属于上述（1）或（2）情形的财务担保合同，以及不属于上述（1）情形的、以低于市场利率贷款的贷款承诺。

因此，选项 A、B、D 错误，选项 C 正确。

5. **【答案】D** 【解析】本题考查的知识点是金融负债的分类。

（1）为已销售商品计提的质量保证金，属于预计负债，不属于金融负债。因此，选项 A 错误。

（2）按年度奖金计划计提的应付职工薪酬，应按照《企业会计准则第 9 号——职工薪酬》的规定，确认为一项应付职工薪酬，不属于金融负债。因此，选项 B 错误。

（3）预收的商品采购款，应记入"合同负债"科目，不属于金融负债。因此，选项 C 错误。

6. **【答案】A** 【解析】本题考查的知识点是金融资产和金融负债的初始计量。甲公司该交易性金融资产的初始入账价值 = 2 600 − 100 = 2 500（万元）。因此，选项 A 正确。

会计分录如下：

借：交易性金融资产——成本
　　　　　　　　　　　 25 000 000
　　应收利息　　　　　　 1 000 000
　　投资收益　　　　　　　 300 000
　　贷：银行存款　　　　 26 300 000

7. **【答案】B** 【解析】本题考查的知识点是金融资产和金融负债的初始计量——金融资产的初始计量。

（1）甲公司购入乙公司债券支付的价款中包含的债券利息 = 5 000 × 6% = 300（万元）。

（2）甲公司该债权投资的初始入账价值 = 5 020 − 300 + 22 = 4 742（万元）。

因此，选项 B 正确。

8. **【答案】D** 【解析】本题考查的知识点是金融资产和金融负债的初始计量——金融负债的初始计量。甲公司该短期融资债券的初始入账价值 = 100 × 110 = 11 000（万元）。因此，选项 D 正确。

9. **【答案】B** 【解析】本题考查的知识点是金融资产和金融负债的初始计量——金融负债的初始计量。2×24 年 1 月 1 日该应付债券的初始入账金额 = 2 086.54 万元。因此，选项 B 正确。

10. **【答案】B** 【解析】本题考查的知识点是金融资产和金融负债的初始计量。对于以公允价值计量且其变动计入当期损益的金融资产和金融负债，相关交易费用应当直接计入当期损益；对于其他类别的金融资产和金融负债，相关交易费用应当计入初始确认金额。因此，选项 A、C、D 错误，选项 B 正确。

11. **【答案】B** 【解析】本题考查的知识点是金融资产和金融负债的后续计量——以摊余成本计量的金融资产。

（1）方法一：2×24 年 12 月 31 日，该债权投资的账面价值 = 1 947 + （1 947 × 6% − 2 000 × 5%）= 1 963.82（万元）。

（2）方法二：债券无论折价购入还是溢价购入，都会随着实际利率法的摊销，将折价或溢价部分的金额摊销掉，使债权投资的金额回归至债券面值（但不会突破债券面值），因此，只需要选择选项中金额在 1 947 万 ~ 2 000 万元之间的金额即可，即 1 963.82

万元。

因此，选项 B 正确。

会计分录如下：

2×24 年 1 月 1 日：

借：债权投资——成本　20 000 000

　　贷：银行存款　　　　19 470 000

　　　　债权投资——利息调整 530 000

单位：万元

时间	期初摊余成本	实际利息收入	现金流入	期末摊余成本
2×24 年初	1 947			
2×24 年末		116.82	100	1 963.82
2×25 年末	1 963.82	117.83	100	1 981.65
2×26 年末	1 981.65	118.35	100	2 000.00

2×26 年的实际利息收入应甩尾差，切勿直接计算，考生自行计算时需注意！

12. 【答案】B　【解析】本题考查的知识点是金融资产和金融负债的后续计量——以摊余成本计量的金融资产。2×24 年度甲公司对该债券投资应确认的利息收入 = 590 − 10 = 580（万元）。因此，选项 B 正确。

【提示】甲公司购买债券时，为溢价购入，因此初始计量时，应借记"债权投资——利息调整"科目。后续计量分摊时，应通过"债权投资——利息调整"科目的贷方核算。反之亦然。

13. 【答案】A　【解析】本题考查的知识点是金融资产和金融负债的后续计量——以公允价值计量且其变动计入其他综合收益的金融资产。2×24 年 12 月 31 日，甲公司该债券投资的账面价值 = 1 095 万元。因此，选项 A 正确。

会计分录如下：

（1）2×24 年 1 月 1 日，甲公司购入乙公司债券：

借：其他债权投资——成本

　　　　　　　　　　10 000 000

　　　　　　　——利息调整

　　　　　　　　　　1 000 000

　　贷：银行存款　　　　11 000 000

2×24 年 12 月 31 日：

借：债权投资——应计利息

　　　　　　　　　　1 000 000

　　　　　　　——利息调整 168 200

　　贷：投资收益　　　　1 168 200

【补充】实际利率法计算表如下表所示。

（2）2×24 年 12 月 31 日，甲公司确认乙公司债券实际利息收入、收到债券利息：

借：其他债权投资——应计利息

　　　　　　　　　　1 000 000

　　贷：投资收益　　　　828 300

　　　　其他债权投资——利息调整

　　　　　　　　　　171 700

借：银行存款　　　　1 000 000

　　贷：其他债权投资——应计利息

　　　　　　　　　　1 000 000

（3）2×24 年 12 月 31 日，甲公司确认乙公司债券的公允价值变动：

借：其他债权投资——公允价值变动

　　　　　　　　　　121 700

　　贷：其他综合收益　　121 700

【提示 1】其他债权投资按照公允价值后续计量，确认利息、减值等不影响其账面价值。

【提示 2】其他债权投资后续计量中，计算每期实际的利息收入时，不考虑公允价值变动的影响；但是，计算公允价值变动时，需要考虑每期实际的利息收入。

14. 【答案】A　【解析】本题考查的知识点是金融资产和金融负债的后续计量——以公允价值计量且其变动计入其他综合收益的金融资产。长江公司购入该债券的会计分录如下：

（1）2×24年1月1日，购入时：

借：其他债权投资——成本

20 000 000

　贷：银行存款　19 510 000

　　　其他债权投资——利息调整

490 000

（2）2×24年12月31日：

借：其他债权投资——应计利息（20 000 000×5%）

1 000 000

　　——利息调整

170 600

　贷：投资收益〔（19 110 000＋400 000）×6%〕　1 170 600

借：应收利息　1 000 000

　贷：其他债权投资——应计利息

1 000 000

借：其他债权投资——公允价值变动

319 400

　贷：其他综合收益——其他债权投资公允价值变动

319 400

15.【答案】D　【解析】本题考查的知识点是金融资产和金融负债的后续计量——以公允价值计量且其变动计入其他综合收益的金融资产。甲公司出售其他债权投资对其2×24年度营业利润的影响金额＝4 650－（4 000＋161.63）＝488.37（万元）。因此，选项D正确。

会计分录如下：

借：银行存款　46 500 000

　贷：其他债权投资——成本

40 000 000

　　——利息调整

1 616 300

　　——公允价值变动

3 383 700

　　投资收益　1 500 000

借：其他综合收益——其他债权投资公允价值变动

3 383 700

　贷：投资收益　3 383 700

16.【答案】B　【解析】本题考查的知识点是金融资产的后续计量——指定为以公允价值计

量且其变动计入其他综合收益的非交易性权益工具投资。甲公司该笔交易的账务处理：

（1）2×24年3月25日，购入时：

借：其他权益工具投资——成本

7 750 000

　　应收股利　300 000

　贷：银行存款　8 050 000

（2）2×24年5月10日，收到股利：

借：银行存款　300 000

　贷：应收股利　300 000

（3）2×24年12月31日：

借：其他权益工具投资——公允价值变动

1 250 000

　贷：其他综合收益——其他权益工具投资公允价值变动

1 250 000

（4）2×25年5月1日：

借：其他综合收益——其他权益工具投资公允价值变动

1 250 000

　贷：利润分配——未分配利润

1 250 000

借：银行存款　9 800 000

　贷：其他权益工具投资——成本

7 750 000

　　——公允价值变动

1 250 000

　　利润分配——未分配利润

800 000

计入留存收益的金额＝12.5＋112.5＋8＋72＝205（万元）。

17.【答案】A　【解析】本题考查的知识点是金融资产和金融负债的后续计量——以公允价值计量且其变动计入当期损益的金融资产。甲公司处置该股权时应确认的投资收益＝112－110＝2（万元）。

会计分录如下：

（1）2×24年4月10日，购入时：

借：交易性金融资产——成本

1 000 000

　　投资收益　50 000

　　应收股利　80 000

　贷：银行存款　1 130 000

（2）2×24 年 6 月 30 日，确认公允价值变动：

借：交易性金融资产——公允价值变动

　　　　　　　　　　　　　　100 000

　　贷：公允价值变动损益　 100 000

（3）2×24 年 7 月 6 日，出售时：

借：银行存款　　　　　1 120 000

　　贷：交易性金融资产——成本

　　　　　　　　　　　　　1 000 000

　　　　　　——公允价值变动

　　　　　　　　　　　　　　100 000

　　　　投资收益　　　　　 20 000

18. 【答案】D 【解析】本题考查的知识点是金融资产和金融负债的后续计量——以公允价值计量且其变动计入当期损益的金融资产。

（1）甲公司发生的与交易性金融资产有关的业务中，能够影响损益的金额：

①2×24 年 1 月 10 日，甲公司取得交易性金融资产时，支付的交易费用 10 万元。

②2×24 年 4 月 24 日，乙公司宣告发放现金股利时，确认的现金股利收益 80 万元。

③2×24 年 12 月 31 日，乙公司股票发生的公允价值变动，确认的公允价值变动收益 = 5 600 − (5110 − 10) = 500（万元）。

（2）该项投资使甲公司 2×24 年营业利润增加的金额 = − 10 + 80 + 500 = 570（万元）。因此，选项 D 正确。

【总结】有关交易性金融资产对损益影响的速算公式：

（1）对处置当期损益影响金额 =（卖价 − 账面价值）± 增值税 − 交易费用（仅限处置环节）

（2）从初始取得至处置的全流程损益影响金额 =（卖价 − 买价）+ 持有期间确认的股利或利息收益 ± 增值税 − 交易费用（含初始取得和处置两个环节）

【提示】由于本题中，交易性金融资产从取得至处置，均发生在 2×24 年度，因此，计算时适用总结公式（2）。

19. 【答案】B 【解析】本题考查的知识点是金融资产和金融负债的后续计量——金融负债。2×24 年 12 月 31 日，甲公司该项应付债券的摊余成本 = 18 800 − (18 000 × 5% − 18 800 × 4%) = 18 652（万元）。因此，选项 B 正确。

B 正确。

会计分录如下：

（1）2×24 年 1 月 1 日，甲公司发行债券时：

借：银行存款　　　　188 000 000

　　贷：应付债券——面值 180 000 000

　　　　　　——利息调整

　　　　　　　　　　　　8 000 000

（2）2×24 年 12 月 31 日，甲公司确认利息支出：

借：财务费用　　　　7 520 000

　　应付债券——利息调整

　　　　　　　　　　　　1 480 000

　　贷：应付债券——应计利息

　　　　　　　　　　　　9 000 000

借：应付债券——应计利息

　　　　　　　　　　　　9 000 000

　　贷：银行存款　　　9 000 000

20. 【答案】C 【解析】本题考查的知识点是金融资产和金融负债的后续计量——以摊余成本计量的金融资产的重分类。企业将一项以摊余成本计量的金融资产重分类为以公允价值计量且其变动计入当期损益的金融资产的，应当按照该金融资产在重分类日的公允价值进行计量。原账面价值与公允价值之间的差额计入当期损益（即公允价值变动损益）。因此，选项 C 正确。

会计分录如下：

借：交易性金融资产——成本

　　　　　　　　　　　　550 000

　　债权投资减值准备　 10 000

　　贷：债权投资　　　 500 000

　　　　公允价值变动损益　60 000

21. 【答案】B 【解析】本题考查的知识点是金融资产和金融负债的后续计量——以摊余成本计量的金融资产的重分类。企业将一项以摊余成本计量的金融资产重分类为以公允价值计量且其变动计入其他综合收益的金融资产的，应当按照该金融资产在重分类日的公允价值进行计量。原账面价值与公允价值之间的差额计入其他综合收益。因此，选项 B 正确。

会计分录如下：

（1）2×24 年 4 月 1 日，甲公司购入公司债券：

借：债权投资　　　　　1 000 000
　　贷：银行存款　　　　　　1 000 000
（2）2×24 年 9 月 30 日，甲公司确认该债券的减值准备：
借：信用减值损失　　　　40 000
　　贷：债权投资减值准备　　40 000
（3）2×24 年 10 月 1 日，甲公司将该债券重分类为以公允价值计量且其变动计入其他综合收益的金融资产：
借：其他债权投资　　　　900 000
　　债权投资减值准备　　　40 000
　　其他综合收益　　　　　60 000
　　贷：债权投资　　　　　1 000 000

22.【答案】B 【解析】本题考查的知识点是金融资产和金融负债的后续计量——以公允价值计量且其变动计入其他综合收益的金融资产的重分类。企业将一项以公允价值计量且其变动计入其他综合收益的金融资产重分类为以摊余成本计量的金融资产的，应当将之前计入其他综合收益的累计利得或损失转出，调整该金融资产在重分类日的公允价值，并以调整后的金额作为新的账面价值，即视同该金融资产一直以摊余成本计量。甲银行该金融资产重分类业务对 2×24 年 1 月利润表中"营业利润"的影响金额为 0。因此，选项 B 正确。

会计分录如下：
借：债权投资　　　　　500 000
　　其他债权投资——公允价值变动
　　　　　　　　　　　　10 000
　　其他综合收益——信用减值准备
　　　　　　　　　　　　10 000
　　贷：其他债权投资——成本 500 000
　　　　其他综合收益——其他债权投资公允价值变动　　　　10 000
　　　　债权投资减值准备　　10 000

23.【答案】C 【解析】本题考查的知识点是其他债权投资减值的账务处理。其他债权投资的减值损失转回，通过"其他综合收益"科目核算，不通过损益转回。因此，选项 C 正确。
【提示】合同资产的减值，通过"资产减值损失"核算，转回时，也通过"资产减值损失"科目核算。

24.【答案】D 【解析】本题考查的知识点是金融负债的后续计量。甲公司该笔交易的会计处理如下：
2×24 年 7 月 1 日，发行短期融资券：
借：银行存款　　　　500 000 000
　　贷：交易性金融负债 500 000 000
2×24 年 12 月 31 日：
借：公允价值变动损益（502 000 000 – 500 000 000）　　2 000 000
　　贷：交易性金融负债　　2 000 000
选项 C 正确。
借：财务费用（500 000 000×3%／2）
　　　　　　　　　　　7 500 000
　　贷：交易性金融负债——应计利息
　　　　　　　　　　　　7 500 000
选项 A、B 正确。
2×24 年 12 月 31 日交易性金融负债的账面价值为 50 200 万元，选项 D 错误。

二、多选题

1.【答案】ABCD 【解析】本题考查的知识点是金融资产分类。企业的金融资产主要包括库存现金、银行存款、应收账款、应收票据、其他应收款、贷款、垫款、债权投资、股权投资、基金投资、衍生金融资产等。因此，选项 A、B、C、D 正确。

2.【答案】ABC 【解析】本题考查的知识点是金融资产分类。企业应当根据其管理金融资产的业务模式和金融资产的合同现金流量特征，将金融资产划分为以下三类：
（1）以摊余成本计量的金融资产；
（2）以公允价值计量且其变动计入其他综合收益的金融资产；
（3）以公允价值计量且其变动计入当期损益的金融资产。
因此，选项 A、B、C 正确。

3.【答案】CD 【解析】本题考查的知识点是金融资产的分类——金融资产的具体分类。
（1）准备持有到期的公司债券，符合以收取合同现金流量为目标的管理业务模式，且在特定日期产生的现金流量，仅为支付的本金和以未偿付本金金额为基础的利息，所以应当分类为以摊余成本计量的金融资产。因此，选项 A 错误。

（2）在特定情况下发行方可赎回，且无须为赎回支付额外款项的公司债券，符合以收取合同现金流量为目标和以出售该金融资产为目标的管理业务模式，且在特定日期产生的现金流量，仅为支付的本金和以未偿付本金金额为基础的利息，所以应当分类为以公允价值计量且其变动计入其他综合收益的金融资产。因此，选项 B 错误。

4.【答案】BCD　【解析】本题考查的知识点是金融负债的分类。

除下列各项外，企业应当将金融负债分类为以摊余成本计量的金融负债：

（1）以公允价值计量且其变动计入当期损益的金融负债，包括交易性金融负债（含属于金融负债的衍生工具）和指定为以公允价值计量且其变动计入当期损益的金融负债。

（2）不符合终止确认条件的金融资产转移或继续涉入被转移金融资产所形成的金融负债。

（3）不属于上述（1）或（2）情形的财务担保合同，以及不属于上述（1）情形的、以低于市场利率贷款的贷款承诺。

因此，选项 A 错误，选项 B、C、D 正确。

5.【答案】AC　【解析】本题考查的知识点是金融资产和金融负债的初始计量。对于以公允价值计量且其变动计入当期损益的金融资产和金融负债，相关交易费用应当直接计入当期损益（投资收益）；对于其他类别的金融资产和金融负债，相关交易费用应当计入初始确认金额。

6.【答案】AB　【解析】本题考查的知识点是金融资产和金融负债的初始计量。选项 C，支付给证券承销商的佣金应冲减资本公积（股本溢价），资本公积不足冲减的冲减留存收益；选项 D，支付的手续费应计入债权投资的入账价值。

7.【答案】BC　【解析】本题考查的知识点是金融资产和金融负债的初始计量。

（1）企业初始确认金融资产和金融负债，应当按照公允价值计量。因此，选项 A 错误。

（2）企业初始确认的应收账款未包含重大融资成分或不考虑不超过一年的合同中的融资成分的，应当按照交易价格进行初始计量。

因此，选项 B 正确。

（3）企业取得金融资产所支付的价款中包含的已宣告但尚未发放的现金股利或已到付息期但尚未领取的利息，应当单独确认为应收项目处理。因此，选项 C 正确。

（4）对于以公允价值计量且其变动计入当期损益的金融资产和金融负债，相关交易费用应当直接计入当期损益；对于其他类别的金融资产和金融负债，相关交易费用应当计入初始确认金额。因此，选项 D 错误。

8.【答案】ABCD　【解析】本题考查的知识点是金融资产和金融负债的后续计量——以摊余成本计量的金融资产。选项 D，处置时的所得与其账面价值的差额应计入当期损益，即记入"投资收益"科目。

9.【答案】ABCD　【解析】本题考查的知识点是金融资产和金融负债的后续计量——以摊余成本计量的金融资产。以摊余成本计量的债权投资的摊余成本与其账面价值相同，四个选项都会影响其账面价值（摊余成本）。

10.【答案】ABCD　【解析】本题考查的知识点是金融资产和金融负债的后续计量——以摊余成本计量的金融资产。影响企业以摊余成本计量的金融资产处置损益的有：卖价、账面价值、相关税费（含印花税与支付给代理机构的佣金）。因此，选项 A、B、C、D 正确。

11.【答案】AC　【解析】本题考查的知识点是金融资产和金融负债的后续计量——以公允价值计量且其变动计入其他综合收益的金融资产。影响所有者权益总额变动的科目有"未分配利润""其他综合收益"等所有者权益类科目，损益类科目也会间接影响所有者权益总额变动，因为损益类科目都会转入未分配利润。选项 A，账面价值与公允价值不同的债权投资（以摊余成本计量的金融资产）重分类为其他债权投资（以公允价值计量且其变动计入其他综合收益的金融资产），差额计入其他综合收益，会影响所有者权益总额；选项 B，其他债权投资发生减值，借记"信用减值损失"科目，贷记"其他综合收益"科目，不影响所有者权益总额；选项 C，计入其他综合收益，会影响所有者权益总额；选项 D，权益法下收到被投资单位发放的现金股利，借记"银行存款"科目，贷记"应收股利"科目，不影响所有者权益总额。

12.【答案】ABC 【解析】本题考查的知识点是金融资产和金融负债的后续计量——以公允价值计量且其变动计入其他综合收益的金融资产。

（1）无法支付的应付款项，应通过"营业外收入"科目核算，能够影响损益。因此，选项A正确。

（2）因产品质量保证确认的预计负债，应通过"销售费用"科目核算，能够影响损益。因此，选项B正确。

（3）研发项目在研究阶段发生的支出，应通过"研发支出——费用化支出"科目核算，期末转入"管理费用"科目，能够影响损益。因此，选项C正确。

（4）其他债权投资公允价值的增加，应通过"其他综合收益"科目核算，不影响损益。因此，选项D错误。

13.【答案】CD 【解析】本题考查的知识点是金融资产和金融负债的后续计量——以公允价值计量且其变动计入当期损益的金融资产。选项A，处置时实际收到的金额与交易性金融资产账面价值之间的差额计入投资收益，初始入账价值没有考虑后续发生的公允价值变动；选项B，应当计入公允价值变动损益。

14.【答案】AB 【解析】本题考查的知识点是金融资产和金融负债的后续计量——以公允价值计量且其变动计入其他综合收益的金融资产的重分类。

（1）将以公允价值计量且其变动计入其他综合收益的债券投资重分类为以摊余成本计量的金融资产，应将之前计入其他综合收益的累计利得或损失冲回，对应科目为其他债权投资，不影响当期损益。因此，选项C错误。

（2）出售指定为以公允价值计量且其变动计入其他综合收益的非交易性权益工具投资，应将确认的其他综合收益转入留存收益，不影响当期损益。因此，选项D错误。

15.【答案】ABC 【解析】本题考查的知识点是金融负债的后续计量。交易性金融负债按公允价值进行后续计量，选项D错误。

三、判断题

1.【答案】× 【解析】本题考查的知识点是金融资产的分类。金融资产的分类一经确定，不得随意变更。因此，本题的说法是错误的。

2.【答案】√ 【解析】本题考查的知识点是金融资产的分类——金融资产的具体分类。银行向企业客户发放的固定利率贷款，在没有其他特殊安排的情况下，贷款通常可能符合本金加利息的合同现金流量特征。如果银行管理该贷款的业务模式是以收取合同现金流量为目标，则该贷款可以分类为以摊余成本计量的金融资产。因此，本题的说法是正确的。

3.【答案】× 【解析】本题考查的知识点是金融资产的分类——金融资产的具体分类。企业正常商业往来形成的具有一定信用期限的应收账款，如果企业拟根据应收账款的合同现金流量收取现金，且不打算提前处置应收账款，则该应收账款可以分类为以摊余成本计量的金融资产。因此，本题的说法是错误的。

4.【答案】√ 【解析】本题考查的知识点是金融资产的分类——金融资产的具体分类。由于股利及获得剩余权益的权利均不符合《企业会计准则第22号——金融工具确认和计量》中关于本金和利息的定义，因此股票不符合本金加利息的合同现金流量特征。在不考虑特殊指定的情况下，企业持有的股票应当分类为以公允价值计量且其变动计入当期损益的金融资产。因此，本题的说法是正确的。

5.【答案】√ 【解析】本题考查的知识点是金融负债的分类。在非同一控制下的企业合并中，企业作为购买方确认的或有对价形成金融负债的，该金融负债应当按照以公允价值计量且其变动计入当期损益进行会计处理。因此，本题的说法是正确的。

6.【答案】√ 【解析】本题考查的知识点是金融负债的分类。企业对金融负债的分类一经确定，不得变更。因此，本题的说法是正确的。

7.【答案】× 【解析】本题考查的知识点是金融负债的分类。企业对金融负债的分类一经确定，不得变更（即不得重分类）。因此，本题的说法是错误的。

8.【答案】√【解析】本题考查的知识点是金融资产和金融负债的初始计量。对于以公允价值计量且其变动计入当期损益的金融资产，相关交易费用应当直接计入当期损益。因此，本题的说法是正确的。

9.【答案】√【解析】本题考查的知识点是金融资产和金融负债的初始计量。对于以公允价值计量且其变动计入当期损益的金融负债，相关交易费用应当直接计入当期损益。因此，本题的说法是正确的。

10.【答案】×【解析】本题考查的知识点是金融资产和金融负债的后续计量。以公允价值计量且其变动计入其他综合收益的金融资产包含其他债权投资和其他权益工具投资，因此，应当分两种情况讨论：

（1）出售其他债权投资时，应将持有期间确认的"其他综合收益"金额转入"投资收益"科目。

（2）出售其他权益工具投资时，应将持有期间确认的"其他综合收益"金额转入留存收益（即"盈余公积——法定盈余公积"和

"利润分配——未分配利润"）。

因此，本题的说法是错误的。

11.【答案】√【解析】本题考查的知识点是其他权益工具投资的后续计量。指定为以公允价值计量且其变动计入其他综合收益的非交易性权益工具投资，不计提减值准备。因此，本题的说法是正确的。

12.【答案】×【解析】本题考查的知识点是金融资产和金融负债的后续计量——指定为以公允价值计量且其变动计入其他综合收益的非交易性权益工具投资的会计处理。指定为以公允价值计量且其变动计入其他综合收益的非交易性权益工具投资，当终止确认时，之前计入其他综合收益的累计利得或损失应当从其他综合收益中转出，计入留存收益。

13.【答案】√【解析】本题考查的知识点是金融资产和金融负债的后续计量——金融资产之间重分类的会计处理。企业将以摊余成本计量的金融资产重分类为以公允价值计量且其变动计入当期损益的金融资产，应当按照该金融资产在重分类日的公允价值进行计量。

第九章 职工薪酬

教材变化

2025 年本章教材内容主要变化在于精简了关于设定受益计划的确认和计量部分的内容，其他内容无实质变化。

考情分析

本章主要内容是职工的概念、职工薪酬的概念和内容、一般短期薪酬的确认和计量、短期带薪缺勤的确认和计量、短期利润分享计划的确认和计量、设定提存计划的确认和计量、设定受益计划的确认和计量、辞退福利的确认和计量、其他长期职工福利的确认和计量。2020～2024 年考查知识点范围如下表所示，其内容主要在客观题中出现，每年分值为 3～4 分。

年份	单选题	多选题	判断题
2024	—	—	设定受益计划的确认和计量
2023	一般短期薪酬的确认和计量	一般短期薪酬的确认和计量	—
2022	设定提存计划的确认和计量	一般短期薪酬的确认和计量	—
2021	一般短期薪酬的确认和计量	—	一般短期薪酬的确认和计量、辞退福利的确认和计量
2020	短期利润分享计划的确认和计量	职工薪酬的概念和内容，一般短期薪酬的确认和计量，辞退福利的确认和计量	辞退福利的确认和计量

强化练习题

一、单选题

1. 下列各项中，属于短期薪酬的是（　　）。
   A. 基本养老保险
   B. 失业保险
   C. 非货币性福利
   D. 辞退福利

2. 下列各项企业支付的款项中，属于离职后福利的是（　　）。
   A. 在职工病假期间支付给职工的工资
   B. 在职工内退期间支付给内退职工的工资
   C. 在职工提供服务期间向社保机构缴纳的失业保险
   D. 在劳动合同到期前辞退职工所给予职工的

补偿金

3. 企业向职工提供的非货币性福利进行计量时，应选择的计量属性是（ ）。

A. 现值

B. 历史成本

C. 重置成本

D. 公允价值

4. 甲公司2×24年5月应发工资100万元，按照当地政府规定，按照应发职工工资的10%和8%计提并存缴医疗保险费和住房公积金，按照应发职工工资的2%和1.5%计提工会经费和职工教育经费。不考虑其他因素，甲公司2×24年5月计入应付职工薪酬的金额是（ ）万元。

A. 100

B. 118

C. 3.5

D. 121.5

5. 甲公司为增值税一般纳税人，其生产的M产品适用的增值税税率为13%。2×23年6月30日，甲公司将单位成本为0.8万元的100件M产品作为福利发放给职工，M产品的公允价值和计税价格均为1万元/件。2×23年6月30日，甲公司因该事项计入应付职工薪酬的金额为（ ）万元。

A. 113

B. 100

C. 80

D. 90.4

6. 2×25年12月31日，甲公司（为增值税一般纳税人）外购1 000台空调作为非货币性职工福利发放给生产职工，取得的增值税专用发票注明的金额为100万元，增值税税额为13万元。空调已验收入库，款项尚未支付。不考虑其他因素，甲公司2×25年12月31日作出的下列会计处理中，正确的是（ ）。

A. 借记"制造费用"113万元

B. 借记"库存商品"113万元

C. 贷记"应付职工薪酬"100万元

D. 贷记"应交税费——应交增值税（销项税额）"13万元

7. 甲公司实行累积带薪休假制度，当年未享受的休假只可结转至下一年度。2×23年末，甲公司因当年度管理人员未享受休假而预计了将于2×24年支付的职工薪酬20万元。2×24年末，该累积带薪休假尚有40%未使用，不考虑其他因素。下列各项中，关于甲公司因

其管理人员2×24年未享受累积带薪休假而原多预计的8万元负债（应付职工薪酬）于2×24年的会计处理正确的是（ ）。

A. 不作账务处理

B. 从应付职工薪酬转出计入资本公积

C. 冲减当期的管理费用

D. 作为会计差错追溯重述上年财务报表相关项目的金额

8. 2×23年9月16日，甲公司发布短期利润分享计划。根据该计划，甲公司将按照2×23年度利润总额的5%作为奖金，发放给2×23年7月1日至2×24年6月30日在甲公司工作的员工；如果有员工在2×24年6月30日前离职，离职的员工将不能获得奖金；利润分享计划支付总额也将按照离职员工的人数相应降低；该奖金将于2×24年8月30日支付。2×23年度，在未考虑利润分享计划的情况下，甲公司实现利润总额20 000万元。2×23年末，甲公司预计职工离职将使利润分享计划支付总额降低至利润总额的4.5%。不考虑其他因素，甲公司2×23年12月31日因上述短期利润分享计划应当确认的应付职工薪酬金额是（ ）万元。

A. 450

B. 900

C. 1 000

D. 500

9. 甲公司发生的下列交易或事项中，相关会计处理将影响当年净利润的是（ ）。

A. 因重新计算设定受益计划净负债产生的保险精算收益

B. 因联营企业其他投资方单方增资导致应享有联营企业净资产份额的变动

C. 根据确定的利润分享计划，基于当年度实现利润计算确定应支付给管理人员的利润分享款

D. 将自用房屋转为采用公允价值模式进行后续计量的投资性房地产时，公允价值大于账面价值的差额

10. 2×24年12月，为了能够在下一年度顺利实施转产，甲公司管理层拟定一项辞退计划。经调研，预计辞退补偿金的支付金额为300万元的概率是40%，支付金额为200万元的概率是50%，支付金额为100万元的概率是10%。不考虑其他因素，甲公司因执行该辞

退计划，应确认的辞退福利金额是（　　）万元。

 A. 300　　　　　　B. 200

 C. 100　　　　　　D. 230

二、多选题

1. 下列各项中，企业应通过应付职工薪酬核算的有（　　）。

 A. 作为福利发放给职工的自产产品

 B. 支付给职工的业绩奖金

 C. 支付给职工的辞退补偿

 D. 支付给职工的加班费

2. 下列各项中，企业应作为职工薪酬核算的有（　　）。

 A. 累积带薪缺勤

 B. 职工教育经费

 C. 非货币性福利

 D. 长期残疾福利

3. 下列各项在职职工的薪酬中，企业应当根据受益对象分配计入有关资产成本或当期损益的有（　　）。

 A. 基本医疗保险费

 B. 职工工资

 C. 职工福利费

 D. 住房公积金

4. 下列情形中，视为应付职工薪酬义务金额能够可靠估计的有（　　）。

 A. 在财务报告批准报出之前企业已确定应支付的薪酬金额

 B. 该利润分享计划的正式条款中包括确定薪酬金额的方式

 C. 过去的惯例为企业确定推定义务金额提供了明显的证据

 D. 未来发生的薪酬支出为企业日常活动且有大量案例支撑

5. 下列各项中，属于离职后福利的有（　　）。

 A. 养老金

 B. 一次性的退休支付

 C. 离职后人寿保险

 D. 离职后医疗保障

6. 下列各项中，不属于过去服务成本的有（　　）。

 A. 以前假定的薪酬增长金额与实际发生金额

之间的差额，对支付以前年度服务产生的福利义务的影响

 B. 企业对支付养老金增长金额具有推定义务的，可自行决定养老金增加金额的高估和低估

 C. 财务报表中已确认的精算利得或计划资产回报导致的福利变化的估计

 D. 在没有新的福利或福利未发生变化的情况下，职工达到既定要求之后导致既定福利（即并不取决于未来雇佣的福利）的增加

7. 下列各项关于企业职工薪酬会计处理的表述中，正确的有（　　）。

 A. 对总部管理层实施短期利润分享计划时，应将当期利润分享金额计入利润分配

 B. 将自有房屋免费提供给行政管理人员使用时，应将该房屋计提的折旧金额计入管理费用

 C. 对专设销售机构销售人员实施辞退计划时，应将预计补偿金额计入管理费用

 D. 对生产工人实行累积带薪缺勤制度时，应将累积未行使权利而增加的预期支付金额计入当期损益

8. 下列各项关于企业职工薪酬会计处理的表述中，正确的有（　　）。

 A. 营销人员的辞退补偿应当计入管理费用

 B. 内退职工的工资应当计入营业外支出

 C. 生活困难职工的补助应当计入营业外支出

 D. 产品生产工人的工资应当计入生产成本

9. 报告期末，由其他长期职工薪酬产生的职工薪酬成本包括（　　）。

 A. 服务成本

 B. 其他长期职工福利净负债的利息净额

 C. 其他长期职工福利净资产的利息净额

 D. 重新计量其他长期职工福利净负债或净资产所产生的变动

10. 甲公司本年度发生的下列事项中，属于职工薪酬核算内容的有（　　）。

 A. 缴纳员工乙的公积金 8 万元

 B. 向劳务派遣公司支付劳务报酬 300 万元

 C. 支付裁员计划赔偿金 150 万元

 D. 支付短期利润分享奖励 2 000 万元

三、判断题

1. 企业与劳务中介公司签订用工合同而向企业

提供服务的人员，不属于企业职工。（　）

2. 甲企业以一批外购的加湿器作为非货币性福利提供给职工的，应当按照该批加湿器的公允价值和相关税费确定职工薪酬的金额。
（　）

3. 企业按照规定提取的工会经费，应当确认为"管理费用"。（　）

4. 企业根据经营业绩提取的奖金，属于其他长期职工福利。（　）

5. 由于与非累积带薪缺勤相关的职工薪酬已经包含在企业每期向职工发放的工资等薪酬中，所以，不必作额外的账务处理。（　）

6. 根据设定提存计划，企业预期不会在职工提供相关服务的年度报告期结束后 12 个月内支付全部应缴存金额的，应当按照全部应缴存金额的现值计量应付职工薪酬。（　）

7. 计划资产包括长期职工福利基金持有的资产、符合条件的保险单等，但不包括由企业发行并由独立主体持有的任何不可转换的金融工具。（　）

8. 企业重新计量设定受益计划净资产所产生的变动，应计入其他综合收益，且在后续会计期间不允许转回至损益。（　）

9. 企业实施的职工内部退休计划，应当比照离职后福利进行会计处理。（　）

10. 实施职工内部退休计划的企业，应将支付给内退职工的工资在职工内退期间分期计入损益。（　）

11. 报告期末，企业应当将其他长期职工福利产生的职工薪酬的总净额计入当期损益或相关资产成本。（　）

快速查答案

一、单选题

序号	1	2	3	4	5	6	7	8	9	10
答案	C	C	D	D	A	B	C	A	C	B

二、多选题

序号	1	2	3	4	5	6	7	8	9	10
答案	ABCD	ABCD	ABCD	ABC	ABCD	ABCD	BC	AD	ABCD	ABCD

三、判断题

序号	1	2	3	4	5	6	7	8	9	10	11
答案	×	√	×	×	√	√	√	√	×	×	√

参考答案及解析

一、单选题

1. 【答案】C 【解析】本题考查的知识点是职工薪酬的概念和内容——职工薪酬的内容。

短期薪酬具体包括：职工工资、奖金、津贴和补贴，职工福利费，医疗保险费、工伤保险费和生育保险费等社会保险费，住房公积金，工会经费和职工教育经费，短期带薪缺勤，短期利润分享计划，非货币性福利以及其他短期薪酬。因此，选项 C 正确。

2. 【答案】C 【解析】本题考查的知识点是职工薪酬的概念和内容——职工薪酬的内容。

（1）在职工病假期间支付给职工的工资，属于短期薪酬中的职工工资、奖金、津贴和补贴。因此，选项 A 错误。

（2）企业实施职工内部退休计划的，在其正式退休之前应当比照辞退福利处理，在其正式退休之后，应当按照离职后福利处理。因此，选项 B 错误。

（3）在职工提供服务期间向社保机构缴纳的失业保险，属于离职后福利。因此，选项 C 正确。

（4）在劳动合同到期前辞退职工所给予职工的补偿金，属于辞退福利。因此，选项 D 错误。

3. 【答案】D 【解析】本题考查的知识点是一般短期薪酬的确认和计量。企业向职工提供非货币性福利，应当按照公允价值进行计量。因此，选项 D 正确。

4. 【答案】D 【解析】本题考查的知识点是一般短期薪酬的确认和计量。甲公司 2×24 年 5 月计入应付职工薪酬的金额 = 100 ×（1 + 10% + 8% + 2% + 1.5%）= 121.5（万元）。因此，选项 D 正确。

5. 【答案】A 【解析】本题考查的知识点是一般短期薪酬的确认和计量。甲公司因该事项计入应付职工薪酬的金额 = 100 × 1 ×（1 + 13%）= 113（万元）。因此，选项 A 正确。

会计分录如下：

借：管理费用等　　　　　1 130 000
　　贷：应付职工薪酬　　　　1 130 000
借：应付职工薪酬　　　　1 130 000
　　贷：主营业务收入　　　　1 000 000
　　　　应交税费——应交增值税（销项税额）　　　　　　　130 000
借：主营业务成本　　　　800 000
　　贷：库存商品　　　　　　800 000

6. 【答案】B 【解析】本题考查的知识点是一般短期薪酬的确认和计量。

甲公司应作如下会计分录：

（1）2×25 年 12 月 31 日，计提非货币性职工

福利时：

借：生产成本——直接人工　　　　　　　　　　　1 130 000
　　贷：应付职工薪酬　　　1 130 000

（2）2×25 年 12 月 31 日，购入空调时：

借：库存商品　　　　　　1 000 000
　　应交税费——待认证进项税额　　　　　　　　130 000
　　贷：银行存款　　　　　1 130 000

（3）后期，进项税额经认证不可抵扣时：

借：应交税费——应交增值税（进项税额）　　　　　　　130 000
　　贷：应交税费——待认证进项税额　　　　　　　　　　130 000
借：库存商品　　　　　　130 000
　　贷：应交税费——应交增值税（进项税额转出）　　　　130 000

（4）后期，发放非货币性职工福利时：

借：应付职工薪酬　　　　1 130 000
　　贷：库存商品　　　　　　1 130 000

因此，选项 B 正确。

7. 【答案】C 【解析】本题考查的知识点是短期带薪缺勤的确认和计量——累计带薪缺勤。本题中，甲公司的累积带薪休假制度规定，当年未享受的休假只可结转至下一年度。所以甲公司因其管理人员 2×24 年未享受累积带薪休假而原多预计的 8 万元负债，应当冲减当期损益（即管理费用）。因此，选项 C 正确。

8. 【答案】A 【解析】本题考查的知识点是短期利润分享计划的确认和计量。甲公司 2×23 年 12 月 31 日因上述短期利润分享计划应当确认的应付职工薪酬金额 = 20 000 × 4.5% × 6/12 = 450（万元）。因此，选项 A 正确。

9. 【答案】C 【解析】本题考查的知识点是设定受益计划的确认和计量。

（1）因重新计算设定受益计划净负债产生的保险精算收益，计入其他综合收益，不影响损益。因此，选项 A 错误。

（2）因联营企业其他投资方单方增资导致应享有联营企业净资产份额的变动，投资企业增加长期股权投资（其他权益变动）和资本公积的账面价值，不影响损益。因此，选项 B 错误。

（3）将自用房屋转为采用公允价值模式进行后续计量的投资性房地产时，公允价值大于账面价值的差额，计入其他综合收益，不影响损益。因此，选项 D 错误。

10.【答案】B 【解析】本题考查的知识点是辞退福利的确认和计量——辞退福利。公司因执行该辞退计划，应确认的辞退福利金额 = 200（万元）。因此，选项 B 正确。

【提示】辞退福利属于或有事项，其计量应当遵循《企业会计准则第 13 号——或有事项》的相关规定。该准则中规定，或有负债的计量仅涉及单个项目的，最佳估计数应当按照最可能发生金额确定。

二、多选题

1.【答案】ABCD 【解析】本题考查的知识点是职工薪酬的概念和内容——职工薪酬的内容。职工薪酬主要包括短期薪酬、离职后福利、辞退福利和其他长期职工福利。因此，选项 A、B、C、D 正确。

2.【答案】ABCD 【解析】本题考查的知识点是职工薪酬的概念和内容——职工薪酬的内容。
（1）累积带薪缺勤、职工教育经费、非货币性福利属于短期薪酬。因此，选项 A、B、C 正确。
（2）长期残疾福利属于其他长期职工福利。因此，选项 D 正确。

3.【答案】ABCD 【解析】本题考查的知识点是一般短期薪酬的确认和计量。一般短期薪酬（含职工工资、奖金、津贴和补贴，企业为职工缴纳的医疗保险、工伤保险等社会保险和住房公积金，职工福利费等），均应当按照受益对象计入当期损益或相关资产成本。因此，选项 A、B、C、D 正确。

4.【答案】ABC 【解析】本题考查的知识点是短期利润分享计划的确认和计量。
属于下列三种情形之一的，视为应付职工薪酬义务金额能够可靠估计：
（1）在财务报告批准报出之前企业已确定应支付的薪酬金额。
（2）该利润分享计划的正式条款中包括确定薪酬金额的方式。
（3）过去的惯例为企业确定推定义务金额提

供了明显的证据。
因此，选项 A、B、C 正确。

5.【答案】ABCD 【解析】本题考查的知识点是离职后福利的确认和计量。离职后福利包括退休福利（如养老金和一次性的退休支付）及其他离职后福利（如离职后人寿保险和离职后医疗保障）。因此，选项 A、B、C、D 正确。

6.【答案】ABCD 【解析】本题考查的知识点是设定受益计划的确认和计量。过去服务成本不包括下列各项：
（1）以前假定的薪酬增长金额与实际发生金额之间的差额，对支付以前年度服务产生的福利义务的影响。
（2）企业对支付养老金增长金额具有推定义务的，对于可自行决定养老金增加金额的高估和低估。
（3）财务报表中已确认的精算利得或计划资产回报导致的福利变化的估计。
（4）在没有新的福利或福利未发生变化的情况下，职工达到既定要求之后导致既定福利（即并不取决于未来雇佣的福利）的增加。
因此，选项 A、B、C、D 正确。

7.【答案】BC 【解析】本题考查的知识点是设定提存计划的确认和计量，辞退福利的确认和计量。
（1）对总部管理层实施短期利润分享计划时，应将当期利润分享金额计入管理费用。因此，选项 A 错误。
（2）对生产工人实行累积带薪缺勤制度时，应将累积未行使权利而增加的预期支付金额计入生产成本。因此，选项 D 错误。

8.【答案】AD 【解析】本题考查的知识点是辞退福利的确认和计量。
（1）企业确认的因辞退福利产生的职工薪酬，不区分部门，应统一计入管理费用。因此，选项 A 正确。
（2）实施职工内部退休计划的，企业应当比照辞退福利处理，一次计入管理费用。因此，选项 B 错误。
（3）生活困难职工的补助应根据职工的受益对象计入当期损益或资产成本中。因此，选项 C 错误。
（4）产品生产工人的工资应当计入产品生产

成本。因此，选项 D 正确。

9. 【答案】ABCD　【解析】本题考查的知识点是其他长期职工福利的确认和计量。在报告期末，企业应当将其他长期职工福利产生的职工薪酬成本确认为下列组成部分：

（1）服务成本。

（2）其他长期职工福利净负债或净资产的利息净额。

（3）重新计量其他长期职工福利净负债或净资产所产生的变动。

因此，选项 A、B、C、D 正确。

【提示】为了简化相关会计处理，上述项目的总净额应计入当期损益或相关资产成本。

10. 【答案】ABCD　【解析】本题考查的知识点是一般短期薪酬的确认和计量、短期利润分享计划的确认和计量以及辞退福利的确认和计量。

（1）"缴纳员工乙的公积金 8 万元"和"向劳务派遣公司支付劳务报酬 300 万元"，属于短期薪酬的核算内容。因此，选项 A、B 正确。

（2）"支付裁员计划赔偿金 150 万元"，属于辞退福利的核算内容。因此，选项 C 正确。

（3）"支付裁员计划赔偿金 150 万元"，属于短期利润分享计划的核算内容。因此，选项 D 正确。

三、判断题

1. 【答案】×　【解析】本题考查的知识点是职工的概念。在企业的计划和控制下，虽未与企业订立劳动合同或未由其正式任命，但向企业提供的服务与职工所提供服务类似的人员，也属于职工的范畴，如通过企业与劳务中介公司签订用工合同而向企业提供服务的人员。因此，本题的说法是错误的。

2. 【答案】√　【解析】本题考查的知识点是一般短期薪酬的确认和计量。企业以外购商品作为非货币性福利提供给职工的，应当按照该商品的公允价值和相关税费确定职工薪酬的金额，并计入当期损益或相关资产成本。因此，本题的说法是正确的。

3. 【答案】×　【解析】本题考查的知识点是一般短期薪酬的确认和计量。企业为职工缴纳

的医疗保险费、工伤保险费等社会保险费和住房公积金，以及按规定提取的工会经费和职工教育经费，应当在职工为其提供服务的会计期间，根据规定的计提基础和计提比例计算确定相应的职工薪酬金额，确认相关负债，按照受益对象计入当期损益或相关资产成本。因此，本题的说法是错误的。

4. 【答案】×　【解析】本题考查的知识点是短期利润分享计划的确认和计量。企业根据经营业绩或职工贡献等情况提取的奖金，属于奖金计划，应当比照短期利润分享计划进行会计处理。因此，本题的说法是错误的。

5. 【答案】√　【解析】本题考查的知识点是短期带薪缺勤的确认和计量。通常情况下，与非累积带薪缺勤相关的职工薪酬已经包含在企业每期向职工发放的工资等薪酬中，不必作额外的账务处理。因此，本题的说法是正确的。

6. 【答案】√　【解析】本题考查的知识点是设定提存计划的确认和计量。根据设定提存计划，企业预期不会在职工提供相关服务的年度报告期结束后 12 个月内支付全部应缴存金额的，应当参照资产负债表日与设定提存计划义务期限和币种相匹配的国债或活跃市场上的高质量公司债券的市场收益率确定的折现率，将全部应缴存金额以折现后的金额计量应付职工薪酬。因此，本题的说法是正确的。

7. 【答案】√　【解析】本题考查的知识点是设定受益计划的确认和计量。计划资产包括长期职工福利基金持有的资产、符合条件的保险单等，但不包括企业应付但未付给独立主体的提存金、由企业发行并由独立主体持有的任何不可转换的金融工具。因此，本题的说法是正确的。

8. 【答案】√　【解析】本题考查的知识点是设定受益计划的确认和计量。企业应当将重新计量设定受益计划净负债或净资产所产生的变动计入其他综合收益，并且在后续会计期间不允许转回至损益，但企业可以在权益范围内转移这些在其他综合收益中确认的金额。因此，本题的说法是正确的。

9. 【答案】×　【解析】本题考查的知识点是辞退福利的确认和计量——辞退福利。企业实

施职工内部退休计划的，在其正式退休之前应当比照辞退福利处理，在其正式退休之后，应当按照离职后福利处理。因此，本题的说法是错误的。

10.【答案】× 【解析】本题考查的知识点是辞退福利的确认和计量。企业实施职工内部退休计划的，在内退计划符合《企业会计准则第9号——职工薪酬》规定的确认条件时，企业应当将自职工停止提供服务日至正常退休日期间、企业拟支付的内退职工工资和缴纳的社会保险费等，确认为应付职工薪酬，一次性计入当期损益，不能在职工内退后各期分期确认因支付内退职工工资和为其缴纳社会保险费等产生的义务。因此，本题的说法是错误的。

11.【答案】√ 【解析】本题考查的知识点是其他长期职工福利的确认和计量。报告期末，企业应当将其他长期职工福利产生的职工薪酬的总净额计入当期损益或相关资产成本。因此，本题的说法是正确的。

第九章

第十章　股份支付

教材变化

2025 年本章教材内容无实质变化。

考情分析

本章主要内容是股份支付的主要环节及类型、股份支付的确认和计量、以权益结算的股份支付的会计处理、以现金结算的股份支付的会计处理。本章由于是 2024 年教材新增内容。所以下表仅列示 2024 年考查知识点范围，主要考查题型为客观题，计算分析题（可能涉及），每年分值 1～12 分。

年份	单选题	多选题	判断题	计算分析题
2024	—	股份支付的账务处理——可行权日之后	股份支付的账务处理——企业集团内涉及不同企业的股份支付交易	—

强化练习题

一、单选题

1. 对于换取职工服务的股份支付，在等待期内的每个资产负债表日，应当按照权益工具在授予日的公允价值，将当期取得的服务计入相关资产成本或当期费用，同时计入（　　）。

   A. 资本公积——股本溢价

   B. 资本公积——其他资本公积

   C. 公允价值变动损益

   D. 其他综合收益

2. 2×24 年 1 月 1 日，甲公司董事会因销售部门员工张某完成上年度销售收入，提出授予张某以每股 2 元的价格购入 5 万股股票的方案，并经过股东会批准。当日，甲公司股票市场价值为每股 16 元，张某可立即行权。不考虑其他

因素，甲公司下列会计处理正确的是（　　）。

   A. "管理费用"增加 80 万元

   B. "资本公积——股本溢价"增加 80 万元

   C. "资本公积——其他资本公积"增加 80 万元

   D. "应付职工薪酬"增加 80 万元

3. 2×22 年 1 月 1 日，甲公司授予 50 名销售人员每人 500 份现金股票增值权，并规定激励对象自授予日起为公司连续服务满 4 年，即可按照当时股价的增长幅度获得现金。2×22 年和 2×23 年没有销售人员离职，截至 2×23 年末累计确认应付职工薪酬 150 000 元；2×24 年有 5 名销售人员离职，年末该现金股票增值权的公允价值为每份 12 元。预计 2×25 年没有销售人员离职。不考虑其他因素，甲公司

2×24 年应确认销售费用的金额是（　　）元。

A. 18 750　　　　　B. 75 000

C. 52 500　　　　　D. 22 050

4. 甲公司为一上市公司。2×20 年 1 月 1 日，公司向其 100 名管理人员每人授予 100 份股票期权，这些职员从 2×20 年 1 月 1 日起在该公司连续服务 3 年，即可以 5 元每股购买 100 股甲公司股票，从而获益。公司估计该期权在授予日的公允价值为 30 元。至 2×22 年 12 月 31 日 A 公司估计的 100 名管理人员的离职比例为 10%。假设剩余 90 名职员在 2×23 年 12 月 31 日全部行权，甲公司股票面值为 1 元。则因为行权甲公司应确认的资本公积——股本溢价金额为（　　）元。

A. 36 000　　　　　B. 300 000

C. 306 000　　　　D. 291 000

5. 2×22 年 12 月 27 日经董事会批准，甲公司与其 100 名管理人员签署股份支付协议，协议约定：甲公司向这些管理人员每人授予 5 万份股票期权，这些职员从 2×23 年 1 月 1 日起在该公司连续服务 3 年，即可以 5 元每股购买 10 万股甲公司股票，从而获益，公司估计该期权在 2×22 年 12 月 27 日的公允价值为 12 元。2×23 年有 5 名职员离开甲公司，甲公司估计三年中离开的职员比例将达到 20%；2×24 年又有 10 名职员离开公司，公司将估计的职员离开比例修正为 25%，并将等待期延长至 5 年，则下列说法正确的是（　　）。

A. 甲公司 2×23 年应确认的成本费用为 1 600 万元

B. 甲公司 2×24 年应确认的成本费用为 200 万元

C. 甲公司 2×24 年应按照 5 年的等待期确认成本费用

D. 甲公司 2×23 年应追溯调整已确认的成本费用

6. 甲公司授予本公司管理人员每人 100 份股票期权，约定这些人员自授予日起在该公司连续服务 5 年，即可以每股 2 元的价格购买本公司股票。下列关于该股份支付的处理的表述中，不正确的是（　　）。

A. 在授予日不作处理

B. 在等待期内每个资产负债表日按照权益工

具在资产负债表日的公允价值，将取得的职工服务计入成本费用

C. 如果在等待期内取消了该权益工具，应当作为加速可行权处理

D. 在可行权日之后不再对已确认的成本费用和所有者权益总额进行调整

7. 关于以现金结算的股份支付，下列表述不正确的是（　　）。

A. 等待期内每个资产负债表日需要确认权益工具的预计行权数量变动

B. 等待期内每个资产负债表日应对权益工具按照公允价值进行重新计量，并以此为基础确定成本费用和应付职工薪酬

C. 等待期内按照每个资产负债表日权益工具的公允价值和预计行权数量为基础计算或修正成本费用

D. 可行权日之后负债公允价值的变动计入所有者权益

8. 在可行权日之后，与现金结算的股份支付有关的应付职工薪酬公允价值发生变动的，企业应将该变动金额计入（　　）。

A. 公允价值变动损益

B. 盈余公积

C. 资本公积

D. 利润分配——未分配利润

9. 下列有关以权益结算的股份支付的说法中，不正确的是（　　）。

A. 企业应在等待期内的每个资产负债表日，将取得职工或其他方提供的服务计入成本费用，同时记入"资本公积——其他资本公积"科目

B. 权益结算的股份支付，在可行权日之后不再对已确认的成本费用和所有者权益总额进行调整

C. 企业以回购股份形式奖励本企业职工的，结算时应转销交付职工的库存股成本和等待期内确认的资本公积金额

D. 企业应按照每个资产负债表日权益工具的公允价值确定当期的成本费用和应付职工薪酬

10. 乙公司和丙公司都属于甲集团的子公司。乙公司股东大会批准了一项股份支付协议，该协议规定，自 2×25 年 1 月 1 日起，丙公司的 110 名销售人员为丙公司连续服务 3 年，可以

在期满时以每股 4 元的价格购买乙公司股票
1 500 股。乙公司该权益工具在授予日的公允
价值为 10 元，第 1 年末该权益工具的公允
价值为 11 元。第 1 年有 4 名销售人员离开了
丙公司，预计未来还将有 6 人离开。丙公司
没有结算义务。丙公司在第 1 年年末的处理
中，下列说法中正确的是（　　）。

A. 应确认应付职工薪酬 550 000 元

B. 应确认应付职工薪酬 500 000 元

C. 应确认资本公积 500 000 元

D. 应确认资本公积 550 000 元

二、多选题

1. 股份支付通常涉及的环节有（　　）。

A. 授予　　　　　　B. 等待

C. 行权　　　　　　D. 出售

2. 下列各项中，属于以权益结算的股份支付的
权益工具有（　　）。

A. 模拟股票　　　　B. 股票期权

C. 限制性股票　　　D. 现金股票增值权

3. 甲公司是乙公司的母公司，2×24 年发生以下
交易或事项：（1）甲公司与乙公司的高管人
员签订了一份股份支付协议，授予乙公司高
管 100 万份的现金股票增值权，约定乙公司
高管人员在乙公司服务满 3 年即可获得与乙
公司股价相当的现金；（2）乙公司与其高管
人员签订协议，授予集团内丙公司 100 万份
股票期权，满足行权条件时可以每股 4 元的
价格购买丙公司股票；（3）甲公司回购本企
业 200 万股普通股，以对乙公司销售人员进
行奖励，约定销售人员满足可行权条件即可
免费获得甲公司股票；（4）乙公司发行 100
万股普通股作为丁公司为甲公司提供劳务的
价款。则乙公司应作为权益结算的股份支付
的有（　　）。

A. 甲公司与乙公司高管人员签订的股份支付
协议

B. 乙公司与其高管人员签订的股份支付协议

C. 甲公司与乙公司销售人员签订的股份支付
协议

D. 乙公司发行普通股取得丁公司劳务的协议

4. 下列各项中，影响企业对股份支付预计可行
权情况作出估计的有（　　）。

A. 市场条件　　　　B. 服务期限条件

C. 非可行权条件　　D. 非市场条件

5. 下列关于市场条件和非市场条件对权益工具公
允价值的确定影响，表述正确的有（　　）。

A. 企业在确定权益工具在授予日的公允价值
时，应考虑市场条件的影响，而不考虑非市
场条件的影响

B. 市场条件是否得到满足，不影响企业对预
计可行权情况的估计

C. 企业在确定权益工具在授予日的公允价值
时，应考虑非市场条件的影响，而不考虑市
场条件的影响

D. 非市场条件是否得到满足，不影响企业对
预计可行权情况的估计

6. 股份支付协议生效后，对其条款和条件的修
改，下列说法正确的有（　　）。

A. 股份支付中，所有对职工有利条件的修改
均需要考虑，按照修改之后的可行权条件确
认相应的成本费用

B. 对股份支付协议条款和条件的修改应当由
董事会作出决议并经股东大会审议批准，或
者由股东大会授权董事会决定

C. 在会计上，无论已授予的权益工具的条款
和条件如何修改，甚至取消权益工具的授予或
结算该权益工具，企业都应至少确认按照所授
予的权益工具在授予日的公允价值来计量获取
的相应服务，除非因不能满足权益工具的可行
权条件（除市场条件外）而无法可行

D. 企业在等待期内取消了所授予的权益工具
或结算了所授予的权益工具，企业应当将取
消或结算作为加速行权来处理，立即确认原
本在剩余等待期内确认的金额

7. 关于以现金结算的股份支付，下列表述正确
的有（　　）。

A. 等待期内每个资产负债表日不需要确认权
益工具的预计行权数量变动

B. 等待期内每个资产负债表日应对权益工具
按照公允价值进行重新计量，并以此为基础
确定成本费用和应付职工薪酬

C. 等待期内按照每个资产负债表日权益工具
的公允价值和预计行权数量为基础计算或修
正成本费用

D. 等待期内每个资产负债表日应确认权益工

具的预计行权数量变动

8. 对于以权益结算换取职工服务的股份支付,企业应当在等待期内每个资产负债表日,按授予日权益工具的公允价值,将当期取得的服务记入的相关科目包括（ ）。
   A. 管理费用　　　　B. 销售费用
   C. 财务费用　　　　D. 研发支出

9. 下列关于股份支付的会计处理中,正确的有（ ）。
   A. 以回购股份奖励本企业职工的,应作为以权益结算的股份支付进行处理
   B. 在等待期内的每个资产负债表日,将取得职工提供的服务计入成本费用
   C. 权益结算的股份支付应在可行权日后对已确认成本费用和所有者权益进行调整
   D. 为换取职工提供服务所发生的以权益结算的股份支付,应以所授予权益工具的公允价值计量

10. 经股东大会批准,甲公司向其 200 名高级管理人员每人授予 1 万份股票期权,这些职员从授予日起在该公司连续服务 3 年,即可以每股 5 元的价格购买甲公司股票,授权日该股票期权的公允价值为每份 10 元。等待期内,有 20 人离职,180 人行权,甲公司向行权人员发行自身股票,每股面值 1 元,发行 180 万股,共收到银行存款 900 万元。关于行权日的账务处理,以下说法正确的有（ ）。
    A. 资本公积——其他资本公积减少 1 800 万元
    B. 应付职工薪酬减少 1 500 万元
    C. 资本公积——股本溢价增加 2 520 万元
    D. 股本增加 180 万元

11. 2×25 年,甲公司进行了如下股份支付行为:
    （1）1 月 1 日,甲公司与其 100 名生产工人签署了股份支付协议,规定自当日起,车间管理人员在企业提供服务满 3 年,每人即可获得与 5 万份股票等值的现金,该金额以行权日股票的市场价格计算确定。2×25 年 12 月 31 日该期权的公允价值总额为 600 万元。该车间生产的产品尚未出售。甲公司本年车间管理人员没有人离职,并且预计未来也不会有人离职。
    （2）6 月 30 日,甲公司授予其 30 名管理人

员每人 10 万份股票期权,约定管理人员自 2×25 年 7 月 1 日起在公司工作满 3 年即可以每份 3 元的价格购买甲公司的 10 万股股票。该股票期权在授予日的公允价值为每份 8 元。甲公司预计三年内有 10% 的管理人员离职。不考虑其他因素,关于甲公司的账务处理下列说法中正确的有（ ）。
    A. 甲公司应确认的管理费用和资本公积——其他资本公积为 920 万元
    B. 甲公司应确认的管理费用和资本公积——其他资本公积为 720 万元
    C. 甲公司应确认的生产成本和应付职工薪酬为 200 万元
    D. 甲公司应确认的生产成本和资本公积——其他资本公积为 360 万元

12. 2×20 年 1 月 1 日,乙公司向其 20 名董事、总经理等管理人员每人授予 20 万份股票期权。2×20 年 1 月 1 日为授予日。相关资料如下:（1）股票期权的条件为:2×20 年末,可行权条件为公司净利润增长率不低于 18%;2×21 年末的可行权条件为 2×20 ~ 2×21 年两年净利润平均增长率不低于 15%;2×22 年末的可行权条件为 2×20 ~ 2×22 年三年净利润平均增长率不低于 12%。（2）每份期权在授予日的公允价值为 6 元。行权价格为 3 元/股。（3）实际执行情况:2×20 年 12 月 31 日,公司净利润增长率为 16%,但乙公司预计 2×21 年将保持快速增长,年末有望达到可行权条件。同时,当年有 2 名激励对象离开,预计 2×21 年没有激励对象离开公司。2×21 年 12 月 31 日,公司净利润增长率为 12%,但公司预计 2×22 年将保持快速增长,预计 2×22 年 12 月 31 日有望达到可行权条件。另外,2×21 年实际有 2 名激励对象离开,预计 2×22 年没有激励对象离开公司。2×22 年 12 月 31 日,公司净利润增长率为 10%,当年有 2 名激励对象离开。（4）2×23 年 12 月 31 日,激励对象全部行权。下列有关股份支付的会计处理,正确的有（ ）。
    A. 2×20 年 12 月 31 日确认管理费用和资本公积——其他资本公积 1 080 万元
    B. 2×21 年 12 月 31 日确认管理费用和资本公积——其他资本公积 200 万元

C. 2×22年12月31日确认管理费用和资本公积——其他资本公积400万元

D. 2×23年12月31日行权计入资本公积——股本溢价2 240万元

13. 2×22年8月1日，甲公司董事会提议依据公司业绩授予高层管理人员股票期权，12月20日，经股东大会批准，甲公司向100名高管人员每人授予1万份股票期权。根据股份支付协议的规定，这些高管人员自2×23年1月1日起在公司连续服务满3年，即可在2×25年12月31日之前无偿获得授予的普通股。2×22年8月1日甲公司普通股股票的市场价格为每股12元，2×22年12月20日的市场价格为每股16元，2×22年12月31日的市场价格为每股15元。2×23年1月1日的市场价格为每股18元。在等待期内，甲公司没有高管人员离开公司。2×25年12月31日，高管人员全部行权。2×25年12月31日，甲公司普通股的市场价格为每股13.5元。不考虑其他因素，针对该项股份支付协议，下列表述中正确的有（　　）。

A. 2×25年12月31日为可行权日

B. 等待期内应当以每股16元的价格为基础确认成本费用和所有者权益

C. 甲公司应当将该股份支付作为权益结算的股份支付

D. 甲公司在2×25年12月31日之后需要依据市场价格的变化对已确认的成本费用和所有者权益总额进行调整

三、判断题

1. 企业合并中发行权益工具取得其他企业净资产的交易，属于股份支付。（　　）

2. 现金支付的股份支付是指企业为了获取服务承担以股份或其他权益工具为基础计算确定的交付现金或其他资产义务的交易。（　　）

3. 对于换取其他方服务的股份支付，如果其他方服务的公允价值能够可靠计量的，则应当按照权益工具在服务取得日的公允价值计量。（　　）

4. 在等待期内，业绩条件为非市场条件的，即使后续信息表明需要调整对可行权情况的估计的，也不必对前期估计进行修改。（　　）

5. 授予后立即可行权的换取职工服务的以权益结算的股份支付，应当在授予日按照权益工具的公允价值计入相关成本或费用，并增加应付职工薪酬。（　　）

6. 企业应当在等待期内的每个资产负债表日，将取得职工或其他方提供的服务计入成本费用，同时确认所有者权益或负债。对于附有市场条件的股份支付，只要职工满足了其他所有非市场条件，企业就应当确认已取得的服务。（　　）

7. 权益工具公允价值无法可靠确定时，应将支付结算的款项高于该权益工具在回购日内在价值的部分，计入资本公积。（　　）

8. 在取消或结算时支付给职工的所有款项均应作为权益的回购处理，回购支付的金额高于该权益工具在回购日公允价值的部分，计入所有者权益。（　　）

9. 职工自愿退出股权激励计划，属于股权激励计划的取消，企业应作为加速行权处理，将剩余等待期内应确认的金额立即计入当期损益，同时确认资本公积，并冲回以前期间确认的成本或费用。（　　）

10. 对于以现金结算的股份支付，企业应在可行权日之后将负债公允价值的变动继续计入成本费用。（　　）

快速查答案

一、单选题

序号	1	2	3	4	5	6	7	8	9	10
答案	B	C	C	C	A	B	D	A	D	C

二、多选题

序号	1	2	3	4	5	6	7	8	9	10	11	12
答案	ACD	BC	ACD	BD	AB	ABC	BCD	ABD	ABD	ACD	CD	ABCD
序号	13											
答案	ABC											

三、判断题

序号	1	2	3	4	5	6	7	8	9	10
答案	×	√	×	×	×	√	×	×	×	×

参考答案及解析

一、单选题

1. 【答案】B 【解析】本题考查的知识点是股份支付的确认和计量原则——以权益结算的股份支付的确认和计量原则。对于换取职工服务的股份支付，企业应当以股份支付所授予的权益工具的公允价值计量。企业应在等待期内的每个资产负债表日，以对可行权权益工具数量的最佳估计为基础，按照权益工具在授予日的公允价值，将当期取得的服务计入相关资产成本或当期费用，同时计入资本公积中的其他资本公积。因此，选项 B 正确。

2. 【答案】C 【解析】本题考查的知识点是股份支付的确认和计量原则——以权益结算的股份支付的确认和计量原则。对于授予后立即可行权的换取职工服务的以权益结算的股份支付（如授予限制性股票的股份支付），应在授予日按照当日权益工具的公允价值，将取得的服务计入相关资产成本或当期费用，同时计入资本公积（其他资本公积）。因此，选项 C 正确。

会计分录如下：

借：销售费用　　　　　　　80
　　贷：资本公积——其他资本公积　80

3. 【答案】C 【解析】本题考查的知识点是股份支付的账务处理——等待期内每个资产负债表日。（1）2×24 年末累计确认应付职工薪酬金额 =（50 − 5）× 500 × 12 × 3/4 = 202 500（元）。（2）甲公司 2×24 年应确认销售费用的金额 = 202 500 − 150 000 = 52 500（元）。因此，选项 C 正确。

4. 【答案】C 【解析】本题考查的是股份支付的账务处理——可行权日之后。在等待期内确认的管理费用，即"资本公积——其他资本公积"的金额 = 100 ×（1 − 10%）× 100 × 30 = 270 000（元）。所以记入"资本公积——股本溢价"科目的金额 = 90 × 5 × 100 + 270 000 − 90 × 100 × 1 = 306 000（元）。本题相关的账务处理：

借：银行存款　　　　　　　45 000
　　资本公积——其他资本公积
　　　　　　　　　　　　　270 000
　　贷：股本　　　　　　　　9 000
　　　　资本公积——股本溢价 306 000

5. 【答案】A 【解析】本题考查的是可行权条件的各类、处理和修改条款和条件的修改。甲公司 2×23 年应确认的成本费用 = 100 ×（1 − 20%）× 5 × 12 × 1/3 = 1 600（万元）；甲公司 2×24 年应确认的成本费用 = 100 ×（1 − 25%）× 5 × 12 × 2/3 − 1 600 = 1 400（万元）。企业以减少股份支付公允价值总额的方式或其他不利于职工的方式修改条款和条件，企业仍应继续对取得的服务进行会计处理，如同该变更从未发生。所以本题中在计算 2×24 年的成本费用时仍然用原确定的等待期计算后续成本费用金额，不需要对以前年度的成本费用金额进行追溯调整。

6.【答案】B　【解析】本题考查的是权益结算的股份支付的会计处理。对于权益结算的股份支付，应当在等待期内每个资产负债表日按照权益工具在授予日的公允价值，将取得的职工服务计入成本费用，而不是按照在资产负债表日的公允价值，所以选项 B 错误。

7.【答案】D　【解析】本题考查的是现金结算的股份支付的会计处理。行权日之后不再确认成本费用，负债（应付职工薪酬）公允价值的变动计入当期损益（公允价值变动损益）。

8.【答案】A　【解析】本题考查的是现金结算的股份支付的会计处理。以现金结算的股份支付，可行权日后负债的公允价值变动应计入当期损益（公允价值变动损益）。

9.【答案】D　【解析】本题考查的是权益结算的股份支付的会计处理。权益结算的股份支付在每个资产负债表日，按照授予日权益工具的公允价值确认相应的成本费用，并计入所有者权益，现金结算的股份支付才是计入应付职工薪酬，所以选项 D 错误。

选项 C 对应的会计分录为：

借：银行存款（企业收到的股票价款）
　　资本公积——其他资本公积（等待期内资本公积中累计确认的金额）
　　　　　　——股本溢价（差额）
　贷：库存股（回购的库存股成本）

10.【答案】C　【解析】本题考查的是企业集团（由母公司和其全部子公司构成）内发生的股份支付交易处理。接受服务企业对股份支付没有结算义务的，应作为权益结算的股份支付进行会计处理。丙公司对于该项股份支付没有结算义务，应该作为权益结算的股份支付处理，第 1 年应确认的金额 =（110 - 4 - 6）×1 500×10×1/3 = 500 000（元），会计分录为：

借：销售费用　　　　　　500 000

　贷：资本公积——其他资本公积
　　　　　　　　　　　　500 000

二、多选题

1.【答案】ACD　【解析】本题考查的知识点是股份支付的四个环节。以薪酬性股票期权为例，典型的股份支付通常涉及四个主要环节：授予、可行权、行权和出售。因此，选项 A、C、D 正确。

2.【答案】BC　【解析】本题考查的是股份支付工具的主要类型。以权益结算的股份支付最常用的工具有两类：限制性股票和股票期权。以现金结算的股份支付最常用的工具有两类：模拟股票和现金股票增值权。

3.【答案】ACD　【解析】本题考查的是现金结算的股份支付的确认和计量原则。选项 B，虽然是乙公司与其高级管理人员签订的股份支付合同，但是授予的是集团内其他公司的股票期权，实质上是相当于乙公司先用现金购买丙公司股票再授予本企业高管，所以本质上是支付的现金，应作为以现金进行结算的股份支付处理。

4.【答案】BD　【解析】本题考查的知识点是可行权条件的种类、处理和修改——市场条件和非市场条件及其处理。市场条件和非可行权条件是否得到满足，不影响企业对预计可行权情况的估计。因此，选项 B、D 正确。

5.【答案】AB　【解析】本题考查的是股份支付条件的种类。一般而言，业绩条件是指企业达到特定业绩目标的条件，具体包括市场条件和非市场条件。企业在确定权益工具在授予日的公允价值时，应考虑市场条件和非可行权条件的影响，而不考虑非市场条件的影响。市场条件是否得到满足，不影响企业对预计可行权情况的估计。故选项 A、B 正确，选项 C、D 不正确。

6.【答案】ABC　【解析】本题考查的是条款和条件的修改。选项 D，企业在等待期内取消了所授予的权益工具或结算了所授予的权益工具（因未满足可行权条件而被取消的除外），企业应当将取消或结算作为加速行权来处理，立即确认原本在剩余等待期内确认的金额。

7.【答案】BCD　【解析】本题考查的是现金结

算的股份支付的会计处理。选项 A、D，简单理解为等待期内的每个资产负债表日都要预计将会行权的人数，预计行权人数变了，权益工具的预计行权数量也就发生了变动，在确认成本费用的时候需要考虑行权人数的变动，即权益工具预计行权数量的变动；选项B、C，现金结算的股份支付是以公允价值为计量属性的，因此每个资产负债表日都应按照权益工具的公允价值进行重新计量。

8. 【答案】ABD 【解析】本题考查的是权益结算的股份支付的会计处理。对于以权益结算换取职工服务的股份支付，企业应当在每个资产负债表日，按授予日权益工具的公允价值，根据受益对象将当期取得的服务计入相关资产成本或当期费用，但不包括财务费用。

9. 【答案】ABD 【解析】本题考查的是权益结算的股份支付的会计处理。对于权益结算的股份支付，在可行权日之后不再对已确认的成本费用和所有者权益总额进行调整。对于现金结算的股份支付，企业在可行权日之后不再确认成本费用，公允价值的变动应当计入当期损益（公允价值变动损益）。

10. 【答案】ACD 【解析】本题考查的知识点是股份支付的账务处理——可行权日之后。
（1）行权期满时，"资本公积——其他资本公积"科目的减少额 $= (200 - 20) \times 1 \times 10 \times 3/3 = 1\,800$（万元）。因此，选项 A 正确。
（2）权益结算的股份支付，在实际行权时不涉及"应付职工薪酬"科目。因此，选项 B 错误。
（3）"资本公积——股本溢价"科目的增加额 $= 1\,800 + 900 - 180 = 2\,520$（万元）。因此，选项 C 正确。
（4）"股本"科目的增加额 $= 180 \times 1 = 180$（万元）。因此，选项 D 正确。
会计分录如下：
借：银行存款 900
　　资本公积——其他资本公积
　　　　　　　　　　　　1 800
　　贷：股本 180
　　　　资本公积——股本溢价 2 520

11. 【答案】CD 【解析】本题考查的是不同类型股份支付的会计处理。资料（1）中，甲公司与其生产工人以现金进行结算，因此该事项属于以现金结算的股份支付，企业应当按照每个资产负债表日权益工具的公允价值重新计量，确定成本费用和应付职工薪酬，因此甲公司应确认的成本费用 $= 600 \times 1/3 = 200$（万元），相关会计分录为：
借：生产成本 2 000 000
　　贷：应付职工薪酬——股份支付
　　　　　　　　　　　　2 000 000
资料（2）中，甲公司与其管理人员以股票结算，因此该事项属于以权益结算的股份支付，企业应当按照授予日权益工具的公允价值计入成本费用和资本公积——其他资本公积。因此甲公司应确认的成本费用 $= 30 \times (1 - 10\%) \times 10 \times 8 \times 1 \div 3 \div 2 = 360$（万元），相关会计分录为：
借：管理费用 3 600 000
　　贷：资本公积——其他资本公积
　　　　　　　　　　　　3 600 000

12. 【答案】ABCD 【解析】本题考查的是股份支付的会计处理。选项 A，2×20 年 12 月 31 日确认费用 $= (20 - 2 - 0) \times 20 \times 6 \times 1/2 = 1\,080$（万元）；选项 B，2×21 年 12 月 31 日确认费用 $= (20 - 2 - 2 - 0) \times 20 \times 6 \times 2/3 - 1\,080 = 200$（万元）；选项 C，2×22 年 12 月 31 日确认费用 $= (20 - 2 - 2 - 2) \times 20 \times 6 - 1\,080 - 200 = 400$（万元）；选项 D，2×23 年 12 月 31 日行权计入资本公积——股本溢价的金额的会计处理：
借：银行存款 $[(20 - 2 - 2 - 2) \times 20 \times 3]$
　　　　　　　　　　　　840
　　资本公积——其他资本公积
　　　　　　　　　　　　1 680
　　贷：股本 $[(20 - 2 - 2 - 2) \times 20 \times 1]$
　　　　　　　　　　　　280
　　　　资本公积——股本溢价 2 240

13. 【答案】ABC 【解析】本题考查的是权益结算的股份支付的会计处理。对甲公司而言，2×25 年 12 月 31 日为可行权日，而权益结算的股份支付，在可行权日后，不再对已确认的成本费用和所有者权益总额进行调整，选项 D 不正确。

三、判断题

1.【答案】× 【解析】本题考查的知识点是股份支付的主要环节及类型。企业合并中发行权益工具取得其他企业净资产的交易，适用《企业会计准则第20号——企业合并》的相关规定进行会计处理。因此，本题的说法是错误的。

2.【答案】√ 【解析】本题考查的是股份支付工具的类型。表述符合定义。

3.【答案】× 【解析】本题考查的知识点是股份支付的确认和计量原则——以权益结算的股份支付的确认和计量原则。一般而言，职工以外的其他方所提供的服务能够可靠计量的，应当优先采用其他方提供服务在取得日的公允价值；如果其他方服务的公允价值不能可靠计量，但权益工具的公允价值能够可靠计量，应当按照权益工具在服务取得日的公允价值计量。企业应当根据所确定的公允价值计入相关资产成本或费用。因此，本题的说法是错误的。

4.【答案】× 【解析】本题考查的是股份支付条件的种类。在等待期内，业绩条件为非市场条件的，如果后续信息表明需要调整对可行权情况的估计的，应对前期估计进行修改。

5.【答案】× 【解析】本题考查的是权益结算的股份支付的会计处理。应增加所有者权益而不是负债。

6.【答案】√ 【解析】本题考查的是股份支付的账务处理。企业应当在等待期内的每个资产负债表日，将取得职工或其他方提供的服务计入成本费用，同时确认所有者权益或负债。对于附有市场条件的股份支付，只要职工满足了其他所有非市场条件，企业就应当确认已取得的服务。

7.【答案】× 【解析】本题考查的知识点是股份支付的确认和计量原则——以权益结算的股份支付的确认和计量原则。在极少情况下，授予权益工具的公允价值无法可靠计量。在这种情况下，企业应当在获取对方提供服务的时点、后续的每个报告日以及结算日，以内在价值计量该权益工具，内在价值变动计入当期损益。同时，企业应当以最终可行权或实际行权的权益工具数量为基础，确认取得服务的金额。内在价值，是指交易对方有权认购或取得的股份的公允价值与按照股份支付协议应当支付的价格间的差额。企业对上述以内在价值计量的已授予权益工具进行结算，应当遵循下列要求：（1）结算发生在等待期内的，企业应当将结算作为加速可行权处理。即立即确认本应于剩余等待期内确认的服务金额。（2）结算时支付的款项应当作为回购该权益工具处理，即减少所有者权益结算支付的款项高于该权益工具在回购日内在价值的部分，计入当期损益。

因此，本题的说法是错误的。

8.【答案】× 【解析】本题考查的知识点是可行权条件的种类、处理和修改——市场条件和非市场条件及其处理。在取消或结算时支付给职工的所有款项均应作为权益的回购处理，回购支付的金额高于该权益工具在回购日公允价值的部分，计入当期损益。

9.【答案】× 【解析】本题考查的知识点是可行权条件的种类、处理和修改——市场条件和非市场条件及其处理。职工自愿退出股权激励计划不属于未满足可行权条件的情况，而属于股权激励计划的取消，因此，企业应当作为加速行权处理，将剩余等待期内应确认的金额立即计入当期损益，同时确认资本公积，不应当冲回以前期间确认的成本或费用。因此，本题的说法是错误的。

10.【答案】× 【解析】本题考查的是股份支付的账务处理。对于以现金结算的股份支付，企业应在可行权日之后不再确认成本费用，负债（应付职工薪酬）公允价值的变动应当计入当期损益（公允价值变动损益）。

第十一章 借款费用

教材变化

2025 年本章教材内容无实质变化。

考情分析

本章主要内容是借款费用的范围、确认原则、借款费用应予资本化的借款范围、借款费用资本化期间的确定、借款利息资本化金额的确定、借款辅助费用资本化金额的确定、外币专门借款汇兑差额资本化金额的确定。2020～2024 年考查知识点范围如下表所示，主要考查题型为客观题以及计算分析题，每年分值为 5～12 分。

年份	单选题	多选题	判断题	计算分析题	综合题
2024	—	—	—	—	借款利息资本化金额的确定
2023	借款费用开始资本化的时点	—	外币专门借款汇兑差额资本化金额的确定	—	—
2022	借款利息资本化金额的确定	—	外币专门借款汇兑差额资本化金额的确定	借款利息资本化金额的确定	—
2021	借款利息资本化金额的确定	—	—	借款利息资本化金额的确定	—
2020	借款费用暂停资本化时点的确定	—	借款利息资本化金额的确定	借款利息资本化金额的确定	—

强化练习题

一、单选题

1. 下列事项中，不属于借款费用的是（　　）。

　　A. 因发行债券记入"应付债券——利息调整"明细科目的金额

　　B. 因借入外币一般借款产生的汇兑差额

　　C. 因借入外币专门借款在资本化期间计算利息产生的汇兑差额

D. 因借款发生的溢折价的摊销额

2. 2×23 年 1 月 1 日，甲公司支付价款 4 780 万元购入乙公司当日发行的公司债券 50 万份，每份面值 100 元；另支付交易费用 15 万元。该债券发行的期限为 5 年，票面年利率为 6%，实际年利率为 7%，按年付息，到期偿还本金。2×23 年末，乙公司债券的市场价值为 4 890 万元。甲公司将该债券分类为以公允价值计量且其变动计入其他综合收益的金融资产。不考虑其他因素，甲公司下列会计处理正确的是（　　）。

 A. "其他债权投资"的初始入账价值为 5 000 万元

 B. 2×23 年末，"其他债权投资"的账面价值为 4 830.65 万元

 C. 2×23 年发生的属于借款费用的支出为 35.65 万元

 D. 2×23 年，利润表中"营业利润"项目的影响金额为 320.65 万元

3. 2×23 年 1 月 1 日，甲公司向银行借入 1 000 万元，用于购建一条大型生产线。该笔借款的偿还期限为 2 年，年利率为 6%，利息按年支付，到期偿还本金。2×23 年 4 月 1 日，甲公司支付价款 800 万元购入大型生产线。另在建造过程中领用自产产品，成本 155 万元，市场价值 200 万元。至 2×23 年 12 月 31 日，该生产线建造完成。不考虑其他因素，下列说法正确的是（　　）。

 A. 该生产线的初始入账价值为 1 000 万元

 B. 2×23 年度应予资本化的利息费用为 45 万元

 C. 2×23 年度应予费用化的利息费用为 15 万元

 D. 2×24 年度发生的借款利息费用 60 万元，应借记"财务费用"科目

4. 符合资本化条件的资产是指需要经过相当长时间的购建或生产活动才能达到预定可使用或者可销售状态的资产，其中，相当长的时间是指（　　）。

 A. 借款期限小于 1 年

 B. 借款期限大于等于 1 年

 C. 购建或者生产所必需的时间小于 1 年

 D. 购建或者生产所必需的时间大于等于 1 年

5. 关于借款费用应予资本化的借款范围的下列说法中，正确的是（　　）。

 A. 借款范围只包括专门借款

 B. 借款范围只包括一般借款

 C. 只要满足资本化的条件，一般借款的利息费用就应当资本化

 D. 不满足资本化条件的一般借款利息费用，应当费用化处理

6. 下列关于借款费用的说法中，正确的是（　　）。

 A. 专门借款也可以暂时没有明确用途

 B. 借款包括专门借款和一般借款

 C. 发行公司债券募集的资金，通常是专门借款

 D. 一般借款与专门借款都是特指专门用于符合资本化条件的资产的购建或者生产

7. 企业建造办公楼（建设期为 2 年）发生的下列支出中，属于资产支出的是（　　）。

 A. 计提建造工程工人的工资

 B. 计提建造设备的折旧

 C. 购入工程物资支付的价款

 D. 计提建造工程工人的福利

8. 2×24 年 1 月 1 日，甲公司向银行借入一笔到期一次还本付的专门借款（单利计息），用于建造符合资本化条件的办公楼。2×24 年 3 月 1 日，甲公司开始动工建造办公楼。当日，甲公司赊购价值 800 万元的工程物资，并全部投入工程建造。已知，甲公司每月应确认借款利息费用 60 万元。不考虑其他因素，下列说法正确的是（　　）。

 A. 甲公司该业务开始资本化的时点为 2×24 年 1 月 1 日

 B. 甲公司该业务开始资本化的时点为 2×24 年 3 月 1 日

 C. 甲公司 2×24 年 3 月在建工程增加 860 万元

 D. 甲公司 2×24 年 3 月长期借款的账面价值增加 60 万元

9. 企业专门借款利息开始资本化后发生的下列各项建造中断事项中，将导致其应暂停借款利息资本化的事项是（　　）。

 A. 因工程质量纠纷造成建造多次中断累计 3 个月

 B. 因可预见的冰冻季节造成建造中断连续超

过 3 个月

C. 因发生安全事故造成建造中断连续超过 3 个月

D. 因劳务纠纷造成建造中断 2 个月

10. 某企业借入一笔款项，于 2×22 年 2 月 1 日采用出包方式开工建造一幢厂房。2×23 年 10 月 10 日工程全部完工，达到合同要求。10 月 30 日工程验收合格，11 月 15 日办理工程竣工结算，11 月 20 日完成全部资产移交手续，12 月 1 日厂房正式投入使用。不考虑其他因素，该企业借款费用停止资本化的时点是（　　）。

A. 2×23 年 10 月 10 日

B. 2×23 年 10 月 30 日

C. 2×23 年 11 月 15 日

D. 2×23 年 11 月 20 日

11. 2×22 年 1 月 5 日，甲公司因建造厂房向银行申请一笔 2 年期借款。2×22 年 2 月 1 日，甲公司外购一批钢材用于建造。2×22 年 4 月 10 日，甲公司的专门借款申请通过银行审批，当日收到。2×23 年 3 月 1 日建造完工，厂房达到预定可使用状态。2×23 年 4 月 1 日，甲公司办理竣工决算并正式使用。不考虑其他因素，甲公司该专门借款利息应予资本化期间是（　　）。

A. 2×22 年 4 月 10 日~2×23 年 4 月 1 日

B. 2×22 年 4 月 10 日~2×23 年 3 月 1 日

C. 2×22 年 2 月 1 日~2×23 年 4 月 1 日

D. 2×22 年 2 月 1 日~2×23 年 3 月 1 日

12. 下列各项中，不会影响专门借款利息资本化金额的是（　　）。

A. 资本化期间

B. 费用化期间闲置资金收益率

C. 资本化期间闲置资金收益率

D. 资本化期间闲置资金总额

13. 甲公司为建造一栋写字楼借入一笔 2 年期专门借款 4 000 万元，期限为 2×23 年 1 月 1 日至 2×24 年 12 月 31 日，合同年利率与实际年利率均为 7%，2×23 年 1 月 1 日甲公司开始建造该写字楼，并分别于 2×23 年 1 月 1 日和 2×23 年 10 月 1 日支付工程进度款 2 500 万元和 1 600 万元，超出专门借款的工程款由自有资金补充，甲公司将专门借款中

尚未动用的部分用于固定收益债券短期投资，该短期投资月收益率为 0.25%，2×24 年 5 月 31 日，该写字楼建造完毕并达到预定可使用状态。假定全年按 360 天计算，每月按 30 天计算。不考虑其他因素，甲公司 2×23 年专门借款利息应予资本化的金额为（　　）万元。

A. 246.25　　　　　B. 287

C. 280　　　　　　D. 235

14. 2×22 年 1 月 1 日，甲公司取得专门借款 4 000 万元用于当日开工建造的厂房，借款期限为 2 年，该借款的合同年利率与实际年利率均为 5%。按年支付利息，到期还本。同日，甲公司借入一般借款 1 000 万元，借款期限为 5 年，该借款的合同年利率与实际年利率均为 6%，按年支付利息，到期还本。甲公司于 2×22 年 1 月 1 日支付工程款 3 600 万元，2×23 年 1 月 1 日支付工程款 800 万元，2×23 年 12 月 31 日，该厂房建造完毕达到预定可使用状态，并立即投入使用。不考虑其他因素，甲公司 2×23 年一般借款利息应予资本化的金额为（　　）万元。

A. 200　　　　　　B. 48

C. 60　　　　　　D. 24

15. 2×23 年 1 月 1 日，甲公司董事会批准研发一项新型专利技术，研发周期预计 2 年。为筹集研发专利技术后续所需资金，甲公司于 2×23 年 4 月 1 日向银行借款 5 000 万元，借款期限 2 年，年利率为 6%，借款利息按年支付，到期还本。2×23 年 4 月 1 日、2×23 年 7 月 1 日、2×23 年 11 月 1 日，甲公司使用专门借款分别支付研发进度款 1 400 万元、2 100 万元和 1 500 万元。借款资金闲置期间专门用于短期理财，共获得理财收益 60 万元。甲公司于 2×23 年 4 月 30 日完成研究阶段，从 2×23 年 5 月 1 日进入开发阶段。不考虑其他因素，甲公司 2×23 年专门借款利息应予资本化的金额为（　　）万元。

A. 84　　　　　　B. 48

C. 140　　　　　　D. 90

16. 甲公司建造一栋厂房，预计工期为 2 年，于 2×23 年 5 月 1 日开始建造，当日预付工程款 3 000 万元，10 月 1 日，追加进度款 2 000

万元。甲公司为建造该厂房，于2×23年3月1日借入2年期专门借款4 000万元，年利率为6%；此外，该厂房建造过程中还占用了一笔一般借款，该笔借款是甲公司于2×23年8月1日借入的，3年期，借款本金为2 000万元，年利率为5%。甲公司无其他借款，专门借款闲置资金存入银行的月收益率为0.6%，一般借款存入银行的月收益率为0.4%，甲公司2×23年应予资本化的利息费用为（　　）万元。

A. 130.5　　　　　B. 130

C. 142.5　　　　　D. 155

二、多选题

1. 某企业发生的下列支出中，属于借款费用的有（　　）。

A. 借款手续费10万元

B. 发行公司债券佣金1 000万元

C. 发行股票佣金2 000万元

D. 借款利息200万元

2. 下列各项中，一定属于符合借款费用资本化条件的资产有（　　）。

A. 房地产企业建造的商品房，建造期预计为3年

B. 企业承建的建造合同取得成本

C. 企业建造的厂房，预计工期为1年

D. 由于劳资纠纷导致购建时间超过1年的设备安装工程，正常工期为8个月

3. 下列各项中，属于专门借款的有（　　）。

A. 某企业为了建造一条生产线向某银行专门贷款5亿元

B. 房地产开发企业为了开发某住宅小区向银行专门贷款2亿元

C. 某企业向某银行贷款2 000万元，未明确使用用途

D. 某建筑企业为了完成承接的某运动场馆建造合同向某银行专门贷款1亿元

4. 下列各项中，属于借款费用开始资本化应满足的条件有（　　）。

A. 资产支出已经发生

B. 借入款项已经发生

C. 借款费用已经发生

D. 为使资产达到预定可使用或者可销售状态所必要的购建或者生产活动已经开始

5. 借款费用开始资本化，应当满足的条件之一是资产支出已经发生，该资产支出包括（　　）。

A. 以银行存款支付工程进度款

B. 建造办公楼领用的自产产品

C. 开具带息商业汇票购买工程物资

D. 计提建造设备的折旧

6. 甲企业建造办公楼的过程中发生的下列情形，属于非正常中断的有（　　）。

A. 工程用料没有及时供应

B. 资金周转发生困难

C. 必要的质量安全检查

D. 与建造有关的劳动纠纷

7. 2×23年1月1日，某企业向银行借入20亿元用于建设一项大型汽车生产组装项目。该项目涉及4项工程，且每个单项工程都是根据各道生产工序设计建造的。每个工程完工后会立即投入生产，且生产的零件可用于出售，也可用于后续组装，但只有整个生产项目都建造完毕后，该项目才能实现整车的生产组装。4项工程的生产周期如下表所示：

工程名称	开工时间	预计完工时间
底盘车间 【备注】该车间建造完成，则项目全部竣工	2×23年4月1日	2×24年6月30日
硬饰车间	2×23年3月1日	2×24年3月31日
软饰车间	2×23年1月1日	2×23年12月31日
座椅车间	2×23年1月1日	2×23年9月30日

不考虑其他因素，下列说法正确的有（　　）。

A. 该企业应当在底盘车间建造完成后，停止整个生产组装项目借款费用资本化

B. 座椅车间耗用借款产生的利息费用应当全部予以费用化

C. 软饰车间耗用借款产生的利息费用符合资本化条件的部分，应当予以资本化

D. 硬饰车间应于 2×24 年 3 月 31 日停止借款费用资本化

8. 2×23 年 1 月 1 日，甲公司为建造办公楼向银行借入 1 000 万元，期限为 5 年，年利率为 7%。另占用以下两笔一般借款：2×22 年 1 月 1 日，向银行借入的 1 000 万元，期限为 3 年，年利率为 6%；2×23 年 7 月 1 日，向银行借入的 3 000 万元，期限为 3 年，年利率为 8%。甲公司在 2×23 年建造办公楼的过程中的相关信息如下：

日期	每期资产支出金额	备注
2×23 年 1 月 1 日	500 万元	
2×23 年 3 月 1 日	300 万元	2×23 年 4 月 1 日 ~ 6 月 30 日期间因安全检查停工，7 月 1 日恢复施工
2×23 年 7 月 1 日	600 万元	
2×23 年 10 月 1 日	400 万元	至 2×23 年末尚未完工

专门借款闲置资金投资的月收益率为 0.3%。则下列关于甲公司 2×23 年有关借款费用的表述中正确的有（　　）。

A. 一般借款的年资本化率为 7.2%

B. 专门借款的资本化金额为 70 万元

C. 一般借款的资本化金额为 21.6 万元

D. 2×23 年的借款费用资本化期间为 1 月 1 日 ~ 12 月 31 日

9. 甲企业在境外建造工业园区的时候，占用一笔外币专门借款和两笔外币一般借款。不考虑其他因素，下列关于外币借款汇兑差额的会计处理中，正确的有（　　）。

A. 外币专门借款产生的汇兑差额均应该资本化，计入资产成本

B. 在借款费用资本化期间，外币一般借款产生的汇兑差额应该资本化，计入资产成本

C. 在借款费用资本化期间，外币专门借款产生的汇兑差额应该资本化，计入资产成本

D. 购建工业园区占用的外币一般借款本金产生的汇兑差额均应该费用化

10. 关于借款费用暂停资本化期间发生的下列会计处理中，正确的有（　　）。

A. 专门借款的闲置资金的投资收益应当计入当期损益

B. 一般借款的闲置资金的投资收益应当计入当期损益

C. 外币专门借款汇兑差额应资本化

D. 外币一般借款汇兑差额应费用化

三、判断题

1. 甲企业向银行借入资金用于建造一台大型发电设备，该设备的生产周期为 18 个月，则甲企业应当将借入资金发生的符合资本化条件的借款费用，计入大型发电设备的成本中。（　　）

2. 实务中，因为人为原因导致资产的购建时间相当长的，该资产也属于符合资本化条件的资产。（　　）

3. 对于一般借款，只有在购建或者生产某项符合资本化条件的资产占用了一般借款时，才应将与该部分一般借款相关的借款费用资本化。（　　）

4. 符合资本化条件的资产在购建过程中发生了正常中断，且中断时间连续超过 1 个月的，企业应暂停借款费用资本化。（　　）

5. 企业应当按照谨慎性原则来判断借款费用暂停资本化的时间。（　　）

6. 符合资本化条件的资产达到预定可使用状态之后发生的借款费用，应当在发生时根据其发生额确认为费用，计入当期损益。（　　）

7. 企业用于建造厂房的专门借款，在借款费用资本化期间，其尚未动用部分存入银行取得

的利息，应冲减财务费用。　　（　　）

8. 在确定借款利息资本化金额时，每一会计期间的利息资本化金额不应超过当期相关借款实际发生的利息金额。　　（　　）

9. 甲公司为建造一栋办公楼占用一笔外币一般借款，该笔借款在资本化期间内的本金及利息产生的汇兑差额应当予以资本化。（　　）

快速查答案

一、单选题

序号	1	2	3	4	5	6	7	8	9	10	11	12
答案	A	C	D	D	D	B	C	D	C	A	B	B
序号	13	14	15	16								
答案	A	D	C	C								

二、多选题

序号	1	2	3	4	5	6	7	8	9	10
答案	ABD	AC	ABD	ACD	ABC	ABD	BCD	ACD	CD	ABD

三、判断题

序号	1	2	3	4	5	6	7	8	9
答案	√	×	√	×	×	√	×	√	×

参考答案及解析

一、单选题

1. 【答案】A　【解析】本题考查的知识点是借款费用的范围。借款费用是指企业因借入资金所付出的代价，包括借款利息、折价或者溢价的摊销、辅助费用以及因外币借款而发生的汇兑差额等，所以，因发行债券记入"应付债券——利息调整"明细科目的金额不属于借款费用范围。因此，选项A正确。

2. 【答案】C　【解析】本题考查的知识点是借款费用的范围。

（1）"其他债权投资"的初始入账价值 = 4 780 + 15 = 4 795（万元）。因此，选项A错误。

（2）2×23年末，"其他债权投资"的账面价值 = 2×23年末的乙公司债券的市场价值 = 4 890 万元。因此，选项B错误。

（3）2×23年，甲公司分摊的摊余成本 = 4 795×7% − 5 000×6% = 35.65（万元），由于，折价或者溢价的摊销属于借款费用，因此，甲公司2×23年发生的属于借款费用的支出为35.65万元。因此，选项C正确。

（4）2×23年，利润表中"营业利润"项目的影响金额 = 4 795×7% = 335.65（万元）。因此，选项D错误。

3. 【答案】D　【解析】本题考查的知识点是借款费用的范围。

（1）该生产线的初始入账价值 = 800 + 155 = 955（万元）。因此，选项 A 错误。

（2）符合资本化条件的资产，是指需要经过相当长时间的购建或者生产活动才能达到预定可使用或者可销售状态的固定资产、投资性房地产和存货等资产。其中，"相当长时间"是指资产的购建或者生产所必需的时间，通常为 1 年以上（含 1 年）。所以，甲公司 2×23 年借款发生的利息费用不得资本化，应当全部予以费用化。因此，选项 B、C 错误。

4. 【答案】D 【解析】本题考查的知识点是确认原则。符合资本化条件的资产，是指需要经过相当长时间的购建或者生产活动才能达到预定可使用或者可销售状态的固定资产、投资性房地产和存货等资产。其中，"相当长时间"是指资产的购建或者生产所必需的时间，通常为 1 年以上（含 1 年）。因此，选项 D 正确。

5. 【答案】D 【解析】本题考查的知识点是借款费用应予资本化的借款范围。借款费用资本化的借款范围，既包括专门借款，也可包括一般借款。对于一般借款只有在购建或者生产某项符合资本化条件的资产占用了一般借款时，才应将与该部分一般借款相关的借款费用资本化；否则，所发生的借款费用应当计入当期损益。因此，选项 A、B、C 错误。

6. 【答案】B 【解析】本题考查的知识点是借款费用应予资本化的借款范围。

（1）专门借款通常有明确的用途，即为购建或者生产某项符合资本化条件的资产而专门借入，并通常具有标明该用途的借款合同。因此，选项 A 错误。

（2）借款包括专门借款和一般借款。因此，选项 B 正确。

（3）由于债券募集说明书中一般有明确限定的用途，且对募集资金设立专户严格监管，专款专用，故用途明确为购建重大固定资产的可转债可以认为符合专门借款的判断标准，所以，并非所有通过发行公司债券募集的资金都是专门借款。因此，选项 C 错误。

（4）一般借款是指除专门借款之外的借款。相对于专门借款，一般借款在借入时通常没有特指用于符合资本化条件的资产的购建或

者生产。因此，选项 D 错误。

7. 【答案】C 【解析】本题考查的知识点是借款费用资本化期间的确定——借款费用开始资本化的时点。资产支出包括以支付现金、转移非现金资产和承担带息债务形式所发生的支出。因此，选项 C 正确。

8. 【答案】D 【解析】本题考查的知识点是借款费用资本化期间的确定——借款费用开始资本化的时点。本题中，办公楼建造本身并没有占用借款资金，没有发生资产支出，该事项只满足借款费用开始资本化的第二个和第三个条件，但是没有满足第一个条件，所以所发生的借款费用不应予以资本化。因此，选项 A、B、C 错误。

9. 【答案】C 【解析】本题考查的知识点是借款费用资本化期间的确定——借款费用暂停资本化的时间。

（1）符合资本化条件的资产在购建或者生产过程中发生非正常中断且中断时间连续超过 3 个月的，应当暂停借款费用的资本化。因此，选项 A、D 错误，选项 C 正确。

（2）某些地区的工程在建造过程中，由于可预见的不可抗力因素（如雨季或冰冻季节等）导致施工出现的中断，属于正常中断。因此，选项 B 错误。

10. 【答案】A 【解析】本题考查的知识点是借款费用资本化期间的确定——借款费用停止资本化的时点。企业应当将 2×23 年 10 月 10 日确定为工程达到预定可使用状态的时点，作为借款费用停止资本化的时点。后续的工程验收日、竣工结算日、资产移交日和投入使用日均不应作为借款费用停止资本化的时点，否则会导致资产价值和利润的高估。因此，选项 A 正确。

11. 【答案】B 【解析】本题考查的知识点是借款费用资本化期间的确定——借款费用开始资本化的时点、借款费用停止资本化的时点。

（1）借款费用允许开始资本化必须同时满足以下三个条件：

①资产支出已经发生；

②借款费用已经发生；

③为使资产达到预定可使用或者可销售状态

所必要的购建或生产活动已经开始。

（2）借款费用停止资本化时点：

①符合资本化条件的资产的实体建造（包括安装）或者生产活动已经全部完成或者实质上已经完成；

②所购建或者生产的符合资本化条件的资产与设计要求、合同规定或者生产要求相符或者基本相符，即使有极个别与设计、合同或者生产要求不相符的地方，也不影响其正常使用或者销售；

③继续发生在所购建或生产的符合资本化条件的资产上的支出金额很少或者几乎不再发生。

因此，选项 B 正确。

12.【答案】B【解析】本题考查的知识点是借款利息资本化金额的确定。为购建或者生产符合资本化条件的资产而借入专门借款的，应当以专门借款当期实际发生的利息费用，减去将尚未动用的借款资金存入银行取得的利息收入或进行暂时性投资取得的投资收益后的金额确定资本化金额。费用化期间闲置资金收益率，影响费用化期间的利息支出，不影响专门借款利息资本化金额。因此，选项 B 错误。

13.【答案】A【解析】本题考查的知识点是借款利息资本化金额的确定。甲公司 2×23 年专门借款利息应予资本化的金额 = 4 000 × 7% − (4 000 − 2 500) × 0.25% × 9 = 246.25（万元）。因此，选项 A 正确。

14.【答案】D【解析】本题考查的知识点是借款利息资本化金额的确定。2×23 年一般借款资本化金额 = (3 600 + 800 − 4 000) × 6% = 24（万元）。因此，选项 D 正确。

15.【答案】C【解析】本题考查的知识点是专门借款利息资本化金额的确定。甲公司 2×23 年专门借款利息应予资本化的金额 = 5 000 × 6% × 8/12 − 60 = 140（万元）。因此，选项 C 正确。

16.【答案】C【解析】本题考查的知识点是借款利息资本化金额的确定。

（1）专门借款利息费用资本化的金额 = 4 000 × 6% × 8/12 − (4 000 − 3 000) × 0.6% × 5 = 130（万元）。

（2）一般借款利息费用资本化的金额 = (3 000 + 2 000 − 4 000) × 3/12 × 5% = 12.5（万元）。

（3）甲公司 2×23 年应予资本化的利息费用 = 130 + 12.5 = 142.5（万元）。

因此，选项 C 正确。

二、多选题

1.【答案】ABD【解析】本题考查的知识点是借款费用的范围。（1）借款手续费 10 万元、发行公司债券佣金 1 000 万元和借款利息 200 万元，属于借款费用。因此，选项 A、B、D 正确。（2）发行股票佣金 2 000 万元，属于公司权益性融资，所发生的佣金应当冲减溢价，所以不属于借款费用范畴。因此，选项 C 错误。

2.【答案】AC【解析】本题考查的知识点是借款费用的范围。符合资本化条件的资产，是指需要经过相当长时间的购建或者生产活动才能达到预定可使用或者可销售状态的固定资产、投资性房地产和存货等资产。其中，"相当长时间"是指资产的购建或者生产所必需的时间，通常为 1 年以上（含 1 年）。因此，选项 A、C 正确。

3.【答案】ABD【解析】本题考查的知识点是借款费用应予资本化的借款范围。

（1）专门借款通常有明确的用途，即为购建或者生产某项符合资本化条件的资产而专门借入，并通常具有标明该用途的借款合同。因此，选项 A、B、D 正确。

（2）一般借款是指除专门借款之外的借款。相对于专门借款，一般借款在借入时通常没有特指用于符合资本化条件的资产的购建或者生产。因此，选项 C 错误。

4.【答案】ACD【解析】本题考查的知识点是借款费用资本化期间的确定——借款费用开始资本化的时点。开始资本化时点要同时满足三个条件，即资产支出已经发生、借款费用已经发生、为使资产达到预定可使用或者可销售状态所必要的购建或者生产活动已经开始。因此，选项 A、C、D 正确。

5.【答案】ABC【解析】本题考查的知识点是借款费用资本化期间的确定——借款费用开

始资本化的时点。资产支出包括以支付现金、转移非现金资产和承担带息债务形式所发生的支出。因此，选项 A、B、C 正确。

6.【答案】ABD　【解析】本题考查的知识点是借款费用资本化期间的确定——借款费用暂停资本化的时间。

（1）非正常中断，通常是由于企业管理决策上的原因或者其他不可预见的原因等所导致的中断。如因与施工方发生了质量纠纷、工程或生产用料没有及时供应、资金周转发生了困难、施工或生产发生了安全事故、发生了与资产购建或生产有关的劳动纠纷等原因，导致资产购建者或者生产活动发生的中断，均属于非正常中断。因此，选项 A、B、D 正确。

（2）某些工程建造到一定阶段必须暂停下来进行质量或者安全检查，检查通过后才可继续下一阶段的建造工作，这类中断是在施工前可以预见的，而且是工程建造必经的程序，属于正常中断。因此，选项 C 错误。

7.【答案】BCD　【解析】本题考查的知识点是借款费用资本化期间的确定——借款费用停止资本化的时点。如果所购建或者生产的符合资本化条件的资产的各部分分别完工，每部分在其他部分继续建造或者生产过程中可供使用或者可对外销售，且为使该部分资产达到预定可使用或可销售状态所必要的购建或者生产活动实质上已经完成的，应当停止与该部分资产相关的借款费用的资本化。因此，选项 A 错误，选项 B、C、D 正确。

8.【答案】ACD　【解析】本题考查的知识点是借款费用资本化期间的确定、借款利息资本化金额的确定。

（1）安全检查属于正常停工，不应暂停资本化，所以甲公司 2×23 年的借款费用资本化期间为 1 月 1 日～12 月 31 日。因此，选项 D 正确。

（2）闲置专门借款短期投资收益 = 500 × 0.3% × 2 + 200 × 0.3% × 4 = 5.4（万元）。

（3）专门借款的资本化金额 = 1 000 × 7% − 5.4 = 64.6（万元）。因此，选项 B 错误。

（4）一般借款的年资本化率 = （1 000 × 6% + 3 000 × 8% × 6/12）/（1 000 + 3 000 × 6/12） = 7.2%。因此，选项 A 正确。

（5）一般借款资产累计支出加权平均数 = 400 × 6/12 + 400 × 3/12 = 300（万元）。

（6）一般借款资本化金额 = 300 × 7.2% = 21.6（万元）。因此，选项 C 正确。

9.【答案】CD　【解析】本题考查的知识点是外币专门借款汇兑差额资本化金额的确定。

（1）在资本化期间内，外币专门借款本金及其利息的汇兑差额应当予以资本化，计入符合资本化条件的资产的成本。因此，选项 A 错误。

（2）除外币专门借款之外的其他外币借款本金及其利息所产生的汇兑差额，应当作为财务费用计入当期损益。因此，选项 B 错误。

10.【答案】ABD　【解析】本题考查的知识点是外币专门借款汇兑差额资本化金额的确定。在资本化期间内，外币专门借款本金及其利息的汇兑差额应当予以资本化，计入符合资本化条件的资产的成本。因此，选项 C 错误。

三、判断题

1.【答案】√　【解析】本题考查的知识点是借款费用的范围。因为，大型发电设备的生产时间比较长，属于需要经过相当长时间的生产才能达到预定可销售状态的资产，所以，为建造大型发电设备而借入资金所发生的借款费用符合资本化的条件，应计入大型发电设备的成本中。因此，本题的说法是正确的。

2.【答案】×　【解析】本题考查的知识点是借款费用的范围。在实务中，如果由于人为或者故意等非正常因素导致资产的购建或者生产时间相当长的，该资产不属于符合资本化条件的资产。因此，本题的说法是错误的。

3.【答案】√　【解析】本题考查的知识点是借款费用应予资本化的借款范围。借款费用资本化的借款范围，包括专门借款，也可包括一般借款。对于一般借款，只有在购建或者生产某项符合资本化条件的资产占用了一般借款时，才应将与该部分一般借款相关的借款费用资本化；否则，所发生的借款费用应当计入当期损益。因此，本题的说法是正确的。

4.【答案】×　【解析】本题考查的知识点是借款费用资本化期间的确定——借款费用暂停

资本化的时间。符合资本化条件的资产在购建或者生产过程中发生非正常中断且中断时间连续超过 3 个月的,应当暂停借款费用的资本化。因此,本题的说法是错误的。

5.【答案】× 【解析】本题考查的知识点是借款费用资本化期间的确定——借款费用暂停资本化的时间。企业应当按照实质重于形式等原则来判断借款费用暂停资本化的时间。因此,本题的说法是错误的。

6.【答案】√ 【解析】本题考查的知识点是借款费用资本化期间的确定——借款费用停止资本化的时间。符合资本化条件的资产达到预定可使用或者可销售状态之后发生的借款费用,应当在发生时根据其发生额确认为费用,计入当期损益。因此,本题的说法是正确的。

7.【答案】× 【解析】本题考查的知识点是专门借款利息资本化金额的确定。借款费用资本化期间,专门借款的闲置资金收益应冲减相关资产成本。因此,本题的说法是错误的。

8.【答案】√ 【解析】本题考查的知识点是专门借款利息资本化金额的确定。借款实际发生的利息金额包含利息资本化金额和利息费用化金额,所以,利息资本化金额不应超过当期借款实际发生的利息金额。因此,本题的说法是正确的。

9.【答案】× 【解析】本题考查的知识点是外币专门借款汇兑差额资本化金额的确定。在资本化期间内,外币专门借款本金及其利息的汇兑差额应当予以资本化,计入符合资本化条件的资产的成本;除外币专门借款之外的其他外币借款本金及其利息所产生的汇兑差额,应当作为财务费用计入当期损益。因此,本题的说法是错误的。

第十二章　或有事项

教材变化

2025 年本章教材内容无实质变化。

考情分析

本章主要内容是或有事项的概念及其特征、或有负债和或有资产、或有事项的确认、或有事项的计量、未决诉讼及未决仲裁、债务担保、产品质量保证、亏损合同、重组义务。2020～2024 年考查的知识点范围如下表所示，主要考查题型为客观题以及在计算分析题和综合题中结合资产负债表日后事项进行考核，每年分值为 2～5 分。

年份	单选题	多选题	判断题
2024	—	或有事项的计量	—
2023	—	未决诉讼及未决仲裁	亏损合同
2022	—	—	—
2021	重组义务	—	—
2020	重组义务	债务担保	预计负债的计量；债务重组

强化练习题

一、单选题

1. 下列各项中，属于或有事项的是（　　）。
   A. 已到期无力偿还的已贴现的商业汇票款
   B. 待执行合同
   C. 赊销商品给甲公司
   D. 向银行贷款 10 000 万元

2. 关于或有事项的下列说法中，正确的是（　　）。
   A. 未来可能发生的经营亏损，属于或有事项
   B. 或有事项的结果预计将会发生，且发生的金额可以合理确定
   C. 或有事项的发生，将会对企业产生不利影响
   D. 会计处理过程中存在不确定性的事项都是或有事项

3. 现时义务的履行不是很可能导致经济利益流出企业，是指该现时义务导致经济利益流出企业的可能性不超过（　　）。
   A. 5%　　　　　　　　B. 25%
   C. 50%　　　　　　　D. 95%

4. 2×24 年 11 月 11 日，甲公司为其子公司乙公司的银行贷款 8 000 万元提供全额担保。至

2×24 年 12 月 31 日，乙公司贷款逾期未还，银行已经起诉甲公司和乙公司。甲公司预期该诉讼会给本公司财务造成重大不利影响，且损失金额难以估计。不考虑其他因素，甲公司下列会计处理，正确的是（　　）。

A. 应将该担保确认为预计负债

B. 应将该担保作为一项或有负债，并在附注中披露

C. 应将该担保按照金额 8 000 万元在资产负债表的"预计负债"项目中填列

D. 应将该担保按照金额 8 000 万元在资产负债表的"或有负债"项目中填列

5. 甲企业向法院起诉乙企业侵犯其专利权，法院尚未对该案件进行审理。甲企业通过与律师沟通，预计胜诉的可能性为 85%，能够获得的赔偿金额为 100 万元。不考虑其他因素，甲企业的下列会计处理正确的是（　　）。

A. 按照胜诉的可能性，确认 85 万元的"或有资产"

B. 在财务报表中增加"其他应收款"项目 100 万元

C. 在附注中披露赔偿金额 100 万元形成的原因、预计产生的财务影响

D. 无须在附注中披露该事项

6. 甲公司发生的下列现时义务中，属于或有事项中法定义务的是（　　）。

A. 与其他公司签订购货合同产生的义务

B. 为树立良好形象，对外宣称将对生产经营产生的环境污染进行治理

C. 根据以往经验，提供的免费维修服务

D. 已公开宣布的经营政策，使甲公司将承担特定的责任

7. 2×23 年 7 月 10 日，甲公司因产品质量问题被乙公司起诉，并被要求赔偿 100 万元。2×23 年 7 月 31 日，甲公司尚未接到人民法院的判决。甲公司预计，法院最终判决败诉的可能性为 90%。预计将要支付的赔偿金额为 70 万元至 90 万元之间（在该区间内每个金额的可能性都大致相同）。不考虑其他因素，甲公司 2×23 年 7 月应确认的"预计负债"金额为（　　）万元。

A. 70
B. 80
C. 90
D. 100

8. 2×24 年 4 月 30 日，甲公司一场诉讼案，法院尚未作出判决。根据以往经验，甲公司预计胜诉的可能性为 30%，败诉的可能性为 70%；如果败诉，则需要赔偿 100 万元，并承担 5 万元的诉讼费。不考虑其他因素，甲公司下列会计处理正确的是（　　）。

A. 增加营业外支出 75 万元

B. 增加管理费用 5 万元

C. 增加预计负债 70 万元

D. 减少银行存款 75 万元

9. 甲公司主营 A 产品的生产与销售。2×23 年第 1 季度，确认 A 产品的销售收入 18 000 万元。根据公司的产品质量保证条款，该产品售出后 1 年内，如果发生正常质量问题，公司将负责免费维修。根据以前年度的维修记录，如果发生较小的质量问题，发生的维修费用为销售收入的 1%；如果发生较大的质量问题，发生的维修费用为销售收入的 2%。根据公司质量部门的预测，本季度销售的产品中，80% 不会发生质量问题；15% 可能发生较小质量问题；5% 可能发生较大质量问题。不考虑其他因素，甲公司 2×23 年第 1 季度末应确认的"预计负债"金额为（　　）万元。

A. 0
B. 18
C. 27
D. 45

10. 2×23 年 12 月 31 日，甲公司有一项未决仲裁。根据现有材料判断，该项仲裁败诉的可能性为 90%。如果败诉，甲公司将须赔偿对方 200 万元并承担诉讼费用 10 万元，但基本确定能从第三方收到补偿款 100 万元。2×23 年 12 月 31 日，甲公司因此项未决诉讼影响利润总额的金额为（　　）万元。

A. −180
B. −190
C. 200
D. −110

11. 2×23 年 12 月 31 日，甲公司涉及的一项产品质量未决诉讼案，败诉的可能性为 80%。如果胜诉，不需要支付任何费用；如果败诉，需支付赔偿金共计 60 万元，同时基本确定可从保险公司获得 45 万元的赔偿。当日，甲公司应确认预计负债的金额为（　　）万元。

A. 15
B. 0
C. 48
D. 60

12. 2×23 年 12 月 17 日，甲公司因合同违约被

乙公司起诉。2×23年12月31日，甲公司尚未收到法院的判决。在咨询了法律顾问后，甲公司认为其很可能败诉，预计将要支付的赔偿金额在400万元至800万元之间，而且该区间内每个金额的可能性相同。如果甲公司败诉并向乙公司支付赔偿，甲公司将要求丙公司补偿其因上述诉讼而导致的损失，预计可能获得的补偿金额为其支付乙公司赔偿金额的50%。不考虑其他因素，甲公司2×23年度因上述事项应当确认的损失金额是（　　）万元。

 A. 300   B. 400

 C. 600   D. 500

13. 2×24年12月20日，甲公司与乙公司签订不可撤销合同，合同约定甲公司在2×25年2月20日以每件1万元的价格向乙公司销售100件P产品，若不能按期交货，将按总价款的10%向乙公司支付违约金。截至2×24年12月31日，P产品尚未投入生产。由于原材料价格上涨等原因，预计生产每件P产品需耗用原材料0.9万元，人工费用0.3万元，分摊生产用固定资产折旧费0.1万元。不考虑其他因素，2×24年12月31日，甲公司因该合同应确认的预计负债金额为（　　）万元。

 A. 30   B. 0

 C. 10   D. 20

14. 下列关于或有事项的会计处理表述，正确的是（　　）。

 A. 现时义务导致的预计负债，在资产负债表中无须复核

 B. 潜在义务导致的或有负债，不能在资产负债表中列为负债

 C. 现时义务导致的预计负债，不能在资产负债表中列为负债

 D. 或有事项形成的或有资产，应在资产负债表中列为资产

15. 2×23年12月31日甲公司经有关部门批准，决定于2×23年1月1日关闭W工厂。预计未来3个月有关支出如下：支付辞退职工补偿金2 000万元，转岗职工培训费50万元，提前解除工厂租赁合同违约金300万元。不考虑相关因素，关闭W工厂导致甲公司

2×23年12月31日增加的负债金额是（　　）万元。

 A. 2 000   B. 2 300

 C. 2 350   D. 2 050

16. 2×23年12月10日，甲公司董事会决定关闭一个事业部。2×23年12月25日，该重组计划获得批准并正式对外公告。该重组义务很可能导致经济利益流出且金额能够可靠计量。下列与该重组有关的各项支出中，甲公司应当确认为预计负债的是（　　）。

 A. 留用员工的岗前培训费

 B. 推广公司新形象的营销支出

 C. 设备的预计处置损失

 D. 不再使用厂房的租赁撤销费

二、多选题

1. 下列各项中，属于企业或有事项的有（　　）。

 A. 与管理人员签订利润分享计划

 B. 为其他单位提供的债务担保

 C. 未决仲裁

 D. 产品质保期内的质量保证

2. 下列关于或有事项特征的说法中，正确的有（　　）。

 A. 由过去的交易或事项形成的

 B. 该事项为法定事项

 C. 其结果具有不确定性

 D. 其结果由未来事项决定

3. 下列各项中，属于或有负债涉及的义务的有（　　）。

 A. 潜在义务   B. 推定义务

 C. 法定义务   D. 现时义务

4. 对于应予披露的或有负债，企业应分类披露的内容有（　　）。

 A. 形成原因

 B. 预计产生的影响

 C. 获得补偿的可能性

 D. 经济利益流出不确定性的说明

5. 下列关于企业或有事项会计处理的表述中，正确的有（　　）。

 A. 因或有事项承担的义务，符合负债定义且满足负债确认条件的，应确认预计负债

 B. 因或有事项承担的潜在义务，不应确认为预计负债

C. 因或有事项形成的潜在资产，应单独确认为一项资产

D. 因或有事项预期从第三方获得的补偿，补偿金额很可能收到的，应单独确认为一项资产

6. 或有事项是一种不确定事项，其结果具有不确定性。下列各项中，属于或有事项直接形成的结果有（　　）。

A. 预计负债

B. 或有负债

C. 或有资产

D. 因预期获得补偿而确认的资产

7. 与或有事项有关的义务在同时符合相关条件时，应当确认为预计负债，下列各项中，属于相关条件的有（　　）。

A. 该义务是企业承担的潜在义务

B. 该义务是企业承担的现时义务

C. 履行该义务很可能导致经济利益流出企业

D. 该义务的金额能够可靠地计量

8. 关于或有事项和最佳估计数确定的下列说法中，正确的有（　　）。

A. 如果或有事项仅涉及单个项目，按照相关概率加权平均计算

B. 初始入账时应当考虑预期处置相关资产形成的现金流量

C. 清偿时间超过1年的，应当考虑货币时间价值

D. 预计负债应当按照履行相关现时义务所需支付的最佳估计数进行初始计量

9. 企业在确定最佳估计数时应当综合考虑与或有事项有关的因素（　　）。

A. 风险和不确定性

B. 过去的交易经验

C. 货币时间价值

D. 未来事项

10. 2×23年12月31日，因乙公司的银行借款到期不能偿还，银行起诉其担保人甲公司，甲公司的律师认为败诉的可能性为90%，一旦败诉，甲公司需向银行偿还借款本息共计1 200万元，不考虑其他因素，下列对该事项的会计处理中，正确的有（　　）。

A. 确认营业外支出1 200万元

B. 在附注中披露该或有事项的有关信息

C. 确认预计负债1 200万元

D. 确认其他应付款1 080万元

11. 甲公司因排放污水污染环境被当地居民起诉至法院，当地居民要求赔偿损失200万元，甲公司经调查发现污水排放不达标系所购乙公司污水处理设备存在质量问题所致。经协商，乙公司同意补偿甲公司的诉讼赔偿款。截至2×25年12月31日，法院尚未对该诉讼作出判决，甲公司预计其很可能败诉，将要支付的赔偿金额为110万元至130万元的某一金额，且该区间内的金额可能性都相同，同时基本确定能够从乙公司收到的诉讼补偿为100万元。不考虑其他因素，下列各项关于甲公司对该未决诉讼的会计处理的表述中，正确的有（　　）。

A. 确认营业外支出100万元

B. 确认预计负债120万元

C. 利润总额减少20万元

D. 确认一项资产100万元

12. 2×23年1月1日，甲公司为乙公司的800万元债务提供50%担保。2×23年6月1日，乙公司因无力偿还到期债务被债权人起诉。至2×23年12月31日，法院尚未判决，但经咨询律师，甲公司认为有55%的可能性需要承担全部保证责任，赔偿400万元，并预计承担诉讼费用4万元；有45%的可能无须承担保证责任。2×24年2月10日，法院作出判决，甲公司需承担全部担保责任和诉讼费用。甲公司表示服从法院判决，于当日履行了担保责任，并支付了4万元的诉讼费。2×24年2月20日，2×23年度财务报告经董事会批准报出。不考虑其他因素，下列关于甲公司对该事件的处理正确的有（　　）。

A. 在2×24年实际支付担保款项时才需进行会计处理

B. 在2×23年的利润表中将预计的诉讼费用4万元确认为管理费用

C. 在2×23年的利润表中确认营业外支出400万元

D. 在2×23年的财务报表附注中披露或有负债400万元

13. 下列关于企业亏损合同会计处理的表述中，正确的有（　　）。

A. 有标的资产的亏损合同，应对标的资产

进行减值测试并按减值金额确认预计负债

B. 无标的资产的亏损合同相关义务满足预计负债确认条件时, 应确认预计负债

C. 因亏损合同确认的预计负债, 应以履行该合同的成本与未能履行该合同而发生的补偿或处罚两者之中的较高者计量

D. 与亏损合同相关的义务可无偿撤销的, 不应确认预计负债

14. 2×23 年 6 月 1 日, 甲公司与乙公司签订一份不可撤销合同, 约定 2×24 年 3 月 10 日向乙公司销售一台价值 100 万元的专用设备, 如果违约将按合同价款的 20% 支付违约金, 2×23 年 12 月 31 日, 甲公司尚未开始备料生产, 因原材料市场价格上涨, 预计该设备的生产成本涨到 106 万元。不考虑相关税费及其他因素, 2×23 年 12 月 31 日, 甲公司进行的下列会计处理, 正确的有 (　　)。

A. 确认预计负债 6 万元

B. 确认其他应付款 20 万元

C. 确认主营业务成本 6 万元

D. 确认资产减值损失 20 万元

15. 2×23 年 11 月 1 日, 甲公司与乙公司签订一份不可撤销的销售合同。合同约定, 甲公司应于 2×24 年 1 月 31 日前向乙公司交付 A 设备 50 台, 不含税价格 100 万元/台。至 2×23 年 12 月 31 日, 甲公司已生产 40 台 A 设备, 由于原材料价格上涨, 单位成本达到 102 万元。预计其余未生产的 10 台 A 设备的单位成本与已生产的 A 设备的单位成本相同。不考虑其他因素, 甲公司下列会计处理正确的有 (　　)。

A. 确认资产减值损失 80 万元

B. 确认营业外支出 20 万元

C. 2×23 年 12 月, 资产负债表中 "存货" 项目的金额减少 100 万元

D. 2×23 年 12 月, 利润表中 "营业利润" 项目的金额减少 100 万元

16. 企业因承担重组义务而确认的预计负债, 可能计入的会计科目有 (　　)。

A. 预计负债

B. 营业外支出

C. 应付职工薪酬

D. 固定资产减值准备

17. 甲公司 2×23 年发生的有关交易或事项如下:(1) 1 月 1 日, 甲公司为乙公司的一笔银行贷款提供全额担保, 并从乙公司取得一批质押物。由于乙公司未按期还款, 银行向法院提起诉讼。12 月 31 日, 法院判决甲公司承担全额担保责任 1 500 万元。当日质押物的公允价值为 1 800 万元。(2) 计提 2×23 年度产品质量保证金 10 万元。(3) 12 月 15 日, 甲公司董事会决定关闭一个分公司, 但尚未对外公布, 也未采取任何实质性措施。甲公司预计关闭该分公司将发生相关直接支出 800 万元。不考虑其他因素, 甲公司 2×23 年度对上述交易或事项会计处理的表述中, 正确的有 (　　)。

A. 就担保事项确认负债 1 500 万元

B. 就担保事项确认资产 1 800 万元

C. 就产品质量保证金确认预计负债 10 万元

D. 就关闭分公司事项确认负债 800 万元

三、判断题

1. 某企业因销售新研发产品而估计未来可能发生的经营亏损, 属于或有事项。(　　)

2. 甲公司向银行借款, 并以自有财产作为抵押, 则该事项属于或有事项。(　　)

3. 企业对固定资产计提折旧时, 因为需要对其预计净残值和使用寿命进行分析和判断, 带有一定的不确定性, 所以企业对固定资产计提折旧属于或有事项。(　　)

4. 甲企业承诺为乙企业的某项贷款提供担保, 至年末, 乙企业经营状况良好, 预期不存在还款困难, 因此, 甲企业无须在附注中披露相关信息。(　　)

5. 或有负债无论涉及潜在义务还是现时义务, 均不应在财务报表中确认, 但应按相关规定在附注中披露。(　　)

6. 如果资产负债表日现时义务不是很可能存在的, 且含有经济利益的资源流出企业的可能性极小, 则企业应将其披露为一项或有负债。(　　)

7. 预计负债的金额确定时, 应考虑预期处置相关资产形成的利得。(　　)

8. 企业在估计诉讼相关的预计负债时, 如果判断原告起诉的赔偿金额将通过企业聘请律师

为其辩护后有所下降，则预计负债应当考虑律师辩护后预期赔偿给原告的较低金额，但无须考虑预计支付给律师的费用。　（　　）

9. 对于已确认预计负债的产品，如果企业不再生产，则应在相应的产品质量保证期满后，将"预计负债"余额冲销，同时冲销销售费用。
　　　　　　　　　　　　　　　（　　）

10. 不可撤销亏损合同存在标的资产的，如果预计亏损超过标的资产的减值损失，企业应将超过部分确认为预计负债。　（　　）

11. 企业重组时发生的推广公司新形象的营销成本属于与重组有关的直接支出。　（　　）

快速查答案

一、单选题

序号	1	2	3	4	5	6	7	8	9	10	11	12
答案	A	A	C	B	C	A	B	B	D	D	D	C
序号	13	14	15	16								
答案	C	B	B	D								

二、多选题

序号	1	2	3	4	5	6	7	8	9	10	11	12
答案	BCD	ACD	AD	ABCD	AB	ABC	BCD	CD	ACD	ABC	BCD	BC
序号	13	14	15	16	17							
答案	BD	AC	AD	AC	AC							

三、判断题

序号	1	2	3	4	5	6	7	8	9	10	11
答案	×	×	×	×	√	×	×	×	×	√	×

参考答案及解析

一、单选题

1. 【答案】A 【解析】本题考查的知识点是或有事项的概念及其特征。
（1）已贴现的商业承兑汇票，汇票到期时，承兑人不能按期支付款项的不确定性，遵循谨慎性原则，作为或有事项，预计或有负债。因此，选项 A 正确。
（2）待执行合同变为亏损合同时，属于或有事项的核算范围，但待执行合同不属于或有

事项。因此，选项 B 错误。
（3）赊销商品给甲公司和向银行贷款 10 000万元，本身不满足或有事项定义，所以，不属于或有事项。因此，选项 C、D 错误。

2. 【答案】A 【解析】本题考查的知识点是或有事项的概念及其特征。
（1）或有事项的结果预计将会发生，但发生的具体时间或金额具有不确定性。因此，选项 B 错误。
（2）或有事项发生时，将会对企业产生有利

影响还是不利影响，或虽已知是有利影响或不利影响，但影响有多大，在或有事项发生时是难以确定的。因此，选项 C 错误。

（3）或有事项与不确定性联系在一起，但会计处理过程中存在不确定性的事项并不都是或有事项，企业应当按照或有事项的定义和特征进行判断。因此，选项 D 错误。

3.【答案】C【解析】本题考查的知识点是或有负债和或有资产——或有负债。"不是很可能导致经济利益流出企业"，是指该现时义务导致经济利益流出企业的可能性不超过 50%（含 50%）。因此，选项 C 正确。

4.【答案】B【解析】本题考查的知识点是或有负债和或有资产——或有负债。

（1）或有负债，是指过去的交易或事项形成的潜在义务，其存在须通过未来不确定事项的发生或不发生予以证实；或过去的交易或事项形成的现时义务，履行该义务不是很可能导致经济利益流出企业或该义务的金额不能可靠计量。

（2）或有负债无论是潜在义务还是现时义务，均不符合负债的确认条件，因而不能在财务报表中予以确认，但应当按照相关规定在财务报表附注中披露有关信息，包括或有负债的种类及其形成原因、经济利益流出不确定性的说明、预计产生的财务影响以及获得补偿的可能性。

因此，选项 B 正确。

5.【答案】C【解析】本题考查的知识点是或有负债或或有资产——或有资产。

（1）或有资产作为一种潜在资产，其结果具有较大的不确定性，只有通过某些未来不确定事项的发生或不发生才能证实其是否会形成企业真正的资产。因此，选项 A、B 错误。

（2）企业通常不应当披露或有资产，但或有资产很可能给企业带来经济利益的，应当披露其形成的原因、预计产生的财务影响等。因此，选项 D 错误，选项 C 正确。

6.【答案】A【解析】本题考查的知识点是或有事项的确认——该义务是企业承担的现时义务。推定义务，是指因企业的特定行为而产生的义务。企业的"特定行为"，泛指企业以往的习惯做法、已公开的承诺或已公开宣布的经营政策。并且，由于以往的习惯做法，或通过这些公开或承诺的声明，企业向外界表明了它将承担特定的责任，从而使受影响的各方形成了其将履行那些责任的合理预期。因此，选项 B、C、D 错误。

7.【答案】B【解析】本题考查的知识点是或有事项的计量——预计负债的计量。预计负债应当按照履行相关现时义务所需支出的最佳估计数进行初始计量，所需支出存在一个连续范围，且该范围内各种结果发生的可能性相同，则最佳估计数应当按照该范围内的中间值，即上下限金额的平均数确定。所以，甲公司 2×23 年 7 月应确认的"预计负债"金额 =（70 + 90）/2 = 80（万元）。因此，选项 B 正确。

8.【答案】B【解析】本题考查的知识点是或有事项的计量——预计负债的计量。甲公司该业务应作如下会计分录：

借：营业外支出　　　　　　70
　　管理费用　　　　　　　5
　贷：预计负债　　　　　　　75

因此，选项 B 正确。

9.【答案】D【解析】本题考查的知识点是或有事项的计量——预计负债的计量。预计负债应当按照履行相关现时义务所需支出的最佳估计数进行初始计量，如果或有事项涉及多个项目，最佳估计数按照各种可能结果及相关概率加权计算确定，所以，甲公司 2×23 年第 1 季度末应确认的预计负债金额 = 18 000 ×（0 × 80% + 1% × 15% + 2% × 5%）= 45（万元）。因此，选项 D 正确。

10.【答案】D【解析】本题考查的知识点是或有事项的计量——预计负债的计量。

（1）甲公司须赔偿的金额 200 万元，应记入"营业外支出"科目。

（2）甲公司应承担的诉讼费用 10 万元，应记入"管理费用"科目。

（3）甲公司基本确定从第三方收到补偿款 100 万元，应记入"其他应收款"科目，并冲减"营业外支出"科目的金额。

（4）2×23 年 12 月 31 日，甲公司因此项未决诉讼影响利润总额的金额 = -200 - 10 + 100 = -110（万元）。

因此，选项 D 正确。

11.【答案】D 【解析】本题考查的知识点是或有事项的计量——预计负债的计量、预期可获得补偿的处理。甲公司应按照预计支付的赔偿金确认预计负债 60 万元。因此，选项 D 正确。

【提示】甲公司基本确定可从保险公司获得 45 万元的赔偿款，应确认为其他应收款，但不冲减预计负债。

12.【答案】C 【解析】本题考查的知识点是或有事项的计量——预计负债的计量、预期可获得补偿的处理。甲公司 2×23 年度因上述事项应确认的营业外支出 =（400 + 800）/2 = 600（万元）。因此，选项 C 正确。

会计分录如下：

借：营业外支出　　　　　　6 000 000

　　贷：预计负债　　　　　　6 000 000

【提示】甲公司预计从丙公司处"可能"获得补偿金额，未达到"基本确定"的比例要求，因此，不予确认"其他应收款"。

13.【答案】C 【解析】本题考查的知识点是亏损合同。本题中，截至 2×24 年 12 月 31 日，甲公司尚未将 P 产品投入生产，所以合同中无标的资产。

（1）甲公司若履行合同预计发生的损失 =（0.9 + 0.3 + 0.1）×100 - 1×100 = 30（万元）。

（2）甲公司若不履行合同预计支付的违约金 = 1×100×10% = 10（万元）。

由于，甲公司不履行合同预计支付的违约金 10 万元小于履行合同预计发生的损失 30 万元，所以甲公司应选择不履行合同，并确认预计负债金额 10 万元。因此，选项 C 正确。

14.【答案】B 【解析】本题考查的知识点是或有负债和或有资产——或有资产、或有事项的计量——资产负债表日对预计负债账面价值的复核。

（1）企业应当在资产负债表日对预计负债的账面价值进行复核。因此，选项 A 错误。

（2）现时义务导致的预计负债，应该在资产负债表中列为负债。因此，选项 C 错误。

（3）或有资产不符合资产确认条件，因而不能在财务报表中确认。因此，选项 D 错误。

15.【答案】B 【解析】本题考查的知识点是重

组义务。支付职工赔偿金，应确认应付职工薪酬 2 000 万元，因撤销租赁合同支付违约金，应确认预计负债 300 万元，所以增加的负债金额 = 2 000 + 300 = 2 300（万元）。因此，选项 B 正确。

【提示】因转岗发生的职工培训费 50 万元在实际发生时再予以确认。

16.【答案】D 【解析】本题考查的知识点是重组义务。企业应当按照与重组有关的直接支出确认预计负债。直接支出是企业重组必须承担的，并且与主体继续进行的活动无关的支出，不包括留用职工的岗前培训、市场推广、新系统和营销网络投入等支出。留用员工的岗前培训费、推广公司新形象的营销支出和设备的预计处置损失，不属于与重组直接相关的费用，不确认预计负债。因此，选项 A、B、C 错误。

二、多选题

1.【答案】BCD 【解析】选项 A，与管理人员签订利润分享计划属于应付职工薪酬，不属于或有事项。常见的或有事项包括：未决诉讼或未决仲裁、债务担保、产品质量保证（含产品安全保证）、亏损合同、重组义务、承诺、环境污染整治等。

2.【答案】ACD 【解析】本题考查的知识点是或有事项的概念及其特征。

或有事项具有以下特征：（1）或有事项是由过去的交易或者事项形成的。（2）或有事项的结果具有不确定性。（3）或有事项的结果由未来事项决定。因此，选项 A、C、D 正确。

3.【答案】AD 【解析】本题考查的知识点是或有负债和或有资产——或有负债。或有负债涉及两类义务：一类是潜在义务；另一类是现时义务。因此，选项 A、D 正确。

4.【答案】ABCD 【解析】本题考查的知识点是或有负债和或有资产——或有负债。对于应予披露的或有负债，企业应分类披露如下内容：（1）或有负债形成的原因；（2）或有负债预计产生的财务影响（如无法预计，应说明理由）；（3）获得补偿的可能性。因此，选项 A、B、C、D 正确。

5.【答案】AB 【解析】本题考查的知识点是或

有负债和或有资产。（1）或有资产作为一种潜在资产，不符合资产确认条件，因而不能在财务报表中确认。因此，选项 C 错误。（2）因或有事项预期从第三方获得的补偿，补偿金额仅在基本确定能够收到时，才应单独确认为一项资产。因此，选项 D 错误。

6.【答案】ABC　【解析】本题考查的知识点是或有负债和或有资产——或有负债或或有资产转化为预计负债（负债）和资产。（1）或有事项直接形成的结果是预计负债、或有负债、或有资产。因此，选项 A、B、C 正确。（2）因预期获得补偿而确认的资产属于确定事项。因此，选项 D 错误。

7.【答案】BCD　【解析】本题考查的知识点是或有事项的确认。根据《企业会计准则第 13 号——或有事项》的规定，与或有事项有关的义务在同时符合以下三个条件时，应当确认为预计负债：（1）该义务是企业承担的现时义务；（2）履行该义务很可能导致经济利益流出企业；（3）该义务的金额能够可靠地计量。因此，选项 B、C、D 正确。

8.【答案】CD　【解析】本题考查的知识点是或有事项的计量。
（1）如果或有事项仅涉及单个项目，最佳估计数应当按照最可能发生的金额确定。因此，选项 A 错误。
（2）企业应当考虑可能影响履行现时义务所需金额的相关未来事项。也就是说，对于这些未来事项，如果有足够的客观证据表明它们将发生，如未来技术进步、相关法规出台等，则应当在预计负债计量中予以考虑，但不应考虑预期处置相关资产形成的利得。因此，选项 B 错误。

9.【答案】ACD　【解析】本题考查的知识点是或有事项的计量——预计负债的计量需要考虑的其他因素。企业在确定最佳估计数时应当综合考虑与或有事项有关的风险和不确定性、货币时间价值和未来事项等因素。因此，选项 A、C、D 正确。

10.【答案】ABC　【解析】本题考查的知识点是或有事项的计量——预计负债的计量、预期可获得补偿的处理。
（1）甲公司应确认的营业外支出和预计负债金额，均为 1 200 万元。因此，选项 A、C 正确。
（2）本题中，甲公司没有可以预期获得的补偿款，所以，不应确认其他应收款。因此，选项 D 错误。
（3）企业应该在财务报表附注中披露该或有事项的有关信息。因此，选项 B 正确。

11.【答案】BCD　【解析】本题考查的知识点是未决诉讼及未决仲裁。
（1）甲公司确认预计负债 = （110 + 130）/2 = 120（万元），选项 B 正确；
（2）对于预计收到的补偿金额，只能在基本确定能够收到时作为资产单独确认，且确认的补偿金额不应超过所确认负债的账面价值。因此，应确认其他应收款金额为 100 万元，同时，冲减营业外支出 100 万元，选项 C、D 正确。

12.【答案】BC　【解析】本题考查的知识点是未决诉讼及未决仲裁。
（1）甲公司应在 2×23 年末确认预计负债。因此，选项 A 错误。
（2）甲公司在 2×23 年的财务报表附注中披露或有负债的金额 = 400 + 4 = 404（万元）。因此，选项 D 错误。

13.【答案】BD　【解析】本题考查的知识点是亏损合同。
（1）如果待执行合同变为亏损合同时，合同存在标的资产的，应当对标的资产进行减值测试并按规定确认减值损失，此时，企业通常不需要确认预计负债。会计处理如下：
借：资产减值损失
　　贷：存货跌价准备
如果预计亏损超过减值损失的部分，那么超过的部分确认为预计负债。会计处理如下：
借：主营业务成本
　　贷：预计负债
因此，选项 A 错误。
（2）预计负债的计量应当反映退出该合同的最低净成本，即履行该合同的成本与未能履行该合同而发生的补偿或处罚两者之中的较低者。因此，选项 C 错误。

14.【答案】AC　【解析】本题考查的知识点是亏损合同。

（1）甲公司执行合同预计将发生的损失金额 = 106 − 100 = 6（万元）。

（2）甲公司不执行合同预计将发生的损失金额 = 100 × 20% = 20（万元）。

由于甲公司执行合同预计将发生的损失金额 6 万元小于不执行合同预计将发生的损失金额 20 万元，所以应选择执行合同。同时，因为不存在标的资产，所以还应将损失金额确认为预计负债。因此，选项 A、C 正确。

会计分录如下：

借：主营业务成本　　　　　　60 000
　　贷：预计负债　　　　　　　　60 000

【注意】本题中，由于合同不存在标的的，所以，不需要确认资产减值损失，但如果待执行合同变为亏损合同时，合同存在标的资产的，应当对标的资产进行减值测试并按规定确认减值损失，此时，企业通常不需要确认预计负债。会计处理如下：

借：资产减值损失
　　贷：存货跌价准备

如果预计亏损超过减值损失的部分，那么超过的部分确认为预计负债。会计处理如下：

借：主营业务成本
　　贷：预计负债

15.【答案】AD　【解析】本题考查的知识点是亏损合同。

（1）有标的部分，合同为亏损合同，确认资产减值损失的金额 = 40 × (102 − 100) = 80（万元）。因此，选项 A 正确。

（2）无标的部分，合同为亏损合同，确认主营业务成本的金额 = 10 × (102 − 100) = 20（万元）。因此，选项 B 错误。

（3）有标的部分，合同为亏损合同，确认资产减值损失，所以，2×23 年 12 月，资产负债表中"存货"项目的减少金额 = 80 万元。因此，选项 C 错误。

（4）有标的部分，合同为亏损合同，确认资产减值损失，能够影响利润表中"营业利润"项目；无标的部分，合同为亏损合同，确认主营业务成本，影响利润表中"营业利润"项目。所以，2×23 年 12 月，利润表中"营业利润"项目的减少金额 = 100 万元。因此，选项 D 正确。

会计分录如下：

（1）有标的部分，合同为亏损合同，确认资产减值损失：

借：资产减值损失　　　　　800 000
　　贷：存货跌价准备　　　　　800 000

（2）无标的部分，合同为亏损合同，确认主营业务成本：

借：主营业务成本　　　　　200 000
　　贷：预计负债　　　　　　　200 000

16.【答案】AC　【解析】本题考查的知识点是重组义务——重组义务的计量。企业因承担重组义务而确认的预计负债，可能计入的会计科目有：预计负债和应付职工薪酬。因此，选项 A、C 正确。

17.【答案】AC　【解析】本题考查的知识点是债务担保、产品质量保证和债务重组。

（1）甲公司应按照法院判决由其实际承担的债务担保责任 1 500 万元确认负债。因此，选项 B 错误，选项 A 正确。

（2）甲公司应按照计提的产品质量保证金，借记"主营业务成本"科目，贷记"预计负债"科目。因此，选项 C 正确。

（3）甲公司该重组事项尚未对外公布也未采取实质性措施，不符合重组义务的确认条件，不需要进行会计处理。因此，选项 D 错误。

三、判断题

1.【答案】×　【解析】本题考查的知识点是或有事项的概念及特征。或有事项作为一种不确定事项，是由企业过去的交易或者事项形成的。基于这一特征，未来可能发生的自然灾害、交通事故、经营亏损等事项，都不属于或有事项。因此，本题的说法是错误的。

2.【答案】×　【解析】本题考查的知识点是或有事项的概念及特征。甲公司向银行借款，并以自有财产作为抵押，则归还银行贷款本息是确定事项，或者以货币资金偿还，或者以抵押的财产偿还，所以，不属于或有事项。因此，本题的说法是错误的。

3.【答案】×　【解析】本题考查的知识点是或有事项的概念及特征。对固定资产计提折旧虽然也涉及对固定资产预计净残值和使用寿命进行分析和判断，带有一定的不确定性，但是，固定资产折旧是已经发生的损耗，固定资产的原值是确定的，其价值最终会转移到成本或费用中也是确定的，该事项的结果是确定的，所以，对固定资产计提折旧不属于或有事项。因此，本题的说法是错误的。

4.【答案】× 【解析】本题考查的知识点是或有负债和或有资产——或有负债。或有负债无论是潜在义务还是现时义务，均不符合负债的确认条件，因而不能在财务报表中予以确认，但应当按照相关规定在财务报表附注中披露有关信息，包括或有负债的种类及其形成原因、经济利益流出不确定性的说明、预计产生的财务影响以及获得补偿的可能性等。因此，本题的说法是错误的。

5.【答案】√ 【解析】本题考查的知识点是或有负债和或有资产——或有负债。或有负债无论是潜在义务还是现时义务，均不符合负债的确认条件，因而不能在财务报表中予以确认，但应当按照相关规定在财务报表附注中披露有关信息，包括或有负债的种类及其形成原因、经济利益流出不确定性的说明、预计产生的财务影响以及获得补偿的可能性等。因此，本题的说法是正确的。

6.【答案】× 【解析】本题考查的知识点是或有事项的确认——该义务是企业承担的现时义务。如果资产负债表日现时义务不是很可能存在的，企业应披露一项或有负债，除非含有经济利益的资源流出企业的可能性极小。因此，本题的说法是错误的。

7.【答案】× 【解析】本题考查的知识点是或有事项的计量——预计负债的计量。确定预计负债的金额不应考虑预期处置相关资产形成的利得。因此，本题的说法是错误的。

8.【答案】× 【解析】本题考查的知识点是未决诉讼及未决仲裁。企业在估计诉讼相关的预计负债时，如判断原告起诉的赔偿金额将通过企业聘请律师为其辩护后有所下降，则预计负债不仅要考虑律师辩护后预期赔偿给原告的较低金额，还需考虑预计支付给律师的费用。因此，本题的说法是错误的。

9.【答案】× 【解析】本题考查的知识点是产品质量保证。已对其确认预计负债的产品，如企业不再生产了，那么应在相应的产品质量保证期满后，将"预计负债——产品质量保证"余额冲销，同时冲销主营业务成本。因此，本题的说法是错误的。

10.【答案】√ 【解析】本题考查的知识点是亏损合同。亏损合同存在标的资产的，应当对标的资产进行减值测试并按规定确认减值损失，如果预计亏损超过该减值损失，应将超过部分确认为预计负债。因此，本题的说法是正确的。

11.【答案】× 【解析】本题考查的知识点是重组义务。企业重组时发生的推广公司新形象的营销成本，该支出与继续进行的活动相关，不属于与重组相关的直接支出。因此，本题的说法是错误的。

第十三章 收 入

教材变化

2025 年本章教材无实质变化。

考情分析

本章主要内容是收入的概念、收入确认的原则、识别与客户订立的合同、识别合同中的单项履约义务、确定交易价格、将交易价格分摊至各单项履约义务、履行每一单项履约义务时确认收入、合同履约成本、合同取得成本、合同履约成本和合同取得成本的摊销和减值、附有销售退回条款的销售、附有质量保证条款的销售、主要责任人和代理人、附有客户额外购买选择权的销售、授予知识产权许可、售后回购、客户未行使的权利、无需退回的初始费。2020～2024 年考查的知识点范围如下表所示，其内容各种题型中均可出现，每年分值为 25～33 分。

年份	单选题	多选题	判断题	计算分析题	综合题
2024	—	—	—	在某一时段内履行履约义务	—
2023	在某一时段内履行的履约义务	合同履约成本	授予知识产权许可	—	附有销售退回条款的销售
2022	—	—	—	合同取得成本；确定交易价格；在某一时段内履行的履约义务	在某一时点履行的履约义务；委托代销安排
2021	—	—	售后回购	附有客户额外购买选择权的销售；在某一时段内履行的履约义务；附有销售退回条款的销售	—
2020	—	主要责任人和代理人	合同合并；在某一时段内履行的履约义务	—	计入交易价格的可变对价金额的限制；合同中存在重大融资成分；售后回购；将交易价格分摊至各单项履约义务

强化练习题

一、单选题

1. 下列收入中，适用收入准则的是（　　）。
   - A. 对外出租资产收取的租金
   - B. 进行债权投资收取的利息
   - C. 保险合同取得的保费收入
   - D. 销售材料取得的销售收入

2. 收入的金额应当反映（　　）。
   - A. 企业因转让商品或提供劳务而预期有权收取的款项
   - B. 企业因转让商品或提供劳务而实际有权收取的款项
   - C. 企业在客户取得相关商品控制权时预期有权收取的金额
   - D. 企业在客户取得相关商品控制权时实际有关收取的金额

3. 企业应当在（　　）确认收入。
   - A. 客户取得相关商品控制权时
   - B. 与商品有关的风险和报酬全部转移给客户时
   - C. 与商品有关的风险和报酬部分转移给客户时
   - D. 预先收到客户款项时

4. 2×24 年 10 月 31 日，甲公司在交付 45 件 A 产品后，与客户协商变更销售合同。甲公司承诺在原合同之外向客户再交付 30 件 A 产品（与原合同中的 A 产品可明确区分），售价为 1.4 万元/件（反映合同变更时 A 产品的单独售价）。已知，原合同约定，至次年 1 月末甲公司应向客户交付 60 件 A 产品（产品之间可明确区分），售价为 1.6 万元/件。至年末，甲公司又交付 30 件 A 产品。不考虑其他因素，甲公司 2×24 应确认收入（　　）万元。
   - A. 105
   - B. 114
   - C. 117
   - D. 120

5. 2×24 年 10 月 31 日，甲公司在交付 45 件 A 产品后，与客户协商变更销售合同。甲公司承诺在原合同之外向客户再交付 30 件 A 产品（与原合同中的 A 产品可明确区分），售价为 1.4 万元/件（不能反映合同变更时 A 产品的单独售价）。已知，原合同约定，至次年 1 月末甲公司应向客户交付 60 件 A 产品（产品之间可明确区分），售价为 1.6 万元/件。至年末，甲公司又交付 30 件 A 产品。不考虑其他因素，甲公司 2×24 年应确认收入（　　）万元。
   - A. 117
   - B. 116
   - C. 115
   - D. 114

6. 2×23 年 12 月 31 日，甲公司的一项建造合同累计发生成本 440 万元，履约进度为 55%。2×24 年 1 月 1 日，甲公司与客户协商更改建造合同，合同价格和预计总成本分别增加 350 万元和 200 万元。已知，原建造合同约定的合同价格和预计总成本分别为 1 000 万元和 800 万元。不考虑其他因素，甲公司 2×24 年初合同变更应额外确认的收入金额是（　　）万元。
   - A. 350
   - B. 27.5
   - C. 44
   - D. 154

7. 甲公司为一家集健身器材生产、销售为一体的企业。2×24 年甲公司向客户销售 100 件健身器材，每台 5 万元。同时向其免费提供一年的维修服务，每台健身器材一年期维修服务的市价为 1 000 元；另向其赠送 50 个水杯，该批水杯的价值为 2 000 元。甲公司与客户 A 签订的合同价格总计 500 万元。不考虑其他因素，甲公司该业务中包含的单项履约义务有（　　）项。
   - A. 1 项
   - B. 2 项
   - C. 3 项
   - D. 4 项

8. 2×24 年 3 月，甲公司向乙公司销售 1 000 台洗衣机，不含税价格为 2 000 元/台，合同价款合计 200 万元。同时，甲公司承诺，如果在未来 6 个月内，同类洗衣机售价下降，则按照合同价格与最低售价之间的差额向乙公司支付差价。甲公司根据以往执行类似合同的经验，预计未来 6 个月内，不降价的概率为 50%；每台降价 200 元的概率为 40%；每台降价 500 元的概率为 10%。不考虑其他因素，甲公司销售洗衣机应确认收入（　　）万元。

A. 200　　　　　　　B. 187

C. 100　　　　　　　D. 87

9. 甲公司为其客户建造一栋厂房，合同约定的不含税价款为 100 万元，当甲公司不能在合同签订之日起的 120 天内竣工时，须支付 10 万元罚款，该罚款从合同价款中扣除。甲公司对合同结果的估计如下：工程按时完工的概率为 90%，工程延期的概率为 10%。不考虑其他因素，甲公司该建造业务应确认的交易价格为（　　）万元。

A. 100　　　　　　　B. 99

C. 90　　　　　　　　D. 89

10. 2×23 年 1 月 1 日，甲公司与乙公司签订一份销售合同，向其销售 A 产品。合同约定，当乙公司在 2×23 年的采购量不超过 2 000 件时，每件产品的价格为 80 元；反之，每件产品的价格为 70 元。乙公司在第一季度的采购量为 150 件，甲公司预计乙公司全年的采购量不会超过 2 000 件；乙公司在第二季度的采购量为 1 000 件，甲公司预计乙公司全年的采购量将超过 2 000 件。不考虑其他因素，甲公司该销售业务的下列会计处理正确的是（　　）。

A. 2×23 年第一季度确认收入金额为 12 000 元

B. 2×23 年第一季度确认预计负债金额为 1 500 元

C. 2×23 年第二季度确认收入金额为 70 000 元

D. 2×23 年第二季度确认预计负债金额为 10 000 元

11. 2×24 年 11 月 11 日，甲公司向乙公司销售 M 商品 1 000 件，每件商品 100 元。由于是成批销售，甲公司决定给予乙公司价格折扣，但 M 商品的生命周期较短，且 M 商品定价波动较大，所以甲公司给予乙公司的折扣范围为销售价格的 20%～60%。根据当前市场情况，降价幅度需要达到 15%～50%，才能有效提高该商品的周转率。不考虑其他因素，甲公司该业务应确认的交易价格为（　　）元。

A. 40 000　　　　　　B. 50 000

C. 60 000　　　　　　D. 80 000

12. 2×23 年 1 月 1 日，甲公司向乙公司销售起重设备一台，该起重设备生产周期为 3 年。根据以往的交易习惯，乙公司有两种付款方式可以选择，一种是在 3 年后交付设备时支付 735 万元，二种是在合同签订时支付 600 万元。乙公司选择在合同签订时支付货款。该设备的控制权在交货时转移；上述两种计算方式计算的内含利率为 7%。不考虑其他因素，下列说法正确的是（　　）。

A. 2×23 年 1 月 1 日，甲公司应确认收入 600 万元

B. 2×23 年 12 月 31 日，甲公司确认重大融资成分的利息收入 42 万元

C. 2×24 年 12 月 31 日，甲公司确认重大融资成分的利息收入 44.94 万元

D. 2×25 年 12 月 31 日，甲公司确认收入 735 万元

13. 2×22 年 10 月 1 日，甲公司与乙公司签订一份销售合同。合同约定，甲公司向乙公司销售 P 商品一批，于两年后交货。合同包含两种可供选择的付款方式，即乙公司可选择在两年后交付商品时支付 449.44 万元，或是在合同签订时支付 400 万元。乙公司选择在合同交货时支付货款。该批 P 商品的控制权在交货时转移。上述两种计算方式计算的内含利率为 6%。不考虑增值税等其他因素，甲公司下列会计处理正确的是（　　）。

A. 2×22 年 10 月 1 日，确认主营业务收入 400 万元

B. 2×22 年 12 月 31 日，长期应收款的账面价值为 449.44 万元

C. 2×23 年 12 月末，甲公司利润表中"营业利润"项目增加 24.36 万元

D. 2×24 年 9 月 30 日，确认收入为 449.44 万元

14. 2×24 年 1 月 1 日，甲公司采用分期收款的方式向乙公司销售一台生产设备。合同约定，该生产设备的价款为 600 万元，乙公司于购买设备当日支付 100 万元，剩余款项自 2×24 年起 5 年内，每年年末收取 100 万元。已知，该业务的折现率为 10%，设备按照现值确认的收入为 479.08 万元。不考虑其他

因素，甲公司 2×24 年 1 月 1 日销售设备的下列会计处理中，不正确的是（　　）。

A. 长期应收款增加 500 万元

B. 银行存款增加 100 万元

C. 主营业务收入增加 479.08 万元

D. 未确认融资费用增加 120.92 万元

15. 2×23 年 4 月 1 日，甲公司与乙公司签订一份销售合同，向乙公司销售精密仪器一台。合同约定，该精密仪器于 2×24 年 3 月 31 日交货。合同中包含两种可供选择的付款方式，乙公司可以选择在 2×24 年 3 月 31 日交货时支付货款 318 万元，或者在合同签订时支付货款 300 万元。乙公司选择在合同签订时支付货款，该精密仪器的控制权在交货时转移。按照上述两种付款方式计算的内含利率为 6%。假定不考虑其他因素，甲公司下列会计处理中，正确的是（　　）。

A. 2×23 年 4 月 1 日，应记入"银行存款"科目的金额为 300 万元

B. 2×23 年 4 月 1 日，应记入"未确认融资费用"科目的金额为 18 万元

C. 2×23 年 12 月 31 日，确认融资成分影响，当月应记入"财务费用"科目的金额为 1.5 万元

D. 2×24 年 3 月 31 日，应记入"主营业务收入"科目的金额为 318 万元

16. 2×24 年 12 月 1 日，甲公司与乙公司签订一份销售合同。合同约定，合同签订日，甲公司预先收取合同价款 200 万元，并在 2×25 年 1 月 31 日前，向乙公司交付 500 万元的 M 商品；交付全部 M 商品的 3 个月后，收取剩余款项。至 2×24 年 12 月 31 日，甲公司交付 225 万元的 M 商品。不考虑增值税等其他因素，甲公司下列会计处理正确的是（　　）。

A. 2×24 年 12 月 31 日，甲公司无须确认收入

B. 2×24 年 12 月 31 日，甲公司资产负债表中"应收账款"项目增加 225 万元

C. 2×25 年 2 月 28 日，甲公司确认收入 500 万元

D. 2×25 年 2 月 28 日，甲公司资产负债表中"应收账款"项目增加 300 万元

17. 2×24 年 3 月 1 日，甲公司与客户签订产品销售合同。合同约定，如果甲公司能够在未来 1 个月内交货，除可获得现金对价 6 000 万元以外，还可获得 20 万某公司股票。当日，该股票的市场价格为每股 5 元；由于缺乏执行类似合同的经验，甲公司估计该 20 万股股票的公允价值计入交易价格将不满足累计已确认的收入极可能不会发生重大转回的限制条件。甲公司于本月底交货，取得 6 000 万元的现金对价和 20 万股某公司股票，月底股票价格为每股 6 元。甲公司将该股票作为交易性金融资产核算。不考虑其他因素，甲公司该业务影响 2×24 年 3 月损益的金额为（　　）万元。

A. 20 　　　　　　　B. 100

C. 6 000 　　　　　　D. 6 120

18. 2×24 年 7 月 1 日，甲公司与客户签订一项合同，向其销售 H、K 两件商品。合同交易价格为 5 万元，H、K 两件商品的单独售价分别为 1.2 万元和 4.8 万元。合同约定，H 商品于合同开始日交付，K 商品在 7 月 10 日交付，当两件商品全部交付之后，甲公司才有权收取全部货款。交付 H 商品和 K 商品分别构成单项履约义务，控制权分别在交付时转移给客户。不考虑增值税等相关税费及其他因素。甲公司在交付 H 商品时应确认（　　）。

A. 合同资产 1.2 万元

B. 合同资产 1 万元

C. 应收账款 1 万元

D. 应收账款 1.2 万元

19. 甲公司向乙公司销售 M、N、P 三台设备，总价款 540 万元。M、N、P 三台设备单独销售时，其价格分别为 200 万元、300 万元、100 万元。甲公司经常以 100 万元单独出售 P 设备；M 设备和 N 设备经常以组合方式销售，组合价为 440 万元。上述价格均不含税。不考虑其他因素，甲公司该销售业务中 M 设备应确认的收入为（　　）万元。

A. 200 　　　　　　　B. 180

C. 264 　　　　　　　D. 176

20. 2×22 年 12 月 31 日，甲建筑公司与乙公司签订一项建造工程合同，合同约定建造期间为 2×23 年 1 月 1 日～2×24 年 12 月 31 日。2×23 年 12 月 31 日，甲公司确认的与建造

合同相关的营业收入为 12 000 万元，与乙公司结算的合同价款为 11 000 万元。2×24 年 12 月 31 日，甲公司确认的与该建造合同相关的营业收入为 11 000 万元，与乙公司结算的合同价款为 11 800 万元。假定不考虑其他因素，2×24 年甲公司资产负债表中与该建造合同相关的"合同资产"项目的金额为（   ）万元。

A. 200　　　　　　B. 800

C. 1 000　　　　　D. 1 800

21. 2×24 年 12 月，甲公司为乙公司装修一栋办公楼并安装一部电梯。工程总金额为 100 万元，总成本为 80 万元（含电梯采购成本 30 万元）。至 12 月末，甲公司累计发生成本 40 万元（含电梯采购成本 30 万元和相关运费、人工费 5 万元），预计还将发生成本 40 万元。已知，客户已验收并取得电梯的控制权。不考虑其他因素，甲公司 2×24 年 12 月应确认收入（   ）万元。

A. 50　　　　　　 B. 20

C. 44　　　　　　 D. 14

22. 甲公司通过竞标取得一份 1 年期的乙公司餐饮供应合同。未取得该合同，甲公司发生差旅费 1 万元，外部律师尽职调查费 10 万元，由乙公司承担的投标费 2 万元，支付销售人员佣金 2 万元。合同约定，如果年末乙公司对甲公司餐饮的满意度达到 95%，则合同续签 1 年。甲公司承诺，合同续签成功，向销售人员支付佣金 1 万元。至年末，乙公司对甲公司餐饮的满意度达到 98%。甲公司根据综合指标，向销售经理支付年终奖 5 万元。不考虑其他因素，甲公司该业务对当期损益的影响金额为（   ）万元。

A. 11　　　　　　 B. 13

C. 16　　　　　　 D. 18

23. 2×24 年 1 月 1 日，甲公司销售一批商品给乙公司，不含增值税的价款为 300 万元。合同约定，如果货物有质量瑕疵，乙公司有权在 2×24 年 3 月 31 日前退货；期满后，乙公司应按照实际留存的商品向甲公司支付货款。当日，甲公司预计退货率为 20%。不考虑增值税等其他因素，甲公司下列会计处理正确的是（   ）。

A. 银行存款增加 240 万元

B. 主营业务收入增加 240 万元

C. 合同负债增加 60 万元

D. 其他应付款增加 60 万元

24. 2×24 年 1 月 1 日，甲公司开始推行一项奖励积分计划。根据该计划，客户在甲公司每消费 4 元可获得 1 个积分，每个积分从次月开始在购物时可以抵减 1 元。截至 2×24 年 1 月 31 日，客户共消费 200 万元，可获得 50 万个积分。根据历史经验，甲公司估计该 50 万个积分会全部兑换，假设次月已经兑换的积分为 18 万个，则已经兑换的 18 万个积分对应确认的收入为（   ）万元。

A. 18　　　　　　 B. 14.4

C. 40　　　　　　 D. 28.8

25. 2×23 年 12 月 1 日，甲公司与乙公司签订一份销售合同。合同约定，甲公司以 100 万元的价格向乙公司销售一批 A 商品，并于 1 年后以 110 万元价格回购。当日，甲公司发出商品，该批商品的成本为 80 万元。2×24 年 12 月 1 日，甲公司支付价款 110 万元回购 A 商品。回购期间利率为 10%，上述金额均不含增值税。不考虑其他因素，下列说法正确的是（   ）。

A. 甲公司应将业务作为租赁业务进行会计处理

B. 2×23 年 12 月 1 日，收到销货款时，贷记"合同负债"科目

C. 2×23 年 12 月 31 日，计提利息费用时，借记"财务费用"科目

D. 2×24 年 12 月 1 日，回购商品时，借记"合同负债"科目

二、多选题

1. 下列各项中，属于企业日常活动的有（   ）。

A. 工业企业制造并销售产品

B. 商品流通企业销售商品

C. 咨询公司提供咨询服务

D. 软件公司为客户开发软件

2. 企业取得的下列收益中，不应当采用收入准则核算的有（   ）。

A. 企业对外出租资产收取的租金

B. 进行债权投资收取的利息

C. 进行股权投资取得的现金股利

D. 保险合同取得的保费收入

3. 下列业务中，应当按照收入准则的相关规定进行会计处理的有（　　）。

A. 以存货换取客户的存货

B. 以存货换取客户的长期股权投资

C. 以存货换取客户的固定资产

D. 以存货换取客户的无形资产

4. 判断客户取得商品控制权时，企业应当考虑的因素有（　　）。

A. 能力

B. 主导该商品的使用

C. 能够获得几乎全部的经济利益

D. 愿意履行合同中的价款给付义务

5. 收入的确认与计量大致分五步，其中与收入计量有关的有（　　）。

A. 确认交易价格

B. 将交易价格分摊至各单项履约义务

C. 识别合同中的单项履约义务

D. 履行各单项履约义务时确认收入

6. 下列条件中，只要企业与客户之间的合同同时满足，就应当在履行合同中的履约义务确认收入的有（　　）。

A. 合同各方已批准该合同并承诺将履行各自义务

B. 该合同明确了合同各方与所转让商品相关的权利和义务

C. 该合同有明确的与所转让商品相关的支付条款

D. 企业因向客户转让商品而有权取得的对价很可能收回

7. 下列情形中，通常表明企业向客户转让该商品的承诺与合同中的其他承诺不可明确区分的有（　　）。

A. 该商品将对合同中承诺的其他商品予以重大修改或定制

B. 企业需提供重大的服务以将该商品与合同中承诺的其他商品进行整合，形成合同约定的某个或某些组合产出转让给客户

C. 企业向客户转让一系列实质相同且转让模式相同的、可明确区分商品的承诺

D. 该商品与合同中承诺的其他商品具有高度关联性

8. 甲公司与客户签订合同，销售一部手机。该手机自售出起一年内如果发生质量问题，甲公司负责提供质量保证服务。此外，在此期间内，由于客户使用不当（例如手机进水）等原因造成的产品故障，甲公司也免费提供维修服务。该维修服务不能单独购买。不考虑其他因素，该业务中的单项履约义务有（　　）。

A. 销售手机

B. 提供质量保证服务

C. 提供维修服务

D. 销售手机和提供质量保证服务

9. 下列情形中，表明合同中没有包含重大融资成分的有（　　）。

A. 企业向客户发售的储值卡，客户可以随时到该企业持卡购物

B. 企业向客户授予积分奖励，客户可以随时到该企业兑换积分

C. 企业按实际销售量收取的特许权使用费

D. 企业为了保证项目在竣工后规定的期限内能够正常运行，向客户收取的质保金，且该质保金会在质保期满后全额偿还

10. 下列各项中，属于时段履约义务的有（　　）。

A. 保洁公司为酒店提供的保洁服务

B. 运输公司为客户提供的运输服务

C. 家装公司为客户提供的装修服务

D. 会计师事务所为客户提供的审计服务

11. 下列各项中，属于产出法下确定履约进度指标的有（　　）。

A. 实际测量的完工进度

B. 评估已实现的结果

C. 已达到的工程进度节点

D. 发生的时间进度

12. 2×23 年 8 月 1 日，甲公司与客户签订合同，为该客户拥有的一条铁路更换 100 根铁轨，合同价格为 100 万元（不含税价）。截至 2×23 年 12 月 31 日，甲公司共更换铁轨 60 根，剩余部分预计在 2×24 年 3 月 31 日之前完成。该合同仅包含一项履约义务，且该履约义务满足在某一时段内履行的条件。不考虑其他情况，下列说法正确的有（　　）。

A. 甲公司应按照时间进度确定履约进度

B. 截至 2×23 年 12 月 31 日，该合同的履约进度为 62.5%

C. 甲公司 2×23 年应确认的收入为 60 万元

D. 甲公司 2×24 年应确认的收入为 40 万元

13. 甲公司于 2×23 年 12 月 1 日接受一项设备安装任务，安装期为 3 个月，合同总收入 60 万元，至年底已预收安装费 44 万元，实际发生安装费用为 28 万元（假定均为安装人员薪酬），估计还将发生安装费 12 万元。假定甲公司按实际发生的成本占估计总成本的比例确定安装的履约进度。不考虑增值税等其他因素，甲公司下列会计处理正确的有（　　）。

A. 预收安装费 44 万元，贷记"合同结算"科目

B. 实际发生安装人员薪酬 28 万元，借记"合同履约成本"科目

C. 确认 2×23 年劳务收入 42 万元

D. 甲公司 2×23 年利润表中"营业利润"项目增加 14 万元

14. 企业判断商品控制权是否转移时，应考虑的迹象有（　　）。

A. 企业就该商品享有现时收款权利

B. 企业已将该商品的法定所有权转移给客户

C. 企业已将该商品实物转移给客户

D. 客户已接受该商品

15. 在售后代管商品安排下，企业在判断客户是否取得商品的控制权时，除了应当考虑客户是否取得商品控制权的迹象外，还应当满足的条件有（　　）。

A. 该安排必须具有商业实质

B. 属于客户的商品必须能够单独识别

C. 该商品可以随时应客户要求交付给客户

D. 企业可以自行使用该商品或将该商品提供给其他客户

16. 甲公司经营一家酒店，该酒店是甲公司的自有资产。甲公司除发生餐饮、商品材料等成本外，还需要计提固定资产折旧（包含酒店、客房和客房内的设备家具等）、无形资产摊销（如酒店土地使用权）费用等，且上述支出均满足资本化条件。不考虑其他因素，上述支出中应确认为合同履约成本的有（　　）。

A. 餐饮、商品材料等成本

B. 酒店土地使用权的摊销

C. 客房和客房内的设备家具的折旧

D. 财务部门相关资产的折旧

17. 2×24 年 1 月 1 日，甲公司通过竞标取得一份为期 6 个月的装修合同。为取得该合同，甲公司以银行存款支付外部律师尽职调查费 5 万元，投标人员差旅费 1 万元，投标费 3 万元，销售人员佣金 3 万元。此外，甲公司本月向销售经理支付年终奖 6 万元。不考虑其他因素，下列说法正确的有（　　）。

A. 2×24 年 1 月，甲公司"管理费用"增加 9 万元

B. 2×24 年 1 月，甲公司如果选择将"合同取得成本"费用化处理，则"管理费用"增加 12 万元

C. 2×24 年 1 月 31 日，甲公司资产负债表中"其他非流动资产"项目增加 2.5 万元

D. 2×24 年 1 月 31 日，甲公司如果选择将"合同取得成本"费用化处理，则利润表中"营业利润"项目减少 18 万元

18. 企业在评估一项质量保证是否在向客户保证所销售的商品符合既定标准之外提供了一项单独的服务时，应当考虑的因素有（　　）。

A. 该质量保证是否为法定要求

B. 质量保证期限

C. 企业承诺履行任务的性质

D. 质量保证的公允价值比重

19. 下列各项交易或事项中，甲公司的身份是主要责任人的有（　　）。

A. 为履行与戊公司签署的安保服务协议，甲公司委托丁公司代表其向戊公司提供的服务内容均需经甲公司同意

B. 甲公司委托乙公司按其约定的价格销售商品，乙公司未售出商品将退还给甲公司

C. 甲公司从航空公司购买机票并自行定价向旅客出售，未售出的机票不能退还

D. 甲公司在其经营的购物网站上销售由丙公司生产、定价、发货及提供售后服务的商品

20. 企业向客户授予的知识产权许可，并将其作为在某一时段内履行的履约义务确认相关收入应同时满足的条件有（　　）。

A. 合同要求或客户能够合理预期企业将从

事对该项知识产权有重大影响的活动

B. 该活动对客户将产生有利或不利影响

C. 该活动不会导致向客户转让某项商品

D. 合同中明确规定知识产权许可的使用期限

21. 甲公司经营连锁超市，为增值税一般纳税人，增值税税率为13%。2×23年甲公司向客户销售了1 000张储值卡，每张卡面值为1 000元，总额为100万元，客户可在甲公司经营的任何一家门店使用该储值卡进行消费。根据历史销售经验，甲公司预期客户购买的储值卡中有大约10%不会被消费，即预计客户未行使权利为10万元。截至2×23年末，客户使用该储值卡消费的金额为80万元，在客户使用该储值卡消费时发生增值税纳税义务。不考虑其他因素，下列说法正确的有（　　）。

A. 销售储值卡时应确认合同负债1 000 000元

B. 销售储值卡时应确认合同负债884 955.75元

C. 截至2×23年末实现收入800 000元

D. 截至2×23年末实现收入786 627.34元

22. 甲公司是一家电影拍摄公司，乙公司是一家大型邮轮的运营商。2×24年甲公司将3部系列电影中的角色形象和名称的版权授权于乙公司，并签订一份不可撤销的合同。合同约定，乙公司有权在5年内以不同的形式使用这些电影中的角色；授权期内，甲公司每月收取15万元的固定对价。除该版权外，甲公司无须提供任何其他商品。不考虑其他因素，下列关于上述业务的表述中，正确的有（　　）。

A. 该业务属于时段履约义务

B. 甲公司应按照时间进度确定履约进度

C. 该业务属于时点履约义务

D. 2×24年甲公司应一次性确认收入900万元

23. 企业为取得销售合同发生的且由企业承担的下列支出，应在发生时计入当期损益的有（　　）。

A. 尽职调查发生的费用

B. 投标活动发生的交通费

C. 投标文件制作费

D. 招标文件购买费

24. 2×23年3月1日，甲会计师事务所取得一个服务期为5年的上市公司审计服务合同，该客户每年支付审计费150万元（不含增值税）。为取得该审计服务合同，甲会计师事务所发生尽职调查费1.5万元，差旅费1万元，招待费3万元，销售人员佣金6万元。甲会计师事务所预期上述支出未来均能够收回。此外，综合考虑季度销售目标等因素，本月向销售经理支付季度奖1万元。不考虑其他因素，甲会计师事务所的下列会计处理正确的有（　　）。

A. 合同取得成本为6万元

B. 每月摊销合同取得成本0.5万元

C. 2×23年3月31日资产负债表中"合同取得成本"项目金额为5.9万元

D. 2×23年3月31日利润表中"销售费用"项目增加1万元

三、判断题

1. 日常活动所形成的经济利益的流入应当确认为收入。　（　　）

2. 企业应当在履行了合同中的履约义务，即客户取得相关商品控制权时确认收入。
　（　　）

3. 商品的经济利益，是指该商品的潜在现金流量，仅含现金流入的增加。　（　　）

4. 没有商业实质的非货币性资产交换，无论何时，均不应确认收入。　（　　）

5. 甲公司在授权乙公司使用一项专利技术的第3年时，得知乙公司已经完全丧失融资能力，且流失大部分客户，其财务状况严重恶化，致使甲公司的特许权使用费很难收回，则甲公司应在确认收入的同时，对相关的应收款项计提坏账准备。　（　　）

6. 企业与同一客户同时订立两份合同，如果一份合同的违约将会影响另一份合同的对价，企业应将两份合同合并为一份合同进行会计处理。　（　　）

7. 两份或多份合同合并为一份合同进行会计处理的，则无须区分该一份合同中包含的各单项履约义务。　（　　）

8. 合同变更增加了可明确区分的商品及合同价款，且新增合同价款反映了新增商品单独售

价的，应当将该合同变更部分作为一份单独的合同进行会计处理，且此类合同变更不影响原合同的会计处理。 （ ）

9. 2×24年12月1日，甲公司与客户协商变更一份销售合同。合同约定，在原合同之外，新增销售30件产品，售价为85元/件（不能反映合同变更时该产品的单独售价）。原合同中尚未交付的产品数量为60件，售价为100元/件。假定尚未转让给客户的产品与已转让的产品是可明确区分的。则变更后，新合同的产品售价为85元/件。 （ ）

10. 保洁公司与客户签订的每天提供类似保洁服务的长期劳务合同，则保洁公司应将这些类似保洁服务作为一项单项履约义务。（ ）

11. 企业代第三方收取的款项以及企业预期将退还给客户的款项，应当作为负债处理，不计入交易价格。 （ ）

12. 对于可变对价，企业应当按照期望值或最可能发生金额确定其最佳估计数。 （ ）

13. 每一资产负债表日企业应当重新估计可变对价金额（包括重新评估对可变对价的估计是否受到限制），以如实反映报告期末存在的情况以及报告期内发生的情况变化。（ ）

14. 企业为了保证项目在竣工后规定的期限内能够正常运行，向客户收取的质保金，且该质保金会在质保期满后全额偿还，则企业应将该质保金作为可变对价调整交易价格。 （ ）

15. 合同中存在重大融资成分的，企业应当按照假定客户在取得商品控制权时即以现金支付的应付金额（即现销价格）确定交易价格。 （ ）

16. 合同中存在重大融资成分的，企业应将确定的交易价格与合同承诺的对价金额之间的差额，在合同期间内平均摊销。 （ ）

17. 同一合同下的合同资产和合同负债应当在资产负债表中分别列示。 （ ）

18. 销售合同约定客户支付对价的形式为股票的，企业应当根据合同开始日后股票公允价值的变动调整合同的交易价格。 （ ）

19. 对于履约义务，企业应当首先判断履约义务是否满足在某一时点内履行的履约义务，如不满足，则该履约义务属于在某一时段履行

的履约义务。 （ ）

20. 企业和客户之间在合同中约定的付款时间进度表，则表明企业有权就累计至今已完成的履约部分收取款项。 （ ）

21. 对于在某一时段内履行的履约义务，只有当其履约进度能够合理确定时，才能按照履约进度确认收入。 （ ）

22. 当履约进度不能合理确定时，企业已经发生的成本预计能够得到补偿，应当按照已经发生的成本金额确认收入，直到履约进度能够合理确定为止。 （ ）

23. 与履约义务中已履行部分相关的支出，应当计入合同履约成本。 （ ）

24. 合同履约成本无论初始确认的摊销期限是否超过1年，在资产负债表中，均列示为存货项目。 （ ）

25. 合同取得成本初始确认时，其摊销期限超过1年的，应在资产负债表中列示为"其他流动资产"项目。 （ ）

26. 确认为企业资产的合同履约成本和合同取得成本，应当采用与该资产相关的商品收入确认相同的基础进行摊销，计入当期损益。 （ ）

27. 合同取得成本发生减值的，应将其减值金额计入资产减值损失。 （ ）

28. 资产负债表日，重新估计附有销售退回条款的销售业务的销售退回情况，如有变化，应当作为会计估计变更进行会计处理。（ ）

29. 对于附有质量保证条款的销售，如果不能将该质量保证作为单项履约义务的，应当按照或有事项的相关规定进行会计处理。（ ）

30. 企业向客户授予知识产权许可，并约定按客户使用该知识产权实现的销售额收取特许权使用费的，企业应在客户后续销售实际发生与企业履行相关履约义务二者孰晚的时点确认收入。 （ ）

31. 企业销售商品时承诺6个月后以低于原售价的固定价格将该商品回购，该业务应视为租赁交易进行会计处理。 （ ）

32. 如果有相关法律规定，企业所收取的与客户未行使权利相关的款项须转交给其他方的，企业不应将其确认为收入。 （ ）

快速查答案

一、单选题

序号	1	2	3	4	5	6	7	8	9	10	11	12
答案	D	A	A	C	B	C	C	B	A	A	B	D
序号	13	14	15	16	17	18	19	20	21	22	23	24
答案	D	D	A	D	D	B	D	A	C	C	B	B
序号	25											
答案	C											

二、多选题

序号	1	2	3	4	5	6	7	8	9	10	11	12
答案	ABCD	ABCD	ABCD	ABC	AB	ABCD	ABD	AC	ABCD	ABCD	ABC	CD
序号	13	14	15	16	17	18	19	20	21	22	23	24
答案	BCD	ABCD	ABC	ABC	AD	ABC	ABC	ABC	BD	CD	ABCD	AC

三、判断题

序号	1	2	3	4	5	6	7	8	9	10	11	12
答案	√	√	×	√	×	√	×	√	×	√	√	√
序号	13	14	15	16	17	18	19	20	21	22	23	24
答案	√	×	√	×	×	×	×	×	√	√	×	×
序号	25	26	27	28	29	30	31	32				
答案	×	√	√	√	√	√	√	√				

参考答案及解析

一、单选题

1. 【答案】D 【解析】本题考查的知识点是收入的概念。《企业会计准则第14号——收入》适用于所有与客户之间的合同，不涉及企业对外出租资产收取的租金、进行债权投资收取的利息、进行股权投资取得的现金股利、保险合同取得的保费收入等。因此，选项A、

B、C错误，选项D正确。

2. 【答案】A 【解析】本题考查的知识点是收入确认的原则。企业确认收入的方式应当反映其向客户转让商品的模式，收入的金额应当反映企业因转让这些商品而预期有权收取的对价金额。因此，选项A正确。

3. 【答案】A 【解析】本题考查的知识点是收入确认的原则。企业应当在履行了合同中的

履约义务，即在客户取得相关商品控制权时确认收入。因此，选项A正确。

4. 【答案】C 【解析】本题考查的知识点是识别与客户订立的合同——合同变更。合同变更增加了可明确区分的商品及合同价款，且新增合同价款反映了新增商品单独售价，应将该合同变更部分作为一份单独合同进行会计处理。所以，甲公司2×24年应确认收入的金额 = 60×1.6 + 15×1.4 = 117（万元）。因此，选项C正确。

5. 【答案】B 【解析】本题考查的知识点是识别与客户订立的合同——合同变更。合同变更不属于合同变更部分作为单独合同情形的，且在合同变更日已转让商品与未转让商品之间可明确区分的，应当视为原合同终止，同时，将原合同未履约部分与合同变更部分合并为新合同进行会计处理。所以，甲公司2×24年应确认收入的金额 = 45×1.6 + (15×1.6 +30×1.4)/(15+30)×30 = 116（万元）。因此，选项B正确。

6. 【答案】C 【解析】本题考查的知识点是识别与客户订立的合同——合同变更。在本例中，由于合同变更后拟提供的剩余服务与在合同变更日或之前已提供的服务不可明确区分（即该合同仍为单项履约义务），因此，甲公司应当将合同变更作为原合同的组成部分进行会计处理。合同变更后的交易价格为1 350万元（1 000 + 350），甲公司重新估计的履约进度为44%［440÷(800 + 200)］，甲公司在合同变更日应额外确认收入44万元（44%×1 350 − 550）。因此，选项C正确。

7. 【答案】C 【解析】本题考查的知识点是识别合同中的单项履约义务。销售器材、提供维修服务和销售水杯是可明确区分的，客户能够从购买健身器材、接受维修服务和购买水杯中分别获益，因此存在销售健身器材、提供维修服务和销售水杯三项履约义务。因此，选项C正确。

8. 【答案】B 【解析】本题考查的知识点是确定交易价格——可变对价。
（1）每台洗衣机的交易价格 = 2 000×50% + 1 800×40% + 1 500×10% = 1 870（元）。
（2）甲公司销售洗衣机应确认收入的金额 =

1 000×1 870/10 000 = 187（万元）。
因此，选项B正确。

9. 【答案】A 【解析】本题考查的知识点是确定交易价格——可变对价。由于该合同涉及两种可能结果，甲公司认为按照最可能发生金额能够更好地预测其有权获取的对价金额。所以，甲公司估计的交易价格为100万元，即最可能发生的单一金额。因此，选项A正确。

10. 【答案】A 【解析】本题考查的知识点是确定交易价格——可变对价。
（1）2×23年第一季度，甲公司根据以往经验估计乙公司全年的采购量将不会超过2 000件，甲公司按照80元的单价确认收入，满足在不确定性消除之后（即乙公司全年的采购量确定之后），累计已确认的收入将极可能不会发生重大转回的要求，所以，甲公司在第一季度确认的收入金额为12 000元（80×150）。
（2）2×23年第二季度，甲公司对交易价格进行重新估计，由于预计乙公司全年的采购量将超过2 000件，按照70元的单价确认收入，才满足极可能不会导致累计已确认的收入发生重大转回的要求。所以，甲公司在第二季度确认收入68 500元［70×(1 000 + 150) − 12 000］。

会计分录如下：
①2×23年第一季度确认收入金额：
借：应收账款　　　　　　　12 000
　　贷：主营业务收入　　　　　　12 000
②2×23年第二季度确认收入金额：
借：应收账款　　　　　　　80 000
　　贷：主营业务收入　　　　　　68 500
　　　　预计负债　　　　　　　　11 500
因此，选项B、C、D错误，选项A正确。
【提示】2×23年第二季度确认收入金额的会计分录，也可从预计负债和收入两方面分开理解：
（1）2×23年第二季度的预计负债：
本题中，甲公司2×23年第二季度确认的预计负债金额包含两部分：
①第一季度收入中考虑折让冲减第二季度收入确认的预计负债金额 = (80 − 70)×150 = 1 500（元）

②第二季度收入中确认的预计负债金额 = $(80-70)\times1\,000=10\,000$（元）

因此，甲公司 2×23 年第二季度确认的预计负债金额 = $10\,000+1\,500=11\,500$（元）。

（2）2×23 年第二季度的收入：

甲公司 2×23 年第二季度的收入 = $70\times1\,000=70\,000$（元）

因此，分录可分下面两步编制：

①第一季度收入折让冲减第二季度收入：

借：主营业务收入　　　　 1 500
　　贷：预计负债　　　　　　　　 1 500

②确认第二季度收入：

借：应收账款　　　　　　 80 000
　　贷：主营业务收入　　　　　　 70 000
　　　　预计负债　　　　　　　　 10 000

将两笔分录合并编制，即本题解析中的分录。

11.【答案】B 【解析】本题考查的知识点是确定交易价格——可变对价。甲公司按照期望估计应当提供 $(20\%+60\%)/2=40\%$ 的折扣，确认的交易价格为 60 000 元，但是在本题中，甲公司还需考虑有关将可变对价计入交易价格的限制要求，以确定能否将估计的可变对价金额 60 000 元计入交易价格。由于甲公司 M 商品价格极易受到超出甲公司影响范围之外的因素（即 M 商品陈旧过时）的影响，并且为了提高该产品的周转率，甲公司可能需要提供的折扣范围也较广，甲公司不能将该 60 000 元（即提供 40% 折扣之后的价格）计入交易价格，因为，将该金额计入交易价格不满足已确认的累计收入金额极可能不会发生重大转回的条件。

但是，根据当前市场情况，降价幅度达到 15%～50%，能够有效地提高 M 商品周转率，在以往的类似交易中，甲公司实际的降价幅度与当时市场信息基本一致。在这种情况下，尽管甲公司以往提供的折扣范围为 20%～60%，但是，甲公司认为，如果将 50 000 元（即提供 50% 折扣之后的价格）计入交易价格，已确认的累计收入金额极可能不会发生重大转回。因此，甲公司应当于 2×22 年 11 月 11 日将产品控制权转移给乙公司时，确认 50 000 元的收入，并在不确定性消除之前的每一资产负债表日重新评估该交易价格的

金额。因此，选项 B 正确。

12.【答案】D 【解析】本题考查的知识点是确定交易价格——合同中存在重大融资成分。

甲公司该业务应作如下会计分录：

（1）2×23 年 1 月 1 日收到货款：

借：银行存款　　　　　 6 000 000
　　未确认融资费用　　 1 350 000
　　贷：合同负债　　　　　　 7 350 000

（2）2×23 年 12 月 31 日确认融资成分影响：

借：财务费用　　　　　　 420 000
　　贷：未确认融资费用　　　　 420 000

（3）2×24 年 12 月 31 日确认融资成分影响：

借：财务费用　　　　　　 449 400
　　贷：未确认融资费用　　　　 449 400

（4）2×25 年 12 月 31 日交付起重设备：

借：财务费用　　　　　　 480 600
　　贷：未确认融资费用　　　　 480 600

借：合同负债　　　　　 7 350 000
　　贷：主营业务收入　　　　 7 350 000

因此，选项 A、B、C 错误，选项 D 正确。

13.【答案】D 【解析】本题考查的知识点是确定交易价格——合同中存在重大融资成分。本题中，乙公司选择在交货时支付货款，所以，甲公司应在交付 P 商品并收到货款时，作如下会计处理：

借：银行存款　　　　　 4 494 400
　　贷：主营业务收入　　　　 4 494 400

因此，选项 D 正确。

14.【答案】D 【解析】本题考查的知识点是确定交易价格——合同中存在重大融资成分。合同中存在重大融资成分，融资应当分两种情况：一种是购货方向销售方融资，即购货方延期付款；另一种是销售方向购货方融资，即购货方提前付款。站在销货方的立场，前者需要确认"未确认融资收益"，后者需要确认"未确认融资费用"。所以，甲公司应作如下会计分录：

借：长期应收款　　　　 5 000 000
　　银行存款　　　　　 1 000 000
　　贷：主营业务收入　　　　 4 790 800
　　　　未确认融资收益　　 1 209 200

因此，选项 D 错误。

15.【答案】A 【解析】本题考查的知识点是确

定交易价格——合同中存在重大融资成分。为简化实务操作，如果在合同开始日，企业预计客户取得商品控制权与客户支付价款间隔不超过一年的，可以不考虑合同中存在的重大融资成分。企业应当对类似情形下的类似合同一致地应用这一简化处理方法。会计分录如下：

（1）2×23年4月1日，甲公司收到货款时：

借：银行存款　　　　　3 000 000

　　贷：合同负债　　　　　　3 000 000

（2）2×24年3月31日，甲公司交付产品时：

借：合同负债　　　　　3 000 000

　　贷：主营业务收入　　　　3 000 000

因此，选项B、C、D错误，选项A正确。

16. 【答案】D 【解析】本题考查的知识点是确定交易价格——合同中存在重大融资成分。甲公司应作如下会计处理：

（1）2×24年12月31日：

借：合同资产　　　　　　250 000

　　合同负债　　　　　2 000 000

　　贷：主营业务收入　　　　2 250 000

（2）2×25年2月28日：

借：应收账款　　　　　3 000 000

　　贷：主营业务收入　　　　2 750 000

　　　　合同资产　　　　　　250 000

因此，选项D正确。

17. 【答案】D 【解析】本题考查的知识点是确定交易价格——非现金对价。客户支付非现金对价的，通常情况下，企业应当按照非现金对价在合同开始日的公允价值确定交易价格（确认收入）。非现金对价公允价值不能合理估计的，企业应当参照其承诺向客户转让商品的单独售价间接确定交易价格。合同开始日后，非现金对价的公允价值因对价形式以外的原因而发生变动的，应当作为可变对价，按照与计入交易价格的可变对价金额的限制条件相关的规定进行处理；合同开始日后，非现金对价的公允价值因对价形式而发生变动的，该变动金额不应计入交易价格。所以，甲企业该业务对当期损益的影响金额 = 6 000 + 20 × 6 = 6 120（万元）。

会计分录如下：

借：应收账款　　　　　60 000 000

　　交易性金融资产　　　1 200 000

　　贷：主营业务收入　　　61 000 000

　　　　公允价值变动损益　　200 000

因此，选项D正确。

18. 【答案】B 【解析】本题考查的知识点是将交易价格分摊至各单项履约义务。

（1）H商品应分摊的交易价格 = 5 × 1.2/（1.2 + 4.8）= 1（万元）。

（2）K商品应分摊的交易价格 = 5 × 4.8/（1.2 + 4.8）= 4（万元）。

（3）会计分录：

甲公司交付H商品时：

借：合同资产　　　　　　10 000

　　贷：主营业务收入　　　　10 000

甲公司交付K商品时：

借：应收账款　　　　　　50 000

　　贷：合同资产　　　　　　10 000

　　　　主营业务收入　　　　40 000

因此，选项B正确。

19. 【答案】D 【解析】本题考查的知识点是将交易价格分摊至各单项履约义务——分摊合同折扣。

P设备经常以100万元的价格单独销售，所以P设备的售价为100万元；M设备和N设备经常以组合方式销售，组合价为440万元，且两种设备单独售价分别为200万元和300万元，所以M设备和N设备的收入应使用售价总额扣除P设备价格后的金额，再按照各自单独售价的相对比例分摊确认。

（1）P设备应确认的收入金额 = 100万元。

（2）M设备应确认的收入金额 = （540 − 100）× 200/500 = 176（万元）。

（3）N设备应确认的收入金额 = （500 − 100）× 300/500 = 264（万元）。

因此，选项D正确。

20. 【答案】A 【解析】本题考查的知识点是履行每一单项履约义务时确认收入——在某一时段内履行的履约义务。2×24年甲公司资产负债表中与该建造合同相关的"合同资产"项目的金额 = （12 000 − 11 000）+（11 000 − 11 800）= 200（万元）。因此，选项A正确。

2×23年12月31日：

借：合同结算   12 000
    贷：主营业务收入   12 000
借：应收账款   11 000
    贷：合同结算   11 000

2×24 年 12 月 31 日：
借：合同结算   11 000
    贷：主营业务收入   11 000
借：应收账款   11 800
    贷：合同结算   11 800

期末，"合同结算"科目余额在借方的，应当在资产负债表中作为"合同资产"项目列示；余额在贷方的，应当在资产负债表中作为"合同负债"项目列示。

21. 【答案】C 【解析】本题考查的知识点是履行每一单项履约义务时确认收入——在某一时段内履行的义务。截至 2×24 年 12 月，甲公司发生成本 40 万元（包括电梯采购成本 30 万元以及因采购电梯发生的运输和人工等相关成本 5 万元），甲公司认为其已发生的成本和履约进度不成比例，因此需要对履约进度的计算作出调整，将电梯的采购成本排除在已发生的成本和预计总成本之外。在该合同中，该电梯不构成单项履约义务，其成本相对于预计总成本而言是重大的，甲公司是主要责任人，但是未参与该电梯的设计和制造，客户先取得了电梯的控制权，随后才接受与之相关的安装服务，因此，甲公司在客户取得该电梯控制权时，按照该电梯采购成本的金额确认转让电梯产生的收入。

（1）甲公司 2×24 年 12 月，该合同的履约进度 = (40 − 30)/(80 − 50) = 20%。

（2）甲公司 2×24 年 12 月应确认收入的金额 = (100 − 30) × 20% + 30 = 44（万元）。因此，选项 C 正确。

22. 【答案】C 【解析】本题考查的知识点是合同取得成本。企业为取得合同发生的、除预期能够收回的增量成本之外的其他支出，如无论是否取得合同均会发生的差旅费、投标费、为准备投标资料发生的相关费用等，应当在发生时计入当期损益，除非这些支出明确由客户承担。所以，甲公司该业务对当期损益的影响金额 = 1 + 10 + 5 = 16（万元）。

因此，选项 C 正确。

23. 【答案】B 【解析】本题考查的知识点是附有销售退回条款的销售。甲公司该业务应作如下会计分录：

借：银行存款   3 000 000
    贷：主营业务收入   2 400 000
        预计负债   600 000

因此，选项 B 正确。

24. 【答案】B 【解析】本题考查的知识点是附有客户额外购买选择权的销售。

（1）2×24 年 1 月推行奖励积分计划，销售商品应确认的商品收入和积分确认收入：

①商品确认的收入 = 200 × 200/(200 + 50) = 160（万元）。

②积分确认的收入 = 200 × 50/(200 + 50) = 40（万元）。

（2）2×24 年 2 月，已经兑换的积分对应确认收入 = 40 × 18/50 = 14.4（万元）。

因此，选项 B 正确。

25. 【答案】C 【解析】本题考查的知识点是售后回购。回购价格不低于原售价的，应当视为融资交易，应当在收到客户款项时确认金融负债（即"其他应付款"科目，下同），而不是终止确认该商品，并将该款项和回购价格的差额在回购期间内确认为利息费用等。因此，选项 C 正确。

二、多选题

1. 【答案】ABCD 【解析】本题考查的知识点是"收入的概念"。工业企业制造并销售产品、商品流通企业销售商品、咨询公司提供咨询服务、软件公司为客户开发软件、安装公司提供安装服务、建筑企业提供建造服务等，均属于企业的日常活动。因此，选项 A、B、C、D 正确。

2. 【答案】ABCD 【解析】本题考查的知识点是"收入的概念"。收入准则适用于所有与客户之间的合同，不涉及企业对外出租资产收取的租金、进行债权投资收取的利息、进行股权投资取得的现金股利、保险合同取得的保费收入等。因此，选项 A、B、C、D 正确。

3. 【答案】ABCD 【解析】本题考查的知识点是"收入的概念"。企业以存货换取客户的存货、固定资产、无形资产以及长期股权投资等，按照收入准则的有关内容进行会计处理。因此，选项A、B、C、D正确。

4.【答案】ABC　【解析】本题考查的知识点是收入的确认原则。取得商品控制权同时包括下列三项要素：

（1）能力。

（2）主导该商品的使用。

（3）能够获得几乎全部的经济利益。

因此，选项D错误，选项A、B、C正确。

5.【答案】AB　【解析】本题考查的知识点是收入的确认和计量。收入的确认和计量大致分为五步：第一步，识别与客户订立的合同；第二步，识别合同中的单项履约义务；第三步，确定交易价格；第四步，将交易价格分摊至各单项履约义务；第五步，履行各单项履约义务时确认收入。其中，第一步、第二步和第五步主要与收入的确认有关，第三步和第四步主要与收入的计量有关。因此，选项A、B正确。

6.【答案】ABCD　【解析】本题考查的知识点是识别有客户订立的合同——合同识别。当企业与客户之间的合同同时满足下列条件时，企业应当在履行了合同中的履约义务，即客户取得相关商品控制权时确认收入：

（1）合同各方已批准该合同并承诺将履行各自义务；

（2）该合同明确了合同各方与所转让商品相关的权利和义务；

（3）该合同有明确的与所转让商品相关的支付条款；

（4）该合同具有商业实质，即履行该合同将改变企业未来现金流量的风险、时间分布或金额；

（5）企业因客户转让商品而有权取得的对价很可能收回。

因此，选项A、B、C、D正确。

7.【答案】ABD　【解析】本题考查的知识点是识别合同中的单项履约义务。企业向客户转让一系列实质相同且转让模式相同的、可明确区分商品的承诺，属于判断可明确区分商品的条件。因此，选项C错误。

8.【答案】AC　【解析】本题考查的知识点是识

别合同中的单项履约义务。本题中，甲公司的承诺包括：销售手机、提供质量保证服务以及维修服务。甲公司针对产品的质量问题提供的质量保证服务是为了向客户保证所销售商品符合既定标准，因此不构成单项履约义务。

甲公司对由于客户使用不当而导致的产品故障提供的免费维修服务，属于在向客户保证所销售商品符合既定标准之外提供的单独服务，尽管其没有单独销售，但该服务与手机可明确区分，应该作为单项履约义务。

因此，在该合同下，甲公司的履约义务有两项：销售手机和提供维修服务，选项A、C正确。

9.【答案】ABCD　【解析】本题考查的知识点是确定交易价格——合同中存在重大融资成分。企业向客户转让商品与客户支付相关款项之间虽然存在时间间隔，但两者之间的合同没有包含重大融资成分的情形有：

（1）客户就商品支付了预付款，且可以自行决定这些商品的转让时间。如企业向客户出售其发行的储值卡，客户可随时到该企业持卡购物；再如企业向客户授予奖励积分，客户可随时到该企业兑换这些积分等。

（2）客户承诺支付的对价中有相当大的部分是可变的，该对价金额或付款时间取决于某一未来事项是否发生，且该事项实质上不受客户或企业控制。如按照实际销售量收取的特许权使用费。

（3）合同承诺的对价金额与现销价格之间的差额是由于向客户或企业提供融资利益以外的其他原因所导致的，且这一差额与产生该差额的原因是相称的。如合同约定的支付条款是为了对企业或客户提供保护，以防止另一方未能依照合同充分履行其部分或全部义务。

因此，选项A、B、C、D正确。

10.【答案】ABCD　【解析】本题考查的知识点是履行每一单项履约义务时确认收入——在某一时段内履行的履约义务。

满足下列条件之一的，属于在某一时段内履行履约义务，相关收入应当在该履约义务履行的期间内确认：

（1）客户在企业履约的同时即取得并消耗企业履约所带来的经济利益。如保洁服务、已经部分完成的运输服务、新药研发服务等的合同等。

（2）客户能够控制企业履约过程中在建的商品。如企业在履约过程中在建的商品包括在产品、在建工程、尚未完成的研发项目、正在进行的服务等。

（3）企业履约过程中所产出的商品具有不可替代用途，且该企业在整个合同期间内有权就累计至今已完成的履约部分收取款项。如审计服务等。

因此，选项 A、B、C、D 正确。

11.【答案】ABC 【解析】本题考查的知识点是履行每一单项履约义务时确认收入——在某一时段内履行的履约义务。产出法主要包括按照实际测量的完工进度、评估已实现的结果、已达到的工程进度节点、时间进度、已完工或交付的产品等确定履约进度的方法。发生的时间进度，属于投入法下确定履约进度的指标。因此，选项 D 错误，选项 A、B、C 正确。

12.【答案】CD 【解析】本题考查的知识点是履行每一单项履约义务时确认收入——在某一时段内履行的履约义务。甲公司提供的更换铁轨的服务属于在某一时段内履行的履约义务，按照已完成的工作量占预计总工作量的比例确定履约进度。因此，截至 2×23 年 12 月 31 日，该合同的履约进度为 60%（60/100×100%），甲公司应确认的收入为 60 万元，2×24 年应确认的收入为 40 万元。因此，选项 A、B 错误，选项 C、D 正确。

13.【答案】BCD 【解析】本题考查的知识点是履行每一单项履约义务时确认收入——在某一时段内履行的履约义务。

（1）实际发生的成本占估计总成本的比例 = 28/（28 + 12）×100% = 70%。

（2）2×23 年 12 月 31 日确认的劳务收入 = 60×70% = 42（万元）。

（3）甲公司 2×23 年利润表中"营业利润"项目的增加金额 = 42 - 28 = 14（万元）。

会计分录如下：

①实际发生劳务成本：

借：合同履约成本　　　　280 000

　　贷：应付职工薪酬　　　　280 000

②预收劳务款：

借：银行存款　　　　440 000

　　贷：合同负债　　　　440 000

③2×23 年 12 月 31 日确认劳务收入并结转劳务成本：

借：合同负债　　　　420 000

　　贷：主营业务收入　　　　420 000

借：主营业务成本　　　　280 000

　　贷：合同履约成本　　　　280 000

因此，选项 A 错误，选项 B、C、D 正确。

【提示】"合同结算"科目，适用于建造合同（如建造办公楼、高速公路等房屋建筑物）的具体账务处理中。一般劳务合同核算，不涉及此科目。

14.【答案】ABCD 【解析】本题考查的知识点是履行每一单项履约义务时确认收入——在某一时点履行的履约义务。

在判断控制权是否转移时，企业应当考虑下列五个迹象：

（1）企业就该商品享有现时收款权利，即客户就该商品负有现时付款义务。

（2）企业已将该商品的法定所有权转移给客户，即客户已拥有该商品的法定所有权。

（3）企业已将该商品实物转移给客户，即客户已占有该商品实物。

（4）企业已将该商品所有权上的主要风险和报酬转移给客户，即客户已取得该商品所有权上的主要风险和报酬。

（5）客户已接受该商品。

因此，选项 A、B、C、D 正确。

15.【答案】ABC 【解析】本题考查的知识点是履行每一单项履约义务时确认收入——在某一时点履行的履约义务。在售后代管商品安排下，除了应当考虑客户是否取得商品控制权的迹象之外，还应同时满足下列四项条件，才表明客户取得了该商品的控制权：

（1）该安排必须具有商业实质；

（2）属于客户的商品必须能够单独识别；

（3）该商品可以随时应客户要求交付给客户；

（4）企业不能自行使用该商品或将该商品提供给其他客户。

因此，选项 A、B、C 正确。

16.【答案】ABC 【解析】本题考查的知识点是

"合同履约成本"。甲公司经营一家酒店，主要通过提供客房服务赚取收入，而客房服务的提供直接依赖于酒店物业（包含土地）以及家具等相关资产，即与客房服务相关的资产折旧和摊销属于甲公司为履行与客户的合同而发生的服务成本。该成本需先考虑是否满足上述资本化条件，如果满足，应作为合同履约成本进行会计处理，并在收入确认时对合同履约成本进行摊销，计入营业成本。此外，这些酒店物业等资产中与客房服务不直接相关的，例如财务部门相关的资产折旧等费用或者销售部门相关的资产折旧等费用，则需要按功能将相关费用计入管理费用或销售费用等。因此，选项 A、B、C 正确。

17.【答案】AD 【解析】（1）2×24 年 1 月，甲公司"管理费用"的增加额 = 5 + 1 + 3 = 9（万元）。因此，选项 A 正确。

（2）企业为取得合同发生的增量成本预期能够收回的，应当作为合同取得成本确认为一项资产。增量成本，是指企业不取得合同就不会发生的成本，如销售佣金等。为简化实务操作，该资产摊销期限不超过一年的，可以在发生时计入当期损益（即销售费用）。所以，甲公司如果选择将合同取得成本费用化处理，则"管理费用"的增加额 = 5 + 1 + 3 = 9（万元）。因此，选项 B 错误。

（3）满足相关条件确认为资产的合同取得成本，初始确认时摊销期限不超过一年或一个正常营业周期的，在资产负债表中列示为其他流动资产；初始确认时摊销期限在一年或一个正常营业周期以上的，在资产负债表中列示为其他非流动资产。因此，选项 C 错误。

（4）2×24 年 1 月 31 日，甲公司如果选择将"合同取得成本"费用化处理，则利润表中"营业利润"项目的减少额 = 5 + 1 + 3 + 3 + 6 = 18（万元）。因此，选项 D 正确。

18.【答案】ABC 【解析】本题考查的知识点是"附有质量保证条款的销售"。企业在评估一项质量保证是否在向客户保证所销售的商品符合既定标准之外提供一项单独的服务时，应当考虑的因素包括：

（1）该质量保证是否为法定要求。

（2）质量保证期限。

（3）企业承诺履行任务的性质。

因此，选项 A、B、C 正确。

19.【答案】ABC 【解析】本题考查的知识点是主要责任人和代理人。甲公司经营的购物网站是一个购物平台。消费者在该网站购物时，向其提供的特定商品为零售商在网站上销售的商品，除此之外，甲公司并未提供任何其他的商品。这些特定商品在转移给消费者之前，甲公司没有能力主导这些商品的使用，所以，消费者在该网站购物时，在相关商品转移给消费者之前，甲公司并未控制这些商品，甲公司的履约义务是安排零售商向消费者提供相关商品，而非自行提供这些商品，甲公司在该交易中的身份是代理人。因此，选项 D 错误。

20.【答案】ABC 【解析】本题考查的知识点是授予知识产权许可。企业向客户授予知识产权时，将其作为在某一时段内履行的履约义务确认相关收入的，需要满足的条件有：

（1）合同要求或客户能够合理预期企业将从事对该项知识产权有重大影响的活动。

（2）该活动对客户将产生有利或不利影响。

（3）该活动不会导致向客户转让商品。

因此，选项 A、B、C 正确。

21.【答案】BD 【解析】本题考查的知识点是客户未行使的权利。

（1）销售储值卡时，确认的合同负债金额 = 1 000 000/（1 + 13%）= 884 955.75（元）

（2）甲公司预期将有权获得与客户未行使的合同权利相关的金额为 100 000 元，该金额应当按照客户行使合同权利的模式按比例确认为收入。

因此，甲公司 2×23 年末实现的收入 = [800 000 + 100 000 × 800 000/900 000]/（1 + 13%）= 786 627.34（元）。

（3）会计分录：

①2×23 年甲公司销售储值卡时：

借：库存现金　　　　　　1 000 000

　　贷：合同负债　　　　　　884 955.75

　　　　应交税费——待转销项税额

　　　　　　　　　　　　　115 044.25

②2×23 年客户消费 80 万元储值卡金额时：

借：合同负债　　　　　　786 627.34

应交税费——待转销项税额

[800 000/1.13×13%] 92 035.40

贷：主营业务收入　　　786 627.34

应交税费——应交增值税（销项

税额）　　　　　　92 035.40

因此，选项 B、D 正确。

22.【答案】CD　【解析】本题考查的知识点是授予知识产权许可——授予知识产权许可属于在某一时点履行的履约义务。本题中，甲公司除授予该版权外，并无任何义务从事改变该版权的后续活动，该版权也具有重大独立功能（即相关电影片段可直接使用），乙公司主要通过该重大独立功能获利。因此，甲公司应在乙公司能够主导该版权的使用并从中获得几乎全部经济利益时，全额确认收入。因此，选项 C、D 正确。

23.【答案】ABCD　【解析】本题考查的知识点是合同取得成本。企业为取得合同发生的、除预期能够收回的增量成本之外的其他支出，如无论是否取得合同均会发生的差旅费、投标费、为准备投标资料发生的相关费用等，应当在发生时计入当期损益，除非这些支出明确由客户承担。因此，选项 A、B、C、D 正确。

24.【答案】AC　【解析】甲会计师事务所为取得审计合同所发生尽职调查费 1.5 万元、差旅费 1 万元、招待费 3 万元和向销售经理支付季度奖 1 万元，不属于增量成本，应于发生时直接计入当期损益。

（1）销售人员佣金 6 万元属于增量成本，因此，合同取得成本为 6 万元。因此，选项 A 正确。

（2）每月摊销合同取得成本 = 6/5/12 = 0.1（万元）。因此，选项 B 错误。

（3）2×23 年 3 月 31 日资产负债表中"合同取得成本"项目金额 = 6 − 0.1 = 5.9（万元）。因此，选项 C 正确。

（4）2×23 年 3 月 31 日利润表中"销售费用"项目的增加金额 = 1 + 0.1 = 1.1（万元）。因此，选项 D 错误。

三、判断题

1.【答案】√　【解析】本题考查的知识点是收入的概念。日常活动所形成的经济利益的流入应当确认为收入。因此，本题的说法是正确的。

2.【答案】√　【解析】本题考查的知识点是收入的确认原则。企业应当在履行了合同中的履约义务，即在客户取得相关商品控制权时确认收入。因此，本题的说法是正确的。

3.【答案】×　【解析】本题考查的知识点是收入的确认原则。商品的经济利益，是指该商品的潜在现金流量，既包括现金流入的增加，也包括现金流出的减少。因此，本题的说法是错误的。

4.【答案】√　【解析】本题考查的知识点是识别有客户订立的合同——合同识别。没有商业实质的非货币性资产交换，无论何时，均不应确认收入。从事相同业务经营的企业之间，为便于向客户或潜在客户销售商品而进行的非货币性资产交换（如两家石油公司之间相互交换石油，以便及时满足各自不同地点客户的需求）不应当确认收入。因此，本题的说法是正确的。

5.【答案】×　【解析】本题考查的知识点是识别与客户订立的合同——合同识别。甲公司在授权乙公司使用一项专利技术的第 3 年，由于乙公司的财务状况恶化，信用风险显著升高，且很难满足"企业因向客户转让商品而有权取得的对价很可能收回"这一条件，甲公司应不再确认特许权使用费收入，同时，按照《企业会计准则第 22 号——金融工具的确认与计量》的规定对现有应收款项是否发生减值继续进行评估。因此，本题的说法是错误的。

6.【答案】√　【解析】本题考查的知识点是识别与客户订立的合同——合同合并。企业与同一客户同时订立两份合同，如果一份合同的违约将会影响另一份合同的对价，说明这两份合同中的一份合同的对价金额取决于其他合同的定价或履行情况，此时这两份合同应当合并为一份合同处理。因此，本题的说法是正确的。

7.【答案】×　【解析】本题考查的知识点是识别有客户订立的合同——合同合并。两份或多份合同合并为一份合同进行会计处理的，仍然需要区分该一份合同中包含的各单项履约义务。因此，本题的说法是错误的。

8.【答案】√【解析】本题考查的知识点是识别有客户订立的合同——合同变更。合同变更增加了可明确区分的商品即合同价款，且新增合同价款反映了新增商品单独售价的，应当将该合同变更部分作为一份单独的合同进行会计处理，且此类合同变更不影响原合同的会计处理。因此，本题的说法是正确的。

9.【答案】×【解析】本题考查的知识点是识别有客户订立的合同——合同变更。对于合同变更新增的30件产品，由于其售价不能反映该产品在合同变更时的单独售价，因此，该合同变更不能作为单独合同进行会计处理。由于尚未转让给客户的产品（包括原合同中尚未交付的60件产品以及新增的30件产品）与已转让的产品是可明确区分的，因此，甲公司应当将该合同变更作为原合同终止，同时，将原合同的未履约部分与合同变更合并为新合同进行会计处理。该新合同中，剩余产品为90件，其对价为8 550元，即原合同下尚未确认收入的客户已承诺对价为6 000元（100×60）与合同变更部分的对价2 550元（85×30）之和，新合同中的90件产品每件产品应确认的收入为95元（8 550/90）。因此，本题的说法是错误的。

10.【答案】√【解析】本题考查的知识点是识别合同中的单项履约义务——一系列实质相同且转让模式相同的、可明确区分的商品。当企业向客户连续转让某项承诺的商品时，如每天提供类似劳务的长期劳务合同等如果这些商品属于实质相同且转让模式相同的一系列商品时，企业应当将这一系列商品作为单项履约义务。因此，本题的说法是正确的。

11.【答案】√【解析】本题考查的知识点是确定交易价格。企业代第三方收取的款项（如增值税）以及企业预期将退还给客户的款项，应当作为负债处理，不计入交易价格。因此，本题的说法是正确的。

12.【答案】√【解析】本题考查的知识点是确定交易价格——可变对价。企业应当按照期望值或最可能发生金额确定可变对价的最佳估计数。因此，本题的说法是正确的。

13.【答案】√【解析】本题考查的知识点是确定交易价格——可变对价。每一资产负债表日企业应当重新估计可变对价金额（包括重新评估对可变对价的估计是否受到限制），以如实反映报告期末存在的情况以及报告期内发生的情况变化。因此，本题的说法是正确的。

14.【答案】×【解析】本题考查的知识点是确定交易价格——合同中存在重大融资成分。该质保金旨在为客户提供工程质量保证，以防企业未能完成其合同义务，而非向客户提供融资。所以，企业应认为合同中不包含重大融资成分，无须就延期支付质保金的影响调整交易价格。因此，本题的说法是错误的。

15.【答案】√【解析】本题考查的知识点是确定交易价格——合同中存在重大融资成分。合同中存在重大融资成分的，企业应当按照假定客户在取得商品控制权时即以现金支付的应付金额（即现销价格）确定交易价格。因此，本题的说法是正确的。

16.【答案】×【解析】本题考查的知识点是确定交易价格——合同中存在重大融资成分。合同中存在重大融资成分的，企业应将确定的交易价格与合同承诺的对价金额之间的差额，应当在合同期间内采用实际利率法摊销。因此，本题的说法是错误的。

17.【答案】×【解析】本题考查的知识点是确定交易价格——合同中存在重大融资成分。同一合同下的合同资产和合同负债应当以净额列示，不同合同下的合同资产和合同负债不能互相抵销。因此，本题的说法是错误的。

18.【答案】×【解析】本题考查的知识点是确定交易价格——非现金对价。合同开始日后，非现金对价的公允价值因对价形式而发生变动的，该变动金额不应计入交易价格。因此，本题的说法是错误的。

19.【答案】×【解析】本题考查的知识点是履行每一单项履约义务时确认收入。对于履约义务，企业首先判断履约义务是否满足在某一时段内履行的条件，如不满足，则该履约义务属于在某一时点履行的履约义务。因此，本题的说法是错误的。

20.【答案】×【解析】本题考查的知识点是履

行每一单项履约义务时确认收入——在某一时段内履行的履约义务。企业和客户之间在合同中约定的付款时间进度表，不一定表明企业有权就累计至今已完成的履约部分收取款项。因此，本题的说法是错误的。

21. 【答案】√　【解析】本题考查的知识点是履行每一单项履约义务时确认收入——在某一时段内履行的履约义务。在某一时段内履行的履约义务，只有当其履约进度能够合理确定时，才能按照履约进度确认收入。因此，本题的说法是正确的。

22. 【答案】√　【解析】本题考查的知识点是履行每一单项履约义务时确认收入——在某一时段内履行的履约义务。当履约进度不能合理确定时，企业已经发生的成本预计能够得到补偿的，应当按照已经发生的成本金额确认收入，直到履约进度能够合理确定为止。因此，本题的说法是正确的。

23. 【答案】×　【解析】本题考查的知识点是合同履约成本。与履约义务中已履行部分相关的支出，即该支出与企业过去的履约活动相关，则该支出应在发生时，计入当期损益。因此，本题的说法是错误的。

24. 【答案】×　【解析】本题考查的知识点是合同履约成本。满足上述条件确认为资产的合同履约成本，初始确认时摊销期限不超过一年或一个正常营业周期的，在资产负债表中列示为存货；初始确认时摊销期限在一年或一个正常营业周期以上的，在资产负债表中列示为其他非流动资产。因此，本题的说法是错误的。

25. 【答案】×　【解析】本题考查的知识点是合同取得成本。满足相关条件确认为资产的合同取得成本，初始确认时摊销期限不超过1年或一个正常营业周期的，在资产负债表中列示为"其他流动资产"；初始确认时摊销期限在1年或一个正常营业周期以上的，在资产负债表中列示为"其他非流动资产"。因此，本题的说法是错误的。

26. 【答案】√　【解析】本题考查的知识点是合同履约成本和合同取得成本的摊销和减值——摊销。确认为企业资产的合同履约成

本和合同取得成本，应当采用与该资产相关的商品收入确认相同的基础（即在履约义务履行的时点或按照履约义务的履约进度）进行摊销，计入当期损益。因此，本题的说法是正确的。

27. 【答案】√　【解析】本题考查的知识点是合同履约成本和合同取得成本的摊销和减值——减值。当合同资产发生减值时，企业会按应减记的金额，借记"资产减值损失"科目，贷记"合同资产减值准备"科目。因此，本题的说法是正确的。

28. 【答案】√　【解析】本题考查的知识点是附有销售退回条款的销售。对于附有销售退回条款的销售，每一资产负债表日，企业应当重新估计未来销售退回情况，并对上述资产和负债进行重新计量。如有变化，应当作为会计估计变更进行会计处理。因此，本题的说法是正确的。

29. 【答案】√　【解析】本题考查的知识点是附有质量保证条款的销售。对于不能作为单项履约义务的质量保证，企业应当按或有事项的相关规定进行会计处理。因此，本题的说法是正确的。

30. 【答案】√　【解析】本题考查的知识点是授予知识产权许可。企业向客户授予知识产权许可，并约定按客户实际销售或使用情况（如按照客户的销售额）收取特许权使用费的，应当在客户后续销售或使用行为实际发生与企业履行相关履约义务二者孰晚的时点确认收入。因此，本题的说法是正确的。

31. 【答案】√　【解析】本题考查的知识点是售后回购。企业销售商品时承诺以后期间以低于原售价的固定价格将该商品回购，该业务应视为租赁交易进行会计处理。因此，本题的说法是正确的。

32. 【答案】√　【解析】本题考查的知识点是客户未行使的权利。如果有相关法律规定，企业所收取的与客户未行使权利相关的款项须转交给其他方的（如法律规定无人认领的财产必须上交政府），企业不应将其确认为收入。因此，本题的说法是正确的。

第十四章　政府补助

教材变化

2025 年本章教材无实质性变化。

考情分析

本章主要内容是政府补助的定义及其特征、政府补助的分类、会计处理方法、与资产相关的政府补助、与收益相关的政府补助、综合性项目政府补助、政府补助退回。2020 ~ 2024 年考查的知识点范围如下表所示，主要考查题型为客观题，每年分值为 3 ~ 5 分。

年份	单选题	多选题	判断题
2024	—	政府补助的定义及其特征	与收益相关的政府补助
2023	—	政府补助的定义	与收益相关的政府补助
2022	与收益相关的政府补助	与收益相关的政府补助；政府补助退回	—
2021	与资产相关的政府补助	政府补助的特征	与资产相关的政府补助；与收益相关的政府补助
2020	政府补助的定义	—	总额法

强化练习题

一、单选题

1. 下列各项中，企业应当作为政府补助进行会计处理的是（　　）。
   A. 对企业直接减征企业所得税
   B. 政府以出资者身份向企业投入资本
   C. 企业收到即征即退的增值税
   D. 企业收到增值税出口退税

2. 下列各项中，不属于企业获得的政府补助的是（　　）。

   A. 政府部门对企业银行贷款利息给予的补贴
   B. 政府部门无偿拨付给企业进行技术改造的专项资金
   C. 政府部门作为企业所有者投入的资本
   D. 政府部门先征后返的增值税

3. 2×24 年 12 月，甲公司取得政府无偿拨付的技术改造资金 100 万元、增值税出口退税 30 万元、财政贴息 50 万元。不考虑其他因素，甲公司 2×24 年 12 月获得的政府补助金额为（　　）万元。

A. 180　　　　　B. 150

C. 100　　　　　D. 130

4. 位于甲市的 A 企业为响应政府的促进残疾人就业方案，超比例安排甲市的残疾人到其 A 企业就业，甲市政府为表彰该行为，按规定向 A 企业拨付奖金 100 万元。不考虑其他因素，下列说法正确的是（　　）。

　A. A 企业应将政府拨付的奖金作为政府补助

　B. A 企业应将该奖金分类为与收益相关的政府补助

　C. 收到奖金时，借记"银行存款"科目

　D. 收到奖金时，贷记"营业外收入"科目

5. 甲公交公司响应执行政府绿色出行的号召，给予乘公交乘客 0.5 元/乘次的票价优惠，公司少收入的票款由政府补贴。2×24 年 12 月，甲公交公司实际收到乘客支付票款 800 万元。同时收到政府按乘次给予当月车票补贴 200 万元。不考虑其他因素，甲公交公司 12 月应确认的营业收入为（　　）万元。

　A. 600　　　　　B. 200

　C. 1 000　　　　D. 800

6. 2×23 年 12 月 1 日，甲公司为购置环保设备申请政府补助，当月获得财政拨款 300 万元，计入递延收益，交付使用后，2×24 年度，甲公司对该设备计提折旧 50 万元计入管理费用，分摊递延收益 30 万元。甲公司采用总额法核算政府补助。不考虑其他因素，该事项对甲公司 2×24 年度利润总额的影响金额为（　　）万元。（采用总额法核算）

　A. 增加 80　　　　B. 增加 30

　C. 减少 50　　　　D. 减少 20

7. 2×24 年 5 月 10 日甲公司收到用于购买生产用的 J 环保设备的政府补贴 360 万元。2×24 年 6 月 20 日，甲公司以 600 万元的价格购入该环保设备并立即投入使用，预计使用年限为 10 年，预计净残值为 0，采用年限平均法计提折旧。甲公司采用净额法核算政府补助。不考虑其他因素，2×24 年甲公司对 J 环保设备应计提的折旧金额为（　　）万元。

　A. 35　　　　　B. 30

　C. 14　　　　　D. 12

8. 2×24 年 1 月 10 日，甲公司收到专项财政拨款 60 万元，用以购买研发部门使用的某特种仪器。2×24 年 6 月 20 日，甲公司购入该仪器后立即投入使用。该仪器预计使用年限为 10 年，预计净残值为 0，采用年限平均法计提折旧。甲公司选择总额法进行会计处理，并采用与该资产相同的折旧率分摊。不考虑其他因素，2×24 年度甲公司应确认的其他收益为（　　）万元。

　A. 3　　　　　B. 3.5

　C. 5.5　　　　D. 6

9. 甲公司对政府补助采用总额法进行会计处理，甲公司 2×24 年某月收到下列各项政府补助款中，应在收到时确认为递延收益的是（　　）。

　A. 上月用电补助款 21 万元

　B. 新型实验设备购置补助款 50 万元

　C. 失业保险稳岗返还款 31 万元

　D. 即征即退的增值税款 20 万元

10. 甲公司发生的下列各项交易或事项中，应按与收益相关的政府补助进行会计处理的是（　　）。

　A. 收到即征即退的增值税退款 20 万元

　B. 收到政府以股东身份投入的资本 5 000 万元

　C. 收到政府购买商品支付的货款 300 万元

　D. 获得政府无偿划拨的公允价值为 9 000 万元的土地使用权

11. 甲公司为动漫软件开发企业，其增值税享受即征即退政策。2×24 年 12 月，甲公司收到当地税务部门即征即退方式返还的 2×24 年度增值税税款 40 万元。不考虑其他因素，甲公司实际收到返还的增值税税款时，会计处理正确的是（　　）。

　A. 应计入营业外收入

　B. 应计入递延收益

　C. 应冲减管理费用

　D. 应计入其他收益

12. 2×24 年 10 月 31 日，甲公司获得只能用于项目研发未来支出的财政拨款 1 000 万元，该研发项目预计于 2×25 年 12 月 31 日完成。2×24 年 10 月 31 日，甲公司应将收到的该笔财政拨款计入（　　）。

　A. 研发支出　　　　B. 递延收益

　C. 营业外收入　　　D. 其他综合收益

第十四章

二、多选题

1. 下列各项中，属于政府补助特征的有（   ）。
   A. 补助的用途具有限制性
   B. 具有无偿性
   C. 补助申请的门槛较高
   D. 来源于政府的经济资源

2. 下列各项中，企业应按政府补助准则进行会计处理的有（   ）。
   A. 收到财政贴息资金
   B. 收到增值税出口退税
   C. 收到政府拨付的研究成果归政府享有的技术改造资金
   D. 收到政府拨付的无偿就业创业补助拨款

3. 2×24 年度，甲公司作为政府推广使用 W 产品的中标企业，以 8 000 万元的中标价格将一批生产成本为 7 000 万元的 W 产品出售给客户，该批产品的市场价格为 9 500 万元，销售当日该批 W 产品控制权已转移，满足收入确认条件，当年甲公司收到销售该批 W 产品的财政补贴 1 500 万元并存入银行，不考虑其他因素，上述经济业务对甲公司 2×24 年度利润表项目影响的表述中，正确的有（   ）。
   A. 增加营业外收入 1 500 万元
   B. 增加营业利润 2 500 万元
   C. 增加营业成本 7 000 万元
   D. 增加营业收入 8 000 万元

4. 根据《企业会计准则第 16 号——政府补助》的规定，企业应将收到的政府补助分类为（   ）。
   A. 与资产相关的政府补助
   B. 与收益相关的政府补助
   C. 与负债相关的政府补助
   D. 与费用相关的政府补助

5. 下列关于政府补助会计处理方法的表述中，正确的有（   ）。
   A. 会计处理方法分为总额法和净额法
   B. 对同类政府补助业务，只能选用一种方法，并不得变更
   C. 收到与日常活动有关的政府补助，应计入其他收益或冲减相关成本费用
   D. 收到与日常活动无关的政府补助，应计入营业外收支

6. 下列关于企业政府补助会计处理的表述中，正确的有（   ）。
   A. 收到以名义金额计量的非货币性资产政府补助，应计入当期损益
   B. 初始确认时冲减相关资产账面价值的政府补助，在退回时应调整资产账面价值
   C. 收到与企业日常活动相关的政府补助，应计入营业外收入
   D. 对于同类政府补助业务通常只能选用一种会计处理方法

7. 2×23 年 12 月，企业从政府取得的下列款项中，不应计入 2×23 年度损益的有（   ）。
   A. 因 2×23 年 12 月遭受洪灾而从政府部门收到的赈灾补贴
   B. 收到在建排污设施的补贴款
   C. 收到拟用于 2×24 年度环保设备购置的补贴款
   D. 收到 2×23 年 11 月已交增值税的退税款

8. 下列关于政府补助会计处理的表述中，正确的有（   ）。
   A. 总额法下收到的自然灾害补贴款应确认为营业外收入
   B. 净额法下收到的人才引进奖励金应确认为营业外收入
   C. 收到的用于未来购买环保设备的补贴款应确认为递延收益
   D. 收到的即征即退增值税应确认为其他收益

9. 下列各项与资产相关的政府补助会计处理的表述中，正确的有（   ）。
   A. 净额法下企业已确认的政府补助退回时，应当调整相关资产的账面价值
   B. 总额法下企业提前处置使用不需退回的政府补助购建的固定资产，尚未摊销完毕的递延收益应当转入当期损益
   C. 净额法下企业在购入相关资产时，应将原已收到并确认为递延收益的政府补助冲减所购资产账面价值
   D. 总额法下，企业收到政府补助时确认递延收益，在相关资产使用寿命内按合理、系统的方法分期转入损益

三、判断题

1. 先征后返的企业所得税，属于政府补助中的

税收返还。　　　　　　　（　　）

2. 2×23 年 11 月 20 日，甲公司收到政府拨付给乙公司（为甲公司的子公司）购置设备的补助款，并在 2×23 年 11 月 28 日通过银行转账给乙公司，乙公司收到后应作为政府补助进行会计处理。　　　　　　　　　（　　）

3. 企业从政府取得的经济资源，如果与自身销售商品密切相关，且是企业商品对价的组成部分，不应作为政府补助进行会计处理。
　　　　　　　　　　　　　（　　）

4. 某地政府于 2×23 年 8 月向甲企业拨付了 500 万元资金，要求甲企业将这笔资金用于技术改造项目研究，研究成果归甲企业所有，则甲企业应将该资金确认为政府补助。（　　）

5. 为实施"退城进园"技改搬迁，甲企业将其位于城区繁华地段的原址用地移交给开发区政府收储，开发区政府按照市场价值向甲企业支付补偿资金 1 亿元，甲企业应将该补偿金确认为政府补助。　　　　　　（　　）

6. 与收益相关的政府补助，受益期相对较短，通常在满足补助所附条件时，应当计入当期损益或是冲减相关成本。　　　（　　）

7. 企业取得的与资产相关的政府补助，在总额法下应当在购进资产时冲减相关资产账面价值。　　　　　　　　　　　（　　）

8. 企业采用净额法核算与固定资产相关的政府补助时，应当按照扣除政府补助前的资产价值对固定资产计提折旧。　　（　　）

9. 与资产相关的政府补助的公允价值不能合理确定的，企业应以名义金额对其进行计量，并计入当期损益。　　　（　　）

10. 与收益相关的政府补助用于补偿企业以后期间的相关成本费用或损失的，直接计入当期损益。　　　　　　　　　（　　）

11. 企业取得的用于补偿当期已发生费用的政府补助，在总额法下应该冲减当期费用。
　　　　　　　　　　　　　（　　）

12. 政府鼓励企业安置职工就业而给予的奖励款项不属于政府补助。　　　　（　　）

13. 即征即退的政府补助，既可以采用总额法进行会计核算，又可以采用净额法进行会计核算。　　　　　　　　　　　（　　）

快速查答案

一、单选题

序号	1	2	3	4	5	6	7	8	9	10	11	12
答案	C	C	B	C	C	D	D	A	B	A	D	B

二、多选题

序号	1	2	3	4	5	6	7	8	9
答案	BD	AD	BC	AB	ACD	ABD	BC	ACD	ABCD

三、判断题

序号	1	2	3	4	5	6	7	8	9	10	11	12
答案	√	√	√	√	×	√	×	×	√	×	×	×
序号	13											
答案	×											

参考答案及解析

一、单选题

1.【答案】C 【解析】本题考查的知识点是政府补助的定义及其特征。

(1) 通常情况下，直接减征、免征、增加计税抵扣额、抵免部分税额等不涉及资产直接转移的经济资源，不适用政府补助准则。因此，选项A错误。

(2) 政府以投资者身份向企业投入资本，享有相应的所有权权益，政府与企业之间是投资者与被投资者的关系，属于互惠性交易，不适用政府补助准则。因此，选项B错误。

(3) 根据税法规定，在对出口货物取得的收入免征增值税的同时，退付出口货物前道环节发生的进项税额，增值税出口退税实际上是政府退回企业事先垫付的进项税，不属于政府补助。因此，选项D错误。

2.【答案】C 【解析】本题考查的知识点是政府补助的定义及其特征。政府以投资者身份向企业投入资本，享有相应的所有权权益，政府与企业之间是投资者与被投资者的关系，属于互惠性交易，不适用政府补助准则。因此，选项C错误。

3.【答案】B 【解析】本题考查的知识点是政府补助的定义及其特征。根据税法规定，在对出口货物取得的收入免征增值税的同时，退付出口货物前道环节发生的进项税额，增值税出口退税实际上是政府退回企业事先垫付的进项税，不属于政府补助。所以，甲公司2×24年12月获得的政府补助金额 = 100 + 50 = 150（万元）。因此，选项B正确。

4.【答案】C 【解析】本题考查的知识点是政府补助的定义及其特征。企业超比例安排残疾人就业或者为安排残疾人就业作出显著成绩，按规定收到的奖励，以及企业作为个人所得税的扣缴义务人所收到的扣缴税款手续费等不属于政府补助。A企业会计处理如下：

借：银行存款/其他应收款
　　贷：其他收益

因此，选项A、B、D错误，选项C正确。

5.【答案】C 【解析】本题考查的知识点是政府补助的定义及其特征。企业从政府取得的经济资源，如果与企业销售商品或提供劳务等活动密切相关，且是企业商品或服务的对价或者是对价的组成部分，应当按照《企业会计准则第14号——收入》的规定处理。所以，甲公交公司应将收到的政府按乘次给予当月车票补贴200万元，确认为收入。

甲公交公司12月应确认的营业收入的金额 = 800 + 200 = 1 000（万元）。因此，选项C正确。会计分录如下：

借：银行存款　　　　　　　1 000
　　贷：主营业务收入　　　　　　1 000

6.【答案】D 【解析】本题考查的知识点是与资产相关的政府补助的会计处理。该事项对2×24年度利润总额的影响金额 = 30 - 50 = -20（万元）。因此，选项D正确。会计分录如下：

借：银行存款　　　　　　3 000 000
　　贷：递延收益　　　　　　　3 000 000
借：管理费用　　　　　　　500 000
　　贷：制造费用　　　　　　　500 000
借：递延收益　　　　　　　300 000
　　贷：其他收益　　　　　　　300 000

7.【答案】D 【解析】本题考查的知识点是与资产相关的政府补助的会计处理。

(1) 因为甲公司采用净额法核算政府补助，所以应将收到的政府补助款冲减J环保设备的入账价值。因此，该固定资产的入账价值 = 600 - 360 = 240（万元）。

(2) 甲公司2×24年对J环保设备应计提的折旧 = 240/10 × 6/12 = 12（万元）。

因此，选项D正确。会计分录如下：

①2×24年5月10日收到政府补助时：

借：银行存款　　　　　　3 600 000
　　贷：递延收益　　　　　　　3 600 000

②2×24年6月20日购买环保设备：

借：固定资产　　　　　　6 000 000

    贷：银行存款　　　　　6 000 000
借：递延收益　　　　　3 600 000
    贷：固定资产　　　　　　3 600 000
③2×24 年计提折旧：
借：制造费用　　　　　120 000
    贷：累计折旧　　　　　　120 000

8.【答案】A 【解析】本题考查的知识点是与资产相关的政府补助的会计处理。2×24 年度甲公司应确认的其他收益的金额 = 60/10×6/12 = 3（万元）。因此，选项 A 正确。会计分录如下：

借：银行存款　　　　　600 000
    贷：递延收益　　　　　　600 000
借：固定资产　　　　　600 000
    贷：银行存款　　　　　　600 000
借：研发费用——费用化支出/资本化支出
    　　　　　　　　　30 000
    贷：累计折旧　　　　　　30 000
借：递延收益　　　　　30 000
    贷：其他收益　　　　　　30 000

9.【答案】B 【解析】本题考查的知识点是与资产相关的政府补助的会计处理。

（1）上月用电补助款 21 万元、失业保险稳岗返还款 31 万元和即征即退的增值税税款 20 万元，属于对已发生费用或损失的补偿，应直接计入当期损益。因此，选项 A、C、D 错误。

（2）新型实验设备购置补助款 50 万元，属于与资产相关的政府补助，收到时应计入递延收益。因此，选项 B 正确。

10.【答案】A 【解析】本题考查的知识点是与收益相关的政府补助的会计处理。

（1）收到即征即退的增值税退税款 20 万元，属于与收益相关的政府补助，收到时，贷记"其他收益"科目。因此，选项 A 正确。

（2）收到政府以股东身份投入的资本 5 000 万元和收到政府购买商品支付的货款 300 万元，均不属于政府补助。因此，选项 B、C 错误。

（3）获得政府无偿划拨的公允价值为 9 000 万元的土地使用权，属于与资产相关的政府补助。因此，选项 D 错误。

11.【答案】D 【解析】本题考查的知识点是与收益相关的政府补助的会计处理。即征即退

方式返还的增值税，属于与收益相关的政府补助，且甲公司是用于补偿已发生的支出，应于收到时直接计入当期损益（其他收益）。因此，选项 A、B、C 错误，选项 D 正确。

【提示】即征即退的政府补助，只能采用总额法进行会计核算。

12.【答案】B 【解析】该财政拨款是用来补助未来期间将发生的费用的，所以应先确认为递延收益。

二、多选题

1.【答案】BD 【解析】本题考查的知识点是政府补助的定义及其特征。政府补助具有如下特征：（1）政府补助是来源于政府的经济资源；（2）政府补助是无偿的。因此，选项 B、D 正确。

2.【答案】AD 【解析】本题考查的知识点是政府补助的定义及其特征。

（1）政府补助是指企业从政府无偿取得货币性资产或非货币性资产。政府补助主要形式包括政府对企业的无偿拨款、税收返还、财政贴息，以及无偿给予非货币性资产等。通常情况下，直接减征、免征、增加计税抵扣额、抵免部分税额等不涉及资产直接转移的经济资源，不适用政府补助准则。因此，选项 C 错误，选项 A、D 正确。

（2）需要说明的是，增值税出口退税不属于政府补助。根据税法规定，在对出口货物取得的收入免征增值税的同时，退付出口货物前道环节发生的进项税额，增值税出口退税实际上是政府退回企业事先垫付的进项税，不属于政府补助。因此，选项 B 错误。

3.【答案】BC 【解析】本题考查的知识点是政府补助的定义及其特征。企业从政府取得的经济资源，如果与企业销售商品或提供劳务等活动密切相关，且是企业商品或服务的对价或者是对价的组成部分，应当按照《企业会计准则第 14 号——收入》的规定处理。

（1）甲公司 2×24 年度利润表中"营业收入"项目增加的金额 = 9 500 万元。

（2）甲公司 2×24 年度利润表中"营业成本"项目增加的金额 = 7 000 万元。

（3）甲公司 2×24 年度利润表中"营业利润"

项目增加的金额 = 9 500 – 7 000 = 2 500（万元）。

（4）甲公司 2×24 年度利润表中"营业外收入"项目增加的金额 = 0。

因此，选项 A、D 错误，选项 B、C 正确。

会计分录如下：

借：银行存款　　　　　15 000 000
　　应收账款　　　　　80 000 000
　　　贷：主营业务收入　　　95 000 000
借：主营业务成本　　　70 000 000
　　　贷：库存商品　　　　　70 000 000

4.【答案】AB 【解析】本题考查的知识点是政府补助的分类。根据政府补助准则规定，政府补助应当划分为与资产相关的政府补助和与收益相关的政府补助。因此，选项 A、B 正确。

5.【答案】ACD 【解析】本题考查的知识点是政府补助的会计处理方法。

（1）政府补助有两种会计处理方法：总额法和净额法。因此，选项 A 正确。

（2）通常情况下，对同类或类似政府补助业务只能选用一种方法，同时，企业对该业务应当一贯地运用该方法，不得随意变更。因此，选项 B 错误。

（3）与企业日常活动相关的政府补助，应当按照经济业务实质，计入其他收益或冲减相关成本费用。与企业日常活动无关的政府补助，应当计入营业外收支。因此，选项 C、D 正确。

6.【答案】ABD 【解析】本题考查的知识点是政府补助的会计处理方法。

（1）企业取得的政府补助为非货币性资产的，应当按照公允价值计量；公允价值不能可靠取得的，按照名义金额（1 元）计量，并在取得时计入当期损益。因此，选项 A 正确。

（2）已确认的政府补助需要退回的，且该政府补助在初始确认时冲减相关资产账面价值的，应当调整资产账面价值。因此，选项 B 正确。

（3）企业收到的与企业日常活动无关的政府补助，应当计入营业外收支。因此，选项 C 错误。

（4）通常情况下，对同类或类似政府补助业务只能选用一种方法，同时，企业对该业务

应当一贯地运用该方法，不得随意变更。因此，选项 D 正确。

7.【答案】BC 【解析】本题考查的知识点是政府补助的会计处理方法。收到在建排污设施的补贴款与收到拟用于 2×22 年度环保设备购置的补贴款，应计入递延收益，不影响 2×23 年当期损益。因此，选项 B、C 正确。

8.【答案】ACD 【解析】本题考查的知识点是政府补助的会计处理方法。

（1）总额法下收到的自然灾害补贴款，属于与企业日常活动无关的政府补助，应当计入营业外收入。因此，选项 A 正确。

（2）净额法下，收到的人才引进奖励金应确认为日常活动的政府补助，用于补偿已发生的成本费用的，直接冲减管理费用等，用于以后期间将发生的人才引进费用的，应当先计入递延收益，以后期间进行摊销。因此，选项 B 错误。

（3）收到的用于未来购买环保设备的补贴款，应确认为递延收益。因此，选项 C 正确。

（4）即征即退的增值税，属于政府补助中的税收返还，收到时只能采用总额法进行会计处理，并确认为其他收益。因此，选项 D 正确。

9.【答案】ABCD 【解析】本题考查的知识点是与资产相关的政府补助的会计处理。

（1）已确认的政府补助需要退回的，初始确认时冲减相关资产账面价值的，调整资产账面价值。因此，选项 A 正确。

（2）总额法下企业提前处置使用不需退回的政府补助购建的固定资产，尚未摊销完毕的递延收益应当转入当期损益。因此，选项 B 正确。

（3）净额法下，按照补助资金的金额冲减相关资产的账面价值，企业按照扣减了政府补助后的资产价值对相关资产计提折旧或进行摊销。因此，选项 C 正确。

（4）总额法下，按照补助资金的金额借记"银行存款"等科目，贷记"递延收益"科目；然后在相关资产使用寿命内按合理、系统的方法分期计入损益。因此，选项 D 正确。

三、判断题

1.【答案】√ 【解析】本题考查的知识点是政府

补助的定义及其特征。属于政府补助的税收返还通常包括：即征即退的增值税、先征后返的企业所得税。因此，本题的说法是正确的。

2. 【答案】√ 【解析】本题考查的知识点是政府补助的定义及其特征。对企业收到的来源于其他方的补助，如有确凿证据表明政府是补助的实际拨付者，其他方只是起到代收代付的作用，则该项补助也属于来源于政府的经济资源。因此，本题的说法是正确的。

3. 【答案】√ 【解析】本题考查的知识点是政府补助的定义及其特征。企业从政府取得的经济资源，如果与企业销售商品或提供劳务等活动密切相关，且是企业商品或服务的对价或者是对价的组成部分，应当按照《企业会计准则第 14 号——收入》的规定处理。因此，本题的说法是正确的。

4. 【答案】√ 【解析】本题考查的知识点是政府补助的定义及其特征。甲企业从政府取得了 500 万元资金用于研发支出，且研究成果归甲企业享有。因此，这项财政拨款具有无偿性的特征，甲企业收到的 500 万元资金应当按照政府补助准则的规定进行会计处理。因此，本题的说法是正确的。

5. 【答案】× 【解析】本题考查的知识点是政府补助的定义及其特征。由于政府对甲企业的搬迁补偿是基于甲企业原址用地的公允价值确定的，实质是政府按照相应资产的市场价格向企业购买资产，企业从政府取得的经济资源是企业让渡其资产的对价，双方的交易是互惠性交易，不符合政府补助无偿性的特点，所以甲企业收到的 1 亿元搬迁补偿资金不作为政府补助处理，而应作为处置非流动资产的收入。因此，本题的说法是错误的。

6. 【答案】√ 【解析】本题考查的知识点是政府补助的分类。与收益相关的政府补助主要是用于补偿企业已发生或即将发生的相关成本费用或损失，受益期相对较短，通常在满足补助所附条件时计入当期损益或冲减相关成本。因此，本题的说法是正确的。

7. 【答案】× 【解析】本题考查的知识点是与资产相关的政府补助的会计处理。企业取得的与资产相关的政府补助，总额法下取得补

助资金时确认递延收益，然后在相关资产使用寿命内将递延收益分期转入其他收益或营业外收入，不冲减相关资产账面价值。因此，本题的说法是错误的。

8. 【答案】× 【解析】本题考查的知识点是与资产相关的政府补助的会计处理。净额法下，企业应按照补助资金的金额冲减相关资产的账面价值，并按照扣减了政府补助后的资产价值对相关资产计提折旧或进行摊销。因此，本题的说法是错误的。

9. 【答案】√ 【解析】本题考查的知识点是与资产相关的政府补助的会计处理。企业取得的政府补助为非货币性资产的，应当按照公允价值计量；公允价值不能可靠取得的，按照名义金额（1 元）计量，并在取得时计入当期损益。因此，本题的说法是正确的。

10. 【答案】× 【解析】本题考查的知识点是与收益相关的政府补助的会计处理。与收益相关的政府补助如果用于补偿企业以后期间的相关成本费用或损失，企业应当将其确认为递延收益，并在确认相关费用或损失的期间，计入当期损益或冲减相关成本。因此，本题的说法是错误的。

11. 【答案】× 【解析】本题考查的知识点是与收益相关的政府补助的会计处理。总额法下，企业取得的用于补偿当期已发生费用的政府补助，应当计入当期损益。因此，本题的说法是错误的。

【提示】此处的当期损益应注意区分是否与企业日常活动相关。

（1）与企业日常活动相关的政府补助：记入"其他收益"科目。

（2）与企业日常活动无关的政府补助：记入"营业外收入"科目。

12. 【答案】× 【解析】本题考查的知识点是与收益相关的政府补助的会计处理。政府鼓励企业安置职工就业而给予的奖励款项属于政府补助中的财政拨款。因此，本题的说法是错误的。

13. 【答案】× 【解析】本题考查的知识点是与收益相关的政府补助的会计处理。即征即退的政府补助，只能采用总额法进行会计核算。

第十五章　非货币性资产交换

教材变化

2025 年本章教材无实质性变化。

考情分析

　　本章主要内容是非货币性资产交换的概念、非货币性资产交换的认定、非货币性资产交换的确认和计量原则、商业实质的判断、非货币性资产交换的会计处理。2020 年、2021 年教材无本章内容，2022～2024 年考查知识点范围如下表所示，其内容在各种题型中均可出现，每年分值为 2～10 分。

年份	单选题	多选题	判断题	计算分析题	综合题
2024	非货币性资产交换的认定	—	以公允价值为基础计量的非货币性资产交换的会计处理	—	
2023	—		以公允价值计量的非货币性资产交换的会计处理	非货币性资产交换的认定；以公允价值计量的非货币性资产交换的会计处理	—
2022	非货币性资产交换的认定	—	以公允价值计量的非货币性资产交换的会计处理	—	以公允价值计量的非货币性资产交换的会计处理

强化练习题

一、单选题

1. 下列各项中，属于货币性资产的是（　　）。
   A. 交易性金融资产
   B. 债权投资
   C. 其他债券投资
   D. 长期股权投资

2. 下列业务中，属于《企业会计准则第 7 号——非货币性资产交换》中规定的非货币性资产交换的是（　　）。
   A. 以自产产品向职工发放福利
   B. 政府无偿提供非货币性资产给企业
   C. 以生产用原材料换取客户的投资性房地产
   D. 以生产设备换取客户的专利技术

3. 在不涉及补价的情况下，下列各项中，属于非货币性资产交换的是（　　）。
   A. 以应收票据换入投资性房地产
   B. 以应收账款换入一块土地使用权

C. 以其他权益工具投资换入固定资产

D. 以长期股权投资换入债权投资

4. 下列各项中，应当采用非货币性资产交换准则进行会计处理的是（　　）。

A. 以公允价值为 2 000 万元的不动产偿还 2 000 万元的银行借款

B. 以公允价值为 500 万元的空调作为福利发放给职工

C. 以公允价值为 300 万元的生产设备换入价值 300 万元的使用权资产

D. 以公允价值为 40 万元的管理用汽车换入价值 60 万元的货车，并支付补价 20 万元

5. 下列非货币性资产交换业务中，应当以公允价值为基础计量的是（　　）。

A. 甲石油化工企业以自产的石油换取乙石油化工企业生产的石油

B. 甲公司以自产的新型白酒换取乙公司自行研发的专利权，且白酒和专利权的公允价值均不能够可靠计量

C. 甲公司以一台设备换取乙公司的一项长期股权投资，其中设备的公允价值不能可靠计量，长期股权投资的公允价值能够可靠计量

D. 甲公司以其自产的新型乳制品换取乙公司生产的新型乳制品，且两项乳制品的公允价值均不能够可靠计量

6. 2×24 年 6 月 30 日，甲公司以一项专利权换取乙公司一台设备。当日，甲公司该专利权的账面原值为 180 万元，累计计提摊销 60 万元，公允价值 115 万元；乙公司设备的账面原值为 150 万元，累计计提折旧 50 万元，公允价值 115 万元。不考虑其他因素，甲公司该业务影响当期损益的金额是（　　）万元。

A. 15　　　　　　B. −5

C. 10　　　　　　D. 0

7. 2×24 年 8 月 1 日，甲公司以一批自产产品换取乙公司一项专利权。当日，甲公司该产品的成本为 180 万元，市场价值为 230 万元；乙公司该专利权的账面原值为 300 万元，已计提摊销 100 万元，市场价值为 220 万元。乙公司另以银行存款支付补价 10 万元。不考虑其他因素，甲公司该业务影响 2×24 年 8 月利润表中"营业利润"的金额是（　　）万元。

A. 10　　　　　　B. 0

C. 20　　　　　　D. 50

8. 2×24 年 11 月 30 日，甲公司以一台设备换取乙公司一批库存商品。当日，甲公司该设备的账面原值为 180 万元，已计提折旧 30 万元，市场价值 230 万元；乙公司库存商品的生产成本为 150 万元，市场价值 200 万元。甲公司和乙公司均为增值税一般纳税人，设备和库存商品适用的增值税税率为 13%，甲公司另收取含税补价 23.9 万元。不考虑其他因素，甲公司换取的库存商品的入账价值为（　　）万元。

A. 200　　　　　　B. 160

C. 150　　　　　　D. 210

9. 经与乙公司协商，甲公司以一项生产设备换入乙公司的一项专利技术。交换日，甲公司换出设备的账面价值为 560 万元，公允价值为 700 万元（等于计税价格）；乙公司专利技术的公允价值为 900 万元，甲公司另以银行存款支付乙公司 109 万元，甲、乙公司均为增值税一般纳税人，设备适用的增值税税率为 13%，专利技术免税。不考虑其他因素，甲公司换入专利技术的入账价值是（　　）万元。

A. 669　　　　　　B. 900

C. 809　　　　　　D. 791

10. 2×23 年 9 月 1 日，甲公司用一栋对外经营租出的写字楼（采用成本模式计量）换入乙公司 800 万股普通股（占乙公司 20% 的股权）。当日，甲公司该写字楼的账面原值为 8 500 万元，已计提折旧 2 500 万元，公允价值为 7 500 万元；乙公司 600 万股普通股，每股面值为 1 元，每股市场价值 10 元，乙公司的可辨认净资产公允价值为 46 500 万元。不考虑其他因素，甲公司该业务影响 2×23 年 9 月利润表中"利润总额"项目的金额为（　　）万元。

A. 1 500　　　　　　B. 1 800

C. 3 300　　　　　　D. 2 000

11. 2×23 年 6 月，甲公司以一栋办公楼、一项专利权和一批库存商品换入乙公司一项交易性金融资产、一台研发设备和一项土地使用权。相关资料如下表所示：

单位：万元

甲公司				乙公司			
项目	账面原值	累计折旧/摊销	公允价值	项目	账面原值	累计折旧/摊销	公允价值
办公楼	8 000	2 000	7 500	交易性金融资产	1 500		2 000
专利权	2 500	1 000	2 000	研发设备	3 500	700	3 000
库存商品	400		500	土地使用权	7 000		7 000

不考虑其他因素，甲公司换入研发设备的入账价值为（　　）万元。

A. 3 000　　　　　B. 2 500

C. 2 400　　　　　D. 2 833.33

12. 2×24 年 9 月 30 日，甲公司以一台生产设备和一项应收账款换取乙公司一项以成本模式计量的投资性房地产。当日，甲公司生产设备的账面原值为 200 万元，已计提折旧 40 万元，应收账款的账面价值为 20 万元，公允价值为 25 万元；乙公司的投资性房地产的账面价值为 185 万元。生产设备和投资性房地产的公允价值均无法获得。不考虑其他因素，下列说法正确的是（　　）。

A. 甲公司换入的投资性房地产的入账价值为 185 万元

B. 甲公司应当确认当期损益金额 5 万元

C. 乙公司换入应收账款的入账价值为 25 万元

D. 乙公司应当确认当期损益金额 5 万元

13. 2×23 年 7 月，甲公司以账面价值 350 万元的厂房和 150 万元的专利权，换入乙公司账面价值为 300 万元的房屋和 100 万元的长期股权投资，不涉及补价。上述资产的公允价值均无法获得。不考虑其他因素，甲公司换入房屋的入账价值为（　　）万元。

A. 280　　　　　B. 300

C. 350　　　　　D. 375

二、多选题

1. 按企业会计准则规定，下列各项中，属于非货币性资产交换的有（　　）。

A. 以应收账款换取土地使用权

B. 以专利技术换取拥有控制权的股权投资

C. 以其他权益工具投资换取未到期应收票据

D. 以作为交易性金融资产的股票投资换取机器设备

2. 甲公司为房地产开发企业，下列各项具有商业实质的资产交换中，甲公司不适用《企业会计准则第 7 号——非货币性资产交换》的有（　　）。

A. 甲公司以其拥有的一项专利权换取戊公司的十台机器设备

B. 甲公司以其一栋已开发完成的商品房换取己公司的一块土地

C. 甲公司以其持有的乙公司 5% 的股权换取丙公司的一块土地

D. 甲公司以其一套用于经营出租的公寓换取丁公司以交易为目的的 10 万股股票

3. 企业对发生的非货币性资产交换采用公允价值为基础计量时，应当满足条件的有（　　）。

A. 交换具有商业实质

B. 换入资产的公允价值能够可靠计量

C. 换出资产的公允价值能够可靠计量

D. 可以涉及补价

4. 下列关于以公允价值为基础计量的非货币性资产交换的说法中，正确的有（　　）。

A. 企业应当以换出资产的公允价值为基础确定换入资产的成本

B. 换出资产的公允价值与账面价值间的差额应当计入当期损益

C. 有确凿证据表明换入资产的公允价值更加可靠的，应当以换入资产的公允价值和换入资产的账面价值间差额计入当期损益

D. 有确凿证据表明换入资产的公允价值更加可靠的，应当以换入资产的公允价值和换出资产的账面价值间差额计入当期损益

5. 下列各项中，能够表明某项非货币资产交换具有商业实质的有（　　）。

A. 换入资产与换出资产的未来现金流量在风险方面有显著不同

B. 换入资产与换出资产的未来现金流量在时间分布方面有显著不同

C. 换入资产与换出资产的未来现金流量在金额方面有显著不同

D. 换入资产与换出资产的未来现金流量在资产收益方面有显著不同

6. 甲企业发生的下列业务中，表明具有商业实质的有（　　）。

A. 以一台生产设备换入一批存货

B. 将一项用于出租的投资性房地产与另一企业的厂房交换

C. 以持有的某上市公司 10% 的股权换入一项专利权

D. 用自产的石油换入同行业另一家公司自产的石油

7. 下列关于以公允价值计量的企业非货币性资产交换会计处理的表述中，正确的有（　　）。

A. 换出资产为长期股权投资的，应将换出资产公允价值与其账面价值的差额计入投资收益

B. 换出资产为存货的，应将换出资产公允价值大于其账面价值的差额计入营业外收入

C. 换出资产为存货的，应按换入资产的公允价值确认营业收入

D. 换出资产为固定资产的，应将换出资产公允价值小于其账面价值的差额计入其他综合收益

8. 甲公司发生的有关交易或事项如下：（1）甲公司与丙公司签订的资产交换协议约定，甲公司以其拥有 50 年使用权的一宗土地，换取丙公司持有的乙公司 40% 的股权。（2）丙公司以发行普通股换取甲公司一条生产线。假定上述资产交换具有商业实质，换出资产与换入资产的公允价值均能可靠计量。不考虑相关税费及其他因素，下列各项与上述交易或事项相关会计处理的表述中，正确的有（　　）。

A. 甲公司以土地使用权换取的对乙公司 40% 股权，应按非货币性资产交换原则进行会计处理

B. 甲公司换出土地使用权公允价值与账面价值的差额，应确认为资产处置损益

C. 丙公司应照换出股权的公允价值计量换入土地使用权的成本

D. 丙公司以发行自身普通股换取甲公司一条生产线，应按非货币性资产交换原则进行会计处理

9. 在不具有商业实质且涉及补价的非货币性资产交换中，影响换入资产成本的因素有（　　）。

A. 换出资产的账面余额

B. 支付补价的账面价值

C. 换出资产计提的减值准备

D. 收到补价的公允价值

10. 关于以账面价值为基础计量的非货币性资产交换的下列说法中，正确的有（　　）。

A. 涉及补价的，换入资产的成本为换出资产的账面价值和支付补价的公允价值

B. 收取补价的一方，应当按照收取补价的公允价值入账

C. 支付补价的一方，应将补价的公允价值与账面价值的差额计入当期损益

D. 交换资产的双方，不应确认损益

三、判断题

1. 甲企业通过发行普通股股票取得乙企业固定资产，应当适用《企业会计准则第 7 号——非货币性资产交换》的相关规定进行会计处理。（　　）

2. 投资方以一项固定资产出资取得对被投资方的权益性投资，对于双方来说，均属于非货币性资产交换业务。（　　）

3. 非货币性资产交换涉及补价的，则支付的货币性资产占换入资产的公允价值与支付货币性资产之和的比例小于 25% 时，则该交换属于非货币性资产交换。（　　）

4. 以账面价值为基础计量的非货币性资产交换，换出的资产和支付的补价都应以账面价值为基础计量。（　　）

5. 企业换入资产的未来现金流量和换出资产的未来现金流量相比发生较大变化的，能够表明交易的发生使企业经济状况发生了明显改变，交换具有商业实质。（　　）

6. 企业判断非货币性资产交换是否具有商业实质，应当根据的原则是实质重于形式。（　　）

7. 甲企业以其出租给一家财务及信用状况良好的上市公司作为职工宿舍的公寓楼换取乙企业出租给多个个人租户的公寓楼，因为双方用于交换的同为公寓楼，且租期、每期租金总额均相同，所以该交换不具有商业实质。（　　）

8. 某企业以一栋立即可以出售的建筑物换取一栋只能在一段较长的时间内出售的建筑物，该交换具有商业实质。（　　）

9. 从事相同经营业务的企业之间相互交换其具有类似性质和相等价值的商品，以便在不同地区销售的，这种同类别的非货币性资产交换之间不具有商业实质。（　　）

10. 对于换入资产和换出资产的公允价值所使用的输入值层次相同的，企业应当以换入资产的公允价值为基础计量。（　　）

11. 以公允价值为基础计量的非货币性资产交换，换出资产为长期股权投资的，应当视同长期股权投资处置处理，应将其公允价值与账面价值的差额计入资产处置损益。（　　）

12. 以公允价值为基础计量的非货币性资产交换，涉及补价的，支付补价方计入当期损益的金额为换出资产的公允价值与账面价值的差额。（　　）

13. 在以公允价值为基础计量的非货币性资产交换中，如果有确凿证据表明换入资产的公允价值更加可靠的，企业应在终止确认换出资产时，将换入资产的公允价值与换出资产账面价值之间的差额计入当期损益。（　　）

14. 以公允价值为基础计量的非货币性资产交换中，如果同时换入的多项资产中包含符合金融工具确认和计量准则规定的金融资产的，在确定换入的其他多项资产的初始计量金额时，应将金融资产的公允价值从换出资产公允价值总额中扣除。（　　）

15. 以账面价值为基础计量的非货币性资产交换，无论是否涉及补价，在终止确认换出资产时均不确认损益。（　　）

16. 以账面价值为基础计量的非货币性资产交换，收取补价的一方，应将收取的补价按照支付补价一方补价的账面价值入账。（　　）

快速查答案

一、单选题

序号	1	2	3	4	5	6	7	8	9	10	11	12
答案	B	D	C	C	C	B	D	D	B	C	C	C

序号	13
答案	D

二、多选题

序号	1	2	3	4	5	6	7	8	9	10
答案	BD	BCD	ABC	ABD	ABC	ABC	AC	ABC	ABCD	BD

三、判断题

序号	1	2	3	4	5	6	7	8	9	10	11	12
答案	×	×	×	√	√	√	×	√	√	×	×	√

续表

序号	13	14	15	16						
答案	√	√	√	×						

参考答案及解析

一、单选题

1. 【答案】B 【解析】本题考查的知识点是非货币性资产交换的概念。货币性资产，是指企业持有的货币资金和收取固定或可确定的金额的货币资金的权利，包括库存现金、银行存款、应收账款、应收票据和准备持有至到期的债券投资（即债权投资）等。因此，选项 B 正确。

2. 【答案】D 【解析】本题考查的知识点是非货币性资产交换的概念。企业与所有者或所有者以外方面的非货币性资产非互惠转让（如以非货币性资产作为股利发放给股东，或以非货币性资产向职工发放福利，或政府无偿提供非货币性资产给企业等）或在企业合并、债务重组中取得的非货币性资产，或企业以发行股票形式取得的非货币性资产，或企业以存货换取客户的非货币性资产，或关联方之间发生的非货币性资产交换，或企业用于交换的资产目前尚不存在或尚不属于本企业等，均不属于《企业会计准则第 7 号——非货币性资产交换》中规定的非货币性资产交换的范围。因此，选项 A、B、C 错误，选项 D 正确。
【总结】属于非货币性资产交换，但不适用非货币性资产交换准则的情形（见下表）。

情形	适用准则
以存货换取客户的非货币性资产	《企业会计准则第 14 号——收入》
涉及企业合并的非货币性资产交换	《企业会计准则第 2 号——长期股权投资》 《企业会计准则第 20 号——企业合并》 《企业会计准则第 33 号——合并财务报表》
涉及金融工具准则规范的金融资产的非货币性资产交换	《企业会计准则第 22 号——金融工具确认和计量》 《企业会计准则第 23 号——金融资产转移》
涉及租赁准则规范的使用权资产或应收融资租赁款等的非货币性资产交换	《企业会计准则第 21 号——租赁》

3. 【答案】C 【解析】本题考查的知识点是非货币性资产交换的定义。货币性资产，是指企业持有的货币资金和收取固定或可确定的金额的货币资金的权利，包括库存现金、银行存款、应收账款、应收票据和准备持有至到期的债券投资（即债权投资）等。所以，"以应收票据换入投资性房地产"、"以应收账款换入一块土地使用权"和"以长期股权投资换入债权投资"，均不属于非货币性资产交换。因此，选项 A、B、D 错误。

4. 【答案】C 【解析】本题考查的知识点是非货币性资产交换的定义和非货币性资产交换的认定。
（1）以公允价值为 2 000 万元的不动产偿还 2 000 万元的银行借款，适用《企业会计准则第 12 号——债务重组》的规定进行会计处理。因此，选项 A 错误。
（2）企业以非货币性资产向职工发放非货币性福利的，适用《企业会计准则第 9 号——职工薪酬》的相关规定进行会计处理。因此，选项 B 错误。

（3）以公允价值为 300 万元的生产设备换入价值 300 万元的使用权资产，适用《企业会计准则第 7 号——非货币性资产交换》的规定进行会计处理。因此，选项 C 正确。

（4）以公允价值为 40 万元的管理用汽车换入价值 60 万元的货车，并支付补价 20 万元。其中，支付的补价金额占整个非货币性资产交换价值的比重 = 20/60 = 33.33%，超过补价占整个资产交换金额的比例低于 25% 的规定，所以，不适用《企业会计准则第 7 号——非货币性资产交换准则》的规定进行会计处理。因此，选项 D 错误。

5. 【答案】C 【解析】本题考查的知识点是非货币性资产交换的确认和计量原则——非货币性资产交换的计量原则。非货币性资产交换同时满足下列条件的，应当以公允价值为基础计量：

（1）该项交换具有商业实质；

（2）换入资产或换出资产的公允价值能够可靠地计量。

因此，选项 C 正确。

6. 【答案】B 【解析】本题考查的知识点是非货币性资产交换的会计处理——以公允价值为基础计量的非货币性资产交换的会计处理。甲公司该业务影响当期损益的金额 = 115 − (180 − 60) = −5（万元）。因此，选项 B 正确。

甲公司会计分录如下：

借：固定资产　　　　　　1 150 000
　　累计摊销　　　　　　　600 000
　　资产处置损益　　　　　 50 000
　　　贷：无形资产　　　　　　 1 800 000

7. 【答案】D 【解析】本题考查的知识点是非货币性资产交换的会计处理——以公允价值为基础计量的非货币性资产交换的会计处理。甲公司该业务影响 2×24 年 8 月利润表中"营业利润"的金额 = 230 − 180 = 50（万元）。因此，选项 D 正确。

甲公司会计分录如下：

借：无形资产　　　　　　2 200 000
　　银行存款　　　　　　　100 000
　　　贷：主营业务收入　　　　 2 300 000
借：主营业务成本　　　　1 800 000
　　　贷：库存商品　　　　　　 1 800 000

8. 【答案】D 【解析】本题考查的知识点是非货币性资产交换的会计处理——以公允价值为基础计量的非货币性资产交换的会计处理。甲公司换取的库存商品的入账价值 = 230 × (1 + 13%) − 200 × 13% − 23.9 = 210（万元）。因此，选项 D 正确。

甲公司应作如下会计分录：

借：固定资产清理　　　　1 500 000
　　累计折旧　　　　　　　300 000
　　　贷：固定资产　　　　　　 1 800 000
借：库存商品　　　　　　2 100 000
　　应交税费——应交增值税（进项税额）
　　　　　　　　　　　　　260 000
　　银行存款　　　　　　　239 000
　　　贷：固定资产清理　　　　 1 500 000
　　　　　应交税费——应交增值税（销项税额）
　　　　　　　　　　　　　　 299 000
　　　　　资产处置损益　　　　　 800 000

【提示】以公允价值为基础计量的非货币性资产交换中，题目涉及增值税的，条件中换入资产的公允价值主要用于计算换入资产的增值税进项税额，一般不能直接作为换入资产的入账价值。

9. 【答案】B 【解析】本题考查的知识点是非货币性资产交换的会计处理——以公允价值为基础计量的非货币性资产交换的会计处理。甲公司换入专利技术的入账价值 = 700 × (1 + 13%) + 109 = 900（万元）。因此，选项 B 正确。

10. 【答案】C 【解析】本题考查的知识点是非货币性资产交换的会计处理——以公允价值为基础计量的非货币性资产交换的会计处理。甲公司该业务影响 2×23 年 9 月利润表中"利润总额"项目的金额 = 46 500 × 20% − (8 500 − 2 500) = 3 300（万元）。因此，选项 C 正确。会计分录（甲公司）如下：

借：长期股权投资——成本
　　　　　　　　　　　　75 000 000
　　　贷：其他业务收入　　　 75 000 000
借：其他业务成本　　　 60 000 000
　　投资性房地产——累计折旧
　　　　　　　　　　　　25 000 000

贷：投资性房地产——成本

　　　　　　　85 000 000

2×23 年 7 月 1 日，甲公司享有的乙公司可辨认净资产公允价值的份额 = 46 500 × 20% = 9 300（万元），由于该长期股权投资的初始投资成本 7 500 万元小于当日享有的乙公司可辨认净资产公允价值的份额 9 300 万元，因此，应当调整长期股权投资的初始入账价值。

借：长期股权投资——成本

　　　　　　　18 000 000

贷：营业外收入　18 000 000

11.【答案】C　【解析】本题考查的知识点是非货币性资产交换的会计处理——以公允价值为基础计量的非货币性资产交换的会计处理。甲公司换入研发设备的入账价值 = [（7 500 + 2 000 + 500） − 2 000] × 3 000/(3 000 + 7 000) = 2 400（万元）。因此，选项 C 正确。会计分录（甲公司）如下：

借：固定资产清理　　　60 000 000

　　累计折旧　　　　　20 000 000

　　贷：固定资产　　　　80 000 000

借：交易性金融资产——成本

　　　　　　　　　　20 000 000

　　固定资产　　　　24 000 000

　　无形资产　　　　56 000 000

　　累计摊销　　　　10 000 000

　　贷：固定资产清理　　75 000 000

　　　　无形资产　　　　25 000 000

　　　　主营业务收入　　 5 000 000

　　　　资产处置损益　　 5 000 000

借：固定资产清理　　　15 000 000

　　贷：资产处置损益　　15 000 000

【提示】如果同时换入的多项非货币性资产中包含由《企业会计准则第 22 号——金融工具确认和计量》规范的金融资产，应当按照《企业会计准则第 22 号——金融工具确认和计量》的规定进行会计处理，在确定换入的其他多项资产的初始计量金额时，应当将金融资产公允价值从换出资产公允价值总额中扣除。

12.【答案】C　【解析】本题考查的知识点是非货币性资产交换的会计处理——以账面价值为基础计量的非货币性资产交换的会计处理。

（1）甲公司换入的投资性房地产的入账价值 = （200 − 40） + 20 = 180（万元）。因此，选项 A 错误。

（2）非货币性资产交换不具有商业实质，或者虽然具有商业实质但换入资产和换出资产的公允价值均不能可靠计量的，企业应当以换出资产的账面价值和应支付的相关税费作为换入资产的初始计量金额；无论是否支付补价，在终止确认换出资产时均不确认损益。因此，选项 B、D 错误。

（3）乙公司换入应收账款的入账价值 = 185 × 25/(160 + 25) = 25（万元）。因此，选项 C 正确。

13.【答案】D　【解析】本题考查的知识点是非货币性资产交换的会计处理——以账面价值为基础计量的非货币性资产交换的会计处理。在以账面价值为基础计量的非货币性资产交换中，换出方应按照各项换入资产的账面价值的相对比例，将换出资产的账面价值总额分摊至各项换入资产，作为各项换入资产的初始计量金额。对于同时换出的多项资产，终止确认时按照账面价值转销，不确认损益。所以，甲公司换入房屋的入账价值 = （350 + 150） × 300/(300 + 100) = 375（万元）。因此，选项 D 正确。

二、多选题

1.【答案】BD　【解析】本题考查的知识点是非货币性资产交换的定义。应收账款和应收票据，属于货币性资产，所以，选项 A、C 不属于非货币性资产交换。

2.【答案】BCD　【解析】本题考查的知识点是非货币性资产交换的认定。

（1）甲公司为房地产企业，开发完成的商品房属于甲公司存货，所以，甲公司换出的商品房应当适用《企业会计准则第 14 号——收入》的相关规定进行会计处理，选项 B 错误。

（2）甲公司持有的乙公司 5% 的股权和换取的丁公司以交易为目的的 10 万股股票属于金融资产，所以，交换中涉及金融资产的，金融资产的确认、终止确认和计量适用《企业会计准则第 22 号——金融工具确认和计量》和《企业会计准则第 23 号——金融资产转移》。因此，选项 C、D 错误。

3.【答案】ABC 【解析】本题考查的知识点是非货币性资产交换的确认和计量原则——非货币性资产交换的计量原则。非货币性资产交换同时满足下列两个条件的，应当以公允价值计量：

（1）该项交换具有商业实质；

（2）换入资产或换出资产的公允价值能够可靠地计量。

因此，选项 D 错误，选项 A、B、C 正确。

4.【答案】ABD 【解析】本题考查的知识点是非货币性资产交换的确认和计量原则。以公允价值为基础计量的非货币性资产交换，企业应当以换出资产的公允价值为基础确定换入资产的成本，换出资产的公允价值与其账面价值之间的差额计入当期损益但换出资产的公允价值不能可靠地计量或有确凿证据表明换入资产的公允价值更加可靠的，企业应当以换入资产的公允价值为基础确定换入资产的初始计量金额，换入资产的公允价值与换出资产账面价值之间的差额计入当期损益。因此，选项 A、B、D 正确。

5.【答案】ABC 【解析】本题考查的知识点是商业实质的判断——判断条件。认定某项非货币性资产交换具有商业实质，必须满足下列条件之一：

（1）换入资产的未来现金流量在风险、时间分布或金额方面与换出资产显著不同；

（2）使用换入资产所产生的预计未来现金流量现值与继续使用换出资产所产生的预计未来现金流量现值不同，且其差额与换入资产和换出资产的公允价值相比是重大的。

因此，选项 D 错误，选项 A、B、C 正确。

6.【答案】ABC 【解析】本题考查的知识点是商业实质的判断——判断条件、判断商业实质时对资产类别的考虑。

（1）企业以一项生产用的设备换入一批存货，设备作为固定资产要在较长的时间内为企业带来现金流量，而存货流动性强，能够在较短的时间内产生现金流量。两者产生现金流量的时间相差较大，即使假定两者产生未来现金流量的风险和总额均相同，可以认为上述固定资产与存货的未来现金流量显著不同，

因而交换具有商业实质。因此，选项 A 正确。

（2）企业将一项用于出租的投资性房地产，与另一企业的厂房进行交换，换入的厂房作为自用固定资产，属于不同类别的非货币性资产之间的交换。在该交换交易下，换出的投资性房地产的未来现金流量为每期的租金，换入的固定资产的未来现金流量为该厂房独立产生或包括该厂房的资产组协同产生的现金流量。通常情况下，由定期租金带来的现金流量与用于生产经营的固定资产产生的现金流量在风险、时间分布或金额方面显著不同，因而这两项资产的交换具有商业实质。因此，选项 B 正确。

（3）以持有的某上市公司 10% 的股权换入一项专利权，假定从市场参与者的角度来看，该股权与该项专利权的公允价值相同，两项资产未来现金流量的风险、时间分布和金额也相似。通过商业实质第（1）项判断条件难以得出交易是否具有商业实质的结论。根据商业实质第（2）项判断条件，对换入专利权的甲企业来说，该项专利权能够解决其生产中的技术难题，使其未来的生产产量成倍增长，从而产生的预计未来现金流量现值与换出的股权投资有较大差异，且其差额与换入资产和换出资产的公允价值相比是重大的，因而认为该交换具有商业实质。对换入股权的一方来说，其取得甲公司换出的某上市公司 10% 的股权后，对该上市公司的投资关系可能由重大影响变为控制，从而产生的预计未来现金流量现值与换出的专利权有较大差异，且其差额与换入资产和换出资产的公允价值相比也是重大的，因而可认为该交换具有商业实质。因此，选项 C 正确。

（4）用自产的石油换入同行业另一家公司自产的石油，属于从事相同经营业务的企业之间相互交换其具有类似性质和相等价值的商品，以便在不同地区销售，这种同类别的非货币性资产之间的交换不具有商业实质。实务中，这种交换通常发生在某些特定商品上，常见的例子如石油、汽油或牛奶等。因此，选项 D 错误。

7.【答案】AC 【解析】本题考查的知识点是非货币性资产交换的认定、非货币性资产交换

的会计处理——以公允价值为基础计量的非货币性资产交换的会计处理。

（1）换出资产为长期股权投资的，应将换出资产公允价值与其账面价值的差额计入投资收益。因此，选项 A 正确。

（2）换出资产为存货的，根据《企业会计准则第 1 号——存货》的规定，应按换入资产的公允价值确认营业收入，按换出资产的账面价值确认营业成本。因此，选项 B 错误，选项 C 正确。

（3）换出资产为固定资产的，应当视同资产处置处理，即将换出资产的公允价值与账面价值之间的差额计入当期损益（即资产处置损益）。因此，选项 D 错误。

8.【答案】ABC 【解析】本题考查的知识点是非货币性资产交换的认定、非货币性资产交换的会计处理——以公允价值为基础计量的非货币性资产交换的会计处理。

（1）选项 A，适用《企业会计准则第 7 号——非货币性资产交换》的规定。因此，选项 A 正确。

（2）选项 B，甲公司应以换出土地使用权的公允价值为基础计量换入股权投资的成本，换出土地使用权的公允价值与账面价值的差额，应确认损益（即资产处置损益）。因此，选项 B 正确。

（3）丙公司应以换出股权投资的公允价值为基础计量换入土地使用权成本。因此，选项 C 正确。

（4）丙公司以发行普通股方式换取生产线，属于权益性交易，不适用《企业会计准则第 7号——非货币性资产交换》的规定。因此，选项 D 错误。

9.【答案】ABCD 【解析】本题考查的知识点是非货币性资产交换的会计处理——以账面价值为基础计量的非货币性资产交换的会计处理。在以账面价值为基础计量的非货币性资产交换中，涉及补价的情况下，换入资产成本的会计处理，应分以下两种情况分析：

（1）支付补价方换入资产成本 = 换出资产的账面价值 + 支付补价的账面价值 + 应支付的相关税费

（2）收到补价方换入资产成本 = 换出资产的

账面价值 – 收到补价的账面价值 + 应支付的相关税费

因此，选项 A、B、C、D 正确。

10.【答案】BD 【解析】本题考查的知识点是非货币性资产交换的会计处理——以账面价值为基础计量的非货币性资产交换的会计处理。（1）涉及补价的，换入资产的成本为换出资产的账面价值和支付补价的账面价值。因此，选项 A 错误。（2）以账面价值为基础计量的非货币性资产交换，无论是否支付补价，在终止确认换出资产时均不确认损益。因此，选项 C 错误。

三、判断题

1.【答案】× 【解析】本题考查的知识点是非货币性资产交换的定义。甲企业通过发行普通股股票取得乙企业固定资产，甲企业按照《企业会计准则第 4 号——固定资产》的相关规定进行会计处理。

2.【答案】× 【解析】本题考查的知识点是非货币性资产交换的认定。投资方以一项固定资产出资取得对被投资方的权益性投资，对于投资方来说，换出资产为固定资产，换入资产为长期股权投资，属于非货币性资产交换；对于被投资方来说，则属于接受权益性投资，不属于非货币性资产交换。因此，本题的说法是错误的。

3.【答案】× 【解析】本题考查的知识点是非货币性资产交换的认定。对于公允价值能够可靠确定的非货币性资产，非货币性资产交换的认定条件可以用下面的公式表示：

（1）支付的货币性资产/换入资产公允价值（或换出资产公允价值 + 支付的货币性资产）＜25%

（2）收到的货币性资产/换出资产公允价值（或换入资产公允价值 + 收到的货币性资产）＜25%

因此，本题的说法是错误的。

4.【答案】√ 【解析】本题考查的知识点是非货币性资产交换的确认和计量原则——非货币性资产交换的计量原则。以账面价值为基础计量的非货币性资产交换，企业应当以换出资产的账面价值为基础确定换入资产的初始计量金额，换出资产终止确认时不确认损益。因此，本题的说法是正确的。

5. 【答案】√ 【解析】本题考查的知识点是非货币性资产交换具有商业实质的判断。只有当换入资产的未来现金流量和换出资产的未来现金流量相比发生较大变化，或使用换入资产进行经营和继续使用换出资产进行经营所产生的预计未来现金流量现值之间的差额较大时，才表明该交易的发生使企业经济状况发生了明显改变，交换才因而具有商业实质。因此，本题的说法是正确的。

6. 【答案】√ 【解析】本题考查的知识点是非货币性资产交换具有商业实质的判断。企业应当根据实质重于形式的原则，判断非货币性资产交换是否具有商业实质。因此，本题的说法是正确的。

7. 【答案】× 【解析】本题考查的知识点是非货币性资产交换具有商业实质的判断——判断条件。甲企业以其用于经营出租的一幢公寓楼，与乙企业同样用于经营出租的一幢公寓楼进行交换，两幢公寓楼的租期、每期租金总额均相同，但是甲企业的公寓楼是租给一家财务及信用状况良好的知名上市公司作为职工宿舍，乙企业的公寓楼则是租给多个个人租户。相比较而言，甲企业无法取得租金的风险较小，乙企业取得租金依赖于各个个人租户的财务和信用状况，两者现金流量流入的风险或不确定性程度存在明显差异，可以认为两幢公寓楼的未来现金流量显著不同，因而交换具有商业实质。因此，本题的说法是错误的。

8. 【答案】√ 【解析】本题考查的知识点是非货币性资产交换具有商业实质的判断——判断商业实质时对资产类别的考虑。企业将其拥有的一幢建筑物，与另一企业拥有的在同一地点的另一幢建筑物进行交换，两幢建筑物的建造时间、建造成本等均相同，属于同类别的非货币性资产之间的交换。在该交换交易下，两幢建筑物未来现金流量的风险、时间分布和金额可能相同，也可能不同。如果其中一幢建筑物可以立即出售，企业管理层也打算将其立即出售，而另一幢建筑物难以出售或只能在一段较长的时间内出售，则可以表明两项资产未来现金流量的风险、时间分布或金额显著不同，因而这两项资产的交换具有商业实质。因此，本题的说法是正确的。

9. 【答案】√ 【解析】本题考查的知识点是非货币性资产交换具有商业实质的判断——判断商业实质时对资产类别的考虑。从事相同经营业务的企业之间相互交换其有类似性质和相等价值的商品，以便在不同地区销售，这种同类别的非货币性资产之间的交换不具有商业实质。因此，本题的说法是正确的。

10. 【答案】× 【解析】本题考查的知识点是非货币性资产交换的会计处理——以公允价值为基础计量的非货币性资产交换的会计处理。对于换入资产和换出资产的公允价值所使用的输入值层次相同的企业应当以换出资产的公允价值为基础计量。因此，本题的说法是错误的。

11. 【答案】× 【解析】本题考查的知识点是非货币性资产交换的会计处理——以公允价值为基础计量的非货币性资产交换的会计处理。换出资产为长期股权投资的，应当视同长期股权投资处置处理，应将其公允价值与账面价值的差额计入投资收益。因此，本题的说法是错误的。

12. 【答案】√ 【解析】本题考查的知识点是非货币性资产交换的会计处理——以公允价值为基础计量的非货币性资产交换，涉及补价的，支付补价方计入当期损益的金额为换出资产的公允价值与账面价值的差额。因此，本题的说法是正确的。

13. 【答案】√ 【解析】本题考查的知识点是非货币性资产交换的会计处理——以公允价值为基础计量的非货币性资产交换的会计处理。在以公允价值为基础计量的非货币性资产交换中，换出资产的公允价值不能够可靠计量，或换入资产和换出资产的公允价值均能够可靠计量但有确凿证据表明换入资产的公允价值更加可靠的，应当在终止确认时，将换入资产的公允价值与换出资产账面价值之间的差额计入当期损益。因此，本题的说法是正确的。

14. 【答案】√ 【解析】本题考查的知识点是非

货币性资产交换的会计处理——以公允价值为基础计量的非货币性资产交换的会计处理。需要说明的是，如果同时换入的多项非货币性资产中包含由《企业会计准则第22号——金融工具确认和计量》规范的金融资产，应当按照《企业会计准则第22号——金融工具确认和计量》的规定进行会计处理，在确定换入的其他多项资产的初始计量金额时，应当将金融资产公允价值从换出资产公允价值总额中扣除。因此，本题的说法是正确的。

15.【答案】√【解析】本题考查的知识点是非货币性资产交换的会计处理——以账面价值为基础计量的非货币性资产交换的会计处理。非货币性资产交换不具有商业实质，或者虽然具有商业实质但换入资产和换出资产的公允价值均不能可靠计量的，企业应当以换出资产的账面价值和应支付的相关税费作为换入资产的初始计量金额；无论是否支付补价，在终止确认换出资产时均不确认损益。

16.【答案】×【解析】本题考查的知识点是非货币性资产交换的会计处理——以账面价值为基础计量的非货币性资产交换的会计处理。以账面价值为基础计量的非货币性资产交换，收取补价的一方，应当按照收取补价的公允价值入账。因此，本题的说法是错误的。

第十五章

第十六章　债务重组

教材变化

2025 年本章教材无实质性变化。

考情分析

本章主要内容是债务重组的定义、债务重组的方式、债权和债务的终止确认、债权人的会计处理、债务人的会计处理。本章为 2022 年新增内容，2022～2024 年考查知识点范围如下表所示，其内容在各种题型中均可出现，每年分值为 2～12 分。

年份	单选题	多选题	判断题	计算分析题	综合题
2024	—	—	—	—	债务人的会计处理
2023	—	—	债务重组的定义	—	债权人的会计处理
2022	以资产清偿债务	—	—	债权人的会计处理	—

强化练习题

一、单选题

1. 下列关于债务重组的说法中，正确的是（　　）。

A. 债务重组是在不改变交易对手方的情况下进行的交易

B. 债务重组必须是在债务人发生财务困难的背景下进行

C. 债务重组强调债权人必须作出让步

D. 债权人与债务人就债务条款重新达成协议，不符合债务重组的定义

2. 下列业务中，不符合债务重组定义的是（　　）。

A. 债权人在减免债务人部分债务本金的同时提高剩余债务的利息

B. 债权人同意债务人用等值库存商品抵偿到期债务

C. 某公司以不同于原合同条款的方式代债务人向债权人偿债

D. 债权人同意债务人将剩余债务展期

3. 下列债务重组业务中，不适用债务重组准则的是（　　）。

A. 导致租赁应收款终止确认的交易安排

B. 导致租赁应付款终止确认的交易安排

C. 债权人和其他债权人对债权作出的普遍豁免部分

D. 通过债务重组形成企业合并的

4. 2×24年5月17日，甲公司欠乙公司的一笔购货款到期，由于资金不足，甲公司暂时无力偿付。2×24年6月15日，甲公司因无法支付货款与乙公司发布公告称启动债务重组。2×24年7月15日，双方就修改清偿方式达成一致意见。2×24年7月19日，双方就新的偿还时间达成一致意见并签订债务重组协议。不考虑其他因素，甲公司确认终止原先债务的时间是（　　）。

A. 2×24年5月17日

B. 2×24年6月15日

C. 2×24年7月15日

D. 2×24年7月19日

5. 债权人对于终止确认的分类为以公允价值计量且其变动计入其他综合收益的债权时，应将之前计入其他综合收益的累计利得或损失转出，记入的会计科目是（　　）。

A. 其他收益　　　　B. 投资收益

C. 资本公积　　　　D. 留存收益

6. 2×24年8月31日，甲公司应收乙公司的一笔账面价值为500万元（与公允价值相等）的货款到期，乙公司无力偿付。当日，双方达成重组协议。协议约定，乙公司以一台生产设备抵偿债务。该设备的账面原值为480万元，已计提的折旧为120万元，市场价值为450万元。不考虑其他因素，甲公司该业务影响当期损益的金额是（　　）万元。

A. 50　　　　　　B. 140

C. 90　　　　　　D. 0

7. 2×24年6月30日，甲公司应收乙公司的一笔货款到期，乙公司无力偿付，甲公司同意乙公司以一项对丙公司的长期股权投资（持股比例为25%，并采用权益法核算）抵偿债务。当日，丙公司可辨认净资产的公允价值为2 800万元；甲公司该笔应收账款的账面余额为600万元，已计提坏账准备100万元，公允价值为560万元。不考虑其他因素，甲公司通过债务重组取得的长期股权投资的初始入账价值为（　　）万元。

A. 500　　　　　　B. 560

C. 600　　　　　　D. 700

8. 2×24年10月31日，甲公司应收乙公司的一笔货款无法收回。当日，双方进行债务重组，甲公司同意乙公司以一项投资性房地产（采用成本模式计量）抵偿债务。该投资性房地产的账面价值为500万元，市场价值为800万元；甲公司该应收账款的账面余额为904万元，已计提坏账准备54万元，公允价值860万元。甲公司另以银行存款支付相关税费40万元，并将其转为自用。不考虑其他因素，甲公司该固定资产的初始入账价值为（　　）万元。

A. 800　　　　　　B. 860

C. 900　　　　　　D. 890

9. 甲公司同意乙公司以一项处置组抵偿前欠货款600万元。该处置组包含一项交易性金融资产、一批库存商品和一项专利权。债务重组当日，处置组中交易性金融资产、库存商品和专利权的账面价值分别为80万元、150万元和230万元，公允价值分别为100万元、200万元和300万元。甲公司该笔应收账款的公允价值为580万元。不考虑其他因素，甲公司该业务影响当期损益的金额是（　　）万元。

A. −20　　　　　　B. 140

C. 120　　　　　　D. 0

10. 债权人将通过债务重组取得的资产划分为持有待售类别的，其受让资产的入账价值为（　　）。

A. 放弃债权的公允价值与相关税费之和

B. 假定不划分为持有待售类别情况下的初始计量金额和公允价值减去出售费用后的净额二者孰低

C. 公允价值减去出售费用后的净额

D. 债务人账上的价值

11. 2×24年12月31日，甲公司同意乙公司以一条生产线清偿前欠甲公司货款，并将其划分为持有待售类别。当日，该生产线不划分为持有待售类别时的初始计量金额为750万元，公允价值减去出售费用后的净额为800万元。甲公司该应收账款的账面价值为960万元，已计提坏账准备60万元，公允价值为860万元。不考虑其他因素，甲公司该债务重组对当期损益的影响金额是（　　）万元。

A. −40　　　　　　B. 60

C. 110　　　　　　D. −150

12. 2×24 年 6 月 17 日，甲公司与乙公司进行债务重组。根据协议，甲公司以其自产产品抵偿前欠货款 600 万元。当日，甲公司抵债产品的账面价值为 400 万元，已计提存货跌价准备 50 万元，市场价值为 500 万元。已知，该产品适用的增值税税率为 13%，产品已发出并开具增值税专用发票。不考虑其他因素，甲公司应确认的债务重组收益为（　　）万元。

A. 35　　　　　　B. 100

C. 135　　　　　　D. 200

13. 2×24 年 3 月 1 日，甲公司与乙公司协商，约定以其自有的一栋办公楼和一批商品抵偿前欠乙公司货款 800 万元。该办公楼账面原值 700 万元，已计提折旧 200 万元，公允价值 600 万元；商品账面价值为 90 万元，公允价值 120 万元。当日，双方办理完资产转移及相关手续。不考虑税费等其他因素，甲公司对该项债务重组的下列会计处理正确的是（　　）。

A. 确认债务重组收益 210 万元

B. 确认商品销售收入 120 万元

C. 确认其他综合收益 100 万元

D. 确认资产处置利得 130 万元

14. 2×24 年 12 月 1 日，甲公司就前欠乙公司的一笔价值 800 万元的购货款与乙公司协商债务重组事宜。2×25 年 1 月 16 日，乙公司同意甲公司以一项专利权和交易性金融资产抵偿债务，该专利权账面原值 900 万元，已计提摊销 400 万元；交易性金融资产账面价值 100 万元，市场价值 150 万元。不考虑其他因素，甲公司下列会计处理正确的是（　　）。

A. 作为资产负债表日后调整事项进行会计处理

B. 调增期初"资产处置损益"150 万元

C. 调增期初"投资收益"50 万元

D. 确认"其他收益"200 万元

15. 2×24 年 12 月 31 日，甲公司一笔借款期限为 5 年，年利率为 6%，金额为 3 000 万元的银行借款逾期。当日，甲公司与银行达成债务重组协议。协议约定，银行免除甲公司 350 万元的债务本金，并将剩余本金的还款期限展期至 2×25 年 12 月 31 日，同时调整年利率至 8%。不考虑其他因素，甲公司该债务重组应确认"投资收益"的金额是（　　）万元。

A. 138　　　　　　B. 191

C. 300　　　　　　D. 350

二、多选题

1. 债务重组是在不改变交易对手的情况下，经债权人和债务人协定或法院裁定，就清偿债务的（　　）重新达成协议的交易。

A. 时间　　　　　　B. 金额

C. 方式　　　　　　D. 范围

2. 下列各项中，属于债务重组中涉及的债权债务的有（　　）。

A. 合同资产

B. 合同负债

C. 预计负债

D. 租赁应付款

3. 甲公司为乙公司的股东，为弥补乙公司临时性经营现金流短缺，甲公司向乙公司提供 1 000 万元无息借款，并约定于 6 个月后收回。借款期满时，乙公司确实出现财务困难，其他债权人对其债务普遍进行了减半豁免，甲公司也免除其 800 万元的无息借款。不考虑其他因素，下列说法正确的有（　　）。

A. 甲公司应将免除的 800 万元无息借款，作为债务重组进行会计处理

B. 甲公司应将正常豁免的 500 万元无息借款，作为债务重组进行会计处理

C. 甲公司应将比其他债权人多豁免的 300 万元无息借款，作为权益性交易进行会计处理

D. 甲公司应将免除的 800 万元无息借款，作为权益性交易进行会计处理

4. 甲公司为偿还债务所采取的下列方式中，属于债务重组的有（　　）。

A. 以自用的厂房进行清偿

B. 将债务转为权益工具

C. 调整债务本金

D. 以现金清偿部分债务，同时将剩余债务展期

5. 下列各项中,属于以修改债权和债务的其他条款方式进行债务重组的有( )。

A. 调整债务本金

B. 改变债务利息

C. 变更还款期限

D. 将债务转为权益工具

6. 2×23年4月15日,甲公司就乙公司所欠货款550万元与其签订债务重组协议,同意减免其债务200万元,剩余债务立即用现金清偿。当日,甲公司收到乙公司偿还的350万元存入银行。此前,甲公司已为该项应收账款计提坏账准备230万元,下列关于甲公司债务重组业务的会计处理表述中,正确的有( )。

A. 增加投资收益30万元

B. 增加营业外收入30万元

C. 增加营业外支出200万元

D. 减少应收账款账面余额550万元

7. 2×23年12月1日,甲公司因财务困难与乙公司签订债务重组协议。双方约定,甲公司以其拥有的一项无形资产抵偿所欠乙公司163.8万元货款,该项无形资产的公允价值为90万元,取得成本为120万元,已累计摊销10万元,相关手续已于当日办妥。不考虑增值税等相关税费及其他因素,下列关于甲公司会计处理的表述中,正确的有( )。

A. 确认其他收益53.8万元

B. 减少应付账款163.8万元

C. 确认无形资产处置损失20万元

D. 减少无形资产账面余额120万元

8. 增值税一般纳税人在债务重组中以固定资产清偿债务的,下列会影响债务人其他收益的有( )。

A. 固定资产清理费用

B. 重组债务的账面价值

C. 固定资产的公允价值

D. 固定资产的增值税销项税额

三、判断题

1. 债务人在破产清算期间进行债务重组,应当按照债务重组准则的规定进行会计处理。 ( )

2. 只有因财务困境导致债务人未按原定条件偿还债务,债权人和债务人就债务条款重新达成协议,才符合债务重组的定义。 ( )

3. 债权人在减免债务人部分债务本金的同时提高剩余债务的利息,属于债务重组。 ( )

4. 债权人同意债务人用等值库存商品抵偿到期债务,不属于债务重组。 ( )

5. 债权人对债务人的权益性投资通过其他人代持,债权人不具有股东身份,但实质上以股东身份进行债务重组,债权人和债务人应当认为该债务重组构成权益性交易,这体现了谨慎性原则。 ( )

6. 在报告期间已经开始协商,但在报告期资产负债表日后的债务重组,属于资产负债表日后调整事项。 ( )

7. 债权人通过债务重组方式受让固定资产的,在确定其成本时,应当考虑预计弃置费用。 ( )

8. 债权人将通过债务重组受让的资产划分为持有待售类别时,应将持有待售资产的入账价值与转销债权账面价值的差额,确认投资收益。 ( )

9. 债务重组采用以资产清偿债务方式进行的,债务人应当将所清偿债务的公允价值与转让资产账面价值之间的差额计入当期损益。 ( )

10. 债务人以包含金融资产和非金融资产等在内的多项资产清偿债务时,应按照资产类型,分别确认资产处置损益和其他收益。 ( )

11. 债务人采用将债务转为权益工具方式进行债务重组的,发行权益工具而支出的相关税费等,应当依次冲减资本公积、盈余公积、未分配利润等。 ( )

12. 债务人,如果对债务的合同条款作出"实质性修改"形成重组债务,有关现值的计算均采用原债务的实际利率。 ( )

快速查答案

一、单选题

序号	1	2	3	4	5	6	7	8	9	10	11	12
答案	A	C	D	D	B	D	D	C	A	B	D	C
序号	13	14	15									
答案	A	D	C									

二、多选题

序号	1	2	3	4	5	6	7	8
答案	ABC	ABC	BC	ABCD	ABC	AD	ABD	ABD

三、判断题

序号	1	2	3	4	5	6	7	8	9	10	11	12
答案	×	×	√	×	×	×	√	×	×	×	√	√

参考答案及解析

一、单选题

1.【答案】A 【解析】本题考查的知识点是债务重组的定义——关于交易对手方。

（1）债务重组是在不改变交易对手方的情况下进行的交易。因此，选项A正确。

（2）债务重组不强调在债务人发生财务困难的背景下进行，也不论债权人是否作出让步。因此，选项B、C错误。

（3）无论何种原因导致债务人未按原定条件偿还债务，也无论双方是否同意债务人以低于债务的金额偿还债务，只要债权人和债务人就债务条款重新达成了协议，就符合债务重组的定义。因此，选项D错误。

2.【答案】C 【解析】本题考查的知识点是债务重组的定义——关于交易对手方。债务重组是在不改变交易对手方的情况下进行的交易。因此，选项C正确。

3.【答案】D 【解析】本题考查的知识点是债务重组的定义——关于债权和债务的范围。通过债务重组形成企业合并的，适用企业合并准则。因此，选项D正确。

4.【答案】D 【解析】本题考查的知识点是债权和债务的终止确认。由于债权人与债务人之间进行的债务重组涉及债权和债务的认定，以及清偿方式和期限等的协商，通常需要经历较长时间，例如破产重整中进行的债务重组。只有在符合金融资产和金融负债终止确认条件时才能终止确认相关债权和债务，并确认债务重组的相关损益，即债权人在收取债权现金流量的合同权利终止时终止确认债权，债务人在债务的现时义务解除时终止确认债务。所以，甲公司确认终止原先债务的时间是2×24年7月19日。因此，选项D正确。

5. **【答案】** B **【解析】** 本题考查的知识点是债权和债务的终止确认。对于终止确认的分类为以公允价值计量且其变动计入其他综合收益的债权，之前计入其他综合收益的累计利得或损失应当从其他综合收益中转出，记入"投资收益"科目。因此，选项 B 正确。

6. **【答案】** D **【解析】** 本题考查的知识点是债权人的会计处理——以资产清偿债务或将债务转为权益工具。甲公司该业务影响当期损益的金额 = 500 − 500 = 0。因此，选项 D 正确。

会计分录如下：

借：固定资产　　　　　　5 000 000
　　贷：应收账款　　　　　　　5 000 000

7. **【答案】** D **【解析】** 本题考查的知识点是债权人的会计处理——以资产清偿债务或将债务转为权益工具。

（1）甲公司通过债务重组取得的长期股权投资的初始投资成本 = 560 万元。

（2）债务重组当日，甲公司享有的丙公司可辨认净资产的公允价值份额 = 2 800 × 25% = 700（万元）。

因为债务重组日，甲公司享有的丙公司可辨认净资产的公允价值份额 700 万元大于通过债务重组取得的长期股权投资的初始投资成本 560 万元。所以，甲公司应将该长期股权投资的初始入账价值调整至 700 万元，差额计入营业外收入。因此，选项 D 正确。甲公司会计分录如下：

借：长期股权投资——投资成本
　　　　　　　　　　　　5 600 000
　　坏账准备　　　　　　1 000 000
　　贷：应收账款　　　　　　　6 000 000
　　　　投资收益　　　　　　　600 000

借：长期股权投资——投资成本
　　　　　　　　　　　　1 400 000
　　贷：营业外收入　　　　　　1 400 000

8. **【答案】** C **【解析】** 本题考查的知识点是债权人的会计处理——以资产清偿债务或将债务转为权益工具。甲公司该固定资产的初始入账价值 = 860 + 40 = 900（万元）。因此，选项 C 正确。甲公司会计分录如下：

借：固定资产　　　　　　9 000 000
　　坏账准备　　　　　　　540 000

　　贷：应收账款　　　　　　　9 040 000
　　　　银行存款　　　　　　　400 000
　　　　投资收益　　　　　　　100 000

9. **【答案】** A **【解析】** 本题考查的知识点是债权人的会计处理——以资产清偿债务或将债务转为权益工具。甲公司该业务影响当期损益的金额 = 580 − 600 = − 20（万元）。因此，选项 A 正确。

甲公司会计分录如下：

借：交易性金融资产——成本
　　　　　　　　　　　　1 000 000
　　库存商品　　　　　　1 920 000
　　无形资产　　　　　　2 880 000
　　投资收益　　　　　　　200 000
　　贷：应收账款　　　　　　　6 000 000

10. **【答案】** B **【解析】** 本题考查的知识点是债权人的会计处理——以资产清偿债务或将债务转为权益工具。债务人以资产或处置组清偿债务，且债权人在取得日将其划分为持有待售类别的，债权人应当在初始计量时，比较假定其不划分为持有待售类别情况下的初始计量金额和公允价值减去出售费用后的净额，以两者孰低计量。因此，选项 B 正确。

11. **【答案】** D **【解析】** 本题考查的知识点是债权人的会计处理——以资产清偿债务或将债务转为权益工具。甲公司该债务重组对当期损益的影响金额 = 750 − (960 − 60) = − 150（万元）。因此，选项 D 正确。甲公司会计分录如下：

借：持有待售资产　　　　7 500 000
　　坏账准备　　　　　　　600 000
　　资产减值损失　　　　1 500 000
　　贷：应收账款　　　　　　　9 600 000

12. **【答案】** C **【解析】** 本题考查的知识点是债务人以资产清偿债务。甲公司应确认的债务重组收益 = 600 − 400 − 500 × 13% = 135（万元）。因此，选项 C 正确。会计分录如下：

借：应付账款　　　　　　6 000 000
　　存货跌价准备　　　　　500 000
　　贷：库存商品　　　　　　　4 500 000
　　　　应交税费——应交增值税（销项税额）　　　　　　　650 000
　　　　其他收益　　　　　　　1 350 000

13.【答案】A 【解析】本题考查的知识点是债务人以资产清偿债务。甲公司应确认的债务重组收益 = 800 –（700 – 200）– 90 = 210（万元）。因此，选项A正确。会计分录如下：

借：固定资产清理　　　　5 000 000
　　累计折旧　　　　　　2 000 000
　　　贷：固定资产　　　　　　7 000 000
借：应付账款　　　　　　8 000 000
　　　贷：固定资产清理　　　　5 000 000
　　　　　库存商品　　　　　　　900 000
　　　　　其他收益　　　　　　2 100 000

14.【答案】D 【解析】本题考查的知识点是债权和债务的终止确认和债务人的会计处理——债务人以资产清偿债务。在报告期间已经开始协商，但在报告期资产负债表日后的债务重组，不属于资产负债表日后调整事项。因此，选项A、B、C错误。会计分录如下：

借：应付账款　　　　　　8 000 000
　　累计摊销　　　　　　4 000 000
　　　贷：无形资产　　　　　　9 000 000
　　　　　交易性金融资产　　　1 000 000
　　　　　其他收益　　　　　　2 000 000

15.【答案】C 【解析】本题考查的知识点是"债权和债务的终止确认"和"债务人的会计处理——修改其他条款"。甲公司该债务重组应确认"投资收益"的金额 = 3 000 –（3 000 – 350）×（1 + 8%）/（1 + 6%）= 300（万元）。因此，选项C正确。

会计分录如下：

借：长期借款——本金　　30 000 000
　　　贷：长期借款——本金　　27 000 000
　　　　　投资收益　　　　　　3 000 000

【提示】甲公司借款的新现金流量现值 =（3 000 – 350）×（1 + 8%）/（1 + 6%）= 2 700（万元）。

甲公司借款债务重组的未来现金流量现值与原债务的剩余期间现金流量现值的比例 =（2 700 – 2 650）/2 650 = 1.89%。该比例小于10%，所以，债务重组后剩余部分的借款1 500万元不构成实质性修改。因此，不应终止确认1 500万元的债务。

二、多选题

1.【答案】ABC 【解析】本题考查的知识点是债务重组的定义。债务重组是在不改变交易对手的情况下，经债权人和债务人协定或法院裁定，就清偿债务的时间、金额或方式等重新达成协议的交易。因此，选项A、B、C正确。

2.【答案】ABC 【解析】本题考查的知识点是债务重组的定义——关于债权和债务的范围。债务重组涉及的债权和债务，是符合金融资产和金融负债定义的债权和债务，针对合同资产、合同负债、预计负债等进行的交易安排，不属于债务重组，导致租赁应收款和租赁应付款终止确认的交易安排，属于债务重组。因此，选项A、B、C正确。

3.【答案】BC 【解析】本题考查的知识点是债务重组的定义——关于债权和债务的范围。本题中，债务人乙公司确实出现财务困难，其他债权人对其债务普遍进行了减半的豁免，那么甲公司作为股东比其他债权人多豁免300万元债务的交易应当作为权益性交易，正常豁免500万元债务的交易确认债务重组相关损益。因此，选项A、D错误，选项B、C正确。

4.【答案】ABCD 【解析】本题考查的知识点是债务重组方式。债务重组的方式主要包括：以资产清偿债务、债务转为权益工具、修改其他债务条件，以及前述一种以上方式的组合。因此，选项A、B、C、D正确。

5.【答案】ABC 【解析】本题考查的知识点是债务重组方式。调整债务本金、改变债务利息、变更还款期限等，属于以修改其他条款的方式进行债务重组。因此，选项A、B、C正确。

6.【答案】AD 【解析】本题考查的知识点是债权人的会计处理。甲公司该债务重组的会计分录为：

借：银行存款　　　　　　3 500 000
　　坏账准备　　　　　　2 300 000
　　　贷：应收账款　　　　　　5 500 000
　　　　　投资收益　　　　　　300 000

因此，选项B、C错误，选项A、D正确。

7.【答案】ABD 【解析】本题考查的知识点是

债权人的会计处理——以资产清偿债务或将债务转为权益工具。债务人以非金融资产清偿债务，不需要区分资产处置损益和债务重组损益，也不需要区分不同资产的处置损益，而将所清偿债务账面价值与转让资产账面价值之间的差额记入"其他收益"科目。因此，选项 A、B、D 正确。会计分录如下：

借：应付账款　　　　　　1 638 000

　　累计摊销　　　　　　　100 000

　　贷：无形资产　　　　　　1 200 000

　　　　其他收益　　　　　　　538 000

8.【答案】ABD　【解析】本题考查的知识点是债务人的会计处理——债务人以资产清偿债务。（1）债务人以固定资产清偿债务，应先对固定资产进行清理，再进行债务重组的账务处理。债务人应确认重组收益（记入"其他收益"科目）=债务账面价值-固定资产清理账面价值-固定资产处置发生的销项税额=债务账面价值-（固定资产账面价值+清理费用）-抵债固定资产的销项税额。因此，选项 A、B、D 正确。（2）债务人应按固定资产账面价值为基础计算重组收益，而非固定资产的公允价值。因此，选项 C 错误。

三、判断题

1.【答案】×　【解析】本题考查的知识点是债务重组的定义。债务人在破产清算期间进行的债务重组，应当按照企业破产清算有关会计处理规定处理。因此，本题的说法是错误的。

2.【答案】×　【解析】本题考查的知识点是债务重组的定义——关于交易对手方。债务重组不强调在债务人发生财务困难的背景下进行，也不论债权人是否作出让步。也就是说，无论何种原因导致债务人未按原定条件偿还债务，也无论双方是否同意债务人以低于债务的金额偿还债务，只要债权人和债务人就债务条款重新达成了协议，就符合债务重组的定义。因此，本题的说法是错误的。

3.【答案】√　【解析】本题考查的知识点是债务重组的定义——关于交易对手方。无论何种原因导致债务人未按原定条件偿还债务，也无论双方是否同意债务人以低于债务的金额偿还债务，只要债权人和债务人就债务条

款重新达成了协议，就符合债务重组的定义，所以债权人在减免债务人部分债务本金的同时提高剩余债务的利息，属于债务重组。因此，本题的说法是正确的。

4.【答案】×　【解析】本题考查的知识点是债务重组的定义——关于交易对手方。无论何种原因导致债务人未按原定条件偿还债务，也无论双方是否同意债务人以低于债务的金额偿还债务，只要债权人和债务人就债务条款重新达成了协议，就符合债务重组的定义，所以债权人同意债务人用等值库存商品抵偿到期债务，属于债务重组。因此，本题的说法是错误的。

5.【答案】×　【解析】本题考查的知识点是债务重组的定义——关于债权和债务的范围。企业在判断债务重组是否构成权益性交易时，应当遵循实质重于形式原则。例如，假设债权人对债务人的权益性投资通过其他人代持，债权人不具有股东身份，但实质上以股东身份进行债务重组，债权人和债务人应当认为该债务重组构成权益性交易。因此，本题的说法是错误的。

6.【答案】×　【解析】本题考查的知识点是债权和债务的终止确认。对于在报告期间已经开始协商，但在报告期资产负债表日后的债务重组，不属于资产负债表日后调整事项。因此，本题的说法是错误的。

7.【答案】√　【解析】本题考查的知识点是债权人的会计处理——以资产清偿债务或将债务转为权益工具。债权人通过债务重组方式受让固定资产的，该固定资产的成本包括放弃债权的公允价值，以及使该资产达到预定可使用状态前所发生的可直接归属于该资产的税金、运输费、装卸费、安装费、专业人员服务费等其他成本。确定固定资产成本时，应当考虑预计弃置费用因素。因此，本题的说法是正确的。

8.【答案】×　【解析】本题考查的知识点是债权人的会计处理——以资产清偿债务或将债务转为权益工具。债务人以资产或处置组清偿债务，且债权人在取得日未将受让的相关资产或处置组作为非流动资产和非流动负债核算，而是将其划分为持有待售类别的，债

权人应当在初始计量时，比较假定其不划分为持有待售类别情况下的初始计量金额和公允价值减去出售费用后的净额，以两者孰低计量，借记"持有待售资产"等科目，转销债权账面价值，借记"坏账准备"等科目，贷记"应收账款"等科目，按其差额借记"资产减值损失"科目。因此，本题的说法是错误的。

9. 【答案】× 【解析】本题考查的知识点是债务人的会计处理——债务人以资产清偿债务。债务重组采用以资产清偿债务方式进行的，债务人应当将所清偿债务账面价值与转让资产账面价值之间的差额计入当期损益。因此，本题的说法是错误的。

10. 【答案】× 【解析】本题考查的知识点是债务人的会计处理——债务人以资产清偿债务。债务人以单项或多项非金融资产（如固定资产、日常活动产出的商品或服务等）清偿债务，或者以包括金融资产和非金融资产在内的多项资产清偿债务的，不需要区分资产处置损益和债务重组损益，也不需要区分不同资产的处置损益，而应将所清偿债务账面价值与转让资产账面价值之间的差额，借记或贷记"其他收益——债务重组收益"科目。

11. 【答案】√ 【解析】本题考查的知识点是债务人的会计处理——债务人将债务转为权益工具。债务重组采用将债务转为权益工具方式进行的，因发行权益工具而支出的相关税费等，应当依次冲减资本公积、盈余公积、未分配利润等。因此，本题的说法是正确的。

【提示】债务重组采用将债务转为权益工具方式进行的，债务人初始确认权益工具时，应当按照权益工具的公允价值计量，权益工具的公允价值不能可靠计量的，应当按照所清偿债务的公允价值计量。

12. 【答案】√ 【解析】本题考查的知识点是"债权和债务的终止确认"。对于债务人，如果对债务或部分债务的合同条款作出"实质性修改"形成重组债务，或者债权人与债务人之间签订协议，以承担"实质上不同"的重组债务方式替换债务，债务人应当终止确认原债务，同时按照修改后的条款确认一项新金融负债。其中如果重组债务未来现金流量（包括支付和收取的某些费用）现值与原债务的剩余期间现金流量现值之间的差异超过10%，则意味着新的合同条款进行了"实质性修改"或者重组债务是"实质上不同"的，有关现值的计算均采用原债务的实际利率。

第十七章 所 得 税

教材变化

2025 年本章调整不大，调整的内容以文字细节居多。

考情分析

本章主要内容是所得税核算的基本原理和程序、资产的计税基础、负债的计税基础、暂时性差异、递延所得税负债的确认和计量、递延所得税资产的确认和计量、特定交易或事项涉及递延所得税的确认、所得税税率变化对递延所得税资产和递延所得税负债影响的确认与计量、当期所得税、递延所得税、所得税费用的计算与列报、合并财务报表中因抵销未实现内部交易损益产生的递延所得税。2020～2024 年考查的知识点范围如下表所示，其内容在各种题型中均可出现，每年分值为 5～20 分。

年份	单选题	多选题	判断题	计算分析题	综合题
2024	—	—	—	资产的计税基础、负债的计税基础、递延所得税负债的确认和计量、递延所得税资产的确认和计量、所得税费用的计算与列报	—
2023	所得税费用的计算与列报	—	—	—	以公允价值计量且其变动计入当期损益的金融资产的计税基础、政府补助的递延所得税影响、可抵扣暂时性差异；预计负债的计税基础、递延所得税负债的确认和计量、递延所得税资产的确认和计量
2022	递延所得税负债的确认和计量	递延所得税负债的确认和计量、递延所得税资产的确认和计量	—	—	以公允价值计量且其变动计入当期损益的金融资产的计税基础、预计负债的计税基础、可抵扣暂时性差异
2021	固定资产的计税基础、可抵扣暂时性差异	可抵扣暂时性差异	以公允价值计量且其变动计入当期损益的金融资产的计税基础	—	—

续表

年份	单选题	多选题	判断题	计算分析题	综合题
2020	固定资产的计税基础；以公允价值计量且其变动计入当期损益的金融资产的计税基础	—	递延所得税资产的计量	—	以公允价值计量且其变动计入当期损益的金融资产的计税基础、无形资产的计税基础、存货的计税基础、其他负债的计税基础、当期所得税、递延所得税

强化练习题

一、单选题

1. 资产的计税基础是（　　）。

   A. 按照会计准则规定进行核算所提供的资产负债表中资产的应有金额

   B. 按照会计制度规定进行核算所提供的资产负债表中资产的应有金额

   C. 按照税法规定进行核算所提供的资产负债表中资产的应有金额

   D. 按照税法规定进行核算所提供的资产账户中的应有金额

2. 2×23 年 12 月 15 日，甲公司购入的一台需安装的环保设备达到预定可使用状态，该设备的入账价值为 100 万元，预计使用年限为 5 年，预计净残值为 0，采用年限平均法计提折旧。2×24 年 12 月 31 日，该环保设备的可回收金额为 56 万元。税法规定，该设备采用双倍余额递减法计提的折旧可税前扣除，计提的减值准备在该设备发生实质性损失之前不允许税前扣除。不考虑其他因素，2×24 年 12 月 31 日该设备的计税基础是（　　）万元。

   A. 80　　　　　　　　B. 60

   C. 56　　　　　　　　D. 24

3. 甲公司于 2×24 年 1 月 1 日开始对 N 设备进行折旧，N 设备的初始入账成本为 30 万元，预计使用年限为 5 年，预计净残值为 0，采用双倍余额递减法计提折旧。2×24 年 12 月 31 日，该设备出现减值迹象，可收回金额为 15 万元。税法规定，2×24 年到 2×27 年，每年税前可抵扣的折旧费用为 6 万元。2×24 年 12 月 31 日 N 设备产生的暂时性差异为

（　　）万元。

   A. 18　　　　　　　　B. 15

   C. 12　　　　　　　　D. 9

4. 2×23 年 12 月 31 日，甲公司以银行存款 180 万元外购一台生产用设备并立即投入使用，预计使用年限为 5 年，预计净残值为 30 万元，采用年数总和法计提折旧。当日，该设备的初始入账金额与计税基础一致。根据税法规定，该设备在 2×24 年至 2×28 年每年可予税前扣除的折旧金额均为 36 万元。不考虑其他因素，2×24 年 12 月 31 日，该设备的账面价值与计税基础之间形成的暂时性差异为（　　）万元。

   A. 36　　　　　　　　B. 0

   C. 24　　　　　　　　D. 14

5. 2×23 年 12 月 7 日，甲公司以银行存款 600 万元购入一台生产设备并立刻投入使用，该设备取得时的成本与计税基础一致，2×24 年度甲公司对该固定资产计提折旧费 200 万元，企业所得税纳税申报时允许税前扣除的折旧额为 120 万元，2×24 年 12 月 31 日，甲公司估计该项固定资产的可回收金额为 460 万元，不考虑增值税相关税费及其他因素，2×24 年 12 月 31 日，甲公司该项固定资产产生的暂时性差异为（　　）。

   A. 可抵扣暂时性差异 80 万元

   B. 应纳税暂时性差异 60 万元

   C. 可抵扣暂时性差异 140 万元

   D. 应纳税暂时性差异 20 万元

6. 2×24 年 1 月 1 日，甲企业自行研发的一项专利技术达到预定可使用状态，该专利技术研

发成本 600 万元（全部满足资本化条件）。税法规定，企业开展研发活动中实际发生的研发费用，形成无形资产的，按照无形资产成本的 200% 在税前摊销。不考虑其他因素，下列说法正确的是（　　）。

A. 该专利技术的初始入账价值为 600 万元

B. 该专利技术初始确认时的计税基础为 600 万元

C. 该专利技术初始确认时不产生暂时性差异

D. 该专利技术初始确认时应确认对所得税的影响

7. 自 2×24 年 1 月 1 日起，甲公司自行研发一项专利权，至 2×24 年 10 月 1 日，该专利权研发成功。期间发生研发支出 900 万元，其中费用化支出 300 万元，资本化支出 600 万元。该专利权预计使用年限为 10 年，预计净残值为 0，采用直线法进行摊销。税法规定，研究开发支出未形成无形资产计入当期损益的，按照研究开发费用的 100% 加计扣除；形成无形资产的，按照无形资产成本的 200% 摊销；摊销年限与摊销方法与会计准则规定相同。不考虑其他因素，甲公司 2×24 年上述业务应确认的暂时性差异为（　　）万元。

A. 300　　　　　　B. 585

C. 885　　　　　　D. 285

8. 甲公司于 2×24 年 1 月 1 日购入某项无形资产，成本为 800 万元，由于无法合理预计其带来未来经济利益的期限，将其作为使用寿命不确定的无形资产。2×24 年 12 月 31 日，该无形资产的可回收金额为 750 万元。税法规定，企业在计税时，对该项无形资产按照 10 年的期间摊销，有关摊销额允许税前扣除；计提的减值准备不允许税前扣除。不考虑其他因素，甲公司该项无形资产产生的暂时性差异为（　　）。

A. 可抵扣暂时性差异 80 万元

B. 应纳税暂时性差异 80 万元

C. 可抵扣暂时性差异 30 万元

D. 应纳税暂时性差异 30 万元

9. 2×23 年 10 月 18 日，甲公司以银行存款 3 000 万元购入乙公司的股票，分类为以公允价值计量且其变动计入当期损益的金融资产。2×23 年 12 月 31 日该股票投资的公允价值为 3 200 万元，2×24 年 12 月 31 日该股票投资的公允价值为 3 250 万元。甲公司适用的企业所得税税率为 25%。2×24 年 12 月 31 日，该股票投资的计税基础为 3 000 万元。不考虑其他因素，2×24 年 12 月 31 日甲公司对该股票投资公允价值变动应确认递延所得税负债的余额为（　　）万元。

A. 12.5　　　　　　B. 62.5

C. 112.5　　　　　　D. 50

10. 2×24 年 12 月 20 日，甲公司以每股 4 元的价格从股票市场购入 100 万股乙公司普通股股票，将其作为交易性金融资产，2×24 年 12 月 31 日，甲公司持有乙公司普通股股票的公允价值为每股 6 元，不考虑其他因素，2×24 年 12 月 31 日，甲公司该项业务应确认的应纳税暂时性差异为（　　）万元。

A. 0　　　　　　B. 600

C. 400　　　　　　D. 200

11. 2×24 年 12 月 31 日，甲公司因交易性金融资产和其他权益工具投资的公允价值变动，分别确认了 10 万元的递延所得税资产和 20 万元的递延所得税负债。甲公司当期应交所得税的金额为 150 万元。不考虑其他因素，甲公司 2×24 年度利润表"所得税费用"项目应列示的金额为（　　）万元。

A. 120　　　　　　B. 140

C. 160　　　　　　D. 180

12. 甲公司适用的企业所得税税率为 25%，2×23 年 12 月 31 日，甲公司一项以公允价值模式计量的投资性房地产的账面价值为 600 万元，计税基础为 580 万元。2×24 年 12 月 31 日，该投资性房地产的账面价值为 620 万元，计税基础为 500 万元。不考虑其他因素，2×24 年 12 月 31 日，甲公司递延所得税负债的期末余额为（　　）万元。

A. 20　　　　　　B. 5

C. 30　　　　　　D. 25

13. 2×24 年甲公司因为子公司提供债务担保，于当年确认预计负债 100 万元。税法规定，有关因债务担保发生的支出不得税前列支。甲公司适用的企业所得税税率为 25%。不考虑其他因素，甲公司对该债务担保的下列会计处理正确的是（　　）。

A. 预计负债的账面价值为 0

B. 预计负债的计税基础为 100 万元

C. 2×24 年甲公司新增应纳税暂时性差异 100 万元

D. 2×24 年甲公司新增递延所得税资产 25 万元

14. 2×24 年 9 月，甲公司收到客户预付的合同款 100 万元，并将其确认为合同负债。税法规定，会计上未确认收入时，计税时一般不计入应纳税所得额。不考虑其他因素，下列说法正确的是（　　）。

A. 合同负债的计税基础为 0

B. 合同负债的计税基础为 100 万元

C. 确认可抵扣暂时性差异 100 万元

D. 确认应纳税暂时性差异 100 万元

15. 2×23 年 12 月，甲公司根据销售合同收取客户的预付款 100 万元，因不符合收入确认条件，将其确认为合同负债。税法规定，该款项应计入取得当期应纳税所得额计算交纳所得税。2×24 年 12 月，甲公司完成履约义务，确认收入 100 万元。甲公司 2×23 年和 2×24 年税前会计利润分别为 1 900 万元和 2 100 万元；2×23 年初，递延所得税资产和递延所得税负债余额为 0；所得税税率为 25%。不考虑其他因素，甲公司下列会计处理正确的是（　　）。

A. 2×23 年递延所得税负债余额为 25 万元

B. 2×23 年所得税费用为 500 万元

C. 2×24 年递延所得税负债余额为 0

D. 2×24 年应交所得税 500 万元

16. 甲公司 2×24 年应向职工发放薪酬 500 万元。税法规定，本年税前允许扣除的金额为 400 万元，超过部分在未来期间不允许税前扣除。甲公司 2×24 年税前会计利润为 5 000 万元，所得税税率为 25%。不考虑其他因素，2×24 年甲公司应交所得税的金额为（　　）万元。

A. 1 250　　　　　B. 1 125

C. 1 275　　　　　D. 1 225

17. 2×24 年，甲公司全年应向职工发放薪酬 800 万元，其中包含向残疾职工发放薪酬 200 万元。税法规定，应向职工发放的薪酬本年允许税前扣除；向残疾职工发放的薪

酬，本年税前允许 100% 加计扣除。甲公司 2×24 年税前会计利润为 9 200 万元，所得税税率为 25%。不考虑其他因素，甲公司 2×24 年度利润表"所得税费用"项目应列示的金额为（　　）万元。

A. 2 250　　　　　B. 2 300

C. 2 500　　　　　D. 2 550

18. 2×24 年 3 月 1 日，甲公司因违反环保的相关法规被处罚 270 万元，列入其他应付款。根据税法的相关规定，该罚款不得进行税前抵扣。2×24 年 12 月 31 日甲公司已经支付了 200 万元的罚款。不考虑其他因素，2×24 年 12 月 31 日其他应付款的暂时性差异是（　　）万元。

A. 70　　　　　　　B. 270

C. 200　　　　　　D. 0

19. 下列各项中，能够产生应纳税暂时性差异的是（　　）。

A. 对固定资产计提减值准备

B. 持有期间交易性金融资产的公允价值下跌至初始入账价值以下

C. 持有期间交易性金融负债的公允价值下跌至初始入账价值以下

D. 开具空头支票向中国人民银行缴纳的罚款

20. 甲适用的企业所得税税率为 25%。2×24 年实现收入 8 400 万元，支付广告费用 1 400 万元。税法规定，企业发生的广告费、业务宣传费不超过当年销售收入 15% 的部分允许税前扣除，超过部分允许结转以后年度税前扣除。不考虑其他因素，下列关于甲公司广告费支出应负担的所得税的表述中，正确的是（　　）。

A. 广告费支出形成的资产账面价值为 1 400 万元

B. 广告费支出形成的资产计税基础为 1 260 万元

C. 广告费支出形成的可抵扣暂时性差异为 140 万元

D. 广告费支出形成的递延所得税负债为 35 万元

21. 下列关于递延所得税负债的说法中，正确的是（　　）。

A. 直接计入所有者权益的交易，在确认递

延所得税负债时，应增加利润表中的所得税费用

B. 非同一控制下企业合并中确认的商誉，在符合免税合并时，应当确认递延所得税负债

C. 递延所得税负债应以相关应纳税暂时性差异产生期间适用的所得税税率计量

D. 递延所得税负债计量时不要求折现

22. 2×24 年 12 月 31 日，甲公司发生三项暂时性差异，分别为：固定资产的账面价值小于其计税基础 2 400 万元，预计负债的账面价值高于其计税基础 600 万元，其他权益工具投资的账面价值小于其计税基础 1 000 万元。甲公司适用的企业所得税税率为 25%。不考虑其他因素，甲公司 2×24 年应确认的递延所得税收益为（ ）万元。

A. 600 B. 750

C. −250 D. 1 000

23. 甲公司 2×24 年度实现利润总额 4 000 万元，适用的所得税税率为 25%。2×24 年发生的交易和事项中会计处理和税收处理存在差异的有：（1）本期计提国债利息收入 500 万元；（2）年末持有的交易性金融资产公允价值上升 1 500 万元；（3）年末持有的其他权益工具投资公允价值上升 100 万元。2×24 年初，甲公司不存在暂时性差异，则甲公司 2×24 年确认的所得税费用为（ ）万元。

A. 900 B. 1 000

C. 875 D. 500

24. 2×24 年，甲公司当期应交所得税为 15 800 万元，递延所得税资产本期净增加 320 万元（其中 20 万元对应其他综合收益），递延所得税负债未发生变化，不考虑其他因素，2×24 年利润表中"所得税费用"项目应列示的金额为（ ）万元。

A. 15 480 B. 16 100

C. 15 500 D. 16 120

25. 甲公司适用的所得税税率为 25%，预计未来期间能够产生足够的应纳税所得额用以抵减可抵扣暂时性差异。2×24 年甲公司实现的利润总额为 1 000 万元，其中国债利息收入 50 万元，违法罚款支出 60 万元，当年新增一台其初始入账成本与计税基础均为 600 万元的行政管理设备，当期已提折旧 60 万元，

税法规定允许抵扣 40 万元。假定税法规定国债利息收入免税，违法罚款支出不允许税前抵扣。假定不考虑其他因素，甲公司 2×24 年所得税费用的金额为（ ）万元。

A. 247.5 B. 252.5

C. 257.5 D. 250

二、多选题

1. 利润表中的所得税费用包括（ ）。

A. 当期所得税费用

B. 前期所得税费用

C. 递延所得税资产

D. 递延所得税费用

2. 下列各项中，会导致固定资产的会计与税收处理产生差异的有（ ）。

A. 折旧方法不同

B. 折旧年限不同

C. 固定资产减值准备的计提

D. 初始确认时的入账价值

3. 企业对固定资产进行后续计量时，账面价值与计税基础不一致的原因有（ ）。

A. 会计确定的净残值与税法允许税前扣除的期间和金额不同

B. 会计确定的净残值与税法认定的净残值不同

C. 会计确定的折旧方法与税法认定的折旧方法不同

D. 会计确定的折旧年限与税法认定的折旧年限不同

4. 甲公司于 2×23 年 1 月 1 日对某项固定资产开始计提折旧，该项固定资产账面原值为 1 600 万元，预计使用年限为 10 年，预计净残值为 0，采用年限平均法计提折旧。2×23 年 12 月 31 日，甲公司估计其可回收金额为 1 400 万元。税法规定，该设备的折旧方法、折旧年限与会计准则相同，企业的资产在发生实质性损失时可予以税前扣除。甲公司适用的企业所得税税率为 25%。不考虑其他因素，下列说法正确的有（ ）。

A. 2×23 年 12 月 31 日，该设备的账面价值为 1 400 万元

B. 2×23 年 12 月 31 日，该设备的计税基础为 1 440 万元

C. 2×23 年 12 月 31 日，该设备的账面价值小于其计税基础，产生可抵扣暂时性差异 40 万元

D. 甲公司因确认递延所得税资产影响 2×23 年利润表中"营业利润"项目金额 10 万元

5. 2×21 年 12 月 31 日，甲公司以银行存款 3 000 万元购入一栋写字楼对外出租。该写字楼的预计使用年限为 20 年，预计净残值为 0，采用年限平均法计提折旧，甲公司按照成本模式进行后续计量。税法规定，写字楼的折旧年限和方法与会计一致。2×23 年 1 月 1 日，甲公司对该写字楼采用公允价值模式进行后续计量。当日，该写字楼的公允价值为 3 650 万元。2×23 年末公允价值为 3 000 万元。甲公司适用的企业所得税税率为 25%。不考虑其他因素，下列说法中正确的有（　　）。

A. 2×23 年初，应确认递延所得税资产 200 万元

B. 2×23 年初，应确认递延所得税负债 200 万元

C. 2×23 年末，应转回递延所得税负债 125 万元

D. 2×23 年末，应转回递延所得税负债 75 万元，同时确认递延所得税资产 50 万元

6. 甲公司适用的所得税税率为 25%，因销售产品承诺提供保修服务，2×23 年初"预计负债"科目余额为 0，"递延所得税资产"科目余额为 0。2×23 年计提预计负债 200 万元，2×23 年实际发生保修支出 50 万元。2×24 年实际发生保修支出 80 万元。按照税法规定，与产品售后服务相关的费用在实际发生时允许税前扣除，假设未来期间能够取得足够的应纳税所得额用以抵减可抵扣暂时性差异。不考虑其他因素，下列关于甲公司会计处理的说法中正确的有（　　）。

A. 2×23 年末形成可抵扣暂时性差异 150 万元

B. 2×23 年末预计负债的计税基础为 150 万元

C. 2×24 年末递延所得税资产的余额为 17.5 万元

D. 2×24 年末递延所得税资产转回 20 万元

7. 甲公司 2×24 年发生经营亏损 5 000 万元，税法规定，该亏损可用于抵减以后 5 个会计年度的应纳税所得额。该公司预计未来 5 年能够

产生足够的应纳税所得额弥补该亏损。不考虑其他因素，下列说法中正确的有（　　）。

A. 该经营亏损产生暂时性差异

B. 该经营亏损产生永久性差异

C. 该经营亏损可视为资产，且其账面价值小于计税基础

D. 该经营亏损产生暂时性差异，但不确认递延所得税资产

8. 下列各项资产和负债中，因账面价值与计税基础不一致形成暂时性差异的有（　　）。

A. 使用寿命不确定的无形资产

B. 已计提减值准备的固定资产

C. 已确认公允价值变动损益的交易性金融资产

D. 因违反税法规定应缴纳但尚未缴纳的滞纳金

9. 下列各项中，能够产生应纳税暂时性差异的有（　　）。

A. 账面价值大于其计税基础的资产

B. 账面价值小于其计税基础的负债

C. 超过税法扣除标准的业务宣传费

D. 按税法规定可以结转以后年度的未弥补亏损

10. 甲公司的下列各项资产或负债在资产负债表日产生可抵扣暂时性差异的有（　　）。

A. 账面价值为 800 万元，计税基础为 1 200 万元的投资性房地产

B. 账面价值为 100 万元，计税基础为 60 万元的交易性金融资产

C. 账面价值为 800 万元，计税基础为 1 200 万元的交易性金融负债

D. 账面价值为 60 万元，计税基础为 0 的合同负债

11. 下列交易或事项中，可能会引起递延所得税负债增加的有（　　）。

A. 资产负债表日交易性金融资产的公允价值高于其初始入账价值

B. 会计上采用直线法计提折旧，但是税法上采用年数总和法计提折旧的固定资产

C. 自行研发的专利技术的摊销

D. 因销售商品承诺提供的保修服务

12. 下列关于企业递延所得税负债会计处理的表述中，正确的有（　　）。

A. 商誉初始确认时形成的应纳税暂时性差异应确认相应的递延所得税负债

B. 与损益相关的应纳税暂时性差异确认的

递延所得税负债应计入所得税费用

C. 应纳税暂时性差异转回期间超过一年的，相应的递延所得税负债应以现值进行计量

D. 递延所得税负债以相关应纳税暂时性差异转回期间适用的企业所得税税率计量

13. 在不考虑其他因素影响的情况下，企业发生的下列交易或事项中，期末可能会引起递延所得税资产增加的有（　　）。

A. 本期转回存货跌价准备

B. 本期计提固定资产减值准备

C. 实际发生的产品售后保修费用，冲减已计提的预计负债

D. 企业购入的其他权益工具投资，当期期末的公允价值小于其初始入账价值

14. 2×24 年 12 月 1 日，甲公司吸收合并乙公司（应税合并），初始确认商誉金额为 3 000 万元。2×24 年 12 月 31 日，甲公司对商誉计提减值准备 500 万元。根据税法规定，商誉在整体转让或企业进行清算时允许税前扣除。甲公司适用的企业所得税税率为 25%。不考虑其他因素，下列说法正确的有（　　）。

A. 商誉的计税基础为 0

B. 2×24 年 12 月 31 日，商誉的计税基础为 3 000 万元

C. 商誉减值不确认递延所得税资产

D. 2×24 年 12 月 31 日，应确认递延所得税资产 125 万元

15. 下列各项关于企业所得税会计处理的表述中，正确的有（　　）。

A. 免税合并下，商誉初始确认产生的应纳税暂时性差异不应确认递延所得税负债

B. 对于按照税法规定可以结转以后年度的未弥补亏损，应作为可抵扣暂时性差异处理

C. 未来期间适用的企业所得税税率发生变化的，企业应对已确认的递延所得税资产和递延所得税负债进行重新计量

D. 与直接计入所有者权益的交易或事项相关的递延所得税应计入所有者权益

16. 资产负债表日递延所得税资产发生减值，应借记的会计科目有（　　）。

A. 资产减值损失

B. 信用减值损失

C. 所得税费用

D. 其他综合收益

17. 甲企业全年实现税前会计利润 140 万元，其中非公益性捐赠支出为 10 万元，税收的滞纳金和环保罚款为 2 万元，超标的业务宣传费为 6 万元，发生的其他可抵扣暂时性差异为 10 万元（无直接影响所有者权益的部分）。甲企业适用的所得税税率为 25%，期初递延所得税余额为 0。不考虑其他因素，甲企业的处理正确的有（　　）。

A. 应交所得税为 42 万元

B. 递延所得税资产期末余额为 4 万元

C. 递延所得税资产期末余额为 2.5 万元

D. 本期所得税费用为 38 万元

18. 下列会计事项中，会使本期所得税费用减少的有（　　）。

A. 本期递延所得税资产减少

B. 本期递延所得税资产增加

C. 本期递延所得税负债减少

D. 本期递延所得税负债增加

三、判断题

1. 在确认因企业合并产生资产、负债时，应确认相关的所得税影响。（　　）

2. 甲公司以购入方式取得固定资产的初始入账价值，一般与计税基础相等。（　　）

3. 企业内部研发形成的无形资产，在初始确认时产生的账面价值与计税基础间差额，不产生暂时性差异。（　　）

4. 使用寿命不确定的无形资产，应当按照税法规定的摊销年限和方法计提摊销，并编制计提摊销的会计分录，因此，并不会产生账面价值与计税基础的差异。（　　）

5. 税法规定，按照会计准则确认的公允价值变动损益在计税时不予考虑时，金融资产在某一会计期末的计税基础为其取得成本。（　　）

6. 对于以公允价值计量且其变动计入当期损益的金融资产，企业不应将因公允价值变动形成的应纳税暂时性差异确认递延所得税负债。（　　）

7. 对于采用权益法核算的长期股权投资，企业在持有意图由长期持有转为拟近期出售的情况下，即使该长期股权投资账面价值与其计税基础不同产生了暂时性差异，也不应该确

认相关的递延所得税影响。　　（　　）

8. 不符合会计准则规定的收入确认条件，但按照税法规定应计入当期应纳税所得额时，有关合同负债的计税基础与其账面价值相等。

　　（　　）。

9. 企业交纳的税收滞纳金，按照税法规定不允许税前扣除时，形成永久性差异。（　　）

10. 甲公司 2×24 年实现收入 1 000 万元，发生符合条件的广告费 160 万元，税法规定，不超过当年销售收入 15% 的部分准予扣除，超过部分准予在以后纳税年度结转扣除。由于该支出在发生时已计入损益，所以不确认暂时性差异。　　（　　）

11. 应纳税暂时性差异在转回期间将增加未来期间的应纳税所得额和应交所得税，应确认为递延所得税负债。　　（　　）

12. 企业合并业务发生时确认的资产、负债初始计量金额与其计税基础不同所形成的应纳税暂时性差异，不确认递延所得税负债。

　　（　　）

13. 国家重点扶持的高新技术企业，享受一定时期的税率优惠，则所产生的暂时性差异应以预计其转回期间的适用所得税税率为基础计量。　　（　　）

14. 企业计量递延所得税负债时，应以相关应纳税暂时性差异转回期间适用的企业所得税税率为基础计算确定。　　（　　）

15. 对于原确认时计入所有者权益的递延所得税资产，其减记金额也应计入所有者权益，不影响当期所得税费用。　　（　　）

16. 企业应当在资产负债表日对递延所得税资产的账面价值进行复核。如果未来期间很可能无法取得足够的应纳税所得额用以利用递延所得税资产的利益，应当减记递延所得税资产的账面价值。　　（　　）

17. 无法取得足够的应纳税所得额而未确认相关的递延所得税资产的，应在财务报表附注中进行披露。　　（　　）

18. 递延所得税资产的减值一经计提，后期不得转回。　　（　　）

19. 企业持有的其他权益工具投资在会计期末因公允价值变动导致账面价值与计税基础出现差异的，该差异确认的递延所得税费用应通过"其他综合收益"核算。　　（　　）

20. 企业在处置其他权益工具投资时，转回的该金融资产公允价值变动形成的递延所得税资产（或负债）应当直接计入所得税费用。　　（　　）

21. 递延所得税包括计入所有者权益的交易或事项的所得税影响。　　（　　）

22. 非同一控制下的企业合并中因资产、负债的入账价值与其计税基础不同产生的递延所得税资产或递延所得税负债，其确认结果直接影响购买日确认的商誉或计入利润表当期损益的金额，影响购买日的所得税费用。　　（　　）

快速查答案

一、单选题

序号	1	2	3	4	5	6	7	8	9	10	11	12
答案	C	B	D	D	A	A	B	D	B	D	B	C
序号	13	14	15	16	17	18	19	20	21	22	23	24
答案	B	B	D	C	A	D	C	C	D	B	C	C
序号	25											
答案	B											

二、多选题

序号	1	2	3	4	5	6	7	8	9	10	11	12
答案	ACD	ABC	ABCD	ABCD	BC	ACD	AC	ABC	AB	AD	AB	BD
序号	13	14	15	16	17	18						
答案	BD	BD	ABCD	CD	ABD	BC						

三、判断题

序号	1	2	3	4	5	6	7	8	9	10	11	12
答案	√	√	×	×	√	×	×	×	√	×	√	√
序号	13	14	15	16	17	18	19	20	21	22		
答案	√	√	√	√	√	×	√	×	×	×		

参考答案及解析

一、单选题

1. 【答案】C 【解析】本题考查的知识点是资产的计税基础。资产的计税基础是假定企业按照税法规定进行核算所提供的资产负债表中资产的应有金额。因此，选项 C 正确。

2. 【答案】B 【解析】本题考查的知识点是资产的计税基础——固定资产。2×24 年 12 月 31 日该设备的计税基础 = 100 - 100 × 2/5 = 60（万元）。因此，选项 B 正确。

3. 【答案】D 【解析】本题考查的知识点是资产的计税基础——固定资产。

（1）2×24 年 12 月 31 日 N 设备计提减值前的账面价值 = 30 - 30 × 2/5 = 18（万元）。

（2）2×24 年 12 月 31 日 N 设备可收回金额为 15 万元。

（3）因为，N 设备计提减值准备前的账面价值 18 万元大于可回收金额 15 万元，所以，该设备应当计提 3 万元的减值准备。计提减值准备后，该设备的账面价值为 15 万元。

（4）税法规定，该设备 2×24～2×27 年每年税前可抵扣的折旧费为 6 万元。所以，该设备的计税基础 = 30 - 6 = 24（万元）

（5）因为，N 设备在 2×24 年 12 月 31 日的

账面价值 15 万元小于其计税基础 24 万元，所以，产生可抵扣暂时性差异 9 万元。

因此，选项 D 正确。

4. 【答案】D 【解析】本题考查的知识点是资产的计税基础——固定资产。

（1）2×24 年 12 月 31 日该设备的账面价值 = 180 -（180 - 30）× 5/15 = 130（万元）。

（2）税法规定，该设备在 2×24 年至 2×28 年每年可予税前扣除的折旧金额均为 36 万元。所以，该设备的计税基础 = 180 - 36 = 144（万元）。

（3）因为，该设备在 2×24 年 12 月 31 日的账面价值 130 万元小于其计税基础 144 万元，所以，产生可抵扣暂时性差异 14 万元。

因此，选项 D 正确。

5. 【答案】A 【解析】本题考查的知识点是资产的计税基础——固定资产。

（1）2×24 年 12 月 31 日该设备的账面价值 = 600 - 200 = 400（万元）。

（2）因为该设备在 2×24 年 12 月 31 日的可回收金额 480 万元大于其账面价值 400 万元，所以，该设备未发生减值。2×24 年 12 月 31 日该设备的账面价值是 400 万元。

（3）税法规定，企业所得税纳税申报时允许

税前扣除的折旧额为 120 万元。所以，该设备的计税基础 = 600 − 120 = 480（万元）。

（4）因为该设备在 2×24 年 12 月 31 日的账面价值 400 万元小于其计税基础 480 万元，所以，产生可抵扣暂时性差异 80 万元。

因此，选项 A 正确。

6.【答案】A 【解析】本题考查的知识点是资产的计税基础——无形资产。

（1）该专利技术研发成本 600 万元全部满足资本化条件，所以，该专利技术的初始入账价值为 600 万元。因此，选项 A 正确。

（2）税法规定，企业开展研发活动中实际发生的研发费用，形成无形资产的，按照无形资产成本的 200% 在税前摊销。所以，该专利技术初始确认时的计税基础 = 600 × 200% = 1 200（万元）。因此，选项 B 错误。

（3）该专利技术初始确认时的账面价值 600 万元与其计税基础 1 200 万元之间的差额 600 万元为暂时性差异，该差异产生于无形资产的初始确认，并非产生于企业合并，在初始确认时既不影响会计利润，也不影响应纳税所得额，所以，不确认其所得税影响。因此，选项 C、D 错误。

7.【答案】B 【解析】本题考查的知识点是资产的计税基础——无形资产。

（1）税法规定，研究开发支出未形成无形资产计入当期损益的，按照研究开发费用的 100% 加计扣除。因为该支出只是在当期加计扣除，在未来期间不会转回，所以形成的是永久性差异。

（2）2×24 年末，该专利权的账面价值 = 600 − 600/10 × 3/12 = 585（万元）。

（3）2×24 年末，该专利权的计税基础 = 600 × 200% − 600 × 200%/10 × 3/12 = 1 170（万元）。

（4）2×24 年末，形成可抵扣暂时性差异 = 1 170 − 585 = 585（万元）。

因此，选项 B 正确。

8.【答案】D 【解析】本题考查的知识点是资产的计税基础——无形资产。

（1）2×24 年 12 月 31 日，该无形资产的账面价值 = 750 万元。

（2）2×24 年 12 月 31 日，该无形资产的计税基础 = 800 − 800/10 = 720（万元）。

因为，2×24 年 12 月 31 日该无形资产的账面价值 750 万元大于其计税基础 720 万元，所以，产生应纳税暂时性差异 30 万元。

因此，选项 D 正确。

9.【答案】B 【解析】本题考查的知识点是资产的计税基础——以公允价值计量且其变动计入当期损益的金融资产。

（1）2×24 年 12 月 31 日交易性金融资产的期末账面价值 = 3 250 万元。

（2）2×24 年 12 月 31 日交易性金融资产的计税基础 = 3 000 万元。

因为，2×24 年 12 月 31 日交易性金融资产的账面价值 3 250 万元大于其计税基础 3 000 万元，所以，产生应纳税暂时性差异，应纳税暂时性差异期末余额 = 3 250 − 3 000 = 250（万元）。2×24 年 12 月 31 日甲公司对该股票投资公允价值变动应确认递延所得税负债余额 = 250 × 25% = 62.5（万元）。

因此，选项 B 正确。

10.【答案】D 【解析】本题考查的知识点是资产的计税基础——以公允价值计量且其变动计入当期损益的金融资产。

（1）2×24 年 12 月 31 日交易性金融资产的期末账面价值 = 600 万元。

（2）2×24 年 12 月 31 日交易性金融资产的期末计税基础 = 400 万元。

因为，2×24 年 12 月 31 日交易性金融资产的账面价值 600 万元大于其计税基础 400 万元，所以，产生应纳税暂时性差异，应纳税暂时性差异期末余额 = 600 − 400 = 200（万元）。

因此，选项 D 正确。

11.【答案】B 【解析】本题考查的知识点是资产的计税基础——以公允价值计量且其变动计入当期损益的金融资产。甲公司 2×24 年度利润表"所得税费用"项目应列示的金额 = 150 − 10 = 140（万元）。因此，选项 B 正确。

会计分录如下：

借：所得税费用　　　　　　　140
　　递延所得税资产　　　　　　10
　　其他综合收益　　　　　　　20
　　贷：递延所得税负债　　　　　　20

应交税费——应交所得税 150

【提示】其他权益工具投资的公允价值变动，属于直接计入所有者权益的交易事项。由此，确认的递延所得税费用，应通过"其他综合收益"科目核算。

12. 【答案】C 【解析】本题考查的知识点是资产的计税基础——其他资产。2×23 年 12 月 31 日，甲公司递延所得税负债的期末余额 = (620 − 500) × 25% = 30（万元）。因此，选项 C 正确。

会计分录如下：

（1）2×23 年 12 月 31 日：

借：所得税费用 5

　　贷：递延所得税负债 5

（2）2×24 年 12 月 31 日：

借：所得税费用 25

　　贷：递延所得税负债 25

13. 【答案】B 【解析】本题考查的知识点是负债的计税基础——预计负债。

（1）预计负债的账面价值 = 100 万元。因此，选项 A 错误。

（2）预计负债的计税基础 = 100 − 0 = 100（万元）。因此，选项 B 正确。

因为，预计负债的账面价值与计税基础一致，所以，不产生税会差异，也不确认递延所得税事项。因此，选项 C、D 错误。

14. 【答案】B 【解析】本题考查的知识点是负债的计税基础——合同负债。税法规定，会计上未确认收入时，计税时一般不计入应纳税所得额，该部分经济利益在未来期间计税时可予税前扣除的金额为 0，计税基础等于账面价值，不产生暂时性差异。因此，选项 B 正确。

15. 【答案】D 【解析】本题考查的知识点是负债的计税基础——合同负债。

税法规定，该款项应计入 2×23 年应纳税所得额计算交纳所得税。

（1）甲公司 2×23 年会计处理：

①合同负债的账面价值 = 100 万元

②合同负债的计税基础 = 100 − 100（为未来可抵扣金额，因为第 1 年已纳税，未来可全额抵扣）= 0

因为，合同负债的账面价值 100 万元大于其

计税基础 0 万元，所以，产生可抵扣暂时性差异 100 万元。

③年末递延所得税资产余额 = 100 × 25% = 25（万元）

④递延所得税资产发生额 = 25 − 0 = 25（万元）

⑤应交所得 = (1 900 + 100) × 25% = 500（万元）

⑥所得税费用 = 500 − 25 = 475（万元）

⑦会计分录：

借：所得税费用 475

　　递延所得税资产 25

　　贷：应交税费——应交所得税 500

（2）甲公司 2×24 年会计处理：

①合同负债的账面价值 = 0（履约义务完成，合同负债义务解除）

②合同负债的计税基础 = 0 − 0（履约完成，无未来可抵扣金额）= 0

因为，合同负债账面价值与计税基础均为 0，所以，应转回可抵扣暂时性差异 100 万元。

③年末递延所得税资产余额 = 0 × 25% = 0

④递延所得税资产发生额 = 0 − 25 = − 25（万元）

⑤甲公司应交所得税 = (2 100 − 100) × 25% = 500（万元）

⑥所得税费用 = 500 + 25 = 525（万元）

⑦会计分录：

借：所得税费用 525

　　贷：应交税费——应交所得税 500

　　　递延所得税资产 25

16. 【答案】C 【解析】本题考查的知识点是负债的计税基础——应付职工薪酬。

（1）2×24 年末甲公司应付职工薪酬的账面价值 = 500 万元。

（2）2×24 年末甲公司应付职工薪酬的计税基础 = 500 − 0 = 500（万元）。

因为，应付职工薪酬的账面价值与计税基础均为 500 万元，所以，不产生暂时性差异。

（3）2×24 年甲公司应交所得税的金额 = (5 000 + 100) × 25% = 1 275（万元）。

因此，选项 C 正确。

17. 【答案】A 【解析】本题考查的知识点是负债的计税基础——应付职工薪酬。

（1）2×24年末甲公司应付职工薪酬的账面价值＝800万元。

（2）2×24年末甲公司应付职工薪酬的计税基础＝800－0＝800（万元）。

因为，应付职工薪酬的账面价值与计税基础均为800万元，所以，不产生暂时性差异。

（3）2×24年甲公司应交所得税的金额＝（9 200－200）×25%＝2 250（万元）。

会计分录如下：

借：所得税费用　　　　　2 250
　　贷：应交税费——应交所得税
　　　　　　　　　　　　　　2 250

18.【答案】D 【解析】本题考查的知识点是负债的计税基础——其他负债。

（1）其他应付款的账面价值＝70万元。

（2）因为行政罚款税法不允许税前扣除，所以其他应付款的计税基础＝70－0＝70（万元）。

因为，其他应付款的账面价值与计税基础均为70万元，所以，暂时性差异的金额为0。因此，选项D正确。

19.【答案】C 【解析】本题考查的知识点是暂时性差异——应纳税暂时性差异。

（1）对固定资产计提减值准备，会导致固定资产的账面价值小于其计税基础，产生可抵扣暂时性差异。因此，选项A错误。

（2）持有期间交易性金融资产的公允价值下跌至初始入账价值以下，会导致交易性金融资产的账面价值小于其计税基础，产生可抵扣暂时性差异。因此，选项B错误。

（3）持有期间交易性金融负债的公允价值下跌至初始入账价值以下，会导致交易性金融负债的账面价值小于其计税基础，产生应纳税暂时性差异。因此，选项C正确。

（4）开具空头支票向中国人民银行缴纳的罚款，属于行政罚款，税前不允许扣除，会产生永久性差异。因此，选项D错误。

20.【答案】C 【解析】本题考查的知识点是暂时性差异——可抵扣暂时性差异。

（1）广告费支出形成的资产账面价值＝0。因此，选项A错误。

（2）广告费支出形成的资产计税基础＝1 400－8 400×15%＝140（万元）。因此，

选项B错误。

（3）广告费支出形成的资产的账面价值与其计税基础140万元之间形成140万元可抵扣暂时性差异。因此，选项C正确。

（4）广告费支出形成的可抵扣暂时性差异应确认的递延所得税资产＝140×25%＝35（万元）。因此，选项D错误。

21.【答案】D 【解析】本题考查的知识点是递延所得税负债的确认和计量。

（1）与直接计入所有者权益的交易或事项相关的，其所得税影响应增加或减少所有者权益。因此，选项A错误。

（2）会计上作为非同一控制下的企业合并，同时按税法规定作为免税合并的情况下，商誉的计税基础为0，其账面价值与计税基础不同形成的应纳税暂时性差异，会计准则规定不确认相关的递延所得税负债。因此，选项B错误。

（3）递延所得税负债应以相关应纳税暂时性差异转回期间适用的所得税税率计量。因此，选项C错误。

（4）无论应纳税暂时性差异的转回期间如何，递延所得税负债不要求折现。因此，选项D正确。

22.【答案】B 【解析】本题考查的知识点是递延所得税资产的确认和计量。

（1）固定资产的账面价值小于其计税基础2 400万元，应确认递延所得税资产＝2 400×25%＝600（万元）。

（2）预计负债的账面价值高于其计税基础600万元，应确认递延所得税资产＝600×25%＝150（万元）。

（3）其他权益工具投资的账面价值小于其计税基础1 000万元，应确认递延所得税资产＝1 000×25%＝250（万元）。

（4）甲公司2×24年应确认的递延所得税收益＝600＋150＝750（万元）。

因此，选项B正确。

【提示】虽然其他权益工具投资的账面价值高于其计税基础600万元，产生递延所得税资产250万元，但是该递延所得税资产应计入其他综合收益，不会影响损益，所以不确认递延所得税收益。

23. 【答案】C 【解析】本题考查的知识点是递延所得税负债的确认和计量、特定交易或事项涉及递延所得税的确认、所得税费用的计算与列报。

(1) 本期计提国债利息收入 500 万元，属于免税收入，产生永久性差异。

(2) 年末持有的交易性金融资产公允价值上升 1 500 万元，产生应纳税暂时性差异 1 500 万元，形成递延所得税负债的金额 = 1 500 × 25% = 375（万元）。

(3) 年末持有的其他权益工具投资公允价值上升 100 万元，产生应纳税暂时性差异 100 万元，形成递延所得税负债的金额 = 100 × 25% = 25（万元）。但是该递延所得税负债计入其他综合收益，不影响所得税费用。

(4) 甲公司 2×24 年确认的所得税费用 =（4 000 − 500 − 1 500）× 25% = 500（万元）。因此，选项 C 正确。

会计分录如下：

借：所得税费用 　　　　　　　875
　　其他综合收益 　　　　　　 25
　　　贷：应交税费——应交所得税 500
　　　　　递延所得税负债 　　 400

24. 【答案】C 【解析】本题考查的知识点是所得税费用的计算与列报。2×24 年利润表应列示的所得税费用 = 15 800 −（320 − 20）= 15 500（万元）。因此，选项 C 正确。

25. 【答案】B 【解析】本题考查的知识点是所得税费用的计算与列报。甲公司 2×24 年所得税费用的金额 =（1 000 − 50 + 60）× 25% = 252.5（万元）。因此，选项 B 正确。

会计分录如下：

借：所得税费用 　　　　　　 252.5
　　递延所得税资产 　　　　　　 5
　　　贷：应交税费——应交所得税

　　　　　　　　　　　　　　 257.5

二、多选题

1. 【答案】ACD 【解析】本题考查的知识点是所得税核算的基本原理和程序。利润表中的所得税费用包括当期所得税和递延所得税两个组成部分。因此，选项 A、C、D 正确。

2. 【答案】ABC 【解析】本题考查的知识点是

资产的计税基础——固定资产。（1）固定资产的会计与税收处理的差异主要来自折旧方法、折旧年限的不同以及固定资产减值准备的计提。因此，选项 A、B、C 正确。（2）以各种方式取得的固定资产，初始确认时入账价值基本上是被税法认可的，即取得时其账面价值一般等于计税基础，所以不会产生会计与税收处理差异。因此，选项 D 错误。

3. 【答案】ABCD 【解析】本题考查的知识点是资产的计税基础——固定资产。固定资产的会计与税收处理的差异主要来自折旧方法、折旧年限的不同以及固定资产减值准备的计提。因此，选项 A、B、C、D 正确。

4. 【答案】ABCD 【解析】本题考查的知识点是资产的计税基础——固定资产。

(1) 2×23 年该设备计提折旧的金额 = 1 600/10 = 160（万元）。

(2) 2×23 年该设备计提减值准备前的账面价值 = 1 600 − 160 = 1 440（万元）。

(3) 2×23 年该设备的可回收金额 = 1 400 万元。

(4) 因为，该设备计提减值准备前的账面价值 1 440 万元大于可回收金额 1 400 万元，所以，该设备应当计提 40 万元的减值准备。计提减值准备后，该设备的账面价值为 1 400 万元。因此，选项 A 正确。

(5) 税法规定，该设备的折旧方法、折旧年限与会计准则相同，企业的资产在发生实质性损失时可予以税前扣除。所以，该设备的计税基础 = 1 600 − 160 = 1 440（万元）。因此，选项 B 正确。

(6) 该设备的账面价值 1 400 万元小于其计税基础 1 440 万元，由此产生可抵扣暂时性差异 40 万元。因此，选项 C 正确。

(7) 2×23 年甲公司确认递延所得税资产的金额 = 40 × 25% = 10（万元）。

会计分录如下：

借：递延所得税资产 　　　　　　 10
　　　贷：所得税费用 　　　　　　 10

因此，选项 D 正确。

5. 【答案】BC 【解析】本题考查的知识点是资产的计税基础——其他资产。

(1) 2×23 年初：

①投资性房地产的账面价值＝3 650万元

②投资性房地产的计税基础＝3 000－3 000/20＝2 850（万元）

因为，投资性房地产的账面价值3 650万元大于其计税基础2 850万元，所以，产生应纳税暂时性差异800万元，同时应确认递延所得税负债200万元（800×25%）。

（2）2×23年末：

①投资性房地产的账面价值＝3 000万元

②投资性房地产的计税基础＝3 000－3 000/20×2＝2 700（万元）

因为，投资性房地产的账面价值3 000万元大于其计税基础2 700万元，所以，产生应纳税暂时性差异300万元，同时应冲减递延所得税负债125万元（200－300×25%）。

因此，选项B、C正确。

6.【答案】ACD　【解析】本题考查的知识点是暂时性差异——可抵扣暂时性差异、递延所得税资产的确认和计量——递延所得税资产的计量。

（1）2×23年：

①预计负债的账面价值＝200－50＝150（万元）

②预计负债的计税基础＝0

因为，预计负债的账面价值150万元大于其计税基础0万元，所以，产生可抵扣暂时性差异150万元，同时应确认递延所得税资产37.5万元（150×25%）。因此，选项A正确。

（2）2×24年：

①预计负债的账面价值＝200－50－80＝70（万元）

②预计负债的计税基础＝0

因为，预计负债的账面价值70万元大于其计税基础0万元，所以，产生可抵扣暂时性差异70万元，期末递延所得税资产的余额为17.5万元（70×25%），转回递延所得税资产的金额＝37.5－17.5＝20（万元）。因此，选项C、D正确。

7.【答案】AC　【解析】本题考查的知识点是负债的计税基础——其他负债。税法规定可以结转以后年度的未弥补亏损，因此，可将该未弥补亏损视为资产，但是会计上不确认资产，所以其账面价值为0，计税基础为未来允

许税前扣除的金额，致使该资产的账面价值小于其计税基础，产生可抵扣暂时性差异，同时确认递延所得税资产。因此，选项B、D错误，选项A、C正确。

8.【答案】ABC　【解析】本题考查的知识点是暂时性差异。

（1）使用寿命不确定的无形资产会计上不计提摊销，但税法规定按一定方法进行摊销，会形成暂时性差异。因此，选项A正确。

（2）企业计提的资产减值准备在发生实质性损失之前税法不承认，因此不允许税前扣除，会形成暂时性差异。因此，选项B正确。

（3）交易性金融资产持有期间公允价值的变动税法上也不承认，会形成暂时性差异。因此，选项C正确。

（4）因违反税法规定应缴纳但尚未缴纳的滞纳金是企业的负债，会形成永久性差异。因此，选项D错误。

9.【答案】AB　【解析】本题考查的知识点是暂时性差异——应纳税暂时性差异。

（1）税法规定，超过税法标准的业务宣传费在以后年度可以扣除，可将其视为一项资产，但是该资产的账面价值为0，其计税基础为未来允许税前扣除的金额，致使该资产的账面价值小于其计税基础，产生可抵扣暂时性差异。因此，选项C错误。

（2）税法规定可以结转以后年度的未弥补亏损，因此，可将该未弥补亏损视为资产，但是会计上不确认资产，所以其账面价值为0，计税基础为未来允许税前扣除的金额，致使该资产的账面价值小于其计税基础，产生可抵扣暂时性差异。因此，选项D错误。

10.【答案】AD　【解析】本题考查的知识点是暂时性差异——可抵扣暂时性差异。选项A，资产账面价值小于计税基础，产生可抵扣暂时性差异；选项B，资产账面价值大于计税基础，产生应纳税暂时性差异；选项C，负债账面价值小于计税基础，产生应纳税暂时性差异；选项D，负债账面价值大于计税基础，产生可抵扣暂时性差异。

11.【答案】AB　【解析】本题考查的知识点是递延所得税负债的确认和计量。

（1）资产负债表日交易性金融资产的公允价

值大于其计税基础（即初始入账价值），产生应纳税暂时性差异，形成递延所得税负债。因此，选项 A 正确。

（2）会计上采用直线法计提折旧，但是税法上采用年数总和法计提折旧的固定资产。在加速计提折旧期间，会使固定资产的账面价值大于其计税基础，产生应纳税暂时性差异，形成递延所得税负债。因此，选项 B 正确。

（3）自行研发的专利技术的摊销，根据相关税法规定，会使账面价值小于其计税基础，形成可抵扣暂时性差异，但是由于该差异并非产生于企业合并，同时在产生时既不影响会计利润也不影响应纳税所得额，按照所得税准则规定，不确认与该暂时性差异相关的所得税影响。因此，选项 C 错误。

（4）因销售商品承诺提供的保修服务，会计上应确认为预计负债，根据税法规定，与销售产品相关的支出应于发生时在税前扣除，因该类事项产生的预计负债在期末的计税基础为其账面价值与未来期间可税前扣除的金额之间的差额，如有关的支出实际发生时可全额税前扣除，其计税基础为 0，此时该预计负债的账面价值大于其计税基础，会产生可抵扣暂时性差异，形成递延所得税资产。因此，选项 D 错误。

12.【答案】BD 【解析】本题考查的知识点是递延所得税负债的确认和计量。

（1）会计上作为非同一控制下的企业合并，同时按照税法规定作为免税合并的情况下，商誉的计税基础为 0，其账面价值与计税基础不同形成的应纳税暂时性差异，会计准则规定不确认相关的递延所得税负债。因此，选项 A 错误。

（2）与损益相关的应纳税暂时性差异确认的递延所得税负债应计入所得税费用。因此，选项 B 正确。

（3）无论应纳税暂时性差异的转回期间如何，递延所得税负债不要求折现。因此，选项 C 错误。

（4）递延所得税负债以相关应纳税暂时性差异转回期间适用的企业所得税税率计量。因此，选项 D 正确。

13.【答案】BD 【解析】本题考查的知识点是

递延所得税资产的确认和计量。

（1）本期转回存货跌价准备，会增加存货的账面价值，转回可抵扣暂时性差异，引起递延所得税资产的减少。因此，选项 A 错误。

（2）本期计提固定资产减值准备，会减少固定资产的账面价值，形成可抵扣暂时性差异，引起递延所得税资产的增加。因此，选项 B 正确。

（3）实际发生的产品售后保修费用，冲减已计提的预计负债，会减少预计负债的账面价值，转回可抵扣暂时性差异，引起递延所得税资产的减少。因此，选项 C 错误。

（4）企业购入的其他权益工具投资，当期期末的公允价值小于其初始入账价值，会形成可抵扣暂时性差异，引起递延所得税资产增加。因此，选项 D 正确。

14.【答案】BD 【解析】本题考查的知识点是递延所得税资产的确认和计量。2×24 年 12 月 1 日合并形成商誉的账面价值为 3 000 万元，其计税基础为 3 000 万元（为应税合并），2×24 年 12 月 31 日计提减值准备后商誉的账面价值为 2 500 万元，其计税基础为 3 000 万元，应确认递延所得税资产 =（3 000 - 2 500）×25% = 125（万元）。因此，选项 B、D 正确。

15.【答案】ABCD 【解析】本题考查的知识点是递延所得税负债的确认和计量、递延所得税资产的确认和计量、特定交易或事项涉及递延所得税的确认、所得税税率变化对递延所得税资产和递延所得税负债影响的确认与计量。

（1）会计上作为非同一控制下的企业合并，同时按照税法规定作为免税合并的情况下，商誉的计税基础为 0，其账面价值与计税基础不同形成的应纳税暂时性差异，会计准则规定不确认相关的递延所得税负债。因此，选项 A 正确。

（2）对于按照税法规定可以结转以后年度的未弥补亏损和税款抵减，应视同可抵扣暂时性差异处理。在预计可利用可弥补亏损或税款抵减的未来期间内能够取得足够的应纳税所得额时，应当以很可能取得的应纳税所得额为限，确认相关的递延所得税资产，同时减少确认当期的所得税费用。因此，选项 B 正确。

（3）因适用税收法规的变化，导致企业在某一会计期间适用的所得税率发生变化的，企业应对已确认的递延所得税资产和递延所得税负债进行重新计量。因此，选项 C 正确。

（4）与当期及以前期间直接计入所有者权益的交易或事项相关的当期所得税及递延所得税应当计入所有者权益。因此，选项 D 正确。

16.【答案】CD 【解析】本题考查的知识点是递延所得税资产的确认和计量。资产负债表日，预计未来期间很可能无法获得足够的应纳税所得额用以抵扣可抵扣暂时性差异的，按原已确认的递延所得税资产中应减记的金额，借记"所得税费用——递延所得税费用""其他综合收益"等科目，贷记"递延所得税资产"科目。因此，选项 C、D 正确。

17.【答案】ABD 【解析】本题考查的知识点是递延所得税资产的确认和计量、当期所得税。

（1）甲企业当期应纳税所得额 = 140 + 10 + 2 + 6 + 10 = 168（万元）。

（2）甲企业当期应交所得税 = 168 × 25% = 42（万元）。

（3）甲企业递延所得税资产的期末余额 = （10 + 6）× 25% = 4（万元）。

（4）甲企业本期所得税费用 = 42 – 4 = 38（万元）。

因此，选项 C 错误，选项 A、B、D 正确。

会计分录如下：

借：所得税费用　　　　　　　38
　　递延所得税资产　　　　　　4
　　贷：应交税费——应交所得税　42

18.【答案】BC 【解析】本题考查的知识点是所得税费用的计算与列报。

所得税费用 = 当期所得税 + 递延所得税费用 = 当期所得税 +［（递延所得税负债期末余额 – 递延所得税负债期初余额）–（递延所得税资产期末余额 – 递延所得税资产期初余额）］

如果，本期递延所得税资产减少或者本期递延所得税负债增加，会使递延所得税费用增加。因此，选项 A、D 错误。

如果，本期递延所得税资产增加或者本期递延

延所得税负债减少，会使递延所得税费用减少。因此，选项 B、C 正确。

三、判断题

1.【答案】√ 【解析】本题考查的知识点是所得税核算的基本原理和程序。发生特殊交易或事项时，如企业合并，在确认因交易或事项产生的资产、负债时即应确认相关的所得税影响。因此，本题的说法是正确的。

2.【答案】√ 【解析】本题考查的知识点是资产的计税基础——固定资产。以各种方式取得的固定资产，初始确认时入账价值基本上是被税法认可的，即取得时其账面价值一般等于计税基础。因此，本题的说法是正确的。

3.【答案】× 【解析】本题考查的知识点是资产的计税基础——无形资产。企业初始确认内部研究开发形成的无形资产时，虽然其账面价值小于计税基础，产生可抵扣暂时性差异，但是所得税准则规定，该可抵扣暂时性差异不确认递延所得税资产。因此，本题的说法是错误的。

4.【答案】× 【解析】本题考查的知识点是资产的计税基础——无形资产。其对于使用寿命不确定的无形资产，不要求摊销，但是税法规定，企业取得无形资产的成本，应在一定期限内摊销，有关摊销额允许税前扣除，所以，这会导致账面价值与计税基础出现差异。因此，本题的说法是错误的。

5.【答案】√ 【解析】本题考查的知识点是资产的计税基础——以公允价值计量且其变动计入当期损益的金融资产。如果税法规定按照会计准则确认的公允价值变动损益在计税时不予考虑，即有关金融资产在某一会计期末的计税基础为其取得成本。因此，本题的说法是正确的。

6.【答案】× 【解析】本题考查的知识点是资产的计税基础——以公允价值计量且其变动计入当期损益的金融资产。对于以公允价值计量且其变动计入当期损益的金融资产，如果公允价值上升，则会导致该资产的账面价值大于计税基础，产生应纳税暂时性差异，并确认递延所得税负债。因此，本题的说法是错误的。

7.【答案】×【解析】本题考查的知识点是资产的计税基础——其他资产。采用权益法核算的长期股权投资其持有意图由长期持有转为拟近期出售的，表示该资产在持有期间产生的暂时性差异在可预见的未来将会转回，所以应当确认相关的递延所得税影响。因此，本题的说法是错误的。

8.【答案】×【解析】本题考查的知识点是负债的计税基础——合同负债。不符合会计准则规定的收入确认条件，但按照税法规定应计入当期应纳税所得额时，未来期间无须纳税，有关合同负债的计税基础为0。因此，本题的说法是错误的。

9.【答案】√【解析】本题考查的知识点是负债的计税基础——其他负债。按照税法规定，罚款和滞纳金不允许税前扣除，其计税基础为账面价值减去未来期间计税时可予税前扣除的金额0之间的差额，即计税基础等于账面价值，由此，产生的差异为永久性差异。因此，本题的说法是正确的。

10.【答案】×【解析】本题考查的知识点是负债的计税基础——其他负债。企业发生的符合条件的广告费和业务宣传费支出，除税法另有规定外，不超过当年销售收入15%的部分准予扣除；超过部分准予在以后纳税年度结转扣除。该类支出在发生时按照会计准则规定计入当期损益，不形成资产负债表中的资产，但因按照税法规定可以确定其计税基础，两者之间的差异也形成暂时性差异。因此，本题的说法是错误的。

11.【答案】√【解析】本题考查的知识点是递延所得税负债的确认和计量。应纳税暂时性差异在转回期间将增加未来期间的应纳税所得额和应交所得税，导致企业经济利益的流出，从其发生当期看构成企业应支付税金的义务，应作为负债确认（即递延所得税负债）。因此，本题的说法是正确的。

12.【答案】√【解析】本题考查的知识点是递延所得税负债的确认和计量。会计上作为非同一控制下的企业合并，同时按照税法规定作为免税合并的情况下，商誉的计税基础为0，其账面价值与计税基础不同形成的应纳税暂时性差异，会计准则规定不确认相关的递延所得税负债。因此，本题的说法是正确的。

13.【答案】√【解析】本题考查的知识点是递延所得税负债的确认和计量。国家重点扶持的高新技术企业，享受一定时期的税率优惠，则所产生的暂时性差异应以预计其转回期间的适用所得税税率为基础计量。因此，本题的说法是正确的。

14.【答案】√【解析】本题考查的知识点是递延所得税负债的确认与计量——递延所得税负债的计量。递延所得税负债应以相关应纳税暂时性差异转回期间适用的所得税税率计量。

15.【答案】√【解析】本题考查的知识点是递延所得税资产的确认与计量。对于原确认时计入所有者权益的递延所得税资产，其减记金额也应计入所有者权益（即其他综合收益），不影响当期所得税费用。因此，本题的说法是正确的。

16.【答案】√【解析】本题考查的知识点是递延所得税资产的确认与计量。与其他资产相一致，资产负债表日，企业应当对递延所得税资产的账面价值进行复核。如果未来期间很可能无法取得足够的应纳税所得额用以利用递延所得税资产的利益，应当减记递延所得税资产的账面价值。因此，本题的说法是正确的。

17.【答案】√【解析】本题考查的知识点是递延所得税资产的确认和计量。考虑到受可抵扣暂时性差异转回的期间内可能取得应纳税所得额的限制，因无法取得足够的应纳税所得额而未确认相关的递延所得税资产的，应在财务报表附注中进行披露。因此，本题的说法是正确的。

18.【答案】×【解析】本题考查的知识点是递延所得税资产的确认和计量。如果未来期间很可能无法取得足够的应纳税所得额用以利用递延所得税资产的利益，应当减记递延所得税资产的账面价值。继后期间根据新的环境和情况判断能够产生足够的应纳税所得额用以利用可抵扣暂时性差异，使得递延所得税资产包含的经济利益能够实现的，应相应恢复递延所得税资产的账面价值。因此，本题的说法是错误的。

19.【答案】√【解析】本题考查的知识点是特

定交易或事项涉及递延所得税的确认。其他权益工具投资属于以公允价值计量且其变动计入其他综合收益的金融资产，所以，该金融资产在会计期末因公允价值变动导致账面价值与计税基础出现差异的，该差异确认的递延所得税费用应通过"其他综合收益"核算。因此，本题的说法是正确的。

20.【答案】× 【解析】本题考查的知识点是特定交易或事项涉及递延所得税的确认。其他权益工具投资因公允价值变动确认的递延所得税资产（或负债）应通过"其他综合收益"科目核算，因此，处置该金融资产所转回的递延所得税资产（或负债）也应当通过"其他综合收益"科目核算。因此，本题的说法是错误的。

21.【答案】× 【解析】本题考查的知识点是递延所得税。递延所得税是指按照会计准则规定应予确认的递延所得税资产和递延所得税负债在会计期末应有的金额相对于原已确认金额之间的差额，即递延所得税资产和递延所得税负债的当期发生额，但不包括计入所有者权益的交易或事项的所得税影响。因此，本题的说法是错误的。

22.【答案】× 【解析】本题考查的知识点是递延所得税。非同一控制下的企业合并中因资产、负债的入账价值与其计税基础不同产生的递延所得税资产或递延所得税负债，其确认结果直接影响购买日确认的商誉或计入利润表当期损益的金额，不影响购买日的所得税费用。因此，本题的说法是错误的。

第十八章　外币折算

教材变化

2025 年本章教材调整不大。

考情分析

本章主要内容是记账本位币的确定、外币交易的会计处理、外币财务报表折算的一般原则、境外经营的处置。2020～2024 年考查知识点范围如下表所示，主要考查题型为客观题，每年分值为 5～7 分。

年份	单选题	多选题	判断题
2024	外币交易的会计处理——资产负债表日或结算日的会计处理	—	—
2023	外币财务报表折算的一般原则	—	外币交易的会计处理
2022	外币非货币性项目在资产负债表日或结算日的会计处理	外币财务报表折算的一般原则	外币货币性项目在资产负债表日或结算日的会计处理
2021	外币货币性项目在资产负债表日或结算日的会计处理；外币交易发生日的会计处理；外币财务报表折算的一般原则	外币交易发生日的会计处理	记账本位币的变更；外币货币性项目在资产负债表日或结算日的会计处理；外币财务报表折算的一般原则
2020	外币交易发生日的会计处理；外币财务报表折算的一般原则	外币财务报表折算的一般原则	外币货币性项目在资产负债表日或结算日的会计处理；外币财务报表折算的一般原则

强化练习题

一、单选题

1. 甲公司为外贸生产出口企业，其相关业务组成为：采购业务的 75% 来自国内，25% 来自英国（采用英镑结算）；销售业务的 80% 来自国内，20% 来自美国（采用美元结算）。不考虑其他因素，甲公司的记账本位币为（　　）。
   A. 人民币　　　　　B. 英镑
   C. 美元　　　　　　D. 美元或英镑

2. 关于记账本位币的下列说法中，正确的是（　　）。
   A. 国内企业的记账本位币只能是人民币

B. 编制的财务会计报告可以用人民币，也可以用某种外币

C. 记账本位币一经确定，不得随意变更

D. 企业可以同时使用多种货币作为记账本位币

3. 2×24 年 6 月 10 日，甲公司从境外乙公司处购入原材料一批，货款 500 000 美元，合同约定汇率为 1 美元 =6.95 人民币元，当日即期汇率为 1 美元 =6.98 人民币元。另以银行存款缴纳进口环节关税和增值税，分别为 349 000 元与 499 070 元。不考虑其他因素，甲公司下列会计处理正确的是（   ）。

A. 确认原材料 3 824 000 元

B. 确认应付账款 3 475 000 元

C. 确认财务费用 15 000 元

D. 确认银行存款 –848 070 元

4. 甲公司的记账本位币为人民币，其外币交易采用交易日的即期汇率折算。2×24 年 8 月 15 日，将货款 100 万欧元到银行兑换成人民币，银行当日欧元买入价为 1 欧元 =7.63 人民币元，中间价为 1 欧元 =7.65 人民币元，卖出价为 1 欧元 =7.67 人民币元。不考虑其他因素，该业务对甲公司 2×23 年 8 月利润表中"营业利润"项目的影响金额是（   ）万人民币元。

A. 0   B. 2

C. –2   D. 4

5. 甲公司的记账本位币为人民币，其外币交易采用交易日的即期汇率折算。2×24 年 11 月 1 日，甲公司向中国银行借入期限为 3 个月、年利率为 2.4% 的 1 000 万美元，当日即期汇率为 1 美元 =6.9 人民币元。甲公司对该美元借款每月月末计提利息，到期一次还本付息。2×23 年 11 月 30 日的即期汇率为 1 美元 =6.92 人民币元；2×24 年 12 月 31 日的即期汇率为 1 美元 =6.95 人民币元。甲公司该美元借款借入当日全部用于购买原材料等，相关的借款费用不满足资本化条件。该美元借款对甲公司 2×24 年度营业利润的影响金额为（   ）万人民币元。

A. 47.68   B. 50

C. 77.80   D. 77.68

6. 下列各项中，属于企业直接计入所有者权益

的利得或损失的是（   ）。

A. 其他权益工具投资的公允价值变动收益

B. 外币银行存款汇兑损失

C. 库存商品减值损失

D. 无形资产处置净收益

7. 对于收到投资者以外币投入的资本，企业应当采用的折算汇率是（   ）。

A. 当期简单平均汇率

B. 交易发生日的即期汇率

C. 当期加权平均汇率

D. 合同约定汇率

8. 2×24 年 10 月 1 日，甲公司为增资扩股与某外商签订投资合同，合同约定，该外商需在未来 3 个月交付投资款 500 万美元，其中，2 000 万人民币元作为注册资本的组成部分，合同约定汇率为 1 美元 =6.85 人民币元。当日，甲公司收到外商投入资本 200 万美元，当日即期汇率为 1 美元 =6.83 人民币元；2×24 年 12 月 1 日，甲公司收到外商投入资本 300 万美元，当日即期汇率为 1 美元 =6.87 人民币元。2×24 年 12 月 21 日，即期汇率为 1 美元 =6.88 人民币元。不考虑其他因素，甲公司下列会计处理正确的是（   ）。

A. 2×24 年 10 月 1 日，贷记"实收资本"科目 1 370 万元

B. 2×24 年 12 月 1 日，贷记"实收资本"科目 630 万元

C. 2×24 年 12 月 1 日，贷记"资本公积"科目 1 427 万元

D. 2×24 年 12 月 31 日，甲公司资产负债表中"资本公积"项目增加 1 440 万元

9. 企业购入以外币计价的债券，作为以公允价值计量且其变动计入当期损益的金融资产核算。在资产负债表日，外币折算的记账本位币与原记账本位币之间的差额，应当计入（   ）。

A. 其他综合收益

B. 公允价值变动损益

C. 资本公积

D. 财务费用

10. 2×24 年 12 月 1 日，甲公司从境外购入原材料一批，货款共计 150 万美元，当日即期汇率为 1 美元 =6.88 人民币元。至 2×24 年 12

月 31 日，该笔货款尚未支付，当日即期汇率为 1 美元 = 6.86 人民币元。不考虑其他因素，甲公司关于上述业务的会计处理中，正确的是（　　）。

A. 2×24 年 12 月 1 日，应付账款的入账金额为 1 032 万人民币元

B. 2×24 年 12 月 31 日，应付账款的账面价值为 1 032 万人民币元

C. 2×24 年 12 月 31 日，原材料的账面价值为 1 029 万人民币元

D. 2×24 年 12 月 31 日，确认财务费用 3 万人民币元

11. 2×24 年 12 月 15 日，甲公司购入乙公司发行的 B 股股票 10 万股，每股市价 10.5 美元（其中包含已宣告但尚未发放的现金股利 0.5 美元），并将其作为交易性金融资产进行核算。当日即期汇率为 1 美元 = 6.75 人民币元。12 月 31 日，乙公司股票每股市价 11.8 美元，当日即期汇率为 1 美元 = 6.55 人民币元。不考虑其他因素，上述外币业务对甲公司 2×24 年度财务报表项目影响的下列表述中，正确的是（　　）。

A. "交易性金融资产"项目增加 796.5 万人民币元

B. "其他应收款"项目增加 32.75 万人民币元

C. "财务费用"项目增加 21 万人民币元

D. "公允价值变动收益"项目增加 121.5 万人民币元

12. 甲公司以人民币作为记账本位币。2×24 年 12 月 31 日，即期汇率为 1 美元 = 6.94 人民币元，甲公司银行存款美元账户借方余额为 1 500 万美元，应付账款美元账户贷方余额为 100 万美元。两者在汇率变动调整前折算的人民币余额分别为 10 350 万人民币元和 690 万人民币元。不考虑其他因素，2×24 年 12 月 31 日，因汇率变动对甲公司 2×24 年 12 月营业利润的影响为（　　）。

A. 增加 56 万人民币元

B. 减少 64 万人民币元

C. 减少 60 万人民币元

D. 增加 4 万人民币元

13. 2×24 年 12 月 1 日，甲公司以 300 万港元取得乙公司在香港联交所挂牌交易的 H 股 100 万股，作为其他权益工具投资核算。2×24 年 12 月 31 日，上述股票的公允价值为 350 万港元。甲公司以人民币作为记账本位币，假定 2×24 年 12 月 1 日和 31 日 1 港元即期汇率分别为 0.83 人民币元和 0.81 人民币元。不考虑其他因素，2×24 年 12 月 31 日，甲公司因该资产计入所有者权益的金额为（　　）万人民币元。

A. 34.5　　　　　　B. 40.5

C. 41　　　　　　　D. 41.5

14. 甲公司以人民币作为记账本位币，对期末存货按成本与可变现净值孰低计价。2×24 年 5 月 1 日，甲公司进口一批商品，价款为 200 万美元，当日即期汇率为 1 美元 = 6.1 人民币元。2×24 年 12 月 31 日，甲公司该批商品中仍有 50% 尚未出售，可变现净值为 90 万美元。当日即期汇率为 1 美元 = 6.2 人民币元。不考虑其他因素，2×24 年 12 月 31 日，该批商品期末计价对甲公司利润总额的影响金额为（　　）万人民币元。

A. 减少 52　　　　B. 增加 52

C. 减少 104　　　　D. 增加 104

15. 下列企业境外经营的外币财务报表项目中，应当采用发生时即期汇率折算填列的是（　　）。

A. 固定资产　　　　B. 合同负债

C. 其他综合收益　　D. 未分配利润

16. 企业发生的下列各项业务中，影响利润总额的是（　　）。

A. 外币财务报表折算差额

B. 收到股东投入资本

C. 其他权益工具投资公允价值变动

D. 计提存货跌价准备

17. 企业对外币财务报表进行折算时，下列各项中，应当采用交易发生日即期汇率折算的是（　　）。

A. 固定资产　　　　B. 未分配利润

C. 实收资本　　　　D. 应付账款

18. 对于企业境外经营的外币财务报表，应采用资产负债表日即期汇率折算的是（　　）。

A. 管理费用　　　　B. 营业收入

C. 盈余公积　　　　D. 固定资产

19. 下列关于外币财务报表折算的表述中，不正确的是（　　）。

A. 资产和负债项目应当采用资产负债表日的即期汇率进行折算

B. 所有者权益项目，除"未分配利润"项目外，其他项目均应采用发生时的即期汇率进行折算

C. 利润表中的收入和费用项目，应当采用交易发生日的即期汇率折算，也可以采用与交易发生日即期汇率近似的汇率进行折算

D. 在部分处置境外经营时，应将资产负债表中所有者权益项目下列示的其他综合收益转入当期损益

二、多选题

1. 下列各项中，属于企业在选择记账本位币时应当考虑的因素有（　　）。

A. 融资活动获得的币种

B. 保存从经营活动中收取款项所使用的币种

C. 销售商品时计价和结算使用的币种

D. 结算职工薪酬通常使用的币种

2. 下列各项中，属于企业在确定记账本位币时应考虑的因素有（　　）。

A. 取得贷款使用的主要计价货币

B. 确定商品生产成本使用的主要计价货币

C. 确定商品销售价格使用的主要计价货币

D. 保存从经营活动中收取款项所使用的货币

3. 企业在确定境外经营的记账本位币时，除了需要考虑记账本位币确定的一般因素外，还应当考虑的因素有（　　）。

A. 境外经营对其所从事的活动是否拥有很强的自主性

B. 与企业的交易是否在境外经营活动中占有较大比重

C. 境外经营活动产生的现金流量是否直接影响企业的现金流量、是否可以随时汇回

D. 境外经营活动产生的现金流量是否足以偿还其现有债务和可预期的债务

4. 2×24 年 12 月 11 日，甲公司以每股 12 美元的价格购入乙公司股票 10 万股，并将其指定为以公允价值计量且其变动计入其他综合收益的金融资产，当日即期汇率为 1 美元 ＝ 6.50 人民币元。2×24 年 12 月 31 日，乙公司股票市价变为每股 12.5 美元，当日即期汇率为 1 美元 ＝ 6.80 人民币元。不考虑其他因素，甲公司上述业务的会计处理中，正确的有（　　）。

A. 2×24 年 12 月 11 日，"其他权益工具投资"的初始入账价值为 780 万人民币元

B. 2×24 年 12 月 31 日，"其他综合收益"项目增加 70 万人民币元

C. 2×24 年 12 月 31 日，"其他权益工具投资"项目增加 850 万人民币元

D. 2×24 年 12 月 31 日，"营业利润"项目增加 70 万元

5. 甲公司以人民币作为记账本位币，外币交易采用发生日的即期汇率折算，按月计算汇兑损益。2×24 年 7 月 5 日，出口一批产品，售价 100 万美元，满足收入确认条件，当日即期汇率为 1 美元 ＝ 6.3 人民币元。2×24 年 12 月 31 日，甲公司仍未收到该笔款项，当日即期汇率为 1 美元 ＝ 6.5 人民币元。不考虑相关税费和其他因素，2×24 年 12 月 31 日，甲公司外币货币性项目进行折算的下列会计处理中，正确的有（　　）。

A. 调减财务费用 20 万人民币元

B. 调增其他应收款 20 万人民币元

C. 确认其他业务收入 20 万人民币元

D. 调增应收账款 20 万人民币元

6. 下列各项外币金融资产事项中，会导致企业产生直接计入所有者权益的利得或损失的有（　　）。

A. 以公允价值计量且其变动计入当期损益的债券投资的公允价值变动

B. 以公允价值计量且其变动计入其他综合收益的债券投资的汇兑差额

C. 指定为以公允价值计量且其变动计入其他综合收益的股票投资的公允价值变动

D. 指定为以公允价值计量且其变动计入其他综合收益的股票投资的汇兑差额

7. 下列关于工商企业外币交易会计处理的表述中，正确的有（　　）。

A. 结算外币应收账款形成的汇兑差额应计入财务费用

B. 结算外币应付账款形成的汇兑差额应计入财务费用

C. 出售外币交易性金融资产形成的汇兑差额应计入投资收益

D. 出售外币其他债权投资形成的汇兑差额应计入其他综合收益

8. 下列各项涉及外币业务的账户中，企业因汇率变动需于资产负债日对其记账本位币余额进行调整的有（　　）。

A. 固定资产　　　　　B. 应付债券

C. 长期借款　　　　　D. 应收账款

9. 下列关于外币财务报表折算的表述中，正确的有（　　）。

A. 应付债券采用资产负债表日的即期汇率进行折算

B. 应付账款采用资产负债表日的即期汇率进行折算

C. 固定资产采用资产负债表日的即期汇率进行折算

D. 实收资本采用交易发生时的即期汇率进行折算

10. 下列各项关于企业境外经营财务报表折算的会计处理表述中，正确的有（　　）。

A. 短期借款项目采用资产负债表日的即期汇率折算

B. 未分配利润项目采用发生时的即期汇率折算

C. 实收资本项目采用发生时的即期汇率折算

D. 固定资产项目采用资产负债表日的即期汇率折算

11. 企业对外币财务报表进行折算时，下列各项中，应当采用资产负债表日的即期汇率进行折算的有（　　）。

A. 合同资产　　　　　B. 其他综合收益

C. 应付债券　　　　　D. 营业收入

12. 企业对外币报表进行折算时，下列项目不能采用资产负债表日即期汇率进行折算的有（　　）。

A. 实收资本　　　　　B. 盈余公积

C. 合同负债　　　　　D. 债权投资

13. 下列关于企业外币财务报表折算会计处理的表述中，正确的有（　　）。

A. "营业收入"项目按照资产负债表日的即期汇率折算

B. "货币资金"项目按照资产负债表日的即

期汇率折算

C. "长期借款"项目按照借款当日的即期汇率折算

D. "实收资本"项目按照收到投资者投资当日的即期汇率折算

14. 下列各项关于对境外经营财务报表进行折算的表述中，正确的有（　　）。

A. 对境外经营财务报表折算产生的差额应在合并资产负债表中单独列示

B. 合并报表中对境外子公司财务报表折算产生的差额应由控股股东享有或分担

C. 对境外经营财务报表中实收资本项目的折算应按业务发生时的即期汇率折算

D. 处置境外子公司时应按处置比例计算处置部分的外币报表折算差额计入当期损益

三、判断题

1. 甲外贸公司有80%的营业收入来自对美国的商品输出，其商品价格主要受美元影响，商品也以美元计价，因此，甲公司应选择美元为记账本位币。（　　）

2. 甲公司生产所需的原材料、设备和人工成本的70%都以美元从美国采购或支付，30%在国内以人民币采购或支付，因此，甲公司应选择美元为记账本位币。（　　）

3. 甲公司生产的产品80%销往美国，虽然其95%以上的人工成本、原材料及相应的厂房设施、机器设备等在国内采购并以人民币计价，但是其取得的美元营业收入在汇回国内时直接兑换成了人民币存款，且甲公司对美元汇率波动产生的外币风险进行了套期保值，降低汇率波动对其取得外币收入的影响，则甲公司应选择美元为记账本位币。（　　）

4. 在企业不提供资金的情况下，境外经营活动产生的现金流量难以偿还其现有债务和正常情况下可预期债务的，境外经营应当选择与企业记账本位币相同的货币作为记账本位币。（　　）

5. 企业使用货币的主要环境发生重大变化时，应当对记账本位币进行变更。（　　）

6. 企业因经营所处的主要经济环境发生重大变化确需变更记账本位币的，应当采用变更当日即期汇率将所有项目折算为变更后的记账

本位币。　　　　　　　　　　（　　）

7. 如果企业经营所处的主要经济环境确实发生了重大变化，则该企业需要提供确凿的证据证明，并在附注中披露变更的理由。（　　）

8. 外币货币性资产项目的汇兑差额，企业应当计入当期损益。　　　　　　　（　　）

9. 企业持有的以公允价值计量且其变动计入当期损益的外币债券投资，资产负债表日折算后的记账本位币金额与原记账本位币金额之间的差额应计入当期损益。（　　）

10. 在资产负债表日，以外币计价的交易性金融资产折算为记账本位币后的金额与原记账本位币金额之间的差额，计入财务费用。　　　　　　　　　　（　　）

11. 企业对外币资产负债表进行折算时，债权投资项目应当采用取得时的即期汇率折算。　　　　　　　　　　　　（　　）

12. 企业外币报表折算差额计入当期损益。　　　　　　　　　　　　（　　）

13. 企业编制的合并财务报表涉及境外经营时，实质上构成对境外经营净投资的外币货币性项目产生的汇兑差额应先相互抵销，抵销后仍有余额的，再将该余额转入外币报表折算差额。　　　　　　　　（　　）

14. 企业在处置境外经营时，应当将资产负债表中所有者权益项目下列示的与该境外经营相关的外币财务报表折算差额，自所有者权益项目转入处置当期损益。　　　　（　　）

快速查答案

一、单选题

序号	1	2	3	4	5	6	7	8	9	10	11	12
答案	A	C	D	C	C	A	B	C	B	A	B	A
序号	13	14	15	16	17	18	19					
答案	A	A	C	D	C	D	D					

二、多选题

序号	1	2	3	4	5	6	7	8	9	10	11	12
答案	ABCD	ABCD	ABCD	ABC	AD	CD	ABC	BCD	ABCD	ACD	AC	AB
序号	13	14										
答案	BD	ACD										

三、判断题

序号	1	2	3	4	5	6	7	8	9	10	11	12
答案	√	√	×	√	×	√	√	√	√	×	×	×
序号	13	14										
答案	√	√										

参考答案及解析

一、单选题

1. 【答案】A 【解析】本题考查的知识点是记账本位币的确定——记账本位币的定义。

（1）甲企业的销售业务中，80% 来自国内，即采用人民币结算；20% 的销售业务来自出口美国，采用美元结算。所以，甲企业的销售业务主要以人民币结算。

（2）甲企业的采购业务中，75% 来自国内，即采用人民币结算；25% 的采购业务来自进口英国，采用英镑结算。所以，甲企业的采购业务主要以人民币结算。

综合考虑，甲企业主要以人民币作为主要的计价和结算货币。所以，甲企业应该采用人民币作为记账本位币。因此，选项 A 正确。

2. 【答案】C 【解析】本题考查的知识点是记账本位币的确定——企业记账本位币的确定。企业通常应选择人民币作为记账本位币。业务收支以人民币以外的货币为主的企业，可以按准则的规定选定其中一种货币作为记账本位币。但是，编报的财务报表应当折算为人民币。因此，选项 A、B、D 错误。

3. 【答案】D 【解析】本题考查的知识点是外币交易的会计处理——外币交易发生日的会计处理。企业发生外币交易的，应采用交易发生日的即期汇率或即期汇率的近似汇率将外币金额折算为记账本位币金额，按照折算后的记账本位币金额登记有关记账本位币账户；同时，按照外币金额登记相应的外币账户。

（1）原材料的金额 = 500 000 × 6.98 + 349 000 = 3 839 000（人民币元）。因此，选项 A 错误；

（2）应付账款的金额 = 500 000 × 6.98 = 3 490 000（人民币元）。因此，选项 B 错误；

（3）银行存款的金额 = − 349 000 − 499 070 = − 848 070（人民币元）。因此，选项 D 正确。

会计分录如下：

借：原材料　　　　　　　3 839 000
　　应交税费——应交增值税（进项税额）
　　　　　　　　　　　　　　499 070

贷：应付账款　　　　　　3 490 000
　　银行存款　　　　　　　848 070

因此，选项 C 错误。

4. 【答案】C 【解析】本题考查的知识点是外币交易的会计处理——外币交易发生日的会计处理。企业与银行发生货币兑换，兑换所用汇率为银行的买入价，而通常记账所用的即期汇率为中间价，由此产生的汇兑差额计入当期财务费用。所以该业务对甲公司 2×24 年 8 月利润表中"营业利润"项目的影响金额 = 100 × (7.63 − 7.65) = − 2（万人民币元）。因此，选项 C 正确。

会计分录如下：

借：银行存款——××银行（人民币元）
　　　　　　　　　　　　　　763
　　财务费用　　　　　　　　　2
贷：银行存款——××银行（欧元）
　　　　　　　　　　　　　　765

5. 【答案】C 【解析】本题考查的知识点是外币交易的会计处理——外币交易发生日的会计处理。

（1）2×24 年 11 月 30 日，甲公司该美元借款计提利息的金额 = 1 000 × 2.4% × 1/12 × 6.92 = 13.84（万人民币元）。

（2）2×24 年 11 月 30 日，甲公司确认该美元借款本金的汇兑差额 = 1 000 × (6.92 − 6.9) = 20（万人民币元）。

（3）2×24 年 12 月 31 日，甲公司该美元借款计提利息的金额 = 1 000 × 2.4% × 1/12 × 6.95 = 13.9（万人民币元）。

（4）2×24 年 12 月 31 日，甲公司确认该美元借款本金和上月计提的利息的汇兑差额 = 1 000 × (6.95 − 6.92) + 1 000 × 2.4% × 1/12 × (6.95 − 6.92) = 30.06（万人民币元）。

（5）该美元借款对甲公司 2×24 年度营业利润的影响金额 = 13.84 + 20 + 13.9 + 30.06 = 77.80（万人民币元）。因此，选项 C 正确。

会计分录如下：

①2×24 年 11 月 1 日，甲公司借入款项：

借：银行存款——美元　　　6 900
　　贷：短期借款——美元　　　6 900
借：原材料等　　　　　　　6 900
　　贷：银行存款——美元　　　6 900

②2×24 年 11 月 30 日，甲公司该美元借款计提利息：

借：财务费用　　　　　　　13.84
　　贷：应付利息——美元　　　13.84

③2×24 年 11 月 30 日，甲公司确认该美元借款本金汇兑差额：

借：财务费用　　　　　　　20
　　贷：短期借款——美元　　　20

④2×24 年 12 月 31 日，甲公司该美元借款计提利息：

借：财务费用　　　　　　　13.9
　　贷：应付利息——美元　　　13.9

⑤2×24 年 12 月 31 日，甲公司确认该美元借款本金和上月计提的利息的汇兑差额：

借：财务费用　　　　　　　30.06
　　贷：短期借款——美元　　　30
　　　　应付利息——美元　　　0.06

6.【答案】A　【解析】本题考查的知识点是外币交易的会计处理——外币交易发生日的会计处理。

（1）其他权益工具投资的公允价值变动收益，计入其他综合收益。因此，选项 A 正确。

（2）外币银行存款汇兑损失，计入财务费用。因此，选项 B 错误。

（3）库存商品减值损失，计入资产减值损失。因此，选项 C 错误。

（4）无形资产处置净收益，计入资产处置损益。因此，选项 D 错误。

7.【答案】B　【解析】本题考查的知识点是外币交易的会计处理——外币交易发生日的会计处理。企业收到投资者以外币投入的资本，无论是否有合同约定汇率，均不得采用合同约定汇率和即期汇率的近似汇率折算，而是采用交易日即期汇率折算。因此，选项 B 正确。

8.【答案】C　【解析】本题考查的知识点是外币交易的会计处理——外币交易发生日的会计处理、资产负债表日或结算日的会计处理。

（1）2×24 年 10 月 1 日，贷记"实收资本"科目的金额 = 200 × 6.83 = 1 366（万元）。因

此，选项 A 错误。

（2）2×24 年 12 月 1 日，贷记"实收资本"科目的金额 = 2 000 − 1 366 = 634（万元）。因此，选项 B 错误。

（3）2×24 年 12 月 1 日，贷记"资本公积"科目的金额 = 300 × 6.87 − 634 = 1 427（万元）。因此，选项 C 正确。

（4）2×24 年 12 月 31 日，甲公司资产负债表中"资本公积"项目增加的金额 = 200 × 6.83 + 300 × 6.87 − 2 000 = 1 427（万元）。因此，选项 D 错误。

9.【答案】B　【解析】本题考查的知识点是外币交易的会计处理——资产负债表日或结算日的会计处理。对于以公允价值计量的股票、基金等非货币性项目，期末公允价值以外币反映的，应当先将该外币金额按照公允价值确定当日的即期汇率折算为记账本位币金额，再与原记账本位币金额进行比较。对于以公允价值计量且其变动计入当期损益的金融资产折算后的记账本位币金额与原记账本位币金额之间的差额计入当期损益（即"公允价值变动损益"科目）。因此，选项 B 正确。

10.【答案】A　【解析】本题考查的知识点是外币交易的会计处理——资产负债表日或结算日的会计处理。

（1）2×24 年 12 月 1 日，应付账款的入账金额 = 150 × 6.88 = 1 032（万人民币元）。因此，选项 A 正确；

（2）2×24 年 12 月 31 日，应付账款的账面价值 = 150 × 6.86 = 1 029（万人民币元）。因此，选项 B 错误；

（3）2×24 年 12 月 31 日，原材料的账面价值 = 150 × 6.88 = 1 032（万人民币元）。因此，选项 C 错误

（4）2×24 年 12 月 31 日，确认财务费用的金额 = 150 × (6.86 − 6.88) = −3（万人民币元）。因此，选项 D 错误。

11.【答案】B　【解析】本题考查的知识点是外币交易的会计处理——资产负债表日或结算日的会计处理。对于以公允价值计量的外币非货币性项目，期末公允价值以外币反映的，应当先将该外币金额按照公允价值确定当日的即期汇率折算为记账本位币金额，再

与原记账本位币金额进行比较。对于以公允价值计量且其变动计入当期损益的金融资产和分类为以公允价值计量且其变动计入其他综合收益的金融资产，折算后的记账本位币金额与原记账本位币金额之间的差额应作为公允价值变动损益（含汇率变动），计入当期损益。对于指定为以公允价值计量且其变动计入其他综合收益的非交易性权益工具投资，其折算后的记账本位币金额与原记账本位币金额之间的差额应计入其他综合收益。

（1）"交易性金融资产"项目的增加额 = $10 \times 11.8 \times 6.55 = 772.9$（万人民币元），选项 A 错误；

（2）"其他应收款"项目的增加额 = $10 \times 0.5 \times 6.55 = 32.75$（万人民币元），选项 B 正确；

（3）"财务费用"项目的增加额 = $10 \times 0.5 \times (6.75 - 6.55) = 1$（万人民币元），选项 C 错误；

（4）"公允价值变动收益"项目的增加额 = $10 \times 11.8 \times 6.55 - 10 \times 10 \times 6.75 = 97.9$（万人民币元），选项 D 错误。

会计分录如下：

①2×22 年 12 月 15 日，甲公司购入乙公司发行的 B 股股票：

借：交易性金融资产——成本　675
　　应收股利　　　　　　　33.75
　　　贷：银行存款　　　　　　　708.75

②2×22 年 12 月 31 日，乙公司股票市价上涨：

借：交易性金融资产——公允价值变动
　　　　　　　　　　　　　　97.9
　　　贷：公允价值变动损益　　　97.9

③2×22 年 12 月 31 日，汇率变动：

借：财务费用　　　　　　　　　1
　　　贷：应收股利　　　　　　　　1

12. 【答案】A 【解析】本题考查的知识点是外币交易的会计处理——资产负债表日或结算日的会计处理。

（1）银行存款的汇兑收益 = $1\,500 \times 6.94 - 10\,350 = 60$（万人民币元）。

（2）应付账款的汇兑损失 = $100 \times 6.94 - 690 = 4$（万人民币元）。

（3）因汇率变动对甲公司 2×23 年 12 月营

业利润的影响金额 = $60 - 4 = 56$（万人民币元）。

因此，选项 A 正确。

13. 【答案】A 【解析】本题考查的知识点是外币交易的会计处理——资产负债表日或结算日的会计处理。2×24 年 12 月 31 日，甲公司因该资产计入所有者权益的金额 = $350 \times 0.81 - 300 \times 0.83 = 34.5$（万人民币元）。因此，选项 A 正确。

14. 【答案】A 【解析】本题考查的知识点是外币交易的会计处理——资产负债表日或结算日的会计处理。2×24 年 12 月 31 日，该批商品发生了减值，确认资产减值损失 = $200 \times 50\% \times 6.1 - 90 \times 6.2 = 52$（万人民币元），减少了利润总额 52 万人民币元。

15. 【答案】C 【解析】本题考查的知识点是外币财务报表折算的一般原则。

（1）资产负债表中的资产和负债项目，采用资产负债表日的即期汇率折算。因此，选项 A、B 错误。

（2）所有者权益项目除"未分配利润"项目外，其他项目采用发生时的即期汇率折算。因此，选项 C 正确，选项 D 错误。

16. 【答案】D 【解析】本题考查的知识点是外币财务报表折算的一般原则。

（1）外币财务报表折算差额，计入其他综合收益。因此，选项 A 错误。

（2）收到股东投入资本，计入实收资本（或股本）、资本公积。因此，选项 B 错误。

（3）其他权益工具投资公允价值变动，计入其他综合收益。因此，选项 C 错误。

（4）计提存货跌价准备，计入资产减值损失。因此，选项 D 正确。

17. 【答案】C 【解析】本题考查的知识点是外币财务报表折算的一般原则。

（1）固定资产和应付账款，属于资产负债表中的资产和负债项目，采用资产负债表日的即期汇率折算。因此，选项 A、D 错误。

（2）未分配利润项目的金额是按照所有者权益变动表中相关项目计算得出，不按照特定的汇率直接折算。因此，选项 B 错误。

（3）实收资本项目属于所有者权益项目，所有者权益项目除"未分配利润"项目外，其他项目采用发生时的即期汇率折算。因此，选项 C 正确。

18.【答案】D 【解析】本题考查的知识点是外币财务报表折算的一般原则。资产负债表中的资产和负债项目，采用资产负债表日即期汇率折算。因此，选项 D 正确。

19.【答案】D 【解析】本题考查的知识点是外币财务报表折算的一般原则。

（1）资产负债表中的资产和负债项目，采用资产负债表日的即期汇率折算，所有者权益项目除"未分配利润"项目外，其他项目采用发生时的即期汇率折算。因此，选项 A、B 正确。

（2）利润表中的收入和费用项目，采用交易发生日的即期汇率折算；也可以采用按照系统合理的方法确定的、与交易发生日的即期汇率近似的汇率折算。因此，选项 C 正确。

（3）部分处置境外经营的，应当按处置的比例计算处置部分对应的外币财务报表折算差额，转入处置当期损益。因此，选项 D 错误。

二、多选题

1.【答案】ABCD 【解析】本题考查的知识点是记账本位币的确定——企业记账本位币的确定。企业在选择记账本位币时应当考虑的因素包括：

（1）该货币主要影响商品和劳务的销售价格，通常以该货币进行商品和劳务的计价和结算。

（2）该货币主要影响商品和劳务所需人工、材料和其他费用，通常以该货币进行上述费用的计价和结算。

（3）融资活动获得的资金以及保存从经营活动中收取款项所使用的币种。

因此，选项 A、B、C、D 正确。

2.【答案】ABCD 【解析】本题考查的知识点是记账本位币的确定——企业记账本位币的确定。企业在选择记账本位币时应当考虑的因素包括：

（1）该货币主要影响商品和劳务的销售价格，通常以该货币进行商品和劳务的计价和结算。

（2）该货币主要影响商品和劳务所需人工、材料和其他费用，通常以该货币进行上述费用的计价和结算。

（3）融资活动获得的资金以及保存从经营活动中收取款项所使用的币种。

因此，选项 A、B、C、D 正确。

3.【答案】ABCD 【解析】本题考查的知识点是记账本位币的确定——境外经营记账本位币的确定。企业在确定境外经营的记账本位币时，除确定企业记账本位币需要考虑的因素外，还应当考虑下列有关该境外经营与企业之间关系的因素：

（1）境外经营对其所从事的活动是否拥有很强的自主性。

（2）与企业的交易是否在境外经营活动中占有较大比重。

（3）境外经营活动产生的现金流量是否直接影响企业的现金流量、是否可以随时汇回。

（4）境外经营活动产生的现金流量是否足以偿还其现有债务和可预期的债务。

因此，选项 A、B、C、D 正确。

4.【答案】ABC 【解析】本题考查的知识点是外币交易的会计处理——外币交易发生日的会计处理、资产负债表日或结算日的会计处理。

（1）2×24 年 12 月 11 日，"其他权益工具投资"的初始入账价值 = 10 × 12 × 6.5 = 780（万人民币元）。因此，选项 A 正确；

（2）2×24 年 12 月 31 日，"其他综合收益"项目的增加额 = 10 × 12.5 × 6.8 − 10 × 12 × 6.5 = 70（万人民币元）。因此，选项 B 正确。

（3）2×24 年 12 月 31 日，"其他权益工具投资"项目的增加额 = 10 × 12.5 × 6.8 = 850（万人民币元）。因此，选项 C 正确；

（4）2×24 年 12 月 31 日，"营业利润"项目的增加额 = 0。因此，选项 D 错误。

5.【答案】AD 【解析】本题考查的知识点是外币交易的会计处理——资产负债表日或结算日的会计处理。2×24 年末外币应收账款的汇兑收益 = 100 × (6.5 − 6.3) = 20（万人民币元），该汇兑收益贷记"财务费用"科目。因此，选项 A、D 正确。

会计分录如下：

借：应收账款——美元　　　　　20

　　贷：财务费用　　　　　　　　　　20

6.【答案】CD 【解析】本题考查的知识点是外币交易的会计处理——资产负债表日或结算

日的会计处理。

（1）以公允价值计量且其变动计入当期损益的债券投资的公允价值变动，计入公允价值变动损益。因此，选项 A 错误。

（2）以公允价值计量且其变动计入其他综合收益的债券投资的汇兑差额，计入财务费用。因此，选项 B 错误。

（3）指定为以公允价值计量且其变动计入其他综合收益的股票投资的公允价值变动，计入其他综合收益。因此，选项 C 正确。

（4）指定为以公允价值计量且其变动计入其他综合收益的股票投资的汇兑差额，计入其他综合收益。因此，选项 D 正确。

7.【答案】ABC　【解析】本题考查的知识点是外币交易的会计处理——资产负债表日或结算日的会计处理。出售外币其他债权投资形成的汇兑差额，应计入投资收益。因此，选项 D 错误。

8.【答案】BCD　【解析】本题考查的知识点是外币交易的会计处理——资产负债表日或结算日的会计处理。

（1）对于以历史成本计量的外币非货币性项目，已在交易发生日按当日即期汇率折算，资产负债表日不应改变其原记账本位币金额，不产生汇兑差额。因此，选项 A 错误。

（2）资产负债表日或结算货币性项目时，企业应当采用资产负债表日或结算当日即期汇率折算外币货币性项目，因当日即期汇率与初始确认时或者前一资产负债表日即期汇率不同而产生的汇兑差额，作为财务费用处理，同时调增或调减外币货币性项目的记账本位币金额。因此，选项 B、C、D 正确。

9.【答案】ABCD　【解析】本题考查的知识点是外币财务报表折算的一般原则——境外经营财务报表的折算。

资产负债表中的资产和负债项目，采用资产负债表日的即期汇率折算，所有者权益项目除"未分配利润"项目外，其他项目采用发生时的即期汇率折算。因此，选项 A、B、C、D 正确。

10.【答案】ACD　【解析】本题考查的知识点是外币财务报表折算的一般原则——境外经营财务报表的折算。

资产负债表中的资产和负债项目，采用资产负债表日的即期汇率折算，所有者权益项目除"未分配利润"项目外，其他项目采用发生时的即期汇率折算。因此，选项 B 错误，选项 A、C、D 正确。

11.【答案】AC　【解析】本题考查的知识点是外币财务报表折算的一般原则——境外经营财务报表的折算。

（1）资产负债表中的资产和负债项目，采用资产负债表日的即期汇率折算，所有者权益项目除"未分配利润"项目外，其他项目采用发生时的即期汇率折算。因此，选项 A、C 正确。

（2）利润表中的收入和费用项目，采用交易发生日的即期汇率折算；也可以采用按照系统合理的方法确定的、与交易发生日的即期汇率近似的汇率折算。因此，选项 B、D 错误。

12.【答案】AB　【解析】本题考查的知识点是外币财务报表折算的一般原则——境外经营财务报表的折算。

资产负债表中的资产和负债项目，采用资产负债表日的即期汇率折算，所有者权益项目除"未分配利润"项目外，其他项目采用发生时的即期汇率折算。因此，选项 C、D 错误，选项 A、B 正确。

13.【答案】BD　【解析】本题考查的知识点是外币财务报表折算的一般原则——境外经营财务报表的折算。

（1）利润表中的收入和费用项目，采用交易发生日的即期汇率折算；也可以采用按照系统合理的方法确定的、与交易发生日的即期汇率近似的汇率折算。因此，选项 A 错误。

（2）资产负债表中的资产和负债项目，采用资产负债表日的即期汇率折算，所有者权益项目除"未分配利润"项目外，其他项目采用发生时的即期汇率折算。因此，选项 C 错误，选项 B、D 正确。

14.【答案】ACD　【解析】本题考查的知识点是外币财务报表折算的一般原则——境外经营财务报表的折算。

（1）企业境外经营为其子公司的情况下，企业在编制合并财务报表时，对于境外经营财务报表折算差额，需要在母公司与子公司少数股东之间按照各自在境外经营所有者权益中所享有的份额进行分摊，其中归属于母公司应分担的部分在合并资产负债表和合并所有者权益变动表中所有者权益项目下的"其他综合收益"项目列示，属于子公司少数股东应分担的部分应并入"少数股东权益"项目列示。因此，选项 B 错误，选项 A 正确。

（2）资产负债表中的所有者权益项目除"未分配利润"项目外，其他项目采用发生时的即期汇率折算。因此，选项 C 正确。

（3）企业在处置境外经营时，应当将资产负债表所有者权益项目中与该境外经营相关的外币财务报表折算差额，转入处置当期损益；部分处置境外经营的，应当按处置的比例计算处置部分对应的外币财务报表折算差额，转入处置当期损益。因此，选项 D 正确。

三、判断题

1.【答案】√【解析】本题考查的知识点是记账本位币的确定——企业记账本位币的确定。甲外贸公司有 80% 的营业收入来自对美国的商品输出，其商品价格主要受美元影响，所以甲公司应选择美元为记账本位币。受美元影响，商品也以美元计价。所以，从影响商品和劳务销售价格的角度看，甲公司应选择美元作为记账本位币。因此，本题的说法是正确的。

2.【答案】√【解析】本题考查的知识点是记账本位币的确定——企业记账本位币的确定。甲公司生产所需的原材料、设备和人工成本的 70% 都以美元从美国采购或支付，美元主要影响商品和劳务所需人工、材料和其他费用，所以，甲公司应选择美元为记账本位币。因此，本题的说法是正确的。

3.【答案】×【解析】本题考查的知识点是记账本位币的确定——企业记账本位币的确定。如果甲公司 95% 以上的人工成本、原材料及相应的厂房设施、机器设备等在国内采购并以人民币计价，甲公司取得的美元营业收入在汇回国内时直接兑换成了人民币存款，且甲公司对美元汇率波动产生的外币风险进行了套期保值，降低了汇率波动对企业取得的

外币销售收入的影响，则甲公司可以确定其记账本位币为人民币。因此，本题的说法是错误的。

4.【答案】√【解析】本题考查的知识点是记账本位币的确定——境外经营记账本位币的确定。在企业不提供资金的情况下，境外经营活动产生的现金流量难以偿还其现有债务和正常情况下可预期债务的，境外经营应当选择与企业记账本位币相同的货币作为记账本位币。因此，本题的说法是正确的。

5.【答案】×【解析】本题考查的知识点是记账本位币的确定——记账本位币的变更。主要经济环境发生重大变化，通常是指企业主要收取和支出现金的环境发生重大变化。使用该环境中的货币最能反映企业的主要交易业务的经济结果，为此当主要经济环境发生重大变化时，企业可能需要对记账本位币进行变更。因此，本题的说法是错误的。

6.【答案】√【解析】本题考查的知识点是记账本位币的确定——记账本位币的变更。企业因经营所处的主要经济环境发生重大变化，确需变更记账本位币的，应当采用变更当日即期汇率将所有项目折算为变更后的记账本位币，折算后的金额作为以新的记账本位币计量的历史成本，由于采用同一即期汇率进行折算，不会产生汇兑差额。因此，本题的说法是正确的。

7.【答案】√【解析】本题考查的知识点是记账本位币的确定——记账本位币的变更。企业需要提供确凿的证据证明企业经营所处的主要经济环境确实发生了重大变化，并应当在附注中披露变更的理由。因此，本题的说法是正确的。

8.【答案】√【解析】本题考查的知识点是外币交易的会计处理——资产负债表日或结算日的会计处理。资产负债表日或结算货币性项目时，企业应当采用资产负债表日或结算当日即期汇率折算外币货币性项目，因当日即期汇率与初始确认时或者前一资产负债表日即期汇率不同而产生的汇兑差额，作为财务费用处理，同时调增或调减外币货币性项目的记账本位币金额。因此，本题的说法是正确的。

9.【答案】√ 【解析】本题考查的知识点是外币交易的会计处理——资产负债表日或结算日的会计处理。对于以公允价值计量且其变动计入当期损益的金融资产和分类为以公允价值计量且其变动计入其他综合收益的金融资产，折算后的记账本位币金额与原记账本位币金额之间的差额应作为公允价值变动损益（含汇率变动），计入当期损益。因此，本题的说法是正确的。

10.【答案】× 【解析】本题考查的知识点是外币交易的会计处理——资产负债表日或结算日的会计处理。对于以公允价值计量且其变动计入当期损益的金融资产和分类为以公允价值计量且其变动计入其他综合收益的金融资产，折算后的记账本位币金额与原记账本位币金额之间的差额应作为公允价值变动损益（含汇率变动），计入当期损益。因此，本题的说法是错误的。

11.【答案】× 【解析】本题考查的知识点是外币财务报表折算的一般原则——境外经营财务报表的折算。债权投资属于资产类项目，根据规定，资产负债表中的资产和负债项目，采用资产负债表日的即期汇率折算。因此，本题的说法是错误的。

12.【答案】× 【解析】本题考查的知识点是外币财务报表折算的一般原则——境外经营财务报表的折算。产生的外币财务报表折算差额，在资产负债表中所有者权益项目下的"其他综合收益"项目列示。因此，本题的说法是错误的。

13.【答案】√ 【解析】本题考查的知识点是外币财务报表折算的一般原则——包含境外经营的合并财务报表编制的特别处理。实质上构成对子公司净投资的外币货币性项目以母、子公司的记账本位币以外的货币反映的，应将母、子公司此项外币货币性项目产生的汇兑差额相互抵销，差额转入"其他综合收益"项目。因此，本题的说法是正确的。

14.【答案】√ 【解析】本题考查的知识点是境外经营的处置。企业在处置境外经营时，应当将资产负债表所有者权益项目中与该境外经营相关的外币财务报表折算差额，转入处置当期损益；部分处置境外经营的，应当按处置的比例计算处置部分对应的外币财务报表折算差额，转入处置当期损益。因此，本题的说法是正确的。

第十九章　租　赁

教材变化

2025 年本章教材内容主要变化有：补充了关于评估一项租赁的不可撤销期间时，判断"所受惩罚不重大"应考虑的因素的说明；补充了关于"租赁付款额""租赁收款额"范畴的相关说明（增值税、租赁保证金）。

考情分析

本章主要内容是租赁的识别、租赁的分拆和合并、租赁期、租赁负债的初始计量、使用权资产的初始计量、租赁负债的后续计量、使用权资产的后续计量、租赁变更的会计处理、短期租赁和低价值资产租赁、出租人的租赁分类、出租人对融资租赁的会计处理、出租人对经营租赁的会计处理、转租赁、生产商或经销商出租人的融资租赁、售后租回交易。2022 ~ 2024 年考查知识点范围如下表所示，其内容在各种题型中均可出现，每年分值为 10 ~ 15 分。

年份	单选题	多选题	判断题	计算分析题
2024	—	出租人对融资租赁的会计处理	使用权资产的后续计量——使用权资产的折旧	—
2023	—	短期租赁和低价值资产租赁	售后租回交易；转租赁	租赁期、租赁负债的初始计量、使用权资产的后续计量、租赁负债的后续计量
2022	出租人对经营租赁提供激励措施	使用权资产的折旧	—	租赁负债的初始计量、使用权资产的折旧、租赁负债的后续计量

强化练习题

一、单选题

1. 下列关于已识别资产的说法中，正确的是（　　）。
  A. 必须由合同明确指定
  B. 合同中虽然已对资产进行指定，但资产供

应方在整个使用期内拥有对出租资产的实质性替换权的，该出租资产不属于已识别资产
  C. 评估资产供应方的替换权是否为实质性权力时，应考虑合同开始日企业认为不可能发生的未来事件
  D. 资产的某部分产能与其他部分在物理上不

可区分的，即使该部分资产的产能代表该资产的全部产能，该部分也不属于已识别资产

2. 甲公司与乙公司（供应商）签订了使用一台指定服务器的 5 年期合同。乙公司应根据甲公司的指示在甲公司处交付和安装服务器，并在整个使用期内根据需要提供服务器维修服务。乙公司仅在服务器发生故障时替换服务器。甲公司有权决定在服务器中存储哪些数据以及如何整合服务器及其运营。在整个使用期内，甲公司可以改变这些决定。不考虑其他因素，下列说法中，正确的是（　　）。

A. 该合同中不存在已识别资产

B. 甲公司在整个 5 年使用期内没有控制服务器使用的权利

C. 该合同不包含租赁

D. 该合同包含租赁

3. 甲公司根据租赁合同约定，向乙公司出租一

艘邮轮，期限为 5 年，由客户决定所运输的货物、船只是否航行以及航行的时间和目的港，同时配备轮船的操作人员，能够提供该操作服务的并非只有甲公司，客户也可以从其他方聘用操作人员。该合同总价款 300 万元，假设单独租赁飞机的市场公允价值为 280 万元，飞机操作人员的服务费用的市场价为 40 万元。不考虑其他因素，租赁飞机应分摊的合同对价金额为（　　）万元。

A. 280　　　　　　　　B. 300

C. 262.5　　　　　　　D. 270

4. 甲公司从乙公司租赁一台推土机、一辆卡车和一台长臂挖掘机用于采矿业务，并将上述三个设备分别确认为单独租赁，租赁期为 4 年。乙公司同意在整个租赁期内维护各项设备。相关信息如下表所示。

单位：万元

项目		推土机	卡车	长臂挖掘机
可观察的单独价格	单独维护价格	90	58	120
	单独出租价格	16	8	28
合同固定对价	价款	300		
	备注	每年支付 75 万元，合同对价包含了各项设备的维护费用		

不考虑其他因素，长臂挖掘机的租赁付款额（折现前）为（　　）万元。

A. 120　　　　　　　　B. 137.23

C. 112.5　　　　　　　D. 134.33

5. 甲公司于 2×24 年 8 月 15 日与乙公司签订设备租赁合同，甲公司当日即从乙公司厂区取走该设备，并自行运输。该设备于 2×24 年 9 月 1 日到达甲公司厂区，经过必要的安装和调试后，于 2×24 年 10 月 1 日达到预定可使用状态。乙公司在租赁合同中同意给予甲公司一段时间的免租期，从 2×24 年 10 月 15 日起开始计算租金。甲公司租入该设备的租赁期开始日是（　　）。

A. 2×24 年 8 月 15 日

B. 2×24 年 9 月 1 日

C. 2×24 年 10 月 1 日

D. 2×24 年 10 月 15 日

6. 2×23 年 1 月 1 日，甲公司（承租方）与乙公司（出租方）签订一份房屋租赁合同，租赁期限为 5 年和续租选择权 3 年。甲公司在搬入该房屋之前，对房屋进行重大装修，并预计在租赁期满时该房屋仍具有重大价值，且该价值仅能通过继续使用该房屋实现。不考虑其他因素，甲公司在租赁开始时确定的租赁期为（　　）年。

A. 5　　　　　　　　　B. 8

C. 2　　　　　　　　　D. 3

7. 甲公司租入某办公楼的一层楼，为期 10 年，免租期 6 个月。甲公司有权选择在第 5 年后提前终止租赁，并以相当于 6 个月的租金作为罚金。每年的租赁付款额为固定金额 120 万元。该办公楼是全新的，并且在周边商业园区的办公楼中处于技术领先水平。上述租赁付款额与市场租金水平相符。不考虑其他因素，甲公司

下列会计处理正确的是（　　）。

A. 该租赁业务的租期为 5 年

B. 免租期内无须确认租金费用

C. 不会选择提前终止租赁

D. 租赁负债应包含提前终止租赁时需要支付的罚金

8. 2×23 年 1 月 1 日，甲公司与乙公司签订一份租赁合同。合同约定，乙公司向甲公司出租一栋办公楼，租赁期限为 10 年，免租期为 1 年，每年年末支付租金 100 万元。假定租赁内含利率为 7%。不考虑其他因素，甲公司租赁开始日租赁负债的初始入账价值为（　　）万元。（P/A，7%，10）=7.0236，（P/A，7%，1）=0.9346

A. 702.36　　　　　B. 632.124

C. 608.9　　　　　D. 548.01

9. 2×23 年 7 月 1 日，甲公司从乙公司处租入一台生产用设备，租赁期限 5 年，每年租赁付款额为 40 万元，于每年年末支付。为租入该设备发生的初始直接费用 9 万元，乙公司补偿甲公司佣金 2 万元，租赁内含利率为 8%。假定不考虑其他因素，甲公司该项租赁应确认的使用权资产的初始入账价值为（　　）万元。（P/A，8%，5）=3.9927

A. 200　　　　　B. 207

C. 166.71　　　　D. 170.71

10. 2×23 年 1 月 1 日，承租人甲公司与出租人乙公司签订了为期 7 年的商铺租赁合同。每年的租赁付款额为 450 000 元，于每年年末支付。甲公司无法确定租赁内含利率，其增量借款利率为每年 5.04%。不考虑其他因素，甲公司 2×23 年末租赁负债的账面价值为（　　）元。

A. 2 018 960　　　B. 2 150 000

C. 2 281 040　　　D. 2 468 960

11. 2×23 年 1 月 1 日，甲公司与乙公司签订一项管理用设备的租赁合同。合同约定，租赁期限为 3 年，每年年末支付租金 100 万元。甲公司为取得该租赁合同发生的直接初始费用为 10 万元；乙公司补偿甲公司佣金 5 万元；租赁期内，甲公司确定租赁内含利率为 8%；甲公司采用年限平均法计提折旧。不考虑其他因素，甲公司租赁该设备对 2×23

损益的影响金额为（　　）万元。（P/A，8%，3）=2.5771

A. 20.62　　　　　B. 87.57

C. 21.02　　　　　D. 108.19

12. 租赁变更导致租赁期缩短至 1 年以内的，承租人应当调减使用权资产的账面价值，以反映租赁的部分终止或完全终止，承租人应将部分终止或完全终止租赁的相关利得或损失计入（　　）。

A. 投资收益　　　　B. 营业外收入

C. 资产处置损益　　D. 其他综合收益

13. 2×24 年 1 月 1 日，甲公司采用融资租赁方式出租一条生产线。租赁合同规定：（1）租赁期为 10 年，每年收取固定租金 20 万元；（2）除固定租金外，甲公司每年按该生产线所生产的产品销售额的 1% 提成，据测算平均每年提成约为 2 万元；（3）承租人提供的租赁资产担保余值为 10 万元；（4）与承租人和甲公司均无关联关系的第三方提供的租赁资产担保余值为 5 万元。甲公司租赁期开始日应确认的租赁收款额为（　　）万元。

A. 200　　　　　B. 206

C. 215　　　　　D. 236

14. 2×23 年 7 月 1 日，甲公司与乙公司签订了一项写字楼租赁合同，甲公司将该写字楼以经营租赁方式出租给乙公司。合同约定，租赁期为 2×23 年 7 月 1 日至 2×24 年 6 月 30 日，租赁期前 2 个月免收租金，后 10 个月每月收取租金 15 万元，此外，甲公司承担了本应由乙公司负担的电子灯牌制作安装费 3 万元。甲公司按直线法确认租金收入。不考虑其他因素，甲公司 2×23 年度应确认的租金收入为（　　）万元。

A. 73.5　　　　　B. 49

C. 60　　　　　D. 75

15. 出租人在经营租赁中发生的初始直接费用，应计入（　　）。

A. 租赁收款额

B. 租赁收入

C. 租赁标的资产的成本

D. 管理费用

16. 2×23 年 3 月 1 日，甲公司与乙公司签订一份租赁合同。合同约定，乙公司向甲公司提供一台管理设备，约定不可撤销期间为 6 个月，甲公司可在到期时拥有 3 个月的续租选择权；租金为每月 9 万元；免租期 1 个月。在租赁期开始日，甲公司可以合理确定将行使续租选择权。不考虑其他因素，甲公司下列会计处理正确的是（　　）。

A. 租赁期为 6 个月

B. 应将租金按照每月 8 万元，记入"管理费用"科目

C. 应确认使用权资产和租赁负债

D. 不能选择采用简化会计处理

二、多选题

1. 新租赁准则下，出租人应将租赁分为（　　）。

A. 经营租赁　　　　B. 融资租赁

C. 短期租赁　　　　D. 低价值租赁

2. 一项租赁应当包含的要素有（　　）。

A. 存在一定期间

B. 存在已识别资产

C. 资产供应方向客户转移对已识别资产使用权的控制

D. 资产供应方有权向客户收取租金收益

3. 下列各项中，能够表明签订的租赁合同中存在已识别资产的有（　　）。

A. 出租方提供指定型号的火车车厢为承租方运输货物，出租方有大量类似车厢可以满足合同要求，且车厢不用时存放在出租方的车库内

B. 出租方提供商场内一定面积的商业区域供承租方使用易于移动的售货亭销售商品，并有权在租期内随时调整分配该区域，且出租方有很多符合合同规定的区域供承租方使用

C. 出租方提供指定规格飞机供承租方运送旅客，租期内出租方可随时调换飞机，但配备符合承租方要求规格的飞机所需成本较大

D. 出租方按照承租方的设计要求建造太阳能电厂，并将该电厂未来 20 年产生的全部电力供应给承租方，且出租方无替换权

4. 资产供应方拥有资产实质性替换权的，应同时满足的条件有（　　）。

A. 资产供应方拥有在整个使用期间替换资产的实际能力

B. 资产供应方用于替换的资产可以是易于获取的，也可以是支付很高成本的

C. 资产供应方通过行使替换资产的权利将获得经济利益

D. 资产供应方替换资产后获得的经济利益高于替换资产前获得的经济利益

5. 甲公司（客户）与乙公司（供应商）签订一份合同。合同约定，乙公司向甲公司提供指定运输船只，且乙公司无替换权，使用期限为 5 年；使用期限内，甲公司在合同规定的限制条件内可自由使用船只，这些限制条件是用于防止甲公司因人为因素增加船只使用风险；供应商负责船只的操作与维护，并负责船上货物的安全运输，甲公司不得雇用其他人员操作船只或自行操作船只。不考虑其他因素，下列说法正确的有（　　）。

A. 该合同包含租赁

B. 该合同存在已识别资产

C. 甲公司在整个 5 年使用期内拥有控制船只使用的权利

D. 船只的使用合同限制是乙公司对船只和供应商人员的投资的实质性权利

6. 下列各项中，属于使用权资产所产生的经济利益的有（　　）。

A. 资产的主要产出

B. 资产产出的副产品

C. 与第三方之间的商业交易实现的其他经济利益

D. 超出使用权资产使用权限所产生的经济利益

7. 下列情形中，可视为客户有权在使用期间主导资产的使用目的和使用方式的有（　　）。

A. 客户可以自主决定将集装箱用于运输商品

B. 客户可以自主决定发电厂的运行时间

C. 客户可以自主决定设备的使用地点

D. 客户可以自主决定是否使用发电厂发电以及发电量多少

8. 下列各项中，属于将使用已识别资产的权利构成合同中的一项单独租赁应同时满足的条件有（　　）。

A. 承租人可从单独使用该资产中获利

B. 承租人可将该资产与易于获得的其他资源一起使用获利

C. 该资产与合同中的其他资产不存在高度依赖关系

D. 该资产与合同中的其他资产不存在高度关联关系

9. 甲公司在租赁开始日确定将行使续租选择权的情形有（　　）。

A. 租赁期满后，可按照市场价格20%的价格续租

B. 合同期内进行重大租赁资产改良的，到期时仍具有重大价值，且该价值仅能通过继续使用该租赁资产实现

C. 租赁资产为一项专门资产，且到期时，市面上很难获取与之相似的资产

D. 预期租赁期满时，可按照低于市场价格的金额租入同类型的全新资产

10. 下列情况中，企业应当修改不可撤销租赁期的有（　　）。

A. 承租人实际行使了选择权，但该选择权在之前企业确定租赁期时未涵盖

B. 承租人未实际行使选择权但该选择权在之前企业确定租赁期时已涵盖

C. 某些事件的发生，导致根据合同规定承租人有义务行使选择权，但该选择权在之前企业确定租赁期时未涵盖

D. 某些事件的发生，导致根据合同规定禁止承租人行使选择权，但该选择权在之前企业确定租赁期时已涵盖

11. 下列指标或情况中，可能与可变租赁付款额挂钩的有（　　）。

A. 市场比率或指数

B. 承租人源自租赁资产的绩效

C. 租赁资产的使用

D. 租赁期限

12. 下列各项中，属于租赁初始直接费用的有（　　）。

A. 佣金

B. 印花税

C. 为评估是否签订租赁合同而发生的差旅费

D. 为评估是否签订租赁合同而发行的法律费用

13. 下列各项中，应当计入相关资产的初始确认金额的有（　　）。

A. 采购原材料过程中发生的装卸费

B. 取得债权投资时发生的交易费用

C. 通过非同一控制下企业合并取得子公司过程中支付的审计费

D. 承租人签订租赁合同过程中发生的可归属于租赁项目的初始直接费用

14. 下列情形中，通常应分类为融资租赁的有（　　）。

A. 租赁期届满时，租赁资产的所有权转移给承租人

B. 资产的所有权虽然不转移，但租赁期占租赁资产使用寿命的70%

C. 在租赁开始日，租赁收款额的现值几乎相当于租赁资产的公允价值

D. 租赁资产性质特殊，如果不作较大改造，只有承租人才能使用

15. 关于出租人经营租赁的下列会计处理中，正确的有（　　）。

A. 出租人提供免租期的，出租人应将租赁总额在扣除免租期的整个租赁期内，按照直线法分配

B. 发生的初始直接费用应当资本化至租赁资产的成本

C. 租赁资产为固定资产的，出租人应当采用类似资产的折旧政策计提折旧

D. 出租人应当按照资产减值准则的规定，确定经营租赁资产是否发生减值，并对已识别的减值损失进行会计处理

16. 甲企业（原租赁承租人）与乙企业（原租赁出租人）就5 000平方米办公场所签订了一项为期5年的租赁合同（原租赁）。在第3年年初，甲企业将该5 000平方米办公场所转租给丙企业（转租赁），期限为原租赁的剩余3年时间。不考虑初始直接费用等因素，甲企业下列会计处理正确的有（　　）

A. 终止确认与原租赁相关且转给丙企业的使用权资产，并确认转租赁投资净额

B. 将使用权资产与转租赁投资净额之间的差额确认为损益

C. 在资产负债表中保留原租赁的租赁负债

D. 转租期间，既要确认转租赁的融资收益，又要确认原租赁的利息费用

三、判断题

1. 《企业会计准则第 21 号——租赁》规定，承租人的会计处理依旧区分经营租赁和融资租赁。 （　）

2. 甲公司与乙公司签订了一份为期 15 年的合同，以取得连接 A、B 城市光缆中约定带宽的光纤使用权。甲公司约定的带宽相当于所使用光缆中三条光纤的全部传输容量（乙公司的光缆包含 15 条传输容量相近的光纤），则业务中的已识别资产为三条光纤。 （　）

3. 客户因使用零售区域需向供应方支付零售收入的一定比例作为对价，该对价会妨碍客户拥有获得使用零售区域所产生的几乎全部经济利益的权利。 （　）

4. 合同中同时包含租赁和非租赁部分的，承租人和出租人应当将租赁和非租赁部分进行分拆，同时将非租赁部分参考新租赁准则进行会计处理。 （　）

5. 甲公司与乙公司在同一时间订立的多份包含租赁的合同，当其中一份合同的对价金额取决于其他合同的定价时，应将多份合同合并为一份合同进行会计处理。 （　）

6. 租赁协议中对租金支付时间的约定，会影响租赁期开始日的判断。 （　）

7. 租赁合同约定只有出租人有权终止租赁的，则不可撤销的租赁期包括终止租赁选择权所涵盖的期间。 （　）

8. 租赁负债应当按照租赁期开始日已支付的租赁付款额和尚未支付的租赁付款额的现值进行初始计量。 （　）

9. 承租人应当按照固定的周期性利率计算租赁负债在租赁期内各期间的利息费用，并计入相关资产成本。 （　）

10. 承租人为将租赁资产恢复至租赁条款约定状态预计将发生的成本，该成本属于为生产存货而发生的，则适用《企业会计准则第 1 号——存货》的相关规定进行会计处理。 （　）

11. 对于低价值租赁和短期租赁，承租人应当不确认使用权资产和租赁负债。 （　）

12. 甲企业与乙企业签订一份租赁合同，约定不可撤销期间为 9 个月，且甲企业拥有 4 个月的续租选择权，在租赁开始日，甲企业可以合理确定将行使续租选择权。所以，甲企业应将该业务作为短期租赁，进行简化会计处理。 （　）

13. 承租人转让原租赁的使用权资产后，在当期的资产负债表日应终止对于原租赁产生的租赁负债。 （　）

14. 租赁开始日后，租赁资产预计使用寿命、预计余值等会计估计变更或发生承租人违约等情况变化的，出租人应当对租赁进行重分类。 （　）

15. 由于取得融资租赁所发生的成本主要与生产商或经销商赚取的销售利得相关，生产商或经销商出租人应当在租赁期开始日将其计入损益。 （　）

快速查答案

一、单选题

序号	1	2	3	4	5	6	7	8	9	10	11	12
答案	B	D	C	C	A	B	C	C	C	C	D	C
序号	13	14	15	16								
答案	C	A	C	B								

二、多选题

序号	1	2	3	4	5	6	7	8	9	10	11	12
答案	AB	ABC	CD	AC	ABC	ABC	ABCD	ABCD	ABC	ABCD	ABC	AB
序号	13	14	15	16								
答案	ABD	ACD	CD	ABCD								

三、判断题

序号	1	2	3	4	5	6	7	8	9	10	11	12
答案	×	×	×	×	√	×	√	×	×	√	×	×
序号	13	14	15									
答案	×	×	√									

参考答案及解析

一、单选题

1. 【答案】B 【解析】本题考查的知识点是租赁的识别——已识别资产。

（1）已识别资产通常由合同明确指定，也可以在资产可供客户使用时隐性指定。因此，选项A错误。

（2）有些情况下，即使合同已对资产进行指定，但如果资产供应方在整个使用期间拥有对该资产的实质性替换权，则该资产不属于已识别资产。因此，选项B正确。

（3）企业在评估资产供应方的替换权是否为实质性权利时，应基于合同开始日的事实和情况，而不应考虑在合同开始日企业认为不可能发生的未来事件。因此，选项C错误。

（4）如果资产的某部分产能与其他部分在物理上不可区分（如光缆的部分容量），则该部分不属于已识别资产，除非其实质上代表该资产的全部产能，从而使客户获得因使用该资产所产生的几乎全部经济利益的权利。因此，选项D错误。

2. 【答案】D 【解析】本题考查的知识点是租赁的识别——已识别资产、客户是否控制已

识别资产使用权的判断。

（1）合同明确指定了该服务器，且乙公司仅在服务器发生故障时可以替换，所以，该合同中存在已识别资产。因此，选项A错误。

（2）甲公司有权获得在5年使用期内使用服务器所产生的几乎全部经济利益且有权主导服务器的使用，所以，甲公司在整个5年使用期内拥有控制服务器使用的权利；甲公司拥有服务器5年的使用权，该合同包含租赁。因此，选项B、C错误，选项D正确。

3. 【答案】C 【解析】本题考查的知识点是租赁的分拆与合并——租赁的分拆。合同中包含租赁部分和非租赁部分的，应按照各部分的单独售价之和的相对比例分摊合同对价，所以，租赁飞机应分摊的合同对价金额 = 300 × 280/(280 + 40) = 262.5（万元）。因此，选项C正确。

4. 【答案】C 【解析】本题考查的知识点是租赁的分拆与合并——租赁的分拆。因为，甲公司该合同价款为300万元，每年支付75万元，且合同对价包含了各项设备的维护费用，所以，该合同价款应分为租赁部分与非租赁部分，并将合同价款在推土机、卡车、长臂

挖掘机和非租赁部分之间，按照相对比例进行分摊。

长臂挖掘机的租赁付款额（折现前）＝300×120/（90＋58＋120＋16＋8＋28）＝112.5（万元）。因此，选项C正确。

5.【答案】A【解析】本题考查的知识点是租赁期——租赁开始日。租赁期开始日，是指出租人提供租赁资产使其可供承租人使用的起始日期。如果承租人在租赁协议约定的起租日或租金起付日之前，已获得对租赁资产使用权的控制，则表明租赁期已经开始。租赁协议中对起租日或租金支付时间的约定，并不影响租赁期开始日的判断。所以，甲公司租入该设备的租赁期开始日是2×24年8月15日。因此，选项A正确。

6.【答案】B【解析】本题考查的知识点是租赁期——续租选择权和终止租赁选择权。甲公司在第5年结束时放弃该租赁房屋的使用，将蒙受重大经济损失。所以，甲公司合理确定将行使续租选择权，在租赁开始时确定租赁期为8年。因此，选项B正确。

7.【答案】C【解析】本题考查的知识点是租赁负债的初始计量——租赁付款额。

（1）在租赁期开始日，甲公司评估后认为，6个月的租金对于甲公司而言金额重大，且同等条件下也难以按更优惠的价格租入其他办公楼，可以合理确定不会选择提前终止租赁，所以，其租赁负债不应包括提前终止租赁时需支付的罚金，租赁期确定为10年。因此，选项A、D错误，选项C正确。

（2）对于出租人提供免租期的，承租人应将租金总额在不扣除免租期的整个租赁期内，按直线法或其他合理方法进行分摊，即免租期内应当确认租金费用。所以，甲公司每月应确认的租赁费用＝120×9.5/10/12＝9.5（万元）。因此，选项B错误。

8.【答案】C【解析】本题考查的知识点是租赁负债的初始计量。尽管在租赁期开始日时，从承租人的角度来看，激励并未产生应收款项，但由于折现的影响，1年免租期影响了租赁负债的计量。所以，甲公司租赁开始日租赁负债的初始入账价值＝100×[（P/A，7%，10）－（P/A，7%，1）]＝608.9（万元）。因

此，选项C正确。

9.【答案】C【解析】本题考查使用权资产的初始计量。甲公司该项租赁应确认的使用权资产的初始入账价值＝40×（P/A，8%，5）＋9－2＝166.71（万元）。因此，选项C正确。

10.【答案】C【解析】本题考查的知识点是租赁负债的后续计量——计量基础。

（1）租赁负债的初始入账价值＝450 000×（P/A，5.04%，7）＝2 600 000（元）。

（2）甲公司2×23年末支付的租赁付款额＝450 000元。

（3）甲公司确认2×23年应分摊的利息费用＝2 600 000×5.04%＝131 040（元）。

（4）甲公司2×23年末租赁负债的账面价值＝2 600 000－450 000＋131 040＝2 281 040（元）。因此，选项C正确。

会计分录如下：

①2×23年1月1日，甲公司租入商铺：

借：使用权资产　　　　2 600 000
　　租赁负债——未确认融资费用
　　　　　　　　　　　　400 000
　　贷：租赁负债——租赁付款额
　　　　　　　　　　　3 000 000

②2×23年12月31日，甲公司支付租赁付款额：

借：租赁负债——租赁付款额
　　　　　　　　　　　　450 000
　　贷：银行存款　　　　450 000

③2×23年12月31日，甲公司确认应分摊的利息费用：

借：财务费用　　　　　　131 040
　　贷：租赁付款额——未确认融资费用
　　　　　　　　　　　　131 040

11.【答案】D【解析】本题考查的知识点是使用权资产的初始计量，租赁负债的后续计量，使用权资产的后续计量——使用权资产的折旧。

（1）使用权资产的成本＝100×（P/A，8%，3）＝257.71（万元）

（2）租赁付款额＝100×3＝300（万元）

（3）未确认融资费用＝300－257.71＝42.29（万元）

（4）使用权资产的初始投资成本＝257.71＋

$10 - 5 = 262.71$（万元）

（5）甲公司 2×23 年对该设备计提的折旧额 $= 262.71 / 3 = 87.57$（万元）

（6）甲公司 2×23 年应分摊的利息费用 $= 257.71 \times 8\% = 20.62$（万元）

（7）甲公司租赁该设备对当期损益的影响金额 $= 20.62 + 87.57 = 108.19$（万元）

因此，选项 D 正确。

会计分录如下：

① 使用权资产入账：

借：使用权资产　　　　　2 577 100

　　租赁负债——未确认融资费用

　　　　　　　　　　　　　422 900

　　贷：租赁负债——租赁付款额

　　　　　　　　　　　　3 000 000

② 初始直接费用：

借：使用权资产　　　　　　100 000

　　贷：银行存款　　　　　　100 000

③ 将收取的补偿佣金 5 万元从使用权资产的初始成本中扣除：

借：银行存款　　　　　　　 50 000

　　贷：使用权资产　　　　　 50 000

④ 支付 2×23 年租赁付款额：

借：租赁负债——租赁付款额

　　　　　　　　　　　　1 000 000

　　贷：银行存款　　　　　1 000 000

⑤ 确认 2×23 年应分摊的利息费用：

借：财务费用　　　　　　　206 200

　　贷：租赁负债——未确认融资费用

　　　　　　　　　　　　　206 200

⑥ 计提 2×23 年折旧额：

借：管理费用　　　　　　　875 700

　　贷：使用权资产累计折旧　875 700

12. 【答案】C 【解析】本题考查的知识点是租赁变更的会计处理。租赁变更导致租赁期缩短至 1 年以内的，承租人应当按照前述要求，调减使用权资产的账面价值，将部分终止租赁的相关利得或损失记入"资产处置损益"科目，不得改按短期租赁进行简化处理或追溯调整。因此，选项 C 正确。

13. 【答案】C 【解析】本题考查的知识点是出租人对融资租赁的会计处理——初始计量。甲公司租赁期开始日应确认的租赁收款额 =

$20 \times 10 + 10 + 5 = 215$（万元）。因此，选项 C 正确。

14. 【答案】A 【解析】本题考查的知识点是出租人对经营租赁的会计处理。出租人提供免租期的，出租人应收租金总额在不扣除免租期的整个租赁期内，按直线法或其他合理的方法进行分配，免租期内应当确认租金收入。出租人承担了承租人某些费用的，出租人应将该费用自租金收入总额中扣除，按扣除后的租金收入余额在租赁期内进行分配。甲公司 2×23 年度应确认的租金收入 $= (15 \times 10 - 3) / 12 \times 6 = 73.5$（万元）。因此，选项 A 正确。

15. 【答案】C 【解析】本题考查出租人对经营租赁的会计处理。出租人发生的与经营租赁有关的初始直接费用应当资本化至租赁标的资产的成本，在租赁期内按照与租金收入相同的确认基础分期计入当期损益。因此，选项 C 正确。

16. 【答案】B 【解析】本题考查的知识点是短期租赁。

（1）合同约定，不可撤销期间为 6 个月，甲公司可在到期时拥有 3 个月的续租选择权，且甲公司可以合理确定将行使续租选择权，所以，租赁期为 9 个月。因此，选项 A 错误。

（2）约定不可撤销期间为 6 个月，甲公司可在到期时拥有 3 个月的续租选择权，租金为每月 9 万元，免租期 1 个月，所以平均到每月，租金为 8 万元，记入"管理费用"科目。因此，选项 B 正确。

（3）短期租赁可以不确认使用权资产和租赁负债。因此，选项 C 错误。

（4）短期租赁可以选择采用简化会计处理。因此，选项 D 错误。

二、多选题

1. 【答案】AB 【解析】本题考查的知识点是租赁概述。新租赁准则下，出租人仍将租赁分为融资租赁和经营租赁，并分别采用不同的会计处理方法。因此，选项 A、B 正确。

2. 【答案】ABC 【解析】本题考查的知识点是租赁的识别——租赁的定义。根据租赁定义，一项租赁应当包含以下要素：

（1）存在一定期间。

（2）存在已识别资产。

（3）资产供应方向客户转移对已识别资产使用权的控制。

因此，选项A、B、C正确。

3.【答案】CD 【解析】本题考查的知识点是租赁的识别——已识别资产。

（1）出租方在整个使用期内有替换每节车厢的实际能力，即用于替换的车厢是出租方易于获得的，无须承租方批准即可替换；出租方替换每节车厢的成本也较小，易于通过替换车厢获益。所以，不存在已识别资产。因此，选项A错误。

（2）出租方在租期内有变更承租方实际使用商业区域的能力，且替换商业区域的成本极小，因为售货亭是易于移动的。所以，不存在已识别资产。因此，选项B错误。

（3）合同中明确指定了飞机，尽管合同允许出租方替换飞机，但配备另一架符合合同要求的飞机会发生高昂的成本，出租方不会因替换飞机而获益，表明出租方不具有实质性替换权。所以，存在已识别资产。因此，选项C正确。

（4）合同明确指定了太阳能电厂，且出租方无权替换。所以，存在已识别资产。因此，选项D正确。

4.【答案】AC 【解析】本题考查的知识点是租赁的识别——已识别资产。

同时符合下列条件时，表明资产供应方拥有资产的实质性替换权：

（1）资产供应方拥有在整个使用期间替换资产的实际能力。例如，客户无法阻止供应方替换资产，且资产供应方易于获得或可以在合理期间内取得用于替换的资产。

（2）资产供应方通过行使替换资产的权利将获得经济利益。即，替换资产的预期经济利益将超过替换资产所需成本。

因此，选项A、C正确。

5.【答案】ABC 【解析】本题考查的知识点是租赁的识别——已识别资产。

（1）合同明确指定了船只，且乙公司无权替换被指定的船只，该合同存在已识别资产。因此，选项B正确。

（2）甲公司有权获得在5年使用期内使用船只所产生的几乎全部经济利益且有权主导船只的使用，因此甲公司在整个5年使用期内拥有控制船只使用的权利，该合同包含租赁。因此，选项A、C正确。

（3）甲公司在合同规定的限制条件内可自由使用船只，这些限制条件是用于防止甲公司因人为因素增加船只使用风险，这是保护乙公司对船只和乙公司人员的投资的保护性权利。因此，选项D错误。

6.【答案】ABC 【解析】本题考查的知识点是租赁的识别——客户是否控制已识别资产使用权的判断。使用资产所产生的经济利益包括资产的主要产出和副产品（包括来源于这些项目的潜在现金流量）以及通过与第三方之间的商业交易实现的其他经济利益。因此，选项A、B、C正确。

7.【答案】ABCD 【解析】本题考查的知识点是租赁的识别——客户是否控制已识别资产使用权的判断。

如果客户有权在整个使用期间在合同界定的使用权范围内改变资产的使用目的和使用方式，则视为客户有权在该使用期间主导资产的使用目的和使用方式。在判断客户是否有权在整个使用期间主导已识别资产的使用目的和使用方式时，企业应当考虑在该使用期间与改变资产的使用目的和使用方式最为相关的决策权。相关决策权的例子包括：

（1）变更资产的产出类型的权利。例如，决定将集装箱用于运输商品还是储存商品，或者决定在零售区域销售的产品组合。

（2）变更资产的产出时间的权利。例如，决定机器或发电厂的运行时间。

（3）变更资产的产出地点的权利。例如，决定卡车或船舶的目的地，或者决定设备的使用地点。

（4）变更资产是否产出以及产出数量的权利。例如，决定是否使用发电厂发电以及发电量的多少。

因此，选项A、B、C、D正确。

8.【答案】ABCD 【解析】本题考查的知识点是租赁的分拆和合并——租赁的分拆。同时符合下列条件，使用已识别资产的权利构成合同中的一项单独租赁：

（1）承租人可从单独使用该资产或将其与易于获得的其他资源一起使用中获利。因此，选项 A、B 正确。

（2）该资产与合同中的其他资产不存在高度依赖或高度关联关系。因此，选项 C、D 正确。

9. 【答案】ABC 【解析】本题考查的知识点是租赁期——续租选择权和终止租赁选择权。预期租赁期满时，可按照低于市场价格的金额租入同类型的全新资产，表明甲公司将不会行使续租选择权。因此，选项 D 错误。

10. 【答案】ABCD 【解析】本题考查的知识点是租赁期——对租赁期和购买选择权的重新评估。如果不可撤销的租赁期间发生变化，企业应当修改租赁期。例如，在下述情况下，不可撤销的租赁期将发生变化：

（1）承租人实际行使了选择权，但该选择权在之前企业确定租赁期时未涵盖；

（2）承租人未实际行使选择权但该选择权在之前企业确定租赁期时已涵盖；

（3）某些事件的发生，导致根据合同规定承租人有义务行使选择权，但该选择权在之前企业确定租赁期时未涵盖；

（4）某些事件的发生，导致根据合同规定禁止承租人行使选择权，但该选择权在之前企业确定租赁期时已涵盖。

因此，选项 A、B、C、D 正确。

11. 【答案】ABC 【解析】本题考查的知识点是租赁负债的初始计量——租赁付款额。可变租赁付款额可能与下列指标或情况挂钩：

（1）市场比率或指数。（2）承租人源自租赁资产的绩效。（3）租赁资产的使用。因此，选项 A、B、C 正确。

12. 【答案】AB 【解析】本题考查的知识点是租赁负债的初始计量——租赁付款额。初始直接费用，是指为达成租赁所发生的增量成本。增量成本是指若企业不取得该租赁，则不会发生的成本，如佣金、印花税等。无论是否实际取得租赁都会发生的支出，不属于初始直接费用，如为评估是否签订租赁合同而发生的差旅费、法律费用等，此类费用应当在发生时计入当期损益。因此，选项 A、B 正确。

13. 【答案】ABD 【解析】本题考查的知识点是使用权资产的初始计量。通过非同一控制下企业合并取得子公司过程中支付的审计费，记入"管理费用"科目。因此，选项 C 错误。

14. 【答案】ACD 【解析】本题考查的知识点是出租人的租赁分类——融资租赁的分类标准。一项租赁存在下列一种或多种情形的，通常分类为融资租赁：

（1）在租赁期届满时，租赁资产的所有权转移给承租人。如果在租赁协议中已经约定，或者根据其他条件，在租赁开始日就可以合理地判断，租赁期届满时出租人会将资产的所有权转移给承租人，那么该项租赁通常分类为融资租赁。

（2）承租人有购买租赁资产的选择权，所订立的购买价款预计将远低于行使选择权时租赁资产的公允价值，因而在租赁开始日就可以合理确定承租人将行使该选择权。

（3）资产的所有权虽然不转移，但租赁期占租赁资产使用寿命的大部分（75% 及以上）。

（4）在租赁开始日，租赁收款额的现值几乎相当于（通常指在 90% 以上）租赁资产的公允价值。

（5）租赁资产性质特殊，如果不作较大改造，只有承租人才能使用。

因此，选项 B 错误，选项 A、C、D 正确。

15. 【答案】CD 【解析】本题考查的知识点是出租人对经营租赁的会计处理。出租人提供免租期的，出租人应将租金总额在不扣除免租期的整个租赁期内，按直线法或其他合理的方法进行分配，免租期内应当确认租金收入。因此，选项 A 错误。

16. 【答案】ABCD 【解析】本题考查的知识点是转租赁。甲企业的会计处理如下：

（1）终止确认与原租赁相关且转给丙企业（转租承租人）的使用权资产，并确认转租赁投资净额。

（2）将使用权资产与转租赁投资净额之间的差额确认为损益。

（3）在资产负债表中保留原租赁的租赁负债，该负债代表应付原租赁出租人的租赁付款额。

（4）在转租期间，中间出租人既要确认转租赁的融资收益，也要确认原租赁的利息费用。因此，选项 A、B、C、D 正确。

三、判断题

1. 【答案】× 【解析】本题考查的知识点是租赁概述。与原准则相比，在新租赁准则下，承租人的会计处理不再区分经营租赁和融资租赁，而是采用单一的会计处理模型，即承租人对所有租赁（采用简化处理的短期租赁和低价值资产租赁除外）确认使用权资产和租赁负债，参照固定资产准则对使用权资产计提折旧，采用固定的周期性利率确认每期利息费用。因此，本题的说法是错误的。

2. 【答案】× 【解析】本题考查的知识点是租赁的识别——已识别资产。本题中，甲公司仅使用光缆的部分传输容量，乙公司提供给甲公司使用的光纤与其余光纤在物理上不可区分，且不代表光缆的几乎全部传输容量，所以，该情形中不存在已识别资产。因此，本题的说法是错误的。

3. 【答案】× 【解析】本题考查的知识点是租赁的识别——客户是否控制已识别资产使用权的判断。如果合同规定客户应向资产供应方或另一方支付因使用资产所产生的部分现金流量作为对价，该现金流量仍应视为客户因使用资产而获得的经济利益的一部分。例如，如果客户因使用零售区域需向供应方支付零售收入的一定比例作为对价，该条款本身并不妨碍客户拥有获得使用零售区域所产生的几乎全部经济利益的权利。因为零售收入所产生的现金流量是客户使用零售区域而获得的经济利益，而客户支付给零售区域供应方的部分现金流量是使用零售区域的权利的对价。因此，本题的说法是错误的。

4. 【答案】× 【解析】本题考查的知识点是租赁的分拆和合并——租赁的分拆。合同中同时包含租赁和非租赁部分的，承租人和出租人应当将租赁和非租赁部分进行分拆，除非承租人按照新租赁准则的规定选择采用简化处理。分拆时，各租赁部分应当分别按照新租赁准则进行会计处理，非租赁部分应当按照其他适用的企业会计准则进行会计处理。

因此，本题的说法是错误的。

5. 【答案】√ 【解析】本题考查的知识点是租赁的分拆和合并——租赁的合并。企业与同一交易方或其关联方在同一时间或相近时间订立的两份或多份包含租赁的合同，在满足下列条件之一时，应当合并为一份合同进行会计处理：

（1）该两份或多份合同基于总体商业目的而订立并构成一揽子交易，若不作为整体考虑则无法理解其总体商业目的。

（2）该两份或多份合同中的某份合同的对价金额取决于其他合同的定价或履行情况。

（3）该两份或多份合同让渡的资产使用权合起来构成一项单独租赁。

因此，本题的说法是正确的。

6. 【答案】× 【解析】本题考查的知识点是租赁期——租赁期开始日。租赁协议中对起租日或租金支付时间的约定，并不影响租赁期开始日的判断。因此，本题的说法是错误的。

7. 【答案】√ 【解析】本题考查的知识点是租赁期——不可撤销期间。如果只有承租人有权终止租赁，则确定租赁期时，企业应将该项权利视为承租人可行使的终止租赁选择权予以考虑。如果只有出租人有权终止租赁，则不可撤销的租赁期包括终止租赁选择权所涵盖的期间。因此，本题的说法是正确的。

8. 【答案】× 【解析】本题考查的知识点是承租人的会计处理。租赁负债应当按照租赁期开始日尚未支付的租赁付款额的现值进行初始计量。因此，本题的说法是错误的。

9. 【答案】× 【解析】本题考查的知识点是租赁负债的后续计量——计量基础。承租人应当按照固定的周期性利率计算租赁负债在租赁期内各期间的利息费用，并计入当期损益，但按照《企业会计准则第 17 号——借款费用》等其他准则规定应当计入相关资产成本的，从其规定。因此，本题的说法是错误的。

10. 【答案】√ 【解析】本题考查的知识点是使用权资产的初始计量。承租人为拆卸及移除租赁资产、复原租赁资产所在场地或将租赁资产恢复至租赁条款约定状态预计将发生的成本。前述成本属于为生产存货而发生的，适用《企业会计准则第 1 号——存货》。因此，本题的说法是正确的。

11. 【答案】×　【解析】本题考查的知识点是短期租赁和低价值租赁。对于短期租赁和低价值资产租赁，承租人可以选择不确认使用权资产和租赁负债。因此，本题的说法是错误的。

12. 【答案】×　【解析】本题考查的知识点是短期租赁和低价值资产租赁——短期租赁。因为，在租赁开始日，甲企业可以合理确定将行使续租选择权，所以，租赁期应确定为13个月。由于，租赁期超过12个月，所以，该租赁业务不属于短期租赁，甲企业不能选择简化会计处理。因此，本题的说法是错误的。

13. 【答案】×　【解析】本题考查的知识点是转租赁。承租人转让原租赁的使用权资产后，在当期的资产负债表日应保留原租赁产生的租赁负债。因此，本题的说法是错误的。

14. 【答案】×　【解析】本题考查的知识点是出租人的租赁分类——融资租赁与经营租赁。租赁开始日后，除非发生租赁变更，出租人无须对租赁的分类进行重新评估。租赁资产预计使用寿命、预计余值等会计估计变更或发生承租人违约等情况变化的，出租人不对租赁进行重分类。因此，本题的说法是错误的。

15. 【答案】√　【解析】本题考查的知识点是生产商或经销商出租人的融资租赁。由于取得融资租赁所发生的成本主要与生产商或经销商赚取的销售利得相关，生产商或经销商出租人应当在租赁期开始日将其计入损益。即，与其他融资租赁出租人不同，生产商或经销商出租人取得融资租赁所发生的成本不属于初始直接费用，不计入租赁投资净额。因此，本题的说法是正确的。

第二十章　持有待售的非流动资产、处置组和终止经营

教材变化

2025 年本章教材内容无实质变化。

考情分析

　　本章主要内容是持有待售类别的分类原则、某些特定持有待售类别分类的具体应用、持有待售类别的计量、持有待售类别的列报、终止经营的定义、终止经营的列报。2022～2024 年考查知识点范围如下表所示，其内容在各种题型中均可出现，每年分值为 3～5 分。

年份	单选题	多选题	判断题
2024	—	—	—
2023	—	—	终止经营的列报
2022	—	划分为持有待售类别后的计量；持有待售类别的列报	某些特定持有待售类别分类的具体应用；划分为持有待售类别后的计量

强化练习题

一、单选题

1. 下列资产中，应当划分为持有待售类别的是（　　）。

A. 应交付的已签订转让合同，将在 9 个月内转让，且知晓环境污染情况并在确定转让价格时考虑了该污染因素的钢铁生产设备

B. 管理层决定出售的一项土地使用权

C. 已签订的可撤销销售协议，约定未来 6 个月内向丙企业出售一栋办公楼

D. 口头承诺于 8 个月后向丁企业转让一项生产用无形资产

2. 某企业与非关联方的下列交易中，涉及资产不满足划分为持有待售类别条件的是（　　）。

A. 应向客户交付的已签订转让合同，并应在正常时间内腾空且符合交易惯例的办公楼

B. 应向买方移交的已签订出售合同，并将与其相关的未完成客户订单一并移交的生产线

C. 应向买方交付的已签订转让合同，但是不知道环境污染情况且预计要 1.5 年才能整治

成功的炼钢设备和厂房

D. 应向买方移交的已签订转让协议，但因经济危机致使签订协议的 1 年内未能出售且未能找到其他买方的写字楼

3. 甲公司拥有乙公司 80% 的股权，其账面价值为 7 200 万元。2×23 年 8 月 1 日，甲公司拟出售乙公司 60% 的股权，交易完成后，甲公司将丧失对乙公司的控制权，但对其仍具有重大影响。当日，甲公司合并财务报表中乙公司资产总额为 12 000 万元，负债总额为 3 000 万元。不考虑其他因素，甲公司下列会计处理中，正确的是（　　）。

A. 甲公司个别财务报表中借记"持有待售资产"5 400 万元

B. 甲公司个别财务报表中贷记"长期股权投资"5 400 万元

C. 甲公司合并财务报表中按照乙公司全部资产抵销全部负债的净额 9 000 万元，列示在"持有待售资产"项目

D. 甲公司将乙公司全部资产 12 000 万元在合并财务报表的"持有待售资产"项目中列示，全部负债 3 000 万元在合并财务报表的"持有待售负债"项目中列示

4. 2×23 年 12 月 15 日，甲公司与乙公司签署转让协议，拟在 4 个月内将其所拥有的一台生产设备转让。当日，该设备账面原值为 90 万元，每月计提折旧 1 万元，已计提折旧 23 个月；经减值测试，该设备的可回收金额为 60 万元。假定该设备满足划分为持有待售类别的其他条件。不考虑其他因素，下列说法正确的是（　　）。

A. 2×23 年 12 月，甲公司不对该设备计提折旧

B. 2×23 年 12 月，甲公司确认"资产减值损失"7 万元

C. 2×23 年 12 月，甲公司确认的"资产减值损失"在未来期间满足特定条件时，可以转回

D. 2×24 年 1 月，甲公司不对该设备计提折旧

5. 2×23 年 12 月 31 日，甲公司与乙公司签订一份转让合同，合同约定，甲公司需在 6 个月之内向乙公司转让一项生产用专利权。当日，该专利权的账面原值为 60 万元；每月计提摊销 2 万元，至 2×23 年 11 月 30 日已计提摊销 22 万元；可回收金额为 35 万元；公允价值减去出售费用后的净额为 30 万元。假定该设备满足划分为持有待售类别的其他条件。不考虑其他因素，2×23 年 12 月 31 日甲公司的下列会计处理正确的是（　　）。

A. 借记"资产减值损失"1 万元

B. 借记"持有待售资产"30 万元

C. 贷记"持有待售资产减值准备"5 万元

D. 贷记"无形资产减值准备"6 万元

6. 2×23 年 9 月 30 日，甲公司与乙公司签订一份不可撤销的转让合同，约定自合同签署日起 9 个月内，甲公司向乙公司转让一台管理用设备。该设备账面原值 80 万元，每月计提折旧 1 万元，至 2×23 年 8 月 31 日已计提折旧 20 万元。当日，该设备可回收金额为 57 万元，公允价值减去处置费用后的净额为 48 万元，剩余折旧年限为 4 年。2×23 年 12 月 31 日，公允价值减去处置费用后的净额为 53 万元。不考虑其他因素，甲公司下列会计处理正确的是（　　）。

A. 2×23 年 9 月 30 日，"持有待售资产"的入账价值为 57 万元

B. 2×23 年 9 月 30 日，确认"资产减值损失"11 万元

C. 2×23 年 12 月 31 日，计提"累计折旧"1 万元

D. 2×23 年 12 月 31 日，转回"持有待售资产减值准备"9 万元

7. 2×23 年 3 月 1 日，甲公司支付价款 2 000 万元购入一条生产线，并用于转售给乙公司。甲公司预计将在 1 年内将其出售给乙公司，且该生产线在当前状况下可立即出售，预计出售费用 20 万元。甲公司预计 2×23 年 3 月 31 日与乙公司签订转让合同，双方初步议定转让价格为 2 005 万元。2×23 年 3 月 31 日，双方签订转让合同，转让价格为 2 003 万元，预计出售费用 15 万元。不考虑其他因素，下列说法正确的是（　　）。

A. 2×23 年 3 月 1 日，甲公司"固定资产"增加 2 000 万元

B. 2×23 年 3 月 1 日，甲公司"持有待售资产"增加 1 985 万元

C. 2×23 年 3 月 31 日，甲公司"资产减值损失"减少 3 万元

D. 2×23 年 3 月 31 日，甲公司"持有待售资产"增加 3 万元

8. 2×24 年 12 月 15 日，甲公司与乙公司签订股权转让合同。合同约定，甲公司将其持有的 A 公司 100% 股权（账面价值为 2 400 万元）转让给乙公司，转让价格为 2 410 万元。甲公司预计出售费用为 12 万元。2×24 年 12 月 23 日，甲公司支付律师费用 7.5 万元。2×24 年 12 月 31 日，甲公司完成对 A 公司的股权转让，并收取价款 2 410 万元。不考虑其他因素，下列表述正确的是（　　）。

A. 2×24 年 12 月 15 日，甲公司"持有待售资产"的初始入账价值为 2 400 万元

B. 2×24 年 12 月 23 日，甲公司应确认"管理费用"7.5 万元

C. 2×24 年 12 月 31 日，甲公司应确认"投资收益"10 万元

D. 2×24 年 12 月 31 日，甲公司利润表中"营业利润"增加 2.5 万元

9. 2×22 年 12 月 31 日，甲公司与乙公司签订一份转让合同。合同约定，甲公司以市场价格 2 450 万元向乙公司转让一台管理用设备。甲公司预计出售费用为 70 万元。该设备于 2×21 年 12 月 31 日达到预定可使用状态，账面原值 3 000 万元，预计使用年限为 5 年，预计净残值为 0，采用直线法计提折旧。2×23 年 9 月 1 日，甲公司调整产业布局，取消该转让合同。当日，该设备的可回收金额为 1 980 万元，预计使用年限不变，预计净残值为 0，采用直线法计提折旧。不考虑其他因素，甲公司 2×23 年 9 月的下列会计处理正确的是（　　）。

A. 固定资产的入账价值为 1 980 万元

B. 计提折旧 33 万元

C. 资产负债表中"固定资产"项目增加 1 947 万元

D. 利润表中"营业利润"项目减少 33 万元

10. 2×23 年 10 月 1 日，甲公司与交易对手方签订股权出售协议，协议约定甲公司出售其全资子公司乙公司 80% 的股权。2×24 年 3 月 15 日，办理了股权过户登记手续、董事会改选、支付股权转让款等事项。乙公司的经营地区在华南地区，是甲公司的一个单独的主要经营地区。处置乙公司股权后，甲公司将退出华南地区。甲公司 2×23 年度财务报告经批准于 2×24 年 4 月 15 日对外报出。甲公司在编制 2×23 年度对外财务报表时，下列各项会计处理的表述中，正确的是（　　）。

A. 个别财务报表中将持有的乙公司长期股权投资的 80% 重分类为持有待售资产

B. 比较合并财务报表中将乙公司 2×22 年度的经营损益列报为终止经营损益

C. 合并财务报表中不再将乙公司纳入 2×23 年度合并范围

D. 合并财务报表中终止经营损益为乙公司 2×23 年 10 月至 12 月的经营损益

二、多选题

1. 企业将非流动资产或处置组划分为持有待售类别，应满足的条件有（　　）。

A. 可立即出售

B. 出售极可能发生

C. 已签订不可撤销合同

D. 剩余账面价值的收回主要通过出售实现

2. 2×23 年 7 月 1 日，某企业购入一项用于转售给 M 公司的股权，该企业要将该股权划分为持有待售类别，应满足的条件有（　　）。

A. 计划于 2×24 年 3 月 15 日与 M 公司签署股权转让合同

B. 当前状态下可立即出售

C. 获得 M 公司于 6 个月后确定购买的承诺

D. 取得股权的价值仅能通过转售实现

3. 下列各项甲公司拟出售持有的部分长期股权投资的情形中，拟出售的股权均满足划分为持有待售类别的条件，剩余股权应当采用权益法进行会计处理的有（　　）。

A. 甲公司持有联营企业 40% 股权，拟出售 30% 的股权，出售后对被投资方不再具有重大影响

B. 甲公司持有子公司 100% 股权，拟出售 90% 的股权，出售后将丧失对子公司的控制权，对被投资方不具有重大影响

C. 甲公司持有合营企业 50% 股权，拟出售

45% 的股权，出售后将丧失对合营企业的共同控制，对被投资方不具有重大影响

D. 甲公司持有子公司 100% 股权，拟出售 60% 的股权，出售后将丧失对子公司控制权，对被投资方具有重大影响

4. 下列持有待售非流动资产中，适用《企业会计准则第 42 号——持有待售的非流动资产、处置组和终止经营》中相关规定进行会计处理的有（　　）。

A. 采用公允价值模式计量的投资性房地产

B. 采用权益法进行后续计量的长期股权投资

C. 职工薪酬形成的资产

D. 使用寿命不确定的无形资产

5. 2×23 年 12 月 31 日，甲公司以 4 800 万元取得一栋写字楼并立即投入使用，预计使用年限为 10 年，预计净残值为零，采用年限平均法计提折旧。2×24 年 6 月 30 日，甲公司与乙公司签订协议，约定 3 个月内以 4 600 万元的价格将该写字楼出售给乙公司，当日该写字楼符合划分为持有待售类别的条件。2×24 年 10 月 1 日，因乙公司受疫情影响出现财务困难，双方协商解除该协议。甲公司继续积极寻求购买方，2×24 年 12 月 31 日，甲公司与丙公司签订协议，约定 3 个月内以 4 500 万元的价格将该写字楼出售，不考虑其他因素，下列各项关于甲公司会计处理的表述中，正确的有（　　）。

A. 2×24 年度，计提持有待售资产折旧 480 万元

B. 2×24 年 6 月 30 日，确认持有待售资产初始入账金额 4560 万元

C. 2×24 年 12 月 31 日，计提持有待售资产减值准备 60 万元

D. 2×24 年 6 月 30 日，确认资产处置损益 40 万元

6. 2×23 年 9 月末，甲公司董事会通过一项决议，拟将持有的一项闲置管理用设备对外出售。该设备为甲公司于 2×21 年 7 月购入，原价为 6 000 万元，预计使用 10 年，预计净残值为 0，至董事会决议出售时已计提折旧 1 350 万元，未计提减值准备。甲公司 10 月 3 日与独立第三方签订出售协议，拟将该设备以 4 100 万元的价格出售给独立第三方，预计

出售过程中将发生的出售费用为 100 万元。至 2×23 年 12 月 31 日，该设备出售尚未完成，但甲公司预计将于 2×24 年第一季度完成。不考虑其他因素，下列各项关于甲公司因设备对其财务报表影响的表述中，正确的有（　　）。

A. 甲公司 2×23 年末因持有该设备应计提 650 万元减值准备

B. 该设备在 2×23 年末资产负债表中应以 4 000 万元的金额列报为流动资产

C. 甲公司 2×23 年末资产负债表中因该交易应确认 4 100 万元应收款

D. 甲公司 2×23 年末资产负债表中因该交易应确认营业外收入 650 万元

7. 2×22 年 12 月 31 日，甲公司与乙公司签订一份某生产线出售合同。合同约定，该项交易自合同签订之日起 6 个月内完成，且无政策限制及其他不可抗力因素影响外，不得撤销合同；如果取消合同，主动提出取消的一方应向对方赔偿损失 560 万元。当日，该生产线账面价值为 3 200 万元，出售价格为 2 600 万元，预计拆除、运送等费用为 120 万元。2×23 年 3 月，乙公司因当地政策限制，取消合同并支付了赔偿款。不考虑其他因素，下列关于甲公司对于上述事项的会计处理中，正确的有（　　）。

A. 自 2×23 年 1 月起对拟处置生产线停止计提折旧

B. 2×22 年资产负债表中该生产线列报为 3 200 万元

C. 2×23 年将取消合同取得的乙公司赔偿款确认为营业外收入

D. 自 2×23 年 3 月知晓合同将予取消时起，对生产线恢复计提折旧

8. 持有待售的非流动资产或处置组在终止确认时，尚未确认的利得与损失可能计入的会计科目有（　　）。

A. 资产处置损益

B. 投资收益

C. 其他业务收入

D. 营业外收入

9. 2×19 年 12 月 10 日，甲公司的一台生产用设备达到预定可使用状态并投入使用，初始入

账金额为 3 450 万元，预计使用年限 20 年，预计净残值为 50 万元，采用年限平均法计提折旧。2×24 年 12 月 31 日，甲公司与乙公司签订一项不可撤销的销售合同，拟在 4 个月内将该设备转让给乙公司。合同约定的销售价格为 2 560 万元，预计的出售费用为 60 万元，该设备满足划分为持有待售资产的条件。不考虑其他因素，下列各项关于甲公司该设备会计处理的表述中，正确的有（　　）。

A. 2×24 年 12 月 31 日，划分为持有待售类别前的账面价值为 2 560 万元

B. 2×24 年度，应计提的折旧金额为 170 万元

C. 2×24 年 12 月 31 日，应确认的减值损失为 100 万元

D. 2×24 年 12 月 31 日，在资产负债表持有待售资产项目中列报的金额为 2 500 万元

10. 下列各项关于终止经营列报的表述中，正确的有（　　）。

A. 终止经营的经营损益作为持续经营损益列报

B. 终止经营的处置损益以及调整金额作为终止经营损益列报

C. 拟结束使用而非出售的处置组满足终止经营定义中有关组成部分条件的，自停止使用日起作为终止经营列报

D. 对于当期列报的终止经营，在当期财务报表中将处置日前原来作为持续经营损益列报的信息重新作为终止经营损益列报，但不调整可比会计期间利润表

三、判断题

1. 甲企业与乙企业（非关联方）签订一份生产厂房和设备的转让合同，预定合同签订之日起 1 年内转让，但是其中生产设备存在缺陷，对周边环境产生污染，且甲企业知情，便在转让合同中附带条款，承诺在合同签订日起 8 个月内完成清除工作。甲企业认为该情形下，生产厂房和设备仍然满足划分为持有待售类别的条件。（　　）

2. 涉及关联方交易的出售业务，不存在延长一

年期限的情形，企业需要对持有待售非流动资产或处置组进行重分类。（　　）

3. 企业计划出售对子公司的部分权益性投资且出售后仍拥有对子公司的控制权时，应将拟出售部分的投资划分为持有待售资产。（　　）

4. 甲企业将已经使用至经济寿命期结束，并收回少量残值的机器设备报废的，应划分为持有待售类别。（　　）

5. 划分为持有待售类别的生产设备，不计提折旧。（　　）

6. 企业对持有待售资产计提的减值准备在以后期间不允许转回。（　　）

7. 持有待售的处置组中包含商誉的，则该处置组发生资产减值损失时，应将减值损失的金额优先冲减商誉的账面价值。（　　）

8. 持有待售的处置组确认的资产减值损失后续转回金额，应当根据处置组中除商誉外适用《企业会计准则第 42 号——持有待售的非流动资产、处置组和终止经营》计量规定的各项非流动资产公允价值所占比重，按比例增加其账面价值。（　　）

9. 持有待售的非流动资产或处置组在终止确认时，应将尚未确认的利得或损失转入其他综合收益。（　　）

10. 甲企业管理层决议将位于 A 市的一家零售店转让给乙企业，并签订转让协议，则该零售店构成甲企业的终止经营。（　　）

11. S 企业集团正在关闭其主要从事放贷业务的 T 子公司，自 2×23 年 12 月 1 日起，T 子公司不再贷出新款项，但仍会继续收回未结贷款的本金和利息，直到原设定的贷款期结束，因此，T 子公司构成 S 企业集团的终止经营。（　　）

12. M 企业决定关闭从事工程承包业务的分部 P，要求分部 P 在完成现有承包合同后不再承接新的承包合同，由于在完成现有合同期间，分部 P 仍在继续开展收入创造活动，所以此期间分部 P 不构成 M 企业的终止经营。（　　）

快速查答案

一、单选题

序号	1	2	3	4	5	6	7	8	9	10
答案	A	D	D	D	C	B	B	B	D	A	B

二、多选题

序号	1	2	3	4	5	6	7	8	9	10
答案	AB	AB	AC	BD	BC	AB	AC	ABC	BCD	BC

三、判断题

序号	1	2	3	4	5	6	7	8	9	10	11	12
答案	×	√	×	×	√	×	√	×	×	×	×	√

参考答案及解析

一、单选题

1. 【答案】A 【解析】本题考查的知识点是持有待售类别的分类原则。

（1）管理层决定出售的一项土地使用权，但并未与其他企业签订转让合同，所以不应将该土地使用权划分为持有待售类别，选项 B 错误。

（3）已签订可撤销销售协议的办公楼，不满足划分为持有待售类别的条件，选项 C 错误。

（4）甲企业口头承诺于 8 个月后向丁企业转让一项生产用无形资产，没有签订不可撤销的销售合同，不满足划分为持有待售类别的条件，选项 D 错误。

2. 【答案】D 【解析】本题考查的知识点是持有待售类别的分类原则。

（1）在出售建筑物前将其腾空属于出售此类资产的惯例，且腾空只占用常规所需时间，所以，即使该企业的办公大楼当前尚未腾空，并不影响其满足在当前状况下即可立即出售的条件，属于满足划分为持有待售类别条件的情形。因此，选项 A 错误。

（2）由于在出售日移交未完成客户订单不会影响对该生产线的转让时间，可以认为该生产线符合了在当前状况下即可立即出售的条件，属于满足划分为持有待售类别的情形。因此，选项 B 错误。

（3）在签订转让合同前，买卖双方并不知晓影响交易进度的环境污染问题，属于符合延长 1 年期限的例外事项，所以该处置组满足划分为持有待售类别条件的情形。因此，选项 C 错误。

（4）该企业尽管积极开展市场营销，但是在签订协议的 1 年内仍因经济危机而没能找到合适买家，所以该写字楼不再满足持有待售类别的划分条件。因此，选项 D 正确。

3. 【答案】D 【解析】本题考查的知识点是某些特定持有待售类别分类的具体应用——持

有待售的长期股权投资。因为，甲公司拟出售乙公司60%的股权，交易完成后，甲公司将丧失对乙公司的控制权，但对其仍具有重大影响，所以，甲公司应在其个别财务报表中将拥有的乙公司全部股权对应的长期股权投资划分为持有待售类别，在合并财务报表中，将乙公司所有资产和负债划分为持有待售类别。因此，选项A、B、C错误，选项D正确。

4. 【答案】D　【解析】本题考查的知识点是持有待售类别的计量——划分为持有待售类别前的计量。企业将非流动资产或处置组首次划分为持有待售类别前，应当按照相关会计准则规定计量非流动资产或处置组中各项资产和负债的账面价值。例如，按照《企业会计准则第4号——固定资产》的规定，对固定资产计提折旧。按照《企业会计准则第8号——资产减值》的规定，企业应当判断资产是否存在可能发生减值的迹象，如果资产已经或者将被闲置终止使用或者计划提前处置，表明资产可能发生了减值，应作减值的账务处理，且该减值一经计提，后期不得转回。

（1）2×23年12月，甲公司应对该设备计提折旧1万元。因此，选项A错误。

（2）2×23年12月，甲公司确认"资产减值损失"的金额=（90-23-1）-60=6（万元）。因此，选项B错误。

（3）2×23年12月，甲公司确认的"资产减值损失"在未来期间不得转回。因此，选项C错误。

（4）持有待售的非流动资产不应计提折旧或摊销。因此，选项D正确。

【提示】对于拟出售的非流动资产或处置组，企业应当在划分为持有待售类别前考虑进行减值测试。

5. 【答案】C　【解析】本题考查的知识点是持有待售类别的计量——划分为持有待售类别时的计量。

（1）2×23年12月31日，甲公司按照《企业会计准则第6号——无形资产》的规定，对该专利权计提的摊销金额=2万元，会计分录如下：

借：制造费用　　　　　　　　20 000

贷：累计摊销　　　　　　　　20 000

（2）2×23年12月31日，甲公司该专利权减值前的账面价值=60-22-2=36（万元）。

（3）2×23年12月31日，甲公司该专利权的可回收金额=35万元。

由于，甲公司该专利权计提减值前的账面价值36万元大于其可回收金额35万元，所以该专利权在划分为"持有待售资产"前发生减值，甲公司应确认的减值金额=36-35=1（万元）。会计分录如下：

借：资产减值损失　　　　　　10 000

贷：无形资产减值准备　　　　10 000

2×23年12月31日，甲公司该专利权的账面价值为35万元。因此，选项D错误。

（4）2×23年12月31日，甲公司该专利权公允价值减去出售费用后的净额=30万元。

根据《企业会计准则第42号——持有待售的非流动资产、处置组和终止经营》的规定，企业初始计量或在资产负债表日重新计量持有待售的非流动资产或处置组时，其账面价值高于公允价值减去出售费用后的净额的，应当将账面价值减记至公允价值减去出售费用后的净额，减记的金额确认为资产减值损失，计入当期损益，同时计提持有待售资产减值准备。

甲公司2×23年12月31日，应确认"持有待售资产减值准备"的金额=35-30=5（万元），并同时借记"资产减值损失"科目。会计分录如下：

借：持有待售资产　　　　　　350 000

累计摊销　　　　　　　　240 000

无形资产减值准备　　　　 10 000

资产减值损失　　　　　　 50 000

贷：无形资产　　　　　　　　600 000

持有待售资产减值准备　 50 000

因此，选项A、B错误，选项C正确。

6. 【答案】B　【解析】本题考查的知识点是持有待售类别的计量——划分为持有待售类别时的计量、划分为持有待售类别后的计量。

（1）2×23年9月30日，该设备计提减值准备前的账面价值=80-20-1=59（万元）。会计分录如下：

借：管理费用　　　　　　　　10 000

贷：累计折旧　　　　　　10 000

（2）2×23 年 9 月 30 日，该设备的可回收金额 = 57 万元。

由于，2×23 年 9 月 1 日，该设备计提减值准备前的账面价值 59 万元大于其可回收金额 57 万元，所以该设备发生减值。甲公司应确认"固定资产减值准备"的金额 = 59 – 57 = 2（万元），计提减值准备后的固定资产账面价值 = 57 万元。

会计分录如下：

借：资产减值损失　　　　　20 000

　　贷：固定资产减值准备　　　20 000

（3）2×23 年 9 月 30 日，该设备的公允价值减去处置费用后的净额 = 48 万元。

根据《企业会计准则第 42 号——持有待售的非流动资产、处置组和终止经营》的规定，企业初始计量或在资产负债表日重新计量持有待售的非流动资产或处置组时，其账面价值高于公允价值减去出售费用后的净额的，应当将账面价值减记至公允价值减去出售费用后的净额，减记的金额确认为资产减值损失，计入当期损益，同时计提持有待售资产减值准备。

所以，该设备转为"持有待售资产"的入账价值 = 48 万元。因此，选项 A 错误。

甲公司 2×23 年 9 月 30 日，应确认"持有待售资产减值准备"的金额 = 57 – 48 = 9（万元），并借记"资产减值损失"科目。所以，甲公司 2×23 年 9 月 30 日应确认的"资产减值损失"金额 = 2 + 9 = 11（万元）。因此，选项 B 正确。

会计分录如下：

借：持有待售资产　　　　　570 000

　　累计折旧　　　　　　　210 000

　　固定资产减值准备　　　　20 000

　　资产减值损失　　　　　　90 000

　　贷：固定资产　　　　　　　800 000

　　　　持有待售资产减值准备　90 000

（4）甲公司该设备由"固定资产"转为"持有待售资产"后，该设备不再计提折旧。因此，选项 C 错误。

（5）2×23 年 12 月 31 日，甲公司该设备的公允价值减去处置费用后的净额 53 万元大于其账面价值 48 万元，所以，甲公司应转回"持有待售资产减值准备"的金额 = 53 – 48 = 5（万元）。因此，选项 D 错误。

会计分录如下：

借：持有待售资产减值准备　　50 000

　　贷：资产减值损失　　　　　　50 000

7.【答案】B　【解析】本题考查的知识点是持有待售类别的计量——划分为持有待售类别时的计量、划分为持有待售类别后的计量。

根据《企业会计准则第 42 号——持有待售的非流动资产、处置组和终止经营》的规定，对于取得日划分为持有待售类别的非流动资产或处置组，企业应当在初始计量时比较假定其不划分为持有待售类别情况下的初始计量金额和公允价值减去出售费用后的净额，以两者孰低计量。

（1）2×23 年 3 月 1 日，甲公司取得该设备的初始计量金额 = 2 000 万元。

（2）2×23 年 3 月 1 日，甲公司取得该设备的公允价值减去出售费用后的净额 = 2 005 – 20 = 1 985（万元）。

由于，甲公司 2×23 年 3 月 1 日该设备的初始计量金额 2 000 万元大于其公允价值减去出售费用后的净额 1 985 万元，所以根据规定，甲公司该设备的初始计量金额为 1 985 万元，记入"持有待售资产"科目。因此，选项 A 错误，选项 B 正确。

（3）2×23 年 3 月 31 日，甲公司该设备的公允价值减去出售费用后的净额 = 2 003 – 15 = 1 988（万元）。

虽然，2×23 年 3 月 31 日，甲公司该设备的公允价值减去出售费用后的净额 1 988 万元大于其账面价值 1 985 万元，但是，由于该设备在初始入账时产生的减值损失没有对应的"持有待售资产减值准备"，所以该减值不得转回。因此，选项 C、D 错误。

【总结】持有待售类别的计量中关于减值准备的会计处理如下表所示。

项目		会计处理
划分为持有待售类别前的计量		(1) 企业将非流动资产或处置组首次划分为持有待售类别前，应当按照相关会计准则规定计量非流动资产或处置组中各项资产和负债的账面价值。 (2) 按照《企业会计准则第8号——资产减值》的规定，企业应当判断资产是否存在可能发生减值的迹象，如果资产已经或者将被闲置终止使用或者计划提前处置，表明资产可能发生了减值，应作减值的账务处理，且该减值一经计提，后期不得转回。 借：资产减值损失 　　贷：固定资产减值准备等
划分为持有待售类别时的计量	自有非流动资产转为"持有待售资产"	企业初始计量或在资产负债表日重新计量持有待售的非流动资产或处置组时，其账面价值高于公允价值减去出售费用后的净额的，应当将账面价值减记至公允价值减去出售费用后的净额，减记的金额确认为资产减值损失，计入当期损益，同时计提持有待售资产减值准备。 会计分录如下： 借：资产减值损失 　　贷：持有待售资产减值准备 【注意】自有的资产变为持有待售资产，这里的减值因为有对应的损益科目（即资产减值损失），也有持有待售资产减值准备，所以后期如果价值上涨，该减值可以转回
	专为转售取得的"持有待售资产"	对于取得日划分为持有待售类别的非流动资产或处置组，企业应当在初始计量时比较假定其不划分为持有待售类别情况下的初始计量金额和公允价值减去出售费用后的净额，以两者孰低计量。 【注意】专为转售购入的"持有待售资产"，此处减值因为只有损益科目（即资产减值损失），没有"持有待售资产减值准备"，所以该减值一经计提，后期不得转回

8.【答案】D 【解析】本题考查的知识点是持有待售类别的计量——划分为持有待售类别后的计量。

(1) 甲公司该股权的账面价值为2 400万元；公允价值减去出售费用后的净额 = 2 410 - 12 = 2 398（万元）；

2×24年12月15日，"持有待售资产"的初始入账价值 = 2 410 - 12 = 2 398（万元），选项A错误；

(2) 2×24年12月23日，甲公司支付的律师费用，应当记入"投资收益"，因此，甲公司应确认的"投资收益"金额 = -7.5（万元），选项B错误；

(3) 2×24年12月31日，甲公司应确认"投资收益"的金额 = 2 410 - 2 398 = 12（万元），选项C错误；

(4) 2×24年12月31日，甲公司利润表中"营业利润"的增加额 = (2 410 - 2 398) - 7.5 - 2 = 2.5（万元），选项D正确。

会计分录如下：

①2×24年12月15日，甲公司将A公司股权

转为持有待售资产：

借：持有待售资产　　　　　　　2 398
　　资产减值损失　　　　　　　　　2
　　贷：长期股权投资　　　　　　2 400

②2×24年12月23日，甲公司支付律师费用：

借：投资收益　　　　　　　　　7.5
　　贷：银行存款　　　　　　　　7.5

③2×24年12月31日，甲公司完成对A公司的股权转让：

借：银行存款　　　　　　　　　2 410
　　贷：持有待售资产　　　　　　2 398
　　　　投资收益　　　　　　　　　12

9.【答案】A 【解析】本题考查的知识点是持有待售类别的计量——不再继续划分为持有待售类别的计量。

非流动资产或处置组因不再满足持有待售类别的划分条件而不再继续划分为持有待售类别或非流动资产从持有待售的处置组中移除时，应当按照以下两者孰低计量：①划分为持有待售类别前的账面价值，按照假定不划分

为持有待售类别情况下本应确认的折旧、摊销或减值等进行调整后的金额；②可收回金额。由此产生的差额计入当期损益，可以通过"资产减值损失"科目进行会计处理。

（1）假定不划分为持有待售类别情况下该设备应确认的折旧金额 = 3 000/5 × 8/12 = 400（万元），该设备调整后的金额 = 3 000 − 3 000/5 − 400 = 2 100（万元）。

（2）该设备的可回收金额 = 1 980 万元。

因为，该设备调整后的金额 2 100 万元大于其可回收金额 1 980 万元，所以，该设备在 2×23 年 9 月 1 日的入账价值为 1 980 万元，同时应确认"资产减值损失"的金额 = 2 100 − 1 980 = 120（万元）。因此，选项 A 正确。

（3）该设备的预计使用年限不变，预计净残值为 0，采用直线法计提折旧。从 2×22 年 1 月至 2×23 年 8 月，一共为 20 个月，该设备剩余折旧期间为 40 个月，所以，该设备 2×23 年 9 月应计提的折旧金额 = 1 980/40 = 49.5（万元）。因此，选项 B 错误。

（4）甲公司 2×23 年 9 月资产负债表中"固定资产"项目增加的金额 = 1 980 − 49.5 = 1 930.5（万元）。因此，选项 C 错误。

（5）甲公司 2×23 年 9 月利润表中"营业利润"项目减少的金额 = 120 + 49.5 = 169.5（万元）。因此，选项 D 错误。

10.【答案】B 【解析】本题考查的知识点是终止经营的列报。

由于处置子公司股权后丧失控制权，因此个别财务报表应将拥有的子公司全部股权划分为持有待售类别，选项 A 不正确；甲公司将子公司股权划分为持有待售类别之后，仍应将其纳入合并范围，编制合并财务报表，选项 C 不正确；终止经营的相关损益应当作为终止经营损益列报，列报的终止经营损益应当包含整个报告期间，而不仅包含认定为终止经营后的报告期间，选项 D 不正确。

二、多选题

1.【答案】AB 【解析】本题考查的知识点是持有待售类别的分类原则——划分为持有待售类别应满足的具体条件。

非流动资产或处置组划分为持有待售类别，应当同时满足两个条件：

（1）可立即出售，即根据类似交易中出售此类资产或处置组的惯例，在当前状况下即可立即出售。

（2）出售极可能发生，即企业已经就一项出售计划作出决议且获得确定的购买承诺预计出售将在一年内完成。

因此，选项 A、B 正确。

2.【答案】AB 【解析】本题考查的知识点是某些特定持有待售类别分类的具体应用——专为转售而取得的非流动资产或处置组。对于企业专为转售而新取得的非流动资产或处置组，如果在取得日满足"预计出售将在一年内完成"的规定条件，且短期（通常为三个月）内很可能满足划分为持有待售类别的其他条件，企业应当在取得日将其划分为持有待售类别。这些"其他条件"包括：根据类似交易中出售此类资产或处置组的惯例，在当前状况下即可立即出售；企业已经就一项出售计划作出决议且获得确定的购买承诺。有关规定要求企业相关权力机构或者监管部门批准后方可出售的，应当已经获得批准。因此，选项 A、B 正确。

3.【答案】AC 【解析】本题考查的知识点是某些特定持有待售类别分类的具体应用——持有待售的长期股权投资。

（1）选项 A 和选项 C 中，甲公司应将拟出售的股权划分为持有待售类别，不再按权益法核算，剩余的股权在前述股权处置前，应当继续采用权益法进行会计处理；在前述股权处置后，应当按照《企业会计准则第 22 号——金融工具确认和计量》有关规定进行会计处理。因此，选项 A、C 正确。

（2）选项 B 和选项 D 中，甲公司应在其个别财务报表中将拥有的子公司全部股权对应的长期股权投资划分为持有待售类别，在合并财务报表中，将子公司所有资产和负债划分为持有待售类别。因此，选项 B、D 错误。

4.【答案】BD 【解析】本题考查的知识点是持有待售类别的计量。

对于持有待售的非流动资产（包括处置组中的非流动资产）的计量，应当区分不同情况：

（1）采用公允价值模式进行后续计量的投资

性房地产，适用《企业会计准则第 3 号——投资性房地产》。

（2）采用公允价值减去出售费用后的净额计量的生物资产，适用《企业会计准则第 5 号——生物资产》。

（3）职工薪酬形成的资产，适用《企业会计准则第 9 号——职工薪酬》。

（4）递延所得税资产，适用《企业会计准则第 18 号——所得税》。

（5）由金融工具相关会计准则规范的金融资产，适用金融工具相关会计准则。

（6）由保险合同相关会计准则规范的保险合同所产生的权利，适用保险合同相关会计准则。

除上述（1）～（6）项所述的非流动资产外，其他的持有待售非流动资产，按照《企业会计准则第 42 号——持有待售的非流动资产、处置组和终止经营》中所述的方法计量。

因此，选项 A、C 错误，选项 B、D 正确。

5. 【答案】BC　【解析】本题考查的知识点是持有待售类别的计量——划分为持有待售类别后的计量。

（1）划分为持有待售资产后不计提折旧，因此 2×24 年度计提的折旧 = 4 800/10 × 6/12 = 240（万元）。因此，选项 A 错误。

（2）2×24 年 6 月 30 日，确认持有待售资产初始入账额 = 4 800 – 4 800/10 × 6/12 = 4 560（万元）。因此，选项 B 正确。

（3）2×24 年 12 月 31 日，计提持有待售资产减值准备 = 4 560 – 4 500 = 60（万元）。因此，选项 C 正确。

（4）2×24 年 6 月 30 日，不应确认资产处置损益。因此，选项 D 错误。

6. 【答案】AB　【解析】本题考查的知识点是持有待售类别的计量——划分为持有待售类别后的计量、终止确认。

（1）甲公司 2×23 年 10 月 3 日与独立第三方签订出售协议，拟出售该闲置管理用设备，且预计将于 2×24 年第一季度完成，所以，甲公司应将该闲置管理用设备划分为持有待售的非流动资产。

①甲公司 2×23 年末该闲置的管理用设备的公允价值减去出售费用后的净额 = 4 100 – 100 = 4 000（万元）。

②甲公司 2×23 年末该闲置的管理用设备的账面价值 = 6 000 – 1 350 = 4 650（万元）。

因为，甲公司 2×23 年末该闲置的管理用设备的账面价值 4 650 万元大于其公允价值减去出售费用后的净额 4 000 万元，所以，该闲置的管理用设备发生减值，应计提的减值准备金额 = 4 650 – 4 000 = 650（万元）。因此，选项 A 正确。

（2）甲公司 2×23 年末资产负债表中"持有待售资产"项目（属于流动资产）应列示的金额为 4 000 万元。因此，选项 B 正确。

（3）2×23 年 12 月 31 日，该设备出售尚未完成，不应确认应收款，所以，资产负债表中也不确认应收款。因此，选项 C 错误。

（4）甲公司处置持有待售资产，产生的损益，应通过"资产处置损益"科目核算，不确认营业外收入。因此，选项 D 错误。

7. 【答案】AC　【解析】本题考查的知识点是持有待售类别的计量——划分为持有待售类别后的计量，不再继续划分为持有待售类别的计量。

（1）持有待售的非流动资产不应计提折旧或摊销。因此，选项 A 正确。

（2）企业将自有非流动资产转为"持有待售资产"的，其初始入账金额应按照账面价值和公允价值减去出售费用后的净额孰低计量。

①2×22 年末，该生产线的账面价值 = 2 600 万元。

②2×22 年末，该生产线的公允价值减去出售费用后的净额 = 2 600 – 120 = 2 480（万元）。

因为，该生产线的公允价值减去出售费用后的净额 2 480 万元小于其账面价值 2 600 万元，所以，该生产线转为"持有待售资产"的入账价值为 2 480 万元。

2×22 年资产负债表中该生产线列报金额 = 2 600 – 120 = 2 480（万元）。

因此，选项 B 错误。

（3）2×23 年将取消合同取得的乙公司赔偿款确认为营业外收入。因此，选项 C 正确。

（4）对于持有待售类别的重分类，应采用追溯调整法处理，不是知晓合同将予取消时起恢复计提折旧。因此，选项 D 错误。

8.【答案】ABC 【解析】本题考查的知识点是持有待售类别的计量——终止确认。企业终止确认持有待售的非流动资产或处置组，应当将尚未确认的利得或损失计入当期损益。

项目	会计科目
固定资产、无形资产、处置组	资产处置损益
长期股权投资、债权投资、其他债权投资	投资收益
其他权益工具投资	盈余公积——法定盈余公积、利润分配——未分配利润
投资性房地产	其他业务收入、其他业务成本

因此，选项A、B、C正确。

9.【答案】BCD 【解析】本题考查的知识点是持有待售类别的列报。

（1）转为持有待售类别前的账面价值 = 3 450 − (3 450 − 50)/20 × 5 = 2 600（万元），选项A错误；

（2）2×24年的折旧额 = (3 450 − 50)/20 = 170（万元），选项B正确；

（3）2×24年12月31日，应确认的减值损失金额 = 2 600 − (2 560 − 60) = 100（万元），选项C正确；

（4）2×24年12月31日，在资产负债表持有待售资产项目中列报的金额为2 500万元，选项D正确。

10.【答案】BC 【解析】本题考查的知识点是终止经营的列报。

（1）终止经营的经营损益应作为终止经营损益列报。因此，选项A错误。

（2）从财务报表可比性出发，对于当期列报的终止经营，企业应当在当期财务报表中将原来作为持续经营损益列报的信息重新作为可比会计期间的终止经营损益列报，调整可比期间利润表。因此，选项D错误。

三、判断题

1.【答案】× 【解析】本题考查的知识点是持有待售类别的分类原则——延长一年期限的例外条款。虽然买卖双方已经签订协议，但在污染得到整治前，该处置组在当前状态下不可立即出售，不符合划分为持有待售类别的条件。因此，本题的说法是错误的。

2.【答案】√ 【解析】本题考查的知识点是持有待售类别的分类原则——延长一年期限的例外条款。如果涉及的出售是关联方交易，则不允许放松一年期限条件，企业需要对持有待售非流动资产或处置组进行重分类。因此，本题的说法是正确的。

3.【答案】× 【解析】本题考查的知识点是某些特定持有待售类别分类的具体应用——持有待售的长期股权投资。如果出售部分权益性投资后企业仍拥有对子公司的控制权，在拟出售阶段对此类投资仍应将其整体作为长期股权投资核算，不将拟出售的部分划分为持有待售类别。因此，本题的说法是错误的。

4.【答案】× 【解析】本题考查的知识点是某些特定持有待售类别分类的具体应用——拟结束使用而非出售的非流动资产或处置组。拟结束使用而非出售的非流动资产或处置组，不划分为持有待售类别，原因是企业对该非流动资产或处置组的使用实质上几乎贯穿了其整个经济使用寿命，其账面价值并非主要通过出售收回，而是主要通过持续使用收回。因此，本题的说法是错误的。

5.【答案】√ 【解析】本题考查的知识点是持有待售类别的计量——划分为持有待售类别后的计量。持有待售的非流动资产不应计提折旧或摊销。因此，本题的说法是正确的。

6.【答案】× 【解析】本题考查的知识点是持有待售类别的计量——划分为持有待售类别后的计量。企业对持有待售资产计提的减值准备，如果后续资产负债表日持有待售的非流动资产公允价值减去出售费用后的净额增加，以前减记的金额应当予以恢复，并在划分为持有待售资产后计提的减值范围内转回，转回金额计入当期损益，划分为持有待售类别前确认的资产减值损失不得转回。因此，本题的说法是错误的。

7.【答案】√ 【解析】本题考查的知识点是持有待售类别的计量——划分为持有待售类别

后的计量。对于持有待售的处置组确认的资产减值损失金额，如果该处置组包含商誉，应当先抵减商誉的账面价值。因此，本题的说法是正确的。

8.【答案】× 【解析】本题考查的知识点是持有待售类别的计量——划分为持有待售类别后的计量。持有待售的处置组确认的资产减值损失后续转回金额，应当根据处置组中除商誉外适用《企业会计准则第 42 号——持有待售的非流动资产、处置组和终止经营》计量规定的各项非流动资产账面价值所占比重，按比例增加其账面价值。因此，本题的说法是错误的。

9.【答案】× 【解析】本题考查的知识点是持有待售类别的计量——终止确认。持有待售的非流动资产或处置组在终止确认时，应将尚未确认的利得或损失转入当期损益（即资产处置损益）。

10.【答案】× 【解析】本题考查的知识点是终止经营的定义。尽管 A 市的一家零售店是一个处置组，也符合持有待售类别的划分条件，但由于它只是一个零售点，不能代表一项独立的主要业务或一个单独的主要经营地区，也不构成拟对一项独立的主要业务或一个单独的主要经营地区进行处置的一项相关联计划的一部分，因此该处置组并不构成企业的终止经营。因此，本题的说法是错误的。

11.【答案】× 【解析】本题考查的知识点是终止经营的定义。由于 T 子公司仍在从事收回贷款本金和利息的日常经营收入创造活动，直至最后一期本金和利息被收回之前，该子公司不能被认为已被处置，也不符合终止经营的定义。因此，本题的说法是错误的。

12.【答案】√ 【解析】本题考查的知识点是终止经营的定义。在完成现有合同的期间，分部 P 仍在继续开展收入创造活动，无论工程承包是否是 M 企业的独立的主要业务，在此期间分部 P 都不符合终止经营的定义。因此，本题的说法是正确的。

第二十一章　企业合并与合并财务报表

教材变化

2025 年本章教材变化如下：

非同一控制下企业合并的会计处理原则中有关可抵扣暂时性差异的内容有调整，其他无实质性变化。

考情分析

本章是对 2023 年教材中的第二十章"企业合并"、第二十一章"财务报告"内容的整合。主要内容有同一控制下企业合并的会计处理原则、同一控制下控股合并的会计处理、同一控制下吸收合并的会计处理、非同一控制下企业合并的会计处理原则、非同一控制下控股合并的会计处理、非同一控制下吸收合并的会计处理、合并财务报表概述、合并财务报表的编制原则、合并财务表编制的前期准备事项、对子公司的个别财务报表进行调整、按权益法调整对子公司的长期股权投资、编制合并资产负债表时应进行抵销处理的项目、子公司发生超额亏损在合并资产负债表中的反映、报告期内增加或处置子公司以及业务、合并资产负债表的格式、编制合并利润表时应进行抵销处理的项目、报告期内增加或处置子公司以及业务、合并利润表的格式、编制合并现金流量表时应进行抵销处理的项目、合并现金流量表中有关少数股东权益项目的反映、报告期内增加或处置子公司以及业务、合并现金流量表的格式、编制合并所有者权益变动表时应进行抵销处理的项目、合并所有者权益变动表的格式等。

2020～2024 年考查知识点范围如下表所示，其内容在各种题型中均有出现，每年分值为 6～10 分。

年份	单选题	多选题	判断题	综合题
2024	—	—	—	编制合并资产负债表时应进行抵销处理的项目、存货价值中包含的未实现内部销售损益的抵销处理
2023	—	—	非同一控制下企业合并的会计处理原则；编制合并资产负债表时应进行抵销处理的项目	编制合并资产负债表时应进行抵销处理的项目、存货价值中包含的未实现内部销售损益的抵销处理
2022	编制合并资产负债表时应进行抵销处理的项目；存货价值中包含的未实现内部销售损益的抵销处理	同一控制下吸收合并的会计处理；内部固定资产交易的抵销处理	非同一控制下控股合并的会计处理；非同一控制下吸收合并的会计处理	—

续表

年份	单选题	多选题	判断题	综合题
2021	—	—	—	编制合并资产负债表时应进行抵销处理的项目；存货价值中包含的未实现内部销售损益的抵销处理、编制合并利润表时应进行抵销处理的项目；编制合并资产负债表时应进行抵销处理的项目
2020	存货价值中包含的未实现内部销售损益的抵销处理；内部固定资产交易的抵销处理	—	编制合并资产负债表时应进行抵销处理的项目；内部投资收益（利息收入）和利息费用的抵销处理	编制合并资产负债表时应进行抵销处理的项目

强化练习题

一、单选题

1. 下列各项中，应当在同一控制下企业合并中计入长期股权投资成本的是（　　）。
   A. 资产评估费
   B. 证券承销费
   C. 母公司合并报表中净资产的账面价值的份额
   D. 付出的固定资产的公允价值

2. 关于同一控制下企业合并的会计处理的表述中，正确的是（　　）。
   A. 合并方的会计处理方法为购买法
   B. 企业合并中一般不产生新商誉
   C. 合并方取得的净资产的入账价值与为进行企业合并支付对价的账面价值之间差额，应调整合并方的当期损益
   D. 合并方在合并中取得的被合并方资产应按照公允价值计量

3. 2×24 年 10 月 12 日，甲公司向其子公司乙公司销售一批商品，不含增值税的销售价格为 3 000 万元，增值税税额为 480 万元，款项尚未收到；该批商品成本为 2 200 万元，未计提存货跌价准备，至当年 12 月 31 日，乙公司已将该批商品对外销售 80%，不考虑其他因素，甲公司在编制 2×24 年 12 月 31 日合并资产负债表时，"存货"项目应抵销的金额为

（　　）万元。
   A. 160　　　　　　　　B. 440
   C. 600　　　　　　　　D. 640

4. 甲公司系乙公司的母公司，持有乙公司 80% 有表决权的股份。合并日，乙公司各项可辨认资产、负债的账面价值与公允价值均相等。2×23 年 12 月 31 日，甲公司合并资产负债表中少数股东权益项目的金额为 1 050 万元，2×21 年乙公司发生净亏损 6 500 万元，其他综合收益增加 1 000 万元，不存在需调整的内部交易未实现损益。不考虑其他因素，2×24 年 12 月 31 日，甲公司合并资产负债表中少数股东权益项目列报的金额为（　　）万元。
   A. 0　　　　　　　　B. －50
   C. －450　　　　　　D. －250

5. 企业为进行企业合并所发生的下列费用中，应当计入当期损益的是（　　）。
   A. 法律咨询费用
   B. 以发行债券方式进行企业合并中与发行债券相关的手续费
   C. 以发行债券方式进行企业合并中与发行债券相关的佣金
   D. 以发行权益性证券作为合并对价中与发行权益性证券相关的手续费

6. 2×24 年 7 月 1 日，甲公司董事会作出决议，

准备购入乙公司股份。2×24年10月20日，甲公司取得乙公司30%的股份，并能够对其施加重大影响。2×25年4月8日，甲公司再取得B公司25%的股份，并能够对乙公司实施控制。2×25年12月1日，甲公司再取得乙公司5%的股份，至此，甲公司对乙公司的持股比例达到60%。不考虑其他因素，甲公司对乙公司形成企业合并的购买日是（　　）。

A. 2×24年7月1日

B. 2×24年10月20日

C. 2×25年4月8日

D. 2×25年12月1日

7. 2×24年12月31日，甲公司从非关联方取得乙公司70%有表决权股份并能够对乙公司实施控制。2×25年6月1日，乙公司将一批成本为40万元的产品以50万元的价格销售给甲公司。至2×25年12月31日，甲公司已对外出售该批产品的40%。2×25年度乙公司按购买日公允价值持续计算的净利润为500万元。不考虑其他因素。甲公司2×25年度合并利润表中少数股东损益的金额为（　　）万元。

A. 147

B. 148.2

C. 148.8

D. 150

8. 关于非同一控制下吸收合并的会计处理中，正确的是（　　）。

A. 作为合并对价支付的非货币性资产应按照非货币性资产交换准则的规定进行会计处理

B. 合并中取得的可辨认资产和负债应作为合并报表中的项目列示

C. 合并中产生的商誉作为购买方个别财务报表中的资产列示

D. 购买方在购买日应当将合并中取得的符合确认条件的各项资产按账面价值确认为本企业的资产

9. 甲公司及子公司对投资性房地产采用不同的会计政策。具体如下表所示。

公司类型		项目	核算模式	折旧/摊销
母公司	甲	房屋	成本模式	按照预计使用年限20年进行折旧
子公司	乙	房屋	公允价值模式	—
	丙	土地使用权	成本模式	按照剩余使用年限15年进行摊销
	丁	房屋	成本模式	按照预计使用年限10年进行折旧
	戊	在建房屋	公允价值模式	—

不考虑其他因素，下列关于甲公司在编制合并财务报表时，对纳入合并范围的各子公司投资性房地产的会计处理中，正确的是（　　）。

A. 将投资性房地产的后续计量统一为成本模式，同时统一有关资产的折旧或摊销年限

B. 对于公允价值能够可靠计量的投资性房地产采用公允价值计量，其他投资性房地产采用成本模式计量

C. 区分在用投资性房地产与在建投资性房地产，在用投资性房地产统一采用成本模式计量，在建投资性房地产采用公允价值模式计量

D. 子公司的投资性房地产后续计量均应按甲公司的会计政策进行调整，即后续计量采用成本模式并考虑折旧或摊销，折旧或摊销年限根据实际使用情况确定

10. 2×25年1月1日，甲公司从本集团内另一企业处购入乙公司80%有表决权的股份，构成了同一控制下企业合并。2×25年度，乙公司实现净利润800万元，分派现金股利250万元。2×25年12月31日，甲公司个别资产负债表中所有者权益总额为9 000万元，不考虑其他因素，甲公司2×25年12月31日合并资产负债表中归属于母公司所有者权益的金额为（　　）万元。

A. 9 550

B. 9 640

C. 9 440

D. 10 050

11. 2×25 年 7 月 1 日，甲公司以银行存款 15 000 万元取得乙公司 60% 的股权，并能够对其实施控制。当日，乙公司所有者权益的账面价值为 18 000 万元，公允价值为 19 500 万元，差额源自一台生产设备，其他资产和负债的账面价值和公允价值均相等。本次投资前，双方不存在任何关联方关系，甲公司和乙公司的会计政策和会计期间相一致，甲公司适用的企业所得税税率为 25%。不考虑其他因素，甲公司合并报表中应确认商誉的金额为（　　）万元。

    A. 4 200　　　　　　B. 3 300
    C. 3 525　　　　　　D. 3 795

12. 2×24 年 9 月 5 日，甲公司以银行存款 16 000 万元取得乙公司 80% 的股权，并能够对其实施控制。当日，乙公司所有者权益的账面价值为 17 500 万元，其中股本 10 000 万元，资本公积 2 500 万元，盈余公积 1500 万元，未分配利润 3 500 万元，所有者权益的公允价值为 18 600 万元，差额源自一批库存商品，其他资产和负债的账面价值和公允价值均相等。本次投资前，双方不存在任何关联方关系；甲公司和乙公司的会计政策和会计期间相一致。不考虑其他因素，2×24 年 9 月 5 日甲公司合并报表中应抵销资本公积的金额为（　　）万元。

    A. 2 500　　　　　　B. 3 600
    C. 3 160　　　　　　D. 3 325

13. 甲公司拥有乙公司 80% 的有表决权的股份，能够对乙公司实施控制。2×24 年 12 月 1 日，甲公司向乙公司销售自产的产品一批，售价为 3 950 万元，成本为 3 500 万元。至 2×24 年 12 月 31 日，乙公司对外售出该产品的 70%。不考虑其他因素，甲公司 2×24 年合并利润表中该业务应列示的"营业成本"项目的金额为（　　）万元。

    A. 1 050　　　　　　B. 2 450
    C. 3 500　　　　　　D. 2 765

14. 2×24 年 12 月 31 日，甲公司从非关联方取得乙公司 70% 有表决权股份并能够对乙公司实施控制。2×25 年 6 月 1 日，甲公司将一批成本为 40 万元的产品以 50 万元的价格销售给乙公司。至 2×25 年 12 月 31 日，乙公司已对外出售该批产品的 40%。2×25 年度乙公司按购买日可辨认净资产公允价值持续计算的净利润为 500 万元。不考虑其他因素，甲公司 2×25 年度合并利润表中少数股东损益的金额为（　　）万元。

    A. 148.8　　　　　　B. 148.2
    C. 147　　　　　　　D. 150

15. 甲公司为乙公司的母公司。2×24 年甲公司向乙公司销售 200 件 A 产品，每件不含税售价为 10 万元，每件成本为 6 万元。2×24 年末，乙公司尚有 100 件 A 产品未出售，剩余 A 产品的可变现净值为 5 万元。不考虑其他因素，则当期期末编制合并财务报表时，该项内部交易应抵销的存货跌价准备金额为（　　）万元。

    A. 500　　　　　　　B. 400
    C. 100　　　　　　　D. 0

16. 甲公司（母公司）持有乙公司 80% 的股权。2×24 年 11 月 15 日，甲公司将一批成本为 90 万元的库存商品以 108 万元的价格销售给乙公司，乙公司作为生产用固定资产（当日达到预定可使用状态）进行核算，预计使用年限为 10 年，预计净残值为 0，采用年限平均法计提折旧。甲公司与乙公司适用的企业所得税税率均为 25%。当年，乙公司用该设备生产的商品均未对外销售。不考虑其他因素，甲公司在编制 2×24 年末合并财务报表时，该业务影响少数股东损益的金额为（　　）万元。

    A. 0　　　　　　　　B. 18
    C. 4.5　　　　　　　D. 2.68

17. 2×24 年 9 月 30 日，甲公司向其全资子公司乙公司销售管理用设备一台，该设备账面价值为 500 万元，公允价值为 650 万元。乙公司另以银行存款支付运杂费 30 万元，并于当日达到预定可使用状态，预计使用年限为 5 年，预计净残值为 0，采用年限平均法计提折旧。不考虑其他因素，甲公司 2×24 年末编制下列合并抵销分录中，正确的是（　　）。

    A. 借：营业收入　　　　　　650
       　　贷：营业成本　　　　　　　500
       　　　　固定资产——原值　　　150

B. 借：资产处置收益　　　　1 80
　　贷：固定资产——原值　　1 80

C. 借：固定资产——累计折旧　7.5
　　贷：管理费用　　　　　　　7.5

D. 借：固定资产——累计折旧　　9
　　贷：管理费用　　　　　　　　9

18. 甲公司系乙公司的母公司，2×24 年 10 月 1 日，乙公司将一批成本为 200 万元的库存商品以 300 万元的价格出售给甲公司，甲公司当年对外售该库存商品的 40%。2×24 年 12 月 31 日，甲、乙公司个别资产负债表中存货项目的列报金额分别为 2 000 万元和 1 000 万元。不考虑其他因素，2×24 年 12 月 31 日，甲公司合并资产负债表中存货项目的列报金额为（　　）万元。

A. 2 900　　　　　　　B. 3 000

C. 2 960　　　　　　　D. 2 940

19. 乙公司为甲公司的全资子公司，且甲公司无其他子公司，乙公司 2×24 年实现净利润 500 万元，提取盈余公积 50 万元，宣告分配现金股利 150 万元，2×24 年甲公司个别利润表中确认投资收益 480 万元，不考虑其他因素，2×24 年甲公司合并利润表中"投资收益"项目应列示的金额是（　　）万元。

A. 330　　　　　　　　B. 630

C. 500　　　　　　　　D. 480

二、多选题

1. 2×24 年 1 月 1 日，甲公司从非关联方处取得乙公司 70% 的股权，能够对其实施控制。同年 4 月 1 日，甲公司出资成立全资子公司丙公司。2×25 年 7 月 1 日，乙公司以发行股票的方式从甲公司处取得丙公司 85% 的股权，能够实施控制；甲公司仍长期（超过 3 年）持有乙公司股权。上述资料中，能够判定乙公司对丙公司的企业合并属于同一控制下企业合并的要点的有（　　）。

A. 乙公司和丙公司在合并前后均受甲公司控制

B. 合并前，甲公司控制乙公司和丙公司的期限超过 1 年

C. 合并丙公司后的乙公司，仍受甲公司控制，且期限超过 1 年

D. 丙公司被乙公司合并，属于同一个集团内部企业之间的合并

2. 2×24 年 7 月 1 日，甲公司以一条生产线取得母公司控制的乙公司 60% 的股权。当日，该生产线的账面原值为 9 500 万元，已计提折旧 500 万元，公允价值 10 000 万元；甲公司所有者权益与母公司合并财务报表中乙公司所有者权益的构成如下表所示。

单位：万元

甲公司		乙公司	
项目	金额	项目	金额
股本	4 000	股本	2 500
资本公积	1 000	资本公积	1 000
盈余公积	400	盈余公积	900
未分配利润	2 800	未分配利润	3 100
合计	8 200	合计	7 500

不考虑其他因素，甲公司下列会计处理正确的有（　　）。

A. 借记"长期股权投资"4 500 万元

B. 借记"资本公积"1 000 万元

C. 借记"利润分配——未分配利润"2 800 万元，同时账外备查登记 300 万元

D. 贷记"固定资产清理"9 000万元

3. 甲、乙公司同为丙公司的子公司，甲公司以发行股份的方式吸收合并乙公司。下列各项关于甲公司会计处理的表述中，正确的有（　　）。

A. 甲公司取得的乙公司各项资产、负债应当按照合并日的公允价值计量

B. 甲公司支付的股票发行佣金计入财务费用

C. 甲公司发生的与合并相关的法律咨询费计入管理费用

D. 甲公司确认的乙公司净资产的账面价值与发行股份面值总额的差额计入所有者权益

4. 下列情形中，能够表明投资方A属于合并中购买方的有（　　）。

A. 投资方A能够取得被投资方70%有表决权股份的

B. 投资方A拥有被投资方45%的有表决权的股份，投资方B拥有20%的有表决权的股份，且投资方A与投资方B达成协议，投资方B在被投资方的权益由投资方A代表

C. 投资方A拥有被投资方40%的有表决权的股份，其他股份由数万位股东平均持有，且股东之间不会达成协议或作出共同决策

D. 投资方A拥有被投资方48%的股权，同时投资方A拥有决定被投资方的生产经营和财务决策的权力

5. 下列项目中，属于需要进行抵销处理的内部债权债务项目的有（　　）。

A. 应收票据与应付票据

B. 预付款项与预收款项

C. 债权投资与应付债券

D. 应收股利和应付股利

6. 甲公司持有乙公司80%有表决权的股份，能够对乙公司实施控制。不考虑其他因素，下列各项甲公司发生的内部交易中，影响甲公司合并利润表中少数股东损益的有（　　）。

A. 乙公司将一项设备以低于账面价值的价格销售给甲公司，甲公司作为固定资产核算

B. 甲公司将一笔闲置资金免息提供给乙公司使用

C. 乙公司将一批存货以高于成本的价格销售给甲公司，年末甲公司全部未对外售出该批存货

D. 甲公司将一批存货以高于成本的价格销售给乙公司，年末乙公司全部未对外售出该批存货

7. 2×24年6月1日，甲公司以银行存款18 000万元取得乙公司75%的股份，并能够对其施加控制。当日，乙公司所有者权益的账面价值为22 000万元，公允价值为24 000万元，差额源自三项资产，分别是一栋办公楼、一项专利权和一批自产产品。三项资产的账面价值分别为6 000万元、2 300万元和800万元，公允价值分别为7 200万元、3 300万元和600万元。交易前，双方不存在任何关联关系，甲公司适用的企业所得税税率为25%。不考虑其他因素，甲公司2×24年因该事项对合并财务报表中递延所得税事项影响的表述中正确的有（　　）。

A. 递延所得税资产增加50万元

B. 递延所得税资产减少50万元

C. 递延所得税负债增加550万元

D. 递延所得税负债减少550万元

8. 相对于个别财务报表，下列各项中，仅属于企业合并财务报表项目的有（　　）。

A. 少数股东权益　　　B. 债权投资

C. 少数股东损益　　　D. 投资收益

9. 下列各项中，企业编制合并财务报表时，需要进行抵销处理的有（　　）。

A. 母公司对子公司长期股权投资与其对应的子公司所有者权益中所享有的份额

B. 母公司向子公司转让无形资产价款中包含的未实现内部销售利润

C. 子公司向母公司销售商品价款中包含的未实现内部销售利润

D. 母公司和子公司之间的债权与债务

10. 甲公司投资乙公司，取得乙公司80%的有表决权的股份，甲公司为母公司，乙公司为子公司。不考虑其他因素，下列各项中影响少数股东权益的有（　　）。

A. 甲公司将成本50万元的存货以80万元的价格出售给乙公司，至年末乙公司尚未对外出售

B. 甲公司对应收乙公司账款计提20万元的信用减值损失

C. 乙公司将40万元的存货出售给甲公司，

当年甲公司已对外出售了60%

　　D. 乙公司将账面价值为200万元的固定资产以300万元的价格出售给甲公司，甲公司作为管理用固定资产核算

11. 2×24年1月1日，甲公司通过定向发行股票的方式取得乙公司80%的股权，并能够实施控制。2×24年向甲公司销售商品发生的应收销货款500万元，该批商品成本为400万元，至年末尚未对外出售。2×24年12月31日，乙公司个别资产负债表中对甲公司的应收账款余额为500万元，已计提坏账准备20万元。甲公司适用的企业所得税税率为25%。不考虑增值税等其他因素，甲公司2×24年12月31日应编制的合并抵销分录有（　　）。

　　A. 借：营业收入　　　　　　500
　　　　　贷：营业成本　　　　　　　400
　　　　　　　存货　　　　　　　　　100

　　B. 借：应付账款　　　　　　500
　　　　　贷：应收账款　　　　　　　500

　　C. 借：应收账款——坏账准备 20
　　　　　贷：信用减值损失　　　　　20

　　D. 借：少数股东权益　　　　12
　　　　　贷：少数股东损益　　　　　12

12. 下列业务在编制合并利润表的抵销会计分录时，正确的有（　　）。

　　A. 母公司向子公司销售商品，且子公司期末全部实现对外销售：
　　　借：营业收入
　　　　　贷：营业成本

　　B. 子公司将从母公司处购入的商品作为固定资产进行核算：
　　　借：营业收入
　　　　　贷：营业成本
　　　　　　　固定资产——原价

　　C. 内部销售形成的应收账款计提的坏账准备：
　　　借：应收账款——坏账准备
　　　　　贷：资产减值损失

　　D. 母公司购入的子公司发行的公司债券确认的利息收入：
　　　借：投资收益
　　　　　贷：财务费用

13. 甲公司拥有两家子公司，分别为A公司和B公司，A公司于2×24年3月1日向甲公司支付6 000万元取得B公司100%的股权，合并后B公司仍维持其独立法人资格继续经营。当日，B公司个别报表中净资产5 000万元，其中，盈余公积为1 000万元，未分配利润为500万元，A公司个别报表中净资产为10 000万元，其中，资本公积为1 800万元。A、B公司采用的会计政策相同。不考虑其他因素，下列关于A公司合并B公司的说法中正确的有（　　）。

　　A. A公司合并B公司属于同一控制下企业合并

　　B. A公司长期股权投资入账金额为6 000万元

　　C. A公司在合并日编制合并资产负债表时应恢复B公司盈余公积1 000万元

　　D. A公司在合并日编制合并资产负债表时应恢复B公司未分配利润500万元

14. 2×24年，甲公司与其子公司（乙公司）发生的有关交易或事项如下：（1）甲公司收到乙公司分派的现金股利600万元；（2）甲公司将其生产的产品出售给乙公司用于对外销售，收到价款及增值税585万元；（3）乙公司偿还上年度自甲公司购买产品的货款900万元；（4）乙公司将土地使用权及其地上厂房出售给甲公司用于其生产，收到现金3 500万元，下列各项关于甲公司上述交易或事项在编制合并现金流量表应予抵销的表述中，正确的有（　　）。

　　A. 甲公司投资活动收到的现金900万元与乙公司筹资活动支付的现金900万元抵销

　　B. 甲公司经营活动收到的现金585万元与乙公司经营活动支付的现金585万元抵销

　　C. 甲公司投资活动支付的现金3 500万元与乙公司投资活动收到的现金3 500万元抵销

　　D. 甲公司投资活动收到的现金600万元与乙公司筹资活动支付的现金600万元抵销

三、判断题

1. 对于同一控制下企业合并，由于最终控制方在合并前后实际控制的经济资源并没有发生变化，所以有关交易事项不应视为出售或

购买。　　　　　　　　　　（　　）

2. 同一控制下企业合并进行过程中发生的各项直接相关的费用，应于发生时资本化，计入长期股权投资的投资成本。（　　）

3. 企业以发行债券方式进行的企业合并，与发行债券相关的佣金、手续费，应当费用化处理，计入当期损益。（　　）

4. 同一控制下企业合并中，合并方在合并中确认取得的被合并方的资产、负债不仅局限于被合并方账面上原已确认的资产和负债，还包括合并中产生的新的资产和负债。（　　）

5. 非同一控制下的控股合并中，购买方应将合并成本大于合并中取得的被购买方可辨认净资产公允价值份额的差额，在购买方合并财务报表中确认为商誉。（　　）

6. 在非同一控制下的吸收合并中，购买方合并成本大于合并日取得的被购买方可辨认净资产公允价值的差额应确认为商誉。（　　）

7. 母公司与子公司相互之间发生的经济业务，即便对整个企业集团财务状况和经营成果影响不大，也应先编制合并抵销分录，然后编制合并财务报表。（　　）

8. 为了编制合并财务报表，必须统一企业集团内所有的子公司的资产负债表日和会计期间。（　　）

9. 合并方在同一控制下的企业合并，本质上应作为购买。（　　）

10. 同一控制下企业合并中，被合并方在企业合并前账面上原已确认的商誉属于因合并产生的新商誉。（　　）

11. 甲公司通过发行股票的方式取得母公司控制的乙公司80%的股权，并能够对其实施控制时，如果乙公司不存在与甲公司会计政策和会计期间不一致的情况，甲公司则无须对乙公司的个别报表进行调整，只需要抵销内部交易对合并报表的影响即可。（　　）

12. 合并财务报表中，少数股东权益项目的列报金额不能为负数。（　　）

13. 母公司在报告期内处置子公司时，该子公司从期初到处置日的收入和费用不应纳入母公司的合并利润表。（　　）

14. 在编制合并财务报表时，抵销母子公司间未实现内部销售损益形成的暂时性差异不应确认递延所得税。（　　）

15. 母公司对子公司的债权投资与子公司应付债券抵销时出现的差额，应当计入合并利润表的投资收益或财务费用项目。（　　）

16. 编制合并现金流量表时，应当将母公司从全资子公司取得投资收益收到的现金与子公司分配股利支付的现金进行抵销。（　　）

17. 子公司少数股东以货币资金对子公司增加权益性投资，母公司在合并现金流量表中将该现金流入分类为投资活动产生的现金流量。（　　）

18. 合并所有者权益变动表只能以母公司和子公司的所有者权益变动表为基础，在抵销母公司与子公司、子公司相互之间发生的内部交易对合并所有者权益变动表的影响后，由母公司合并编制。（　　）

19. 因非同一控制下企业合并或其他方式增加的子公司以及业务，编制合并资产负债表时，不应当调整合并资产负债表的期初数。（　　）

快速查答案

一、单选题

序号	1	2	3	4	5	6	7	8	9	10	11	12
答案	C	B	A	B	A	C	B	C	D	C	C	B
序号	13	14	15	16	17	18	19					
答案	B	D	B	A	C	D	A					

二、多选题

序号	1	2	3	4	5	6	7	8	9	10	11	12
答案	ABCD	ABD	CD	ABCD	ACD	AC	AC	AC	ABCD	CD	ABCD	ABD
序号	13	14										
答案	ACD	CD										

三、判断题

序号	1	2	3	4	5	6	7	8	9	10	11	12
答案	√	×	×	×	√	√	×	√	×	×	√	×
序号	13	14	15	16	17	18	19					
答案	×	×	√	√	×	×	√					

参考答案及解析

一、单选题

1. 【答案】C 【解析】本题考查的知识点是同一控制下合并的会计处理原则。

(1) 资产评估费应计入管理费用。因此,选项 A 错误。

(2) 证券承销费应计入资本公积。因此,选项 B 错误。

(3) 同一控制下企业合并中合并方应按照合并日应享有的被合并方在最终控制方合并财务报表中净资产的账面价值的份额作为初始投资成本。因此,选项 C 正确。

(4) 同一控制下企业合并中付出的固定资产应按照账面价值计量。因此,选项 D 错误。

2. 【答案】B 【解析】本题考查的知识点是同一控制下企业合并的会计处理——同一控制下企业合并的会计处理原则。

(1) 对于同一控制下企业合并,《企业会计准则第 20 号——企业合并》中规定的会计处理方法类似于权益结合法。因此,选项 A 错误。

(2) 合并方在合并中取得的净资产的入账价值与为进行企业合并支付的对价账面价值之间的差额,应当调整所有者权益相关项目,不计入企业合并当期损益。因此,选项 C 错误。

(3) 合并方在合并中取得的被合并方各项资产、负债应维持其在被合并方的原账面价值不变。因此,选项 D 错误。

3. 【答案】A 【解析】本题考查的知识点是合并报表中关于存货项目抵销金额的计算。合并报表中存货应反映企业集团存货的成本,即销售方存货成本,所以,应抵销的"存货"项目金额 = (3 000 - 2 200) × (1 - 80%) = 160 (万元),选项 A 正确;选项 B 错误,误按存货成本直接计算存货抵销金额,即 2 200 × (1 - 80%);选项 C 错误,误按存货售价直接计算存货抵销金额,即 3 000 × (1 - 80%);选项 D 错误,误按对外出售部分计算存货抵销金额,即 (3 000 - 2 200) × 80%。在合并报表中的抵销分录为:

借:营业收入　　　　　　　　3 000
　　贷:营业成本　　　　　　　　　　3 000
借:营业成本　　　　　　　　　160
　　贷:存货　　　　　　　　　　　　160

4. 【答案】B 【解析】本题考查的知识点是合并资产负债表的编制——子公司发生超额亏损在合并资产负债表中的反映。子公司少数股东分担的当期亏损超过了少数股东在该子公司期初所有者权益中所享有的份额，其余额仍应当冲减少数股东权益，即少数股东权益可以出现负数。所以，2×24 年 12 月 31日，甲公司合并资产负债表中少数股东权益项目列报的金额 = 1 050 - 6 500 × 20% + 1 000 × 20% = -50（万元）。因此，选项 B 正确。

5. 【答案】A 【解析】本题考查的知识点是合并方为进行企业合并发生的有关费用的处理。

（1）同一控制下企业合并进行过程中发生的各项直接相关的费用，应于发生时费用化，计入当期损益。因此，选项 A 正确。

（2）以发行债券方式进行的企业合并，与发行债券相关的佣金、手续费等虽然与筹集用于企业合并的对价直接相关，但应计入负债的初始计量金额中。因此，选项 B、C 错误。

（3）发行权益性证券作为合并对价的，与发行权益性证券相关的费用，不论其是否与企业合并直接相关，均应自所发行权益性证券的发行收入中扣减。在权益性工具发行有溢价的情况下，自溢价收入中扣除；无溢价或溢价金额不足以扣减的情况下，应当冲减盈余公积和未分配利润。因此，选项 D 错误。

6. 【答案】C 【解析】本题考查的知识点是非同一控制下企业合并的会计处理原则——确定购买日。2×25 年 4 月 8 日，甲公司再取得 B 公司 25% 的股份，并能够对乙公司实施控制，所以，甲公司对乙公司形成企业合并的购买日是 2×25 年 4 月 8 日。因此，选项 C 正确。

7. 【答案】B 【解析】本题考查的知识点是合并利润表中少数股东损益的计算。甲公司是母公司，乙公司是子公司，乙公司将 40 万元的商品出售给甲公司 50 万元，属于逆流交易，期末存货结存 60%（1 - 40%），未实现内部交易损益 =（50 - 40）×（1 - 40%）= 6（万元），少数股东损益 =（500 - 6）× 30% = 148.2（万元），选项 B 正确；选项 A 错误，误将内部交易损益全额抵减少数股东损益金额；选项 C 错误，误将出售部分存货的内部交易金额抵减少数股东损益金额；选项 D 错误，未考虑未实现内部交易损益抵减少数股东损益的金额。本题在合并报表中的抵销分录为：

借：少数股东权益
　　（10 × 60% × 30%）1.8
　　贷：少数股东损益　　　　　　1.8

8. 【答案】C 【解析】本题考查的知识点是非同一控制下吸收合并的会计处理。

（1）作为合并对价的有关非货币性资产按处置非货币性资产进行处理，相关的资产处置损益计入合并当期的利润表。因此，选项 A 错误；

（2）在非同一控制下的吸收合并中，合并中取得的可辨认资产和负债是作为个别报表中的项目列示。因此，选项 B 错误；

（3）合并中产生的商誉应作为购买方个别财务报表中的资产列示。因此，选项 C 正确。

（4）非同一控制下的吸收合并，购买方在购买日应当将合并中取得的符合确认条件的各项资产、负债，按其公允价值确认为本企业的资产和负债。因此，选项 D 错误。

9. 【答案】D 【解析】本题考查的知识点是合并财务报表编制的前期准备事项——统一母子公司的会计政策。在编制财务报表前，应当尽可能统一母公司和子公司的会计政策，统一要求子公司所采用的会计政策与母公司保持一致。因此，选项 D 正确。

【提示】子公司对于折旧和摊销的使用年限根据实际情况确定即可，不必完全和母公司一致。

10. 【答案】C 【解析】本题考查的知识点是按权益法调整对子公司的长期股权投资。甲公司 2×25 年 12 月 31 日合并资产负债表中归属于母公司所有者权益的金额 = 9 000 + 800 × 80% - 250 × 80% = 9 440（万元）。因此，选项 C 正确。

会计分录如下：

借：长期股权投资　　　　　　640
　　贷：投资收益　　　　　　　　640

借：投资收益　　　　　　　　200
　　贷：长期股权投资　　　　　　200

11. 【答案】C 【解析】本题考查的知识点是编制合并资产负债表应进行抵销处理的项目——长期股权投资与子公司所有者权益的抵销处理。甲公司合并报表中应确认的商誉金额 = 15 000 - [18 000 + 1 500 × (1 -

25%）〕×60% = 3 525（万元）。因此，选项 C 正确。

12. 【答案】B 【解析】本题考查的知识点是编制合并资产负债表时应进行抵销处理的项目——长期股权投资与子公司所有者权益的抵销处理。2×24 年 9 月 5 日甲公司合并报表中应抵销资本公积的金额 = 2 500 +（18 600 – 17 500）= 3 600（万元）。因此，选项 B 正确。

合并抵销分录如下：

借：库存商品　　　　　　1 100
　　贷：资本公积　　　　　　1 100
借：股本　　　　　　　　10 000
　　资本公积　　　　　　3 600
　　盈余公积　　　　　　1 500
　　未分配利润　　　　　3 500
　　商誉　　　　　　　　1 120
　　贷：长期股权投资　　　16 000
　　　　少数股东权益　　　3 720

13. 【答案】B 【解析】本题考查的知识点是编制合并资产负债表时应进行抵销处理的项目——存货价值中包含的未实现内部销售损益的抵销处理。甲公司 2×24 年合并利润表中该业务应列示的"营业成本"项目的金额 = 3 500 × 70% = 2 450（万元）。因此，选项 B 正确。

14. 【答案】D 【解析】本题考查的知识点是编制合并资产负债表时应进行抵销处理的项目——存货价值中包含的未实现内部销售损益的抵销处理。甲公司 2×25 年度合并利润表中少数股东损益金额 = 500 × 30% = 150（万元）。因此，选项 D 正确。

【提示】甲公司向乙公司销售产品属于顺流交易，不影响少数股东损益的金额。

15. 【答案】B 【解析】本题考查的知识点是编制合并资产负债表时应进行抵销处理的项目——存货价值中包含的未实现内部销售损益的抵销处理。

（1）2×24 年末，合并报表中 A 产品的账面价值 = 100 × 6 = 600（万元），该金额大于可变现净值 500 万元（100 × 5），所以，甲公司合并报表中应确认存货跌价准备 100 万元。

（2）2×24 年末，乙公司个别报表中 A 产品的账面价值 = 100 × 10 = 1 000（万元），该金额大于可变现净值 500 万元，所以，乙公司个别报表中应确认存货跌价准备 500 万元。

由于，合并报表中认可的存货跌价准备为 100 万元，所以，该项内部交易应抵销的存货跌价准备金额 = 500 – 100 = 400（万元）。因此，选项 B 正确。

16. 【答案】A 【解析】本题考查的知识点是编制合并资产负债表时应进行抵销处理的项目——内部固定资产交易的抵销处理。甲公司在编制 2×24 年末合并财务报表时，应确认的少数股东损益的金额 = 0。因此，选项 A 正确。

合并抵销分录如下：

借：营业收入　　　　　　108
　　贷：营业成本　　　　　　90
　　　　固定资产——原价　　18
借：固定资产——累计折旧　0.15
　　贷：制造费用　　　　　　0.15

因为上述合并抵销分录并未影响乙公司的损益，所以此处不确认对少数股东损益的影响。故不作与少数股东权益与少数股东损益有关的合并抵销分录。

17. 【答案】C 【解析】本题考查的知识点是编制合并资产负债表时应进行抵销处理的项目——内部固定资产交易的抵销处理。

（1）内部交易抵销的固定资产增值部分 = 650 – 500 = 150（万元）。

（2）2×24 年固定资产多计提的折旧额 = 150/5 × 3/12 = 7.5（万元）。

甲公司 2×24 年末应编制的合并抵销分录如下：

借：资产处置收益　　　　　150
　　贷：固定资产——原值　　　150
借：固定资产——累计折旧　7.5
　　贷：管理费用　　　　　　7.5

因此，选项 C 正确。

【提示】企业合并中的内部交易抵销是站在合并报表层面的账务处理，但是增值税或者是支付给其他第三方的费用，是独立企业的正常交易，因此不需要抵销。

18. 【答案】D 【解析】本题考查的知识点是合并资产负债表的编制——编制合并资产负债表时应进行抵销处理的项目。甲公司合并资产负债表中存货项目的列报金额 = 2 000 + 1 000 – (300 – 200) × (1 – 40%) = 2 940（万元）。因此，选项 D 正确。

会计分录如下：

借：营业收入 300

　　贷：营业成本 240

　　　　存货 60

19. 【答案】A 【解析】本题考查的知识点是编制合并利润表时应进行抵销处理的项目——母公司与子公司、子公司相互之间持有对方长期股权投资的投资收益的抵销处理。

2×24 年甲公司合并利润表中"投资收益"项目应列示的金额 = 480 + (500 – 150 – 500) × 100% = 330（万元）。因此，选项 A 正确。

合并报表中处理如下：

（1）将乙公司长期股权投资调整为权益法：

借：长期股权投资 500

　　贷：投资收益 500

借：投资收益 150

　　贷：长期股权投资 150

（2）甲公司确认的投资收益与乙公司未分配利润的抵销处理：

借：投资收益 500

　　贷：提取盈余公积 50

　　　　对所有者（或股东）的分配 150

　　　　未分配利润——年末 300

二、多选题

1. 【答案】ABCD 【解析】本题考查的知识点是同一控制下企业合并的判断。

判断某一企业合并是否属于同一控制下的企业合并，应当把握以下要点：

（1）能够对参与合并各方在合并前后均实施最终控制的一方通常指企业集团的母公司。

（2）能够对参与合并的企业在合并前后均实施最终控制的相同多方，是指根据合同或协议的约定，拥有最终决定参与合并企业的财务和经营政策，并从中获取利益的投资者群体。

（3）实施控制的时间性要求。具体是指在企业合并之前（即合并日之前），参与合并各方在最终控制方的控制时间一般在 1 年以上（含 1 年），企业合并后所形成的报告主体在最终控制方的控制时间也应达到 1 年以上（含 1 年）。

（4）企业之间的合并是否属于同一控制下的企业合并，应综合构成企业合并交易的各方面情况，按照实质重于形式的原则进行判断。通常情况下，同一控制下的企业合并是指发生在同一企业集团内部企业之间的合并。

因此，选项 A、B、C、D 正确。

2. 【答案】ABD 【解析】本题考查的知识点是同一控制下控股合并的会计处理。甲公司会计处理如下：

借：固定资产清理 9 000

　　累计折旧 500

　　贷：固定资产 9 500

借：长期股权投资 4 500

　　资本公积 1 000

　　盈余公积 400

　　利润分配——未分配利润 3 100

　　贷：固定资产清理 9 000

因此，选项 C 错误，选项 A、B、D 正确。

【提示】"利润分配——未分配利润"的金额可以被冲减为负数。

3. 【答案】CD 【解析】本题考查的知识点是同一控制下吸收合并的会计处理。

（1）同一控制下吸收合并取得的资产、负债应当按照相关资产、负债在被合并方的原账面价值入账。因此，选项 A 错误。

（2）甲公司支付的股票发行佣金应冲减资本公积，资本公积不足冲减的，应当冲减留存收益。因此，选项 B 错误。

4. 【答案】ABCD 【解析】本题考查的知识点是非同一控制下企业合并的会计处理原则——确定购买方。

（1）投资方 A 能够取得被投资方 50% 以上有表决权的股份的，属于合并中一方取得了另一方半数以上有表决权股份的，除非有明确的证据表明不能形成控制，一般认为取得另一方半数以上表决权股份的一方为购买方。因此，选项 A 正确。

（2）投资方 A 拥有被投资方 45% 的有表决权的股份，投资方 B 拥有 20% 的有表决权的股份，且投资方 A 与投资方 B 达成协议，投资方 B 在被投资方的权益由投资方 A 代表，属于通过与其他投资者签订协议，实质上拥有被购买企业半数以上表决权。因此，选项 B 正确。

（3）投资方 A 拥有被投资方 40% 的有表决权的股份，其他股份由数万位股东平均持有，且股东之间不会达成协议或作出共同决策，属于考虑参与合并各方的股东在合并后主体的相对投票权，其中股东在合并后主体具有相对较高投票比例的一方一般为购买方。因此，选项 C 正确。

（4）投资方 A 拥有被投资方 48% 的股权，同时投资方 A 拥有决定被投资方的生产经营和财务决策的权力，属于按照章程或协议等的规定，具有主导被投资方财务和经营决策的权力。因此，选项 D 正确。

5.【答案】ACD 【解析】本题考查的知识点是合并资产负债表的编制——编制合并资产负债表时应进行抵销处理的项目。需要进行抵销处理的内部债权债务项目主要包括：（1）应收票据与应付票据；（2）应收账款与应付账款；（3）预付款项与合同负债；（4）债权投资（假定该项债券投资，持有方划归为以摊余成本计量的金融资产，如果划分为其他类的金融资产，原理相同）与应付债券；（5）其他应收款（含应收利息、应收股利）与其他应付款（含应付利息、应付股利）。因此，选项 A、C、D 正确。

6.【答案】AC 【解析】本题考查的知识点是合并资产负债表的编制——编制合并资产负债表时应进行抵销处理的项目。

（1）"甲公司将一笔闲置资金免息提供给乙公司使用"，不涉及损益，不会影响少数股东损益。因此，选项 B 错误。

（2）"甲公司将一批存货以高于成本的价格销售给乙公司，年末乙公司全部未对外售出该批存货"，应当全额抵销"归属于母公司所有者的净利润"。因此，选项 D 错误。

7.【答案】AC 【解析】本题考查的知识点是对子公司的个别财务报表进行调整——属于非

同一控制下企业合并中取得的子公司。

（1）2×24 年 6 月 1 日，乙公司资产评估增值的金额 =（7 200 － 6 000）＋（3 300 － 2 300）= 2 200（万元），产生应纳税暂时性差异 2 200 万元，所以增加递延所得税负债的金额 = 2 200×25% = 550（万元）。因此，选项 D 错误，选项 C 正确。

（2）2×24 年 6 月 1 日，乙公司资产评估减值的金额 = 800 － 600 = 200（万元），产生可抵扣暂时性差异 200 万元，所以增加递延所得税资产的金额 = 200×25% = 50（万元）。因此，选项 B 错误，选项 A 正确。

会计分录如下：

借：固定资产　　　　　　　1 200
　　无形资产　　　　　　　1 000
　　递延所得税资产　　　　　 50
　　贷：存货　　　　　　　　　　 200
　　　　递延所得税负债　　　　　 550
　　　　资本公积　　　　　　　 1 500

8.【答案】AC 【解析】本题考查的知识点是编制合并资产负债表时应进行抵销处理的项目——按权益法调整对子公司的长期股权投资。本题中，债权投资和投资收益既要在个别报表中列示，又要在合并报表中列示，只有少数股东权益和少数股东损益需要在合并财务报表中列示。因此，选项 B、D 错误，选项 A、C 正确。

9.【答案】ABCD 【解析】本题考查的知识点是编制合并资产负债表时应进行抵销处理的项目。编制合并资产负债表时需要进行抵销处理的项目主要有：

（1）母公司对子公司的长期股权投资与母公司在子公司所有者权益中所享有的份额。

（2）母公司与子公司、子公司相互之间产生的内部债权与债务项目。

（3）母公司与子公司、子公司相互之间销售商品（或提供劳务，下同）或其他方式形成的存货、固定资产、工程物资、在建工程、无形资产等所包含的未实现内部销售损益。

（4）与抵销的长期股权投资、应收账款、存货、固定资产、工程物资、在建工程、无形资产等资产相关的减值准备的抵销。

（5）母公司与子公司、子公司相互之间发生的其他内部交易对合并资产负债表的影响。

（6）因抵销未实现内部销售损益导致合并资产负债表中资产、负债的账面价值与其在所属纳税主体的计税基础之间产生暂时性差异的，在合并资产负债表中应当确认递延所得税资产或递延所得税负债，同时调整合并利润表中的所得税费用，但与直接计入所有者权益的交易或事项及企业合并相关的递延所得税除外。

因此，选项 A、B、C、D 正确。

10.【答案】CD　【解析】本题考查的知识点是合并资产负债表的编制——编制合并资产负债表时应进行抵销处理的项目。

（1）"甲公司将成本 50 万元的存货以 80 万元的价格出售给乙公司，至年末乙公司尚未对外出售"，属于顺流交易，不影响少数股东权益的金额。因此，选项 A 错误。

（2）"甲公司对应收乙公司账款计提 20 万元的信用减值损失"，表明是甲公司销售资产给乙公司所产生，属于顺流交易产生，不影响少数股东权益的金额。因此，选项 B 错误。

11.【答案】ABCD　【解析】本题考查的知识点是编制合并资产负债表时应进行抵销处理的项目——内部债权与债务的抵销处理。甲公司 2×24 年 12 月 31 日应编制的合并抵销分录如下：

借：营业收入　　　　　　500
　　贷：营业成本　　　　　　　400
　　　　存货　　　　　　　　　100
借：应付账款　　　　　　500
　　贷：应收账款　　　　　　　500
借：应收账款——坏账准备　20
　　贷：信用减值损失　　　　　20
借：所得税费用　　　　　20
　　贷：递延所得税资产　　　　20
借：少数股东权益　　　　12
　　贷：少数股东损益　　　　　12
因此，选项 A、B、C、D 正确。

12.【答案】ABD　【解析】本题考查的知识点是编制合并利润表时应进行抵销处理的项目。

会计处理如下：

（1）母公司向子公司销售商品，且子公司期末全部实现对外销售：

借：营业收入
　　贷：营业成本

（2）子公司将从母公司处购入的商品作为固定资产进行核算：

借：营业收入
　　贷：营业成本
　　　　固定资产——原价

（3）内部销售形成的应收账款计提的坏账准备：

借：应收账款——坏账准备
　　贷：信用减值损失

（4）母公司购入的子公司发行的公司债券确认的利息收入：

借：投资收益
　　贷：财务费用

因此，选项 C 错误，选项 A、B、D 正确。

13.【答案】ACD　【解析】本题考查的是同一控制下企业合并个别报表和合并报表的会计处理。A 公司和 B 公司均属于甲公司的子公司，因此，A 公司合并 B 公司属于同一控制下企业合并，选项 A 正确；同一控制下企业合并形成长期股权投资应以在最终控制方合并报表中净资产账面价值的份额与商誉之和作为长期股权投资入账金额，选项 B 错误；A 公司在合并日编制合并资产负债表时，对于企业合并前 B 公司实现的留存收益中归属于合并方的部分（1 500 万元）应自资本公积转入留存收益，应编制以下调整分录：

借：资本公积　　　　　　1 500
　　贷：盈余公积　　　　　　　1 000
　　　　未分配利润　　　　　　　500

14.【答案】CD　【解析】本题考查的知识点是编制合并现金流量表时应进行抵销处理的项目。

（1）事项（1）中，甲公司作为投资活动现金流入 600 万元，乙公司作为筹资活动现金流出 600 万元。因此，选项 A 错误，选项 D 正确。

（2）事项（2）中，甲公司作为经营活动现金流入 585 万元，乙公司作为经营活动现金流出 585 万元。

（3）事项（3）中，甲公司作为经营活动现金流入 900 万元，乙公司作为经营活动现金流出 900 万元。

事项（2）和（3）合并，甲公司应抵销的经营活动现金流入金额为 1 485 万元，乙公司经营活动支付的现金流出金额为 1 485 万元。因此，选项 B 错误。

（4）事项（4）中，甲公司作为投资活动现金流出 3 500 万元，乙公司作为投资活动现金流入 3 500 万元。因此，选项 C 正确。

三、判断题

1. 【答案】√ 【解析】本题考查的知识点是同一控制下企业合并的会计处理——同一控制下企业合并的会计处理原则。对于同一控制下的企业合并，《企业会计准则第 20 号——企业合并》中规定的会计处理方法类似于权益结合法。该方法下，将企业合并看作是两个或多个参与合并企业权益的重新整合，由于最终控制方的存在，从最终控制方的角度，该类企业合并一定程度上并不会造成企业集团整体的经济利益流入和流出，最终控制方在合并前后实际控制的经济资源并没有发生变化，有关交易事项不应视为出售或购买。因此，本题的说法是正确的。

2. 【答案】× 【解析】本题考查的知识点是合并方为进行企业合并发生的有关费用的处理。同一控制下企业合并进行过程中发生的各项直接相关的费用，应于发生时费用化，计入当期损益（即管理费用）。因此，本题的说法是错误的。

3. 【答案】× 【解析】本题考查的知识点是合并方为进行企业合并发生的有关费用的处理。以发行债券方式进行的企业合并，与发行债券相关的佣金、手续费等应按照《企业会计准则第 22 号——金融工具确认和计量》的规定处理。即该部分费用虽然与筹集用于企业合并的对价直接相关，但应计入负债的初始计量金额中。因此，本题的说法是错误的。

4. 【答案】× 【解析】本题考查的知识点是同一控制下企业合并的会计处理——同一控制下企业合并的会计处理原则。同一控制下企业合并中，合并方确认取得的被合并方的资产、负债仅限于被合并方账面上原已确认的

资产和负债，合并中不产生新的资产和负债。因此，本题的说法是错误的。

5. 【答案】√ 【解析】本题考查的知识点是非同一控制下控股合并的会计处理。非同一控制下的控股合并中，购买方应将合并成本大于合并中取得的被购买方可辨认净资产公允价值份额的差额，在购买方合并财务报表中确认为商誉。因此，本题的说法是正确的。

6. 【答案】√ 【解析】本题考查的知识点是非同一控制下吸收合并的会计处理。购买方合并成本大于合并日取得的被购买方可辨认净资产公允价值的差额应确认为商誉，但因是吸收合并，合并中产生的商誉应在购买方个别财务报表中列示。因此，本题的说法是正确的。

7. 【答案】× 【解析】本题考查的知识点是合并财务报表的编制原则——重要性原则。母公司与子公司、子公司相互之间发生的经济业务，对整个企业集团财务状况和经营成果影响不大时，为简化合并手续也应根据重要性原则进行取舍，可以不编制抵销分录而直接编制合并财务报表。因此，本题的说法是错误的。

8. 【答案】√ 【解析】本题考查的知识点是合并财务报表编制的前期准备事项——统一母子公司的资产负债表日及会计期间。为了编制合并财务报表，必须统一企业集团内所有的子公司的资产负债表日和会计期间，使子公司的资产负债表日和会计期间与母公司的资产负债表日和会计期间保持一致，以便于子公司提供相同资产负债表日和会计期间的财务报表。因此，本题的说法是正确的。

9. 【答案】× 【解析】本题考查的知识点是同一控制下企业合并的会计处理——同一控制下企业合并的会计处理原则。合并方在同一控制下的企业合并，本质上不作为购买，而是两个或多个会计主体权益的整合。因此，本题的说法是错误的。

10. 【答案】× 【解析】本题考查的知识点是同一控制下企业合并的会计处理——同一控制下企业合并的会计处理原则。同一控制下的企业合并中一般也不产生新的商誉因素，即不确认新的资产，但被合并方在企业合并前

账面上原已确认的商誉应作为合并中取得的资产确认。因此，本题的说法是错误的。

11.【答案】√【解析】本题考查的知识点是对子公司的个别财务报表进行调整——属于同一控制下企业合并中取得的子公司。对于属于同一控制下企业合并中取得的子公司的个别财务报表，如果不存在与母公司会计政策和会计期间不一致的情况，则不需要对该子公司的个别财务报表进行调整，只需要抵销内部交易对合并财务报表的影响即可。因此，本题的说法是正确的。

12.【答案】×【解析】本题考查的知识点是子公司发生超额亏损在合并资产负债表中的反映。子公司少数股东分担的当期亏损超过了少数股东在该子公司期初所有者权益中所享有的份额，其余额仍应当冲减少数股东权益，即少数股东权益可以出现负数。因此，本题的说法是错误的。

13.【答案】×【解析】本题考查的知识点是报告期内增加或处置子公司以及业务。母公司在报告期内处置子公司以及业务，应当将该子公司以及业务期初至处置日的收入、费用、利润纳入合并利润表。因此，本题的说法是错误的。

14.【答案】×【解析】本题考查的知识点是编制合并资产负债表时应进行抵销处理的项目。因抵销未实现内部销售损益导致合并资产负债表中资产、负债的账面价值与其在所属纳税主体的计税基础之间产生暂时性差异的，在合并资产负债表中应当确认递延所得税资产或递延所得税负债，同时调整合并利润表中的所得税费用，但与直接计入所有者权益的交易或事项及企业合并相关的递延所得税除外。因此，本题的说法是错误的。

15.【答案】√【解析】本题考查的知识点是编制合并现金流量表时应进行抵销处理的项目——内部投资收益（利息收入）和利息费用的抵销处理。企业集团内部母公司与子公司、子公司相互之间可能发生持有对方债券的内部交易。在编制合并财务报表时，应当在抵销内部发行的应付债券和债权投资（其他债权投资）等内部债权债务的同时，将内部应付债券和债权投资（其他债权投资）相关的利息费用与投资收益（利息收入）相互抵销。

16.【答案】√【解析】本题考查的知识点是编制合并现金流量表时应进行抵销处理的项目。编制合并现金流量表时，应当在母公司与子公司现金流量表数据简单相加的基础上，将母公司当期取得投资收益收到的现金与子公司分配股利、利润或偿付利息支付的现金予以抵销。因此，本题的说法是正确的。

17.【答案】×【解析】本题考查的知识点是编制合并现金流量表时应进行抵销处理的项目。对于子公司的少数股东增加在子公司中的权益性投资，在合并现金流量表中应当在"筹资活动产生的现金流量"之下的"吸收投资收到的现金"项目下"其中，子公司吸收少数股东投资收到的现金"项目反映。因此，本题的说法是错误的。

18.【答案】×【解析】本题考查的知识点是合并所有者权益变动表概述。合并所有者权益变动表应当以母公司和子公司的所有者权益变动表为基础，在抵销母公司与子公司、子公司相互之间发生的内部交易对合并所有者权益变动表的影响后，由母公司合并编制。合并所有者权益变动表也可以根据合并资产负债表和合并利润表进行编制。因此，本题的说法是错误的。

19.【答案】√【解析】本题考查的知识点是合并资产负债表的编制——报告期内增加或处置子公司以及业务。因非同一控制下企业合并或其他方式增加的子公司以及业务，编制合并资产负债表时，不应当调整合并资产负债表的期初数。

第二十二章　会计政策、会计估计变更和差错更正

教材变化

2025 年本章教材无实质性变化。

考情分析

　　本章主要内容是会计政策概念、会计政策变更及其条件、会计政策变更的会计处理、会计估计变更的概念、会计估计变更的会计处理、前期差错的概念、前期差错更正的会计处理。2020～2024 年考查知识点范围如下表所示，主要考查题型为客观题，每年分值为 4～6 分。

年份	单选题	多选题	判断题
2024	前期差错更正的会计处理	—	—
2023	会计估计变更的概念	—	前期差错更正的会计处理；会计估计变更的会计处理
2022	会计政策概念	会计政策变更及其条件	前期差错更正的会计处理
2021	会计政策概念	会计政策概念	前期差错更正的会计处理
2020	会计政策概念	前期差错更正的会计处理	前期差错更正的会计处理

强化练习题

一、单选题

1. 下列各项中，属于企业会计政策变更的是（　　）。

A. 将发出存货的计价方法由先进先出法变更为月末一次加权平均法

B. 将合同履约进度的确认方法由投入法变更为产出法

C. 将固定资产的折旧方法由年限平均法变更为年数总和法

D. 将无形资产的剩余使用年限由 6 年变更为 4 年

2. 下列各项中，属于会计政策变更的是（　　）。

A. 长期股权投资的核算因增加投资份额由权益法改为成本法

B. 固定资产折旧方法由年限平均法改为年数总和法

C. 资产负债表日将奖励积分的预计兑换率由 95% 改为 90%

D. 与资产相关的政府补助由总额法改为净额法

3. 下列业务中，应当采用追溯调整法进行调整，但不属于会计政策变更的是（　　）。

A. 母公司对子公司丧失控制权导致长期股权投资的后续计量方法由成本法转为权益法

B. 投资性房地产的后续计量由成本模式变更为公允价值模式

C. 发出存货的计价方法由先进先出法变更为月末一次加权平均法

D. 应纳税暂时性差异和可抵扣暂时性差异的确定

4. 2×24 年 7 月，甲公司以银行存款 1 000 万元购入 A 公司股票，并按照成本与市价孰低计量，市价一直高于成本。2×24 年 10 月 1 日，甲公司将计价方法由成本与市价孰低计量改为公允价值计量，2×24 年末该股票的公允价值为 90 万元，适用的企业所得税税率为 25%。该会计政策变更对甲公司 2×25 年的期初留存收益的影响为（　　）万元。

A. 25　　　　　　　B. -25

C. 75　　　　　　　D. -75

5. 下列关于会计估计及其变更的表述中，正确的是（　　）。

A. 会计估计应以最近可利用的信息或资料为基础

B. 对结果不确定的交易或事项进行会计估计会削弱会计信息的可靠性

C. 会计估计变更应根据不同情况采用追溯重述或追溯调整法进行处理

D. 某项变更难以区分为会计政策变更和会计估计变更的，应作为会计政策变更处理

6. 下列各事项中，属于企业会计估计变更的是（　　）。

A. 无形资产摊销方法由年限平均法变为产量法

B. 发出存货的计量方法由移动加权平均法改为先进先出法

C. 投资性房地产的后续计量由成本模式变更为公允价值模式

D. 政府补助的会计处理方法由总额法变为净额法

7. 甲公司 2×23 年度财务报告于 2×24 年 4 月 20 日经董事会批准对外公布。2×24 年 3 月 31 日，甲公司发现其自行研发的软件 2×23

年 7 月 1 日已达到预定用途，其中研发支出应予以费用化的 600 万元计入了软件成本。该软件预计使用期限为 5 年，采用直线法进行摊销，预计净残值为零。甲公司按照净利润的 10% 计提法定盈余公积。不考虑所得税等因素的影响，上述事项对甲公司 2×24 年度未分配利润项目年初数的影响为（　　）万元。

A. -486　　　　　　B. -432

C. -480　　　　　　D. -600

8. 下列各项中，应当进行追溯调整会计处理的是（　　）。

A. 分类为权益工具的金融工具因不再满足规定条件重分类为金融负债

B. 划分为持有待售的固定资产因不再满足持有待售条件而不再继续划分为持有待售类别

C. 划分为持有待售的对联营企业投资因不再满足持有待售条件而不再继续划分为持有待售类别

D. 债权重分类为其他债权投资

9. 2×24 年初，甲公司将 A 产品的"三包"服务费用从以前销售额的 1% 提升至 10%。已知，上述事项具有重大影响，且每年按照销售额的 1% 预提的"三包"服务费用与实际发生的"三包"服务费用基本相等。不考虑其他因素，甲公司在 2×25 年年度财务报表中的会计处理中，正确的是（　　）。

A. 作为会计政策变更，采用追溯调整法进行调整，并在附注中披露

B. 作为会计估计变更，采用未来适用法进行调整，并在附注中披露

C. 作为前期重大差错，采用追溯重述法进行调整，并在附注中披露

D. 作为当期业务正常处理，无需在附注中披露

10. 2×25 年 12 月 31 日，甲公司发现应自 2×24 年 10 月开始计提折旧的一项固定资产从 2×25 年 1 月才开始计提折旧，导致 2×24 年管理费用少计 200 万元，被认定为重大差错，税务部门允许调整 2×25 年度的应交所得税。甲公司适用的企业所得税税率为 25%，无其他纳税调整事项，甲公司利润表中的 2×24 年度利润为 500 万元，并按 10%

提取了法定盈余公积。不考虑其他因素，甲公司更正该差错时应将 2×25 年 12 月 31 日资产负债表未分配利润项目年初余额调减（　　）万元。

A. 15　　　　　　　B. 50

C. 135　　　　　　D. 150

二、多选题

1. 甲公司专门从事大型设备制造与销售，设立后即召开董事会会议，确定有关会计政策和会计估计事项。下列各项关于甲公司董事会确定的事项中，属于会计政策的有（　　）。

A. 投资性房地产采用公允价值模式进行后续计量

B. 建造合同按照完工百分比法确认收入

C. 融资租入的固定资产作为甲公司的固定资产进行核算

D. 按照生产设备预计生产能力确定固定资产的使用寿命

2. 下列各项中，属于企业会计政策变更的有（　　）。

A. 将发出存货的计价方法由先进先出法变更为加权平均法

B. 将投资性房地产的后续计量由成本模式变更为公允价值模式

C. 将无形资产的预计使用寿命由 7 年变更为 4 年

D. 将固定资产的折旧方法由双倍余额递减法变更为年限平均法

3. 在相关资料均能有效获得的情况下，对上年度财务报告批准报出后发生的下列事项，企业应当采用追溯调整法或追溯重述法进行会计处理的有（　　）。

A. 公布上年度利润分配方案

B. 以摊余成本计量的金融资产重分类为以公允价值计量且其变动计入其他综合收益的金融资产

C. 发现上年度金额重大的应费用化的借款费用计入在建工程成本

D. 发现上年度对使用寿命不确定且金额重大的无形资产按 10 年平均摊销

4. 甲公司对所得税采用资产负债表债务法核算，适用的所得税税率为 25%，按净利润的 10%

提取法定盈余公积。2×24 年 5 月 20 日，甲公司发现在 2×23 年 12 月 31 日计算 A 库存产品的可变现净值时发生差错，该库存产品的成本为 500 万元，预计可变现净值应为 300 万元。2×23 年 12 月 31 日，甲公司误将 A 库存产品的可变现净值预计为 400 万元。则甲公司因该差错更正的下列处理中，正确的有（　　）。

A. 提取存货跌价准备 100 万元

B. 确认递延所得税资产 25 万元

C. 确认盈余公积 −7.5 万元

D. 确认未分配利润 −67.5 万元

5. 下列各项中，属于企业会计估计的有（　　）。

A. 金融资产预期信用减值损失金额的确定

B. 投资性房地产后续计量模式的确定

C. 劳务合同履约进度的确定

D. 存货可变现净值的确定

6. 下列各项中，企业需要进行会计估计的有（　　）。

A. 预计负债计量金额的确定

B. 应收账款未来现金流量的确定

C. 建造合同履约进度的确定

D. 固定资产折旧方法的选择

7. 企业应当以变更事项的（　　）是否发生变更作为判断该变更是会计政策变更，还是会计估计变更的划分基础。

A. 会计确认　　　B. 相关金额

C. 计量基础　　　D. 列报项目

8. 2×24 年 12 月 31 日，甲公司发现 2×22 年 12 月收到投资者投入的一项行政管理用固定资产尚未入账，投资合同约定该固定资产价值为 1 000 万元（与公允价值相同）。预计使用年限为 5 年，预计净残值为零，采用年限平均法计提折旧。甲公司将漏记该固定资产事项认定为重要的前期差错。不考虑其他因素，下列关于该项会计差错更正的会计处理表述中，正确的有（　　）。

A. 增加 2×24 年度管理费用 200 万元

B. 增加固定资产原价 1 000 万元

C. 增加累计折旧 400 万元

D. 减少 2×24 年初留存收益 200 万元

9. 甲公司 2×24 年 2 月在上年度财务会计报告批准报出前发现一台管理用固定资产未计提

折旧，属于重大差错。该固定资产系 2×22 年 6 月接受乙公司捐赠取得。根据甲公司的折旧政策，该固定资产 2×22 年计提折旧 100 万元，2×23 年应计提折旧 300 万元。甲公司按净利润的 10% 提取法定盈余公积。不考虑所得税等其他因素，甲公司下列处理正确的有（　　）。

A. 甲公司 2×23 年度资产负债表"固定资产"项目"年末数"应调减 400 万元

B. 甲公司 2×23 年度利润表"管理费用"项目"本期金额"应调增的金额为 400 万元

C. 甲公司 2×23 年度利润表"管理费用"项目"本期金额"应调增的金额为 300 万元

D. 甲公司 2×23 年度资产负债表"未分配利润"项目"年末数"应调减的金额为 360 万元

10. 在相关资料均能有效获得的情况下，对上年度财务报告批准报出后发生的下列事项，企业应当采用追溯调整法或追溯重述法进行会计处理的有（　　）。

A. 公布上年度利润分配方案

B. 债权投资因部分处置被重分类为其他债权投资

C. 发现上年度金额重大的应费用化的借款费用计入了在建工程成本

D. 发现上年度对使用寿命不确定且金额重大的无形资产按 10 年平均摊销

11. 下列情形中，根据企业会计准则应当重述比较期间财务报表的有（　　）。

A. 本年发现重要的前期差错

B. 发生同一控制下企业合并，自最终控制方取得被投资单位 60% 股权

C. 因部分处置对联营企业投资，将剩余长

期股权投资转变为采用公允价值计量的金融资产

D. 购买日后 12 个月内对上年非同一控制下企业合并中取得的可辨认净资产、负债暂时确定的价值进行调整

三、判断题

1. 企业对政策变更采用追溯调整法时，应当按照会计政策变更的累积影响数调整变更当期期初的留存收益。　　　　　（　　）

2. 企业因追加投资导致长期股权投资的核算由权益法转为成本法的，应当作为会计政策变更进行处理。　　　　　（　　）

3. 企业因账簿、凭证超过法定保存期限而销毁，使当期期初确定会计政策变更对以前各期累积影响数无法计算的，此时，会计政策变更应当采用未来适用法进行处理。　（　　）

4. 企业变更固定资产的预计使用年限时，应对以前年度已计提折旧金额进行追溯调整。
　　　　　　　　　　　　　（　　）

5. 采用未来适用法一定是发生了会计估计变更。　　　　　　　　　　（　　）

6. 对于不重要的、影响损益的前期差错，企业应将涉及损益的金额直接调整发现当期的利润表项目。　　　　　　　（　　）

7. 企业发现上一会计年度接受捐赠收到的一项固定资产尚未入账，该固定资产盘盈应按照前期差错更正进行会计处理。　（　　）

8. 对于比较财务报表可比期间以前的会计政策变更的累积影响，应调整比较财务报表最早期间的期初留存收益，财务报表其他相关项目的金额也应一并调整。　　（　　）

快速查答案

一、单选题

序号	1	2	3	4	5	6	7	8	9	10
答案	A	D	A	D	A	A	A	C	C	C

二、多选题

序号	1	2	3	4	5	6	7	8	9	10	11
答案	ABC	AB	CD	ABCD	ACD	ABCD	ACD	ABCD	ACD	CD	ABD

三、判断题

序号	1	2	3	4	5	6	7	8
答案	×	×	√	×	×	√	√	√

参考答案及解析

一、单选题

1. 【答案】A 【解析】本题考查的知识点是会计政策变更的范围。会计政策变更，是指企业对相同的交易或事项由原来采用的会计政策改用另一会计政策的行为，存货发出计价方法的变更属于会计政策变更，选项A正确；将合同履约进度的确认方法由投入法变更为产出法，将固定资产的折旧方法由年限平均法变更为年数总和法和将无形资产的剩余使用年限由6年变更为4年均属于会计估计变更，选项B、C、D错误。

2. 【答案】D 【解析】本题考查的知识点是会计政策变更的范围。长期股权投资的核算因增加投资份额由权益法改为成本法，属于本期发生的交易或者事项与以前相比具有本质差别而采用新的会计政策，不属于会计政策变更，选项A错误；固定资产折旧方法由年限平均法改为年数总和法和资产负债表日将奖励积分的预计兑换率由95%改为90%，均属于会计估计变更，选项B、C错误；与资产相关的政府补助由总额法改为净额法，属于会计政策变更，选项D正确。

3. 【答案】A 【解析】本题考查的知识点是会计政策变更的会计处理。

（1）母公司对子公司丧失控制权导致长期股权投资的后续计量方法由成本法转为权益法，应当采用追溯调整法进行调整，但不属于会计政策变更。因此，选项A正确。

（2）投资性房地产的后续计量由成本模式变更为公允价值模式，应当采用追溯调整法进行调整，并且属于会计政策变更。因此，选项B错误。

（3）发出存货的计价方法由先进先出法变更为月末一次加权平均法，属于会计政策变更，但是不需要进行追溯调整。因此，选项C错误。

（4）应纳税暂时性差异和可抵扣暂时性差异的确定，属于会计估计变更，应当采用未来适用法进行调整。因此，选项D错误。

4. 【答案】D 【解析】本题考查的知识点是会计政策变更的会计处理。该会计政策变更对甲公司2×25年的期初留存收益的影响金额 = (900 − 1 000) × (1 − 25%) = − 75（万元）。因此，选项D正确。

5. 【答案】A 【解析】本题考查的知识点是会计估计变更的概念，会计估计变更的会计处理。

（1）会计估计，是指企业对其结果不确定的交易或事项以最近可利用的信息为基础所作的判断。因此，选项A正确。

（2）企业根据当时所掌握的可靠证据作出的最佳估计，不会削弱会计核算的可靠性。因此，选项B错误。

（3）会计估计变更应采用未来适用法，选项C错误。

（4）选项D，某项变更难以区分为会计政策变更和会计估计变更的，应作为会计估计变更处理。因此，选项 D 错误。

6. 【答案】A　【解析】本题考查的知识点是会计估计变更的概念——会计估计的概念。发出存货的计量方法由移动加权平均法改为先进先出法、投资性房地产的后续计量由成本模式变为公允价值模式、政府补助的会计处理方法由总额法变为净额法，属于会计政策变更。因此，选项 B、C、D 错误。

7. 【答案】A　【解析】本题考查的知识点是前期差错更正的会计处理。上述事项对甲公司 2×24 年度未分配利润项目年初数的影响额 =（ -600 + 600/5 × 6/12 ）×（ 1 - 10% ）= -486（万元）。因此，选项 A 正确。

8. 【答案】C　【解析】本题考查的知识点是前期差错更正的会计处理。不再划分为持有待售时，应该对联营企业投资按照权益法进行追溯调整，调整思路如下：

某项资产或处置组被划归为持有待售，但后来不再满足持有待售的固定资产的确认条件，企业应当停止将其划归为持有待售，并按照下列两项金额中较低者计量：

（1）该资产或处置组被划归为持有待售之前的账面价值，按照其假定在没有被划归为持有待售的情况下原应确认的折旧、摊销或减值进行调整后的金额；

（2）决定不再出售之日的可收回金额。

因此，选项 C 正确。

9. 【答案】C　【解析】本题考查的知识点是前期差错更正的会计处理。甲公司按照销售额的 1% 预提的"三包"服务费用与实际发生的"三包"服务费用基本相等，所以改按 10% 的比例对销售额预提"三包"服务费用，属于滥用会计估计变更，且由于该事项具有重大影响，应作为重要的前期会计差错，采用追溯重述法进行调整，并在附注中披露。因此，选项 C 正确。

10. 【答案】C　【解析】本题考查的知识点是前期差错更正的会计处理——重要的前期差错的会计处理。应调减 2×25 年 12 月 31 日资产负债表未分配利润项目年初余额 = 200 ×（ 1 - 25% ）×（ 1 - 10% ）= 135（万元）。因此，选项 C 正确。

会计分录如下：

借：以前年度损益调整——管理费用
　　　　　　　　　　　　2 000 000
　　贷：累计折旧　　　　　2 000 000
借：应交税费——应交所得税
　　　　　　　　　　　　500 000
　　贷：以前年度损益调整——所得税费用
　　　　　　　　　　　　500 000
借：盈余公积　　　　　　150 000
　　利润分配——未分配利润
　　　　　　　　　　　　1 350 000
　　贷：以前年度损益调整　1 500 000

二、多选题

1. 【答案】ABC　【解析】本题考查的知识点是会计政策的概念——会计政策的概念。

（1）投资性房地产采用公允价值模式进行后续计量、建造合同按照完工百分比法确认收入、融资租入的固定资产作为甲公司的固定资产进行核算，均属于会计政策。因此，选项 A、B、C 正确。

（2）按照生产设计预计生产能力确定固定资产的使用寿命，属于会计估计。因此，选项 D 错误。

2. 【答案】AB　【解析】本题考查的知识点是会计政策的概念——企业会计政策披露的要求。将无形资产的预计使用寿命由 7 年变更为 4 年和将固定资产的折旧方法由双倍余额递减法变更为年限平均法，属于会计估计变更。因此，选项 C、D 错误。

3. 【答案】CD　【解析】本题考查的知识点是采用追溯调整法或追溯重述法的范围。会计政策变更和重要前期差错需要采用追溯调整法和追溯重述法进行会计调整。公布上年度利润分配方案，以摊余成本计量的金融资产重分类为以公允价值计量且其变动计入其他综合收益的金融资产属于当期发生的正常事项，应作为当期事项在当期处理，选项 A、B 错误；发现上年度金额重大的应费用化的借款费用计入在建工程成本，发现上年度对使用寿命不确定且金额重大的无形资产按 10 年平均摊销，均属于重要前期差错，应采用追溯重述法进行调整，选项 C、D 正确。

4. 【答案】ABCD　【解析】本题考查的知识点是

会计政策变更的会计处理。甲公司该差错更正的会计处理如下：

借：以前年度损益调整　　1 000 000
　　贷：存货跌价准备　　　　1 000 000
借：递延所得税资产　　　250 000
　　贷：以前年度损益调整　　250 000
借：利润分配——未分配利润

　　　　　　　　　　　　675 000
　　盈余公积　　　　　　75 000
　　贷：以前年度损益调整　　750 000

因此，选项A、B、C、D正确。

5.【答案】ACD　【解析】本题考查的知识点是会计估计变更的概念——会计估计的概念。投资性房地产后续计量模式的确定，属于会计政策。因此，选项B错误。

6.【答案】ABCD　【解析】本题考查的知识点是需要进行会计估计的范围。会计估计，是指企业对其结果不确定的交易或事项以最近可利用的信息为基础所做的判断。预计负债计量金额的确定，应收账款未来现金流量的确定，建造合同履约进度的确定以及固定资产折旧方法的选择均需要进行会计估计，选项A、B、C、D正确。

7.【答案】ACD　【解析】本题考查的知识点是会计政策变更与会计估计变更的划分基础。企业应当以变更事项的会计确认、计量基础和列报项目是否发生变更作为判断该变更是会计政策变更，还是会计估计变更的划分基础。因此，选项A、C、D正确。

8.【答案】ABCD　【解析】本题考查的知识点是重要前期差错采用追溯重述法进行调整的会计处理。固定资产应从2×23年1月开始计提折旧，截至2×24年12月31日，应计提折旧金额=100/5×2=400（万元），其中，200万元属于2×23年度，应通过"以前年度损益调整"科目核算，200万元属于2×24年度，应通过"管理费用"科目核算，在2×24年调减期初留存收益为200万元，故选项A、B、C、D正确。本题会计分录为：

借：以前年度损益调整（2×23年折旧）

　　　　　　　　　　　　200
　　管理费用（2×24年折旧）200
　　贷：累计折旧　　　　　400

借：盈余公积　　　　　　20
　　利润分配——未分配利润　180
　　贷：以前年度损益调整　　200

9.【答案】ACD　【解析】本题考查的知识点是前期差错更正的会计处理——重要的前期差错的会计处理。资产负债表中列的是余额，所以是调整累计数，但利润表中列示的是期间数，不是累计数，所以调整利润表时，也只能调整期间数。甲公司2×23年度利润表"管理费用"项目"本期金额"应调增的金额为2×23年的折旧额300万元，不包括2×22年的折旧额100万元。

会计分录如下：

借：以前年度损益调整　　4 000 000
　　贷：累计折旧　　　　　4 000 000
借：利润分配——未分配利润

　　　　　　　　　　　　3 600 000
　　盈余公积　　　　　　400 000
　　贷：以前年度损益调整　4 000 000

因此，选项A、C、D正确。

10.【答案】CD　【解析】本题考查的知识点是前期差错更正的会计处理。公布上年度利润分配方案和债权投资因部分处置被重分类为其他债权投资，属于当期正常业务，无需采用追溯调整法或追溯重述法进行会计处理。因此，选项A、B错误。

11.【答案】ABD　【解析】本题考查的知识点是前期差错更正的会计处理——重要的前期差错的会计处理。部分处置对联营企业投资，将剩余长期股权投资转变为采用公允价值计量的金融资产，原采用权益法核算的相关其他综合收益应当在终止采用权益法核算时，采用与被投资单位直接处置相关资产或负债相同的基础进行会计处理；被投资单位除净损益、其他综合收益和利润分配以外的其他所有者权益变动而确认的所有者权益，应当在终止采用权益法时全部转入当期损益，不用重述比较期间财务报表。因此，选项C错误。

三、判断题

1.【答案】×　【解析】本题考查的知识点是会计政策变更的会计处理。采用追溯调整法进行会计处理，将会计政策变更累积影响数调整列报前期最早期初留存收益，其他相关项目的期初余额和列报前期披露的其他比较数据也应当一并调整。因此，本题的说法是错误的。

2. 【答案】× 【解析】本题考查的知识点是会计政策变更的会计处理。增资导致长期股权投资由权益法转为成本法的，不属于会计政策变更，也不属于会计估计变更，属于当期业务，按照相关的准则规定进行处理即可。因此，本题的说法是错误的。

3. 【答案】√ 【解析】本题考查的知识点是会计政策变更的会计处理。在某些情况下，调整一个或者多个前期比较信息以获得与当期会计信息的可比性是不切实可行的。例如，企业因账簿、凭证超过法定保存期限而销毁，或因火灾、水灾等不可抗力而毁坏、遗失，使当期期初确定会计政策变更对以前各期累积影响数无法计算，即不切实可行，此时，会计政策变更应当采用未来适用法进行处理。因此，本题的说法是正确的。

4. 【答案】× 【解析】本题考查的知识点是会计估计变更的会计处理。企业变更固定资产预计使用年限属于会计估计变更，应当采用未来适用法处理。因此，本题的说法是错误的。

5. 【答案】× 【解析】本题考查的知识点是会计估计变更的会计处理。所有的会计估计变更都应采用未来适用法，但采用未来适用法的并不一定是会计估计变更，还有可能是会计政策变更。该说法错误。

6. 【答案】√ 【解析】本题考查的知识点是前期差错更正的会计处理——不重要的前期差错的会计处理。对于不重要的、影响损益的前期差错，可以采用未来适用法更正，涉及损益的金额直接调整发现当期的利润表项目。因此，本题的说法是正确的。

7. 【答案】√ 【解析】本题考查的知识点是前期差错更正的会计处理——重要的前期差错的会计处理。企业发现上一会计年度接受捐赠收到的一项固定资产尚未入账，该固定资产盘盈应按照前期差错更正进行会计处理。因此，本题的说法是正确的。

8. 【答案】√ 【解析】本题考查的知识点是追溯调整法。采用追溯调整法时，会计政策变更的累积影响数应包括在变更当期期初留存收益中。但是，如果提供可比财务报表，对于比较财务报表期间的会计政策变更，应调整该期间净利润各项目和财务报表其他相关项目，视同该政策在比较财务报表期间一直采用。对于比较财务报表可比期间以前的会计政策变更的累积影响数，应调整比较财务报表最早期间的期初留存收益，财务报表其他相关项目的数字也应一并调整。该说法正确。

第二十三章　资产负债表日后事项

教材变化

2025 年本章教材无实质性变化。

考情分析

本章主要内容是资产负债表日后事项的概念、资产负债表日后事项涵盖的期间、资产负债表日后事项的内容、资产负债表日后调整事项的处理原则、资产负债表日后调整事项的具体会计处理方法、资产负债表日后非调整事项的处理原则、资产负债表日后非调整事项的具体会计处理方法。2020 ~ 2024 年考查知识点范围如下表所示，主要考查题型为客观题，以及主观题中的综合题，每年分值为 10 ~ 18 分。

年份	单选题	多选题	判断题	综合题
2024	资产负债表日后调整事项	—	—	—
2023	—	资产负债表日后事项的概念	—	资产负债表日后事项的概念
2022	资产负债表日后调整事项	—	资产负债表日后非调整事项的具体会计处理方法	资产负债表日后事项的概念、资产负债表日后调整事项的具体会计处理方法
2021	—	资产负债表日后调整事项	—	资产负债表日后调整事项的具体会计处理方法、差错更正的会计处理方法
2020	资产负债表日后非调整事项；资产负债表日后调整事项	资产负债表日后调整事项；资产负债表日后调整事项的具体会计处理方法	资产负债表日后调整事项；资产负债表日后非调整事项的具体会计处理方法	资产负债表日后调整事项的具体会计处理方法、资产负债表日后事项的概念

强化练习题

一、单选题

1. 甲公司 2×23 年的财务报告于 2×24 年 3 月 31 日编制完成，原定于 2×24 年 4 月 10 日经董事会批准对外公布，但是，由于 2×24 年 4 月 13 日~4 月 20 日发生重大事项，需要调整报表相关项目，且调整后的报表经董事会批准对外公布的日期为 2×24 年 4 月 25 日，而实际报出日为 2×24 年 4 月 30 日。不考虑其他因素，甲公司资产负债表日后事项的涵盖期间为（　　）。

   A. 2×24 年 1 月 1 日~2×24 年 4 月 10 日

   B. 2×24 年 1 月 1 日~2×24 年 4 月 20 日

   C. 2×24 年 1 月 1 日~2×24 年 4 月 25 日

   D. 2×24 年 1 月 1 日~2×24 年 4 月 30 日

2. 甲公司 2×24 年度财务报告于 2×25 年 4 月 20 日经批准对外公布。下列各项甲公司发生的交易或事项中，应据以调整甲公司 2×24 年度财务报表的是（　　）。

   A. 2×25 年 2 月 21 日，发行公司债券

   B. 2×25 年 3 月 28 日，决定处置全资子公司

   C. 2×25 年 1 月 10 日，因质量问题被客户退回 2×24 年已确认收入的商品

   D. 2×25 年 4 月 25 日，发生火灾并造成重大损失

3. 甲企业 2×24 年 1 月 20 日向乙企业销售一批商品，已进行收入确认的有关账务处理；2×24 年 2 月 1 日，乙企业收到货物后验收不合格要求退货，2 月 10 日甲企业收到退货。甲企业 2×23 年度资产负债表批准报出日是 2×24 年 4 月 30 日。不考虑其他因素，甲企业该业务的下列会计处理中，正确的是（　　）。

   A. 作为 2×23 年资产负债表日后事项的调整事项

   B. 作为 2×23 年资产负债表日后事项的非调整事项

   C. 作为 2×24 年资产负债表日后事项的调整事项

   D. 作为 2×24 年当期正常的销售退回事项

4. 甲公司 2×24 年财务报告批准报出日为 2×25 年 3 月 20 日。甲公司发生的下列各事项中，属于资产负债表日后调整事项的是（　　）。

   A. 2×25 年 3 月 9 日公布资本公积转增资本

   B. 2×25 年 2 月 10 日外汇汇率发生重大变化

   C. 2×25 年 1 月 5 日地震造成重大财产损失

   D. 2×25 年 2 月 20 日发现上年度重大会计差错

5. 甲公司 2×24 年度财务报告批准报出日为 2×25 年 4 月 25 日，甲公司发生的下列交易或事项中，属于资产负债表日后调整事项的是（　　）。

   A. 2×25 年 3 月 7 日因发生自然灾害导致一条生产线报废

   B. 2×25 年 3 月 1 日定向增发股票

   C. 2×25 年 4 月 12 日发现上年度少计提了金额较大的存货跌价准备

   D. 2×25 年 4 月 28 日因一项非专利技术纠纷引发诉讼

6. 下列各项资产负债表日后事项中，属于非调整事项的是（　　）。

   A. 发现报告年度虚增收入

   B. 以资本公积转增资本

   C. 发现报告年度高估了固定资产的弃置费用

   D. 发现报告年度低估了应收账款的信用减值损失

7. 2×24 年 12 月 31 日，甲公司有一项未决诉讼，预计在 2×24 年度财务报告批准报出日后判决，胜诉的可能性为 60%，若甲公司胜诉，将获得 70 万元至 80 万元的补偿，且这个区间内每个金额发生的可能性相同，不考虑其他因素，该未决诉讼对甲公司 2×24 年 12 月 31 日资产负债表中资产项目的影响金额为（　　）万元。

   A. 70　　　　　　　　B. 0

   C. 75　　　　　　　　D. 80

8. 2×24 年 12 月 31 日，甲公司对一项未决诉讼确认了预计负债 50 万元，2×25 年 3 月 15 日，人民法院判决甲公司败诉，需要支付赔偿 60 万元，2×25 年 4 月 15 日，甲公司董事会批准年报报出，甲公司应将上述 10 万元的

差额调整报告年度的（　　）。

　　A. 管理费用　　　　B. 其他综合收益

　　C. 营业外支出　　　D. 营业外收入

9. 企业对资产负债表日后调整事项进行会计处理时，下列报告年度财务报表项目中，不应调整的是（　　）。

　　A. 损益类项目

　　B. 应收账款项目

　　C. 货币资金项目

　　D. 所有者权益类项目

10. 甲公司 2×24 年 3 月 20 日披露 2×23 年财务报告。2×24 年 3 月 3 日，甲公司收到所在地政府于 3 月 1 日发布的通知，规定自 2×23 年 6 月 1 日起，对装机容量在 2.5 万千瓦及以上有发电收入的水库和水电站，按照上网电量 8 厘/千瓦时征收库区基金。按照该通知界定的征收范围，甲公司所属已投产电站均需缴纳库区基金。不考虑其他因素，下列关于甲公司对上述事项会计处理的表述中，正确的是（　　）。

　　A. 作为 2×24 年发生的事项在 2×24 年财务报表中进行会计处理

　　B. 作为会计政策变更追溯调整 2×23 年财务报表的数据并调整相关的比较信息

　　C. 作为重大会计差错追溯重述 2×23 年财务报表的数据并重述相关的比较信息

　　D. 作为资产负债表日后调整事项调整 2×23 年财务报表的当年发生数及年末数

二、多选题

1. 关于资产负债表日后事项的下列说法中，正确的有（　　）。

　　A. 影响重大的资产负债表日后非调整事项应在附注中披露

　　B. 对资产负债表日后调整事项应当调整资产负债表日财务报表有关项目

　　C. 资产负债表日事项包括资产负债表日至财务报告批准报出日之间发生的全部事项

　　D. 判断资产负债表日后调整事项的标准在于该事项对资产负债表日存在的情况提供了新的或进一步的证据

2. 在资产负债表日后至财务报告批准报出日前发生的下列事项中，属于资产负债表日后调整事项的有（　　）。

　　A. 因汇率发生重大变化导致企业持有的外币资金出现重大汇兑损失

　　B. 企业报告年度销售给某主要客户的一批产品因存在质量缺陷被退回

　　C. 报告年度未决诉讼经人民法院判决败诉，企业需要赔偿的金额大幅超过已确认的预计负债

　　D. 企业获悉某主要客户在报告年度发生重大火灾，需要大额补提报告年度应收该客户账款的坏账准备

3. 甲公司 2×24 年度财务报表于 2×25 年 3 月 20 日经董事会批准对外报出，其在 2×24 年度资产负债表日后事项期间发生的下列交易或事项中，属于调整事项的有（　　）。

　　A. 董事会通过 2×24 年度利润分配预案，拟每 10 股派发 1 元现金股利

　　B. 因 2×24 年 6 月收购的子公司当年度实际利润未达到承诺金额，确定应向交易对方收回部分已支付对价

　　C. 所持联营企业经审计的净利润与甲公司权益法核算时用于计算投资收益的联营企业未经审计净利润金额存在差异

　　D. 2×24 年 12 月已确认销售的一批商品因质量问题被买方退回，税务机关开具的红字增值税专用发票已取得

4. 2×23 年 12 月 1 日，甲公司以赊销方式向乙公司销售一批商品，满足收入确认条件，分别确认应收账款和主营业务收入。2×23 年 12 月 31 日，甲公司对该应收账款计提坏账准备 10 万元。甲公司 2×23 年的年度财务报告于 2×24 年 3 月 20 日经董事会批准对外报出。不考虑其他因素，甲公司发生的下列各项交易或事项中，属于资产负债表日后调整事项的有（　　）。

　　A. 2×24 年 2 月 10 日，甲公司 2×23 年 12 月 1 日销售给乙公司的产品因质量问题被退回 10%

　　B. 2×24 年 1 月 10 日，甲公司取得确凿证据表明 2×23 年 12 月 31 日应当对应收账款计提坏账准备 15 万元

　　C. 2×24 年 3 月 10 日，甲公司收到乙公司支付的 1 000 万元货款

　　D. 2×24 年 3 月 31 日，因乙公司出现严重财

务困难，甲公司对乙公司的剩余应收账款计提坏账准备 20 万元

5. 下列各项企业日后期间发生的事项中，属于日后非调整事项的有（   ）。

A. 因发生火灾导致厂房毁损

B. 发现报告年度财务报表重大差错

C. 资本公积转增资本

D. 发行债券

6. 甲公司 2×24 年度财务报告于 2×25 年 3 月 31 日经董事会批准对外公布。2×24 年 2 月 25 日，甲公司与乙银行签订了 8 000 万元的贷款合同，用于生产设备的购置，贷款期限自 2×24 年 3 月 1 日起至 2×25 年 12 月 31 日止。不考虑其他因素，下列说法正确的有（   ）。

A. 甲公司资产负债表日后事项的涵盖期间为 2×25 年 1 月 1 日至 3 月 31 日

B. 甲公司向乙银行贷款 8 000 万元，属于资产负债表日后调整事项

C. 甲公司向乙银行贷款 8 000 万元，属于资产负债表日后非调整事项

D. 甲公司向乙银行贷款 8 000 万元，应在附注中进行披露

7. 甲企业适用的所得税税率为 25%，预计未来期间适用的企业所得税税率不变且企业能够产生足够的应纳税所得额用以抵减可抵扣暂时性差异，其 2×24 年度财务报表批准报出日为 2×25 年 4 月 25 日。2×25 年 2 月 10 日，甲企业调减了 2×24 年计提的坏账准备 100 万元，该调整事项发生时，企业所得税汇算清缴尚未完成。不考虑其他因素，上述业务对甲企业 2×24 年度财务报表的影响说法中，正确的有（   ）。

A. 应收账款增加 100 万元

B. 递延所得税资产增加 25 万元

C. 应交所得税增加 25 万元

D. 所得税费用增加 25 万元

8. 下列关于资产负债表日后事项的表述中，正确的有（   ）。

A. 资产负债表日后事项既包括有利事项也包括不利事项，但二者处理原则不同

B. 在资产负债表日后期间发生的所有事项均需要调整报告年度的财务报表

C. 资产负债表日后调整事项是在资产负债表日已经存在，在日后期间得以证实的事项

D. 资产负债表日后调整事项是对编制的财务报表产生重大影响的事项

三、判断题

1. 财务报告批准报出日，是指董事会或类似机构聘请的会计师事务所出具审计报告的日期。（   ）

2. 资产负债表日后非调整事项，对于有利和不利的非调整事项均应在年度报告或中期报告的附注中进行披露。（   ）

3. 资产负债表日后事项如涉及现金收支项目，均不调整报告年度资产负债表的货币资金项目和现金流量表各项目数字。（   ）

4. 对于资产负债表日后至财务报告批准报出前处置子公司产生的损益，企业应当调整报告年度财务报表，合并报表角度应确认相关处置损益。（   ）

5. 资产负债表以前期间所售商品在资产负债表日后退回的，应作为资产负债表日后事项进行会计处理。（   ）

6. 资产负债表日至财务报告批准报出日之间，股东大会批准了董事会拟定的股利分配方案，企业应将该事项作为资产负债表日后调整事项处理。（   ）

快速查答案

一、单选题

序号	1	2	3	4	5	6	7	8	9	10
答案	C	C	D	D	C	B	B	C	C	D

二、多选题

序号	1	2	3	4	5	6	7	8
答案	ABD	BCD	BCD	AB	ACD	ACD	AD	CD

三、判断题

序号	1	2	3	4	5	6
答案	×	√	√	×	√	×

参考答案及解析

一、单选题

1.【答案】C 【解析】本题考查的知识点是资产负债表日后事项涵盖的期间。财务报告批准报出以后、实际报出之前又发生与资产负债表日后事项有关的事项，并由此影响财务报告对外公布日期的，应以董事会或类似机构再次批准财务报告对外公布的日期为截止日期。所以，甲公司资产负债表日后事项的涵盖期间为2×24年1月1日~2×24年4月25日。因此，选项C正确。

2.【答案】C 【解析】本题考查的知识点是资产负债表日后事项的内容——调整事项。

（1）2×25年2月21日，发行公司债券和2×25年3月28日，决定处置全资子公司，均是在资产负债表日后发生的业务，与报告年度资产负债表日存在状况无关，属于资产负债表日后非调整事项，不调整2×24年度财务报表。因此，选项A、B错误。

（2）2×25年1月10日，因质量问题被客户退回2×24年已确认收入的商品，由于该商品的收入已在2×24年确认，所以该业务属于资产负债表日后调整事项，应调整2×24年度财务报表。因此，选项C正确。

（3）2×25年4月25日，发生火灾并造成重大损失，该业务是在2×25年4月20日之后发生的，属于非资产负债表日后期间发生的事项，不应调整2×24年度财务报表。因此，选项D错误。

3.【答案】D 【解析】本题考查的知识点是资产负债表日后事项的内容——调整事项。甲企业该业务属于2×24年当期业务，不满足资产负债表日后事项的定义，所以不属于企业的资产负债表日后事项。因此，选项D正确。

4.【答案】D 【解析】本题考查的知识点是资产负债表日后事项的内容——调整事项。

（1）2×25年3月9日公布资本公积转增资本、2×25年2月10日外汇汇率发生重大变化、2×25年1月5日地震造成重大财产损失，均属于资产负债表日后期间发生的业务，属于资产负债表日后非调整事项。因此，选项A、B、C错误。

（2）2×25年2月20日发现上年度重大会计差错，满足资产负债表日后事项的定义，属于资产负债表日后调整事项。因此，选项D正确。

5.【答案】C 【解析】本题考查的知识点是资产负债表日后事项的内容——调整事项。

（1）2×25年3月7日因发生自然灾害导致一条生产线报废、2×25年3月1日定向增发股票、2×25年4月28日因一项非专利技术纠纷引发诉讼，均属于资产负债表日后期间发生的业务，属于资产负债表日后非调整事项。因此，选项A、B、D错误。

（2）2×25年4月12日发现上年度少计提了金额较大的存货跌价准备，是在资产负债表日已经存在的业务，满足资产负债表日后事项的定义，属于资产负债表日后调整事项。因此，选项C正确。

6.【答案】B 【解析】本题考查的知识点是资产负债表日后事项的内容——非调整事项。

（1）发现报告年度虚增收入、发现报告年度高估了固定资产的弃置费用、发现报告年度低估了应收账款的信用减值损失，均属于在资产负债表日前已经存在的业务，所以，对资产负债表日已经存在的情况提供了进一步证据的事项，需要对原来的会计处理进行调整，属于资产负债表日后调整事项。因此，选项A、C、D错误。

（2）资产负债表日后，企业以资本公积转增资本，该业务是资产负债表日后期间的业务，属于非调整事项。因此，选项B正确。

7.【答案】B 【解析】本题考查的知识点是资产负债表日后调整事项的具体会计处理方法。或有事项确认资产的前提条件是该事项已经确认负债，且在基本确定（即大于95%但小于100%）可以得到补偿，该资产应确认为其他应收款。本题中，由于甲公司胜诉的可能性只有60%，不满足基本确定的条件，所以，不能确认为其他应收款。该未决诉讼对甲公司2×24年12月31日资产负债表中资产项目的影响金额=0。因此，选项B正确。

8.【答案】C 【解析】本题考查的知识点是资产负债表日后调整事项的具体会计处理方法。报告年度的未决诉讼在日后期间判决生效，实际赔偿损失与预计赔偿损失的差额，应当调整报告年度的营业外支出。因此，选项C正确。

9.【答案】C 【解析】本题考查的知识点是资产负债表日后调整事项调整报表的范围。资产负债表日后调整事项中涉及的货币资金，影响的是本年度的现金流量，不影响报告年度的货币资金项目，所以不能调整报告年度资产负债表的货币资金项目，选项C正确；损益类项目、应收账款项目和所有者权益类项目均可以调整，选项A、B、D错误。

10.【答案】D 【解析】本题考查的知识点是资产负债表日后调整事项的具体会计处理方法。资产负债表日后期间发生的政策变更，应该按照资产负债表日后调整事项的原则处理。因此，选项D正确。

二、多选题

1.【答案】ABD 【解析】本题考查的知识点是资产负债表日后事项的概念，资产负债表日后调整事项的处理原则。

（1）对企业财务状况具有重大影响的事项，如果属于非调整事项，无论是有利和不利的非调整事项，均应在年度报告或中期报告的附注中进行披露。因此，选项A正确。

（2）企业发生的资产负债表日后调整事项，应当调整资产负债表日的财务报表。因此，选项B正确。

（3）资产负债表日后事项包括资产负债表日至财务报告批准报出日之间发生的有利或不利事项，并非在此期间发生的所有事项。因此，选项C错误。

（4）资产负债表日后调整事项，是指对资产负债表日已经存在的情况提供了新的或进一步证据的事项。因此，选项D正确。

2.【答案】BCD 【解析】本题考查的知识点是资产负债表日后调整事项的判断。上述经济业务均发生在资产负债表日后期间，因汇率发生重大变化导致企业持有的外币资金出现重大汇兑损失，会对财务报表产生不利影响，在资产负债表日并不存在，属于资产负债表日后非调整事项，选项A错误；企业报告年度销售给某主要客户的一批产品因存在质量缺陷被退回，会对财务报表产生不利影响，且在资产负债表日已经存在，属于资产负债表日后调整事项，选项B正确；报告年度未决诉讼经人民法院判决败诉，企业需要赔偿的金额大幅超过已确认的预计负债，会对财务报表产生不利影响，且在资产负债表日已经存在，属于资产负债表日后调整事项，选项C正确；企业获悉某主要客户在报告年度发生重大火灾，需要大额补提报告年度应收该客户账款的坏账准备，会对财务报表产生不利影响，且在资产负债表日已经存在，属于资产负债表日后调整事项，选项D正确。

3.【答案】BCD 【解析】本题考查的知识点是资产负债表日后事项的内容——调整事项。资产负债表日后董事会通过2×24年度利润分配预案，属于资产负债表日后非调整事项。

4.【答案】AB 【解析】本题考查的知识点是资产负债表日后事项的内容——调整事项。

（1）2×24年3月10日，甲公司收到乙公司支付的1 000万元货款，属于2×24年3月正常业务，属于资产负债表日后非调整事项。因此，选项C错误。

（2）2×24年3月31日，因乙公司出现严重财务困难，甲公司对乙公司的剩余应收账款计提坏账准备20万元，是在2×24年3月20日经董事会批准对外报出之后发生的业务，不属于资产负债表日后调整事项。因此，选项D错误。

5.【答案】ACD 【解析】本题考查的知识点是资产负债表日后事项的内容——非调整事项。企业日后期间发现的报告年度财务报表重大差错，属于日后调整事项。因此，选项B错误。

6.【答案】ACD 【解析】本题考查的知识点是资产负债表日后事项的内容——非调整事项。

（1）资产负债表日后事项涵盖的期间是自资产负债表日次日起至财务报告批准报出日止的一段时间，所以，甲公司资产负债表日后事项的涵盖期间为2×25年1月1日至3月31日。因此，选项A正确。

（2）2×24年2月25日，在甲公司2×24年度财务报告尚未批准对外公布前，甲公司发生了向银行贷款的事项，该事项发生在资产负债表日后事项所涵盖的期间内。但是，该事项在2×24年12月31日尚未发生，与资产负债表日存在的状况无关，不影响资产负债表日甲公司的财务报表数字，所以，属于资产负债表日后非调整事项。因此，选项B错误，选项C正确。

（3）该事项属于重要事项，会影响甲公司以后期间的财务状况和经营成果，所以，需要在附注中予以披露。因此，选项D正确。

7.【答案】AD 【解析】本题考查的知识点是资产负债表日后调整事项的具体会计处理方法。甲企业调减计提的坏账准备为2×24年发生的事项，所以该业务属于资产负债表日后调整事项。

会计分录如下：

借：坏账准备　　　　　　　1 000 000
　　贷：以前年度损益调整——信用减值损失
　　　　　　　　　　　　　　1 000 000
借：以前年度损益调整——所得税费用
　　　　　　　　　　　　　　250 000
　　贷：递延所得税资产　　　 250 000

因此，选项A、D正确。

【提示】根据"甲企业适用的所得税税率为25%，预计未来期间适用的企业所得税税率不变且企业能够产生足够的应纳税所得额用以抵减可抵扣暂时性差异"可知，甲企业计提坏账准备时，产生了可抵扣暂时性差异，进而确认了递延所得税资产，所以，日后期间调减坏账准备的同时，还应转回对应的递延所得税资产。

8.【答案】CD 【解析】本题考查的知识点是资产负债表日后事项的概念。

（1）资产负债表日后事项既包括有利事项也包括不利事项，应当采用相同的原则进行会计处理。因此，选项A错误。

（2）资产负债表日后事项包括有利事项和不利事项。资产负债表日后事项，如果属于调整事项，对有利和不利的调整事项均应进行会计处理，并调整报告年度或报告中期的财务报表；如果属于非调整事项，对有利和不利的非调整事项均应在年度报告或中期报告的附注中进行披露。因此，选项B错误。

三、判断题

1.【答案】× 【解析】本题考查的知识点是资产负债表日后事项的概念——财务报告批准报出日。财务报告批准报出日，是指董事会或类似机构批准财务报告报出的日期，通常是指对财务报告的内容负有法律责任的单位或个人批准财务报告对外公布的日期。因此，本题的说法是错误的。

2.【答案】√ 【解析】本题考查的知识点是资产负债表日后事项的概念。资产负债表日后事项包括有利事项和不利事项。资产负债表日后事项，如果属于调整事项，对有利和不利的调整事项均应进行会计处理，并调整报告年度或报告中期的财务报表；如果属于非调整事项，对有利和不利的非调整事项均应在年度报告或中期报告的附注中进行披露。因此，本题的说法是正确的。

3.【答案】√【解析】本题考查的知识点是资产负债表日后调整事项调整报表的范围。资产负债表日后调整事项中涉及的货币资金，影响的是本年度的现金流量，不影响报告年度的货币资金项目，所以不能调整报告年度资产负债表的货币资金项目。因此，本题的说法是正确的。

4.【答案】×【解析】本题考查的知识点是资产负债表日后非调整事项的具体会计处理方法。资产负债表日后至财务报告批准报出前处置子公司的事项，属于资产负债表日后非调整事项，不调整报告年度的财务报表。因此，本题的说法是错误的。

5.【答案】√【解析】本题考查的知识点是资产负债表日后非调整事项的具体会计处理方法。资产负债表所属期间或以前期间所售商品在资产负债表日后退回的，应作为资产负债表日后调整事项处理。因此，本题的说法是正确的。

6.【答案】×【解析】本题考查的知识点是资产负债表日后非调整事项的具体会计处理方法。资产负债表日至财务报告批准报出日之间，股东大会批准了董事会拟定的股利分配方案，并不会使企业在资产负债表日形成现时义务，支付义务在资产负债表日尚不存在，企业应将该事项作为资产负债表日后非调整事项。因此，本题的说法是错误的。

第二十四章 政府会计

教材变化

2025 年本章教材变化如下：
新增了文物资源的会计核算内容，其他无实质性变化。

考情分析

本章主要内容是政府会计核算模式、政府会计要素及其确认和计量、政府决算报告和财务报告、行政事业单位会计核算的基本特点、财政拨款收支业务、非财政拨款收支业务、预算结转结余及分配业务、净资产业务、资产业务、负债业务、受托代理业务、部门（单位）合并财务报表。2020 ~ 2024 年考查知识点范围如下表所示，主要考查题型为客观题，每年分值为 3 ~ 5 分。

年份	单选题	多选题	判断题
2024	政府会计模式	—	—
2023	—	—	净资产业务
2022	—	部门（单位）合并财务报表	财务会计要素
2021	—	财政直接支付的会计处理	政府单位会计核算的基本特点
2020	—	财务会计要素；政府会计要素	—

强化练习题

一、单选题

1. 下列各项关于政府会计的表述中，正确的是（　　）。
   A. 政府财务报告的编制以收付实现制为基础
   B. 政府财务报告主要分为政府部门财务报告和政府综合财务报告
   C. 政府财务会计要素包括资产、负债、净资产、收入、成本和费用
   D. 政府财务报告包括政府决算报告

2. 下列各项中，不属于政府负债计量属性的是（　　）。
   A. 历史成本　　　B. 名义金额
   C. 现值　　　　　D. 公允价值

3. 《政府会计准则——基本准则》确立了"双功能""双基础""双报告"的政府会计核算体系模式，其中"双报告"指的是（　　）。
   A. 预算报告和财务报告
   B. 决算报告和财务报告
   C. 绩效报告和预算报告

D. 预算报告和决算报告

4. 下列关于政府会计的表述中，正确的是（　　）。

A. 事业单位对纳入部门预算管理的现金支付，不进行预算会计核算

B. 政府财务会计采用收付实现制作为会计核算基础

C. 预算会计要素包括预算收入、预算支出和预算结余

D. 政府预算会计以权责发生制为基础编制决算报告

5. 2×24 年 7 月 15 日，某事业单位根据经过批准的部门预算和用款计划向同级财政部门申请支付第二季度水费 8 万元。7 月 18 日，财政部门经审核后以财政直接支付方式向自来水公司支付了该单位的水费 8 万元。7 月 23 日，该事业单位收到了相关支付凭证。不考虑其他因素，该事业单位收到支付凭证的下列会计处理中，正确的是（　　）。

A. 借记"单位管理费用"科目 8 万元

B. 借记"行政支出"科目 8 万元

C. 贷记"财政应返还额度"科目 8 万元

D. 贷记"资金结存"科目 8 万元

6. 2×24 年 3 月，某科研单位根据经过批准的部门预算和用款计划，向同级财政部门申请财政授权支付用款额度 20 万元。4 月 6 日，财政部门经审核后，以财政授权支付方式下达了 19 万元用款额度。4 月 8 日，该科研单位收到相关支付凭证。不考虑其他因素，该科研单位收到相关支付凭证的下列会计处理中，正确的是（　　）。

A. 财务会计：

借：银行存款　　　　　　　190 000

　　贷：财政拨款预算收入　　　190 000

B. 财务会计：

借：零余额账户用款额度　　190 000

　　贷：财政拨款预算收入　　　190 000

C. 预算会计：

借：资产结存——零余额账户用款额度

　　　　　　　　　　　　　190 000

　　贷：财政拨款收入　　　　　190 000

D. 预算会计：

借：资金结存——零余额账户用款额度

　　　　　　　　　　　　　190 000

　　贷：财政拨款预算收入　　　190 000

7. 事业单位在期末应将"财政拨款收入"和对应的"事业支出——财政拨款支出"进行结转，涉及的会计科目是（　　）。

A. 非财政拨款结转

B. 财政拨款结转

C. 累计盈余

D. 财政拨款结余

8. 2×24 年 8 月 15 日，某事业单位接受甲公司捐赠的一批实验材料，甲公司所提供的凭据表明其价值为 100 万元，该事业单位以银行存款支付了运输费 1 万元、入库前的挑选整理费 4 万元。不考虑相关税费等因素，该事业单位接受的实验材料的入账价值为（　　）万元。

A. 100　　　　　　　B. 101

C. 104　　　　　　　D. 105

9. 单位对外捐赠库存物品的，在财务会计中应将库存物品的账面价值转入（　　）。

A. 其他费用　　　　　B. 经营费用

C. 资产处置费用　　　D. 经营支出

10. 因发生会计差错等事项调整以前年度财政拨款结余资金的，财务会计中应记入的会计科目是（　　）。

A. 资金结存

B. 财政拨款结余

C. 以前年度盈余调整

D. 待处理财产损溢

11. 2×24 年 5 月 5 日，某行政单位接受其他部门无偿调入物资一批，该批物资在调出方的账面价值为 30 000 元，经验收合格后入库。物资调入过程中该单位以银行存款支付了运输费 2 000 元。不考虑相关税费，该行政单位的下列会计处理中，正确的是（　　）。

A. 库存物品的入账价值为 30 000 元

B. 管理费用增加 2 000 元

C. 预算会计下，不作会计处理

D. 资金结存减少 2 000 元

12. 单位按照规定经批准无偿调出非现金资产时，发生的相关费用应计入的会计科目是（　　）。

A. 固定资产清理　　B. 资产处置损益

C. 管理费用　　　　D. 资产处置费用

13. 事业单位持有的长期股权投资采用权益法核算时，年末被投资单位除净损益和利润分配以外的所有者权益变动的，应按照享有的变动份额计入（　　）。

A. 投资收益　　　　B. 其他综合收益

C. 权益法调整　　　D. 资本公积

14. 2×24 年 10 月初，某行政单位固定资产的账面价值为 500 001 元，包含 9 月接受捐赠的以名义金额 1 元入账的 C 设备一台。当月，单位内部账面价值为 31 200 元的 A 设备毁损，另购入价值 31 500 元的 B 设备。已知，除 B 设备和 C 设备之外的固定资产月折旧率均为 1%；B 设备和 C 设备的使用年限均为 3 年，所有固定资产的预计净残值均为 0。不考虑其他因素，该单位 2×24 年 10 月应计提的折旧额为（　　）元。

A. 4 688　　　　　B. 5 563

C. 5 000　　　　　D. 4 688.03

15. 2×24 年 1 月 1 日，甲事业单位以银行存款 2 000 万元取得乙公司 40% 的有表决权股份，采用权益法核算。2×24 年度乙公司实现净利润 500 万元，2×25 年 3 月 1 日乙公司宣告发放现金股利 200 万元，3 月 20 日支付现金股利，2×25 年度乙公司发生亏损 100 万元，不考虑其他因素，则 2×25 年 12 月 31 日长期股权投资账面余额为（　　）万元。

A. 2 200　　　　　B. 2 000

C. 2 120　　　　　D. 2 080

16. 下列关于文物资源的说法中，错误的是（　　）。

A. 行政事业单位应当按照成本对文物资源进行初始计量，对于成本无法可靠取得的文物资源，应当按照名义金额计量

B. 对于依法征集购买取得的文物资源，行政事业单位应当按照名义金额确定其成本

C. 行政事业单位控制的其他相关资产重分类为文物资源的，其成本应当按照该资产原账面价值予以确定

D. 行政事业单位通过考古发掘、接受捐赠等方式取得文物资源，应当按照成本无法可靠取得的文物资源进行会计处理

17. 事业单位对一般借款计提的到期一次还本付息的长期借款利息，在财务会计中，应借记的会计科目是（　　）。

A. 财务费用

B. 其他费用

C. 应付利息

D. 长期借款——应计利息

18. 下列各项中，政府单位会计期末应结转记入"其他结余"科目的是（　　）。

A. "其他预算收入"科目本期发生额中的非专项资金收入

B. "上级补助预算收入"科目本期发生额中的专项资金收入

C. "其他预算收入"科目本期发生额中的专项资金收入

D. "事业预算收入"科目本期发生额中的专项资金收入

二、多选题

1. 根据政府会计主体的业务性质及风险程度应将按偿还时间与金额基本确定的负债分为（　　）。

A. 或有事项形成的预计负债

B. 融资活动形成的举借债务及其应付利息

C. 运营活动形成的应付及预收款项

D. 运营活动形成的暂收性负债

2. 下列各项中，属于政府财务报告的有（　　）。

A. 资产负债表　　B. 收入支出表

C. 净资产变动表　　D. 现金流量表

3. 2×24 年 12 月 31 日，甲行政单位财政直接支付指标数大于当年财政直接支付实际支出数之间的金额为 30 万元，2×25 年 1 月 1 日，财政部门恢复了该单位的财政直接支付额度，2×25 年 1 月 20 日，该单位以财政直接支付方式购买一批办公用品（属于上年预算指标数），支付给供应商 10 万元，不考虑其他因素。甲行政单位对购买办公用品的下列会计处理表述中，正确的有（　　）。

A. 减少财政应返还额度 10 万元

B. 增加库存物品 10 万元

C. 增加行政支出 10 万元

D. 减少资金结存 10 万元

4. 2×24 年 12 月 31 日，某事业单位经与代理银行提供的对账单核对无误后，将 15 万元零余额账户用款额度予以注销。另外，本年度财政授权支付预算指标数大于零余额账户用款额度下达数，未下达的用款额度为 20 万元。2×25 年度该单位收到代理银行提供的额度恢复到账通知书及财政部门批复的上年年末未下达零余额账户用款额度。不考虑其他因素，该事业单位下列会计处理中正确的有（ ）。

A. 注销额度时，财务会计中借记"财政应返还额度——财政授权支付"科目 15 万元

B. 补记指标数时，预算会计中借记"资金结存——财政应返还额度"科目 20 万元

C. 恢复额度时，财务会计中贷记"财政应返还额度——财政授权支付"科目 15 万元

D. 收到财政部门批复的上年年末未下达额度时，预算会计中贷记"财政拨款预算收入"科目 20 万元

5. 单位以合同完成进度确认事业收入时，根据业务性质，可采用的合理确定合同完成进度的方法有（ ）。

A. 累计实际发生的合同成本占合同预计总成本的比例

B. 已经完成的合同工作量占合同预计总工作量的比例

C. 已经完成的时间占合同期限的比例

D. 实际测定的完工进度

6. 2×24 年 7 月 25 日，某科研事业单位（为增值税一般纳税人）对外开展技术咨询服务，开具的增值税专用发票上注明的价款为 20 万元，增值税税额为 1.2 万元，款项已存入银行。7 月 31 日，该单位缴纳该业务增值税 1.2 万元。不考虑其他因素，该单位的下列会计处理中，正确的有（ ）。

A. 2×24 年 7 月 25 日，确认"事业收入"21.2 万元

B. 2×24 年 7 月 25 日，确认"事业预算收入"20 万元

C. 2×24 年 7 月 31 日，确认"事业支出"1.2 万元

D. 2×24 年 7 月 31 日，确认"应交税费——应交增值税（已交税金）"1.2 万元

7. 单位对外捐赠现金资产的，按照实际捐赠的金额，应分别在财务会计和预算会计中计入（ ）。

A. 其他支出
B. 营业外支出
C. 其他费用
D. 捐赠支出

8. 下列各项关于事业单位预算会计处理的表述中，正确的有（ ）。

A. 按规定从经营结余中提取专用基金时，按提取金额记入"专用结余"科目的贷方

B. 因发生会计差错调整以前年度财政拨款结余资金的，按调整金额调整"资金结存"和"财政拨款结余（年初余额调整）"科目

C. 年末应将"事业预算收入"科目本年发生额中的专项资金收入转入"非财政拨款结转（本年收支结转）"科目

D. 年末结转后"财政拨款结转"科目除了"累计结转"明细科目外，其他明细科目应无余额

9. 2×24 年 7 月 5 日，某事业单位经批准对外无偿调出一套设备，该设备账面余额为 10 万元，已计提折旧 4 万元。设备调拨过程中该单位以现金支付了运输费 0.1 万元。不考虑相关税费，下列会计处理中正确的有（ ）。

A. 借记"固定资产清理"科目 6 万元

B. 借记"资产处置费用"科目 0.1 万元

C. 贷记"库存现金"科目 0.1 万元

D. 贷记"资金结存——货币资金"科目 0.1 万元

10. 下列各项中，事业单位当月不应计提折旧的有（ ）。

A. 已提足折旧仍继续使用的固定资产

B. 当月无偿调入未提足折旧的专用设备

C. 以名义金额计量的固定资产

D. 当月达到预定可使用状态的办公大楼

11. 行政事业单位发生的下列与政府储备物资有关的业务中，应当通过"业务活动费用"科目核算的有（ ）。

A. 发出无须收回的政府储备物资

B. 未能收回的按照质量验收标准需要收回的政府储备物资

C. 因行政管理主体变动，而需要调拨给其他主体的政府储备物资

D. 出售其销售收入纳入单位预算统一管理

的政府储备物资

12. 下列各项中，应纳入政府部门合并财务报表范围的有（　　）。

A. 与本部门没有财政预算拨款关系的挂靠单位

B. 纳入本部门预决算管理的行政事业单位和社会组织

C. 与本部门脱钩的行业协会

D. 本部门所属未纳入预决算管理的事业单位

三、判断题

1. 政府财务会计要素包括资产、负债、净资产、收入和费用。（　　）

2. 财政部门编制政府综合财务报告，反映政府整体的财务状况、运行情况和财政中长期可持续性。（　　）

3. 对于单位受托代理的现金以及应上缴财政的现金等现金收支业务，应按照预算会计处理。（　　）

4. 事业收入是指事业单位开展专业业务活动及其辅助活动实现的收入，包括从同级财政部门取得的各类财政拨款。（　　）

5. 单位取得捐赠的货币资金按规定应当上缴财政的，预算会计中，应记入"事业支出"科目。（　　）

6. 单位向非政府会计主体分配受赠的非现金资产，应当按照"无偿调拨净资产"科目相关规定处理。（　　）

7. 财政拨款结余是指单位取得的同级财政拨款项目支出结余资金的调整、结转和滚存情况。（　　）

8. 文物资源需要计提折旧。（　　）

9. 应缴财政的款项属于纳入部门预算管理的现金收支，所以应当进行预算会计处理。（　　）

快速查答案

一、单选题

序号	1	2	3	4	5	6	7	8	9	10	11	12
答案	B	B	B	C	A	D	B	D	C	C	D	D
序号	13	14	15	16	17	18						
答案	C	B	D	B	B	A						

二、多选题

序号	1	2	3	4	5	6	7	8	9	10	11	12
答案	BCD	ACD	ABCD	ABC	ABCD	CD	AC	ABCD	BCD	AC	ABD	AC

三、判断题

序号	1	2	3	4	5	6	7	8	9
答案	√	√	×	×	×	×	√	×	×

参考答案及解析

一、单选题

1. 【答案】B　【解析】本题考查的知识点是政府会计核算模式，政府会计要素及其确认和计量——财务会计要素，政府决算报告和财务报告——政府财务报告。

   （1）"双报告"，指政府会计主体应当编制决算报告和财务报告。决算报告的编制主要以收付实现制为基础，以预算会计核算生成的数据为准。财务报告的编制主要以权责发生制为基础，以财务会计核算生成的数据为准。因此，选项A、D错误。

   （2）政府财务会计要素包括资产、负债、净资产、收入和费用，并不包括成本，因此，选项C错误。

2. 【答案】B　【解析】本题考查的知识点是政府会计要素及其确认和计量——财务会计要素。政府负债的计量属性主要包括历史成本、现值和公允价值。名义金额属于政府资产的计量属性，因此，选项B符合题意。

3. 【答案】B　【解析】本题考查的知识点是《政府会计准则——基本准则》中"双报告"的内容。"双报告"指的是政府会计主体应当编制决算报告和财务报告，选项B正确，选项A、C、D错误。

4. 【答案】C　【解析】本题考查的知识点是政府会计模式。

   （1）事业单位对纳入部门预算管理的现金收付，既需要采用财务会计，又需要采用预算会计核算。因此，选项A错误。

   （2）政府财务会计采用权责发生制作为会计核算基础，预算会计采用收付实现制作为会计核算基础。因此，选项B错误。

   （3）政府预算会计要素包括预算收入、预算支出和预算结余；政府财务会计要素包括资产、负债、净资产、收入和费用。因此，选项C正确。

   （4）政府预算会计以收付实现制为基础编制决算报告。因此，选项D错误。

5. 【答案】A　【解析】本题考查的知识点是财政拨款收支业务——财政直接支付。

   该事业单位应作如下会计分录：

   借：单位管理费用　　　　　　80 000
   　　贷：财政拨款收入　　　　　　80 000
   借：事业支出　　　　　　　　80 000
   　　贷：财政拨款预算收入　　　　80 000

   因此，选项A正确。

6. 【答案】D　【解析】本题考查的知识点是财政拨款收支业务——财政授权支付。

   该科研单位收到相关支付凭证的会计分录如下：

   （1）财务会计：

   借：零余额账户用款额度　　190 000
   　　贷：财政拨款收入　　　　　190 000

   （2）预算会计：

   借：资金结存——零余额账户用款额度
   　　　　　　　　　　　　　190 000
   　　贷：财政拨款预算收入　　　190 000

   因此，选项D正确。

7. 【答案】B　【解析】本题考查的知识点是财政拨款资金期末结转的会计处理。事业单位在期末应将"财政拨款收入"和对应的"事业支出——财政拨款支出"进行结转，结转到"财政拨款结转"科目核算，选项B正确，选项A、C、D错误。

8. 【答案】D　【解析】本题考查的知识点是非财政拨款收支业务——捐赠（预算）收入和支出。该事业单位接受的实验材料的入账价值＝100＋1＋4＝105（万元）。因此，选项D正确。

   会计分录如下：

   （1）财务会计：

   借：库存物品　　　　　　1 050 000
   　　贷：捐赠收入　　　　　　1 000 000
   　　　　银行存款　　　　　　　50 000

   （2）预算会计：

   借：其他支出　　　　　　　　50 000
   　　贷：资金结存——货币资金　50 000

9.【答案】C 【解析】本题考查的知识点是非财政拨款收支业务——捐赠（预算）收入和支出。单位对外捐赠库存物品、固定资产等非现金资产的，在财务会计中应当将资产的账面价值转入"资产处置费用"科目，如未支付相关费用，预算会计则不作账务处理。因此，选项C正确。

10.【答案】C 【解析】本题考查的知识点是预算结转结余及分配业务——财政拨款结转结余。因发生会计差错等事项调整以前年度财政拨款结余资金的，按照调整的金额，在预算会计中借记或贷记"资金结存——财政应返还额度、零余额账户用款额度、货币资金"科目，贷记或借记"财政拨款结余——年初余额调整"科目；同时在财务会计中借记或贷记"以前年度盈余调整"科目，贷记或借记"零余额账户用款额度""银行存款"等科目。因此，选项C正确。

11.【答案】D 【解析】本题考查的知识点是净资产业务——无偿调拨净资产。通常情况下，无偿调拨非现金资产不涉及资金业务，因此不需要进行预算会计核算（除非以现金支付相关费用等）。因此，选项D正确。

会计分录如下：

（1）财务会计：

借：库存物品　　　　　　32 000

　　贷：无偿调拨净资产　　　30 000

　　　　银行存款　　　　　　2 000

（2）预算会计：

借：其他支出　　　　　　2 000

　　贷：资金结存　　　　　　2 000

12.【答案】D 【解析】本题考查的知识点是净资产业务——无偿调拨净资产。单位按照规定经批准无偿调出非现金资产时，发生的相关费用应计入资产处置费用。因此，选项D正确。

13.【答案】C 【解析】本题考查的知识点是净资产业务——权益法调整。"权益法调整"科目核算事业单位持有的长期股权投资采用权益法核算时，按照被投资单位除净损益和利润分配以外的所有者权益变动份额调整长期股权投资账面余额而计入净资产的金额。年末，按照被投资单位除净损益和利润分配

以外的所有者权益变动应享有（或应分担）的份额，借记或贷记"长期股权投资——其他权益变动"科目，贷记或借记"权益法调整"科目。因此，选项C正确。

14.【答案】B 【解析】本题考查的知识点是资产业务——固定资产。

（1）以名义金额1元入账的C设备不计提折旧。

（2）固定资产应当按月计提折旧，当月增加的固定资产，当月开始计提折旧；当月减少的固定资产，当月不再计提折旧。

所以，该单位2×24年10月应计提的折旧额＝（500 001－1－31 200）×1%＋31 500÷3÷12＝5 563（元）。因此，选项B正确。

15.【答案】D 【解析】本题考查的知识点是资产业务——长期股权投资。长期股权投资账面余额＝2 000＋500×40%－200×40%－100×40%＝2 080（万元）。因此，选项D正确。

会计分录如下：

（1）2×24年1月1日取得股权时：

借：长期股权投资——投资成本

　　　　　　　　　　　　　2 000

　　贷：银行存款　　　　　　2 000

同时，

借：投资支出　　　　　　2 000

　　贷：资金结存——货币资金　2 000

（2）2×24年，乙公司实现净利润：

借：长期股权投资——损益调整200

　　贷：投资收益　　　　　　　200

2×25年3月1日宣告发放股利：

借：应收股利　　　　　　　80

　　贷：长期股权投资——损益调整80

2×25年3月20日收到股利时：

借：银行存款　　　　　　　80

　　贷：应收股利　　　　　　　80

同时，

借：资金结存——货币资金　80

　　贷：投资预算收益　　　　　　80

2×25年发生亏损：

借：投资收益　　　　　　　40

　　贷：长期股权投资——损益调整40

16.【答案】B 【解析】本题考查的知识点是资

产业务。对于依法征集购买取得的文物资源，行政事业单位应当按照购买价款确定其成本。故选项 B 错误。

17.【答案】B　【解析】本题考查的知识点是负债业务——借款。事业单位对一般借款计提的到期一次还本付息的长期借款利息，在财务会计中，应借记"其他费用"科目。因此，选项 B 正确。

18.【答案】A　【解析】本题考查的知识点是转入其他结余的会计科目。其他结余是指除财政拨款资金、非同级财政专项资金、经营资金以外的资金转入其他结余，其他预算收入中的非专项资金收入属于上述项目，应转入其他结余，选项 A 正确；上级补助预算收入、其他预算收入和事业预算收入中的专项资金收入应转入非财政拨款结转中，选项 B、C、D 错误。

二、多选题

1.【答案】BCD　【解析】本题考查的知识点是政府会计要素及其确认和计量——财务会计要素。政府会计主体的负债按照偿债压力不同，分为偿还时间与金额基本确定的负债和由或有事项形成的预计负债。偿还时间与金额基本确定的负债按政府会计主体的业务性质及风险程度，分为融资活动形成的举借债务及其应付利息、运营活动形成的应付及预收款项和运营活动形成的暂收性负债。因此，选项 A 错误，选项 B、C、D 正确。

2.【答案】ACD　【解析】本题考查的知识点是政府决算报告和财务报告——政府财务报告。政府财务报告包括财务报表和其他应当在财务报告中披露的相关信息和资料。财务报表包括会计报表和附注。会计报表一般包括资产负债表、收入费用表和净资产变动表。政府单位可根据实际情况自行选择编制现金流量表。因此，选项 A、C、D 正确。

3.【答案】ABCD　【解析】本题考查的知识点是财政拨款收支业务——财政直接支付。
甲行政单位应作如下会计分录：
（1）2×24 年 12 月 31 日，补记指标：
财务会计分录：

借：财政应返还额度——财政直接支付
　　　　　　　　　　　　　　30
　　贷：财政拨款收入　　　　30
预算会计分录：
借：资金结存——财政应返还额度
　　　　　　　　　　　　　　30
　　贷：财政拨款预算收入　　30
（2）2×25 年 1 月 20 日，使用上年预算指标购买办公用品：
财务会计分录：
借：库存物品　　　　　　　　10
　　贷：财政应返还额度　　　10
预算会计分录：
借：行政支出　　　　　　　　10
　　贷：资金结存——财政应返还额度
　　　　　　　　　　　　　　10

因此，选项 A、B、C、D 正确。

4.【答案】ABC　【解析】本题考查的知识点是财政拨款收支业务——财政授权支付。
（1）注销额度时：
①财务会计：
借：财政应返还额度——财政授权支付
　　　　　　　　　　　　　　15
　　贷：零余额账户用款额度　15
②预算会计：
借：资金结存——财政应返还额度
　　　　　　　　　　　　　　15
　　贷：资金结存——零余额账户用款额度
　　　　　　　　　　　　　　15
（2）补记指标数：
①财务会计：
借：财政应返还额度——财政授权支付
　　　　　　　　　　　　　　20
　　贷：财政拨款收入　　　　20
②预算会计：
借：资金结存——财政应返还额度
　　　　　　　　　　　　　　20
　　贷：财政拨款预算收入　　20
（3）恢复额度时：
①财务会计：
借：零余额账户用款额度　　　15
　　贷：财政应返还额度——财政授权支付
　　　　　　　　　　　　　　15

②预算会计：

借：资金结存——零余额账户用款额度

15

贷：资金结存——财政应返还额度

15

（4）收到财政部门批复的上年年末未下达额度时：

①财务会计：

借：零余额账户用款额度　　20

贷：财政应返还额度——财政授权支付

20

②预算会计：

借：资金结存——零余额账户用款额度

20

贷：资金结存——财政应返还额度

20

因此，选项 D 错误，选项 A、B、C 正确。

5. 【答案】ABCD　【解析】本题考查的知识点是非财政拨款收支业务——事业（预算）收入。单位以合同完成进度确认事业收入时，应当根据业务实质，选择累计实际发生的合同成本占合同预计总成本的比例、已经完成的合同工作量占合同预计总工作量的比例、已经完成的时间占合同期限的比例、实际测定的完工进度等方法，合理确定合同完成进度。因此，选项 A、B、C、D 正确。

6. 【答案】CD　【解析】本题考查的知识点是非财政拨款收支业务——事业（预算）收入。事业活动中涉及增值税业务的，事业收入按照实际收到的金额扣除增值税销项税之后的金额入账，事业预算收入按照实际收到的金额入账。

（1）2×24 年 7 月 25 日，确认"事业收入"的金额 =20 万元。因此，选项 A 错误。

（2）2×24 年 7 月 25 日，确认"事业预算收入"的金额 = 20 + 1.2 = 21.2（万元）。因此，选项 B 错误。

（3）2×24 年 7 月 31 日，确认"事业支出"的金额 =1.2 万元。因此，选项 C 正确。

（4）2×24 年 7 月 31 日，确认"应交税费——应交增值税（已交税金）"的金额 =1.2 万元。因此，选项 D 正确。

会计分录如下：

①收到劳务收入时：

a. 财务会计：

借：银行存款　　　　　　21.2

贷：事业收入　　　　　20

应交税费——应交增值税（销项税额）　　　　　　　1.2

b. 预算会计：

借：资金结存——货币资金　21.2

贷：事业预算收入　　　21.2

②实际缴纳增值税时：

a. 财务会计：

借：应交税费——应交增值税（已交税金）

1.2

贷：银行存款　　　　　1.2

b. 预算会计：

借：事业支出　　　　　　1.2

贷：资金结存——货币资金　1.2

7. 【答案】AC　【解析】本题考查的知识点是非财政拨款收支业务——捐赠（预算）收入和支出。单位对外捐赠现金资产的，按照实际捐赠的金额，在财务会计中借记"其他费用"科目，贷记"银行存款""库存现金"等科目；同时在预算会计中借记"其他支出"科目，贷记"资金结存——货币资金"科目。因此，选项 A、C 正确。

8. 【答案】ABCD　【解析】本题考查的知识点是预算结转结余及分配业务。

（1）按规定从经营结余中提取专用基金时：

借：非财政拨款结余分配

贷：专用结余

因此，选项 A 正确。

（2）因发生会计差错调整以前年度财政拨款结余资金的，按调整金额作下列会计分录：

借：资金结存——货币资金【或贷】

贷：财政拨款结余——年初余额调整【或借】

（3）年末事业预算收入、上级补助预算收入等科目有余额时：

借：事业预算收入、上级补助预算收入等

贷：非财政拨款结转——本年收支结转

（4）年末结转后，"财政拨款结转"科目除"累计结转"明细科目外，其他明细科目应无余额。

时大于所承担的相关税费后的差额确认为应缴财政款。

9.【答案】BCD 【解析】本题考查的知识点是净资产业务——无偿调拨净资产。

该单位应作如下会计分录：

（1）财务会计：

借：无偿调拨资产 60 000
固定资产累计折旧 40 000
贷：固定资产 100 000
借：资产处置费用 1 000
贷：库存现金 1 000

（2）预算会计：

借：其他支出 1 000
贷：资金结存——货币资金 1 000

因此，选项A错误，选项B、C、D正确。

10.【答案】AC 【解析】本题考查的知识点是事业单位固定资产折旧范围。固定资产提足折旧后，无论能否继续使用，均不再计提折旧，选项A正确；单位应当按月对固定资产计提折旧，下列固定资产除外：（1）文物和陈列品；（2）动植物；（3）图书、档案；（4）单独计价入账的土地；（5）以名义金额计量的固定资产，选项C正确，选项B、D错误。

11.【答案】ABD 【解析】本题考查的知识点是资产业务——公共基础设施和政府储备物资。

（1）因动用而发出无须收回的政府储备物资的，按照发出物资的账面余额，计入业务活动费用。因此，选项A正确。

（2）因动用而发出需要收回或者预期可能收回的政府储备物资的，单位应当在按规定的质量验收标准收回物资时，将未收回物资的账面余额予以转销计入业务活动费用。因此，选项B正确。

（3）因行政管理主体变动等原因而将政府储备物资调拨给其他主体的，按照无偿调出政府储备物资的账面余额冲减无偿调拨净资产。因此，选项C错误。

（4）对外销售政府储备物资并将销售收入纳入单位预算统一管理的，应当将发出物资的账面余额计入业务活动费用，将实现的销售收入计入当期收入。因此，选项D正确。

（5）对外销售政府储备物资并按照规定将销售净收入上缴财政的，应当将取得销售价款

12.【答案】AC 【解析】本题考查的知识点是纳入政府部门合并报表范围的确定。与本部门没有财政预算拨款关系的挂靠单位，以及与本部门脱钩的行业协会不纳入政府部门合并报表，选项A、C错误，纳入本部门预决算管理的行政事业单位和社会组织、本部门所属未纳入预决算管理的事业单位均应纳入政府部门合并财务报表范围，选项B、D正确。

三、判断题

1.【答案】√ 【解析】本题考查的知识点是政府会计要素及其确认和计量——财务会计要素。政府会计要素包括预算会计要素和财务会计要素。预算会计要素包括预算收入、预算支出和预算结余；财务会计要素包括资产、负债、净资产、收入和费用。该说法正确。

2.【答案】√ 【解析】本题考查的知识点是政府决算报告和财务报告——政府财务报告。政府财务报告主要分为政府部门财务报告和政府综合财务报告。政府部门编制部门财务报告，反映本部门的财务状况和运行情况；财政部门编制政府综合财务报告，反映政府整体的财务状况、运行情况和财政中长期可持续性。因此，本题的说法是正确的。

3.【答案】× 【解析】本题考查的知识点是政府单位会计核算的基本特点。对于不涉及现金收支的业务，仅需要进行财务会计处理，不需要进行预算会计处理；对于单位受托代理的现金以及应上缴财政的现金等现金收支业务，由于不纳入部门预算管理，也只进行财务会计处理，不需要进行预算会计处理。因此，本题的说法是错误的。

4.【答案】× 【解析】本题考查的知识点是非财政拨款收支业务——事业（预算）收入。事业收入是指事业单位开展专业业务活动及其辅助活动实现的收入，不包括从同级财政部门取得的各类财政拨款。因此，本题的说法是错误的。

5.【答案】× 【解析】本题考查的知识点是非财政拨款收支业务——捐赠（预算）收入和

支出。单位取得捐赠的货币资金按规定应当上缴财政的，应当按照"应缴财政款"科目相关规定进行财务会计处理，预算会计不作处理。因此，本题的说法是错误的。

6.【答案】× 【解析】本题考查的知识点是非财政拨款收支业务——捐赠（预算）收入和支出。单位向非政府会计主体分配受赠的非现金资产，应当按照"资产处置费用"科目相关规定处理。因此，本题的说法是错误的。

【提示】单位作为主管部门或上级单位向其附属单位分配受赠的货币资金，应当按照"对附属单位补助费用（支出）"科目相关规定处理；单位按规定向其附属单位以外的其他单位分配受赠的货币资金，应当按照"其他费用（支出）"科目相关规定处理。单位向政府会计主体分配受赠的非现金资产，应当按照"无偿调拨净资产"科目相关规定处理；单位向非政府会计主体分配受赠的非现金资产，应当按照"资产处置费用"科目相关规定处理。

7.【答案】√ 【解析】本题考查的知识点是预算结转结余及分配业务。该说法正确。

8.【答案】× 【解析】本题考查的知识点文物资源。文物资源不计提折旧。该说法错误。

9.【答案】× 【解析】本题考查的知识点是负债业务——应缴财政款。应缴财政的款项不属于纳入部门预算管理的现金收支，所以不进行预算会计处理。因此，本题的说法是错误的。

第二十五章　民间非营利组织会计

教材变化

2025 年本章教材有明显变化，具体如下：

1. 第一节，修改了"民间非营利组织会计的特点"相关内容。

2. 第二节，补充了"捐赠收入金额的确定"的内容，由原来的两种情况增加至四种情况。

3. 第二节，修改了"捐赠收入的核算"相关内容。

4. 第二节，修改了"业务活动成本"的相关内容。

5. 第二节，删除了"净资产的分类"的部分内容，修改了"期末限定性净资产的核算""净资产的重分类"中的相关表述。

6. 更新了本章中的例题。

考情分析

本章主要内容是民间非营利组织会计的特点、民间非营利组织的会计要素、民间非营利组织财务会计报告的组成、捐赠收入、受托代理业务、业务活动成本、净资产。2020～2024 年考查知识点范围如下表所示，主要考查题型为客观题，每年分值为 1~2 分。

年份	单选题	多选题	判断题
2024	—	—	净资产的分类
2023	捐赠收入	—	—
2022	—	捐赠收入	限定性净资产
2021	—	净资产；限定性净资产	限定性净资产
2020	—	—	捐赠收入；限定性净资产

强化练习题

一、单选题

1. 下列各项中，不属于民间非营利组织的会计要素的是（　　）。
   A. 资产　　　　　　　　B. 收入

C. 负债　　　　　　　　D. 所有者权益

2. 民间非营利组织的会计报表中不包括（　　）。
   A. 资产负债表　　　　　B. 收入费用表
   C. 业务活动表　　　　　D. 现金流量表

3. 2×24 年 10 月 31 日，甲扶贫基金会与乙电商公司（以下简称"乙公司"）签订一份捐赠协议。协议规定，自 2×24 年 11 月 1 日至 2×24 年 11 月 11 日，乙公司将"双 11"电商节中取得销售收入的 10% 赠与甲扶贫基金会；同时，如果收入超过 1 000 万元，则将超过 1 000 万元之后的收入全部赠与甲扶贫基金会。乙公司预计 2×24 年 11 月 12 日，甲扶贫基金会收到捐赠款 160 万元。不考虑其他因素，甲扶贫基金会的下列会计处理正确的是（ ）。

A. 2×24 年 10 月 31 日，确认"捐赠收入——限定性收入"100 万元

B. 2×24 年 11 月 11 日，确认"捐赠收入——非限定性收入"60 万元

C. 2×24 年 11 月 11 日，确认"捐赠收入——非限定性收入"160 万元

D. 2×24 年 10 月 31 日，不满足捐赠收入的确定条件，不进行账务处理

4. 甲基金会因未能将捐赠款 100 万元全部用于目标脱贫地区，由于甲基金会的自身原因，需要向捐赠人退还 30 万元，甲基金会应将退回的捐赠款 30 万元计入（ ）。

A. 管理费用

B. 其他费用

C. 捐赠收入——限定性收入

D. 业务活动成本

二、多选题

1. 关于民间非营利组织会计特点的下列说法中，正确的有（ ）。

A. 以权责发生制为会计核算基础

B. 在采用历史成本计价的基础上，引入公允价值计量基础

C. 会计要素中包含所有者权益

D. 应当设置净资产要素取代利润要素

2. 下列关于民间非营利组织会计要素的表述中，正确的有（ ）。

A. 反映财务状况的会计要素包括资产、负债、所有者权益

B. 反映业务活动情况的会计等式：收入－费用＝净资产变动额

C. 净资产包括限定性净资产与非限定性净资产

D. 民间非营利组织为开展业务活动取得的收入中不含商品销售收入

3. 民间非营利组织会计对捐赠与捐赠承诺应当区别处理，下列表述正确的有（ ）。

A. 捐赠承诺不确认收入

B. 捐赠承诺应当在会计报表中作相关披露

C. 捐赠人对捐赠资产作出限制时，民间非营利组织会计应将其作为限定性收入核算

D. 由于民间非营利组织自身原因存在需要偿还全部或部分捐赠资产或者相应金额的现时义务时，按照需要偿还的金额，借记"管理费用"科目

4. 2×24 年 5 月 23 日，甲民间非营利组织接受乙公司 305 万元捐款，按协议将其中 300 万元捐赠给山区贫困儿童，发生管理费用 2 万元，捐款结余款 3 万元归该组织自由支配。不考虑其他因素，甲民间非营利组织的下列会计处理中，正确的有（ ）。

A. 增加非限定性净资产 5 万元

B. 增加限定性捐赠收入 3 万元

C. 增加管理费用 2 万元

D. 增加业务活动成本 300 万元

5. 2×24 年 8 月 20 日，甲基金会与乙企业签订了一份捐赠协议。协议规定，乙企业将向甲基金会捐赠 100 万元，其中 95 万元用于资助贫困地区的儿童；5 万元用于此次捐赠活动的管理。2×24 年 9 月 10 日，甲基金会收到乙企业捐赠的款项 100 万元。2×24 年 9 月 17 日，甲基金会将 95 万元转赠给数家贫困地区的小学，并发生了 3 万元的管理费用。2×24 年 9 月 25 日，双方达成一份补充协议，约定此次捐赠活动节余的 2 万元由甲基金会自由支配。不考虑其他因素，甲基金会的下列会计处理中，正确的有（ ）。

A. 2×24 年 8 月 20 日，不进行账务处理

B. 2×24 年 9 月 10 日，收到捐赠款时，贷记"捐赠收入——限定性收入"科目 95 万元

C. 2×24 年 9 月 17 日，确认管理费用 3 万元

D. 2×24 年 9 月 25 日，捐赠收入限制解除时，贷记"营业外收入"科目 2 万元

6. 2×24 年 12 月 10 日，甲民间非营利组织按照与乙企业签订的一份捐赠协议，向乙企业指定的一所贫困山区小学捐赠电脑 50 台。该组

织收到乙企业捐赠的电脑时进行的下列会计
处理中，正确的有（　　）。

A. 确认捐赠收入

B. 确认固定资产

C. 确认受托代理资产

D. 确认受托代理负债

7. 甲小学系一所投资举办的公益性学校，2×24
年 6 月甲小学发生的下列各项业务活动中，
将增加其限定性净资产的有（　　）。

A. 收到指定用于学生午餐补贴的现金捐款
100 万元

B. 收到用于学校科研竞赛奖励的现金捐款 10
万元

C. 收到捐赠的一批价值为 5 万元的学生用助
听器

D. 收到政府补助的教学设备采购补助款 50 万元

三、判断题

1. 民间非营利组织应当采用收付实现制作为会
计核算基础。　　　　　　　　　　（　　）

2. 民间非营利组织接受捐赠的固定资产，捐赠
方没有提供相关凭据的，应以公允价值计量。
（　　）

3. 民间非营利组织对于捐赠承诺，应作为捐赠
收入予以确认。　　　　　　　　　　（　　）

4. 甲基金会与乙企业签订一份协议，约定乙企
业通过甲基金会向丙希望小学捐款 30 万元，
甲基金会在收到乙企业汇来的捐赠款时应确
认捐赠收入。　　　　　　　　　　　（　　）

5. 会计期末，将"业务活动成本"科目各明细
科目的余额分别转入非限定性净资产和限定
性净资产。　　　　　　　　　　　　（　　）

6. 甲基金会经与捐赠人协商，捐赠人同意将原
限定捐赠给特定群体的款项转为由基金会自
主支配。甲基金会应将该限定性净资产重分
类为非限定性净资产。　　　　　　　（　　）

7. 民间非营利组织的限定性净资产不得重分类
为非限定性净资产。　　　　　　　　（　　）

8. 对于因资产提供者或者国家有关法律、行政
法规要求在收到资产后的特定时期之内使用
该项资产而形成的限定性净资产，若在限定
时间已经到期时，资产提供者撤销了剩余资
产的限制，则应当按照该限定性净资产的余
额转为非限定性净资产。　　　　　　（　　）

快速查答案

一、单选题

序号	1	2	3	4
答案	D	B	D	A

二、多选题

序号	1	2	3	4	5	6	7
答案	ABD	BC	ACD	CD	AC	CD	ABCD

三、判断题

序号	1	2	3	4	5	6	7	8
答案	×	√	×	×	√	√	×	√

参考答案及解析

一、单选题

1. 【答案】D 【解析】本题考查的知识点是民间非营利组织的会计要素。民间非营利组织的会计要素划分为反映财务状况的会计要素和反映业务活动情况的会计要素。反映财务状况的会计要素包括资产、负债和净资产，反映业务活动情况的会计要素包括收入和费用。因此，选项D错误。

2. 【答案】B 【解析】本题考查的知识点是民间非营利组织财务会计报告的构成。《民间非营利组织会计制度》规定，民间非营利组织的会计报表至少应当包括资产负债表、业务活动表和现金流量表三张基本报表，同时民间非营利组织还应当编制会计报表附注。因此，选项B错误。

3. 【答案】D 【解析】本题考查的知识点是捐赠收入。

（1）2×24年10月31日，不满足捐赠收入的确认条件，不进行账务处理。因此，选项D正确；

（2）2×24年11月11日，按照收到的捐款金额，确认捐赠收入。

借：银行存款　　　　　　　　160
　　贷：捐赠收入——限定性收入　160
因此，选项A、B、C错误。

4. 【答案】A 【解析】本题考查的知识点是捐赠收入。接受的捐赠，如果由于捐赠方或法律法规限制等民间非营利组织之外的原因存在需要偿还全部或部分捐赠资产或者相应金额的现时义务时，按照需要偿还的金额，借记"捐赠收入——限定性收入"，贷记"其他应付款"等科目；如果由于民间非营利组织自身原因存在需要偿还全部或部分捐赠资产或者相应金额的现时义务时，按照需要偿还的金额，借记"管理费用"科目，贷记"其他应付款"等科目。故选项A正确。

二、多选题

1. 【答案】ABD 【解析】本题考查的知识点是民间非营利组织会计的概念和特点——民间非营利组织会计的特点。民间非营利组织会计的主要特点包括：

（1）以权责发生制为会计核算基础。

（2）在采用历史成本计价的基础上，引入公允价值计量基础。

（3）由于民间非营利组织资源提供者既不享有组织的所有权，也不取得经济回报，所以，其会计要素不应包括所有者权益和利润，而是设置了净资产这一要素。
因此，选项C错误，选项A、B、D正确。

2. 【答案】BC 【解析】本题考查的知识点是民间非营利组织的会计要素。

（1）反映财务状况的会计要素包括资产、负债和净资产，其会计等式为：资产－负债＝净资产。因此，选项A错误。

（2）反映业务活动情况的会计要素包括收入和费用，其会计等式为：收入－费用＝净资产变动额。因此，选项B正确。

（3）净资产是指民间非营利组织的资产减去负债后的余额，包括限定性净资产和非限定性净资产。因此，选项C正确。

（4）收入是指民间非营利组织开展业务活动取得的、导致本期净资产增加的经济利益或者服务潜力的流入。包括捐赠收入、会费收入、提供服务收入、政府补助收入、投资收益、商品销售收入等主要业务活动收入和其他收入。因此，选项D错误。

3. 【答案】ACD 【解析】本题考查的知识点是捐赠收入。

（1）由于捐赠承诺不满足非交换交易收入的确认条件，民间非营利组织对于捐赠承诺，不应予以确认，但可以在会计报表附注中作相关披露。因此，选项A正确，选项B错误。

（2）民间非营利组织对于捐赠收入，应按照捐赠人对捐赠资产是否设置了限制，分别按照限定性收入和非限定性收入进行核算。因此，选项C正确。

（3）如果由于民间非营利组织自身原因存在需要偿还全部或部分捐赠资产或者相应金额的现时义务时，按照需要偿还的金额，借记"管理费用"科目，贷记"其他应付款"等科目。因此，选项D正确。

4.【答案】CD　【解析】本题考查的知识点是捐赠收入。甲民间非营利组织的相关会计分录如下：

（1）按照收到的捐款金额，确认捐赠收入：

借：银行存款　　　　　　　　　305

　　贷：捐赠收入——限定性收入　305

（2）按照实际发生的金额，确认业务活动成本：

借：业务活动成本——限定性费用

　　　　　　　　　　　　　　　　300

　　管理费用　　　　　　　　　　2

　　贷：银行存款　　　　　　　　302

（3）限定性捐赠收入的限制在确认收入的当期得以解除，将其转为非限定性捐赠收入：

借：捐赠收入——限定性收入　302

　　贷：捐赠收入——非限定性收入 302

借：捐赠收入——限定性收入　　3

　　贷：捐赠收入——非限定性收入　3

（4）期末，将捐赠收入等科目余额分别转入限定性净资产或非限定性净资产：

借：捐赠收入——非限定性收入　305

　　贷：非限定性净资产　　　　　305

借：非限定性净资产　　　　　　302

　　贷：业务活动成本——限定性费用

　　　　　　　　　　　　　　　　300

　　管理费用　　　　　　　　　　2

因此，选项C、D正确。

5.【答案】AC　【解析】本题考查的知识点是捐赠收入。

（1）2×24年8月20日，不满足捐赠收入确认条件，不需要进行账务处理。因此，选项A正确。

（2）2×24年9月10日，收到捐赠款时，贷记"捐赠收入——限定性收入"科目100万元。因此，选项B错误。

（3）2×24年9月17日，确认管理费用3万

元。因此，选项C正确。

（4）2×24年9月25日，捐赠收入限制解除时，贷记"捐赠收入——非限定性收入"科目2万元。因此，选项D错误。

会计分录如下：

（1）2×24年9月10日，按照收到的捐款金额，确认捐赠收入：

借：银行存款　　　　　　　　　100

　　贷：捐赠收入——限定性收入　100

（2）2×24年9月17日，按照实际发生的金额，确认业务活动成本：

借：业务活动成本——限定性费用95

　　管理费用　　　　　　　　　　3

　　贷：银行存款　　　　　　　　98

由于已实际用于规定用途，该部分限定性捐赠收入的限制在确认收入的当期得以解除，将其转为非限定性捐赠收入：

借：捐赠收入——限定性收入　　98

　　贷：捐赠收入——非限定性收入　98

（3）2×24年9月25日，部分限定性捐赠收入的限制在确认收入的当期得以解除，将其转为非限定性捐赠收入：

借：捐赠收入——限定性收入　　　2

　　贷：捐赠收入——非限定性收入　2

6.【答案】CD　【解析】本题考查的知识点是受托代理业务。甲民间非营利组织在该项业务中仅仅是中介人的角色，所以该事项属于受托代理业务，相关会计分录为：

借：受托代理资产

　　贷：受托代理负债

因此，选项C、D正确。

7.【答案】ABCD　【解析】本题考查的知识点是净资产。限定性净资产是指资产或者资产所产生的经济利益（如资产的投资收益和利息等）的使用受到资产提供者或者国家有关法律、行政法规所设置的时间限制或（和）用途限制的净资产。因此，选项A、B、C、D正确。

三、判断题

1.【答案】×　【解析】本题考查的知识点是民间非营利组织会计的概念和特点——民间非营利组织会计的特点。民间非营利组织会计

的特点之一是采用权责发生制作为核算基础。因此，本题的说法是错误的。

2.【答案】√【解析】本题考查的知识点是捐赠收入。民间非营利组织接受非现金资产，如果没有提供有关凭据的，受赠方应当按照其公允价值作为入账价值。因此，本题的说法是正确的。

3.【答案】×【解析】本题考查的知识点是捐赠收入。由于捐赠承诺不满足非交换交易收入的确认条件，民间非营利组织对于捐赠承诺，不应予以确认，但可以在会计报表附注中做相关披露。因此，本题的说法是错误的。

4.【答案】×【解析】本题考查的知识点是受托代理业务。本题中，甲基金会是从乙企业处取得现金，然后按照乙企业的意愿将这些现金转赠给丙希望小学，甲基金会在该业务中起到中介作用，所以，该业务属于受托代理业务，应通过"受托代理资产"和"受托代理负债"科目核算。因此，本题的说法是错误的。

5.【答案】√【解析】本题考查的知识点是业务活动成本。会计期末，将"业务活动成本"科目各明细科目的余额分别转入非限定性净资产和限定性净资产，借记"非限定性净资产"科目，贷记"业务活动成本——非限定

性费用"科目；借记"限定性净资产"科目，贷记"业务活动成本——限定性费用"科目。因此，本题的说法是正确的。

6.【答案】√【解析】本题考查的知识点是净资产。捐赠人同意将原限定捐赠给特定群体的款项转为由基金会自主支配，说明限定性净资产的限制已经解除，甲基金会应将其重分类为非限定性净资产。因此，本题的说法是正确的。

7.【答案】×【解析】本题考查的知识点是净资产。如果限定性净资产的限制已经解除，应当对净资产进行重新分类，将限定性净资产转为非限定性净资产，借记"限定性净资产"科目，贷记"非限定性净资产"科目。因此，本题的说法是错误的。

8.【答案】√【解析】本题考查的知识点是净资产的重分类。对于因资产提供者或者国家有关法律、行政法规要求在收到资产后的特定时期之内使用该项资产而形成的限定性净资产，若在限定时间已经到期时，资产提供者撤销了剩余资产的限制，则应当按照该限定性净资产的余额转为非限定性净资产。若在限定时间已经到期时，由于民间非营利组织自身原因需要退回剩余资产，则应当按照需要偿还的金额计入管理费用。因此，本题的说法是正确的。

第三部分 主观题综合演练

专题一　存　货

命题思路

本专题内容在计算分析题和综合题中，都曾出现过。往年曾有计算分析题涉及本专题的知识点。通过分析近几年真题发现，每年主观题都会考查本专题的知识点，但主要是结合所得税费用、财务报告以及资产负债表日后事项等进行考核，且考核内容相对比较简单，考生需要做到尽可能不丢分。由于综合题内容主要是以所得税费用和财务报告为背景命题，存货在其中的占比相对较低，所以，此处仅列示计算分析题的出题内容。计算分析题方面主要出题内容是：可变现净值的确定、存货跌价准备的计提。

经典例题

甲公司系生产销售机床的上市公司，期末存货按成本与可变现净值孰低计量，并按单个存货项目计提存货跌价准备。相关资料如下：

资料一：2×24年9月10日，甲公司与乙公司签订了一份不可撤销的S型机床销售合同。合同约定，甲公司应于2×25年1月10日向乙公司提供10台S型机床，单位销售价格为45万元/台。

2×24年12月31日，甲公司S型机床的库存数量为14台，单位成本为44.25万元/台，该机床的市场销售价格为42万元/台。估计甲公司向乙公司销售该机床的销售费用为0.18万元/台，向其他客户销售该机床的销售费用为0.15万元/台。

2×24年12月31日，甲公司对存货进行减值测试前，未曾对S型机床计提存货跌价准备。

资料二：2×24年12月31日，甲公司库存一批用于生产W型机床的M材料。该批材料的成本为80万元，可用于生产10台W型机床，甲公司将该批材料加工成10台W型机床尚需投入50万元。该批M材料的市场销售价格总额为68万元，估计销售费用总额为0.6万元。甲公司尚无W型机床订单。W型机床的市场销售价格为12万元/台，估计销售费用为0.1万元/台。

2×24年12月31日，甲公司对存货进行减值测试前，"存货跌价准备——M材料"账户的贷方余额为5万元。

假定不考虑增值税等相关税费及其他因素。

（本题答案中金额单位以万元表示）

要求：根据上述资料，回答下列小题。

（1）计算甲公司2×24年12月31日S型机床的可变现净值。

【答案】

①甲公司2×24年12月31日S型机床有合同部分的可变现净值＝10×（45－0.18）＝448.2（万元）。

②甲公司2×24年12月31日S型机床无合同部分的可变现净值＝4×（42－0.15）＝167.4（万元）。

③甲公司2×24年12月31日S型机床的可变现净值＝448.2＋167.4＝615.6（万元）。

（2）判断甲公司2×24年12月31日S型机床是否发生减值，并简要说明理由。如果发生减值，计算应计提存货跌价准备的金额，并编制相关会计分录。

【答案】

①甲公司2×24年12月31日S型机床中有

合同部分没有发生减值，无合同部分发生了减值。

②理由：因为甲公司 2×24 年 12 月 31 日有合同部分的 S 型机床的成本为 442.5 万元，小于其可变现净值 448.2 万元，所以没有发生减值；无合同部分的 S 型机床的成本为 177 万元，大于其可变现净值 167.4 万元，所以发生了减值，应计提的存货跌价准备金额 = 177 - 167.4 = 9.6（万元）。

③会计分录：

借：资产减值损失　　　　　　9.6

　　贷：存货跌价准备　　　　　　9.6

（3）判断甲公司 2×24 年 12 月 31 日是否应对 M 材料计提或转回存货跌价准备，并简要说明理由。如果应计提或转回存货跌价准备，计算应计提或转回存货跌价准备的金额，并编制相关会计分录。

【答案】

①M 材料应该计提存货跌价准备。

②理由及分录：

a. 甲公司生产的 W 型机床的成本 = 80 + 50 = 130（万元）。

b. W 型机床的可变现净值 = 10 × (12 - 0.1) = 119（万元）。

甲公司 2×24 年 12 月 31 日 W 型机床的成本 130 万元，大于可变现净值 119 万元，因此 W 型机床发生了减值，因此 M 材料发生了减值。

c. M 材料可变现净值 = 10 × 12 - 50 - 10 × 0.1 = 69（万元）。

d. M 材料成本 = 80 万元。

e. M 材料存货跌价准备的期末余额 = 80 - 69 = 11（万元）。

f. M 材料应计提存货跌价准备的金额 = 11 - 5 = 6（万元）。

g. 会计分录：

借：资产减值损失　　　　　　　6

　　贷：存货跌价准备　　　　　　　6

考点总结

考查内容	知识点	具体内容
存货减值计算	公式	预计售价 - 预计加工费 - 预计销售费用 - 预计税费
	售价	依据存货用途确定，用于生产的，以最终产品的价值（合同价/市场价）为预计售价；用于出售的，以存货本身的价值（合同价/市场价）为预计售价
存货减值会计处理	分录	存货跌价准备期末余额 = 可变现净值 - 成本 本期计提/冲销存货跌价准备金额 = 本期期末存货跌价准备余额 - 上期期末存货跌价准备余额 借：资产减值损失【或贷】 　　贷：存货跌价准备【或借】
	注意	（1）转回金额，以原先计提存货跌价准备金额为限。 （2）转回的前提条件：原先影响存货减值因素消失

专题二　固定资产

命题思路

本专题内容在计算分析题和综合题中都曾考到过。2020 年（卷一）计算分析题、2021 年（卷一、卷二）计算分析题涉及本专题的知识点。通过分析近几年真题发现，每年主观题都会考查本专题的知识点，但是主要是结合所得税费用与财务报告进行考核，且考核内容相对比较简单，考生需要做到尽可能不丢分，并尽量拿到满分。由于综合题内容主要是以所得税费用和财务报告为背景命题，固定资产在其中的占比相对较低，所以，此处仅列示计算分析题的出题内容。计算分析题方面主要出题内容是：固定资产的初始计量——外购固定资产、固定资产折旧——双倍余额递减法、固定资产的后续支出——资本化的后续支出、固定资产处置的账务处理——固定资产出售的账务处理；固定资产的初始计量——自行建造固定资产、固定资产折旧——年数总和法、固定资产处置的账务处理——固定资产报废的账务处理。

经典例题

1. 2×19 年至 2×24 年，甲公司发生的与环保设备相关的交易或事项如下：

资料一：2×19 年 12 月 31 日，甲公司用银行存款 600 万元购买一台环保设备并立即投入使用，预计可使用年限为 5 年，预计净残值为 0，采用双倍余额递减法计提折旧。

资料二：2×21 年 12 月 31 日，甲公司应环保部门要求，对该环保设备进行升级改造，以提高环保效果。改造过程中耗用工程物资 70 万元，应付工程人员薪酬 14 万元。

资料三：2×22 年 3 月 31 日，甲公司完成环保设备改造并达到可使用状态，立即投入使用，预计尚可使用年限为 4 年，预计净残值为 0，依旧采用双倍余额递减法计提折旧。

资料四：2×24 年 3 月 31 日，甲公司将该环保设备出售，卖得价款为 120 万元并已存入银行，且用银行存款支付拆卸设备费用 5 万元。

（答案中的金额单位以万元表示）

要求：不考虑其他因素，根据上述资料，回答下列小题。

（1）编制 2×19 年甲公司购入环保设备的相关会计分录。

【答案】

借：固定资产　　　　　　　　600

　　贷：银行存款　　　　　　　　600

（2）分别计算 2×20 年、2×21 年对该环保设备应计提折旧金额。

【答案】

2×20 年应计提的折旧额 = 600 × 2/5 = 240（万元）；

2×21 年应计提的折旧额 =（600 – 240）× 2/5 = 144（万元）。

（3）编制 2×21 年 12 月 31 日至 2×22 年 3 月 31 日环保设备改造及达到预定可使用状态的相关会计分录。

【答案】

2×21 年 12 月 31 日将固定资产转入在建工程：

借：在建工程　　　　　　　　216

　　累计折旧　　　　　　　　384

　　贷：固定资产　　　　　　600

改造中发生工程费用、职工薪酬相关支出：

　　借：在建工程　　　　　　84

　　　　贷：工程物资　　　　　70

　　　　　　应付职工薪酬　　　14

2×22年3月31日达到预定可使用状态：

　　借：固定资产　　　　　　300

　　　　贷：在建工程　　　　300

　　（4）计算2×24年3月31日出售该环保设备影响损益的金额，并编制相关会计分录。

【答案】

出售前累计计提的折旧额 = 300×2/4 + （300 －

300×2/4）×2/4 = 225（万元）；

出售环保设备影响损益的金额 = 120 － （300 － 225）－ 5 = 40（万元）。

出售时会计分录：

　　借：固定资产清理　　　　75

　　　　累计折旧　　　　　　225

　　　　贷：固定资产　　　　300

　　借：固定资产清理　　　　5

　　　　贷：银行存款　　　　5

　　借：银行存款　　　　　　120

　　　　贷：固定资产清理　　80

　　　　　　资产处置损益　　40

考点总结

考查内容	知识点	具体内容
固定资产初始计量	外购	成本 = 买价 + 相关税费 + 使固定资产达到预定可使用状态前的相关费用 【注意1】专业人员服务费应计入固定资产成本，员工的培训费应计入管理费用。 【注意2】测试固定资产是否可正常运行发生的支出，计入固定资产成本。 【注意3】固定资产达到预定可使用状态前产出的产品或副产品对外出售的，相关收入和成本分别进行会计处理，计入当期损益，不计入固定资产成本
	自行建造	成本 = 工程物资 + 人工费 + 相关税费 + 领用物资
	接受投资	（1）合同或协议约定价值 = 公允价值： 按照合同或协议约定价值入账。 （2）合同或协议约定价值 ≠ 公允价值： 按照公允价值入账
	存在弃置费用	（1）弃置费用按照现值计入固定资产成本： 借：固定资产 　　贷：在建工程 　　　　预计负债【弃置费用】 （2）固定资产寿命期内，按照预计负债的摊余成本和实际利率计算确定的利息费用，计入财务费用
固定资产折旧	折旧范围	下列情形不计提折旧： （1）单独计价入账的土地； （2）已提足折旧仍继续使用的固定资产
	折旧起止	当月增加，当月不提，下月计提；当月减少，当月计提，下月不提
	直线法	年折旧额 = $\dfrac{原值 \times (1 - 预计净残值率)}{预计使用年限}$
	工作量法	单位工作量折旧额 = $\dfrac{原值 \times (1 - 预计净残值率)}{预计总工作量}$ 月折旧额 = 月工作量 × 单位工作量折旧额

考查内容	知识点	具体内容
固定资产折旧	双倍余额递减法	(1) 加速折旧期间（前 n−2 年）： 年折旧额 = 每个折旧年度年初固定资产账面净值 × $\dfrac{2}{预计使用年限（n）}$ (2) 最后 2 年： 年折旧额 = $\dfrac{（固定资产账面净值 − 预计净残值）}{2}$
	年数总和法	年折旧额 = （原值 − 预计净残值）× $\dfrac{尚可使用年限}{年数总和}$
固定资产处置	出售、报废或毁损	(1) 属于生产经营期间正常的出售、转让所产生的损失，计入资产处置损益； (2) 属于因自然灾害发生毁损、已丧失使用功能等原因而报废清理所产生的损失，计入营业外支出； (3) 净收益，计入资产处置损益或营业外收入

专项突破

一、试题部分

甲公司系增值税一般纳税人，2×21 年至 2×24 年与固定资产业务相关的资料如下：

资料一：2×21 年 12 月 5 日，甲公司以银行存款购入一套不需安装的大型生产设备，取得的增值税专用发票上注明的价款为 5 000 万元，增值税税额为 650 万元。

资料二：2×21 年 12 月 31 日，该设备投入使用，预计使用年限为 5 年，净残值为 50 万元，采用年数总和法按年计提折旧。

资料三：2×23 年 12 月 31 日，该设备出现减值迹象。预计未来现金流量的现值为 1 500 万元，公允价值减去处置费用后的净额为 1 800 万元，甲公司对该设备计提减值准备后，根据新获得的信息预计其剩余使用年限仍为 3 年，净残值为 30 万元，仍采用年数总和法按年计提折旧。

资料四：2×24 年 12 月 31 日，甲公司售出该设备，开具的增值税专用发票上注明的价款为 900 万元，增值税税额为 117 万元，款项已收存银行，另以银行存款支付清理费用 2 万元。

（答案中的金额单位以万元表示）

要求：不考虑其他因素，根据上述资料，回答下列小题。

（1）编制甲公司 2×21 年 12 月 5 日购入该设备的会计分录。

（2）分别计算甲公司 2×22 年度和 2×23 年度对该设备应计提的折旧金额。

（3）计算甲公司 2×23 年 12 月 31 日对该设备计提减值准备的金额，并编制相关会计分录。

（4）计算甲公司 2×24 年度对该设备应计提的折旧金额，并编制相关会计分录。

（5）编制甲公司 2×24 年 12 月 31 日处置该设备的会计分录。

二、答案部分

【答案】

（1）会计分录：

借：固定资产　　　　　　　　　5 000
　　应交税费——应交增值税（进项税额）
　　　　　　　　　　　　　　　　　650
　　贷：银行存款　　　　　　　　5 650

（2）①甲公司 2×22 年应计提的折旧 = （5 000 − 50）× 5/15 = 1 650（万元）。

②甲公司 2×23 年应计提的折旧 = （5 000 − 50）× 4/15 = 1 320（万元）。

（3）①2×23 年 12 月 31 日，固定资产计提减值前的账面价值 = 5 000 − 1 650 − 1 320 = 2 030（万元），可收回金额为未来现金流量的现值 1 500 万元和公允价值减去处置费用后的净额

1 800 万元中的较高者，所以是 1 800 万元，因此计提的减值准备 = 2 030 – 1 800 = 230（万元）。

②会计分录：

借：资产减值损失　　　　　　230

　　贷：固定资产减值准备　　　　230

（4）①2×24 年，固定资产应计提的折旧 =（1 800 – 30）× 3/6 = 885（万元）。

②会计分录：

借：制造费用　　　　　　　　885

　　贷：累计折旧　　　　　　　　885

（5）借：固定资产清理　　　　915

　　　　累计折旧　　　　　　3 855

　　　　固定资产减值准备　　　230

　　　　贷：固定资产　　　　　5 000

借：固定资产清理　　　　　　　2

　　贷：银行存款　　　　　　　　2

借：银行存款　　　　　　　1 017

　　贷：固定资产清理　　　　　900

　　　　应交税费——应交增值税（销项税额）　　　　　　　　　　117

借：资产处置损益　　　　　　　17

　　贷：固定资产清理　　　　　　17

【解析】本题考查的知识点是固定资产的初始计量——外购无形资产、固定资产折旧——年数总和法、资产减值、固定资产处置的会计处理。

（1）外购固定资产，应根据购买价款，借记"固定资产"科目；由于甲公司为增值税一般纳税人，且能取得对方开具的增值税专用发票，借记"应交税费——应交增值税（进项税额）"科目；最后根据以银行存款支付购买款项，贷记"银行存款"科目。

（2）固定资产折旧在进行计算时，由于采用年数总和法计算，因此，计算时应根据年折旧额的计算公式"年折旧额 =（账面原值 – 预计净残值）× 尚可使用寿命/预计使用寿命的年数总和"进行计算，从题中找出相关数据代入，即可得到正确答案。

（3）固定资产减值在计算时，应先从固定资产的账面原值中减除之前计提的折旧，算出此时固定资产的账面净值，然后再与题目中给出的可回收金额作比较，其中可回收金额应选择未来现金流量的现值和公允价值减去处置费用后的净额中较高者。最后根据可回收金额小于账面净值的金额，确认资产减值损失的金额，根据损失金额借记"资产减值损失"科目，贷记"固定资产减值准备"科目即可。

（4）根据前面资料可知，该固定资产在资料三中计提过减值准备，所以，在计提折旧时，属于会计估计变更，应当采用未来适用法进行计量，即根据计提固定资产减值准备后的账面价值进行计量。

（5）固定资产处置的会计处理中，由于该固定资产是对外出售，所以，结转最后的损益时，应当使用"资产处置损益"科目。此外，由于是处置，在核算过程中，应当使用"固定资产清理"科目进行核算。最后，需注意固定资产处置过程中收取的增值税，因其属于价外税，所以该增值税税额是不影响处置损益的，应记入"应交税费——应交增值税（销项税额）"科目即可。

专题三 无形资产

命题思路

本专题内容是计算分析题与综合题考查的基础知识点。2020 年（卷一）计算分析题、2022 年（卷二）综合题涉及本专题的知识点。通过近几年真题分析，可以发现本专题是计算分析题比较频繁考查的内容，综合题也多与所得税费用、财务报表和资产负债表日后事项等内容一起考查，比如本专题内容与无形资产的计税基础、递延所得税负债的确认与计量、对子公司个别财务报表进行调整等相结合，预计 2025 年计算分析题也会涉及本专题的内容。历年考查本专题的主要知识点是无形资产的初始计量——外购无形资产、内部研发的无形资产的计量、内部研究开发支出的会计处理、使用寿命有限的无形资产、使用寿命不确定的无形资产、无形资产的出售等，考查的知识点比较简明基础，问题也比较清晰，容易让考生联想到本专题的知识点，比如当题目涉及购入专利权（或技术等）、自行研发、开发阶段、摊销、出售专利权（或技术）等字眼时，要立刻想到本专题的知识点。本专题内容相对比较简单，主观题中一般以编写分录和基础计算为主，只要考生能够将基础分录烂熟于心，并灵活运用，即可得分，本专题知识点相对简单。

经典例题

1. 甲公司开始研发一项 A 专利技术，相关信息如下：

资料一：2×21 年 9 月 1 日，进入研发阶段，至 2×21 年 12 月 31 日，发生相关支出如下：领用原材料 20 万元，支付职工薪酬 30 万元，专用于研发该专利技术的设备折旧费 50 万元。

资料二：2×22 年 1 月 1 日，进入开发阶段，共发生如下支出：领用原材料 30 万元，支付职工薪酬 40 万元，专用于研发该专利技术的设备折旧费 100 万元，支付其他相关费用 70 万元，假设以上支出均符合资本化条件。2×22 年 7 月 1 日，A 专利技术达到预定可使用状态，预计可使用年限为 4 年，净残值为 0，采用直线法计提摊销。

资料三：2×22 年 12 月 31 日，对 A 专利技术进行减值测试发现，其可收回金额为 200 万元。

经复核，尚可使用年限为 2 年，其他条件不变。

资料四：2×24 年 1 月 1 日，甲公司以 70 万元出售 A 专利技术，相关款项已收到。

（答案中的金额单位以万元表示）

要求：不考虑其他因素，根据上述资料，回答下列小题。（"研发支出"科目要求写出明细科目）：

（1）编写 2×21 年研发支出的确认和结转会计分录。

【答案】

借：研发支出——费用化支出　100
　　贷：原材料　　　　　　　　　　20
　　　　应付职工薪酬　　　　　　　30
　　　　累计折旧　　　　　　　　　50
借：应付职工薪酬　　　　　　　　30
　　贷：银行存款　　　　　　　　　30
借：管理费用　　　　　　　　　　100

贷：研发支出——费用化支出 100

（2）编写 2×22 年研发支出的确认和结转会计分录。

【答案】

借：研发支出——资本化支出 240

　　贷：原材料 30

　　　　应付职工薪酬 40

　　　　累计折旧 100

　　　　银行存款 70

借：应付职工薪酬 40

　　贷：银行存款 40

借：无形资产 240

　　贷：研发支出——资本化支出 240

（3）判断 2×22 年 12 月 31 日 A 专利技术是否发生减值，如果发生减值，编写相关会计分录。

【答案】

①至 2×22 年 12 月 31 日 A 专利技术累计计提的摊销金额 = 240/4×6/12 = 30（万元）。

②2×22 年 12 月 31 日 A 专利技术的账面价值 = 240 − 30 = 210（万元）。

③2×22 年 12 月 31 日 A 专利技术经减值测试得出的可回收金额为 200 万元。由于当日，A 专利技术的账面价值高于其可回收金额，因此，A 专利技术发生减值。

④2×22 年 12 月 31 日 A 专利技术应计提的减值金额 = 210 − 200 = 10（万元）。

⑤会计分录：

借：资产减值损失 10

　　贷：无形资产减值准备 10

（4）计算 A 专利技术 2×23 年应确认的摊销金额，并编写相关会计分录。

【答案】

①2×23 年应确认的摊销金额 = 200/2 = 100（万元）。

②会计分录：

借：制造费用 100

　　贷：累计摊销 100

（5）计算 2×24 年 1 月 1 日甲公司出售 A 专利技术确认的损益金额，并编写相关会计分录。

【答案】

①2×24 年 1 月 1 日甲公司出售 A 专利技术确认的损益金额 = 70 − (200 − 100) = −30（万元）。

②会计分录：

借：银行存款 70

　　累计摊销 130

　　无形资产减值准备 10

　　资产处置损益 30

　　贷：无形资产 240

2. 2×22 年至 2×24 年，甲公司发生的与专利权相关的交易或事项如下：

资料一：2×22 年 3 月 1 日，甲公司董事会批准研发一项生产用专利权，预计研发周期 1 年。至 2×22 年 8 月 31 日，甲公司完成研究阶段，期间发生材料费用 400 万元，应付研发人员薪酬 350 万元，计提研发专用设备折旧 150 万元。

资料二：2×22 年 9 月 1 日，该专利权进入开发阶段，至 2×23 年 2 月 28 日，共发生支出 2 300 万元，其中发生材料费用 1 200 万元，应付研发人员薪酬 950 万元，计提研发专用设备折旧 150 万元，上述费用均符合资本化条件。

资料三：2×23 年 3 月 1 日，该专利权研发成功并达到预定用途。甲公司无法合理估计该专利权的使用寿命，税法规定该专利权的使用年限为 10 年。

资料四：2×23 年 12 月 31 日，经减值测试，该专利权的可回收金额为 1 850 万元。

资料五：2×24 年 3 月 12 日，甲公司该专利权在地震中损毁。按规定，甲公司收到保险公司理赔款 800 万元。

本题不考虑增值税等相关税费及其他因素（答案中的金额单位以万元表示）。

要求：根据上述资料，回答下列小题。

（1）编制甲公司 2×22 年 3 月 1 日至 2×23 年 2 月 28 日研发专利权时发生相关支出的会计分录。

【答案】

甲公司 2×22 年 3 月 1 日至 2×23 年 2 月 28 日研发专利权时发生相关支出：

借：研发支出——资本化支出

　　　　　　　　　　　　 2 300

　　　　　　——费用化支出 900

　　贷：原材料 1 600

　　　　应付职工薪酬 1 300

　　　　累计折旧 300

借：管理费用 900

贷：研发支出——费用化支出 900

（2）编制甲公司 2×23 年 3 月 1 日专利权达到预定用途时的会计分录。

【答案】

借：无形资产　　　　　　　　2 300

　　贷：研发支出——资本化支出

　　　　　　　　　　　　　　2 300

（3）计算甲公司 2×23 年 12 月 31 日对专利权应计提减值准备的金额，并编制相关会计分录。

【答案】

①甲公司 2×23 年 12 月 31 日对专利权应计提减值准备的金额 = 2 300 - 1 850 = 450（万元）

②会计分录：

借：资产减值损失　　　　　　450

　　贷：无形资产减值准备　　　　450

（4）计算甲公司 2×24 年 3 月 12 日因地震毁损的专利权应确认损益的金额，并编制相关会计分录。

【答案】

①甲公司 2×24 年 3 月 12 日因地震毁损的专利权应确认损益的金额 = 1 850 - 800 = 1 050（万元）

②会计分录：

借：银行存款　　　　　　　　800

　　无形资产减值准备　　　　450

　　营业外支出　　　　　　1 050

　　贷：无形资产　　　　　　2 300

考点总结

考查内容	知识点		具体内容
无形资产初始计量	外购		成本 = 买价 + 相关税费 + 使无形资产达到预定可使用状态前的相关费用 【注意】购买无形资产的价款超过正常信用条件延期支付的，实质上具有融资性质的，无形资产的成本应以购买价款的现值为基础确定
	土地使用权	建造自用、自营项目	确认"无形资产"
		建造对外出售项目	确认"开发成本"
		对外出租或增值后出售	确认"投资性房地产"
	自行研发	研究阶段	费用化处理，计入当期损益（"管理费用"）
		开发阶段　符合资本化条件	资本化处理
		开发阶段　不符合资本化条件	费用化处理，计入当期损益（"管理费用"）
		无法区分研究与开发阶段支出	费用化处理，计入当期损益（"管理费用"）
无形资产后续计量	使用寿命有限	摊销期间	当月增加，当月计提摊销；当月减少，当月不提
		摊销方法	具体方法包含：直线法、产量法等 【注意】无法可靠确定预期消耗方式的，应采用直线法摊销
		残值	一般为零，但下列情况除外： （1）有第三方承诺在使用寿命结束时购买； （2）根据活跃市场得到预计残值信息，且该市场在使用寿命结束时很可能存在
	使用寿命不确定		持有期间内不进行摊销，但至少应在每年年末进行一次减值测试

专项突破

一、试题部分

2×21 年至 2×24 年，甲公司发生的与 A 非专利技术相关的交易或事项如下：

资料一：2×21 年 7 月 1 日，甲公司开始自行研发 A 非专利技术以生产新产品。2×21 年 7 月 1 日至 8 月 31 日为研究阶段，耗用原材料 150 万元、应付研发人员薪酬 400 万元、计提研发专用设备折旧 250 万元。

资料二：2×21 年 9 月 1 日，A 非专利技术研发活动进入开发阶段，至 2×21 年 12 月 31 日，耗用原材料 700 万元、应付研发人员薪酬 800 万元、计提研发专用设备折旧 500 万元，上述研发支出均满足资本化条件。2×22 年 1 月 1 日，该非专利技术研发成功并达到预定用途。甲公司无法合理估计该非专利技术的使用寿命。

资料三：2×22 年 12 月 31 日，经减值测试，该非专利技术的可收回金额为 2 050 万元。2×23 年 12 月 31 日，经减值测试，该非专利技术的可收回金额为 1 950 万元。

资料四：2×24 年 7 月 1 日，甲公司以 1 900 万元将 A 非专利技术对外出售，款项已收存银行。

本题不考虑增值税等相关税费及其他因素（答案中的金额单位以万元表示）。

要求：根据上述资料，回答下列小题。（"研发支出"科目应写出必要的明细科目）

（1）编制甲公司 2×21 年 7 月 1 日至 12 月 31 日研发 A 非专利技术时发生相关支出的会计分录。

（2）编制甲公司 2×22 年 1 月 1 日 A 非专利技术达到预定用途时的会计分录。

（3）计算甲公司 2×23 年 12 月 31 日对 A 非专利技术应计提减值准备的金额，并编制相关会计分录。

（4）计算甲公司 2×24 年 7 月 1 日对外出售 A 非专利技术应确认损益的金额，并编制相关会计分录。

二、答案部分

【答案】

（1）借：研发支出——费用化支出
　　　　　　　　　　　　800
　　　贷：原材料　　　　　150
　　　　　应付职工薪酬　　400
　　　　　累计折旧　　　　250
　　借：管理费用　　　　　800
　　　贷：研发支出——费用化支出　800
　　借：研发支出——资本化支出
　　　　　　　　　　　　2 000
　　　贷：原材料　　　　　700
　　　　　应付职工薪酬　　800
　　　　　累计折旧　　　　500

（2）借：无形资产　　　　2 000
　　　贷：研发支出——资本化支出
　　　　　　　　　　　　2 000

（3）① 2×23 年 12 月 31 日 A 非专利技术计提减值前的账面价值是 2 000 万元，可收回金额是 1 950 万元，计提减值准备的金额 = 2 000 − 1 950 = 50（万元）。

② 会计分录：
　　借：资产减值损失　　　　50
　　　贷：无形资产减值准备　　50

（4）① 甲公司 2×24 年 7 月 1 日，出售 A 非专利技术应确认的损益金额 = 1900 − 1 950 = −50（万元）。

② 会计分录：
　　借：银行存款　　　　1 900
　　　　无形资产减值准备　　50
　　　　资产处置损益　　　　50
　　　贷：无形资产　　　2 000

【解析】本题考查的知识点是内部研究开发支出的会计处理、资产减值、无形资产出售。

（1）内部研究开发支出的会计处理中，由于题目既给出了研究阶段支出明细，又给出了开发阶段支出明细，所以应分阶段进行账务处理。对于研究阶段支出，由于该支出不满足资本化条件，所以应当费用化处理，借记"研发支出——费用化支出"科目，根据耗用物料、人工等，贷记相关科目即可；对于开发阶段支出，由于题目中写明全部满足资本化条件，所以应当借记"研发支出——资本化支出"科目，根据耗用物料、人工等，贷记相关科目即可。

（2）根据减值前的账面价值与可回收金额作比较可知，该无形资产的可回收金额较小，所以该无形资产发生减值，根据可回收金额与账面价值间差额确认减值损失，借记"资产减值损失"科目，贷记"无形资产减值准备"科目即可。

（3）计算处置无形资产的损益时，由于是出售，所以最后应将处置损益计入"资产处置损益"，同时还应将之前计提的减值准备一并转出。

专题四 投资性房地产

命题思路

本专题内容可以在计算分析题与综合题中考查。2020 年计算分析题、2022 年计算分析题、2023 年计算分析题涉及本专题的知识点。本专题每年的主观题分值为 10~12 分。通过近几年真题分析,可以发现本专题是计算分析题比较频繁考查的内容,个别年份以综合题的形式考查,预计 2025 年计算分析题也会涉及本专题的内容。历年考查本专题的主要知识点是投资性房地产的初始计量——外购、采用成本模式计量的投资性房地产、采用公允价值模式计量的投资性

房地产、投资性房地产后续计量模式的变更、投资性房地产的转换、投资性房地产的处置等,考查的知识点比较基础。此外,主观题如果是计算分析题,一般就是本专题知识点单独命题,考查从初始取得至处置的全流程的业务处理;如果是综合题,一般是结合所得税费用命题,通常作为其中的某一段资料进行考查,计算与递延所得税有关的内容。本专题知识点比较琐碎,希望考生备考时,能够把基本功夯实。

经典例题

1. 2×19 年至 2×23 年,甲公司发生的与投资性房地产相关的交易或事项如下:

资料一:2×19 年 12 月 31 日,甲公司以银行存款 10 000 万元购入 M 写字楼,并于当日出租给乙公司,协议规定,租赁期限为 4 年,年租金 600 万元,于每年年末支付租金。甲公司预计该写字楼的使用寿命为 40 年,预计净残值为 200 万元,采用年限平均法计提折旧。甲公司对该写字楼采用成本模式进行后续计量。2×20 年 12 月 31 日,甲公司收到乙公司支付的租金 600 万元并存入银行。

资料二:2×22 年 1 月 1 日,甲公司将成本模式计量变更为采用公允价值模式计量,该变更符合企业会计准则的规定。变更当日该写字楼的公允价值为 12 000 万元。

资料三:2×22 年 12 月 31 日,甲公司该写字楼的公允价值为 11 800 万元。甲公司按照净利润的 10% 提取法定盈余公积。不考虑相关税费及其他因素的影响。

要求:根据上述资料,回答下列小题。("投资性房地产"科目应写出必要的明细科目;答案中的金额单位以万元表示)

(1)编制甲公司 2×19 年 12 月 31 日购入写字楼的会计分录。

【答案】

借:投资性房地产　　　　　10 000

　　贷:银行存款　　　　　　　10 000

(2)分别编制 2×20 年甲公司收到租金以及 2×20 年计提年度折旧额的会计分录。

【答案】

①2×20 年甲公司收到租金:

借:银行存款　　　　　　　600

　　贷:其他业务收入　　　　　600

②甲公司 2×20 年计提年度折旧额:

2×20 年应计提的折旧额 = (10 000 - 200)/40 = 245(万元)。

借:其他业务成本　　　　　245

　　贷:投资性房地产累计折旧　245

（3）计算甲公司 2×23 年 1 月 1 日变更核算方式对留存收益产生的影响，并编制相关会计分录。

【答案】

①2×23 年 1 月 1 日变更核算方式对留存收益的影响金额 = 12 000 –（10 000 – 245 × 2）= 2 490（万元）。

②会计分录：

借：投资性房地产——成本 12 000

　　投资性房地产累计折旧　490

　　贷：投资性房地产　　　　　10 000

　　　　盈余公积　　　　　　　　249

　　　　利润分配——未分配利润

　　　　　　　　　　　　　　　2 241

（4）计算甲公司 2×23 年 12 月 31 日该写字楼公允价值变动的金额，并编制相关会计分录。

【答案】

①甲公司 2×23 年 12 月 31 日公允价值变动的金额 = 11 800 – 12 000 = –200（万元）。

②会计分录：

借：公允价值变动损益　　　200

　　贷：投资性房地产——公允价值变动

　　　　　　　　　　　　　　200

2. 2×20 年至 2×23 年，甲公司发生的与 A 仓库相关的交易或事项如下：

资料一：2×20 年 12 月 31 日，甲公司以银行存款 7 240 万元购入 A 仓库并于当日出租给乙公司，相关手续已办妥，租期为 3 年，年租金为 600 万元，于每年年末收取。甲公司预计 A 仓库的使用年限为 20 年，预计净残值为 40 万元，采用年限平均法计提折旧。甲公司对投资性房地产采用成本模式进行后续计量。

资料二：2×23 年 1 月 1 日，甲公司对投资性房地产由成本模式变更为公允价值模式进行后续计量。当日，A 仓库的公允价值为 7 000 万元。

资料三：2×23 年 12 月 31 日，A 仓库租期届满，甲公司将其收回并以 7 600 万元出售给丙公司，款项已收存银行。

甲公司按净利润的 10% 计提法定盈余公积。本题不考虑增值税、企业所得税等相关税费及其他因素。答案中的金额单位以万元表示。

要求：根据上述资料，不考虑其他因素，回答下列小题。

（1）编制甲公司 2×20 年 12 月 31 日购入 A 仓库的相关会计分录。

【答案】

借：投资性房地产　　　　　7 240

　　贷：银行存款　　　　　　　7 240

（2）计算影响甲公司 2×22 年损益的金额。

【答案】

影响甲公司 2×22 年损益的金额 = 600 –（7 240 – 40）/20 = 240（万元）。

（3）计算甲公司 2×23 年 1 月 1 日将投资性房地产由成本模式变更为公允价值模式对留存收益的影响金额，并编制相关会计分录。

【答案】

①2×23 年 1 月 1 日后续计量模式变更时对留存收益的影响金额 = 7 000 –（7 240 – 360 × 2）= 480（万元）。

②会计分录：

借：投资性房地产——成本　7 000

　　投资性房地产累计折旧　720

　　贷：投资性房地产　　　　　7 240

　　　　盈余公积　　　　　　　　48

　　　　利润分配——未分配利润　432

（4）计算甲公司 2×23 年 12 月 31 日出售 A 仓库影响营业利润的金额，并编制相关会计分录。

【答案】

①甲公司 2×23 年 12 月 31 日出售 A 仓库影响营业利润的金额 = 7 600 – 7 000 = 600（万元）。

②会计分录：

借：银行存款　　　　　　　7 600

　　贷：其他业务收入　　　　　7 600

借：其他业务成本　　　　　7 000

　　贷：投资性房地产——成本　7 000

考点总结

考查内容	知识点	具体内容	
		成本模式	公允价值模式
初始计量	原则	应当按照成本进行计量	
	外购	借：投资性房地产 　贷：银行存款等	借：投资性房地产——成本 　贷：银行存款等
	自建	借：投资性房地产 　贷：在建工程 　　开发产品 　　无形资产	借：投资性房地产——成本 　贷：在建工程 　　开发产品 　　无形资产
后续计量	收取租金	借：银行存款 　贷：其他业务收入	
	折旧/摊销	借：其他业务成本 　贷：投资性房地产累计折旧 　　投资性房地产累计摊销	—
	公允价值变动	—	借：投资性房地产——公允价值变动【或贷】 　贷：公允价值变动损益【或借】
	减值 （不得转回）	借：资产减值损失 　贷：投资性房地产减值准备	—

考查内容	知识点	具体内容
投资性房地产后续 计量模式变更	类型	会计政策变更
	方法	追溯调整法
	会计分录	借：投资性房地产——成本 　　投资性房地产累计折旧 　　投资性房地产减值准备 　贷：投资性房地产 　　盈余公积 　　利润分配——未分配利润

考查内容	知识点	具体内容	
		成本模式	公允价值模式
自用房产 转换	自用房产转换 为投资性房 地产	借：投资性房地产 　　累计折旧 　　固定资产减值准备 　贷：固定资产 　　投资性房地产累计折旧 　　投资性房地产减值准备	借：投资性房地产——成本 　　累计折旧 　　固定资产减值准备 　　公允价值变动损益 　贷：固定资产 　　其他综合收益

续表

考查内容	知识点	具体内容	
		成本模式	公允价值模式
自用房产转换	投资性房地产转换为自用房产	借：固定资产 　　投资性房地产累计折旧 　　投资性房地产减值准备 　贷：投资性房地产 　　　累计折旧 　　　固定资产减值准备	借：固定资产 　贷：投资性房地产——成本 　　　　　　　——公允价值变动 　　　　　【或贷方】 　　　公允价值变动损益【或借方】
存货转换	作为存货的房地产转换为投资性房地产	借：投资性房地产 　　存货跌价准备 　贷：开发产品	借：投资性房地产——成本 　　存货跌价准备 　　公允价值变动损益 　贷：开发产品 　　　其他综合收益
	投资性房地产转换为存货	借：开发产品 　　投资性房地产累计折旧 　　投资性房地产减值准备 　贷：投资性房地产	借：开发产品 　贷：投资性房地产——成本 　　　　　　　——公允价值变动 　　　　　【或贷方】 　　　公允价值变动损益【或借方】

专项突破

一、试题部分

1. 2×21年9月1日，甲公司董事会决定将自用办公楼整体出租，并形成正式的书面决议。2×21年11月3日与乙公司签订租赁合同，租期为2年，年租金为240万元。2×22年1月1日为租赁期开始日，协议约定每年年初支付租金，假定按年确认租金收入。

（1）该写字楼为2×20年9月1日购建完成达到预定可使用状态，原值为4 000万元，预计使用年限为40年，预计净残值率为4%，均采用直线法计提折旧。

（2）2×21年9月1日和2×21年12月31日办公楼公允价值分别为4 100万元和4 300万元。

（3）2×22年初收到租金240万元。2×22年12月31日办公楼公允价值为4 800万元。

（4）2×23年初收到租金240万元。2×23年12月31日办公楼公允价值为4 500万元。

（5）2×24年初，租赁期届满时，企业董事会作出书面决议明确表明，将该房地产收回作为办公楼使用，当日达到自用状态。假设不考虑土地使用权和其他因素。

要求：

（1）假如投资性房地产的后续计量采用成本模式，作出上述业务相关的会计处理。

（2）假如投资性房地产的后续计量采用公允价值模式，作出上述业务相关的会计处理。

2. 甲公司以公允价值模式对投资性房地产进行计量。2×22年至2×23年相关资料如下：

资料一：2×22年3月1日，甲公司将原作为固定资产核算的写字楼，以经营租赁的方式租给乙公司，租期18个月，当日该写字楼的公允价值为16 000万元，账面原值为15 000万元，已计提折旧3 000万元。

资料二：2×22年3月31日，甲公司收到第一个月租金收入125万元，存入银行。12月31日，该写字楼的公允价值为17 000万元。

资料三：2×23年9月1日，租赁期届满，甲公司以17 500万元的价格出售该写字楼。

不考虑增值税、企业所得税等相关税费及其他因素。答案中的金额单位以万元表示。

要求：根据上述资料，回答下列小题。

（1）编制出租写字楼的会计分录。

（2）编制2×22年3月31日收到租金的会计分录。

（3）编制2×22年12月31日公允价值变动的会计分录。

（4）编制处置该写字楼的会计分录。

二、答案部分

1.【答案】

（1）投资性房地产的后续计量采用成本模式，会计处理如下：

①2×21年9月1日：

办公楼累计计提的折旧＝4 000×（1－4%）÷40＝96（万元）

借：投资性房地产　　　　　4 000

　　累计折旧　　　　　　　　96

　　贷：固定资产　　　　　　　　4 000

　　　　投资性房地产累计折旧　　96

②2×21年办公楼计提折旧：

办公楼应计提的折旧＝4 000×（1－4%）÷40×3÷12＝24（万元）

借：其他业务成本　　　　　　24

　　贷：投资性房地产累计折旧　　24

③2×22年初收到租金：

借：银行存款　　　　　　　240

　　贷：预收账款　　　　　　　　240

④2×22年办公楼计提折旧：

办公楼应计提的折旧＝4 000×（1－4%）÷40＝96（万元）

借：其他业务成本　　　　　　96

　　贷：投资性房地产累计折旧　　96

⑤2×22年确认租金收入：

借：预收账款　　　　　　　240

　　贷：其他业务收入　　　　　　240

⑥2×23年初收到租金：

借：银行存款　　　　　　　240

　　贷：预收账款　　　　　　　　240

⑦2×23年办公楼计提折旧：

办公楼应计提的折旧＝4 000×（1－4%）÷40＝96（万元）

借：其他业务成本　　　　　　96

　　贷：投资性房地产累计折旧　　96

⑧2×23年确认租金收入：

借：预收账款　　　　　　　240

　　贷：其他业务收入　　　　　　240

⑨2×24年初，租赁期届满收回：

借：固定资产　　　　　　　4 000

　　投资性房地产累计折旧　312

　　贷：投资性房地产　　　　　　4 000

　　　　累计折旧　　　　　　　　312

（2）投资性房地产的后续计量采用公允价值模式，会计处理如下：

①2×21年9月1日：

办公楼转换前累计计提的折旧＝4 000×（1－4%）÷40＝96（万元）

借：投资性房地产——成本　4 100

　　累计折旧　　　　　　　　96

　　贷：固定资产　　　　　　　　4 000

　　　　其他综合收益　　　　　　196

②2×21年12月31日：

借：投资性房地产——公允价值变动

　　　　　　　　　　　　　200

　　贷：公允价值变动损益　　　　200

③2×22年初收到租金：

借：银行存款　　　　　　　240

　　贷：预收账款　　　　　　　　240

④2×22年确认租金收入：

借：预收账款　　　　　　　240

　　贷：其他业务收入　　　　　　240

⑤2×22年12月31日：

借：投资性房地产——公允价值变动

　　　　　　　　　　　　　500

　　贷：公允价值变动损益　　　　500

⑥2×23年初收到租金：

借：银行存款　　　　　　　240

　　贷：预收账款　　　　　　　　240

⑦2×23年确认租金收入：

借：预收账款　　　　　　　240

　　贷：其他业务收入　　　　　　240

⑧2×24年初，租赁期届满收回：

借：固定资产　　　　　　　4 500

　　公允价值变动损益　　　300

　　贷：投资性房地产——成本　4 100

　　　　　　——公允价值变动

　　　　　　　　　　　　　700

【解析】本题考查的知识点是采用公允价值模式计量的投资性房地产、采用成本模式计量的投资性房地产、投资性房地产的转换、固定资产折旧。

（1）企业将自用建筑物转换为采用成本模式计量的投资性房地产时，应当按该项建筑物在转换日的账面余额，借记"投资性房地产"科目，贷记"固定资产"科目，按已计提的折旧，借记"累计折旧"科目，贷记"投资性房地产累计折旧"科目。

（2）采用成本模式对投资性房地产进行后续计量：按照固定资产准则的有关规定，按期（月）计提折旧，借记"其他业务成本"等科目，贷记"投资性房地产累计折旧"科目。取得的租金收入，借记"银行存款"等科目，贷记"其他业务收入"等科目。

（3）企业将采用成本模式计量的投资性房地产转换为自用房地产时，应当按该项投资性房地产在转换日的账面余额，借记"固定资产"科目，贷记"投资性房地产"科目，按已计提的折旧，借记"投资性房地产累计折旧"科目，贷记"累计折旧"科目。

（4）企业将自用建筑物转换为采用公允价值模式计量的投资性房地产时，应当按该项土地使用权或建筑物在转换日的公允价值，借记"投资性房地产——成本"科目，按已计提的累计折旧，借记"累计折旧"科目，按其账面余额，贷记"固定资产"科目；同时，转换日的公允价值小于原账面价值的，按其差额，借记"公允价值变动损益"科目，转换日的公允价值大于原账面价值的，按其差额，贷记"其他综合收益"科目。

（5）采用公允价值模式计量的投资性房地产，在后续计量期间，收取的租金，应记入"其他业务收入"科目；公允价值下降时，应当借记"公允价值变动损益"科目，贷记"投资性房地产——公允价值变动"科目。

（6）将采用公允价值模式计量的投资性房地产转为自用房地产时，应以转换当日的公允价值作为自用房产的账面价值。本题中，转换当日的公允价值为 11 500 万元，所以固定资产的入账价值为 11 500 万元。持有期间产生的"投资性房地产——公允价值变动"也应转出，借记"投资性房地产——公允价值变动"科目，最后贷记"投资性房地产——成本"科目。另外，本题中转换当日办公楼的账面价值与公允价值均为 11 500 万元，因此，没有差额，无须确认当期损益（即公允价值变动损益）。

2.【答案】

（1）借：投资性房地产——成本

16 000

累计折旧 3 000

贷：固定资产 15 000

其他综合收益 4 000

（2）借：银行存款 125

贷：其他业务收入 125

（3）借：投资性房地产——公允价值变动

1 000

贷：公允价值变动损益 1 000

（4）借：银行存款 17 500

贷：其他业务收入 17 500

借：其他业务成本 17 000

贷：投资性房地产——成本 16 000

——公允价值变动

1 000

借：公允价值变动损益 1 000

贷：其他业务成本 1 000

借：其他综合收益 4 000

贷：其他业务成本 4 000

【解析】本题考查的知识点是投资性房地产的转换、采用公允价值模式计量的投资性房地产、投资性房地产的处置。

（1）将自用房产转为以公允价值模式计量的投资性房地产，应当按照转换当日投资性房地产的公允价值，借记"投资性房地产——成本"科目；办公楼的公允价值大于账面价值的差额，贷记"其他综合收益"科目。

（2）采用公允价值模式计量的投资性房地产，在后续计量期间，收取的租金，应记入"其他业务收入"科目；公允价值上升时，应当借记"投资性房地产——公允价值变动"科目，贷记"公允价值变动损益"科目。

（3）处置以公允价值模式计量的投资性房地产，应当按照实际收到的金额，借记"银行存款"科目，贷记"其他业务收入"科目；按其账面余额，借记"其他业务成本"科目，贷记"投资性房地产——成本"科目，按照累计公允价值变动，贷记或借记"投资性房地产——公允价值变动"科目。此外，本题中该投资性房地产是由自用房产转换得来，原转换日计入其他综合收益的金额，也应一并结转，借记"其他综合收益"科目，贷记"其他业务成本"科目。

专题五　长期股权投资

命题思路

本专题内容是计算分析题与综合题的必考内容。2017 年（卷二）综合题、2019 年（卷二）综合题、2020 年（卷二）综合题、2021 年（卷二）综合题、2022 年（卷一、卷二）计算分析题和 2024 年（卷二）综合题涉及本专题的知识点。本专题每年的主观题分值为 12～18 分。通过近几年真题分析，可以发现本专题是计算分析题比较频繁考查的内容，综合题多与金融资产和财务报表一起考查，比如本专题内容与交易性金融资产、其他权益工具投资、合并报表等相结合，预计 2025 年计算分析题和综合题也会涉及本专题的内容。历年考查本专题的主要知识点是长期股权投资的初始计量、成本法、权益法

（重点是初始投资成本的调整、投资损益的确认）、长期股权投资核算方法的转换以及长期股权投资的处置等，考查的知识点虽然综合性很强，但是相关资料比较基础，便于考生联想本专题或者关联专题的相关知识点，比如当题目涉及同一母公司控制下的两家子公司、自非关联方处取得某公司 60% 的股权、投资日应享有的被投资方可辨认净资产的公允价值的份额等字眼时，要立刻想到本专题的知识点。本专题内容难度系数较大，考生在备考时，应在理解相关理论原理的基础上，大量练习，以巩固理解。考试时，相关计算和分录如果不是很熟悉，则应分步书写，以便尽可能地多得分！

经典例题

1. 2×22 年至 2×23 年，甲公司发生的与股权投资相关的交易或事项如下：

资料一：2×22 年 1 月 1 日，甲公司以银行存款 5 950 万元从非关联方取得乙公司 20% 有表决权的股份，另以银行存款支付手续费 50 万元，甲公司对该长期股权投资采用权益法核算，当日，乙公司可辨认净资产的账面价值为 32 000 万元，各项可辨认资产、负债的公允价值与其账面价值均相同。本次投资前，甲公司不持有乙公司股份，且与乙公司不存在关联方关系，甲公司和乙公司的会计政策和会计期间均相同。

资料二：2×22 年 11 月 5 日，乙公司将其成本为 300 万元的 A 商品以 450 万元的价格销售给甲公司，款项已收存银行。甲公司将购入的 A 商品作为存货核算。至 2×22 年 12 月 31 日，甲公司购入的该批商品尚未对外销售。

资料三：2×22 年度乙公司实现净利润 3 000 万元。

资料四：2×23 年 5 月 10 日，乙公司宣告分派 2×22 年度现金股利 500 万元。2×23 年 5 月 15 日，甲公司收到乙公司派发的现金股利 100 万元。

资料五：2×23 年 6 月 5 日，甲公司将 A 商品以 520 万元的价格全部出售给外部独立第三方。2×23 年度乙公司实现净利润 1 800 万元。

本题不考虑增值税等相关税费及其他因素。（"长期股权投资"科目应写出必要的明细科目；答案中的金额单位以万元表示）

要求：根据上述资料，回答下列小题。

（1）计算甲公司 2×22 年 1 月 1 日取得对乙公司长期股权投资的初始投资成本，判断甲公司是否需要对该长期股权投资的初始投资成本进行

调整，并编制相关会计分录。

【答案】

①长期股权投资的初始投资成本 = 5 950 + 50 = 6 000（万元）。

②投资日应享有的乙公司可辨认净资产公允价值份额 = 32 000 × 20% = 6 400（万元）。

长期股权投资的初始投资成本 6 000 万元小于投资日应享有乙公司可辨认净资产公允价值份额 6 400 万元，因此，应当调整长期股权投资的初始入账价值，同时将差额确认为营业外收入。

③会计分录：

借：长期股权投资——投资成本

6 000

　　贷：银行存款　　　　　　6 000

借：长期股权投资——投资成本

400

　　贷：营业外收入　　　　　　400

（2）计算甲公司 2 × 22 年度对乙公司股权投资应确认的投资收益，并编制相关会计分录。

【答案】

①乙公司调整后的净利润 = 3 000 – （450 – 300）= 2 850（万元）。

②甲公司 2 × 22 年度对乙公司股权投资应确认的投资收益 = 2 850 × 20% = 570（万元）。

借：长期股权投资——损益调整

570

　　贷：投资收益　　　　　　570

（3）分别编制甲公司 2 × 23 年 5 月 10 日确认应收现金股利和 2 × 23 年 5 月 15 日收到现金股利的相关会计分录。

【答案】

①2 × 23 年 5 月 10 日，甲公司确认现金股利：

借：应收股利　　　　　　100

　　贷：长期股权投资——损益调整

100

②2 × 23 年 5 月 15 日，甲公司收到现金股利：

借：银行存款　　　　　　100

　　贷：应收股利　　　　　　100

（4）计算甲公司 2 × 23 年度对乙公司股权投资应确认的投资收益，并编制相关会计分录。

【答案】

①2 × 23 年度乙公司调整后的净利润 = 1 800 + （450 – 300）= 1 950（万元）。

②甲公司 2 × 23 年度对乙公司股权投资应确认的投资收益 = 1 950 × 20% = 390（万元）。

借：长期股权投资——损益调整

390

　　贷：投资收益　　　　　　390

2. 2 × 23 年，甲公司发生的与股权投资相关的交易或事项如下：

资料一：2 × 23 年 2 月 1 日，甲公司以银行存款 2 000 万元从二级市场购入乙公司 2% 有表决权股份，将其指定为以公允价值计量且其变动计入其他综合收益的非交易性权益工具投资。

资料二：2 × 23 年 4 月 10 日，乙公司宣告发放现金股利 5 000 万元。2 × 23 年 4 月 20 日，甲公司收到乙公司发放的 100 万元现金股利。

资料三：2 × 23 年 6 月 30 日，甲公司持有的乙公司 2% 有表决权股份的公允价值为 1 850 万元。

资料四：2 × 23 年 8 月 10 日，甲公司为实现与乙公司的战略协议，以银行存款 5 500 万元购入乙公司 5% 有表决权股份，并办妥股份转让手续。当日，甲公司持有乙公司原 2% 有表决权股份的公允价值为 2 200 万元，乙公司可辨认净资产的公允价值为 110 000 万元。至此，甲公司持有乙公司 7% 有表决权股份，能够对乙公司施加重大影响，对该投资采用权益法核算。

本题不考虑相关税费及其他因素影响。（"其他权益工具投资"应写出必要的明细科目，答案中的金额单位以万元表示）

要求：根据上述资料，回答下列小题。

（1）编制甲公司 2 × 23 年 2 月 1 日取得乙公司 2% 有表决权股份的相关会计分录。

【答案】

借：其他权益工具投资——成本

2 000

　　贷：银行存款　　　　　　2 000

（2）编制甲公司 2 × 23 年 4 月 10 日确认应收股利和 2 × 23 年 4 月 20 日收到现金股利的相关会计分录。

【答案】

2 × 23 年 4 月 10 日：

借：应收股利（5 000 × 2%）　100

　　贷：投资收益　　　　　　100

2 × 23 年 4 月 20 日：

借：银行存款　　　　　　100
　　贷：应收股利　　　　　　　100

（3）编制甲公司2×23年6月30日确认所持乙公司2%有表决权股份公允价值变动的相关会计分录。

【答案】
借：其他综合收益　　　　150
　　贷：其他权益工具投资——公允价值变动
　　　　　　　　　　　　　　　150

（4）计算甲公司2×23年8月10日对乙公司长期股权投资的初始投资成本，并编制相关会计分录。

【答案】
①2×23年8月10日，长期股权投资的初始投资成本=2 200+5 500=7 700（万元）

②2×23年8月10日，甲公司享有的乙公司可辨认净资产的公允价值的份额=110 000×7%=7 700（万元）

由于甲公司对乙公司长期股权投资的初始投资成本7 700万元与享有的乙公司可辨认净资产公允价值份额7 700万元相等，因此，无须调整长期股权投资的入账价值。

③会计分录：
借：长期股权投资——投资成本
　　　　　　　　　　　　　　　7 700
　　其他权益工具投资——公允价值变动
　　　　　　　　　　　　　　　150
　　贷：银行存款　　　　　　5 500
　　　　其他权益工具投资——成本
　　　　　　　　　　　　　　　2 000
　　　　盈余公积——法定盈余公积 35
　　　　利润分配——未分配利润 315
借：盈余公积——法定盈余公积15
　　利润分配——未分配利润 135
　　贷：其他综合收益　　　　150

考点总结

知识点		合并		非合并
		同控	非同控	
初始成本		合并日应享有的被合并方在最终控制方合并财务报表中净资产的账面价值的份额	付出资产、承担负债，以及发行权益工具的公允价值	付出资产、承担负债，以及发行权益工具的公允价值＋中介费用
对价形式	付出资产、承担负债	账面价值计量	公允价值计量	
	发行权益工具	面值记入"股本"科目，成本与账面价值间差额记入"资本公积"科目	面值记入"股本"科目，公允价值与账面价值间差额记入"资本公积"科目	
		【注意】若差额在借方，且"资本公积"不足冲减时，还应依次冲减"盈余公积"和"未分配利润"		
	中介费用	记入"管理费用"科目		计入投资成本

知识点	具体内容
成本法适用范围	对子公司的投资 【注意】含同一控制下企业合并和非同一控制下企业合并形成的长期股权投资

续表

知识点		具体内容
成本法下经济业务会计处理	被投资方发生盈亏	不作账务处理
	宣告发放现金股利	借：应收股利 　　贷：投资收益
	收到现金股利	借：银行存款 　　贷：应收股利

知识点			具体内容	
权益法适用范围			对联营企业与对合营企业的投资	
权益法下经济业务会计处理	损益调整	投资时点评估增值	调减已实现部分损益	
			存货	评估增值金额×售出比例
			固定资产、无形资产	评估增值金额的折旧/摊销
		内部交易	调减未实现内部损益	
			存货	评估增值金额×留存比例
			固定资产、无形资产	评估增值金额＋评估增值金额对应的折旧/摊销
		宣告发放现金股利	借：应收股利 　　贷：长期股权投资——损益调整	
		确认损益	投资收益＝调整后的净利润×持股比例 借：长期股权投资——损益调整 　　贷：投资收益	
	被投资方其他综合收益变动		借：长期股权投资——其他综合收益 　　贷：其他综合收益 亏损时，作相反账务处理	
	被投资方其他所有者权益变动		借：长期股权投资——其他权益变动 　　贷：资本公积——其他资本公积 亏损时，作相反账务处理	
	超额亏损		借：投资收益 　　贷：长期股权投资——损益调整 　　　　长期应收款 　　　　预计负债 【注意】按上述顺序确认投资损失后，若仍有额外损失，则应在账外备查登记；后期实现盈利时，再按照相反顺序进行处理	
	减值		借：资产减值损失 　　贷：长期股权投资减值准备	

知识点		具体内容
公允升权益	初始成本	原股权投资日的公允价值 + 新支付对价的公允价值
	账务处理	借：长期股权投资——投资成本 　　贷：交易性金融资产——成本 　　　　投资收益 　　　　银行存款等 【注意1】若原股权被划分为其他权益工具投资，公允价值与账面价值间的差额，应转入留存收益。 【注意2】若初始投资成本 < 投资时应享有的被投资方可辨认净资产公允价值的份额，应调整初始入账价值
公允升成本	初始成本	（1）同一控制下企业合并（不构成"一揽子"交易）： 合并日应享有的被合并方在最终控制方合并财务报表中净资产的账面价值的份额。 （2）非同一控制下企业合并： 原股权投资日的公允价值 + 新支付对价的公允价值
	账务处理	（1）同一控制下企业合并（不构成"一揽子"交易）： 借：长期股权投资 　　贷：交易性金融资产等【账面价值】 　　　　银行存款等 　　　　资本公积【或借方】 【注意1】合并日之前持有的股权投资，因采用权益法核算或金融工具确认和计量准则核算而确认的其他综合收益等，暂不进行账务处理。 （2）非同一控制下企业合并： 借：长期股权投资 　　贷：交易性金融资产等 　　　　银行存款等 　　　　投资收益等 【注意2】若为其他权益工具投资，还应将持有期间产生的其他综合收益转入留存收益
权益升成本	初始成本	（1）同一控制下企业合并（不构成"一揽子"交易）： 合并日应享有的被合并方在最终控制方合并财务报表中净资产的账面价值的份额。 （2）非同一控制下企业合并： 原股权投资日的账面价值 + 新支付对价的公允价值
	账务处理	（1）同一控制下企业合并（不构成"一揽子"交易）： 借：长期股权投资 　　贷：长期股权投资——投资成本 　　　　　　　　　　——其他综合收益 　　　　　　　　　　——其他权益变动 　　　　银行存款等 　　　　资本公积【或借方】 （2）非同一控制下企业合并： 借：长期股权投资 　　贷：长期股权投资——投资成本 　　　　　　　　　　——其他综合收益 　　　　　　　　　　——其他权益变动 　　　　银行存款等 【注意】原权益法下产生的其他综合收益、资本公积——其他资本公积的金额，无须转出
成本降权益	处置股权	借：银行存款 　　贷：长期股权投资 　　　　投资收益

知识点		具体内容
成本降权益	剩余股权	（1）剩余长期股权投资的成本＞剩余持股比例计算原投资时应享有被投资方可辨认净资产公允价值份额。 借：长期股权投资——投资成本 　　贷：长期股权投资 　　　　投资收益 （2）剩余长期股权投资的成本＜剩余持股比例计算原投资时应享有被投资方可辨认净资产公允价值份额。 借：长期股权投资——投资成本 　　贷：长期股权投资 　　　　盈余公积 　　　　利润分配——未分配利润
成本降公允	处置股权	借：交易性金融资产等 　　贷：长期股权投资 　　　　投资收益
	剩余股权	借：银行存款 　　贷：长期股权投资 　　　　投资收益
权益降公允	处置股权	借：银行存款 　　贷：长期股权投资 　　　　投资收益
	剩余股权	借：交易性金融资产等 　　贷：长期股权投资——投资成本 　　　　　　　　　——损益调整 　　　　　　　　　——其他综合收益 　　　　　　　　　——其他权益变动 　　　　　　投资收益 借：其他综合收益 　　资本公积——其他资本公积 　　贷：投资收益 【注意】如果投资方是因为被投资方是持有其他权益工具投资公允价值变动确认的其他综合收益，则处置该长期股权投资时，应将持有期间确认的其他综合收益转入留存收益

专项突破

一、试题部分

1. 2×22 年至 2×24 年，甲公司与股权投资相关的交易或事项如下：

资料一：2×22 年 4 月 1 日，甲公司以银行存款 2 000 万元从非关联方处取得乙公司 5% 有表决权的股份，另支付交易费用 10 万元。甲公司将其指定为以公允价值计量且其变动计入其他综合收益的非交易性权益工具投资。2×22 年 12

月 31 日和 2×23 年 1 月 1 日，该股权投资的公允价值均为 2 100 万元。

资料二：2×23 年 1 月 1 日，甲公司以银行存款 8 400 万元从另一非关联方处进一步取得乙公司 20% 有表决权的股份，另支付交易费用 50 万元。当日，甲公司完成相关交易，乙公司可辨认净资产账面价值为 40 000 万元，各项可辨认资产、负债的公允价值与账面价值均相等。交易完成后，甲公司累计持有乙公司 25% 的有表决权股份，可以对乙公司施加重大影响，对该股权投资转为采用权益法核算。

资料三：2×23年10月10日，甲公司以一批账面价值为600万元的商品以800万元的价格销售给乙公司，乙公司将这批商品作为存货核算。截至2×23年12月31日，乙公司这批商品尚未对第三方销售。乙公司2×23年度实现净利润1 200万元。

资料四：2×24年3月20日，乙公司宣告发放400万元现金股利。2×24年3月31日，甲公司收到现金股利100万元。

其他资料：甲、乙公司均以公历年度作为会计年度，采用相同的会计政策。本题不考虑增值税、企业所得税等相关税费及其他因素。

（"其他权益工具投资""长期股权投资"科目应写出必要的明细科目，答案中的金额单位用万元表示）

（1）编制甲公司2×22年4月1日取得乙公司5%有表决权股份的会计分录。

（2）编制甲公司2×22年12月31日该股权投资公允价值变动的会计分录。

（3）计算甲公司2×23年1月1日持有乙公司25%有表决权股份的初始投资成本，并编制相关会计分录。

（4）计算甲公司2×23年因持有乙公司股份而确认的投资收益，并编制相关会计分录。

（5）编制甲公司在2×24年乙公司宣告发放现金股利和收到股利时的会计分录。

2. 甲公司对乙公司股权投资相关业务如下：

资料一：2×22年1月1日，甲公司以银行存款7 300万元从非关联方取得了乙公司20%的有表决权股份，对其财务和经营政策具有重大影响。当日，乙公司所有者权益的账面价值为40 000万元，各项可辨认资产、负债的公允价值与账面价值均相等。本次投资前，甲公司不持有乙公司股份且与乙公司不具有关联方关系，甲公司的会计政策、会计期间和乙公司一致。

资料二：2×22年6月15日，甲公司将生产的一项成本为600万元的设备销售给乙公司，销售价款1 000万元。当日，乙公司以银行存款支付了全部货款，并将其交付给本公司专设销售机构作为固定资产立即投入使用。乙公司预计该设备使用年限为10年，预计净残值为0，采用

年限平均法计提折旧。

资料三：乙公司2×22年度实现的净利润为6 000万元，因持有的其他债权投资公允价值上升计入其他综合收益380万元。

资料四：2×23年4月1日，乙公司宣告分派现金股利1 000万元；2×23年4月10日，甲公司按其持股比例收到乙公司分派的股利并存入银行。

资料五：2×23年9月1日，甲公司以定向发行普通股股票2 000万股（每股面值1元，公允价值10元）的方式，继续从非关联方购入乙公司40%的有表决权股份，至此共持有60%的有表决权股份，对其形成控制。该项合并不构成反向购买。当日，乙公司可辨认净资产的账面价值与公允价值均为45 000万元；甲公司原持有20%股权的公允价值为10 000万元。

假定不考虑增值税和所得税等税费的影响。答案中的金额单位以万元表示。

要求：根据上述资料，回答下列小题。

（1）计算甲公司2×22年1月1日甲公司是否需要调整对乙公司股权投资的成本，并编制取得投资的相关会计分录。

（2）计算2×22年甲公司应确认的投资收益、其他综合收益的金额，以及2×22年末甲公司股权投资的账面价值，并编制相关会计分录。

（3）编制2×23年4月1日甲公司在乙公司分派现金股利时的会计分录，以及2×23年4月10日甲公司收到现金股利的会计分录。

（4）计算2×23年9月1日甲公司股权投资由权益法转为成本法时应确认的初始投资成本，并编制相关会计分录。

（5）计算2×23年9月1日甲公司应确认的合并成本和商誉。

3. 甲股份有限公司（以下简称"甲公司"）2×22年至2×24年发生的与长期股权投资有关交易资料如下：

（1）2×22年1月20日，甲公司与乙公司签订购买乙公司持有的丙公司60%股权的合同。合同规定：以丙公司2×22年6月30日评估的可辨认净资产价值为基础，协商确定对丙公司60%股权的购买价格；合同经双方股东大会批准后生效。

购买丙公司60%股权时，甲公司与乙公司

不存在关联方关系。

（2）购买丙公司60%股权的合同执行情况如下：

①2×22年3月15日，甲公司和乙公司分别召开股东大会，批准通过了该购买股权的合同。

②2×22年6月30日，丙公司的所有者权益账面价值总额为8 400万元，其中，股本6 000万元，资本公积1 000万元，盈余公积400万元，未分配利润1 000万元。当日经评估后的丙公司可辨认净资产公允价值总额为10 000万元。

丙公司的所有者权益账面价值总额与可辨认净资产公允价值总额的差额，由下表中资产所引起：

单位：万元

项目	账面价值	公允价值
固定资产	3 600	4 800
无形资产	2 000	2 400

上表中，固定资产为一栋办公楼，预计该办公楼自2×22年6月30日起剩余使用年限为20年、净残值为0，采用年限平均法计提折旧；无形资产为一项土地使用权，预计该土地使用权自2×22年6月30日起剩余使用年限为10年、净残值为0，采用直线法摊销。该办公楼和土地使用权均为管理使用。

③经协商，双方确定丙公司60%股权的价格为5 700万元，甲公司以一项投资性房地产和一项交易性金融资产作为对价。

甲公司作为对价的投资性房地产，在处置前采用公允价值模式计量，在2×22年6月30日的账面价值为3 800万元（其中，"成本"明细为3 000万元，"公允价值变动"明细为800万元），公允价值为4 200万元；作为对价的交易性金融资产，在2×22年6月30日的账面价值为1 400万元（其中，"成本"明细为1 200万元，"公允价值变动"明细为200万元），公允价值为1 500万元。

2×22年6月30日，甲公司以银行存款支付购买股权过程中发生的审计费用、评估咨询费用共计200万元。

④甲公司和乙公司均于2×22年6月30日办理完毕上述相关资产的产权转让手续。

⑤甲公司于2×22年6月30日对丙公司董事会进行改组，并取得控制权。

（3）丙公司2×22年及2×23年实现损益等有关情况如下：

①2×22年度丙公司实现净利润1 200万元（假定有关收入、费用在年度中间均匀发生），当年提取盈余公积120万元，未对外分配现金股利。

②2×23年度丙公司实现净利润1 600万元，当年提取盈余公积160万元，未对外分配现金股利。

③2×23年7月1日至2×23年12月31日，丙公司除实现净利润外，未发生引起股东权益变动的其他交易或事项。

（4）2×24年1月2日，甲公司以2 500万元的价格出售丙公司20%的股权。当日，收到购买方通过银行转账支付的价款，并办理完毕股权转让手续。甲公司在出售该部分股权后，持有丙公司的股权比例降至40%，不再拥有对丙公司的控制权，但能够对丙公司实施重大影响。2×24年度丙公司实现净利润800万元，当年提取盈余公积80万元，未对外分配现金股利。丙公司因当年购入的其他债权投资公允价值上升导致其他综合收益净增加300万元。

（5）其他有关资料：

①不考虑相关税费因素的影响。

②甲公司按照净利润的10%提取盈余公积。

③不考虑投资单位和被投资单位的内部交易。

④出售丙公司20%股权后，甲公司无子公司，无须编制合并财务报表。

答案中的金额单位以万元表示。

要求：根据上述资料，不考虑其他因素，回答下列小题。

（1）根据资料（1）~（2），判断甲公司购买丙公司60%股权的合并类型，并说明理由。

（2）根据资料（1）~（2），计算甲公司该企业合并的成本、甲公司转让作为对价的投资性房地产和交易性金融资产对2×22年度损益的影响金额。

（3）根据资料（1）～（2），计算甲公司对丙公司长期股权投资的入账价值并编制相关会计分录。

（4）计算 2×23 年 12 月 31 日甲公司对丙公司长期股权投资的账面价值。

（5）计算甲公司出售丙公司 20% 股权产生的损益并编制相关会计分录。

（6）编制甲公司对丙公司长期股权投资由成本法转为权益法的相关追溯调整分录。

（7）计算 2×24 年 12 月 31 日甲公司对丙公司长期股权投资的账面价值，并编制相关会计分录。

4. 甲公司 2×21 年至 2×23 年对乙公司股票投资的有关资料如下：

资料一：2×21 年 1 月 1 日，甲公司定向发行每股面值为 1 元、公允价值为 4.5 元的普通股 1 000 万股作为对价取得乙公司 30% 有表决权的股份。交易前，甲公司与乙公司不存在关联方关系且不持有乙公司股份；交易后，甲公司能够对乙公司施加重大影响。取得投资日，乙公司可辨认净资产的账面价值为 16 000 万元，除行政管理用 W 固定资产外，其他各项资产、负债的公允价值分别与其账面价值相同。

该固定资产原价为 500 万元，原预计使用年限为 5 年，预计净残值为 0，采用年限平均法计提折旧，已计提折旧 100 万元；当日，该固定资产公允价值为 480 万元，预计尚可使用 4 年，与原预计剩余年限相一致，预计净残值为 0，继续采用原方法计提折旧。

资料二：2×21 年 8 月 20 日，乙公司将其成本为 900 万元的 M 商品以不含增值税的价格 1 200 万元出售给甲公司。至 2×21 年 12 月 31 日，甲公司向非关联方累计售出该商品 50%，剩余 50% 作为存货，未发生减值。

资料三：2×21 年度，乙公司实现的净利润为 6 000 万元，增加可重分类进损益的其他综合收益 200 万元，未发生其他影响乙公司所有者权益变动的交易或事项。

资料四：2×22 年 1 月 1 日，甲公司将对乙公司股权投资的 80% 出售给非关联方，取得价款 5 600 万元，相关手续于当日完成，剩余股份当日公允价值为 1 400 万元，出售部分股份后，甲公司对乙公司不再具有重大影响，将剩余股权投资转为其他权益工具投资。

资料五：2×22 年 6 月 30 日，甲公司持有乙公司股票的公允价值下跌至 1 300 万元。

资料六：2×22 年 7 月起，乙公司股票价格持续下跌，至 2×22 年 12 月 31 日，甲公司持有乙公司股票的公允价值下跌至 800 万元。

资料七：2×23 年 1 月 8 日，甲公司以 780 万元的价格在二级市场上售出所持乙公司的全部股票。

资料八：甲公司和乙公司所采用的会计政策、会计期间相同，假定甲公司按实现净利润的 10% 提取法定盈余公积金，不提取任意盈余公积金，不考虑增值税、所得税等其他因素。

（"长期股权投资""其他权益工具投资"科目应写出必要的明细科目；答案中的金额单位以万元表示）

要求：根据上述资料，不考虑其他因素，回答下列小题。

（1）判断说明甲公司 2×21 年度对乙公司长期股权投资应采用的核算方法，并编制甲公司取得乙公司股权投资的会计分录。

（2）计算甲公司 2×21 年度应确认的投资收益和应享有乙公司其他综合收益变动的金额，并编制相关会计分录。

（3）计算甲公司 2×22 年 1 月 1 日处置部分股权投资交易对公司营业利润的影响额，并编制相关会计分录。

（4）分别编制甲公司 2×22 年 6 月 30 日和 12 月 31 日与持有乙公司股票相关的会计分录。

（5）编制甲公司 2×23 年 1 月 8 日处置乙公司股票的相关会计分录。

二、答案部分

1.【答案】

（1）2×22 年 4 月 1 日：

借：其他权益工具投资——成本

      2 010

  贷：银行存款   2 010

（2）2×22 年 12 月 31 日：

借：其他权益工具投资——公允价值变动

      90

  贷：其他综合收益   90

（3）2×23 年 1 月 1 日，甲公司该长期股权投资的初始投资成本 = 2 100 + 8 400 + 50 = 10 550（万元）。

借：长期股权投资——投资成本
　　　　　　　　　　　　10 550
　　贷：银行存款　　　　　8 450
　　　　其他权益工具投资——成本
　　　　　　　　　　　　　　2 010
　　　　　　　　——公允价值变
　　　　　　　　　　　动　90
借：其他综合收益　　　　　90
　　贷：利润分配——未分配利润　90

因为甲公司该长期股权投资的初始投资成本10 550万元小于当日享有乙公司可辨认净资产公允价值份额10 000万元（40 000×25%），所以，无须调整长期股权投资的初始入账价值。

（4）乙公司调整后的净利润 = 1 200 -（800 - 600）= 1 000（万元），甲公司应确认投资收益额 = 1 000×25% = 250（万元）。

借：长期股权投资——损益调整
　　　　　　　　　　　　　250
　　贷：投资收益　　　　　250
（5）借：应收股利（400×25%）
　　　　　　　　　　　　　100
　　贷：长期股权投资——损益调整
　　　　　　　　　　　　　100
借：银行存款　　　　　　　100
　　贷：应收股利　　　　　100

【解析】本题考查的知识点是金融资产的初始计量、金融资产的后续计量、长期股权投资的初始计量、权益法——投资损益确认。

（1）甲公司将购入的乙公司的股权指定为以公允价值计量且其变动计入其他综合收益的金融资产，所以，应当根据购入股权支付的价款，借记"其他权益工具投资——成本"科目，贷记"银行存款"科目。

（2）其他权益工具投资期末发生公允价值变动时，应将公允价值大于账面价值的差额，确认为持有期间产生的浮盈，借记"其他权益工具投资——公允价值变动"科目，贷记"其他综合收益"科目。注意，由于其他权益工具投资不影响损益，直接影响所有者权益，所以该变动金额只能记入"其他综合收益"科目。

（3）甲公司增资取得乙公司的长期股权投资时，由于属于多次交易获取，所以，长期股权投资的初始入账价值 = 原股权投资日的公允价值 + 新支付对价的公允价值。同时，该业务相当于先将原先持有的"其他权益工具投资"处置，然后再重新取得一项"长期股权投资"，所以，还应将持有期间确认的"其他综合收益"转入"留存收益"。

（4）因为资料三中，甲公司与乙公司之间发生内部交易，所以计算甲公司2×23年度对乙公司股权投资应确认投资收益时，应根据资料中提供的乙公司2×23年的净利润，结合内部交易未实现的损益进行调整，根据调整后的乙公司2×23年的净利润，结合甲公司应享有的乙公司的股权份额确认投资损益，并借记"长期股权投资——损益调整"科目，贷记"投资收益"科目。

（5）乙公司宣告发放现金股利和甲公司收到现金股利，属于权益法下取得现金股利或利润的处理。按照权益法核算的长期股权投资，投资方自被投资单位取得的现金股利或利润，应抵减长期股权投资的账面价值。在被投资单位宣告分派现金股利或利润时，借记"应收股利"科目，贷记"长期股权投资——损益调整"科目；收到现金股利时，借记"银行存款"科目，贷记"应收股利"科目。

2.【答案】

（1）①2×22年1月1日，甲公司应确认初始投资成本 = 7 300万元。

②2×22年1月1日，甲公司享有的乙公司可辨认净资产公允价值的份额 = 40 000×20% = 8 000（万元）。

由于投资日甲公司该长期股权投资的初始投资成本7 300万元小于应享有的乙公司可辨认净资产公允价值的份额8 000万元，因此，应调整长期股权投资的初始入账价值，同时将差额确认为营业外收入。

③会计分录：

借：长期股权投资——投资成本
　　　　　　　　　　　　　8 000
　　贷：银行存款　　　　　7 300
　　　　营业外收入　　　　700
（2）①乙公司2×22年调整后净利润 = 6 000 -（1 000 - 600）+（1 000 - 600）/10/2 = 5 620

（万元）。

②甲公司根据乙公司调整后净利润应确认的投资收益金额 = 5 620 × 20% = 1 124（万元）。

③甲公司应确认的其他综合收益金额 = 380 × 20% = 76（万元）。

④2×22 年末甲公司长期股权投资的账面价值 = 8 000 + 1 124 + 76 = 9 200（万元）。

⑤会计分录：

借：长期股权投资——损益调整
　　　　　　　　　　　　　　　1 124
　　贷：投资收益　　　　　　　1 124
借：长期股权投资——其他综合收益
　　　　　　　　　　　　　　　76
　　贷：其他综合收益　　　　　76

（3）①甲公司确认现金股利：

借：应收股利　　　　　　　　200
　　贷：长期股权投资——损益调整
　　　　　　　　　　　　　　　200

②甲公司收到现金股利：

借：银行存款　　　　　　　　200
　　贷：应收股利　　　　　　　200

（4）①甲公司应确认初始投资成本 = (8 000 + 1 124 + 76 – 200) + 2 000 × 10 = 29 000（万元）。

②会计分录：

借：长期股权投资　　　　　29 000
　　贷：股本　　　　　　　　2 000
　　　　资本公积——股本溢价18 000
　　　　长期股权投资——投资成本
　　　　　　　　　　　　　　　8 000
　　　　　　　　——损益调整
　　　　　　　　　　　　　　　924
　　　　　　　　——其他综合收益
　　　　　　　　　　　　　　　76

（5）①甲公司应确认合并成本 = 10 000 + 2 000 × 10 = 30 000（万元）。

②合并商誉 = 30 000 – 45 000 × 60% = 3 000（万元）。

【解析】本题考查的知识点是长期股权投资的初始计量——企业合并以外的其他方式取得的长期股权投资、权益法——投资损益确认、权益法——被投资单位其他综合收益变动的处理。

（1）由于甲公司取得乙公司长期股权投资时，采用的是非合并方式取得，所以应注意区分

该长期股权投资的初始投资成本与初始入账价值的关系。

①长期股权投资的初始投资成本 = 付出资产 + 承担负债 + 发行权益工具的公允价值

②长期股权投资的初始入账价值则应根据初始投资成本与投资日享有的乙公司可辨认净资产公允价值的份额的关系确定，如果初始投资成本高，则初始投资成本即为初始入账价值；如果是投资日享有的乙公司可辨认净资产公允价值的份额高，则应当以可辨认净资产公允价值的份额作为初始入账价值，同时确认"营业外收入"。

本题中，甲公司该长期股权投资的初始投资成本小于应享有的乙公司可辨认净资产公允价值的份额，所以应当以可辨认净资产公允价值的份额作为初始入账价值，同时确认"营业外收入"。

（2）资料二中甲公司与乙公司之间发生内部交易，因此，计算甲公司享有的乙公司净利润的份额前，需要先根据内部交易调整乙公司的净利润。由于内部交易的是甲公司生产的设备（属于甲公司存货），乙公司取得后作为固定资产核算，所以调整后的净利润 = 净利润 – (设备收入 – 设备生产成本) + 该设备内部交易增值部分计提的折旧。根据调整后的净利润再结合甲公司应享有的乙公司的股权份额确认投资损益，并借记"长期股权投资——损益调整"科目，贷记"投资收益"科目。

（3）由于甲公司对乙公司的长期股权投资采用权益法核算，所以持有期间确认现金股利时，应通过"长期股权投资——损益调整"科目核算，借记"应收股利"科目，贷记"长期股权投资——损益调整"科目。后期收取现金股利时，借记"银行存款"科目，贷记"应收股利"科目。

（4）2×23 年 9 月 1 日甲公司股权投资由权益法转为成本法，属于多次交易形成的非同一控制下企业合并，因此，长期股权投资的初始投资成本 = 原股权投资日的账面价值 + 新支付的公允对价。编制会计分录时需注意，由于甲公司增资后能够对乙公司实施控制，所以后续计量应当采用成本法，因此转换时，需要将原权益法下确认的"长期股权投资——投资成本""长期股权投资——损益调整""长期股权投资——其他综合

收益"一并转出，但是之前确认的"投资收益"和"其他综合收益"无须转出。

（5）计算长期股权投资的商誉金额 = 长期股权投资的初始投资成本 – 投资日享有的被投资方可辨认净资产公允价值的份额，代入相关数据计算即可。

3. 【答案】

（1）甲公司购买丙公司60%股权属于非同一控制下的控股合并。

理由：购买丙公司60%股权时，甲公司和乙公司不存在关联方关系。

（2）①甲公司该企业合并的成本 = 4 200 + 1 500 = 5 700（万元）。

②甲公司转让的投资性房地产和交易性金融资产使2×22年利润总额增加的金额 = （4 200 – 3 800）+（1 500 – 1 400）= 500（万元）。

（3）①甲公司对丙公司长期股权投资的入账价值 = 4 200 + 1 500 = 5 700（万元）。

②会计分录：

借：长期股权投资　　　　　5 700
　　贷：其他业务收入　　　　　4 200
　　　　交易性金融资产——成本
　　　　　　　　　　　　　　　1 200
　　　　　　　　——公允价值变动
　　　　　　　　　　　　　　　　200
　　　　投资收益　　　　　　　100
借：其他业务成本　　　　　3 800
　　贷：投资性房地产——成本　3 000
　　　　　　　　　　——公允价值变动
　　　　　　　　　　　　　　　　800
借：公允价值变动损益　　　　800
　　贷：其他业务成本　　　　　　800
借：管理费用　　　　　　　　200
　　贷：银行存款　　　　　　　　200

（4）2×23年12月31日甲公司对丙公司长期股权投资的账面价值为5 700万元。

（5）①甲公司出售丙公司20%股权产生的损益 = 2 500 – 5 700 × 20%/60% = 600（万元）。

②会计分录：

借：银行存款　　　　　　　2 500
　　贷：长期股权投资
　　　　（5 700 × 20%/60%）1 900
　　　　投资收益　　　　　　　600

（6）①剩余40%部分长期股权投资在2×22年6月30日的初始投资成本 = 5 700 – 1 900 = 3 800（万元），小于可辨认净资产公允价值的份额4 000万元（10 000 × 40%），应分别调整长期股权投资和留存收益200万元。

借：长期股权投资——投资成本
　　　　　　　　　　　　　　　3 800
　　贷：长期股权投资　　　　　3 800
借：长期股权投资——投资成本
　　　　　　　　　　　　　　　　200
　　贷：盈余公积　　　　　　　　20
　　　　利润分配——未分配利润　180

②剩余40%部分按权益法核算追溯调整的长期股权投资金额 = ［（1 200/2 + 1 600）– 1 200/20 × 1.5 – 400/10 × 1.5］× 40% = 820（万元）。

借：长期股权投资——损益调整
　　　　　　　　　　　　　　　　820
　　贷：盈余公积　　　　　　　　82
　　　　利润分配——未分配利润　738

（7）①2×24年12月31日甲公司对丙公司长期股权投资的账面价值 = （3 800 + 200 + 820）+（800 – 1 200/20 – 400/10）× 40% + 300 × 40% = 5 220（万元）。

②会计分录：

借：长期股权投资——损益调整
　　　　　　　　　　　　　　　　280
　　贷：投资收益　　　　　　　　280
借：长期股权投资——其他综合收益
　　　　　　　　　　　　　　　　120
　　贷：其他综合收益　　　　　　120

【解析】本题考查的知识点是长期股权投资的初始计量——非同一控制下企业合并形成的长期股权投资、长期股权投资的初始计量——企业合并以外的其他方式取得的长期股权投资、权益法——投资损益确认、长期股权投资核算方法的转换。

（1）判断甲公司取得乙公司长期股权投资的合并类型，应结合题目中"购买丙公司60%股权时，甲公司与乙公司不存在关联方关系"资料。由此，可以判定该业务为非同一控制下的控股合并。

（2）因为是非同一控制下的控股合并，所以甲公司取得乙公司长期股权投资的初始投资成

本 = 付出资产 + 承担负债 + 发行权益工具的公允价值。根据上述公式，代入题目相关数据，即可得到答案。

取得长期股权投资时确认的损益，则需要假设先将投资性房地产和交易性金融资产进行处置，由于处置时，是按照公允价值计量上述两项资产，所以公允价值与其对应资产账面价值间的差额就应当确认为损益。

（3）处置丙公司20%的长期股权投资，由于此处不满足持有待售业务的规定，所以，此处直接进行会计处理即可，处置20%的股权的公允价值与账面价值间的差额确认投资收益。剩余丙公司40%的股权，需要进行追溯调整，剩余40%股权的初始投资成本因为小于享有的丙公司40%股权的可辨认净资产公允价值的份额，因此需要调整初始入账价值，但是因为此处采用追溯调整，所以上述差额，应通过留存收益核算。

（4）剩余丙公司40%的股权，应采用权益法核算。后续计量时，应按持股比例确认"投资收益"和"其他综合收益"即可。

4.【答案】

（1）①甲公司2×21年度对乙公司长期股权投资，应该采用权益法核算。

②会计分录：

借：长期股权投资——投资成本
4 500
　　贷：股本　　1 000
　　　　资本公积——股本溢价　3 500
借：长期股权投资——投资成本
324
　　贷：营业外收入　　324

（2）①甲公司2×21年应确认的投资收益 = [6 000 − (480 − 400)/4 − (1 200 − 900) × 50%] × 30% = 1 749（万元）。

②甲公司2×21年应享有乙公司其他综合收益变动的金额 = 200 × 30% = 60（万元）。

③会计分录：

借：长期股权投资——损益调整
1 749
　　　　　　——其他综合收益
60
　　贷：投资收益　　1 749
　　　　其他综合收益　　60

（3）①甲公司2×22年初处置部分股权投资对营业利润的影响金额 = (5 600 + 1 400) − (4 500 + 324 + 1 749 + 60) + 60 = 427（万元）。

②会计分录：

借：银行存款　　5 600
　　贷：长期股权投资——投资成本
3 859.2
　　　　　　　　　——损益调整
1 399.2
　　　　　　　　　——其他综合收益
48
　　　　投资收益　　293.6
借：其他权益工具投资——成本
1 400
　　贷：长期股权投资——投资成本
964.8
　　　　　　　　　——损益调整
349.8
　　　　　　　　　——其他综合收益
12
　　　　投资收益　　73.4
借：其他综合收益　　60
　　贷：投资收益　　60

（4）①2×22年6月30日：

借：其他综合收益　　100
　　贷：其他权益工具投资——公允价值变动
100

②2×22年12月31日：

借：其他综合收益　　500
　　贷：其他权益工具投资——公允价值变动
500

（5）借：银行存款　　780
　　　　其他权益工具投资——公允价值变动　　600
　　　　盈余公积　　2
　　　　利润分配——未分配利润
18
　　贷：其他权益工具投资——成本
1 400
借：盈余公积　　60
　　利润分配——未分配利润　540
　　贷：其他综合收益　　600

【解析】本题考查的知识点是长期股权投资

的初始计量——企业合并以外的其他方式取得的长期股权投资、权益法——投资损益的确认、权益法——被投资单位其他综合收益变动的处理、长期股权投资核算方法的转换、金融资产的后续计量。

（1）由于甲公司取得乙公司长期股权投资时，采用的是非合并方式，所以应注意区分该长期股权投资的初始投资成本与初始入账价值的关系。

①长期股权投资的初始投资成本 = 付出资产 + 承担负债 + 发行权益工具的公允价值

②长期股权投资的初始入账价值则应根据初始投资成本与投资日享有的乙公司可辨认净资产公允价值的份额的关系确定，如果初始投资成本高，则初始投资成本即为初始入账价值；如果是投资日享有的乙公司可辨认净资产公允价值的份额高，则应当以可辨认净资产公允价值的份额作为初始入账价值，同时确认"营业外收入"。

本题中，甲公司该长期股权投资的初始投资成本小于应享有的乙公司可辨认净资产公允价值的份额，所以应当以可辨认净资产公允价值的份额作为初始入账价值，同时确认"营业外收入"。

（2）资料二中甲公司与乙公司之间发生内部交易，因此，计算甲公司享有的乙公司净利润的份额前，需要先根据内部交易调整乙公司的净利润。由于内部交易的是甲公司自产的商品，乙公司取得后作为存货核算，所以调整后的净利润 = 净利润 − （销售收入 − 销售成本）× 留存比例。根据调整后的净利润再结合甲公司应享有的乙公司的股权份额确认投资损益，并借记"长期股权投资——损益调整"科目，贷记"投资收益"科目。

2×21 年度，乙公司增加可重分类进损益的其他综合收益 200 万元，甲公司也应按照持股比例确认其他综合收益，借记"长期股权投资——其他综合收益"科目，贷记"其他综合收益"科目。

（3）甲公司部分处置权益法核算的长期股权投资，剩余股权仍采用权益法核算的，原权益法核算的相关其他综合收益应当采用与乙公司直接处置相关资产或负债相同的基础处理并按比例结转，因乙公司除净损益、其他综合收益和利润分配以外的其他所有者权益变动而确认的所有者权益，应当按比例结转入当期投资收益。

（4）其他权益工具投资在持有期间发生公允价值下降时，应按照下降的金额，借记"其他综合收益"科目，贷记"其他权益工具投资——公允价值变动"科目。

（5）本题中，甲公司出售指定为以公允价值计量且其变动计入其他综合收益的非交易性权益工具投资，应按实际收到的金额，借记"银行存款"等科目，按其账面余额，贷记"其他权益工具投资——成本"科目，借记"其他权益工具投资——公允价值变动"科目（因为，持有期间的公允价值累计为浮亏），按应从其他综合收益中转出的公允价值累计变动额，贷记"其他综合收益"科目，将其差额转入留存收益。

专题六 资产减值

命题思路

本专题内容可以在计算分析题中考查。2020年计算分析题涉及本专题的知识点。本专题在计算分析题中的分值为10～12分。通过近几年真题分析，可以发现本专题虽然可以单独以计算分析题考查，但是考核频率较低，预计2025年计算分析题可能涉及本专题的内容。历年考查本专题的主要知识点是：固定资产减值迹象、资产可收回金额的确定、使用寿命不确定的无形资产减值准备的计算、资产减值准备的转回、资产组的判定、资产组减值测试等，考查的知识点比较烦琐，原因有以下两点，其一是该专题的知识点学习难度较大，其二是计算相对比较复杂，因此，本专题内容要想拿高分，应尽量加强对基础内容的掌握。本专题内容属于基础章节，考生学习本章时应重点关注上述知识点的理解掌握和灵活运用。

经典例题

甲公司拥有一栋办公楼和M、P、V三条生产线，办公楼为与M、P、V生产线相关的总部资产。2×23年12月31日，办公楼、M、P、V生产线的账面价值分别为200万元、80万元、120万元和150万元。2×23年12月31日，办公楼、M、P、V生产线出现减值迹象，甲公司决定进行减值测试，办公楼无法单独进行减值测试。M、P、V生产线分别被认定为资产组。

资料一：2×23年12月31日，甲公司运用合理和一致的基础将办公楼账面价值分摊到M、P、V生产线的金额分别为40万元、60万元和100万元。

资料二：2×23年12月31日，分摊了办公楼账面价值的M、P、V生产线的可收回金额分别为140万元、150万元和200万元。

资料三：P生产线由E、F两台设备构成，E、F设备均无法产生单独的现金流量。2×23年12月31日，E、F设备的账面价值分别为48万元和72万元，甲公司估计E设备的公允价值和处置费用分别为45万元和1万元，F设备的公允价值和处置费用均无法合理估计。

要求：根据上述资料，不考虑其他因素，回答下列小题。答案中的金额单位以万元表示。

（1）分别计算分摊了办公楼账面价值的M、P、V生产线应确认减值损失的金额。

【答案】

①M生产线包含总部资产的账面价值＝80＋40＝120（万元），可收回金额是140万元，未发生减值。

②P生产线包含总部资产的账面价值＝120＋60＝180（万元），可收回金额是150万元，应确认的减值损失金额＝180－150＝30（万元）。

③V生产线包含总部资产的账面价值＝150＋100＝250（万元），可收回金额是200万元，应确认的减值损失金额＝250－200＝50（万元）。

（2）计算办公楼应确认减值损失的金额，并编制相关会计分录。

【答案】

①办公楼应确认的减值损失金额＝30×60/（120＋60）＋50×100/（100＋150）＝30（万元）。

②会计分录：

借：资产减值损失

贷：固定资产减值准备　　　30

（3）分别计算 P 生产线中 E、F 设备应确认减值损失的金额。

【答案】

①P 生产线应确认的减值损失金额 = 30 × 120/（120 + 60）= 20（万元）。

②E 设备应确认的减值损失金额 = 48 −（45 − 1）= 4（万元）。

【解析】E 设备应分摊的减值损失金额 = 20 × 48/120 = 8（万元），分摊减值损失后的账面价值 = 48 − 8 = 40（万元）；小于 E 设备的公允价值减去处置费用后的净额 = 45 − 1 = 44（万元），所以 E 设备应确认的减值损失金额为 4 万元。

③F 设备应确认的减值损失金额 = 20 − 4 = 16（万元）。

考点总结

考查内容	知识点		具体内容
资产预计未来现金流量现值确定	考虑因素		预计未来现金流量、资产使用寿命、折现率
	预计资产未来现金流量	内容	（1）资产持续使用过程中预计产生的现金流入； （2）为实现资产持续使用过程中产生的现金流入所必需的预计现金流出； （3）资产使用寿命结束时，处置资产所收到或者支付的净现金流量
		考虑因素	（1）以资产的当前状况为基础，不应当包括与将来可能会发生的、尚未作出承诺的重组事项或者与资产改良有关的预计未来现金流量。 （2）预计资产未来现金流量不应当包括筹资活动和所得税收付产生的现金流量。 （3）对通货膨胀因素的考虑应当和折现率相一致。 （4）对内部转移价格应当予以调整
		方法	（1）通常预测： 每期现金流量 = 单一未来每期预计未来现金流量 × 单一折现率 （2）期望现金流量法： 每期现金流量 = $\sum$（每种情况下的现金流量 × 该情况下的概率）
	折现率的预计		（1）应当是反映当期市场货币时间价值和资产特定风险的税前利率； （2）通常以该资产的市场利率为依据； （3）市场利率无法取得时，可使用替代利率估计折现率
	外币未来现金流量及其现值确定		（1）以该资产所产生的未来现金流量的结算货币为基础预计其未来现金流量，并按照该货币适用的折现率计算资产的现值； （2）将该外币现值按照计算资产未来现金流量现值当日的即期汇率进行折算，从而折算成按照记账本位币表示的资产未来现金流量的现值； （3）在该现值基础上，将其与资产公允价值减去处置费用后的净额相比较，确定其可收回金额，根据可收回金额与资产账面价值相比较，确定是否需要确认减值损失以及确认多少减值损失

考查内容	知识点	具体内容
资产减值损失的确定及其账务处理	资产减值金额	资产账面价值 − 可回收金额
	账务处理	借：资产减值损失 　　贷：相关资产减值准备

续表

考查内容	知识点		具体内容
资产减值损失的确定及其账务处理	减值后计提折旧/摊销	业务	会计估计变更
		方法	未来适用法
		会计处理	未来适用法
	减值转回		资产减值损失一经计提，后期不得转回

专项突破

一、试题部分

长江公司拥有企业总部资产（一栋办公楼）和三条独立生产线（X、Y、Z），三条生产线被认定为三个资产组。2×24年末总部资产和三个资产组的账面价值分别为 1 600 万元、1 000 万元、1 250 万元和 1 500 万元。三条生产线的使用寿命分别为 5 年、10 年和 15 年。

由于三条生产线所生产的产品市场竞争激烈，同类产品更为价廉物美，从而导致长江公司生产的产品滞销，开工严重不足，产能大大过剩，使三条生产线出现减值迹象，长江公司于期末进行减值测试。在减值测试过程中，总部资产办公楼的账面价值可以在合理和一致的基础上分摊至各资产组，并且是以各资产组的账面价值和剩余使用寿命加权平均计算的账面价值作为分摊的依据。

经减值测试计算确定的三个资产组（X、Y、Z 三条生产线）的可收回金额分别为 1 250 万元、1 400 万元和 1 500 万元。

本题答案中的金额单位以万元表示。

要求：

（1）填列资产减值损失分摊表。

资产减值损失分摊表

项目	X生产线	Y生产线	Z生产线	合计
资产组账面价值（万元）				
各资产组剩余使用寿命（年）				
各资产组按使用寿命计算的权重				
各资产组加权计算后的账面价值（万元）				
总部资产分摊比例（%）				
总部资产账面价值分摊到各资产组的金额（万元）				
包括分摊的总部资产账面价值部分的各资产组账面价值（万元）				
可收回金额（万元）				
应计提减值准备金额（万元）				
各资产组减值额分配给总部资产的金额（万元）				
资产组本身的减值金额（万元）				

（2）编制计提减值准备的有关会计分录。

二、答案部分

【答案】

（1）资产减值损失分摊表见下表。

资产减值损失分摊表

项目	X生产线	Y生产线	Z生产线	合计
资产组账面价值（万元）	1 000	1 250	1 500	3 750
各资产组剩余使用寿命（年）	5	10	15	
各资产组按使用寿命计算的权重	1	2	3	
各资产组加权计算后的账面价值（万元）	1 000	2 500	4 500	8 000
总部资产分摊比例（%）	12.50	31.25	56.25	100
总部资产账面价值分摊到各资产组的金额（万元）	200	500	900	1600
包括分摊的总部资产账面价值部分的各资产组账面价值（万元）	1 200	1 750	2 400	5 350
可收回金额（万元）	1 250	1 400	1 500	4 150
应计提减值准备金额（万元）	0	350	900	1 250
各资产组减值额分配给总部资产的金额（万元）	0	350×500÷1 750＝100	900×900÷2 400＝337.5	437.5
资产组本身的减值金额（万元）	0	250	562.5	812.5

（2）会计分录为：

借：资产减值损失——固定资产减值损失

——总部资产（办公楼）

437.5

——Y生产线　250

——Z生产线　562.5

贷：固定资产减值准备——总部资产

（办公楼）　437.5

——Y生产线

250

——Z生产线

562.5

【解析】首先，将总部资产采用合理的方法分配至各资产组；然后比较各资产组的可收回金额与账面价值；最后，将各资产组的资产减值额在总部资产和各资产组之间分配。

专题七 金融资产

命题思路

本专题内容是计算分析题与综合题的必考内容。2018 年计算分析题、2019 年综合题、2020 年计算分析题和综合题、2021 年计算分析题、2022 年计算分析题、2023 年计算分析题和 2024 年计算分析题涉及本专题的知识点。本专题每年的主观题分值为 10~15 分。通过近几年真题分析，可以发现本专题是计算分析题和综合题比较频繁考查的内容，预计 2025 年计算分析题和综合题也会涉及本专题的内容。历年考查本专题的主要知识点是金融资产的初始计量、金融资产的后续计量等，考查的知识点相对比较基础。值得关注的是，知识点虽然比较基础，但是更加强调全面性，例如计算利息收入、计算实际利息收益，上述内容都是除会计分录外，应当掌握的计算内容，因此，基础的会计分录再结合计算，会使题目的难度系数骤然提升。本专题内容难度系数相对较高，希望考生备考时，除掌握基本分录外，还应加强对实际利率法的理解和计算，提高考试时答题的正确率。

经典例题

1. 甲公司债券投资的相关资料如下：

资料一：2×21 年 1 月 1 日，甲公司以银行存款 2 030 万元购入乙公司当日发行的面值总额为 2 000 万元的 4 年期公司债券，该债券的票面年利率为 4.2%，债券合同约定，未来 4 年，每年的利息在次年 1 月 1 日支付，本金于 2×25 年 1 月 1 日一次性偿还，乙公司不能提前赎回该债券，甲公司根据其管理该债券的业务模式和该债券的合同现金流量特征，将该债券分类为以摊余成本计量的金融资产。

资料二：甲公司在取得乙公司债券时，计算确定该债券投资的实际年利率为 3.79%，甲公司在每年年末对债券投资的利息收入进行会计处理。

资料三：2×23 年 1 月 1 日，甲公司在收到乙公司债券上年利息后，将该债券全部出售，所得款项 2 025 万元收存银行。

要求：根据上述资料，假定不考虑增值税等相关税费及其他因素，回答下列小题。（"债权投资"科目应写出必要的明细科目；答案中的金额单位以万元表示）

（1）编制甲公司 2×21 年 1 月 1 日购入乙公司债券的相关会计分录。

【答案】

借：债权投资——成本　　　　2 000
　　　　　　　——利息调整　　　30
　　贷：银行存款　　　　　　　　2 030

（2）计算甲公司 2×21 年 12 月 31 日应确定的债券利息收入，并编制相关会计分录。

【答案】

①甲公司 2×21 年应确认的利息收入 = 2 030 × 3.79% = 76.94（万元）。

②会计分录：

借：债权投资——应计利息　　　84
　　贷：投资收益　　　　　　　　76.94
　　　　债权投资——利息调整　　7.06

（3）编制甲公司 2×22 年 1 月 1 日收到乙公司债券利息的相关会计分录。

【答案】

借：银行存款　　　　　　　84

　　贷：债权投资——应计利息　　84

（4）计算甲公司 2×22 年 12 月 31 日应确认的债券利息收入，并编制相关会计分录。

【答案】

①2×22 年 12 月 31 日应确认的实际利息收益 =（2 030 − 7.06）×3.79% = 76.67（万元）。

②会计分录：

借：债权投资——应计利息　　84

　　贷：投资收益　　　　　　76.67

　　　　债权投资——利息调整　7.33

（5）编制甲公司 2×23 年 1 月 1 日出售乙公司债券的相关会计分录。

【答案】

借：银行存款　　　　　　2 025

　　贷：债权投资——成本　　2 000

　　　　　　　——利息调整　15.61

　　　　投资收益　　　　　　9.39

2. 2×23 年度，甲公司发生的与债券投资相关的交易或事项如下：

资料一：2×23 年 1 月 1 日，甲公司以银行存款 2 055.5 万元取得乙公司当日发行的期限为 3 年、分期付息、到期偿还面值、不可提前赎回的债券。该债券的面值为 2 000 万元，票面年利率为 5%，每年的利息在当年年末支付。甲公司将该债券投资分类为以公允价值计量且其变动计入其他综合收益的金融资产。该债券投资的实际年利率为 4%。

资料二：2×23 年 12 月 31 日，甲公司所持乙公司债券的公允价值为 2 010 万元（不含利息）。

资料三：2×23 年 12 月 31 日，甲公司所持乙公司债券的预期信用损失为 10 万元。

要求：根据上述资料，不考虑其他因素，回答下列小题。

（"其他债权投资"科目应写出必要的明细科目；答案中的金额单位以万元表示）

（1）编制甲公司 2×23 年 1 月 1 日购入乙公司债券的会计分录。

【答案】

借：其他债权投资——成本　2 000

　　　　　　　——利息调整

　　　　　　　　　　　　55.5

　　贷：银行存款　　　　2 055.5

（2）计算甲公司 2×23 年 12 月 31 日应确认对乙公司债券投资的实际利息收入金额，并编制确认和收到利息的相关会计分录。

【答案】

①2×23 年 12 月 31 日应确认的实际利息收入金额 = 2 055.5×4% = 82.22（万元）。

②会计分录：

借：其他债权投资——应计利息

　　　　　　　　　　　　100

　　贷：投资收益　　　　82.22

　　　　其他债权投资——利息调整

　　　　　　　　　　　　17.78

借：银行存款　　　　　　100

　　贷：其他债权投资——应计利息

　　　　　　　　　　　　100

（3）编制甲公司 2×23 年 12 月 31 日对乙公司债券投资按公允价值计量的会计分录。

【答案】

借：其他综合收益　　　　27.72

　　贷：其他债权投资——公允价值变动

　　　　　　　　　　　　27.72

（4）编制甲公司 2×23 年 12 月 31 日对乙公司债券投资确认预期信用损失的会计分录。

【答案】

借：信用减值损失　　　　10

　　贷：其他综合收益　　　　10

3. 2×22 ~ 2×23 年，甲公司发生的与债券投资相关的交易或事项如下：

资料一：2×22 年 1 月 1 日，甲公司以银行存款 5 000 万元购入乙公司当日发行的期限为 5 年、分期付息、到期偿还面值、不可提前赎回的债券。该债券的面值为 5 000 万元，票面年利率为 6%，每年的利息在次年 1 月 1 日以银行存款支付。甲公司将购入的乙公司债券分类为以公允价值计量且其变动计入当期损益的金融资产。

资料二：2×22 年 12 月 31 日，甲公司所持乙公司债券的公允价值为 5 100 万元（不含利息）。

资料三：2×23 年 5 月 10 日，甲公司将所持乙公司债券全部出售，取得价款 5 150 万元存入银行。

要求：根据上述资料，不考虑相关税费及其他因素，回答下列小题。（"交易性金融资产"科目应写出必要的明细科目；答案中的金额单位以万元表示）

（1）编制甲公司2×22年1月1日购入乙公司债券的会计分录。

【答案】

借：交易性金融资产——成本
　　　　　　　　　　5 000
　　贷：银行存款　　　5 000

（2）分别编制甲公司2×22年12月31日确认债券利息收入的会计分录和2×23年1月1日收到利息的会计分录。

【答案】

①甲公司2×22年12月31日确认债券利息收入=5 000×6%=300（万元）。

②会计分录：

2×22年12月31日计提利息：

借：交易性金融资产——应计利息
　　　　　　　　　　300

　　贷：投资收益　　　300

2×23年1月1日收到利息：

借：银行存款　　　300

　　贷：交易性金融资产——应计利息
　　　　　　　　　　300

（3）编制甲公司2×22年12月31日对乙公司债券投资按公允价值计量的会计分录。

【答案】

借：交易性金融资产——公允价值变动
　　　　　　　　　　100

　　贷：公允价值变动损益　　100

（4）编制甲公司2×23年5月10日出售乙公司债券的会计分录。

【答案】

借：银行存款　　　5 150

　　贷：交易性金融资产——成本
　　　　　　　　　　5 000
　　　　　　——公允价值变动
　　　　　　　　　　100
　　　　投资收益　　　50

考点总结

考查内容	知识点	会计分录
以摊余成本计量的金融资产	初始取得	借：债权投资——成本【债券面值】 　　应收利息 　贷：银行存款 　　　债权投资——利息调整【差额或借方】
	后续计量	（1）资产负债表日，计算利息： 借：债权投资——应计利息【票面利息】 　　　　——利息调整【或贷方】 　贷：投资收益【实际收益】 （2）对于已过付息期但尚未收到的利息： 借：应收利息 　贷：债权投资——应计利息
	减值	资产负债表日，应以预期信用损失为基础确定应计提的减值准备金额。 应计提的减值准备金额大于当前减值准备账面余额的： 借：信用减值损失【差额】 　贷：债权投资减值准备 应计提的减值准备金额小于当前减值准备账面余额的，按其差额作相反会计分录

续表

考查内容	知识点		会计分录
以摊余成本计量的金融资产	出售		(1) 出售债权投资，应重新计算剩余存续期预期信用损失： 损失金额大于当前减值准备账面余额时： 借：信用减值损失【差额】 　　贷：债权投资减值准备 损失金额小于当前减值准备账面余额时，按其差额作相反会计分录。 (2) 终止确认债权投资时： 借：银行存款 　　债权投资减值准备 　　贷：债权投资——成本 　　　　　　——利息调整【或借方】 　　　　　　——应计利息 　　投资收益【或借方】
	到期收回债权投资		借：银行存款 　　债权投资减值准备 　　贷：债权投资——成本 　　　　　　——应计利息 　　　　　　——利息调整（可借可贷） 　　信用减值损失（差额，可借可贷）
以公允价值计量且其变动计入其他综合收益的金融资产	初始取得		借：其他债权投资——成本【债券面值】 　　应收利息 　　贷：银行存款 　　　　其他债权投资——利息调整【差额或借方】
	后续计量	计算利息收入	(1) 资产负债表日，计算利息： 借：其他债权投资——应计利息【票面利息】 　　　　　　　　——利息调整【或贷方】 　　贷：投资收益【实际收益】 【注意】此处计算实际收益时，不需要考虑公允价值变动的影响 (2) 已过付息期但尚未收到的利息： 借：应收利息 　　贷：其他债权投资——应计利息
		公允价值变动	借：其他债权投资——公允价值变动 　　贷：其他综合收益——其他债权投资公允价值变动 【注意】此处"其他综合收益"，在"其他债权投资"处置时，应转入"投资收益"
	减值		资产负债表日，应以预期信用损失为基础确定应计提的减值准备金额。 应计提的减值准备金额大于当前减值准备账面余额的： 借：信用减值损失【差额】 　　贷：其他综合收益——信用减值准备 应计提的减值准备金额小于当前减值准备账面余额的，按其差额作相反会计分录
	出售		(1) 出售其他债权投资，应重新计算剩余存续期预期信用损失： 损失金额大于当前减值准备账面余额时： 借：信用减值损失【差额】 　　贷：其他综合收益——信用减值准备 损失金额小于当前减值准备账面余额时，按其差额作相反会计分录。

续表

考查内容	知识点		会计分录
以公允价值计量且其变动计入其他综合收益的金融资产	出售		（2）终止确认其他债权投资时： 借：银行存款 　　其他综合收益——信用减值准备 　　贷：其他债权投资——成本 　　　　　　　　　　——利息调整【或借方】 　　　　　　　　　　——应计利息 　　　　　　　　　　——公允价值变动【或借方】 　　　　　　投资收益【或借方】 借：其他综合收益——其他债权投资公允价值变动【或贷方】 　　贷：投资收益【或借方】
	到期收回		借：银行存款 　　信用减值损失（差额，贷记或借记） 　　其他综合收益——信用减值准备 　　　　　　　　　　——其他债权投资公允价值变动（转出的公允价值累计变动额，借记或贷记） 　　贷：其他债权投资——成本 　　　　　　　　　　——应计利息 　　　　　　　　　　——利息调整（可借可贷） 　　　　　　　　　　——公允价值变动（可借可贷）
指定为以公允价值计量且其变动计入其他综合收益的金融资产	初始取得		借：其他权益工具投资——成本 　　应收股利 　　贷：银行存款
	后续计量	公允价值变动	借：其他权益工具投资——公允价值变动【或贷方】 　　贷：其他综合收益——其他权益工具投资公允价值变动【或借方】 【注意】此处"其他综合收益"，在"其他权益工具投资"处置时，应转入"留存收益"
		确认股利	借：应收股利 　　贷：投资收益
		收到股利	借：银行存款 　　贷：应收股利
	出售		借：银行存款 　　贷：其他权益工具投资——成本 　　　　　　　　　　——公允价值变动【或借方】 　　　　　　留存收益科目【或借方】 借：其他综合收益——其他权益工具投资公允价值变动【或贷方】 　　贷：留存收益科目【或贷方】
以公允价值计量且其变动计入当期损益的金融资产	初始取得		借：交易性金融资产——成本 　　应收利息/应收股利 　　投资收益 　　贷：银行存款

续表

考查内容	知识点		会计分录
以公允价值计量且其变动计入当期损益的金融资产	后续计量	公允价值变动	借：交易性金融资产——公允价值变动【或贷方】 　　贷：公允价值变动损益【或借方】
		确认收益	借：应收股利 　　贷：投资收益 或： 借：交易性金融资产——应计利息 　　贷：投资收益 债权投资时，企业也可以不单独确认利息，而通过"交易性金融资产——公允价值变动"科目汇总反映包含利息的债权投资的公允价值变化
		收到收益	借：银行存款 　　贷：交易性金融资产——应计利息/应收股利
	出售		借：银行存款 　　贷：交易性金融资产——成本 　　　　　　　　　　——公允价值变动【或借方】 　　　　投资收益【或借方】

专项突破

一、试题部分

1. 甲公司于2×21年1月1日以银行存款2 030万元购入乙公司当日发行的面值总额为2 000万元的4年期公司债券，该债券的票面年利率为4.2%。债券合同约定于次年1月1日支付前一年利息，本金于2×25年1月1日一次性偿还，乙公司不能提前赎回该债券，甲公司将该债券投资划分为以摊余成本计量的金融资产。该债券投资的实际年利率为3.79%，甲公司在每年年末对债券投资的利息收入进行会计处理。2×23年1月1日，甲公司在收到乙公司债券上年利息后，将该债券全部出售，所得款项2 025万元收存银行。

假定不考虑增值税等相关税费及其他因素。本题答案中的金额单位以万元表示。

要求（"债权投资"科目应写出必要的明细科目）：

（1）编制甲公司2×21年1月1日购入乙公司债券的相关会计分录。

（2）计算甲公司2×21年12月31日应确认的债券利息收入，并编制相关会计分录。

（3）编制甲公司2×22年1月1日收到乙公司债券利息的相关会计分录。

（4）计算甲公司2×22年12月31日应确认的债券利息收入，并编制相关会计分录。

（5）编制甲公司2×23年1月1日出售乙公司债券的相关会计分录。

2. 2×23年3月2日，甲公司以每股10元的价格自公开市场购入乙公司股票120万股，支付价款1 200万元，另支付相关交易费用8万元。甲公司将其指定为以公允价值计量且其变动计入其他综合收益的非交易性权益工具投资核算。2×23年4月15日收到乙公司本年3月20日宣告发放的现金股利60万元。2×23年12月31日，乙公司股票的市场价格为每股9.8元。2×24年6月30日，乙公司股票的市场价格为每股8元。2×24年11月20日，甲公司以每股10.5元的价格将其对外出售。假定不考虑其他因素的影响。本题答案中的金额单位以万元表示。

要求：编制上述相关经济业务的会计分录。

二、答案部分

1.【答案】

甲公司的会计分录如下：

（1）2×21年1月1日购入债券：

借：债权投资——成本　　　2 000

　　　　　　——利息调整　　30

　　贷：银行存款　　　　　　2 030

（2）2×21年12月31日：

应确认的利息收入=摊余成本×实际利率=2 030×3.79%=76.94（万元）

应收利息=面值×票面利率=2 000×4.2%=84（万元）

借：债权投资——应计利息　　84

　　贷：投资收益　　　　　　76.94

　　　　债权投资——利息调整　7.06

（3）2×22年1月1日收到乙公司债券利息：

借：银行存款　　　　　　　　84

　　贷：债权投资——应计利息　　84

（4）2×22年12月31日：

应确认的利息收入=（2 030-7.06）×3.79%=76.67（万元）

借：债权投资——应计利息　　84

　　贷：投资收益　　　　　　76.67

　　　　债权投资——利息调整　7.33

（5）2×23年1月1日出售乙公司债券：

借：银行存款　　　　　　　　84

　　贷：债权投资——应计利息　　84

借：银行存款　　　　　　　2 025

　　贷：债权投资——成本　　2 000

　　　　　　——利息调整

　　　　（30-7.06-7.33）15.61

　　　　投资收益　　　　　　9.39

【解析】本题考查的知识点是金融资产的初始计量、金融资产的后续计量。

（1）企业初始确认金融资产的，应当按照公允价值计量。企业取得的以摊余成本计量的债权投资，应按该投资的面值，借记"债权投资——成本"科目，按支付的价款中包含的已到付息期但尚未领取的利息，借记"应收利息"科目，按实际支付的金额，贷记"银行存款"等科目，按其差额，借记或贷记"债权投资——利息调整"科目。

（2）资产负债表日，以摊余成本计量的债权投资，应按票面利率计算确定的应收未收利息，借记"债权投资——应计利息"科目，按

该金融资产摊余成本和实际利率计算确定的利息收入，贷记"投资收益"科目，按其差额，借记或贷记"债权投资——利息调整"科目。

（3）出售债权投资，终止确认债权投资时，应按实际收到的金额，借记"银行存款"等科目，按该金融资产的账面余额，贷记"债权投资——成本""债权投资——应计利息"科目，贷记或借记"债权投资——利息调整"科目，按其差额，贷记或借记"投资收益"科目。

2.【答案】

2×23年3月2日：

借：其他权益工具投资——成本

　　　　　　　　　　　　　1 208

　　贷：银行存款　　　　　1 208

2×23年3月20日：

借：应收股利　　　　　　　60

　　贷：投资收益　　　　　　60

2×23年4月15日：

借：银行存款　　　　　　　60

　　贷：应收股利　　　　　　60

2×23年12月31日：

公允价值变动=1 208-120×9.8=32（万元）

借：其他综合收益——其他权益工具投资公允价值变动　　　32

　　贷：其他权益工具投资——公允价值变动　　　　　　　32

2×24年6月30日：

公允价值变动=120×（9.8-8）=216（万元）

借：其他综合收益——其他权益工具投资公允价值变动　　216

　　贷：其他权益工具投资——公允价值变动　　　　　　216

2×24年11月20日：

借：利润分配——未分配利润　248

　　贷：其他综合收益——其他权益工具投资公允价值变动　248

借：银行存款　　　　　　　1 260

　　其他权益工具投资——公允价值变动

　　　　　　　　　　　　　248

　　贷：其他权益工具投资——成本

　　　　　　　　　　　　　1 208

　　　　利润分配——未分配利润　300

【解析】本题考查的知识点是金融资产的初始计量、金融资产的后续计量。

（1）企业初始确认金融资产的，应当按照公允价值计量。企业取得指定为以公允价值计量且其变动计入其他综合收益的非交易性权益工具投资，应按该投资的公允价值与交易费用之和，借记"其他权益工具投资——成本"科目，按支付的价款中包含的已宣告但尚未发放的现金股利，借记"应收股利"科目，按实际支付的金额，贷记"银行存款"等科目。

（2）资产负债表日，以公允价值计量且其变动计入其他综合收益的金融资产应按票面利率计算确定的应收未收利息，借记"其他债权投资——应计利息"科目，按债券的摊余成本和实际利率计算确定的利息收入，贷记"投资收益"等科目，按其差额，借记或贷记"其他债权投资——利息调整"科目。

资产负债表日，以公允价值计量且其变动计入其他综合收益的金融资产的公允价值高于其账面余额的差额，借记"其他债权投资——公允价值变动"科目，贷记"其他综合收益——其他债权投资公允价值变动"科目；公允价值低于其账面余额的差额作相反的会计分录。

资产负债表日，指定为以公允价值计量且其变动计入其他综合收益的非交易性权益工具投资的公允价值高于其账面余额的差额，借记"其他权益工具投资——公允价值变动"科目，贷记"其他综合收益——其他权益工具投资公允价值变动"科目；公允价值低于其账面余额的差额作相反的会计分录。

（3）出售指定为以公允价值计量且其变动计入其他综合收益的非交易性权益工具投资，应按实际收到的金额，借记"银行存款"等科目，按其账面余额，贷记"其他权益工具投资——成本"科目，贷记或借记"其他权益工具投资——公允价值变动"科目，按其差额，计入留存收益。同时，将持有期间计入其他综合收益的公允价值累计变动额转入留存收益。

专题八 职工薪酬

命题思路

本专题内容可以在计算分析题中考查，但由于相关知识点比较基础，且不太容易与其他章节结合命题，近些年未在主观题中考核。本专题如果考核，将会以计算分析题的形式进行考核，分值大约在10分。本专题能够考查的主要知识点是短期薪酬的会计处理和辞退福利的会计处理，由于考点相对独立，所以题目整体难度系数不大，考生能够把握住本专题的分值，取得理想成绩。

经典例题

甲公司2×23年度发生与职工薪酬相关的交易或事项如下：

（1）本年度应发工资总额为8 600万元，其中：生产部门直接人工工资为6 000万元，生产部门管理人员工资为1 000万元，公司管理部门人员工资为600万元，销售部门人员工资为1 000万元。按照所在地政府部门的规定，甲公司分别按照员工工资总额的10%、8%、2%和1.5%计提职工医疗保险、住房公积金、工会经费和职工教育经费。

本年度，甲公司以银行存款支付员工工资8 600万元，支付医疗保险860万元，支付住房公积金688万元，支付工会经费172万元，支付职工教育经费60万元。另外，甲公司向兼职的独立董事支付报酬120万元。

（2）甲公司自2×23年1月1日起实行累积带薪缺勤制度，规定：每名员工每年可享受7天带薪休假，未使用的休假可向后结转一个年度，超期一个年度的未使用休假作废，员工在离开甲公司时对未使用的休假不能获得现金支付。员工带薪年休假以后进先出为基础，即先从当年可享受的休假权利中扣除，再从上一年结转的带薪年休假余额中扣除。2×23年12月31日，甲公司800名员工中每名员工当年平均未使用带薪年休假为3天。根据同行业公司的经验，甲公司预计2×24年度有700名员工将享受不超过7天的带薪年休假，其余100名员工每人将平均享受10天带薪年休假，假定其全部为甲公司的管理人员。甲公司每名员工日平均工资为320元。

（3）2×23年1月1日起，甲公司为总部管理人员提供自建宿舍供免费使用，同时为副总经理以上异地工作人员每人租赁一套住房。按照该政策，甲公司为60名管理人员每人提供了一间免费宿舍，按照自建成本计算每间宿舍年折旧额为1.8万元，同类住房市场年租金为2.2万元；为8名副总经理以上异地工作人员每人租赁一套年租金为3万元的公寓。本年度公寓的租赁款已用银行存款支付。

其他有关资料：

第一，假定甲公司按年度计算发放应付工资。

第二，按照国家相关政策，员工工资总额不包括向兼职的独立董事支付的报酬，也不包括员工因未使用带薪年休假而预期将支付的薪酬。

第三，本题不考虑相关税费及其他因素。

要求：根据上述资料，逐项说明上述交易或

事项的会计处理，并编制相关的会计分录。

【答案】

（1）资料（1）：

①会计处理：工资总额、与职工工资相关的职工医疗保险、住房公积金、工会经费和职工教育经费，应根据职工所属的部门相应的计提成本费用及应付职工薪酬。

②生产成本 = 6 000 + 6 000 ×（10% + 8% + 2% + 1.5%）= 7 290（万元）。

③制造费用 = 1 000 + 1 000 ×（10% + 8% + 2% + 1.5%）= 1 215（万元）。

④管理费用 = 600 + 600 ×（10% + 8% + 2% + 1.5%）= 729（万元）。

⑤销售费用 = 1 000 + 1 000 ×（10% + 8% + 2% + 1.5%）= 1 215（万元）。

⑥会计分录：

借：生产成本　　　　　　72 900 000
　　制造费用　　　　　　12 150 000
　　管理费用　　　　　　 7 290 000
　　销售费用　　　　　　12 150 000
　　　贷：应付职工薪酬　 104 490 000
借：管理费用　　　　　　 1 200 000
　　　贷：应付职工薪酬　　 1 200 000
借：应付职工薪酬　　　 105 000 000
　　　贷：银行存款　　　 105 000 000

【注意1】题目中"员工工资总额不包括向兼职的独立董事支付的报酬"这段资料表明，资料（1）中的工资总额不含独立董事的部分，但是《企业会计准则第9号——职工薪酬》的规定，企业的独立董事属于职工范畴，企业向独立董事支付的报酬属于职工薪酬。所以需要额外计提120万元的职工薪酬。

【注意2】最后一笔分录的金额是按照题目

中"本年度，甲公司以银行存款支付员工工资8 600万元，支付医疗保险860万元，支付住房公积金688万元，支付工会经费172万元，支付职工教育经费60万元。另外，甲公司向兼职的独立董事支付报酬120万元"资料编制，所以与前面的计提金额不一致。

（2）资料（2）：

①会计处理：累积带薪缺勤，应根据本期剩余预计下期将会被使用的天数相应地确认成本费用。

②本题中，2×23年剩余带薪年休假预计2×24年会被使用，所以2×24年因该累积带薪缺勤应确认管理费用 =（10 − 7）× 100 × 320/10 000 = 9.6（万元）。

③会计分录：

借：管理费用　　　　　　　96 000
　　　贷：应付职工薪酬　　　　96 000

（3）资料（3）：

①会计处理：甲公司将拥有的住房免费提供给职工使用，应根据受益对象相应的确认成本费用，同时对该项房屋计提折旧。

②会计分录：

借：管理费用　　　　　　 1 080 000
　　　贷：应付职工薪酬　　 1 080 000
借：应付职工薪酬　　　　 1 080 000
　　　贷：累计折旧　　　　 1 080 000

甲公司将租赁住房无偿提供给职工使用，应根据受益对象相应地确认成本费用。

借：管理费用　　　　　　　240 000
　　　贷：应付职工薪酬　　　 240 000
借：应付职工薪酬　　　　　240 000
　　　贷：银行存款　　　　　 240 000

考点总结

考查内容	知识点	具体内容
短期职工薪酬会计处理	一般短期职工薪酬	借：管理费用等 　贷：应付职工薪酬

续表

考查内容	知识点		具体内容
短期职工薪酬会计处理	非货币性福利	自产产品　账务处理	（1）发放时： 借：应付职工薪酬 　　贷：主营业务收入 　　　　应交税费——应交增值税（销项税额） （2）结转成本： 借：主营业务成本 　　贷：库存商品
		外购　金额	含增值税购进款项
		外购　账务处理	借：库存商品 　　应交税费——待认证进项税额 　　贷：银行存款等 借：应交税费——应交增值税（进项税额） 　　贷：应交税费——待认证进项税额 借：库存商品 　　贷：应交税费——应交增值税（进项税额转出） 借：应付职工薪酬 　　贷：库存商品
		提供住房	借：应付职工薪酬 　　贷：累计折旧【自有住房】 　　　　其他应付款【租赁住房】
		提供车辆	借：应付职工薪酬 　　贷：累计折旧【自有车辆】 　　　　其他应付款【租赁车辆】
	短期带薪缺勤	累积带薪缺勤	企业应当在职工提供了服务从而增加了其未来享有的带薪缺勤权利时，确认与累积带薪缺勤相关的职工薪酬，并以累积未行使权利而增加的预期支付金额计量
		非累积带薪缺勤	企业应当在职工实际发生缺勤的会计期间确认与非累积带薪缺勤相关的职工薪酬。 【注意】通常情况下，与非累积带薪缺勤相关的职工薪酬已经包括在企业每期向职工发放的工资等薪酬中，不必额外作相应的账务处理
	短期利润分享计划		借：管理费用等 　　贷：应付职工薪酬

考查内容	知识点	具体内容
辞退福利会计处理	辞退福利确认	企业向职工提供辞退福利的，应当在企业不能单方面撤回因解除劳动关系计划或裁减建议所提供的辞退福利时、企业确认涉及支付辞退福利的重组相关的成本或费用时两者孰早日，确认辞退福利产生的职工薪酬负债，并计入当期损益（即管理费用）。 【注意】实施职工内部退休计划的，应当比照辞退福利处理
	一年内支付	借：管理费用 　　贷：应付职工薪酬
	超一年支付	借：管理费用【现值】 　　贷：应付职工薪酬

专项突破

一、试题部分

2×23 年度，甲公司发生与职工薪酬相关的交易或事项如下：

（1）甲公司全年应发工资 9 360 万元，其中：生产部门生产工人工资 6 000 万元；生产部门管理人员工资 1 200 万元；管理部门管理人员工资 2 160 万元。根据甲公司所在地方政府规定，甲公司应当分别按照职工工资总额的 10% 和 8% 计提并缴存医疗保险费和住房公积金。同时，甲公司分别按照职工工资总额的 2% 和 1.5% 计提工会经费和职工教育经费。

（2）12 月，甲公司决定以其生产的笔记本电脑作为节日福利发放给公司 200 名职工。每台笔记本电脑的售价为 1.4 万元，成本为 1 万元，适用的增值税税率为 13%，已开具增值税专用发票。已知，200 名职工中 170 名为直接参加生产的职工，30 名为总部管理人员。

（3）2×23 年 1 月 1 日起，甲公司实行累积带薪缺勤制度。该制度规定，每个职工每年可享受 5 个工作日带薪年休假，未使用的年休假只能向后结转一个日历年度，超过 1 年未使用的权利作废；职工休年休假时，首先使用当年可享受的权利，不足部分再从上年结转的带薪年休假中扣除；职工离开公司时，对未使用的累积带薪年休假无权获得现金支付。

2×23 年 12 月 31 日，每个职工当年平均未使用带薪年休假为 2 天。甲公司预计 2×23 年有 950 名职工将享受不超过 5 天的带薪年休假，剩余 50 名职工每人将平均享受 6.5 天年休假。假定这 50 名职工全部为总部管理人员，该公司平均每名职工每个工作日工资为 400 元；2×24 年，50 名职工均未享受累计未使用的带薪年假。

（4）2×23 年 12 月 15 日，为变更产业布局，甲公司董事会通过一项辞退计划。计划决定关闭一条生产线，辞退 160 名员工，预计支付赔偿金额 1 800 万元。至 2×23 年 12 月 31 日，甲公司预计愿意接受辞退职工的最佳估计数为 123 人，预计赔偿总额为 1 400 万元。

其他资料：甲公司按年度计算发放应付工资；不考虑相关税费及其他因素。答案中的金额单位以万元表示（"应付职工薪酬"科目需要写明明细科目）。

要求：

（1）根据资料（1），计算甲公司全年计入应付职工薪酬的金额，并编制会计分录。

（2）根据资料（2），计算甲公司 2×23 年 12 月发生的非货币性职工福利的金额，并编制相关会计分录。

（3）根据资料（3），计算甲公司 2×23 年度应确认的累积带薪缺勤的金额，并编制相关会计分录。

（4）根据资料（4），编制甲公司 2×23 年度辞退福利的会计分录。

二、答案部分

【答案】

（1）①应当计入生产成本的职工薪酬金额 = 6 000 + 6 000 × （10% + 8% + 2% + 1.5%）= 7 290（万元）。

②应当计入制造费用的职工薪酬金额 = 1 200 + 1 200 × （10% + 8% + 2% + 1.5%）= 1 458（万元）。

③应当计入管理费用的职工薪酬金额 = 2 160 + 2 160 × （10% + 8% + 2% + 1.5%）= 2 624.4（万元）。

所以，甲公司全年计入应付职工薪酬的金额 = 7 290 + 1 458 + 2 624.4 = 11 372.4（万元）。

④会计分录：

借：生产成本　　　　　　　 7 290
　　制造费用　　　　　　　 1 458
　　管理费用　　　　　　 2 624.4
　　贷：应付职工薪酬——工资　9 360
　　　　　　　　——医疗保险费
　　　　　　　　　　　　　　936
　　　　　　　　——住房公积金
　　　　　　　　　　　　　748.8

——工会经费
187.2
——职工教育经费
140.4

（2）①甲公司 2×23 年 12 月发生的非货币性职工福利的金额 = 200×1.4×(1+13%) = 316.4（万元）。

②会计分录：

借：生产成本　　　　　268.94
　　管理费用　　　　　　47.46
　　贷：应付职工薪酬——非货币性福利
　　　　　　　　　　　　316.4

借：应付职工薪酬——非货币性福利
　　　　　　　　　　　　316.4
　　贷：主营业务收入　　　280
　　　　应交税费——应交增值税（销项税额）　　　　　36.4

借：主营业务成本　　　　200
　　贷：库存商品　　　　　200

（3）①甲公司 2×23 年度应确认的累积带薪缺勤的金额 = 50×1.5×400/10 000 = 3（万元）。

②会计分录：

a. 2×23 年，甲公司确认累积带薪缺勤：

借：管理费用　　　　　　3
　　贷：应付职工薪酬——累积带薪缺勤
　　　　　　　　　　　　　3

b. 2×24 年，50 名职工均未享受累积未使用的带薪年假：

借：应付职工薪酬——累积带薪缺勤
　　　　　　　　　　　　　3
　　贷：管理费用　　　　　3

（4）借：管理费用　　　1 400
　　　贷：应付职工薪酬——辞退福利
　　　　　　　　　　　　1 400

【解析】本题考查的知识点是一般短期薪酬的确认和计量、辞退福利的确认和计量。

（1）企业发生的职工工资、津贴和补贴等短期薪酬，应当在职工为其提供服务的会计期间，根据职工提供服务情况和工资标准等计算确

定计入职工薪酬的金额，按照受益对象计入当期损益或相关资产成本，借记"生产成本""制造费用""管理费用"等科目，贷记"应付职工薪酬"科目。发放时，借记"应付职工薪酬"科目，贷记"银行存款"科目。

企业为职工缴纳的医疗保险费、工伤保险费等社会保险费和住房公积金，以及按规定提取的工会经费和职工教育经费，应当在职工为其提供服务的会计期间，根据规定的计提基础和计提比例计算确定相应的职工薪酬金额，确认相关负债，按照受益对象计入当期损益或相关资产成本。

（2）企业向职工提供非货币性福利的，应当按照公允价值计量。如企业以自产产品作为非货币性福利提供给职工的，应当按照该产品的公允价值和相关税费确定职工薪酬金额，并计入当期损益或相关资产成本。相关收入的确认、销售成本的结转以及相关税费的处理，与企业正常商品销售的会计处理相同。

（3）对于累积带薪缺勤来说，企业应当在职工提供了服务从而增加了其未来享有的带薪缺勤权利时，确认与累积带薪缺勤相关的职工薪酬，并以累积未行使权利而增加的预期支付金额计量。其中，未行使的累积带薪缺勤权利，职工在离开企业时能够获得现金支付的，企业应当确认企业必须支付的、职工全部累积未使用权利的金额。企业应当根据资产负债表日因累积未使用权利而导致的预期支付的追加金额，作为累积带薪缺勤费用进行预计。

本题中，甲公司职工 2×23 年已休带薪年休假的，由于在休假期间照发工资，因此相应的薪酬已经计入公司每月确认的职工薪酬金额中。与此同时，公司还需要预计职工 2×23 年享有但尚未使用的、预期将在下一年度使用的累积带薪缺勤，并计入当期损益或者相关资产成本。如果，职工均未享受累积未使用的带薪年休假，则冲回上年度确认的费用。

（4）企业发生的辞退福利，不区分部门，统一通过"管理费用"科目进行核算。

专题九　股份支付

命题思路

本专题内容可以在主观题中考查，如果考核，以计算分析题形式出现的概率较大。本专题主要考查的知识点是股份支付的相关会计处理，题目整体难度系数一般，考生应重点关注。

经典例题

丙集团由甲公司（系上市公司）和乙公司组成，甲公司为乙公司的母公司。2×21年1月1日，经股东大会批准，甲公司与甲公司100名高级管理人员和乙公司20名高级管理人员签署股份支付协议。协议规定：①甲公司向集团120名高级管理人员每人授予10万份股票期权，行权条件为这些高级管理人员从授予股票期权之日起连续服务满3年，丙集团3年平均净利润增长率达到12%；②符合行权条件后，每持有1股股票期权可以自2×24年1月1日起1年内，以每股3元的价格购买1股甲公司普通股股票，在行权期间内未行权的股票期权将失效。甲公司估计授予日每股股票期权的公允价值为12元。2×21年至2×24年，甲公司与股票期权有关的资料如下：

（1）2×21年，甲公司有4名高级管理人员离开公司，乙公司无高级管理人员离开，本年度丙集团净利润增长率为10%。2×21年末，丙集团预计甲公司未来两年将有4名高级管理人员离开，乙公司无高级管理人员离开，预计3年平均净利润增长率将达到12%；每股股票期权的公允价值为13元。

（2）2×22年，甲公司有2名高级管理人员离开公司，乙公司无高级管理人员离开，本年净利润增长率为14%。2×22年末，丙集团预计甲公司预计未来一年将有2名高级管理人员离开公司，乙公司无高级管理人员离开，预计3年平均

净利润增长率将达到12.5%；每股股票期权的公允价值为14元。

（3）2×23年，甲公司和乙公司没有高级管理人员离开公司，本年净利润增长率为15%。2×23年末，每股股票期权的公允价值为15元。

（4）2×24年1月，剩余114名高级管理人员全部行权，甲公司向114名高级管理人员定向增发股票，共收到款项3 420万元。

（5）不考虑其他因素影响，答案中的金额单位以万元表示。

要求：根据上述资料，回答下列小题。

（1）编制甲公司2×21年、2×22年、2×23年与股份支付有关的会计分录。

【答案】

甲公司会计处理：

①2×21年应确认的费用和资本公积=（100-4-4）×10×12×1/3=3 680（万元）。

借：管理费用　　　　　　　3 680
　　贷：资本公积——其他资本公积
　　　　　　　　　　　　　　　　3 680

2×21年应确认的长期股权投资和资本公积=20×10×12×1/3=800（万元）。

借：长期股权投资　　　　　　800
　　贷：资本公积——其他资本公积
　　　　　　　　　　　　　　　　800

②2×22年应确认的费用和资本公积=

$(100 - 4 - 2 - 2) \times 10 \times 12 \times 2/3 - 3\ 680 = 3\ 680$（万元）。

  借：管理费用   3 680

    贷：资本公积——其他资本公积

          3 680

  2×22 年应确认的长期股权投资和资本公积 $= 20 \times 10 \times 12 \times 2/3 - 800 = 800$（万元）。

  借：长期股权投资   800

    贷：资本公积——其他资本公积

          800

  ③2×23 年应确认的费用和资本公积 $= (100 - 4 - 2) \times 10 \times 12 - 3\ 680 - 3\ 680 = 3\ 920$（万元）。

  借：管理费用   3 920

    贷：资本公积——其他资本公积

          3 920

  2×23 年应确认的长期股权投资和资本公积 $= 20 \times 10 \times 12 - 800 - 800 = 800$（万元）。

  借：长期股权投资   800

    贷：资本公积——其他资本公积

          800

  （2）编制乙公司 2×21 年、2×22 年、2×23 年与股份支付有关的会计分录。

  【答案】

  乙公司会计处理：

  ①2×21 年应确认的费用和资本公积 $= 20 \times 10 \times 12 \times 1/3 = 800$（万元）。

  借：管理费用   800

    贷：资本公积——其他资本公积

          800

  ②2×22 年应确认的费用和资本公积 $= 20 \times 10 \times 12 \times 2/3 - 800 = 800$（万元）。

  借：管理费用   800

    贷：资本公积——其他资本公积

          800

  ③2×23 年应确认的费用和资本公积 $= 20 \times 10 \times 12 - 800 - 800 = 800$（万元）。

  借：管理费用   800

    贷：资本公积——其他资本公积

          800

  （3）编制甲公司和乙公司高级管理人员行权时的相关会计分录。

  【答案】

  行权日的会计处理：

  ①甲公司会计分录：

  借：银行存款   3 420

    资本公积——其他资本公积

          13 680

    贷：股本   1 140

      资本公积——股本溢价 15 960

  ②乙公司会计分录：

  借：资本公积——其他资本公积

          2 400

    贷：资本公积——股本溢价 2 400

考点总结

考查内容	知识点	具体内容
权益结算股份支付的会计处理	授予日	立即可行权股份支付在授予日按照权益工具的公允价值确认相关成本费用和"资本公积——股本溢价"。 除此之外，不作会计处理
	等待期内每个资产负债表日	在等待期内的每个资产负债表日，当可行权权益工具数量与以前估计不同时，应当调整成本费用和资本公积，但不确认其后续公允价值变动的影响。即，本期成本费用 = 可行权权益工具的数量 × 授予日权益工具公允价值 - 截至上期累计确认成本费用 会计分录如下： 借：管理费用等 贷：资本公积
	可行权日之后	在可行权日之后不再对已确认的成本费用和所有者权益总额进行调整

续表

考查内容	知识点	具体内容
权益结算股份支付的会计处理	行权日	（1）企业应在行权日根据行权情况，确认股本和股本溢价，同时结转等待期内确认的资本公积。会计分录如下： 借：银行存款（实际收到的款项） 　　资本公积——其他资本公积 　　贷：股本 　　　　资本公积——股本溢价 （2）回购股份进行职工期权激励。 ①回购股份： 借：库存股 　　贷：银行存款 ②确认成本费用： 借：成本费用等 　　贷：资本公积——其他资本公积 ③职工行权： 借：银行存款 　　资本公积——其他资本公积 　　贷：库存股 　　　　资本公积——股本溢价
现金结算股份支付的会计处理	授予日	现金结算的立即可行权股份支付在授予日按照承担负债的公允价值确认相关成本费用和负债（应付职工薪酬）； 除此之外，不作会计处理
	等待期内每个资产负债表日	在等待期内的每个资产负债表日，当可行权权益工具数量与以前估计不同或其后续公允价值变动，应按照企业承担负债的公允价值金额调整成本费用和应付职工薪酬。即，本期成本费用＝可行权权益工具的数量×资产负债表日权益工具公允价值－截至上期累计确认成本费用 会计分录如下： 借：管理费用等 　　贷：应付职工薪酬
	可行权日之后	企业在可行权日之后不再确认成本费用，负债（应付职工薪酬）公允价值的变动应当计入当期损益（公允价值变动损益）。会计分录如下： 借：公允价值变动损益 　　贷：应付职工薪酬 或作相反分录
	行权日	企业应在行权日根据行权情况结转等待期内确认的负债，会计分录如下： 借：应付职工薪酬 　　贷：银行存款

专项突破

一、试题部分

甲公司发生了如下业务及其会计处理：

（1）甲公司计划实施一项股权激励计划，拟从2×22年至2×25年按照工资总额的10%计提奖金，用于在2×26年从二级市场购买本公司股票奖励给员工，授予的员工具有不确定性，即在2×22年至2×25年在职的员工在2×26年不一定在职。2×22年甲公司按照当年工资总额的10%计提了3 000万元。会计分录为：

借：管理费用　　　　　　30 000 000
　　贷：应付职工薪酬　　　　30 000 000

（2）为加快公司转型，实现产品升级换代，公司鼓励快要退休的员工提前退休，提前退休的给予每人30万元的补偿。该计划已经公告并获得工会同意，该计划中涉及1 000名员工，截至2×22年底有800人表示愿意提前退休。2×22年底该计划还在持续进行。甲公司会计处理如下：

借：长期待摊费用　　　240 000 000
　　贷：预计负债　　　　　240 000 000
借：营业外支出　　　　48 000 000
　　贷：长期待摊费用　　　48 000 000

（3）根据公司利润分享计划的规定，根据公司利润情况，销售部门的员工将享有公司净利润的3%作为奖励。甲公司2×22年12月31日确认了2×22年度销售人员的奖励620万元。甲公司的会计处理为：

借：利润分配——未分配利润
　　　　　　　　　　　6 200 000
　　贷：应付职工薪酬　　6 200 000

（4）其他资料：甲公司按照净利润的10%提取法定盈余公积，不计提任意盈余公积。

要求：根据资料（1）~资料（3）分别说明甲公司的会计处理是否正确，说明理由，并编制相关的更正分录（涉及损益的不通过"以前年度损益调整"科目核算，本题中的答案金额单位以万元表示）。

二、答案部分

【答案】

资料（1），该事项的处理不正确。因为职工行权时，甲公司将回购本公司股票给职工，属于权益结算的股份支付。

更正分录为：

借：应付职工薪酬　　　　3 000
　　贷：资本公积——其他资本公积
　　　　　　　　　　　　　3 000

资料（2），该事项的处理不正确。因为对于职工自愿接受裁减建议而产生的辞退福利，甲公司应根据预计将会接受裁减建议的职工数量和每一位职工将获得的辞退补偿确认应付职工薪酬，并计入当期损益。

更正分录为：

借：管理费用　　　　　　24 000
　　贷：应付职工薪酬　　　　24 000
借：预计负债　　　　　　24 000
　　贷：长期待摊费用　　　　24 000
借：长期待摊费用　　　　4 800
　　贷：营业外支出　　　　　4 800

资料（3），该事项的处理不正确。因为对于企业的短期利润分享计划，企业应当在满足相关条件时，确认应付职工薪酬并计入当期损益或相关的资产成本。

更正分录为：

借：销售费用　　　　　　　620
　　贷：利润分配——未分配利润　620

专题十 借款费用

命题思路

本专题内容可以在计算分析题中考查。2018年计算分析题、2020年计算分析题、2021年计算分析题、2022年计算分析题和2024年综合题涉及本专题知识点。本专题的主观题每年大约为12分。通过近几年真题分析发现，每年计算分析题都会考查本专题的知识点，且考核时往往会与固定资产、金融负债（主要是应付债券）结合命题。计算量大、计算容易出错，是本专题考试题目的主要特点，考生要想考试时不失分，则应务必加强计算练习。计算分析题主要考查的知识点是：资本化期间、借款费用计量。本专题知识点相对基础，只是计算比较繁杂，希望考生能够把握住本专题的分值，取得理想成绩。

经典例题

2×22年至2×23年，甲公司发生的与建造A厂房相关的交易或事项如下：

资料一：2×22年1月1日，甲公司为建造A厂房按面值发行3年期债券3 000万元，该债券的票面年利率与实际年利率均为5%，当年利息于次年年初支付，到期偿还本金。

资料二：除上述专门借款外，甲公司还有一笔于2×22年1月1日向银行借入的5年期一般借款5 000万元，该借款的合同年利率与实际年利率均为4.5%，当年利息于次年年初支付，到期偿还本金。

资料三：2×22年4月1日，甲公司开始建造A厂房，当日以专门借款资金支付建造工程款1 000万元；2×22年10月1日，以专门借款资金支付建造工程款2 000万元。

资料四：2×22年11月1日，A厂房建造因生产事故暂停。2×22年12月1日，A厂房建造工作恢复。

资料五：2×23年1月1日和4月1日，甲公司以一般借款分别支付建造工程款1 500万元和600万元。

资料六：2×23年6月30日，A厂房建造完毕达到预定可使用状态，并立即投入使用。

甲公司将专门借款中尚未动用的部分用于固定收益的短期投资，短期投资月收益率为0.2%，短期投资收益在每年年末收取并存入银行。假定全年按照360天计算，每月按照30天计算。本题不考虑增值税等相关税费及其他因素。

要求：根据上述资料，回答下列小题。

（1）判断甲公司2×22年11月，A厂房暂停建造期间的借款费用是否需要暂停资本化，并说明理由；确定甲公司A厂房整个建造期的借款费用资本化期间。

【答案】

①甲公司2×22年11月，A厂房暂停建造期间的借款费用不需要暂停资本化。

②理由：符合资本化条件的资产在购建或者生产过程中发生非正常中断且中断时间连续超过3个月的，应当暂停借款费用资本化。A厂房建造2×22年11月1日因生产事故停工，属于非正常中断，但是在2×22年12月1日就恢复了

工作，暂停时间为 1 个月，未连续超过 3 个月，所以借款费用不需要暂停资本化。

③借款费用开始资本化时点是 2×22 年 4 月 1 日，A 厂房建造完毕达到预定可使用状态的时点是 2×23 年 6 月 30 日，所以，借款费用停止资本化的时点是 2×23 年 6 月 30 日。因此，A 厂房整个建造期的借款费用资本化期间为 2×22 年 4 月 1 日至 2×23 年 6 月 30 日。

（2）计算甲公司 2×22 年债券利息应予资本化的金额。

【答案】

甲公司 2×22 年债券利息应予资本化的金额 $= 3\,000 \times 5\% \times 9/12 - (3\,000 - 1\,000) \times 0.2\% \times 6 = 88.5$（万元）。

（3）分别计算甲公司 2×23 年 6 月 30 日债券利息应予资本化的金额和一般借款利息应予资本化的金额。

【答案】

①2×23 年债券利息应予资本化的金额 $= 3\,000 \times 5\% \times 6/12 = 75$（万元）。

②2×23 年一般借款利息应予资本化的金额 $= (1\,500 \times 6/12 + 600 \times 3/12) \times 4.5\% = 40.5$（万元）。

（4）计算甲公司 2×23 年 6 月 30 日 A 厂房建造完毕达到预定可使用状态时的初始入账金额，并编制 2×22 年至 2×23 年 6 月 30 日与建造 A 厂房相关的全部会计分录，本题答案金额以万元表示。

【答案】

①甲公司 2×23 年 6 月 30 日 A 厂房初始入账金额 $= 1\,000 + 2\,000 + 88.5 + 75 + 1\,500 + 600 + 40.5 = 5\,304$（万元）。

②会计分录：

a. 2×22 年 4 月 1 日：

借：在建工程　　　　　　　1 000

　　贷：银行存款　　　　　　　1 000

b. 2×22 年 10 月 1 日：

借：在建工程　　　　　　　2 000

　　贷：银行存款　　　　　　　2 000

c. 2×22 年 12 月 31 日：

借：在建工程　　　　　　　88.5

　　财务费用　　　　　　　19.5

　　银行存款　　　　　　　42

　　贷：长期借款——应计利息　150

d. 2×23 年 1 月 1 日：

借：长期借款——应计利息　150

　　贷：银行存款　　　　　　　150

借：在建工程　　　　　　　1 500

　　贷：银行存款　　　　　　　1 500

e. 2×23 年 4 月 1 日：

借：在建工程　　　　　　　600

　　贷：银行存款　　　　　　　600

2×23 年 6 月 30 日：

借：在建工程　　　　　　　115.5

　　财务费用　　　　　　　72

　　贷：长期借款——应计利息　187.5

考点总结

考查内容	知识点		具体内容
资本化期间	开始		（1）资本支出已经发生。 （2）借款费用已经发生。 （3）为使资产达到预定可使用或者可销售状态所必要的购建或者生产活动已经开始
	暂停	条件	非正常中断 + 连续超过 3 个月
		非正常中断	与施工方发生了质量纠纷、工程或生产用料没有及时供应、资金周转发生了困难、施工或生产发生了安全事故、发生了与资产购建或生产有关的劳动纠纷等

续表

考查内容	知识点	具体内容
资本化期间	停止	（1）符合资本化条件的资产的实体建造（包括安装）或者生产活动已经全部完成或者实质上已经完成。 （2）所购建或者生产的符合资本化条件的资产与设计要求、合同规定或者生产要求相符或者基本相符，即使有极个别与设计、合同或者生产要求不相符的地方，也不影响其正常使用或者销售。 （3）继续发生在所购建或生产的符合资本化条件的资产上的支出金额很少或者几乎不再发生

考查内容	知识点	具体内容
借款费用计量	专门借款	（1）资本化利息金额＝资本化期间的利息费用－资本化期间的尚未动用借款的利息收入 （2）费用化利息金额＝费用化期间的实际利息费用－费用化期间的存款利息收入
	一般借款	（1）一般借款利息费用资本化金额＝累计资产支出超过专门借款部分的资产支出加权平均数×所占用一般借款的资本化率 （2）一般借款的资本化率＝所占用一般借款加权平均利率＝所占用一般借款当期实际发生的利息之和/所占用一般借款本金加权平均数 （3）所占用一般借款本金加权平均数＝$\sum$（所占用每笔一般借款本金×每笔一般借款在当期所占用的天数/当期天数）

专项突破

一、试题部分

1. 甲公司为建造固定资产发生如下交易或事项：

资料一：2×22年1月1日，甲公司向银行借入专门借款20 000万元用于建造厂房，年利率4%，借款期限为2年，付息期为次年1月1日，到期还本。甲公司将闲置借款资金用于固定收益债券短期投资，该短期投资月收益率为0.2%。

资料二：2×22年1月1日开始动工建造，并于当日支出5 000万元，2×22年7月1日支出15 000万元。2×23年9月30日，该厂房建造完成。

资料三：2×24年1月1日，甲公司发生债务困难，与债务人协商通过债转股的方式偿还债务，于当日发行股票2 000万股，每股公允价值9元，以此偿还借款本金和第二年未付的利息。

要求：根据上述资料，回答下列问题。

（1）编制2×22年1月1日借入专门借款相关会计分录。

（2）计算2×22年甲公司该专门借款的利息费用资本化金额并编制相关分录。

（3）编制2×23年1月1日甲公司支付借款利息的会计分录。

（4）计算2×23年甲公司该专门借款利息费用的资本化和费用化金额。

（5）计算甲公司该厂房的初始入账价值并编制相关分录。

（6）计算甲公司该债务重组损益，并编制相关会计分录。

2. 甲公司2×22年1月1日采用出包的方式建造一栋厂房，预期两年完工。

资料一：经批准，甲公司2×22年1月1日发行面值20 000万元，期限3年，分期付息、一次还本，不得提前赎回的债券，票面利率为7%（与实际利率一致）。甲公司将建造期间未使用的闲置资金对外投资，取得固定收益，月收益率为0.3%。

资料二：为建造厂房甲公司还占用两笔一般借款：

（1）2×22年1月1日，借入款项5 000万元，期限3年，年利率6%；

（2）2×23年1月1日，借入款项3 000万元,期限 5 年,年利率 8%。

资料三:甲公司分别于 2×22 年 1 月 1 日、2×22 年 7 月 1 日、2×23 年 1 月 1 日、2×23 年 7 月 1 日支付工程进度款 15 000 万元、5 000 万元、4 000 万元和 2 000 万元。

资料四:2×23 年 12 月 31 日该厂房达到预定可使用状态。

本题所涉及利息均为每月月末计提,次年 1 月 1 日支付。假定全年按照 360 天计算,每月按照 30 天计算。答案中的金额单位以万元表示。

要求:根据上述资料,回答下列小题。

(1)编制发行债券时的会计分录。

(2)计算 2×22 年予以资本化利息金额并编制相关分录。

(3)计算 2×23 年予以资本化和费用化利息金额并写出相关分录。

二、答案部分

1.【答案】

(1)会计分录如下:

借:银行存款 20 000

　　贷:长期借款——本金 20 000

(2)①2×22 年甲公司该专门借款的利息费用资本化金额 = 20 000 × 4% – 15 000 × 0.2% × 6 = 620(万元)。

②会计分录如下:

借:在建工程 620

　　银行存款 180

　　贷:长期借款——应计利息 800

(3)会计分录如下:

借:长期借款——应计利息 800

　　贷:银行存款 800

(4)①由于,甲公司该厂房于 2×23 年 9 月 30 日建造完成,所以,甲公司该长期借款的借款费用应于 2×23 年 9 月 30 日停止资本化。

②2×23 年甲公司该专门借款利息费用的资本化金额 = 20 000 × 4% × 9/12 = 600(万元)。

③2×23 年甲公司该专门借款利息费用的费用化金额 = 20 000 × 4% × 3/12 = 200(万元)。

(5)①甲公司该厂房的初始入账价值 = 20 000 + 620 + 600 = 21 220(万元)。

②会计分录如下:

借:在建工程 600

财务费用 200

　　贷:长期借款——应计利息 800

借:固定资产 21 220

　　贷:在建工程 21 220

(6)①甲公司该债务重组收益 = (20 000 + 20 000 × 4%) – 2 000 × 9 = 2 800(万元)。

②会计分录如下:

借:长期借款——本金 20 000

　　　　　　——应计利息 800

　　贷:股本 2 000

　　　资本公积——股本溢价 16 000

　　　投资收益 2 800

【解析】本题考查的知识点是借款利息资本化金额的确定、借款费用停止资本化的时点、固定资产的初始计量——自行建造固定资产、债务人的会计处理——债务人将债务转为权益工具。

(1)本题中,"甲公司向银行借入专门借款 20 000 万元用于建造厂房,年利率 4%,借款期限为 2 年",所以该借款属于长期借款,应于取得时,借记"银行存款"科目,贷记"长期借款——本金"科目。

(2)为购建或者生产符合资本化条件的资产而借入专门借款的,应当以专门借款当期实际发生的利息费用减去将尚未动用的借款资金存入银行取得的利息收入或进行暂时性投资取得的投资收益后的金额,确定专门借款应予资本化的利息金额,借记"在建工程"和"银行存款"科目,贷记"长期借款——应计利息"科目。

(3)长期借款到期,支付借款利息,借记"长期借款——应计利息"等科目,贷记"银行存款"科目。

(4)购建或者生产符合资本化条件的资产达到预定可使用或者可销售状态时,借款费用应当停止资本化。在符合资本化条件的资产达到预定可使用或者可销售状态之后发生的借款费用,应当在发生时根据其发生额确认为费用,计入当期损益。

(5)企业以自营方式建造固定资产的,其为建造固定资产准备的各种物资,包括工程用材料、尚未安装的设备以及为生产准备的工具等,通过"工程物资"科目进行核算。工程物资应当按照实际支付的买价、运输费、保险费等相关税费作为实际成本,并按照各种专项物资的种类进行明细核算。建造固定资产领用工程物资、原材料或库存商品，应按其实际成本转入所建工程成本。自营方式建造固定资产应负担的职工薪酬，辅助生产部门为之提供的水、电、修理运输等劳务，以及其他必要支出等也应计入所建工程项目的成本。

（6）债务重组采用将债务转为权益工具方式进行的，债务人初始确认权益工具时，应当按照权益工具的公允价值计量，权益工具的公允价值不能可靠计量的，应当按照所清偿债务的公允价值计量，借记"应付账款""长期借款"等科目，贷记"股本""资本公积"等科目；所清偿债务账面价值与权益工具确认金额之间的差额，借记或贷记"投资收益"科目。债务人因发行权益工具而支出的相关税费等，应当依次冲减资本公积、盈余公积、未分配利润等。

2. 【答案】

（1）借：银行存款　　　　　20 000
　　　贷：应付债券——面值 20 000

（2）①甲公司 2×22 年专门借款实际利息费用 = 20 000×7% = 1 400（万元）。

②甲公司 2×22 年专门借款闲置资金收益 = （20 000 – 15 000）×0.3%×6 = 90（万元）。

③甲公司 2×22 年专门借款利息资本化金额 = 1 400 – 90 = 1 310（万元）。

④甲公司 2×22 年一般借款实际利息费用 = 5 000×6% = 300（万元），应全部费用化，因此，2×22 年应予资本化的利息金额 = 1 310 万元。

⑤会计分录：

借：在建工程　　　　　　　1 310
　　银行存款　　　　　　　　90
　　财务费用　　　　　　　 300
　　　贷：应付债券——应计利息 1 400
　　　　　长期借款——应计利息　300

（3）①甲公司 2×23 年专门借款利息资本化金额 = 20 000×7% = 1 400（万元）。

②甲公司 2×23 年占用一般借款的累计资产支出加权平均数 = 4 000 + 2 000×6/12 = 5 000（万元）。

③甲公司 2×23 年占用一般借款加权平均资本化率 = （5 000×6% + 3 000×8%）/（5 000 + 3 000）×100% = 6.75%。

④甲公司 2×23 年一般借款利息资本化金

额 = 5 000×6.75% = 337.5（万元）。

⑤甲公司 2×23 年一般借款实际利息费用 = 5 000×6% + 3 000×8% = 540（万元）。

⑥甲公司 2×23 年一般借款利息费用化金额 = 540 – 337.5 = 202.5（万元）。

⑦甲公司 2×23 年应予资本化的金额 = 1 400 + 337.5 = 1 737.5（万元）。

⑧甲公司 2×23 年应予费用化的金额 = 202.5（万元）。

⑨会计分录：

借：在建工程　　　　　　 1 737.5
　　财务费用　　　　　　　 202.5
　　　贷：应付债券——应计利息 1 400
　　　　　长期借款——应计利息　540

【解析】本题考查的知识点是金融负债的初始计量、借款利息资本化金额的确定。

（1）甲公司发行的公司债券，属于金融负债，应当按照公允价值计量。本题中，债券的面值为 20 000 万元，所以，应按照该金额，借记"银行存款"科目，贷记"应付债券——面值"科目。

（2）专门借款与一般借款利息费用资本化金额应当按照下列公式进行计算：

①专门借款资本化利息金额 = 资本化期间的利息费用 – 资本化期间的尚未动用借款的利息收入

②一般借款利息费用资本化金额 = 累计资产支出超过专门借款部分的资产支出加权平均数 × 所占用一般借款的资本化率

③一般借款的资本化率 = 所占用一般借款加权平均利率 = 所占用一般借款当期实际发生的利息之和/所占用一般借款本金加权平均数

④所占用一般借款本金加权平均数 = ∑（所占用每笔一般借款本金 × 每笔一般借款在当期所占用的天数/当期天数）

本题中，从题中找出相关数据，代入公式，即可得出答案。

最后根据计算的利息金额中，满足资本化的金额，借记"在建工程"科目，费用化的金额，借记"财务费用"科目，贷记"长期借款——应计利息"等科目。

闲置的专门借款对外投资，取得的固定收益，应计入银行存款。

专题十一　或有事项

命题思路

本专题内容可以在计算分析题中考查，但是近年来，本专题知识点未单独在计算分析题中考查。如果本专题以计算分析题考查，考试分值大约为 12 分。根据教材内容分析，本专题可以考查的主要知识点是：未决诉讼的会计核算、产品质量保修费用的确认、待执行合同变为亏损合同的会计处理等，上述内容相对比较基础，如果考试中单独以计算分析题考查，题目的难度系数不会太大，但是如果与资产负债表日后事项等专题知识点结合，题目的难度系数会骤然提升，所以考生在备考时，需注意跨章节题目考查，充分练习，以争取拿到更多分值。

经典例题

甲公司系增值税一般纳税人，适用的增值税税率为 13%。有关资料如下：

资料一：2×22 年 8 月 1 日，甲公司从乙公司购入一台不需安装的 A 生产设备并投入使用，已收到增值税专用发票，价款 1 000 万元，增值税税额为 130 万元，付款期为 3 个月。

资料二：2×22 年 11 月 1 日，应付乙公司款项到期，甲公司虽有付款能力，但因该设备在使用过程中出现过故障，与乙公司协商未果，未按时支付。2×22 年 12 月 1 日，乙公司向人民法院提起诉讼，至当年 12 月 31 日，人民法院尚未判决。甲公司法律顾问认为败诉的可能性为 70%，预计支付诉讼费 5 万元，逾期利息在 20 万元至 30 万元之间，且这个区间内每个金额发生的可能性相同。

资料三：2×23 年 5 月 8 日，人民法院判决甲公司败诉，承担诉讼费 5 万元，并在 10 日内向乙公司支付欠款 1 130 万元和逾期利息 50 万元。甲公司和乙公司均服从判决，甲公司于 2×23 年 5 月 16 日以银行存款支付上述所有款项。

资料四：甲公司 2×22 年度财务报告已于 2×23 年 4 月 20 日报出。

不考虑其他因素，答案中的金额单位以万元表示。

要求：根据上述资料，回答下列小题。

（1）编制甲公司购进固定资产的相关会计分录。

【答案】

借：固定资产　　　　　　　1 000
　　应交税费——应交增值税（进项税额）
　　　　　　　　　　　　　　130
　　贷：应付账款　　　　　1 130

（2）判断说明甲公司 2×22 年末就该未决诉讼案件是否应当确认预计负债及其理由；如果应当确认预计负债，编制相关会计分录。

【答案】

①甲公司该未决诉讼案件应当确认为预计负债。

②理由：

a. 至 2×22 年 12 月 31 日，人民法院尚未判决，甲公司法律顾问认为败诉的可能性为 70%，满足履行该义务很可能导致经济利益流出企业的条件。

b. 预计支付诉讼费 5 万元，逾期利息在 20 万元至 30 万元之间，且这个区间内每个金额发生的可能性相同，满足该义务的金额能够可靠计量的条件。

c. 该义务同时是企业承担的现时义务。

因此，甲公司 2×22 年末应确认预计负债的金额 = 5 + (20 + 30)/2 = 30（万元）。

③会计分录：

借：营业外支出　25
　　管理费用　　5
　　贷：预计负债　　30

（3）编制甲公司服从判决支付款项的相关会计分录。

【答案】

①2×23 年 5 月 8 日：

借：预计负债　30
　　营业外支出　25
　　贷：其他应付款　　55

②2×23 年 5 月 16 日：

借：其他应付款　55
　　贷：银行存款　　55

借：应付账款　1 130
　　贷：银行存款　　1 130

考点总结

考查内容	知识点			具体内容
或有事项会计处理	确认条件			(1) 该义务是企业承担的现时义务（含法定义务与推定义务）； (2) 履行该义务很可能导致经济利益流出企业； (3) 该义务的金额能够可靠计量
	计量	预计负债	最佳估计数	(1) 存在连续范围：上下限金额的平均数确定； (2) 不存在连续范围，或虽然存在连续范围，但范围内各种结果的发生可能性不相同： ①单个项目：最可能发生金额确定； ②多个项目：各种可能结果及相关概率加权平均计算确定
			考虑因素	风险和不确定性、货币时间价值、未来事项
			复核	有确凿证据表明该账面价值不能真实反映当前最佳估计数的，应当按照当前最佳估计数对该账面价值进行调整。 【注意】上述调整事项，属于会计估计变更
		预期可获得补偿		(1) 仅在该补偿金额基本确定能够收到时，才作为资产单独确认； (2) 补偿金额不能超过所确认负债的账面价值； (3) 不能冲减预计负债的账面价值； (4) 若出现预期可获得补偿超过预计负债的情形，初始确认时以预计负债的账面价值为限，实际收到时，将超出部分计入营业外收入
	亏损合同	亏损金额		预计负债 = 最低净成本 最低净成本即履行该合同的成本与未能履行该合同而发生的补偿或处罚两者之中较低者
		账务处理		亏损合同存在标的资产的，应当对标的资产进行减值测试并按规定确认减值损失，因此，企业通常不需要确认预计负债；预计亏损超过减值损失的部分，应确认为预计负债。 【提示】有标的资产时，优先将其冲减至 0

专项突破

一、试题部分

甲公司为上市公司，适用的所得税税率为25%，按净利润的10%提取法定盈余公积。甲公司发生的有关业务资料如下：

（1）2×22年12月1日，甲公司因合同违约被乙公司告上法庭，要求甲公司赔偿违约金1 000万元，至2×22年12月31日，该项诉讼尚未判决，甲公司经咨询法律顾问后，认为很可能赔偿的金额为700万元。

2×22年12月31日，甲公司对该项未决诉讼事项确认预计负债和营业外支出700万元，并确认了相应的递延所得税资产和所得税费为175万元。

（2）2×23年3月5日，经法院判决，甲公司应赔偿乙公司违约金500万元。甲、乙公司均不再上诉。

其他相关资料：甲公司所得税汇算清缴日为2×23年2月28日；2×22年度财务报告批准报出日为2×23年3月31日；未来期间能够取得足够的应纳税所得额用以抵扣可抵扣暂时性差异。

不考虑其他因素，答案中的金额单位以万元表示。

要求：

根据资料，编制甲公司调整2×22年度财务报表相关项目的会计分录。

二、答案部分

【答案】

借：预计负债　　　　　　　700

贷：其他应付款　　　　　　　　500
　　　以前年度损益调整　　　　　200
借：以前年度损益调整　　　50
　　贷：递延所得税资产　　　　　　50
借：以前年度损益调整　　　150
　　贷：利润分配——未分配利润 135
　　　　盈余公积　　　　　　　　15

【解析】本题考查的知识点是资产负债表日后调整事项的具体会计处理方法。

该未决诉讼事项属于资产负债表日后调整事项，且该业务调整时，会影响损益，也属于涉及损益和利润分配调整的事项，所以，账务处理时，还应通过"以前年度损益调整"和"利润分配"科目进行核算。

涉及损益的调整事项，发生在资产负债表日所属年度（即报告年度）所得税汇算清缴前的，应调整报告年度应纳税所得额、应纳所得税税额；由于以前年度损益调整增加的所得税费用，记入"以前年度损益调整"科目的借方，同时贷记"应交税费——应交所得税"等科目；由于以前年度损益调整减少的所得税费用，记入"以前年度损益调整"科目的贷方，同时借记"应交税费——应交所得税"等科目。调整完成后，将"以前年度损益调整"科目的贷方或借方余额，转入"利润分配——未分配利润"科目。

专题十二　收　入

命题思路

本专题内容难度系数相对较高，且是计算分析题与综合题的必考内容。2020年综合题、2021年计算分析题、2022年计算分析题和综合题、2023年综合题、2024年计算分析题涉及本专题的知识点。本专题每年的主观题分值为25～33分。通过近几年真题分析，可以发现本专题是计算分析题和综合题比较频繁考查的内容，预计2025年计算分析题和综合题也会涉及本专题的内容。历年考查本专题的主要知识点包括确定交易价格、将交易价格分摊至各单项履约义务、履行每一单项履约义务时确认收入、在某一时段内履行的履约义务、合同履约成本、合同取得成本、主要责任人和代理人、附有客户额外购买选择权的销售、附有销售退回条款的销售、售后回购等，考查的知识点相对比较难。另外本专题的知识点在考查综合题时，经常与资产负债表日后事项内容相结合，需要考生编制差错更正等会计分录，因此，考生在备考时不仅需要掌握基本账务处理，还需要灵活运用跨章节知识点。

经典例题

1. 甲公司2×23年12月发生的与收入相关的交易或事项如下：

资料一：2×23年12月1日，甲公司与客户乙公司签订一项销售并安装合同，合同期限2个月，交易价格270万元。合同约定，当甲公司履约完毕时，才能从乙公司收取全部合同金额，甲公司对设备质量和安装质量承担责任。该设备单独售价200万元，安装劳务单独售价100万元。

2×23年12月5日，甲公司以银行存款170万元从丙公司购入并取得该设备的控制权，于当日按合同约定直接运抵乙公司指定地点并安装，乙公司对其验收并取得控制权，此时甲公司向乙公司销售设备履约义务已完成。

资料二：至2×23年12月31日，甲公司实际发生安装费用48万元（均系甲公司员工薪酬），估计还将发生安装费用32万元，甲公司向乙公司提供设备安装劳务属于某一时段履行的履约义务，按实际发生的成本占估计总成本的比例确定履约进度，假定不考虑增值税及其他因素，答案中的金额单位以万元表示。

要求：

（1）判断甲公司向乙公司销售设备时的身份是主要责任人还是代理人，并说明理由。

【答案】

①甲公司是主要责任人。

②理由：2×23年12月5日，甲公司从丙公司购入设备并取得该设备的控制权，甲公司对设备质量和安装质量承担责任。因此甲公司是主要责任人。

（2）计算甲公司将交易价格分摊到设备销售与安装的金额。

【答案】

①设备销售应分摊的交易价格 = 270 × 200/（200 + 100）= 180（万元）。

②设备安装应分摊的交易价格 = 270 × 100/

（200＋100）＝90（万元）。

（3）编制2×23年12月5日甲公司销售设备时确认销售收入并结转销售成本的会计分录。

【答案】

借：库存商品　　　　　　　170

　　贷：银行存款　　　　　　　170

借：合同资产　　　　　　　180

　　贷：主营业务收入　　　　　180

借：主营业务成本　　　　　170

　　贷：库存商品　　　　　　　170

（4）编制甲公司2×23年12月发生设备安装费用的会计分录。

【答案】

借：合同履约成本　　　　　48

　　贷：应付职工薪酬　　　　　48

（5）分别计算甲公司2×23年12月31日设备安装履约进度和应确认设备安装收入金额，并编制确认安装收入和结转安装成本的会计分录。

【答案】

①2×23年12月31日，甲公司安装履约进度＝48/（48＋32）×100%＝60%。

②2×23年12月31日，甲公司应确认安装收入金额＝90×60%＝54（万元）。

③会计分录：

借：合同资产　　　　　　　54

　　贷：主营业务收入　　　　　54

借：主营业务成本　　　　　48

　　贷：合同履约成本　　　　　48

2.2×22年至2×23年，甲公司发生的与建造合同相关的交易或事项如下：

资料一：2×22年2月20日，甲公司为竞标乙公司的购物中心建造项目，以银行存款支付投标材料制作费2万元。2×22年3月1日，甲公司成功中标该项目，合同约定，该购物中心的建设周期为2×22年3月1日至2×23年12月31日，工程总价款为2 995万元，预计合同总成本为2 400万元，如果甲公司不能按时完成建造项目，须支付20万元罚款，该罚款从合同价款中扣除，甲公司估计按期完工的概率为90%，延期完工的概率为10%，预期包含可变对价的交易价格不超过在相关不确定性消除时累计已确认的收入极可能不会发生重大转回的金额。

资料二：合同开始日，甲公司判断该项合同

履约义务属于某一时段内履行的履约义务，甲公司按实际发生的成本占预计总成本的比例确定履约进度。

资料三：2×22年4月10日，甲公司收到乙公司预付的工程款2 000万元并存入银行。

资料四：2×22年12月31日，工程累计实际发生成本1 440万元，其中，耗用原材料800万元，应付工程人员薪酬640万元，甲公司预计还将发生工程成本960万元。

资料五：2×23年12月20日，购物中心建造完成，甲公司累计发生的工程总成本为2 300万元。甲公司收到乙公司支付的剩余工程款995万元。

本题不考虑增值税等相关税费及其他因素，答案中的金额单位以万元表示。

要求：

（1）编制甲公司2×22年2月20日支付投标材料制作费的会计分录。

【答案】

借：管理费用　　　　　　　2

　　贷：银行存款　　　　　　　2

（2）判断甲公司2×22年3月1日确定的购物中心建造合同交易价格是否应扣除罚款，并说明理由。

【答案】

①购物中心建造合同交易价格不扣除罚款。

②理由："甲公司估计按期完工的概率为90%，延期完工的概率为10%"，可变对价预期不会发生重大转回，无须扣除罚款。

（3）编制甲公司2×22年4月10日收到乙公司预付工程款的会计分录。

【答案】

借：应收账款　　　　　　　2 000

　　贷：合同结算　　　　　　　2 000

借：银行存款　　　　　　　2 000

　　贷：应收账款　　　　　　　2 000

（4）编制甲公司2×22年实际发生工程成本的会计分录。

【答案】

借：合同履约成本　　　　　1 440

　　贷：原材料　　　　　　　　800

　　　　应付职工薪酬　　　　　640

（5）计算甲公司2×22年12月31日的工程

履约进度和应确认的收入。

【答案】

①甲公司 2×22 年 12 月 31 日的工程履约进度 = 1 440/(1 440 + 960) × 100% = 60%。

②甲公司 2×22 年 12 月 31 日应确认的收入 = 2 995 × 60% = 1 797（万元）。

（6）计算甲公司 2×23 年 12 月 20 日应确认的收入和应结转的成本。

【答案】

①甲公司 2×23 年 12 月 20 日应确认的收入 = 2 995 × 100% − 1 797 = 1 198（万元）。

②甲公司 2×23 年 12 月 20 日应结转的成本 = 2 300 − 1 440 = 860（万元）。

3. 2×23 年度，甲公司发生与销售相关的交易和事项如下：

资料一：2×23 年 10 月 1 日，甲公司推出 7 天节日促销活动，截至 2×23 年 10 月 7 日，甲公司因现销 410 万元的商品共发放了面值为 100 万元的消费券，消费券于次月 1 日开始可以使用，有效期为 3 个月，根据历史经验，甲公司估计消费券的使用率为 90%。

资料二：2×23 年 11 月 1 日，甲公司与乙公司签订一项设备安装合同，安装期为 4 个月，合同总价款为 200 万元，当日，甲公司预收合同款 120 万元，至 2×23 年 12 月 31 日，甲公司实际发生安装费用 96 万元，估计还将发生安装费用 64 万元，甲公司向乙公司提供的设备安装服务属于某一时段内履行的履约义务，甲公司按照实际发生成本占总成本的比例确定履约进度。

资料三：2×23 年 12 月 31 日，甲公司向丙公司销售 200 件商品，单件销售价格为 1 万元，单位成本为 0.8 万元，商品控制权已转移，款项已收存银行，合同约定，丙公司在 2×24 年 1 月 31 日之前有权退货，根据历史经验，甲公司估计该商品的退货率为 5%。

假定本题不考虑增值税及其他因素，答案中的金额单位以万元表示。

要求：

（1）计算甲公司 2×23 年 10 月的促销活动销售 410 万元商品应确认的收入金额，并编制相关会计分录。

【答案】

①消费券的单独售价 = 100 × 90% = 90

（万元）。

②商品分摊的交易价格 = 410/(410 + 90) × 410 = 336.2（万元）。

③消费券分摊的交易价格 = 90/(410 + 90) × 410 = 73.8（万元）。

④会计分录：

借：银行存款　　　　　　　　　410

　　贷：主营业务收入　　　　　336.2

　　　　合同负债　　　　　　　73.8

（2）计算甲公司 2×23 年提供设备安装服务应确认的收入金额，并编制相关会计分录。

【答案】

①甲公司 2×23 年提供设备安装服务的履约进度 = 96/(96 + 64) × 100% = 60%。

②甲公司 2×23 年提供设备安装服务应确认的收入 = 200 × 60% = 120（万元）。

③会计分录：

借：合同负债　　　　　　　　　120

　　贷：主营业务收入　　　　　120

（3）编制甲公司 2×23 年 12 月 31 日销售商品时确认销售收入并结转销售成本的会计分录。

【答案】

借：银行存款　　　　　　　　　200

　　贷：主营业务收入　　　　　190

　　　　预计负债　　　　　　　10

借：主营业务成本　　　　　　　152

　　应收退货成本　　　　　　　8

　　贷：库存商品　　　　　　　160

4. 2×23 年度，甲公司与销售业务相关的会计处理如下：

资料一：2×23 年 9 月 1 日，甲公司将其生产的成本为 350 万元的 A 产品以 500 万元的价格出售给乙公司，该产品的控制权已转移，款项已收存银行。双方约定，乙公司在 8 个月后有权要求甲公司以 540 万元的价格回购 A 产品，甲公司预计 A 产品在回购时的市场价格远低于 540 万元。2×23 年 9 月 1 日，甲公司确认了销售收入 500 万元，结转了销售成本 350 万元。

资料二：2×23 年 12 月 15 日，甲公司作为政府推广使用的 B 产品的中标企业，以市场价格 300 万元减去财政补贴资金 30 万元后的价格，将其生产的成本为 260 万元的 B 产品出售给丙公司，该产品的控制权已转移，甲公司确认销售收入 270 万元并结转了销售成本 260 万元，2×23 年 12 月 20 日，甲公司收到销售 B 产品的财政补贴资金 30 万元并存入银行，甲公司将其确认为其他收益。

资料三：2×23 年 12 月 31 日，甲公司将其生产的成本为 800 万元的 C 产品以 995 万元的价格出售给丁公司，该产品的控制权已转移，款项已收存银行。合同约定，该产品自售出之日起一年内如果发生质量问题，甲公司提供免费维修服务，该维修服务构成单项履约义务，C 产品的单独售价为 990 万元，一年期维修服务的单独售价为 10 万元，2×23 年 12 月 31 日，甲公司确认了销售收入 995 万元，结转了销售成本 800 万元。

假定本题不考虑增值税、企业所得税等税费以及其他因素，答案中的金额单位以万元表示。

要求：

（1）判断甲公司 2×23 年 9 月 1 日向乙公司销售 A 产品时确认销售收入和结转销售成本的会计处理是否正确，并说明理由；如果不正确，请编制正确的会计分录。

【答案】

①甲公司 2×23 年 9 月 1 日向乙公司销售 A 产品时确认销售收入和结转销售成本的会计处理不正确。

②理由：甲公司负有应乙公司要求回购商品义务，且甲公司预计回购时的市场价格远低于回购价格，表明乙公司具有行使该要求权的重大经济动因；同时因回购价高于销售价格，所以应视同融资交易，甲公司在收到乙公司款项时应确认金融负债。

③正确会计分录如下：

a. 2×23 年 9 月 1 日：

借：银行存款　　　　　　　　　500

　　贷：其他应付款　　　　　　　　500

借：发出商品　　　　　　　　　350

　　贷：库存商品　　　　　　　　　350

b. 2×23 年 9 月至 2×24 年 4 月，每月月末：

借：财务费用　　　　　　　　　5

　　贷：其他应付款　　　　　　　　5

（2）判断甲公司 2×23 年 12 月 20 日将收到的财政补贴资金计入其他收益的会计处理是否正确，并说明理由；如果不正确，请编制正确的会计分录。

【答案】

①甲公司 2×23 年 12 月 20 日将收到的财政补贴资金计入其他收益的会计处理不正确。

②理由：甲公司收到的 30 万元政府补贴实际上与日常经营活动密切相关且构成了甲公司销售 B 产品对价的组成部分，所以，应当确认为收入。

③正确会计分录如下：

借：银行存款　　　　　　　　　30

　　贷：主营业务收入　　　　　　　30

借：银行存款　　　　　　　　　270

　　贷：主营业务收入　　　　　　　270

借：主营业务成本　　　　　　　260

　　贷：库存商品　　　　　　　　　260

（3）判断甲公司 2×23 年 12 月 31 日确认收入和结转销售成本的会计处理是否正确，并说明理由；如果不正确，请编制正确的相关会计分录。

【答案】

①甲公司 2×23 年 12 月 31 日确认收入的金额不正确，结转销售成本的会计处理正确。

②理由：甲公司的履约义务有两项：销售 C 产品和提供维修服务。甲公司应当按照其各自单独售价的相对比例，将交易价格分摊至这两项履约义务，销售的 C 产品在控制权转移时确认收入，而免费维修服务应当在提供服务期间确认收入。

③2×23 年 12 月 31 日正确处理如下：

甲公司销售的 C 产品分摊的交易价格 = 995 × 990/(990 + 10) = 985.05（万元）。

甲公司提供维修服务分摊的交易价格 = 995 × 10/(990 + 10) = 9.95（万元）。

借：银行存款　　　　　　　　　995

　　贷：主营业务收入　　　　　　985.05

　　　　合同负债　　　　　　　　9.95

借：主营业务成本　　　　　　　800

　　贷：库存商品　　　　　　　　　800

考点总结

考查内容	知识点	具体内容		
识别合同	客户取得相关商品控制权时确认收入的条件	(1) 合同各方已批准该合同并承诺将履行各自义务； (2) 该合同明确了合同各方与所转让商品相关的权利和义务； (3) 该合同有明确的与所转让商品相关的支付条款； (4) 该合同具有商业实质，即履行该合同将改变企业未来现金流量的风险、时间分布或金额； (5) 向客户转让商品而有权取得的对价很可能收回		
	合同合并应满足的条件	(1) 该两份或多份合同基于同一商业目的而订立并构成"一揽子"交易，如一份合同在不考虑另一份合同对价的情况下将会发生亏损。 (2) 该两份或多份合同中的一份合同的对价金额取决于其他合同的定价或履行情况，如一份合同如果发生违约，将会影响另一份合同的对价金额。 (3) 该两份或多份合同中所承诺的商品（或每份合同中所承诺的部分商品）构成单项履约义务。两份或多份合同合并为一份合同进行会计处理的，仍然需要区分该一份合同中包含的各单项履约义务		
	合同变更的情形	已转让与未转让商品之间可明确区分	变更价格反映当时市场价格	变更部分单独处理
			变更价格不能反映当时市场价格	原合同终止，剩余未履行部分与变更部分合并为新合同
		已转让与未转让商品之间不可明确区分	变更部分作为原合同履约部分，在变更日重新计算履约进度，并调整当期收入与成本	

考查内容	知识点	具体内容	
确定交易价格	可变对价	最佳估计数	可选择期望值或最可能发生金额确定
		限制	包含可变对价的交易价格，应当不超过在相关不确定性消除时累计已确认的收入极可能不会发生重大转回的金额
	重大融资成分	会计处理	按照假定客户在取得商品控制权时即以现金支付的应付金额（即现销价格）确定交易价格。 【注意】取得商品控制权不超过 1 年的，可以不考虑重大融资成分问题
		合同资产与合同负债	分别在资产负债表中单独列示。 【注意】同一合同下的合同资产和合同负债应当以净额列示
	非现金对价		合同开始日的公允价值确定交易价格
	应付客户对价		需要向客户或第三方支付对价的，应当将该应付对价冲减交易价格

考查内容	知识点		具体内容
将交易价格分摊至各单项履约义务	核算方法		市场调整法、成本加成法、余值法
	分摊合同折扣	条件（同时满足）	（1）企业经常将该合同中的各项可明确区分的商品单独销售或者以组合的方式单独销售； （2）企业经常将其中部分可明确区分的商品以组合的方式按折扣价格单独销售； （3）企业经常将其中部分可明确区分的商品以组合的方式按折扣价格单独销售，且针对每一组合中的商品的评估为将该合同的全部折扣归属于某一项或多项履约义务提供了可观察的证据
		会计处理	按照各单项履约义务所承诺商品的单独售价的相对比例，将交易价格分摊至各单项履约义务
	分摊可变对价	与整个合同相关	将可变对价及可变对价的后续变动额全部分摊至各单项履约义务
		仅与合同中的某一特定组成部分有关	将可变对价及可变对价的后续变动额全部分摊至与之相关的某项履约义务，或者构成单项履约义务的一系列可明确区分商品中的某项商品

考查内容	知识点		具体内容
履行每一单项履约义务时确认收入	时段履约义务	条件	（1）客户在企业履约的同时即取得并消耗企业履约所带来的经济利益； （2）客户能够控制企业履约过程中在建的商品； （3）企业履约过程中所产出的商品具有不可替代用途，且该企业在整个合同期间内有权就累计至今已完成的履约部分收取款项
		履约进度确定方法	产出法，实际测量的完工进度、评估已实现的结果、已达到的里程碑、时间进度、已完工或交付的产品等
			投入法，投入的材料数量、花费的人工工时或机器工时、发生的成本和时间进度等。 【注意】已发生的成本与企业履行履约义务的进度不成比例时，需进行适当调整
		会计科目	建造合同业务中不使用"合同资产""合同负债"科目，统一采用"合同结算"科目进行账务处理
	时点履约义务	取得商品控制权	（1）企业就该商品享有现时收款权利，即客户就该商品负有现时付款义务； （2）企业已将该商品的法定所有权转移给客户，即客户已拥有该商品的法定所有权； （3）企业已将该商品实物转移给客户，即客户已占有该商品实物； （4）企业已将该商品所有权上的主要风险和报酬转移给客户，即客户已取得该商品所有权上的主要风险和报酬； （5）客户已接受该商品
		收入确认时点	客户取得相关商品控制权时

考查内容	知识点		具体内容
合同成本	合同取得成本	增量成本	不取得合同就不会发生的成本
		举例	销售佣金。 【注意】由客户承担的差旅费、投标费、为准备投标资料发生的相关费用，应确认为合同取得成本，此外计入当期损益
		会计处理	（1）与取得资产相关的商品收入确认相同的基础进行摊销，计入当期损益。 （2）初始确认时摊销期限≤1年（或1个营业周期），资产负债表中列入其他流动资产；反之，资产负债表中列入其他非流动资产
	合同履约成本		（1）与一份当前或预期取得的合同直接相关； （2）增加了企业未来用于履行（或持续履行）履约义务的资源； （3）预期能够收回

考查内容	知识点		具体内容
关于特定交易的会计处理	附有销售退回条款的销售		（1）客户取得相关商品控制权时： 借：应收账款等 　　贷：主营业务收入 　　　　预计负债——应付退货款 　　　　应交税费——应交增值税（销项税额） 借：主营业务成本 　　应收退货成本 　　贷：库存商品 （2）预计退货率下降（属于会计估计变更）： 借：预计负债 　　贷：主营业务收入 借：主营业务成本 　　贷：应收退货成本 （3）实际发生退货时： 借：库存商品 　　应交税费——应交增值税（销项税额） 　　预计负债 　　贷：应收退货成本 　　　　主营业务收入 　　　　银行存款 借：主营业务成本 　　贷：应收退货成本
	主要责任人和代理人	主要责任人 —— 情形	（1）企业自第三方取得商品或其他资产控制权后，再转让给客户； （2）企业能够主导第三方代表本企业向客户提供服务； （3）企业自第三方取得商品控制权后，通过提供重大的服务将该商品与其他商品整合成合同约定的某组合产出转让给客户
		主要责任人 —— 会计处理	按照其自行向客户提供商品而有权收取的对价总额确认收入
		代理人 —— 条件	企业向客户转让特定商品之前不控制该商品的
		代理人 —— 会计处理	按照既定的佣金金额或比例计算的金额确认收入，或者按照已收或应收对价总额扣除应支付给提供该特定商品的第三方的价款后的净额确认收入

续表

考查内容	知识点		具体内容
关于特定交易的会计处理	附有客户额外购买选择权销售	收入确认	当选择权向客户提供重大权利时，应将该权利作为单项履约义务。交易价格应在购买的商品和额外购买选择权之间进行分摊
		会计分录	借：银行存款 　　贷：主营业务收入 　　　　合同负债

专项突破

一、试题部分

1. 甲公司系增值税一般纳税人。2×23年1月1日，甲公司存货余额为零，采用实际成本法核算。2×23年，甲公司发生的与存货有关的交易和事项如下：

资料一：2×23年2月1日，甲公司购入2 000件A商品，取得的增值税专用发票上注明的价款为95万元，增值税税额为12.35万元。甲公司支付运费并取得增值税专用发票上注明的价款为5万元，增值税税额为0.45万元。当日，A商品已验收入库，相关款项均以银行存款支付。

资料二：2×23年4月5日，甲公司与乙公司签订委托代销合同，委托乙公司对外销售A商品500件。合同约定甲公司按不含增值税销售价款的一定比例向乙公司支付代销手续费。当日，A商品已发出。2×23年4月30日，甲公司收到乙公司开出的代销清单，乙公司已对外销售A商品400件。甲公司与乙公司结算相应货款并向乙公司开出增值税专用发票，价款为22万元，增值税税额为2.86万元，款项已存入银行。

资料三：2×23年6月10日，甲公司向丙公司销售200件A商品，约定丙公司以其生产的B设备作为非现金对价支付。当日甲公司将200件A商品控制权转移给丙公司，并将收到的B设备作为固定资产核算，双方均已办理完相关产权交付手续。200件A商品的市场价格和计税价格均为11万元，B设备公允价值为11万元。双方按公允价值开出增值税专用发票，增值税税额均为1.43万元。

资料四：2×23年8月20日，甲公司与丁公司签订债务重组协议，甲公司以600件A商品抵偿所欠丁公司40万元应付账款。2×23年8月25日，甲公司将A商品控制权转移给丁公司，并开具增值税专用发票，价款为33万元，增值税税额为4.29万元，债务重组协议履行完毕。

资料五：2×23年12月31日，甲公司库存A商品成本为40万元，预计售价为38万元，销售费用2万元。

假定不考虑除增值税以外的税费及其他因素，答案中的金额单位以万元表示。

要求：

（1）分别计算2×23年2月1日甲公司取得A商品的初始入账价值及单位成本，并编制相关会计分录。

（2）编制甲公司2×23年4月5日发出委托代销商品的会计分录。

（3）编制甲公司2×23年4月30日收到代销清单时确认收入并结转销售成本的会计分录。

（4）编制甲公司2×23年6月10日销售A商品时确认收入并结转销售成本的会计分录。

（5）计算甲公司2×23年8月25日应确认的债务重组损益，并编制相关会计分录。

（6）计算甲公司2×23年12月31日应计提的存货跌价准备金额，并编制相关会计分录。

2. 甲公司2×22年度财务报告批准报出日为2×23年4月10日。2×22年至2×23年，甲公司发生的相关交易或事项如下：

资料一：2×22年12月31日，甲公司与乙公司签订合同，以每辆20万元的价格向乙公司销售所生产的15辆工程车。当日，甲公司将15

辆工程车的控制权转移给乙公司，300 万元的价款已收存银行。同时，甲公司承诺：如果在未来 3 个月内，该型号工程车售价下降，则按照合同价格与最低售价之间的差额向乙公司退还差价。根据以往执行类似合同的经验，甲公司预计未来 3 个月内该型号工程车不降价的概率为 50%，每辆降价 2 万元的概率为 30%，每辆降价 5 万元的概率为 20%。

2 × 23 年 3 月 31 日，因该型号工程车售价下降为每台 18.4 万元。甲公司以银行存款向乙公司退还差价 24 万元。

资料二：2 × 23 年 3 月 1 日，甲公司与丙公司签订合同。向丙公司销售其生产的成本为 300 万元的商务车，商务车的控制权已于当日转移给丙公司。根据合同约定，丙公司如果当日付款，需支付 400 万元，丙公司如果在 2 × 26 年 3 月 1 日付款，则需按照 3% 的年利率支付货款与利息共计 437 万元。丙公司选择 2 × 26 年 3 月 1 日付款。

资料三：2 × 23 年 4 月 1 日，甲公司收到债务人丁公司破产清算组偿还的货款 5 万元，已收存银行，甲公司与丁公司的债权债务就此结清。2 × 22 年 12 月 31 日，甲公司对丁公司该笔所欠货款 20 万元计提的坏账准备余额为 12 万元。

甲公司按照净利润的 10% 提取法定盈余公积。

本题不考虑增值税、企业所得税等相关税费及其他因素，答案中的金额单位以万元表示。

要求：

（1）计算甲公司 2 × 22 年 12 月 31 日向乙公司销售工程车应确认收入的金额，并编制会计分录。

（2）编制甲公司 2 × 23 年 3 月 31 日向乙公司退还工程车差价的会计分录。

（3）分别编制甲公司 2 × 23 年 3 月 1 日向丙公司销售商务车时确认销售收入和结转销售成本的会计分录。

（4）判断甲公司 2 × 23 年 4 月 1 日收到丁公司破产清算组偿还的货款并结清债权债务关系是否属于资产负债表日后调整事项，并编制相关会计分录。

3. 甲公司系一家建筑公司。2 × 23 年至 2 × 24 年，甲公司发生的与收入有关的交易或事项如下：

资料一：2 × 23 年 11 月 1 日，甲公司与乙公司签订了一项总价款为 2 500 万元的固定造价合同在乙公司的自有土地上建造一栋厂房。工程期限为 2 年，预计总成本为 2 000 万元。该建造服务属于在某一时间段内履行的履约义务，甲公司按累计发生的成本占预计总成本的比例确定履约进度。

资料二：截至 2 × 23 年 12 月 31 日，工程累计实际发生成本 1 200 万元。2 × 23 年 12 月 31 日，甲公司与乙公司结算合同价款 1 000 万元，并于当日将收到的价款 1 000 万元存入银行。

资料三：2 × 24 年 1 月 1 日，甲公司与乙公司协商同意更改厂房设计，双方对建造合同条款进行了变更，合同价款增加 600 万元，预计合同成本增加 500 万元。

假设不考虑增值税及其他因素。

要求：

（1）计算甲公司截至 2 × 23 年 12 月 31 日的工程履约进度，并分别编制确认收入和结转成本的相关分录。

（2）分别编制甲公司 2 × 23 年 12 月 31 日与乙公司进行合同结算和收到价款的相关分录。

（3）计算甲公司 2 × 24 年 1 月 1 日合同变更日的工程履约进度，并编制与合同变更相关的分录。

4. 2 × 23 年 9 月至 12 月，甲公司发生的部分交易或事项如下：

资料一：2 × 23 年 9 月 1 日，甲公司向乙公司销售 A 产品 2 000 件，单位销售价格为 0.4 万元，单位成本为 0.3 万元。销售货款已收存银行。根据销售合同约定，在 2 × 23 年 10 月 31 日之前乙公司有权退还 A 产品。2 × 23 年 9 月 1 日，甲公司根据以往经验估计该批 A 产品的退货率为 10%。2 × 23 年 9 月 30 日，甲公司对该批 A 产品的退货率重新评估为 5%。2 × 23 年 10 月 31 日，甲公司收到退回的 120 件 A 产品，并以银行存款退还相应的销售款。

资料二：2 × 23 年 12 月 1 日，甲公司向客户销售成本为 300 万元的 B 产品，售价 400 万元已收存银行。客户为此获得 125 万个奖励积分，每个积分可在 2 × 24 年购物时抵减 1 元。根据历史经验，甲公司估计该积分的兑换率为 80%。

资料三：2 × 23 年 12 月 10 日，甲公司向联营企业丙公司销售成本为 100 万元的 C 产品，售价 150 万元已收存银行。至 2×23 年 12 月 31 日，该批产品未向外部第三方出售。甲公司在 2×22 年 11 月 20 日取得丙公司 20% 有表决权股份，当日，丙公司各项可辨认资产、负债的公允价值均与其账面价值相同。甲公司采用的会计政策、会计期间与丙公司的相同。丙公司 2×23 年度实现净利润 3 050 万元。

资料四：2×23 年 12 月 31 日，甲公司根据产品质量保证条款，对其 2×23 年第四季度销售的 D 产品计提保修费。根据历史经验，所售 D 产品的 80% 不会发生质量问题；15% 将发生较小质量问题，其修理费为销售收入的 3%；5% 将发生较大质量问题，其修理费为销售收入的 6%。2×18 年第四季度，甲公司 D 产品的销售收入为 1 500 万元。

A 产品、B 产品、C 产品转移给客户时，控制权随之转移。本题不考虑增值税等相关税费及其他因素，答案中的金额单位以万元表示。

要求：

（1）根据资料一，分别编制甲公司 2×23 年 9 月 1 日确认 A 产品销售收入并结转成本、2×23 年 9 月 30 日重新估计退货率和 2×23 年 10 月 31 日实际发生销售退回时的相关会计分录。

（2）根据资料二，计算甲公司 2×23 年 12 月 1 日应确认的收入和合同负债金额，并编制确认收入、结转成本的相关会计分录。

（3）根据资料三，计算甲公司 2×23 年末在其个别报表中对丙公司股权投资应确认的投资收益，并编制相关会计分录。

（4）根据资料四，计算甲公司 2×23 年第四季度应确认保修费的金额，并编制相关会计分录。

二、答案部分

1.【答案】

（1）①2×23 年 2 月 1 日，甲公司取得 A 商品的初始入账价值 = 95 + 5 = 100（万元）。

②2×23 年 2 月 1 日，甲公司取得 A 商品的单位成本 = 100/2 000 = 0.05（万元）。

③会计分录：

借：库存商品　　　　　　　　100
　　应交税费——应交增值税（进项税额）
　　　　　　　　　　　　　　12.8
　　贷：银行存款　　　　　　112.8

（2）借：发出商品　　　　　　25
　　　　贷：库存商品　　　　　　　25

（3）借：银行存款　　　　　　24.86
　　　　贷：主营业务收入　　　　　22
　　　　　　应交税费——应交增值税
　　　　　　（销项税额）　　　　2.86

借：主营业务成本　　　　　　20
　　贷：发出商品　　　　　　　　20

（4）借：固定资产　　　　　　11
　　　　应交税费——应交增值税（进项税额）　　　　　　　　　1.43
　　　　贷：主营业务收入　　　　　11
　　　　　　应交税费——应交增值税（销项税额）　　　　　　1.43

借：主营业务成本　　　　　　10
　　贷：库存商品　　　　　　　　10

（5）①2×23 年 8 月 25 日甲公司确认的债务重组损益 = 40 − 600 × 0.05 − 4.29 = 5.71（万元）。

②会计分录：

借：应付账款　　　　　　　　40
　　贷：库存商品　　　　　　　　30
　　　　应交税费——应交增值税（销项税额）　　　　　　　4.29
　　　　其他收益　　　　　　　5.71

（6）①2×23 年 12 月 31 日，甲公司 A 商品成本 = 40 万元。

②2×23 年 12 月 31 日，甲公司 A 商品的可变现净值 = 38 − 2 = 36（万元）。

③由于，2×23 年 12 月 31 日甲公司 A 商品的成本 40 万元大于其可变现净值 36 万元，所以，产生存货减值损失，应计提存货跌价准备 = 40 − 36 = 4（万元）。

④会计分录：

借：资产减值损失　　　　　　4
　　贷：存货跌价准备　　　　　　4

【解析】本题考查的知识点是存货的初始计量——外购的存货、委托代销业务、以公允价值为基础计量的非货币性资产交换、债务重组业务、存货期末计量方法。

（1）外购存货的初始计量金额 = 购买价款 + 相关税费 + 其他归属于存货采购成本的费用

单位成本 = 外购存货的初始计量金额/验收

入库数量

考生应按照上述公式，代入相关数据计算，即可得出答案，然后根据计算答案，编制会计分录。

（2）委托代销业务应当按照下面思路进行会计处理：

①发出商品给受托方时，受托方并未取得商品的控制权，因此不满足收入确认条件，不得确认收入，应当借记"发出商品"科目，贷记"库存商品"科目。

②收到受托方的代销清单时，表明商品的控制权已转移，应当确认收入，并结转成本。但是，受托方销售的商品，是之前委托方发出的，所以结转商品成本时，应当贷记"发出商品"科目。

（3）甲公司发出 A 商品换取丙公司的 B 设备的业务，属于非货币性资产交换。换出与换入资产的公允价值均能可靠计量，所以属于以公允价值为基础计量的非货币性资产交换。所以，换入资产的入账价值，应当按照以下公式进行计量：

换入资产 = 换出资产公允价值 + 相关税费

考生代入相关数据，即可得出答案。

编制分录时，需注意，由于甲公司是用自产的 A 商品进行非货币性资产交换，所以会计处理应当适用《企业会计准则第 14 号——收入》的规定，即发出 A 商品时，应当确认收入，记入"主营业务收入"科目。

（4）甲公司以自产的 A 商品进行债务重组，属于以非货币性资产清偿债务，应将所清偿债务的账面价值与转让资产账面价值之间的差额，贷记"其他收益"科目。

（5）存货期末计量，应当采用成本与可变现净值孰低的原则计量。本题中，可变现净值 = 预计售价 - 预计销售费用 - 预计税费，其中预计售价是重点，由于题目中并未给出 A 商品签订销售合同的信息，但是给出了市场价值，所以此处的预计售价应当采用市场价值，最后再代入 A 商品的销售费用，即可算出可变现净值。

之后，根据可变现净值计算 A 商品的减值金额，借记"资产减值损失"科目，贷记"存货跌价准备"科目。

2.【答案】

（1）①甲公司 2×22 年 12 月 31 日向乙公司

销售工程车应确认的收入金额 = （300 - 0）× 50% + （300 - 2 × 15）× 30% + （300 - 5 × 15）× 20% = 276（万元）。

②会计分录：

借：银行存款　　　　　　　　　300

　　贷：主营业务收入　　　　　　276

　　　　预计负债　　　　　　　　24

（2）借：预计负债　　　　　　　24

　　　　贷：其他应付款　　　　　　24

借：其他应付款　　　　　　　　24

　　贷：银行存款　　　　　　　　24

（3）借：长期应收款　　　　　　437

　　　　贷：主营业务收入　　　　　400

　　　　　　未实现融资收益　　　　37

借：主营业务成本　　　　　　　300

　　贷：库存商品　　　　　　　　300

（4）①甲公司 2×23 年 4 月 1 日收到丁公司破产清算组偿还的货款并结清债权债务关系属于资产负债表日后调整事项。

②会计分录：

借：以前年度损益调整——信用减值损失

　　　　　　　　　　　　　　　　3

　　贷：坏账准备　　　　　　　　　3

借：盈余公积　　　　　　　　0.3

　　利润分配——未分配利润　2.7

　　贷：以前年度损益调整　　　　3

借：其他应收款　　　　　　　　5

　　坏账准备　　　　　　　　　15

　　贷：应收账款　　　　　　　　20

借：银行存款　　　　　　　　　5

　　贷：其他应收款　　　　　　　5

【解析】本题考查的知识点是确定交易价格、资产负债表日后调整事项的具体会计处理方法。

（1）如果当企业拥有大量具有类似特征的合同，并据此估计合同可能产生多个结果时，按照期望值估计可变对价金额通常是恰当的。期望值的计算公式如下：

期望值 = $\sum$（可能发生的对价金额 × 相关概率）

代入相关数据，即可得出期望值，然后编制会计分录，借记"银行存款"科目，贷记"主营业务收入"科目；需要退还的差价，属于或有事项，应当贷记"预计负债"科目。

（2）退还差价时，应冲减预计负债，先借记"预计负债"科目，贷记"其他应付款"科目；后借记"其他应付款"科目，贷记"银行存款"科目。

（3）销售合同存在重大融资成分的，在确定交易价格时，应当对合同承诺的对价金额进行调整，以反映该重大融资成分的影响。交易价格（即现销价格），应当贷记"主营业务收入"科目；合同承诺的对价金额，应当借记"长期应收款"科目；交易价格与合同承诺的对价金额之间的差额，应当贷记"未实现融资收益"科目，并在合同期间内采用实际利率法摊销。同时，还应结转销货成本，借记"主营业务成本"科目，贷记"库存商品"科目。

（4）判定一项资产负债表日后事项是否属于调整事项，取决于该事项表明的情况在资产负债表日是否已经存在。若该情况在资产负债表日已经存在，则属于调整事项；反之，则属于非调整事项。本题中，该业务在2×22年就已经存在，所以属于资产负债表日后事项。由于该业务属于涉及损益和利润分配调整的事项，所以账务处理时，还应通过"以前年度损益调整"和"利润分配"科目进行核算。

3. 【答案】

（1）①甲公司截至2×23年12月31日的工程履约进度 = 1 200/2 000×60% = 60%。

②甲公司截至2×23年12月31日应确认收入的金额 = 2 500×60% = 1 500（万元）。

③会计分录：

a. 2×23年12月31日，甲公司确认收入：

借：合同结算——收入结转

　　　　　　　　　　15 000 000

　　贷：主营业务收入　15 000 000

b. 2×23年12月31日，甲公司结转成本：

借：主营业务成本　　12 000 000

　　贷：合同履约成本　12 000 000

（2）①2×23年12月31日，甲公司与乙公司进行合同结算：

借：应收账款　　　　10 000 000

　　贷：合同结算——价款结算

　　　　　　　　　　10 000 000

②2×23年12月31日，甲公司收到价款：

借：银行存款　　　　10 000 000

　　贷：应收账款　　　10 000 000

（3）①2×24年1月1日，甲公司重新计算履约进度 = 1 200/（2 000+500）×100% = 48%。

②2×24年1月1日，甲公司应调整收入额 = （2 500+600）×48% - 1 500 = -12（万元）。

③会计分录：

借：主营业务收入　　　120 000

　　贷：合同结算——收入结转

　　　　　　　　　　　120 000

【解析】本题考查的知识点是识别与客户建立的合同、履行每一单项履约义务时确认收入——在某一时段内履行的履约义务。

（1）对于同一合同下属于在某一时段内履行的履约义务涉及与客户结算对价的，通常情况下，企业对其已向客户转让商品而有权收取的对价金额应当确认为合同资产或应收账款对于其已收或应收客户对价而应向客户转让商品的义务，应当按照已收或应收的金额确认合同负债。由于同一合同下的合同资产和合同负债应当以净额列示，企业也可以设置"合同结算"科目（或其他类似科目），以核算同一合同下属于在某一时段内履行的履约义务涉及与客户结算对价所产生的合同资产或合同负债，并在此科目下设置"合同结算——价款结算"科目反映定期与客户进行结算的金额，设置"合同结算——收入结转"科目反映按履约进度结转的收入金额。

（2）本题中，合同变更不属于合同变更的第1种情形，且在合同变更日已转让的商品与未转让的商品之间不可明确区分的，应当将该合同变更部分作为原合同的组成部分，在合同变更日重新计算履约进度，并调整当期收入和相应成本等。

4. 【答案】

（1）①2×23年9月1日，确认A产品销售收入并结转成本：

借：银行存款　　　　　　800

　　贷：主营业务收入　　　720

　　　　预计负债　　　　　80

借：主营业务成本　　　　540

　　应收退货成本　　　　60

　　贷：库存商品　　　　　600

②2×23年9月30日，重新估计退货率：

借：预计负债 40
　　贷：主营业务收入 40
借：主营业务成本 30
　　贷：应收退货成本 30
③2×23年10月31日，实际发生销售退回：
借：库存商品 36
　　预计负债 40
　　主营业务收入 8
　　　贷：银行存款 48
　　　　应收退货成本 36
借：应收退货成本 6
　　贷：主营业务成本 6

（2）①商品的单独售价＝400万元。

②考虑积分兑换率之后甲公司估计奖励积分单独售价＝125×1×80%＝100（万元）。

③分摊至商品的交易价格＝400×400/（400＋100）＝320（万元）。

④分摊至奖励积分的交易价格＝400×100/（400＋100）＝80（万元）。

⑤甲公司销售B产品应确认的收入金额＝320（万元）。

⑥应确认的合同负债金额＝80万元。

⑦会计分录：
借：银行存款 400
　　贷：主营业务收入 320
　　　合同负债 80
借：主营业务成本 300
　　贷：库存商品 300

（3）①丙公司调整后的净利润＝3 050－（150－100）＝3 000（万元）。

②甲公司个别报表应确认的投资收益＝3 000×20%＝600（万元）。

③会计分录：
借：长期股权投资——损益调整 600
　　贷：投资收益 600

（4）①甲公司2×23年第四季度应确认的保修费金额＝（0×80%＋3%×15%＋6%×

5%）×1 500＝11.25（万元）。

②会计分录：
借：销售费用 11.25
　　贷：预计负债 11.25

【解析】本题考查的知识点是附有销售退回条款的销售、附有客户额外购买选择权的销售、权益法——投资损益的确认、产品质量保证。

（1）对于附有销售退回条款的销售，企业应当在客户取得相关商品控制权时，按照因向客户转让商品而预期有权收取的对价金额（即不包含预期因销售退回将退还的金额）确认收入，贷记"主营业务收入"科目，按照预期因销售退回将退还的金额确认负债，贷记"预计负债"科目；同时，按照预期将退回商品转让时的账面价值，扣除收回该商品预计发生的成本（包括退回的价值减损）后的余额，确认一项资产，借记"应收退货成本"科目，按照所转让商品转让时的账面价值，扣除上述资产成本的净额结转成本。每一资产负债表日，企业应当重新估计未来销售退回情况，并对上述资产和负债进行重新计量。

（2）甲公司授予客户的积分，属于附有客户额外购买选择权的销售的业务。该业务中，甲公司为客户提供了一项重大权利，应当作为单项履约义务，按照各单项履约义务的单独售价的相对比例，将交易价格分摊至各单项履约义务，将其中属于产品收入的部分，贷记"主营业务收入"科目，属于客户积分的部分，贷记"预计负债"科目。

（3）权益法下，被投资方实现净利润的，投资方应按照持股比例收益，贷记"投资收益"科目。

（4）甲公司因销售D产品而承担了现时义务，该现时义务的履行很可能导致经济利益流出甲公司，且该义务的金额能够可靠计量。因此，甲公司应在每季度末确认一项预计负债，贷记"预计负债"科目。

专题十三　政府补助

命题思路

本专题内容主要涉及客观题考点。历年考查本专题的主要知识点包括政府补助的定义、政府补助的特征、与资产相关的政府补助。

经典例题

1. 甲公司对政府补助采用总额法进行会计处理。其与政府补助相关的资料如下：

资料一：2×22 年 4 月 1 日，根据国家相关政策，甲公司向政府有关部门提交了购置 A 环保设备的补贴申请。2×22 年 5 月 20 日，甲公司收到了政府补贴款 12 万元存入银行。

资料二：2×22 年 6 月 20 日，甲公司以银行存款 60 万元购入 A 环保设备并立即投入使用。预计使用年限为 5 年。预计净残值为 0，采用年限平均法计提折旧。

资料三：2×23 年 6 月 30 日，因自然灾害导致甲公司的 A 环保设备报废且无残值，相关政府补助无须退回。

本题不考虑增值税等相关税费及其他因素，答案中的金额单位以万元表示。

要求：

（1）编制甲公司 2×22 年 5 月 20 日收到政府补贴款的会计分录。

【答案】

借：银行存款　　　　　　　　12
　　贷：递延收益　　　　　　　　　12

（2）编制 2×22 年购入设备的会计分录。

【答案】

①因为甲公司对政府补助采用总额法进行会计处理，因此，甲公司购入的 A 环保设备的入账价值 = 60 万元。

②会计分录：

借：固定资产　　　　　　　　60
　　贷：银行存款　　　　　　　　　60

（3）计算 2×22 年 7 月计提折旧的金额，并编制相关会计分录。

【答案】

7 月应计提折旧的金额 = 60/5/12 = 1（万元）。

借：制造费用　　　　　　　　1
　　贷：累计折旧　　　　　　　　　1

（4）计算 2×22 年 7 月应分摊的政府补助的金额，并编制相关会计分录。

【答案】

甲公司 2×22 年 7 月应分摊政府补助的金额 = 12/5/12 = 0.2（万元）。

借：递延收益　　　　　　　　0.2
　　贷：其他收益　　　　　　　　　0.2

（5）编制 2×23 年 6 月 30 日环保设备报废的会计分录。

【答案】

①至 2×23 年 6 月 30 日，该环保设备累计计提的折旧金额 = 60/5 = 12（万元）。

②至 2×23 年 6 月 30 日，尚未分摊的递延收益 = 12 − 12/5 = 9.6（万元）。

会计分录如下：

借：固定资产清理　　　　　　48
　　累计折旧　　　　　　　　12
　　贷：固定资产　　　　　　　　　60

借：递延收益　　　　　　　9.6
　　贷：固定资产清理　　　　　　9.6
借：营业外支出　　　　　　38.4
　　贷：固定资产清理　　　　　38.4

2. 甲公司对政府补助采用总额法进行会计处理。2×23年6月，甲公司发生的与政府补贴相关的交易或事项如下：

资料一：2×23年6月10日，甲公司收到即征即退的增值税税款20万元，已存入银行。

资料二：2×23年6月15日，甲公司与某市科技局签订科技研发项目合同书。该科技研发项目总预算为800万元，其中甲公司自筹500万元，市科技局资助300万元。市科技局资助的300万元用于补贴研发设备的购买，研发成果归甲公司所有。2×23年6月20日，甲公司收到市科技局拨付的300万元补贴资金，款项已收存银行。2×23年6月25日，甲公司以银行存款400万元购入研发设备，并立即投入使用。

资料三：2×23年6月30日，甲公司作为政府推广使用的A产品的中标企业，以90万元的中标价格将一批生产成本为95万元的A产品出售给消费者。该批A产品的市场价格为100万元。当日，A产品的控制权已转移，满足收入确认条件。2×23年6月30日，甲公司收到销售该批A产品的财政补贴资金10万元并存入银行。

本题不考虑增值税、企业所得税及其他因素，答案中的金额单位以万元表示。

要求：

（1）判断甲公司2×23年6月10日收到即征即退的增值税税款是否属于政府补助，并编制收到该款项的会计分录。

【答案】

①甲公司2×23年6月10日收到即征即退的增值税税款属于政府补助。

②会计分录：
借：银行存款　　　　　　　20
　　贷：其他收益　　　　　　　　20

（2）判断甲公司2×23年6月20日收到市科技局拨付的补贴资金是否属于政府补助，并编制收到补贴款的会计分录。

【答案】

①甲公司2×23年6月20日收到市科技局拨付的补贴资金属于政府补助。

②会计分录：
借：银行存款　　　　　　　300
　　贷：递延收益　　　　　　　　300

（3）编制甲公司2×23年6月25日购入设备的会计分录。

【答案】

①因为甲公司对政府补助采用总额法进行会计处理，因此，甲公司购入的研发设备的入账价值=400万元。

②会计分录：
借：固定资产　　　　　　　400
　　贷：银行存款　　　　　　　　400

（4）判断甲公司2×23年6月30日收到销售A产品的财政补贴资金是否属于政府补助，并说明理由，同时编制收到该款项的会计分录。

【答案】

①甲公司2×23年6月30日收到销售A产品的财政补贴资金不属于政府补助。

②理由：企业从政府取得的经济资源，如果与企业销售商品或提供劳务等活动密切相关，且是企业商品或服务的对价或者是对价的组成部分，应当按照《企业会计准则第14号——收入》的规定处理。

③会计分录：
借：银行存款　　　　　　　10
　　贷：主营业务收入　　　　　　10

考点总结

考查内容	知识点	具体内容
政府补助概述	政府补助定义	企业从政府无偿取得货币性资产或非货币性资产
	政府补助形式	无偿拨款、税收返还、财政贴息和无偿给予非货币性资产。 【注意1】直接减征、免征、增加计税抵扣额、抵免部分税额等不涉及资产直接转移的经济资源，不适用政府补助准则。 【注意2】增值税出口退税不属于政府补助
	特征	（1）来源于政府的资源。 （2）是无偿的
	分类	与资产相关的政府补助和与收益相关的政府补助

考查内容	知识点	具体内容	
		收到补助和购建长期资产	递延收益
与资产相关的政府补助会计处理	总额法	借：银行存款 　　贷：递延收益 借：固定资产等 　　贷：银行存款	将递延收益分期计入当期收益： 借：递延收益 　　贷：其他收益 　　　　营业外收入
	净额法		相关资产完工时将递延收益冲减的账面价值： 借：递延收益 　　贷：固定资产等 　　　　营业外收入

考查内容	知识点	具体内容	
		补偿以后期间相关成本或费用损失	补偿已发生的相关成本或费用损失
与收益相关的政府补助会计处理	总额法	借：银行存款 　　贷：递延收益 借：递延收益 　　贷：其他收益 　　　　营业外收入	借：银行存款 　　贷：其他收益 　　　　营业外收益
	净额法	借：银行存款 　　贷：递延收益 借：递延收益 　　贷：管理费用等 　　　　营业外收入	借：银行存款 　　贷：管理费用等 　　　　营业外收入

专项突破

一、试题部分

甲公司为境内上市公司。2×23 年，甲公司发生的有关交易或事项如下：

资料一：甲公司生产并销售环保设备。该设备的生产成本为每台 600 万元，正常市场销售价格为每台 780 万元。甲公司按照国家确定的价格以每台 500 万元对外销售；同时，按照国家有关政策，每销售 1 台环保设备由政府给予甲公司补助 250 万元。2×23 年，甲公司销售环保设备 20 台，50% 款项尚未收到；当年收到政府给予的环保设备销售补助款 5 000 万元。

资料二：甲公司为采用新技术生产更先进的环保设备，于 3 月 1 日起对某条生产线进行更新改造。该生产线的原价为 10 000 万元，已计提折旧 6 500 万元，旧设备的账面价值为 300 万元（假定无残值），新安装设备的购进成本为 8 000 万元；另发生其他直接相关费用 1 200 万元。相关支出均通过银行转账支付。生产线更新改造项目于 12 月 25 日达到预定可使用状态。

甲公司更新改造该生产线属于国家鼓励并给予补助的项目，经甲公司申请，于 12 月 20 日得到相关政府部门批准，可获得政府补助 3 000 万元。截至 12 月 31 日，补助款项尚未收到，但甲公司预计能够取得。

资料三：5 月 10 日，甲公司所在地地方政府为了引进人才，与甲公司签订了人才引进合作协议，该协议约定，当地政府将向甲公司提供 1 500 万元人才专用资金，用于甲公司引进与研发新能源汽车相关的技术人才，但甲公司必须承诺在当地注册并至少八年内注册地址不变且不搬离本地区，如八年内甲公司注册地变更或搬离本地区的，政府有权收回该补助资金。

该资金分三年使用，每年 500 万元。每年年初，甲公司需向当地政府报送详细的人才引进及资金使用计划，每年 11 月末，由当地政府请中介机构评估甲公司人才引进是否符合年初计划并按规定的用途使用资金。甲公司预计八年内不会变更注册地，也不会撤离该地区，且承诺按规定

使用资金。8 月 20 日，甲公司收到当地政府提供的 1 500 万元补助资金。

其他资料：甲公司对于政府补助按净额法进行会计处理。

本题不考虑增值税和相关税费以及其他因素，答案中的金额单位以万元表示。

要求：

（1）根据资料一，说明甲公司收到政府的补助款的性质及应当如何进行会计处理，并说明理由，同时编制相关的会计分录。

（2）根据资料二，说明甲公司获得政府的补助款的分类，并编制与生产线更新改造相关的会计分录。

（3）根据资料三，说明甲公司收到政府的补助款的分类，编制甲 2×23 年相关的会计分录。

二、答案部分

【答案】

（1）①甲公司与政府发生的销售商品交易与日常活动相关，且来源于政府的经济资源是商品对价的组成部分，应当按照《企业会计准则第 14 号——收入》的规定进行会计处理。

②甲公司该业务应确认的销售收入金额 = 20 × (500 + 250) = 15 000（万元）。

③甲公司该业务应确认的销售成本金额 = 600 × 20 = 12 000（万元）。

④会计分录：

借：银行存款　　　　　　　10 000
　　应收账款　　　　　　　5 000
　　　贷：主营业务收入　　　　　15 000
借：主营业务成本　　　　　12 000
　　　贷：库存商品　　　　　　　12 000

（2）①甲公司获得政府的补助款用于补偿生产线更新改造发生的支出，属于与资产相关的政府补助。

②会计分录：

借：在建工程　　　　　　　3 500
　　累计折旧　　　　　　　6 500
　　　贷：固定资产　　　　　　　10 000

借：营业外支出　　　　　300
　　贷：在建工程　　　　　　　300
借：在建工程　　　　　9 200
　　贷：银行存款　　　　　　9 200
借：固定资产　　　　　12 400
　　贷：在建工程　　　　　　12 400

因政府已经批准给予补助，但款项尚未收到，所以应作如下会计处理：

借：其他应收款　　　　3 000
　　贷：递延收益　　　　　　3 000
借：递延收益　　　　　3 000
　　贷：固定资产　　　　　　3 000

（3）①甲公司获得政府的补助款用于补偿甲公司引进与研发新能源汽车相关的技术人才的支出，属于与收益相关的政府补助，且属于对以后期间发生支出的补偿。

②会计分录：

借：银行存款　　　　　1 500
　　贷：递延收益　　　　　　1 500
借：递延收益　　　　　　500
　　贷：管理费用　　　　　　　500

【解析】本题考查的知识点是政府补助的特征、与资产相关的政府补助、与收益相关的政府补助。

（1）甲公司虽然取得财政补贴资金，但最终受益人是从甲企业购买环保设备的客户，相当于政府以中标协议供货价格从甲公司购买了环保设备，再以中标协议供货价格减去财政补贴资金后的价格将产品销售给客户。实际操作时，政府并没有直接从事环保设备的购销，但以补贴资金的形式通过甲公司的销售行为实现了政府推广使用环保设备的目标。对甲公司而言，销售环保设备是其日常经营活动，甲公司仍按照中标协议供货价格销售了环保设备，其销售收入由两部分构成，一是客户支付的购买价款，二是财政补贴资金，财政补贴资金是甲公司环保设备销售对价的组成部分。因此，甲公司收到的补贴资金应当按照《企业会计准则第14号——收入》的规定进行会计处理。

（2）采用净额法核算的政府补助，按照补助资金的金额冲减相关资产的账面价值，所以甲公司应按照政府已经批准给予补助金额，贷记"固定资产"科目。

（3）甲公司收到的政府补助，属于与资产相关的政府补助之外的政府补助，主要是用于补偿企业已发生或即将发生的相关成本费用或损失，受益期相对较短，所以属于与收益相关的政府补助。因为甲公司采用净额法核算，且属于用于补偿企业以后期间的相关成本费用，所以应当将其确认为递延收益，并在确认相关费用或损失的期间，计入当期损益，即贷记"管理费用"科目。

专题十四　非货币性资产交换

命题思路

本专题知识点主要是计算分析题和综合题的考查内容，2022 年综合题、2023 年计算分析题涉及本专题的知识点。考查本专题的主要知识点包括非货币性资产交换的认定、以公允价值计量的非货币性资产交换的会计处理，考查的知识点虽然比较基础，但是题目略有难度，主要是集中于具有商业实质且换入资产或换出资产的公允价值能够可靠计量的非货币性资产交换的会计处理。

经典例题

1. 2×20 年至 2×23 年，甲公司发生的与 A 专有技术相关的交易或事项如下：

资料一：2×20 年 4 月 1 日，甲公司开始自主研发 A 专有技术用于生产产品，2×20 年 4 月 1 日至 2×20 年 12 月 31 日为研究阶段，耗用原材料 300 万元，应付研发人员薪酬 400 万元，计提研发专用设备折旧 250 万元。

资料二：2×21 年 1 月 1 日，A 专有技术研发活动进入开发阶段，至 2×21 年 6 月 30 日，耗用原材料 420 万元，应付研发人员薪酬 300 万元，计提研发专用设备折旧 180 万元。上述研发支出均满足资本化条件。当日，A 专有技术研发完成并达到预定用途。该专有技术预计使用年限为 5 年，预计净残值为 0，采用直线法摊销。

资料三：2×22 年 12 月 31 日，A 专有技术出现减值迹象，经减值测试，A 专有技术的可收回金额为 510 万元。该专有技术预计剩余使用年限为 3 年，预计净残值为 0，摊销方法不变。

资料四：2×23 年 7 月 1 日，甲公司将 A 专有技术与乙公司生产的产品进行交换，该交换具有商业实质。在交换日，A 专有技术的公允价值为 420 万元，乙公司产品的公允价值为 500 万元。甲公司以银行存款 80 万元向乙公司支付补价。甲公司将换入的该产品作为原材料核算。

本题不考虑增值税等相关税费及其他因素，答案中的金额单位以万元表示（"研发支出"科目应写出必要的明细科目）。

要求：

（1）编制甲公司 2×20 年发生研发支出的会计分录。

【答案】

借：研发支出——费用化支出　950

　　贷：原材料　　　　　　　　　300

　　　　应付职工薪酬　　　　　　400

　　　　累计折旧　　　　　　　　250

（2）编制甲公司 2×20 年 12 月 31 日结转研发支出的会计分录。

【答案】

借：管理费用　　　　　　　　　　950

　　贷：研发支出——费用化支出　950

（3）编制甲公司 2×21 年发生研发支出、研发完成并达到预定用途的相关会计分录。

【答案】

①2×21 年发生研发支出时：

借：研发支出——资本化支出　900

　　贷：应付职工薪酬　　　　　　300

　　　　原材料　　　　　　　　　420

　　　　累计折旧　　　　　　　　180

②2×21 年 6 月 30 日研发完成并达到预定用途时：

借：无形资产　　　　　　　　900

　　贷：研发支出——资本化支出　900

（4）判断甲公司 2×22 年 12 月 31 日 A 专有技术是否发生减值；如发生减值，编制相关会计分录。

【答案】

①2×22 年 12 月 31 日 A 专有技术发生减值。

②理由：

a. 2×22 年 12 月 31 日，A 专有技术的账面价值 = 900 - 900/5 × 1.5 = 630（万元）。

b. 2×22 年 12 月 31 日，A 专有技术的可收回金额为 510 万元。

由于 2×22 年 12 月 31 日，A 专有技术的可回收金额小于其账面价值，所以，A 专有技术发生减值。

③A 专有技术确认减值准备金额 = 630 - 510 = 120（万元）。

④会计分录：

借：资产减值损失　　　　　　120

　　贷：无形资产减值准备　　　　120

（5）编制甲公司 2×23 年 7 月 1 日以 A 专有技术交换乙公司产品的会计分录。

【答案】

①换入乙公司产品的入账价值 = 420 + 80 = 500（万元）。

②会计分录：

借：原材料　　　　　　　　　500

　　累计摊销　　　　　　　　　355

　　无形资产减值准备　　　　　120

　　资产处置损益　　　　　　　5

　　贷：无形资产　　　　　　　　900

　　　　银行存款　　　　　　　　80

2. 2×23 年 3 月 1 日，甲公司因经营战略发生较大转变，产品结构发生较大调整，原生产厂房、专利技术等已不符合生产新产品的需要，经与乙公司协商甲公司将其生产厂房连同专利技术与乙公司正在建造过程中的一幢建筑物、乙公司对联营企业丙公司的长期股权投资（采用权益法核算）进行交换。双方交换资产的相关资料如下：

（1）甲公司换出生产厂房的账面原价为 200

万元，已提折旧 125 万元；专利技术账面原价为 75 万元，累计摊销额为 37.5 万元。

（2）乙公司在建工程截止到交换日的成本为 87.5 万元，对丙公司的长期股权投资成本为 25 万元。

其他资料：甲公司的厂房公允价值难以取得，专利技术在市场上并不多见，公允价值也不能可靠计量。乙公司的在建工程因完工程度难以合理确定，其公允价值不能可靠计量，由于丙公司不是上市公司，乙公司对丙公司长期股权投资的公允价值也不能可靠计量。

假定甲公司、乙公司均未对上述资产计提减值准备，且整个交易中没有发生相关税费，答案中的金额单位以万元表示。

要求：

（1）判断甲公司与乙公司对该项资产交换的计量方式，并简要说明理由。

【答案】

①甲公司与乙公司对该项资产交换应当采用以账面价值为基础计量。

②理由：对于甲公司与乙公司来说，由于换入资产与换出资产的公允价值均不能可靠计量，因此，应当采用以账面价值为基础计量。

（2）简要说明甲公司与乙公司对该项资产交换的会计处理。

【答案】

甲公司、乙公司均按照各项换入资产的账面价值的相对比例，将换出资产的账面价值总额分摊至各项换入资产，作为各项换入资产的初始计量金额。对于同时换出的多项资产，终止确认时按照账面价值转销，不确认损益。

（3）计算甲公司换入的各项资产的初始入账价值，并编制相关会计分录。

【答案】

①计算换入资产、换出资产账面价值总额：

a. 换入资产的账面价值总额 = 87.5 + 25 = 112.5（万元）。

b. 换出资产的账面价值总额 = （200 - 125）+ （75 - 37.5）= 112.5（万元）。

②确定换入资产总成本：

换入资产的总成本 = 112.5 + 0 = 112.5（万元）。

③确定各项换入资产成本：

a. 在建工程成本 = 112.5 × 87.5/112.5 = 87.5（万元）。

b. 长期股权投资成本 = 112.5 × 25/112.5 = 25（万元）。

④会计分录：

借：固定资产清理　　　　　75
　　累计折旧　　　　　　　125
　　贷：固定资产　　　　　　　200
借：在建工程　　　　　　　87.5
　　长期股权投资——投资成本　25
　　累计摊销　　　　　　　37.5
　　贷：固定资产清理　　　　　75
　　　　无形资产　　　　　　　75

（4）计算乙公司换入的各项资产的初始入账价值，并编制相关会计分录。

【答案】

①计算换入资产、换出资产账面价值总额：

a. 换入资产的账面价值总额 =（200 – 125）+（75 – 37.5）= 112.5（万元）。

b. 换出资产的账面价值总额 = 87.5 + 25 = 112.5（万元）。

②确定换入资产总成本：

换入资产的总成本 = 112.5 + 0 = 112.5（万元）。

③确定各项换入资产成本：

a. 厂房成本 = 112.5 × 75/112.5 = 75（万元）。

b. 专利技术成本 = 112.5 × 37.5/112.5 = 37.5（万元）。

④会计分录：

借：固定资产清理　　　　　　87.5
　　贷：在建工程　　　　　　　87.5
借：固定资产　　　　　　　　75
　　无形资产　　　　　　　37.5
　　贷：固定资产清理　　　　　87.5
　　　　长期股权投资——投资成本
　　　　　　　　　　　　　　25

考点总结

考查内容	知识点		具体内容
非货币性资产交换认定	认定	支付补价	货币性资产/换入资产公允价值 < 25%
		收取补价	货币性资产/换出资产公允价值 < 25%
	计量原则	商业实质	（1）换入资产的未来现金流量在风险、时间和金额方面与换出资产显著不同。 【注意】上述内容，至少满足一项即可。 （2）换入资产与换出资产的预计未来现金流量现值不同，且其差额与换入资产和换出资产的公允价值相比是重大的
		公允价值	换入资产或换出资产的公允价值能够可靠计量

考查内容	知识点		具体内容
以公允价值为计量基础的非货币性资产交换	无补价	计算	换入资产 = 换出资产公允价值 + 相关税费
		分录	借：相关科目【换入资产】 　　应交税费——应交增值税（进项税额） 　　贷：相关科目【换出资产】 　　　　应交税费——应交增值税（销项税额） 　　　　资产处置损益等

续表

考查内容	知识点		具体内容
以公允价值为计量基础的非货币性资产交换	有补价	支付	换入资产＝换出资产公允价值＋相关税费＋补价公允价值
		接受	换入资产＝换出资产公允价值＋相关税费－补价公允价值
	计入当期损益的金额		计入当期损益的金额＝换出资产（公允价值－账面价值）

考查内容	知识点		具体内容
以账面价值为计量基础的非货币性资产交换	无补价	计算	换入资产＝换出资产账面价值＋相关税费
		分录	不确认损益
	有补价	支付	换入资产＝换出资产账面价值＋支付补价账面价值＋相关税费
		接受	换入资产＝换出资产账面价值－收到补价公允价值＋相关税费

专项突破

一、试题部分

甲公司与乙公司均为增值税一般纳税人，适用的增值税税率为13%。为适应双方经济业务发展需要，2×23年9月1日甲公司与乙公司协商并签订一份资产交换合同，该交换具有商业实质。双方交换资产的相关资料如下：

（1）甲公司以生产经营的机器设备和用于出租的办公楼进行交换。其中机器设备账面原价480万元，累计折旧180万元，交换日不含税的公允价值为312万元；用于出租的办公楼作为以公允价值模式计量的投资性房地产进行会计处理，该投资性房地产账面原价为600万元，公允价值变动120万元，交换日不含税的公允价值为700万元。

（2）乙公司以一批库存商品与对联营企业丙公司的长期股权投资进行交换。其中库存商品账面价值为347万元，交换日不含税的公允价值362万元；对丙公司的长期股权投资的账面价值为720万元，其中投资成本560万元，损益调整125万元，其他综合收益25万元，除净损益、其他综合收益和利润分配外的其他所有者权益变动为10万元，交换日不含税的公允价值735万元。

（3）其他资料：假定甲公司和乙公司换入资产与换出资产的公允价值均能够可靠计量；甲

公司和乙公司都没有为换出资产计提减值准备；甲公司以银行存款向乙公司支付不含税补价85万元，乙公司以银行存款向甲公司支付换出资产销项税额与换入资产进项税额的差额56.5万元；房地产适用的增值税税率为9%；甲公司与乙公司均开具了增值税专用发票。

答案中的金额单位以万元表示。

要求：

（1）判断甲公司与乙公司是否应将上述业务划分为非货币性资产交换，并说明理由。

（2）判断该项资产交换应当以换出资产的公允价值还是换入资产的公允价值为基础确定各项换入资产的成本。

（3）计算甲公司换入的各项资产的初始入账价值，并编制相关会计分录。

（4）计算乙公司换入的各项资产的初始入账价值，并编制相关会计分录。

二、答案部分

【答案】

（1）①甲公司应将上述业务划分为非货币性资产交换。

②理由：甲公司支付的补价占整个资产交换的比例＝85/（85＋312＋700）×100%＝7.75%，该比例小于25%，因此，甲公司该业务属于非

货币性资产交换。

③乙公司应将上述业务划分为非货币性资产交换。

④理由：乙公司收到的补价占整个资产交换的比例 = 85/(362 + 735) × 100% = 7.75%，该比例小于 25%，因此，乙公司该业务属于非货币性资产交换。

（2）①应当以换出资产的公允价值确定换入资产的成本。

②理由：换入资产和换出资产公允价值均能够可靠计量的，应当以换出资产公允价值作为确定换入资产成本的基础。

（3）①计算换出资产、换入资产公允价值总额：

换出资产公允价值总额 = 312 + 700 = 1 012（万元）。

换入资产公允价值总额 = 362 + 735 = 1 097（万元）。

②确定换入资产总成本：

换入资产总成本 = 312 + 700 + 85 = 1 097（万元）。

③计算确定换入各项资产的公允价值占换入资产公允价值总额的比例：

库存商品公允价值占换入资产公允价值总额的比例 = 362/(362 + 735) = 33%。

长期股权投资公允价值占换入资产公允价值总额的比例 = 735/(362 + 735) = 67%。

④计算确定换入各项资产的成本：

库存商品成本 = 1 097 × 33% = 362（万元）。

长期股权投资成本 = 1 097 × 67% = 735（万元）。

⑤会计分录：

借：固定资产清理　　　　　　300
　　累计折旧　　　　　　　　180
　　　贷：固定资产　　　　　　　480
借：长期股权投资　　　　　　735
　　库存商品　　　　　　　　362
　　应交税费——应交增值税（进项税额）
　　　　　　　　　　　　　　47.06
　　　贷：其他业务收入　　　　　700
　　　　　固定资产清理　　　　　300
　　　　　应交税费——应交增值税（销项税额）　　　　　　　103.56

　　　　　资产处置损益　　　　　12
　　　　　银行存款　　　　　　　28.5
借：其他业务成本　　　　　　600
　　公允价值变动损益　　　　120
　　　贷：投资性房地产——成本　　600
　　　　　　　　　　——公允价值变动　　　　　　　　　120

（4）①计算换出资产、换入资产公允价值总额：

换出资产公允价值总额 = 362 + 735 = 1 097（万元）。

换入资产公允价值总额 = 312 + 700 = 1 012（万元）。

②确定换入资产总成本：

换入资产总成本 = 362 + 735 – 85 = 1 012（万元）。

③计算确定换入各项资产的公允价值占换入资产公允价值总额的比例：

机器设备公允价值占换入资产公允价值总额的比例 = 312/(312 + 700) = 30.83%。

办公楼公允价值占换入资产公允价值总额的比例 = 700/(312 + 700) = 69.17%。

④计算确定换入各项资产的成本：

机器设备成本 = 1 012 × 30.83% = 312（万元）。

办公楼成本 = 1 012 × 69.17% = 700（万元）。

⑤会计分录：

借：投资性房地产　　　　　　700
　　固定资产　　　　　　　　312
　　应交税费——应交增值税（进项税额）
　　　　　　　　　　　　　　103.56
　　银行存款　　　　　　　　28.5
　　　贷：长期股权投资——投资成本　　　　　　　　　　　560
　　　　　　　　　　——损益调整　　　　　　　　　125
　　　　　　　　　　——其他综合收益　　　　　　　　　25
　　　　　　　　　　——其他权益变动　　　　　　　　　10
　　　　　主营业务收入　　　　362
　　　　　应交税费——应交增值税（销项税额）　　　　　　　47.06

```
          投资收益              15
借：主营业务成本        347
    贷：库存商品              347
借：其他综合收益        25
    资本公积——其他资本公积 10
    贷：投资收益              35
```

【解析】本题考查的知识点是非货币性资产交换的认定、以公允价值为基础计量的非货币性资产交换的会计处理。

（1）非货币性资产交换的交易对象主要是非货币性资产，交易中一般不涉及货币性资产，或只涉及少量货币性资产（即补价）。一般认为，如果补价占整个资产交换金额的比例低于25%（即"＜25%"），则认定所涉及的补价为少量该交换为非货币性资产交换；如果该比例等于或高于25%（即"≥25%"），则不视为非货币性资产交换。

（2）如果换入资产和换出资产公允价值均能够可靠计量，应当以换出资产公允价值作为确定换入资产成本的基础。一般来说，取得资产的成本应当按照所放弃资产的对价来确定。在非货币性资产交换中，换出资产的价值就是放弃的对价。如果其公允价值能够可靠确定，应当优先考虑按照换出资产的公允价值作为确定换入资产成本的基础；如果有确凿证据表明换入资产的公允价值更加可靠的，应当以换入资产公允价值为基础确定换入资产的成本。但是，本题的相关资料中，并未涉及"换入资产的公允价值更加可靠"的类似表述，所以，应当按照换出资产公允价值作为确定换入资产成本的基础。

（3）对于换出资产，企业应当在终止确认换出资产时，将换出资产的公允价值与其账面价值之间的差额计入当期损益。换出资产的公允价值不能够可靠计量，或换入资产和换出资产的公允价值均能够可靠计量但有确凿证据表明换入资产的公允价值更加可靠的，应当在终止确认时，将换入资产的公允价值与换出资产账面价值之间的差额计入当期损益。

计入当期损益的会计处理，视换出资产的类别不同而有所区别：

①换出资产为固定资产、在建工程、生产性生物资产和无形资产的，应当视同资产处置处理，计入当期损益部分通过"资产处置损益"科目核算。

②换出资产为投资性房地产的，按换出资产公允价值或换入资产公允价值确认其他业务收入，按换出资产账面价值结转其他业务成本，二者之间的差额计入当期损益。

③换出资产为长期股权投资的，应当视同长期股权投资处置处理，计入当期损益部分通过"投资收益"科目核算。

专题十五　债务重组

命题思路

本专题知识点是计算分析题和综合题的考查内容。2022 年计算分析题、2023 年综合题、2024 年综合题涉及本专题的知识点。本专题考查的主要知识点包括债权人的会计处理（以库存商品和固定资产抵偿债务以非现金资产抵债、多种方式组合进行债务重组的会计处理），考查的知识点虽然比较基础，但是题目略有难度，主要是集中于以金融资产或非金融资产抵债的会计处理、债务重组影响损益的计算以及多种方式组合进行债务重组时的会计处理。

经典例题

1. 2×22 年至 2×23 年，甲公司的相关资料如下：

资料一：2×22 年 12 月 31 日，甲公司以摊余成本计量的"应收账款——乙公司"的账面余额为 1 300 万元，计提信用减值损失 110 万元。

资料二：2×23 年 1 月 31 日，甲公司与乙公司签订债务重组协议，约定乙公司以两项资产偿还债务，一项是公允价值为 800 万元的库存商品，另一项是公允价值为 450 万元的生产设备。

资料三：2×23 年 1 月 31 日，甲公司与乙公司办理完成相关资产转移手续，债务重组协议履行完毕。甲公司取得上述抵债资产后，分别作为库存商品和固定资产核算。当日，甲公司"应收账款——乙公司"的公允价值为 1 150 万元。

不考虑其他因素，答案中的金额单位以万元表示。

要求：

（1）编制甲公司 2×22 年 12 月 31 日计提坏账准备的会计分录。

【答案】

借：信用减值损失　　　　　　110
　　贷：坏账准备　　　　　　　　110

（2）分别计算甲公司 2×23 年 1 月 31 日取得设备和库存商品的入账价值。

【答案】

①设备的入账价值 = 1 150 × 450/（450 + 800）= 414（万元）。

②库存商品的入账价值 = 1 150 × 800/（450 + 800）= 736（万元）。

（3）计算甲公司 2×23 年 1 月 31 日因上述债务重组影响损益的金额，并编制会计分录。

【答案】

①甲公司 2×23 年 1 月 31 日因上述债务重组影响损益的金额 = 1 150 - （1 300 - 110）= -40（万元）。

②会计分录：

借：库存商品　　　　　　　　736
　　固定资产　　　　　　　　414
　　坏账准备　　　　　　　　110
　　投资收益　　　　　　　　 40
　　贷：应收账款　　　　　　　1 300

2. 甲、乙、丙公司均系增值税一般纳税人。相关资料如下：

资料一：2×22 年 8 月 5 日，甲公司以应收乙公司账款 422 万元和银行存款 30 万元取得丙公司生产的一台机器人，将其作为生产经营用固定资产核算。该机器人的公允价值和计税价格均为 400 万元，当日，甲公司收到丙公司开具的增值税专用发票，价款为 400 万元，增值税税额为 52 万元。交易完成后，丙公司将于 2×23 年 6 月 30 日向乙公司收取款项 422 万元，对甲公司无追索权。

资料二：2×22 年 12 月 30 日，丙公司获悉乙公司发生严重财务困难，预计上述应收款项只能收回 350 万元。

资料三：2×23 年 6 月 30 日，乙公司未能按约定付款。经协商，丙公司同意乙公司当日以一台原价为 600 万元，已计提折旧 200 万元，计税价格为 280 万元的 R 设备偿还该项债务，当日，乙、丙公司办妥相关手续，丙公司收到乙公司开具的增值税专用发票，价款为 280 万元，增值税税额为 36.4 万元。丙公司收到该设备后，将其作为固定资产核算。当日应收账款的公允价值为 280 万元。

假定不考虑货币时间价值，不考虑除增值税以外的税费及其他因素，答案中的金额单位以万元表示。

要求：

（1）判断甲公司与丙公司之间的交易是否属于非货币性资产交换，简要说明理由，并编制甲公司取得机器人的相关会计分录。

【答案】

①甲公司与丙公司之间的交易不属于非货币性资产交换。

②理由：甲公司作为对价支付的应收账款和银行存款，均属于货币性资产，因此，甲公司与丙公司之间的交易不属于非货币性资产交换。

③会计分录：

借：固定资产　　　　　　　　　400

　　应交税费——应交增值税（进项税额）

　　　　　　　　　　　　　　　52

　　　贷：应收账款　　　　　　　422

　　　　　银行存款　　　　　　　30

（2）计算丙公司 2×22 年 12 月 31 日应计提坏账准备的金额，并编制相关会计分录。

【答案】

①丙公司 2×22 年 12 月 31 日应计提的坏账准备金额 = 422 − 350 = 72（万元）。

②会计分录：

借：信用减值损失　　　　　　　72

　　　贷：坏账准备　　　　　　　72

（3）判断丙公司与乙公司之间的交易是否属于债务重组，简要说明理由，并编制丙公司取得 R 设备的相关会计分录。

【答案】

①丙公司与乙公司之间的交易属于债务重组。

②理由：债务重组，是指在不改变交易对手方的情况下，经债权人和债务人协定或法院裁定，就清偿债务的时间、金额或方式等重新达成协议的交易。

③会计分录：

借：固定资产　　　　　　　　243.6

　　应交税费——应交增值税（进项税额）

　　　　　　　　　　　　　　36.4

　　坏账准备　　　　　　　　　72

　　投资收益　　　　　　　　　70

　　　贷：应收账款　　　　　　　422

考点总结

项目	知识点		具体内容
债权人会计处理	以资产清偿债务	金融资产	借：银行存款/库存现金 　　交易性金融资产等【公允价值】 　　坏账准备【原计提的坏账准备】 　　贷：应收账款 　　　　投资收益【或借方】

项目	知识点		具体内容
债权人会计处理	以资产清偿债务	非金融资产	借：原材料等【放弃债权公允价值＋其他成本】 　　应交税费——应交增值税（进项税额） 　　坏账准备【原计提的坏账准备】 　　　贷：应收账款 　　　　　投资收益【放弃债权公允价值与账面价值间差额，或借方】
		受让多项资产	（1）先确认金融资产的公允价值； （2）按照扣除金融资产公允价值和相关资产的增值税后的净额，在金融资产以外的各项资产以债务重组合同生效日的公允价值比例进行分配； （3）放弃债权的公允价值与账面价值之间的差额记入"投资收益"科目
		受让处置组	（1）首先对处置组中的金融资产和金融负债计量； （2）然后按照金融资产以外的各项资产在债务重组合同生效日的公允价值比例，对放弃债权在合同生效日的公允价值以及承担的处置组中负债的确认金额之和，扣除受让金融资产当日公允价值后的净额进行分配，并以此为基础分别确定各项资产的成本。放弃债权的公允价值与账面价值之间的差额，记入"投资收益"科目
		持有待售类别	债务人以资产或处置组清偿债务，且债权人在取得日未将受让的相关资产或处置组作为非流动资产和非流动负债核算，而是将其划分为持有待售类别的，债权人应当在初始计量时，比较假定其不划分为持有待售类别情况下的初始计量金额和公允价值减去出售费用后的净额，以两者孰低计量
	修改其他条款		借：应收账款【修改后新债权的公允价值】 　　坏账准备 　　　贷：应收账款 　　　　　投资收益【或借方】

考查内容	知识点		具体内容
债务人会计处理	以资产清偿债务	金融资产	借：应付账款【账面价值】 　　债权投资减值准备等 　　　贷：债权投资等 　　　　　银行存款等 　　　　　投资收益 【注意】若为其他债权投资，还应将持有期间产生的其他综合收益，转入留存收益
		非金融资产	借：应付账款【账面价值】 　　　贷：库存商品等【账面价值】 　　　　　应交税费——应交增值税（销项税额） 　　　　　其他收益 【注意】此处不区分资产处置损益和债务重组损益，统一通过其他收益进行核算
	债务转为权益工具		借：应付账款【账面价值】 　　　贷：实收资本 　　　　　资本公积 　　　　　投资收益

专项突破

一、试题部分

甲公司与乙公司均为增值税一般纳税人，适用增值税税率为13%，2×23年发生相关业务如下：

（1）2×23年9月15日，甲公司开具一张3个月后付款的商业承兑汇票从乙公司处购入M材料一批，取得对方开具的增值税专用发票注明的金额为300万元。甲公司将该应付款项分类为以摊余成本计量的金融负债，乙公司将该应收款项分类为以摊余成本计量的金融资产。

（2）2×23年12月15日，甲公司尚未支付货款。由于甲公司发生财务困难，短期内不能支付货款，当日经协商双方签订债务重组协议。协议约定，甲公司以其生产的商品、一项专利权以及一项以公允价值计量且其变动计入当期损益的某公司股票偿还债务。当日，该应付款项的公允价值为290万元，甲公司用于抵债的商品的账面价值为100万元，公允价值为110万元；专利权的账面原值为50万元，已计提摊销5万元，公允价值为60万元；股票的账面价值110万元（其中成本98.8万元，公允价值变动11.2万元），公允价值为120万元。乙公司已对该债权计提坏账准备20万元。

（3）其他资料：债务重组前甲公司已将该应付票据转为应付账款，乙公司也已将应收票据转为应收账款；转让专利权和金融资产适用的增值税税率为6%。

要求：根据上述资料，不考虑其他因素，回答下列小题。

（1）计算甲公司债务重组的损益，并编制2×23年12月15日的分录。

（2）计算乙公司收到资产的入账价值，并编制相关分录。

二、答案部分

【答案】

（1）①甲公司确认的债务重组的损益 = 339 − (100 + 45 + 110) − 110 × 13% − 60 × 6% − (120 −

98.8)/(1 + 6%) × 6% = 64.9（万元）。

②账务处理：

借：应付账款	3 390 000
累计摊销	50 000
贷：库存商品	1 000 000
无形资产	500 000
交易性金融资产——成本	988 000
——公允价值变动	112 000
应交税费——应交增值税（销项税额）	179 000
——转让金融商品应交增值税	12 000
其他收益——债务重组收益	649 000

（2）①交易性金融资产的入账价值 = 120万元。

②库存商品的入账价值 = (290 − 120 − 110 × 13% − 60 × 6%) × 110/(110 + 60) = 98.42（万元）。

③专利权的入账价值 = (290 − 120 − 110 × 13% − 60 × 6%) × 60/(110 + 60) = 53.68（万元）。

④账务处理：

借：库存商品	984 200
无形资产	536 800
交易性金融资产	1 200 000
应交税费——应交增值税（进项税额）	179 000
坏账准备	200 000
投资收益	290 000
贷：应收账款	3 390 000

【解析】本题考查的知识点是债权人的会计处理、债务人的会计处理。

（1）甲公司以包括金融资产和非金融资产在内的多项资产清偿债务，应当借记"应付账款"科目，贷记"库存商品""无形资产""交易性金融资产"科目。并且，不需要区分资产处置损益和债务重组损益，也不需要区分不同资产的处置损益，而应将所清偿债务账面价值与转让资产账面价值之间的差额，贷记"其他收益——债务重组收益"科目。

（2）乙公司受让包括金融资产、非金融资产在内的多项资产的，金融资产按照当日公允价值计量，借记"交易性金融资产"科目，按照受让的金融资产以外的各项资产在债务重组合同生效日的公允价值比例，对放弃债权在合同生效日的公允价值扣除受让金融资产当日公允价值后的净额进行分配，并以此为基础分别确定各项资产的成本。借记"无形资产""库存商品"科目，转销债权账面价值，借记"坏账准备"等科目，贷记"应收账款"等科目，放弃债权的公允价值与账面价值之间的差额，借记"投资收益"科目。

专题十六 所 得 税

命题思路

本专题内容是计算分析题与综合题的必考内容。2017 年计算分析题和综合题、2018 年综合题、2019 年计算分析题、2020 年综合题、2022 年综合题、2023 年综合题、2024 年计算分析题涉及本专题的知识点。本专题每年的主观题分值大约为 12 ~ 15 分。通过近几年真题分析，可以发现本专题是计算分析题和综合题比较频繁考查的内容，预计 2025 年计算分析题和综合题也会涉及本专题的内容。历年考查本专题的主要知识点是资产的计税基础、负债的计税基础、递延所得税负债的确认和计量、递延所得税资产的确认和计量、当期所得税、递延所得税等，考查的知识点相对较难。本专题的主观题在命题时，通常是本章节内知识点与存货、固定资产、无形资产、交易性金融资产等内容结合，因此，考生答题时还应兼顾相关章节的基础业务处理，无形中会提高本专题得分的难度。本专题内容难度系数很大，考生备考时，需要牢记本专题的基本知识点，尤其是对细节的把控，如暂时性差异的形成与确认、递延所得税负债与资产的确认以及计算时适用的税率等，这些都是很多考生在平时学习时容易忽略的细节，致使考试一旦出现暂时性差异的判断、递延所得税资产和负债单独确认、所得税税率变动的相关内容，就容易出现失分的现象，因此，考生在本专题中务必加强对基本功的掌握，并将与之相关章节的内容熟练运用，在考场上做到以不变应万变。

经典例题

1. 甲公司适用的企业所得税税率为 25%，预计未来期间适用的企业所得税税率不会发生变化，未来期间能够产生足够的应纳税所得额用以抵减可抵扣暂时性差异。2×24 年 1 月 1 日，甲公司递延所得税资产、递延所得税负债的年初余额均为 0。甲公司 2×24 年发生的会计处理与税收处理存在差异的交易或事项如下：

资料一：2×23 年 12 月 20 日，甲公司取得并立即提供给行政管理部门使用的一项初始入账金额为 150 万元的固定资产，预计使用年限为 5 年，预计净残值为 0。会计处理采用年限平均法计提折旧，该固定资产的计税基础与初始入账金额一致。根据税法规定，2×24 年甲公司该固定资产的折旧额能在税前扣除的金额为 50 万元。

资料二：2×24 年 11 月 5 日，甲公司取得乙公司股票 20 万股，并将其指定为以公允价值计量且其变动计入其他综合收益的金融资产，初始入账金额为 600 万元。该金融资产的计税基础与初始入账金额一致。2×24 年 12 月 31 日，该股票的公允价值为 550 万元。税法规定，金融资产的公允价值变动不计入当期应纳税所得额，待转让时一并计入转让当期的应纳税所得额。

资料三：2×24 年 12 月 10 日，甲公司因当年偷税漏税向税务机关缴纳罚款 200 万元，税法规定，偷税漏税的罚款支出不得税前扣除。

甲公司 2×24 年度实现的利润总额为 3 000 万元。

本题不考虑除企业所得税以外的税费及其他因素。答案中的金额单位以万元表示。

要求：

（1）计算甲公司 2×24 年 12 月 31 日上述行政管理用固定资产的暂时性差异，判断该差异为应纳税暂时性差异还是可抵扣暂时性差异，并编制确认递延所得税资产或递延所得税负债的会计分录。

【答案】

①2×24 年 12 月 31 日，固定资产的账面价值 = 150 − 150/5 = 120（万元）。

②2×24 年 12 月 31 日，固定资产计税基础 = 150 − 50 = 100（万元）。

③由于，该固定资产的账面价值 120 万元大于其计税基础 100 万元，形成应纳税暂时性差异，应确认的应纳税暂时性差异的金额 = 120 − 100 = 20（万元）。

④应确认的递延所得税负债的金额 = 20 × 25% = 5（万元）。

⑤会计分录：

借：所得税费用　　　　　　　　5

　　贷：递延所得税负债　　　　　　5

（2）计算甲公司 2×24 年 12 月 31 日对乙公司股票投资的暂时性差异，判断该差异是应纳税暂时性差异还是可抵扣暂时性差异，并编制确认递延所得税资产或递延所得税负债的会计分录。

【答案】

①2×24 年 12 月 31 日，其他权益工具投资的账面价值 = 550 万元。

②2×24 年 12 月 31 日，其他权益工具投资的计税基础 = 600 万元。

③由于，该其他权益工具投资的账面价值 550 万元小于其计税基础 600 万元，形成可抵扣暂时性差异，应确认的可抵扣暂时性差异的金额 = 600 − 550 = 50（万元）。

④应确认的递延所得税资产的金额 = 50 × 25% = 12.5（万元）。

⑤会计分录：

借：递延所得税资产　　　　　12.5

　　贷：其他综合收益　　　　　　12.5

（3）分别计算甲公司 2×24 年度应纳税所得额和应交企业所得税的金额，并编制相关会计分录。

【答案】

①甲公司 2×24 年度应纳税所得额 = 3 000 + (30 − 50) + 200 = 3 180（万元）。

②甲公司 2×24 年度应交企业所得税 = 3 180 × 25% = 795（万元）。

③会计分录：

借：所得税费用　　　　　　　795

　　贷：应交税费——应交所得税　795

2. 甲公司适用的企业所得税税率为 25%，预计未来期间适用的企业所得税税率不会发生变化，未来期间能够产生足够的应纳税所得额用以抵减可抵扣暂时性差异。2×24 年 1 月 1 日，甲公司递延所得税资产、递延所得税负债的年初余额均为 0。2×24 年，甲公司发生的与企业所得税相关的交易或事项如下：

资料一：2×24 年 1 月 1 日，甲公司与乙公司签订租赁协议，于当日起将自用办公楼出租给乙公司使用，甲公司将该办公楼划分为投资性房地产，采用公允价值模式计量。当日，该办公楼的原值为 15 000 万元，累计折旧为 900 万元，公允价值为 16 000 万元，计税基础为 14 100 万元。2×24 年 12 月 31 日，该办公楼的公允价值为 16 200 万元，计税基础为 13 800 万元。

资料二：2×24 年 3 月 1 日，甲公司以银行存款 1 010 万元（含交易费用 10 万元）从二级市场购入丙公司股票 100 万股。甲公司将该股票分类为以公允价值计量且其变动计入当期损益的金融资产，该金融资产的初始入账金额与计税基础一致。2×24 年 12 月 31 日，甲公司持有的丙公司股票的公允价值为 800 万元。根据税法规定，甲公司所持丙公司股票公允价值的变动不计入当期应纳税所得额，待转让时将转让收入扣除初始投资成本的差额计入当期的应纳税所得额。

资料三：2×24 年 12 月 1 日，甲公司因合同违约被丁公司起诉。2×24 年 12 月 31 日，甲公司尚未接到法院的判决。甲公司预计最终的法院判决很可能对公司不利，将要支付的违约金为 130 万元至 150 万元之间的某一金额，且该区间内每个金额发生的可能性大致相同。根据税法规定，企业计提的违约金不计入当期应纳税所得额，待实际支付时，计入当期的应纳税所得额。

资料四：2×24 年甲公司发生业务宣传费 1 000 万元，至年末尚未支付，甲公司当年实现销售收入 6 000 万元。税法规定，企业发生的业务宣传费支出不超过当年销售收入 15% 的部分准予税前扣除；超过部分准予结转以后年度税前扣除。

本题不考虑除企业所得税以外的税费及其他因素。答案中的金额单位以万元表示。

（"投资性房地产"和"交易性金融资产"科目应写出必要的明细科目）

要求：

（1）分别编制甲公司 2×24 年 1 月 1 日将其办公楼出租给乙公司的会计分录和确认递延所得税的会计分录。

【答案】

①甲公司 2×24 年 1 月 1 日将其办公楼出租给乙公司：

借：投资性房地产——成本 16 000
　　累计折旧 900
　　贷：固定资产 15 000
　　　　其他综合收益 1 900

②甲公司 2×24 年 1 月 1 日确认递延所得税：

借：其他综合收益 475
　　贷：递延所得税负债
　　　　（1 900×25%）475

（2）分别编制甲公司 2×24 年 12 月 31 日对该办公楼按公允价值计量的会计分录和确认递延所得税的会计分录。

【答案】

①甲公司 2×24 年 12 月 31 日对该办公楼按公允价值计量：

借：投资性房地产——公允价值变动
　　　　　　　　　　　　　　200
　　贷：公允价值变动损益 200

②2×24 年 12 月 31 日投资性房地产的账面价值 = 16 200 万元。

③2×24 年 12 月 31 日投资性房地产的计税基础 = 13 800 万元。

④由于，该投资性房地产的账面价值 16 200 万元大于其计税基础 13 800 万元，形成应纳税暂时性差异，应确认的应纳税暂时性差异的金额 = 16 200 - 13 800 = 2 400（万元）。

⑤应确认的递延所得税负债的金额 = 2 400×

25% - 475 = 125（万元）。

⑥会计分录：

借：所得税费用 125
　　贷：递延所得税负债 125

（3）编制甲公司 2×24 年 3 月 1 日购入丙公司股票的会计分录。

【答案】

借：交易性金融资产——成本
　　　　　　　　　　　　1 000
　　投资收益 10
　　贷：银行存款 1 010

（4）分别编制甲公司 2×24 年 12 月 31 日对所持丙公司股票按公允价值计量的会计分录和确认递延所得税的会计分录。

【答案】

①甲公司 2×24 年 12 月 31 日对所持丙公司股票按公允价值计量：

借：公允价值变动损益 200
　　贷：交易性金融资产——公允价值变动
　　　　　　　　　　　　　　200

②2×24 年 12 月 31 日交易性金融资产的账面价值 = 800 万元。

③2×24 年 12 月 31 日交易性金融资产的计税基础 = 1 000 万元。

④由于，该交易性金融资产的账面价值 800 万元小于其计税基础 1 000 万元，形成可抵扣暂时性差异，应确认的可抵扣暂时性差异的金额 = 1 000 - 800 = 200（万元）。

⑤应确认的递延所得税资产的金额 = 200× 25% = 50（万元）。

⑥会计分录：

借：递延所得税资产 50
　　贷：所得税费用 50

（5）分别编制甲公司 2×24 年 12 月 31 日确认预计违约金的会计分录和确认递延所得税的会计分录。

【答案】

①甲公司 2×24 年 12 月 31 日确认预计违约金：

借：营业外支出 140
　　贷：预计负债 140

②2×24 年 12 月 31 日预计负债的账面价值 = 140 万元。

③2×24年12月31日预计负债的计税基础=140 – 140 = 0。

④由于，该预计负债的账面价值140万元大于其计税基础0，形成可抵扣暂时性差异，应确认的可抵扣暂时性差异的金额 = 140 – 0 = 140（万元）。

⑤应确认的递延所得税资产的金额 = 140 × 25% = 35（万元）。

⑥会计分录：

借：递延所得税资产　　　　　35

　　贷：所得税费用　　　　　　　35

（6）编制甲公司2×24年12月31日因业务宣传费确认递延所得税的会计分录。

【答案】

①本期可税前扣除的业务宣传费 = 6 000 × 15% = 900（万元），实际发生业务宣传费 = 1 000 万元，准予结转以后年度税前扣除金额 = 1 000 – 900 = 100（万元），即 2 × 24 年 12 月 31 日其他应付款账面价值 = 1 000 万元。

②2×24 年 12 月 31 日其他应付款计税基础 = 1 000 – 100 = 900（万元）。

③由于，其他应付款的账面价值 1 000 万元大于其计税基础 900 万元，形成可抵扣暂时性差异，应确认的可抵扣暂时性差异的金额 = 1 000 – 900 = 100（万元）。

④应确认的递延所得税资产的金额 = 100 × 25% = 25（万元）。

⑤会计分录：

借：递延所得税资产　　　　　25

　　贷：所得税费用　　　　　　　25

考点总结

考查内容	知识点			具体内容	
				账面价值与计税基础的关系	税会差异
资产的计税基础	固定资产	折旧（方法、年限）	会计 = 税法	账面 = 计税	无
			会计 ≠ 税法	账面 > 计税	应纳税
				账面 < 计税	可抵扣
		减值		账面 < 计税	可抵扣
	无形资产	自研		账面 < 计税	可抵扣
		外购	摊销	账面 = 计税	无
			使用寿命不确定	账面 > 计税	应纳税
				账面 < 计税	可抵扣
		减值		账面 < 计税	可抵扣
	以公允价值计量的资产	期末公允价值大于入账金额		账面 > 计税	应纳税
		期末公允价值小于入账金额		账面 < 计税	可抵扣

考查内容	知识点		具体内容	
			账面价值与计税基础的关系	税会差异
负债的计税基础	预计负债	质量保证	账面＜计税	可抵扣
		其他	假定税法不允许税前扣除：账面＝计税	永久性
	合同负债	税会原则一致	账面＝计税	无
		会计不计收入	假定税法计入应纳税所得额：未来期间不纳税，计税基础＝0	可抵扣
	应付职工薪酬		税法对于合理的职工薪酬：账面＝计税	无
	其他负债		账面＝计税	永久性

考查内容	知识点	具体内容	
		产生原因	递延所得税费用
暂时性差异	应纳税暂时性差异	资产账面价值＞计税基础	递延所得税负债
		负债账面价值＜计税基础	
	可抵扣暂时性差异	资产账面价值＜计税基础	递延所得税资产
		负债账面价值＞计税基础	

考查内容	知识点		具体内容
递延所得税费用的计量	计算	期末余额	暂时性差异期末余额×未来转回时税率
		本期金额	递延所得税本期期末余额－上期期末余额
	账务处理	一般	借：所得税费用【或贷方】 　　贷：递延所得税负债/资产【或借方】
		其他权益工具投资	借：其他综合收益【或贷方】 　　贷：递延所得税负债/资产【或借方】
		合并报表	调整子公司的可辨认净资产公允价值和账面价值不相等的差异，计入资本公积

考查内容	知识点	具体内容
所得税费用的确认和计量	所得税费用	应交所得税＋递延所得税费用
	应交所得税	应纳税所得额×当期所得税税率
	应纳税所得额	会计利润＋纳税调增额－纳税调减额＋境外应税所得弥补境内亏损－弥补以前年度亏损
	递延所得税费用	递延所得税负债（期末余额－期初余额）－递延所得税资产（期末余额－期初余额）

专项突破

一、试题部分

1. 甲公司适用的企业所得税税率为25%，预计未来期间所得税税率不变，预计未来期间有足够的应纳税所得额用于抵减可抵扣暂时性差异。2×24年1月1日递延所得税资产和递延所得税负债的余额为0。甲公司2×24年涉及纳税调整的交易或事项如下：

资料一：2×24年1月1日，甲公司对初始入账成本为500万元的行政管理用固定资产开始计提折旧，会计上使用年限为10年，预计净残值为0，采用平均年限法计提折旧。税法上的初始入账价值、折旧年限和净残值与会计一致，税法规定采用双倍余额递减法计提折旧。

资料二：2×24年6月30日，甲公司与乙公司签订合同，甲公司向乙公司销售一批商品。合同约定，该批商品将于2年之后交货。乙公司可以选择合同签订时支付20万元，也可以选择在2年后交付商品时按售价支付。该批商品的控制权在交货时转移。6月30日甲公司收到银行存款20万元并存入银行。税法规定，收到货款时入应纳税所得额。

资料三：甲公司对其销售的商品作出承诺：商品售出后1年内如出现非意外事件造成的商品质量问题，甲公司免费提供售后服务，该服务不属于单项履约义务。2×24年按照销售额计提预计负债15万元，当年实际发生产品保修费用11万元，预计负债期末余额为4万元，税法规定实际发生产品售后服务费时允许税前扣除。

资料四：甲公司当年实现利润总额900万元。本题不考虑相关税费及其他因素。

要求：

（1）计算2×24年12月31日固定资产的账面价值和计税基础，并编制相关递延所得税资产或负债的会计分录。

（2）计算甲公司收取货款的计税基础，编制递延所得税影响的相关会计分录。

（3）计算2×24年12月31日甲公司计提产品售后服务费的计税基础，编制与预计负债相关

的会计分录。

（4）计算甲公司2×24年的应交所得税和所得税费用。

2. 甲公司适用的企业所得税税率为25%，预计未来期间适用的企业所得税税率不会发生变化，未来期间能够产生足够的应纳税所得额用于抵减可抵扣暂时性差异。2×24年1月1日，甲公司递延所得税资产的年初余额为200万元，递延所得税负债的年初余额为150万元。2×24年度，甲公司发生的与企业所得有关的交易或事项如下：

资料一：2×24年2月1日，甲公司以银行存款200万元购入乙公司的股票并将其分类为以公允价值计量且其变动计入当期损益的金融资产。该金融资产的初始入账金额与计税基础一致。2×24年12月31日，该股票投资的公允价值为280万元。根据税法规定，甲公司持有的乙公司股票当期的公允价值变动不计入当期应纳税所得额，待转让时将转让收入扣除初始投资成本的差额计入转让当期的应纳税所得额。

资料二：2×24年度甲公司在自行研发A新技术的过程中发生支出500万元，其中满足资本化条件的研发支出为300万元。至2×24年12月31日，A新技术研发活动尚未结束，税法规定，企业费用化的研发支出在据实扣除的基础上再加计100%税前扣除，资本化的研发支出按资本化金额的200%确定应予税前摊销扣除的金额。

资料三：2×24年12月31日甲公司成本为90万元的库存B产品出现减值迹象。经减值测试，其可变现净值为80万元。在此之前，B产品未计提存货跌价准备。该库存B产品的计税基础与成本一致。税法规定，企业当期计提的存货跌价准备不允许当期税前扣除，在发生实质性损失时可予税前扣除。

资料四：2×24年甲公司通过某县民政局向灾区捐赠400万元。税法规定，企业通过县级民政局进行慈善捐赠的支出，在年度利润总额12%以内的部分准予在当期税前扣除；超过年度利润总额12%的部分，准予在未来3年内税

前扣除。甲公司2×24年度的利润总额为3 000万元。

本题不考虑除企业所得税以外的税费及其他因素。答案中的金额单位以万元表示。

要求：

（1）分别编制甲公司2×24年12月31日对乙公司股票投资按公允价值计量及其对所得税影响的会计分录。

（2）判断甲公司2×24年12月31日A新技术研发支出的资本化部分形成的是应纳税暂时性差异还是可抵扣暂时性差异，并判断是否需要确认递延所得税资产。

（3）分别编制甲公司2×24年12月31日对库存B产品计提减值准备及其对所得税影响的会计分录。

（4）计算甲公司2×24年的捐赠支出所产生的暂时性差异的金额，并判断是否需要确认递延所得税资产。

（5）分别计算甲公司2×24年12月31日递延所得税资产及递延所得税负债的余额。

3. 甲公司适用的所得税税率为25%。相关资料如下：

资料一：2×18年12月31日，甲公司以银行存款44 000万元购入一栋达到预定可使用状态的写字楼，立即以经营租赁方式对外出租，租期为2年，并办妥相关手续。该写字楼预计尚可使用22年，其取得时的成本与计税基础一致。

资料二：甲公司对该写字楼采用公允价值模式进行后续计量。所得税纳税申报时，该写字楼在其预计使用寿命内每年允许税前扣除的金额均为2 000万元。

资料三：2×19年12月31日和2×20年12月31日，该写字楼的公允价值分别为45 500万元和50 000万元。

资料四：2×20年12月31日，租期届满，甲公司收回该写字楼，并供本公司行政管理部门使用。甲公司自2×21年开始对该写字楼按年限平均法计提折旧，预计尚可使用20年，预计净残值为0。所得税纳税申报时，该写字楼在其预计使用寿命内每年允许税前扣除的金额均为2 000万元。

资料五：2×24年12月31日，甲公司以52 000万元出售该写字楼，款项收讫并存入银行。

假定不考虑除所得税以外的税费及其他因素。答案中的金额单位以万元表示。

要求：

（1）编制甲公司2×18年12月31日购入并立即出租该写字楼的相关会计分录。

（2）编制甲公司2×19年12月31日对该写字楼因公允价值变动进行后续计量的相关会计分录。

（3）分别计算甲公司2×19年12月31日该写字楼的账面价值、计税基础、暂时性差异（需指出是应纳税暂时性差异还是可抵扣暂时性差异），以及由此应确认的递延所得税负债或递延所得税资产的金额。

（4）编制甲公司2×20年12月31日收回该写字楼并转为自用的会计分录。

（5）分别计算甲公司2×21年12月31日该写字楼的账面价值、计税基础、暂时性差异（需指出是应纳税暂时性差异还是可抵扣暂时性差异），以及相应的递延所得税负债或递延所得税资产的账面余额。

（6）编制甲公司2×24年12月31日出售该写字楼的相关会计分录。

4. 甲公司适用的企业所得税税率为25%，预计未来期间适用的企业所得税税率不变，未来期间能产生足够的应纳税所得额用以抵减可抵扣暂时性差异。2×24年1月1日，甲公司递延所得税资产、负债年初余额均为0。2×24年度，甲公司发生的与股权投资相关的交易或事项如下：

资料一：2×24年8月1日，甲公司以银行存款70万元从非关联方购入乙公司的股票并将其分类为以公允价值计量且其变动计入当期损益的金融资产。当日，该金融资产的初始入账金额与计税基础一致。2×24年12月31日，该股票投资的公允价值为80万元。

资料二：2×24年9月1日，甲公司以银行存款900万元从非关联方购入丙公司的股票并将其指定为以公允价值计量且其变动计入其他综合收益的非交易性权益工具投资。当日，该金融资产的初始入账金额与计税基础一致。2×24年12月31日，该股票投资的公允价值为840万元。

资料三：2×24年12月1日，甲公司以银行存款8 000万元从非关联方取得丁公司30%的

有表决权股份，对丁公司的财务和经营政策有
重大影响，采用权益法核算，甲公司打算长期持
有该股权投资。当日，丁公司所有者权益的账面
价值为 25 000 万元，各项可辨认资产、负债的
公允价值和账面价值相等。该股权投资的初始入
账金额和计税基础一致。丁公司 2×24 年 12 月
实现净利润为 200 万元，甲公司与丁公司未发生
交易。甲公司的会计政策、会计期间与丁公司的
相同。

根据税法规定，甲公司所持乙公司和丙公司
股票的公允价值变动不计入当期应纳税所得额，
待转让时将转让收入扣除初始投资成本的差额计
入转让当期的应纳税所得额。

本题不考虑除企业所得税以外的税费及其他
因素。答案中的金额单位以万元表示。

（"交易性金融资产""其他权益工具投资"
"长期股权投资"科目应写出必要的明细科目）

要求：

（1）编写甲公司 2×24 年 8 月 1 日购买乙公
司股票的会计分录。

（2）编写甲公司 2×24 年 12 月 31 日对乙公
司股票按公允价值计量的会计分录和确认递延所
得税的分录。

（3）编写甲公司 2×24 年 9 月 1 日购买丙公
司股票的会计分录。

（4）编写甲公司 2×24 年 12 月 31 日对丙公
司股票按公允价值计量的会计分录。

（5）编写甲公司 2×24 年 12 月 1 日购买丁
公司股票的会计分录。

（6）编写甲公司 2×24 年 12 月 31 日确认对
丁公司股权投资的投资收益的会计分录。

5. 甲公司适用的企业所得税税率为 25%，
预计未来期间适用的企业所得税税率不变，未来
能够产生足够的应纳税所得额用以抵减可抵扣暂
时性差异，2×23 年 1 月 1 日，甲公司递延所得
税资产、负债的年初余额均为 0。甲公司与以公
允价值计量且其变动计入当期损益的金融资产相
关的交易或事项如下：

（1）2×23 年 10 月 10 日，甲公司以银行存
款 600 万元购入乙公司股票 200 万股，将其分类
为以公允价值计量且其变动计入当期损益的金融
资产，该金融资产的计税基础与初始入账金额
一致。

（2）2×23 年 12 月 31 日，甲公司持有上述
乙公司股票的公允价值为 660 万元。

（3）甲公司 2×23 年度的利润总额为 1 500
万元，税法规定，金融资产的公允价值变动损益
不计入当期应纳税所得额，待转让时一并计入转
让当期的应纳税所得额，除该事项外，甲公司不
存在其他纳税调整事项。

（4）2×24 年 3 月 20 日，乙公司宣告每股
分派现金股利 0.3 元，2×24 年 3 月 27 日，甲公
司收到乙公司发放的现金股利并存入银行。

2×24 年 3 月 31 日，甲公司持有上述乙公
司股票的公允价值为 660 万元。

（5）2×24 年 4 月 25 日，甲公司将持有的
乙公司股票全部转让，转让所得 648 万元存入银
行，不考虑企业所得税以外的税费及其他因素。
答案中的金额单位以万元表示。

（"交易性金融资产"科目应写出必要的明
细科目）

要求：

（1）编制甲公司 2×23 年 10 月 10 日购入乙
公司股票的会计分录。

（2）编制甲公司 2×23 年 12 月 31 日对乙公
司股票投资期末计量的会计分录。

（3）分别计算甲公司 2×23 年度的应纳税
所得额、当期应交所得税、递延所得税负债和所
得税费用的金额，并编制会计分录。

（4）编制甲公司 2×24 年 3 月 20 日在乙公
司宣告分派现金股利时的会计分录。

（5）编制甲公司 2×24 年 3 月 27 日收到现
金股利的会计分录。

（6）编制甲公司 2×24 年 4 月 25 日转让乙
公司股票的会计分录。

二、答案部分

1. 【答案】

（1）①2×24 年 12 月 31 日，该固定资产的
账面价值 = 500 − 500/10 = 450（万元）。

②2×24 年 12 月 31 日，该固定资产的计税
基础 = 500 − (500 × 2/10) = 400（万元）。

③2×24 年 12 月 31 日，甲公司该固定资产
的账面价值 450 万元大于其计税基础 400 万元，
所以，甲公司因该固定资产产生应纳税暂时性差
异。甲公司应确认的应纳税暂时性差异金额 =

$450 - 400 = 50$（万元）。

④2×24 年 12 月 31 日，甲公司应确认的递延所得税负债金额 $= 50 \times 25\% = 12.5$（万元）。

⑤会计分录：

借：所得税费用　　　　　　12.5

　　贷：递延所得税负债　　　　12.5

（2）①2×24 年 12 月 31 日，甲公司该预收货款（即合同负债）的账面价值 = 20 万元。

②2×24 年 12 月 31 日，甲公司该预收货款（即合同负债）的计税基础 $= 20 - 20 = 0$。

③2×24 年 12 月 31 日，甲公司该预收货款（即合同负债）的账面价值 20 万元大于其计税基础 0 万元，所以，甲公司因该预收货款（即合同负债）产生可抵扣暂时性差异。甲公司应确认的可抵扣暂时性差异金额 $= 20 - 0 = 20$（万元）。

④2×24 年 12 月 31 日，甲公司应确认的递延所得税资产金额 $= 20 \times 25\% = 5$（万元）。

⑤会计分录：

借：递延所得税资产　　　　　5

　　贷：所得税费用　　　　　　　5

（3）①2×24 年 12 月 31 日，甲公司计提产品售后服务费（即预计负债）的账面价值 = 4 万元。

②2×24 年 12 月 31 日，甲公司计提产品售后服务费（即预计负债）的计税基础 = 0。

③2×24 年 12 月 31 日，甲公司计提产品售后服务费（即预计负债）的账面价值 4 万元大于其计税基础 0，所以，甲公司因计提产品售后服务费（即预计负债）产生可抵扣暂时性差异。甲公司应确认的可抵扣暂时性差异金额 $= 4 - 0 = 4$ 万元。

④2×24 年 12 月 31 日，甲公司应确认的递延所得税资产金额 $= 4 \times 25\% = 1$（万元）。

⑤会计分录：

借：递延所得税资产　　　　　1

　　贷：所得税费用　　　　　　　1

（4）甲公司 2×24 年的应交所得税 $= [900 - (450 - 400) + 20 + 4] \times 25\% = 218.5$（万元）。

甲公司 2×24 年的所得税费用 $= 900 \times 25\% = 225$（万元）。

【提示】本题也可以按以下方式计算，甲公司 2×24 年的所得税费用 $= 218.5 + 12.5 - 5 - 1 = 225$（万元）。

【解析】本题考查的知识点是"资产的计税基础——固定资产""负债的计税基础——合同负债、预计负债""当期所得税""所得税费用的计算与列报"。

（1）固定资产的计税基础要按照"实际成本 - 按照税法规定已在以前期间税前扣除的折旧额"，并对固定资产的账面价值大于计税基础产生的应纳税暂时性差异，确认递延所得税负债，借记"所得税费用"科目，贷记"递延所得税负债"科目。

（2）如果不符合会计准则规定的收入确认条件，未确认为收入而确认为合同负债的，但按照税法规定应计入当期应纳税所得额时，未来期间无须纳税，有关合同负债的计税基础为 0。并对合同负债的账面价值大于计税基础产生的可抵扣暂时性差异，确认递延所得税资产，借记"递延所得税资产"科目，贷记"所得税费用"科目。

（3）对于不能作为单项履约义务的质量保证，企业应当按照或有事项的相关规定，将预计提供售后服务发生的支出在销售当期确认为相关成本，同时确认预计负债。如果税法规定，与销售产品相关的支出应于发生时税前扣除，因该类事项产生的预计负债在期末的计税基础为其账面价值与未来期间可税前扣除的金额之间的差额，如有关的支出实际发生时可全额税前扣除，其计税基础为 0。并对预计负债的账面价值大于计税基础产生的可抵扣暂时性差异，确认递延所得税资产，借记"递延所得税资产"科目，贷记"所得税费用"科目。

（4）企业在确定当期所得税时，对于当期发生的交易或事项，会计处理与税收处理不同的，应在会计利润的基础上，按照适用税收法规的要求进行调整（即纳税调整）计算出当期应纳税所得额，按照应纳税所得额与适用所得税税率计算确定当期应交所得税。

2.【答案】

（1）①甲公司 2×24 年 12 月 31 日对乙公司股票投资按公允价值计量：

借：交易性金融资产——公允价值变动

　　　　　　　　　　　　　　　　80

　　贷：公允价值变动损益　　　　80

②2×24 年末交易性金融资产的账面价值 =

280 万元。

③2×24 年末交易性金融资产的计税基础 = 200 万元。

④由于，该交易性金融资产的账面价值 280 万元大于其计税基础 200 万元，形成应纳税暂时性差异，应确认的应纳税暂时性差异的金额 = 280 − 200 = 80（万元）。

⑤应确认的递延所得税负债的金额 = 80 × 25% = 20（万元）。

借：所得税费用 20
　　贷：递延所得税负债 20

（2）①甲公司 2×24 年 12 月 31 日 A 新技术研发支出的资本化部分形成的是可抵扣暂时性差异。

②理由：2×24 年末甲公司 A 新技术研发支出资本化部分账面价值为 300 万元，计税基础 = 300 × 200% = 600（万元），A 新技术的账面价值 300 万元小于其计税基础 600 万元，产生可抵扣暂时性差异，应确认的可抵扣暂时性差异的金额 = 600 − 300 = 300（万元）。

③不确认递延所得税资产。

④理由：该无形资产的确认不是产生于企业合并交易，同时在初始确认时既不影响会计利润也不影响应纳税所得额，则按照规定，不确认有关暂时性差异的所得税影响。

（3）①甲公司 2×24 年 12 月 31 日对库存 B 产品计提减值准备：

借：资产减值损失 10
　　贷：存货跌价准备 10

②2×24 年末库存 B 产品的账面价值 = 80 万元。

③2×24 年末库存 B 产品的计税基础 = 90 万元。

④由于，该库存 B 产品的账面价值 80 万元小于其计税基础 90 万元，形成可抵扣暂时性差异，应确认的可抵扣暂时性差异的金额 = 90 − 80 = 10（万元）。

⑤应确认的递延所得税资产的金额 = 10 × 25% = 2.5（万元）。

⑥会计分录：

借：递延所得税资产 2.5
　　贷：所得税费用 2.5

（4）对甲公司 2×24 年捐赠支出，税法上

允许税前扣除的最大金额 = 3 000 × 12% = 360（万元），而甲公司实际发生捐赠支出 400 万元，超出部分可以在以后年度税前扣除，因此形成可抵扣暂时性差异 = 400 − 360 = 40（万元）。

需要确认递延所得税资产，应确认递延所得税资产金额 = 40 × 25% = 10（万元）。

（5）①2×24 年 12 月 31 日甲公司递延所得税资产期末余额 = 200 + 2.5 + 10 = 212.5（万元）。

②2×24 年 12 月 31 日甲公司递延所得税负债期末余额 = 150 + 20 = 170（万元）。

【解析】本题考查的知识点是资产的计税基础、递延所得税负债的确认和计量、递延所得税资产的确认和计量、可抵扣暂时性差异、递延所得税。

（1）交易性金融资产的计税基础为取得成本，但是税法规定，甲公司持有的乙公司股票当期的公允价值变动不计入当期应纳税所得额，待转让时将转让收入扣除初始投资成本的差额计入转让当期的应纳税所得额。所以，这会造成交易性金融资产的账面价值与计税基础之间产生暂时性差异。由于，期末该交易性金融资产的公允价值上升，所以会产生应纳税暂时性差异，并据此确认递延所得税负债。按照递延所得税负债的金额，借记"所得税费用"科目，贷记"递延所得税负债"科目。

（2）按照会计准则规定资本化的开发支出 300 万元，计税基础为 600 万元，该开发支出及所形成无形资产在初始确认时其账面价值与计税基础即存在差异，因该差异并非产生于企业合并，同时在产生时既不影响会计利润也不影响应纳税所得额，按照所得税准则规定，不确认与该暂时性差异相关的所得税影响。

（3）存货计提的存货跌价准备，税法规定，企业当期计提的存货跌价准备不允许当期税前扣除，在发生实质性损失时可予税前扣除。所以，该存货的账面价值小于计税基础，产生可抵扣暂时性差异，确认递延所得税资产，借记"递延所得税资产"科目，贷记"所得税费用"科目。

（4）甲公司发生的捐赠支出，税法规定，企业通过县级民政局进行慈善捐赠的支出，在年度利润总额 12% 以内的部分准予在当期税前扣除；超过年度利润总额 12% 的部分，准予在未来 3 年内税前扣除。所以，超出扣除标准的捐赠

支出，会形成可抵扣暂时性差异，并根据可抵扣暂时性差异的金额与转回时适用的税率，计算递延所得税资产的金额。

（5）递延所得税资产的期末余额＝递延所得税资产的期初余额＋本期确认的递延所得税资产金额。

递延所得税负债的期末余额＝递延所得税负债的期初余额＋本期确认的递延所得税负债金额

根据上述公式，结合相关资料与前面的问题答案，将相关数据代入计算，即可得出答案。

3.【答案】

（1）借：投资性房地产——成本
　　　　　　　　　　44 000
　　　　贷：银行存款　　44 000

（2）借：投资性房地产——公允价值变动
　　　　　　　　　　1 500
　　　　贷：公允价值变动损益　1 500

（3）①甲公司2×19年12月31日该写字楼的账面价值＝45 500万元。

②甲公司2×19年12月31日该写字楼的计税基础＝44 000－2 000＝42 000（万元）。

③由于，该写字楼的账面价值45 500万元大于其计税基础42 000万元，形成应纳税暂时性差异，应确认的应纳税暂时性差异的金额＝45 500－42 000＝3 500（万元）。

④应确认的递延所得税负债的金额＝3 500×25%＝875（万元）。

（4）借：固定资产　　　50 000
　　　　贷：投资性房地产——成本
　　　　　　　　　　44 000
　　　　　　　——公允价值
　　　　　　　　变动　1 500
　　　　　　　公允价值变动损益　4 500

（5）①甲公司2×21年12月31日该写字楼的账面价值＝50 000－50 000/20＝47 500（万元）。

②甲公司2×21年12月31日该写字楼的计税基础＝44 000－2 000×3＝38 000（万元）。

③由于该写字楼的账面价值47 500万元大于其计税基础38 000万元，形成应纳税暂时性差异，应确认的应纳税暂时性差异的金额＝47 500－38 000＝9 500（万元）。

④应确认的递延所得税负债的账面余额＝9 500×25%＝2 375（万元）。

（6）借：固定资产清理　　40 000
　　　　累计折旧　　　　10 000
　　　　贷：固定资产　　　50 000
　　借：银行存款　　　52 000
　　　　贷：固定资产清理　40 000
　　　　　　资产处置损益　12 000

【解析】本题考查的知识点是投资性房地产的确认和初始计量——外购投资性房地产的确认条件和初始计量、采用公允价值模式计量的投资性房地产、资产的计税基础、房地产转换、递延所得税负债的确认和计量、投资性房地产的处置。

（1）外购的投资性房地产初始计量时，应当按照成本计量。本题中，投资性房地产的购买价款为44 000万元，所以，投资性房地产的初始入账价值为44 000万元，借记"投资性房地产——成本"科目，贷记"银行存款"科目。

（2）采用公允价值模式计量的投资性房地产，在后续计量期间，公允价值上升时，应当借记"投资性房地产——公允价值变动"科目，贷记"公允价值变动损益"科目。

（3）投资性房地产的计税基础为取得成本减去税法税前允许扣除的折旧额，账面价值为2×19年12月31日的公允价值。根据资料可知，该投资性房地产的账面价值大于其计税基础，所以产生应纳税暂时性差异，并据此确认递延所得税负债。按照递延所得税负债的金额，借记"所得税费用"科目，贷记"递延所得税负债"科目。

（4）将采用公允价值模式计量的投资性房地产转为自用房地产时，应以转换当日的公允价值作为自用房产的账面价值。本题中，转换当日的公允价值为50 000万元，所以固定资产的入账价值为50 000万元。持有期间产生的"投资性房地产——公允价值变动"也应转出，借记"投资性房地产——公允价值变动"科目，最后贷记"投资性房地产——成本"科目。另外，本题中转换当日办公楼的公允价值为50 000万元，账面价值为45 500万元，则公允价值与账面价值之间的差额需确认当期损益，贷记"公允价值变动损益"科目。

（5）固定资产的计税基础为取得成本减去税法税前允许扣除的折旧额，账面价值为2×21年12月31日的成本减去按照会计准则计算的折旧额。根据资料可知，该固定资产的账面价值大于其计税基础，所以产生应纳税暂时性差异，并据此确认递延所得税负债。按照递延所得税负债的金额，借记"所得税费用"科目，贷记"递延所得税负债"科目。

（6）固定资产处置的会计处理中，由于该固定资产是对外出售，所以，结转最后的损益时，应当使用"资产处置损益"科目。此外，由于是处置，在核算过程中，应当使用"固定资产清理"科目进行核算。

4.【答案】

（1）借：交易性金融资产——成本
  70
  贷：银行存款 70

（2）借：交易性金融资产——公允价值变动
  10
  贷：公允价值变动损益 10
借：所得税费用 2.5
  贷：递延所得税负债 2.5

（3）借：其他权益工具投资——成本
  900
  贷：银行存款 900

（4）借：其他综合收益 60
  贷：其他权益工具投资——公允价值变动 60

（5）①2×24年12月1日，甲公司取得丁公司股权的初始投资成本＝8 000万元。

②2×24年12月1日，甲公司享有丁公司可辨认净资产公允价值的份额＝25 000×30%＝7 500万元。

③由于甲公司取得丁公司股权的初始投资成本8 000万元大于其享有的丁公司可辨认净资产公允价值的份额7 500万元，因此，无须调整长期股权投资入账价值。

④会计分录：

借：长期股权投资——投资成本
  8 000
  贷：银行存款 8 000

（6）借：长期股权投资——损益调整
  60
  贷：投资收益 60

【解析】本题考查的知识点是金融资产的初始计量、金融资产的后续计量、长期股权投资的初始计量、权益法。

（1）企业初始确认的金融资产，应当按照公允价值计量。应按照投资日的公允价值，借记"交易性金融资产""其他权益工具投资"科目，贷记"银行存款"科目。

（2）本题中，交易性金融资产后续计量时，应当按照公允价值计量。年末，交易性金融资产的公允价值上升的，应当就上升的金额，借记"交易性金融资产——公允价值变动"科目，贷记"公允价值变动损益"科目。同时税法规定，甲公司所持乙公司股票的公允价值变动不计入当期应纳税所得额，待转让时将转让收入扣除初始投资成本的差额计入转让当期的应纳税所得额。因此，当年年末交易性金融资产的账面价值大于其计税基础时，会产生应纳税暂时性差异，并应确认递延所得税负债。

（3）其他权益工具投资后续计量时，应当按照公允价值计量。年末，其他权益工具投资的公允价值下降时，应当就下降的金额，借记"其他综合收益"科目，贷记"其他权益工具投资——公允价值变动"科目。

（4）由于甲公司取得丁公司长期股权投资时，采用的是非合并方式取得，所以应注意区分该长期股权投资的初始投资成本与初始入账价值的关系。

①长期股权投资的初始投资成本＝支付资产＋承担负债＋发行权益工具的公允价值

②长期股权投资的初始入账价值则应根据初始投资成本与投资日享有的乙公司可辨认净资产公允价值的份额的关系确定，如果初始投资成本高，则初始投资成本即为初始入账价值；如果是投资日享有的乙公司可辨认净资产公允价值的份额高，则应当以可辨认净资产公允价值的份额作为初始入账价值，同时确认"营业外收入"。

本题中，甲公司该长期股权投资的初始投资成本大于应享有的乙公司可辨认净资产公允价值的份额，所以，无须调整其初始入账价值。

5.【答案】

（1）借：交易性金融资产——成本
  600
  贷：银行存款 600

（2）借：交易性金融资产——公允价值变动
  60

贷：公允价值变动损益　　60

（3）①甲公司 2×23 年应纳税所得额 = 1 500 − 60 = 1 440（万元）。

②甲公司 2×23 年当期应交所得税 = 1 440 × 25% = 360（万元）。

③甲公司 2×23 年递延所得税负债 = 60 × 25% = 15（万元）。

④甲公司 2×23 年所得税费用 = 360 + 15 = 375（万元）。

⑤会计分录：

借：所得税费用　　　　　　375

　　贷：应交税费——应交所得税　360

　　　　递延所得税负债　　　　　15

（4）借：应收股利　　　　　60

　　　　贷：投资收益　　　　　　60

（5）借：银行存款　　　　　60

　　　　贷：应收股利　　　　　　60

（6）借：银行存款　　　　　648

　　　　投资收益　　　　　　12

　　　　贷：交易性金融资产——成本

　　　　　　　　　　　　　　600

　　　　　　——公允价值

　　　　　　变动　　　　　　60

借：递延所得税负债　　　　15

　　贷：所得税费用　　　　　　15

【解析】本题考查的知识点是金融资产的初始计量、金融资产的后续计量、当期所得税、递延所得税。

（1）企业初始确认的金融资产，应当按照公允价值计量。应按照投资日的公允价值，借记"交易性金融资产"科目，贷记"银行存款"科目。

（2）交易性金融资产后续计量时，应当按照公允价值计量。年末，交易性金融资产的公允价值上升的，应当就上升的金额，借记"交易性金融资产——公允价值变动"科目，贷记"公允价值变动损益"科目。

（3）应纳税所得额 = 会计利润 + 纳税调整增加额 − 纳税调整减少额 + 境外应税所得弥补境内亏损 − 弥补以前年度亏损

当期应交所得税 = 应纳税所得额 × 适用税率 − 减免税额 − 抵免税额

递延所得税负债 = 应纳税暂时性差异 × 未来转回时适用企业所得税税率

递延所得税费用 = 当期递延所得税负债的增加 + 当期递延所得税资产的减少 − 当期递延所得税负债的减少 − 当期递延所得税资产的增加

所得税费用 = 当期所得税 + 递延所得税

将相关数据代入上述公式，即可得到答案。

（4）本题中，交易性金融资产持有期间，被投资单位宣告发放现金股利的，借记"应收股利"科目，贷记"投资收益"科目；收到现金股利的，借记"银行存款"科目，贷记"应收股利"科目。

（5）本题中，出售交易性金融资产，应按实际收到的金额，借记"银行存款"科目，按该金融资产的账面余额，贷记"交易性金融资产——成本"科目，贷记"交易性金融资产——公允价值变动"科目，按其差额，借记"投资收益"科目。

交易性金融资产出售的，还应将持有期间确认的"递延所得税负债"转出，借记"递延所得税负债"科目，贷记"所得税费用"科目。

专题十七　租　　赁

命题思路

本专题内容是计算分析题的必考内容。2022年计算分析题、2023年计算分析题涉及本专题的知识点。本专题每年的主观题分值为10～12分。历年考查本专题的主要知识点是租赁期、租赁负债的初始计量、使用权资产的后续计量、租赁负债的后续计量等，考查的知识点比较单一，但是由于本专题的部分知识点学习难度较大，如租赁负债的初始计量、实际利率法等，所以想拿高分不是很容易。因此，考生备考时，应注意结合教材的相关例题对基本理论进行理解，并结合历年真题进行强化巩固，力争充分理解教材的相关理论，然后将其在考试中灵活运用。

经典例题

1.2×23年，甲公司发生的与租赁相关的交易和事项如下：

资料一：2×23年1月1日，承租方甲公司与出租方乙公司签订一栋写字楼租赁合同，双方约定该写字楼的年租金为1 000万元，于每年年末支付，不可以撤销租赁期限为6年，不存在续租选择权。租赁手续于当日完成，租赁期开始日为2×23年1月1日，甲公司无法确定租赁内含利率，其增量借款利率为5%。

资料二：甲公司于租赁期开始日将该写字楼作为行政管理大楼投入使用，当月开始采用直线法对使用权资产计提折旧，折旧年限与租赁期相同。

资料三：2×23年12月31日，甲公司以银行存款支付租金1 000万元。已知（P/A，5%，6）=5.0757，本题不考虑相关税费及其他因素。答案中的金额单位以万元表示。

（"租赁负债"科目应写出必要的明细科目）

要求：

（1）分别计算甲公司2×23年1月1日租赁负债和使用权资产的初始入账金额，并编制相关会计分录。

【答案】

①租赁负债的入账价值 = 1 000 ×（P/A，5%，6）= 1 000 × 5.0757 = 5 075.7（万元）；

②使用权资产的入账价值 = 5 075.7万元；

③会计分录：

借：使用权资产　　　　　　　　5 075.7
　　租赁负债——未确认融资费用
　　　　　　　　　　　　　　　 924.3
　　　贷：租赁负债——租赁付款额
　　　　　　　　　　　　　　　 6 000

（2）计算甲公司2×23年应计提的使用权资产折旧金额，并编制相关会计分录。

【答案】

①2×23年使用权资产计提的折旧金额 = 5 075.7/6 = 845.95（万元）。

②会计分录：

借：管理费用　　　　　　　　　845.95
　　　贷：使用权资产累计折旧　845.95

（3）计算甲公司2×23年度应确认的租赁负债利息费用，并编制相关会计分录。

【答案】

①2×23年度应确认的租赁负债利息费用 = (6 000 – 924.3)×5% = 253.79（万元）。

②会计分录：

借：财务费用 253.79

　　贷：租赁负债——未确认融资费用

　　　　　　　　　　　　253.79

（4）编制甲公司2×23年12月31日支付租金的会计分录。

【答案】

借：租赁负债——租赁付款额

　　　　　　　　　　　　1 000

　　贷：银行存款 1 000

2. 甲公司是一家连锁室内美食广场，其2×23年度发生的相关交易或事项如下：

（1）2×23年1月1日，甲公司与乙公司签订一份商业用房的租赁合同，甲公司租入乙公司持有的商业大厦的一至二层商业用房用于开立室内美食广场。合同约定，该商业用房的租赁期限为10年，自合同签订日起计算，乙公司有权在租赁开始日的5年后终止租赁，但乙公司需向甲公司支付相当于6个月的违约金；每年租金3 000万元，于每年年初支付；如果甲公司每年收入达到或是超过10 000万元，甲公司还需支付经营分享收入500万元；租期到期后，甲公司有权选择继续按照每年3 000万元续租5年；租赁结束移交商业用房时，甲公司需将商业用房恢复至最初乙公司交付时的状态。同日，甲公司向乙公司支付第一年租金3 000万元。为获得该项租赁，甲公司向房地产中介支付佣金45万元。甲公司在租赁期开始时经评估后认为，其可以合理确定将行使续租选择权；预计租赁期结束商业用房恢复最初状态将发生成本60万元。甲公司对租入的使用权资产采用年限平均法自租赁期开始日计提折旧，预计净残值为零。

（2）2×23年4月1日，经过3个月的场地整理和商场准备，甲公司在租入乙公司商业大厦的一至二层开立的室内美食广场正式对外营业。

甲公司在经营过程中，采用两种方式进行经营，第一种是自营方式，即甲公司从供应商处采购食材与调味料，制作餐品向顾客提供餐饮服务收取餐饮收入；第二种是将美食广场的美食柜台租给商户经营，每月收取固定的租金。在将美食柜台租给商户经营的方式下，甲公司将美食柜台出租给其他餐饮品牌公司，并签订3年期的租赁协议，每月收取固定租金10万元。商户的餐饮服务收入由甲公司收银台负责收取，发票由甲公司负责对外开具，每月月末甲公司与商户核对无误后，将款项金额支付给商户。

甲公司2×23年度向商户收取租金1 000万元；甲公司通过自营方式收取餐饮收入11 000万元。

其他有关资料：甲公司无法确定租赁内含利率，其增量借款利率为6%；年金现值系数：（P/A，6%，15）= 9.7122，（P/A，6%，14）= 9.2950，（P/A，6%，10）= 7.3601，（P/A，6%，9）= 6.8017；复利现值系数：（P/F，6%，15）= 0.4173，（P/F，6%，14）= 0.4423，（P/F，6%，10）= 0.5584，（P/F，6%，9）= 0.5919；本题不考虑税费及其他因素。答案中的金额单位以万元表示。

要求：

（1）根据资料（1），判断甲公司租入商业大厦一至二层商业用房的租赁期，并说明理由。

【答案】

①甲公司租入商业大厦一至二层商业用房的租赁期为15年。

②理由：甲公司在租赁期开始时经评估后认为，其可以合理确定将行使续租选择权，因此，租赁期确定为15年。

（2）根据资料（1），计算甲公司的租赁付款额及租赁负债的初始入账金额。

【答案】

①租赁付款额 = 14×3 000 = 42 000（万元）；

②租赁负债的初始入账金额 = 3 000×（P/A，6%，14）= 3 000×9.2950 = 27 885（万元）。

（3）根据资料（1），计算甲公司使用权资产的成本，并编制相关会计分录。

【答案】

①使用权资产的成本 = 27 885 + 3 000 + 60×（P/F，6%，15）+ 45 = 30 955.04（万元）。

②会计分录：

借：使用权资产 30 955.04

　　租赁负债——未确认融资费用

　　　　　　　　　　　　14 115

贷：租赁负债——租赁付款额

        42 000

  银行存款   3 045

  预计负债   25.04

（4）根据资料（2），判断甲公司转租柜台是否构成一项租赁，并说明理由。

【答案】

①甲公司转租餐饮柜台构成一项租赁。

②理由：一项合同被分类为租赁，必须要满足三要素：

a. 存在一定期间（甲公司与商户签订3年的租赁协议）；

b. 存在已识别资产（甲公司将指定区域的柜台租赁给商户）；

c. 资产供应方向客户转移对已识别资产使用权的控制（该柜台使用期间几乎全部经济利益由商户获得）。

转租情况下，原租赁合同和转租赁合同都是单独协商的，交易对手也是不同的企业，因此，该转租构成一项租赁。

（5）根据资料（2），判断甲公司转租柜台是经营租赁还是融资租赁，并说明理由。

【答案】

①甲公司转租柜台属于经营租赁。

②理由：转租赁期限为3年，原租赁期限为15年，转租赁期限占原租赁期限的20%，小于75%，因此属于经营租赁。

（6）根据上述资料，说明可变租赁付款额的核算原则，并编制甲公司2×23年支付可变租赁付款额的会计分录。

【答案】

核算原则：按照上述租赁合同约定，租赁付款额按照租赁资产年运营收入的一定比例计算，属于可变租赁付款额，但该可变租赁付款额不取决于指数或比率的变化，而是取决于租赁资产的未来绩效，因此不应被纳入租赁负债的初始计量中，应在实际发生时计入当期损益。

借：销售费用   500

  贷：银行存款   500

（7）根据资料（2），编制甲公司2×23年度租赁美食柜台方式下确认收入的会计分录。

【答案】

借：银行存款   1 000

  贷：租赁收入   1 000

考点总结

考查内容	知识点		具体内容
租赁期	租赁开始日		出租人提供租赁资产使其可供承租人使用的起始日期。 【注意1】如果承租人在租赁协议约定的起租日或租金起付日之前，已获得对租赁资产使用权的控制，则表明租赁期已经开始。 【注意2】租赁协议中对起租日或租金支付时间的约定，并不影响租赁期开始日的判断
	不可撤销期间	一般	企业应根据租赁条款约定确定可强制执行合同的期间
		终止租赁	（1）若只有承租人有权终止租赁，则在确定租赁期时，企业应将该项权利视为承租人可行使的终止租赁选择权予以考虑。 （2）若只有出租人有权终止租赁，则不可撤销的租赁期包括终止租赁选择权所涵盖的期间
	续租选择权与终止租赁选择权		在评估承租人是否合理确定将行使续租或购买标的资产的选择权，或者将不行使终止租赁选择权时，应考虑的因素包括但不限于以下方面： （1）与市价相比，选择权期间的合同条款和条件； （2）与终止租赁相关的成本； （3）在合同期内，承租人进行或预期进行重大租赁资产改良的，在可行使续租选择权、终止租赁选择权或者购买租赁资产选择权时，预期能为承租人带来的重大经济利益； （4）租赁资产对承租人运营的重要程度； （5）与行使选择权相关的条件及满足相关条件的可能性

考查内容	知识点	具体内容
租赁负债初始计量	租赁付款额	（1）固定付款额及实质固定付款额； 【注意】租赁激励存在时，应当扣除租赁激励。 （2）可变租赁付款额； （3）购买选择权的行权价格； （4）行使终止租赁选择权需支付的款项； （5）根据担保余值预计应支付的款项
	折现率	（1）应当采用租赁内含利率作为折现率； （2）无法确定租赁内含利率的，应当采用承租人增量借款利率作为折现率
	租赁负债初始入账金额	未支付租赁付款额×折现率

考查内容	知识点		具体内容
租赁负债后续计量	计量基础	确认租赁负债的利息	账面价值增加
		支付租赁付款额	账面价值减少
		重估或租赁变更致使租赁付款额发生变动	重新计量租赁付款额的账面价值
	重新计量	实质固定付款额变动	按照变动后租赁付款额的现值重新计量租赁负债
		担保余值预计的应付金额发生变动	
		确定租赁付款额的指数或比率发生变动	（1）浮动利率变动的，反映利率变动的修订后的折现率进行折现； （2）浮动利率除外的指数或比率变动，折现率不变
		购买选择权、续租选择权或终止租赁选择权的评估结果或实际行使情况发生变化	发生承租人可控范围内的重大事件或变化，对变动后的租赁付款额进行折现，以重新计量租赁负债。 【注意】承租人应采用修订后的折现率。应当采用剩余租赁期间的租赁内含利率作为折现率；无法确定的，应当采用重估日的承租人增量借款利率作为折现率

考查内容	知识点	具体内容
使用权资产初始计量	成本	（1）租赁负债初始计量金额。 （2）在租赁期开始日或之前支付的租赁付款额。 【注意1】租赁激励存在时，应当扣除租赁激励。 （3）承租人发生的初始直接费用。 （4）承租人为拆卸及移除租赁资产、复原租赁资产所在场地或将租赁资产恢复至租赁条款约定状态预计将发生的成本。 【注意2】需要折现
	会计分录	借：使用权资产 　　租赁负债——未确认融资费用 　　贷：租赁负债——租赁付款额 　　　　银行存款【对应成本（2）和（3）】 　　　　预计负债【对应成本（4）】

考查内容	知识点		具体内容
使用权资产后续计量	计量原则		应采用成本模式进行后续计量
	折旧	方法	通常自租赁期开始当月按照直线法计提折旧。 【注意】如果其他折旧方法更能反映使用权资产有关经济利益预期实现方式的，应采用其他折旧方法
		期限	（1）承租人能够合理确定租赁期届满时取得租赁资产所有权的：应当在租赁资产剩余使用寿命内计提折旧。 （2）承租人无法合理确定租赁期届满时能够取得租赁资产所有权的：应当在租赁期与租赁资产剩余使用寿命两者孰短的期间内计提折旧。 （3）如果使用权资产的剩余使用寿命短于租赁期与租赁资产剩余使用寿命，则应在使用权资产剩余使用寿命内计提折旧

考查内容	知识点	具体内容
融资租赁	判定标准	（1）在租赁期届满时，租赁资产的所有权转移给承租人。 （2）承租人有购买租赁资产的选择权，所订立的购买价款预计将远低于行使选择权时租赁资产的公允价值，因而在租赁开始日就可以合理确定承租人将行使该选择权。 （3）资产的所有权虽然不转移，但租赁期占租赁资产使用寿命的大部分。 【注意1】大部分，一般指租赁期占租赁开始日租赁资产使用寿命的75%以上，这条标准强调的是租赁期占租赁资产使用寿命的比例，而非租赁期占该项资产全部可使用年限的比例。 【注意2】若租赁资产是旧资产，在租赁前已使用年限超过资产自全新时起算可使用年限的75%以上时，这条判断标准不适用。 （4）在租赁开始日，租赁收款额的现值几乎相当于租赁资产的公允价值。 【注意】几乎相当，通常是指掌握在90%以上。 （5）租赁资产性质特殊，如果不作较大改造，只有承租人才能使用
	会计处理	（1）应当以租赁投资净额作为应收融资租赁款的入账价值。 （2）租赁投资净额＝未担保余值＋租赁期开始日尚未收到租赁收款额按照租赁内含利率折现现值。 【注意】租赁投资净额中包含出租人发生的初始直接费用

考查内容	知识点	具体内容
经营租赁	收入确认	租赁期的各个期间内，按照直线法或其他系统合理方法确认收入
	初始直接费用	应当资本化，并在租赁期内按照与租金收入确认相同的基础进行分摊，分期计入当期损益
	折旧	（1）涉及固定资产的，按类似资产折旧政策计提折旧。 （2）其他资产，按该资产适用的企业会计准则，采用系统合理方法进行摊销。 【注意】如果使用权资产发生减值，则承租人应当按照扣除减值损失后的使用权资产账面价值，计提后续折旧
	减值	按照资产减值准则的规定，进行会计处理： 借：资产减值损失 　　贷：使用权资产减值准备 【注意】使用权资产减值准备一旦计提，不得转回

专项突破

一、试题部分

1. 2×22 年至 2×23 年，甲公司发生的与租赁相关的交易或事项如下：

资料一：2×22 年 1 月 1 日，甲公司与乙公司签订一份生产设备租赁合同。合同约定，租赁期限为 10 年，租赁期满时，甲公司可选择按照当前的租金续租 3 年；租金于每年年末支付，金额依据该机器在第 1 年下半年的实际产能确定。在租赁期开始日，甲公司无法确定租赁内含利率，其增量借款利率为每年 8%。

资料二：甲公司于租赁期开始日将该设备投入使用，且评估后认为，不会行使续租选择权；甲公司采用直线法对使用权资产计提折旧，折旧年限与租赁期相同。

资料三：2×22 年 12 月 31 日，甲公司根据该机器在 2×22 年下半年的实际产能确定并支付租赁付款额 100 万元。

资料四：2×23 年 12 月 31 日，甲公司确认当年的折旧额及支付租赁付款额 100 万元。

已知：（P/A，8%，9）=6.2469。

答案中的金额单位以万元表示。（"租赁负债"科目应写出必要的明细科目）

要求：

（1）判断甲公司 2×22 年 1 月 1 日租赁负债的初始入账金额和该项租赁的租期，并说明理由。

（2）编制甲公司 2×22 年 12 月 31 日支付租赁付款额的会计分录。

（3）分别计算甲公司 2×22 年 12 月 31 日租赁负债和使用权资产的初始入账金额，并编制相关会计分录。

（4）计算甲公司 2×23 年 12 月 31 日租赁负债的账面价值和 2×23 年的折旧额，并编制相关会计分录。

2. 2×19 年 12 月 31 日，甲公司与乙公司签订了一份租赁合同，从乙公司租入塑钢机一台。租赁合同主要条款如下：

（1）租赁资产：全新塑钢机。

（2）租赁期开始日：2×20 年 1 月 1 日。

（3）租赁期：2×20 年 1 月 1 日 ~ 2×25 年 12 月 31 日，共 72 个月。

（4）固定付款额：自 2×20 年 1 月 1 日起，每年年末支付租金 16 万元。如果甲公司能够在每年年末的最后一天及时付款，则给予减少租金 1 万元的奖励。

（5）取决于指数或比率的可变租赁付款额：租赁期限内，如遇中国人民银行贷款基准利率调整时，出租人将对租赁利率作出同方向、同幅度的调整。基准利率调整日之前各期和调整日当期租金不变，从下一期开始按调整后的租金金额收取。

（6）租赁开始日租赁资产的公允价值：2×19 年 12 月 31 日该机器的公允价值为 70 万元，账面价值为 60 万元。

（7）初始直接费用：签订租赁合同过程中乙公司发生可归属于租赁项目的手续费佣金 1 万元。

（8）承租人的购买选择权：租赁期届满时，甲公司享有优惠购买该机器的选择权，购买价为 2 万元，估计该日租赁资产的公允价值为 8 万元。

（9）取决于租赁资产绩效的可变租赁付款额：2×21 年和 2×22 年，甲公司每年按机器所生产的塑钢窗户的年销售收入的 5% 向乙公司支付。

（10）承租人的终止租赁选择权：甲公司享有终止租赁选择权。在租赁期间，如果甲公司终止租赁，需支付的款项为剩余租赁期间的固定付款额。

（11）担保余值和未担保余值均为 0。

（12）全新塑钢机的使用寿命为 7 年。

（13）租赁内含利率为 7.82%。

答案中的金额单位以万元表示。

要求：

（1）根据上述资料，判断甲企业该租赁的租赁类型，并简要说明理由。

（2）根据上述资料，计算甲公司该租赁的固定租赁付款额和乙公司租赁收款额。

（3）根据上述资料，计算甲公司该租赁投资总额。

（4）根据上述资料，计算甲公司该租赁业务的租赁投资净额和未实现融资收益。

（5）根据上述资料，编制 2×20 年 1 月 1 日乙公司的会计分录。

（6）根据上述资料，计算 2×20 年乙公司的租金收入，并编制乙公司收取租金和确认利息收入的分录。

二、答案部分

1.【答案】

（1）①甲公司 2×22 年 1 月 1 日租赁负债的初始入账金额为零。

理由：在租赁期开始时，由于未来的租金尚不确定，因此甲公司的租赁负债为零。

②甲公司该项租赁的租期为 10 年。

理由：合同约定，租赁期限为 10 年，租赁期满时，甲公司虽然可选择按照当前的租金续租 3 年，但是，甲公司于租赁期开始日将该设备投入使用时，评估认为不会行使续租选择权。所以，甲公司该项租赁的租期为 10 年。

（2）借：制造费用 100
　　　　贷：银行存款 100

（3）①租赁负债金额 = 100 × (P/A, 8%, 9) = 100 × 6.2469 = 624.69（万元）；

②使用权资产金额 = 624.69 万元；

③会计分录：

借：使用权资产 624.69
　　租赁负债——未确认融资费用
　　　　　　　　　　　　　 275.31
　　　贷：租赁负债——租赁付款额 900

（4）①甲公司 2×23 年 12 月 31 日租赁负债的账面价值 = 624.69 - 100 + 624.69 × 8% = 574.67（万元）。

②甲公司 2×23 年的折旧额 = 624.69/9 = 69.41（万元）。

③会计分录：

借：制造费用 69.41
　　　贷：使用权资产累计折旧 69.41

借：租赁负债——租赁付款额 100
　　　贷：银行存款 100

借：财务费用 49.98
　　　贷：租赁负债——未确认融资费用
　　　　　　　　　　　　　　　 49.98

【解析】本题考查的知识点是租赁期、租赁负债的重新计量、租赁负债的初始计量、使用权资产的初始计量、使用权资产的后续计量。

（1）如果租赁付款额最初是可变的，但在租赁期开始日后的某一时点转为固定，那么，在潜在可变性消除时，该付款额成为实质固定付款额，应纳入租赁负债的计量中。承租人应当按照变动后租赁付款额的现值重新计量租赁负债。在该情形下，承租人采用的折现率不变，即采用租赁期开始日确定的折现率。

（2）在租赁期开始时，由于未来的租金尚不确定，因此甲公司的租赁负债为零，但是由于甲公司租赁的是生产设备，所以，支付的款项应当计入制造费用，借记"制造费用"科目，贷记"银行存款"科目。

（3）在第 1 年年末，租金的潜在可变性消除，成为实质固定付款额（即每年 100 万元），因此甲公司应基于变动后的租赁付款额重新计量租赁负债，并采用租赁期开始日确定的折现率（即 8%）进行折现，按照折现金额，借记"使用权资产"科目，后续年度需支付的租赁付款额，贷记"租赁负债——租赁付款额"，折现金额与租赁付款额的差额，借记"未确认融资费用"科目。

（4）租赁负债的账面价值应按照实际利率法进行计算：

每年分摊的未确认融资费用 = 期初摊余成本 × 租赁内含利率（或增量借款利率）

期末租赁负债账面价值 = 期初摊余成本 - 本期支付租赁付款额 + 本年分摊的未确认融资费用

每月计提的折旧，则应根据受益对象，借记"制造费用"科目，贷记"使用权资产累计折旧"科目。

2.【答案】

（1）①甲公司该租赁为融资租赁。

②理由：本题中存在优惠购买选择权，优惠购买价 2 万元远低于行使选择权日租赁资产的公允价值 8 万元，因此在 2×19 年 12 月 31 日就可合理确定甲公司将会行使购买选择权。另外，在本题中，租赁期 6 年，占租赁开始日租赁资产使用寿命的 86%（占租赁资产使用寿命的大部分）。同时，乙公司综合考虑其他各种情形和迹象，认为该租赁实质上转移了与该项设备所有权

有关的几乎全部风险和报酬，因此将这项租赁认定为融资租赁。

（2）①甲公司该租赁的固定租赁付款额 =（16 - 1）×6 = 90（万元）。

②因为，在 2×19 年 12 月 31 日就可合理确定甲公司将会行使购买选择权，所以，租赁收款额中应包含承租人购买选择权的行权价格 2 万元。因此，乙公司租赁收款额 = 90 + 2 = 92（万元）。

（3）租赁投资总额 = 租赁收款额 + 未担保余值 = 92 + 0 = 92（万元）。

（4）①甲公司该租赁业务的租赁投资净额 = 70 + 1 = 71（万元）。

②甲公司该租赁业务的未实现融资收益 = 92 - 71 = 21（万元）。

（5）借：应收融资租赁款——租赁收款额

　　　　　　　　　　　　　 92

　　　贷：银行存款　　　　　1

　　　　融资租赁资产　　　 60

　　　　资产处置损益　　　 10

　　　　应收融资租赁款——未实现

　　　　融资收益　　　　　 21

（6）①2×20 年乙公司的租金收入 =（92 - 21）×7.82% = 5.55（万元）。

②会计分录：

a. 2×20 年乙公司收取租金：

借：银行存款　　　　　　 15

　　贷：应收融资租赁款——租赁收款额

　　　　　　　　　　　　　 15

b. 2×20 年乙公司确认利息收入：

借：应收融资租赁款——未实现融资收益

　　　　　　　　　　　　 5.55

　　贷：租赁收入　　　　 5.55

【解析】本题考查的知识点是出租人对融资租赁的会计处理。

（1）本题中，判定融资租赁可以从以下两点固定入手：

①承租人有购买租赁资产的选择权，所订立的购买价款预计将远低于行使选择权时租赁资产的公允价值，因而在租赁开始日就可以合理确定承租人将行使该选择权。

②资产的所有权虽然不转移，但租赁期占租赁资产使用寿命的大部分。实务中此处的"大部分"一般指租赁期占租赁开始日租赁资产使用寿命的 75% 以上（含 75%）。

（2）本题中，由于存在租赁激励，所以计算租赁收款额时，应从以下五个内容进行考虑：

①承租人的固定付款额为扣除租赁激励后的金额。

即：（16 - 1）×6 = 90（万元）。

②取决于指数或比率的可变租赁付款额。

该款项在初始计量时根据租赁期开始日的指数或比率确定，因此，本题中在租赁期开始日不作考虑。

③承租人购买选择权的行权价格。

如前述分析，在 2×19 年 12 月 31 日就可合理确定甲公司将会行使这种选择权。因此，租赁收款额中应包含承租人购买选择权的行权价格 2 万元。

④终止租赁的罚款。

虽然甲公司享有终止租赁选择权，但若终止租赁，甲公司需支付的款项为剩余租赁期间的固定付款额。因此，可以合理确定甲公司不会行使终止租赁选择权，终止租赁的罚款不应纳入租赁收款额。

⑤承租人提供的担保余值：甲公司向乙公司提供的担保余值为 0。

综合以上情况，租赁收款额 = 90 + 2 = 92（万元）。

（3）租赁投资总额应按照下面公式进行计算：

租赁投资总额 = 租赁收款额 + 未担保余值

将相关数据代入计算，可得租赁投资总额为 92 万元。

（4）租赁投资净额与未实现融资收益可按照下面公式进行计算：

租赁投资净额 = 租赁期开始日的租赁资产公允价值 + 出租人发生的初始直接费用

未实现融资收益 = 租赁投资总额 - 租赁投资净额

将相关数据代入计算，即可得租赁投资净额为 71 万元，未实现融资收益为 21 万元。

（5）出租人对应收融资租赁款进行初始计量时，应当以租赁投资净额作为应收融资租赁款的入账价值，借记"应收融资租赁款——租赁收款额"科目 92 万元，贷记"应收融资租赁款——未实现融资收益"21 万元；支付的手续费和佣金 1 万元，贷记"银行存款"科目；融资租赁租出的塑钢机，按照账面价值 60 万元，贷记"融资租赁资产"科目；上述金额的差额，贷记"资产处置损益"科目。

（6）出租人应当按照固定的周期性利率计算并确认租赁期内各个期间的利息收入，分录如下：

借：银行存款
　　贷：应收融资租赁款——租赁收款额
借：应收融资租赁款——未实现融资收益
　　贷：租赁收入

专题十八　持有待售的非流动资产、处置组和终止经营

命题思路

本专题内容可以作为计算分析题和综合题的考查内容，2024 年综合题涉及本专题知识点。根据教材内容分析，本专题可以考查的主要知识点是：持有待售类别的分类原则、持有待售类别的计量，但是上述内容难度较大，尤其是涉及减值的处理，一直是很多考生的薄弱环节，因此，

为了帮助考生巩固这方面内容，本书在客观题环节设置大量练习，以帮助考生做重点突破。本专题知识点属于重难点内容，考生须引起重点关注，加强练习和理解，以便考试中能够拿到较高分数。

经典例题

甲公司是一家经营日用品超市业务的境内上市公司，在全国拥有 500 多家超市（为非法人分支机构），其中在乙省拥有超市 80 家，2×23 年 11 月 20 日，甲公司董事会决定将其位于乙省某小镇的丙超市予以出售。相关资料如下：

（1）2×23 年 12 月 25 日，甲公司与丁公司签订转让丙超市的协议，协议规定转让价格为 500 万元；转让时间为 2×24 年 2 月 10 日，转让日丙超市所有资产负债均由丁公司承接；如果任何一方违约，违约一方需按照转让价格的 20% 支付另一方违约金。该协议满足合同法规定的所有要件。甲公司、丁公司的管理层已经批准该协议。

（2）2×23 年 12 月 31 日，丙超市停止营业。当日，丙超市的资产总额为 800 万元，负债总额为 350 万元（其中，应付 2×23 年度超市房屋租赁费 50 万元，将于 2×24 年 1 月 10 日支付）。甲公司预计因出售丙超市需支付的相关税费为 60 万元。

（3）2×24 年 2 月 10 日，丙超市的资产总额为 750 万元（其中，银行存款 300 万元，库存

商品 360 万元，应收账款 90 万元），负债总额为 300 万元（全部为应付账款）。

（4）2×24 年 2 月 10 日，甲公司与丁公司办理了丙超市相关资产和负债的交接手续。当日，丁公司向甲公司支付转让价款 500 万元，甲公司已收存银行。甲公司和丁公司不存在关联方关系，甲公司 2×23 年度财务报表于 2×24 年 3 月 15 日对外提供，除上述所给资料外，不考虑其他因素。

答案中的金额单位以万元表示。

要求：

（1）判断甲公司出售的丙超市是否构成终止经营，并说明理由。

【答案】

①甲公司出售的丙超市不构成终止经营。

②理由：尽管丙超市是一个处置组，也符合持有待售类别的划分条件，但由于它只是一个小镇的超市，相对于甲公司在乙省以及全国经营规模来说，该超市不能代表一项独立的主要业务或一个单独的主要经营地区，也不构成拟对一项独立的主要业务或一个单独的主要经营地区进行处置的一项相关联计划的一部分，因此该处置组并

不构成企业的终止经营。

（2）判断甲公司出售丙超市的交易在 2×23 年对外提供的财务报表中应当作为资产负债表日后调整事项处理还是作为非调整事项处理，并说明理由。

【答案】

属于日后非调整事项。理由：出售丙超市不属于对资产负债表日已经存在的情况提供了新的或进一步证据的事项，是日后期间对持有待售的处置组进行出售的新业务。按照 42 号准则，即使日后期间满足持有待售类别划分条件，依然属于非调整事项。

（3）说明拟出售丙超市的资产及负债在甲公司 2×23 年末资产负债表中应列报的项目名称及金额，计算拟出售丙超市的交易对甲公司 2×23 年度利润表的影响金额。

【答案】

该丙超市资产组的账面价值 = 800 − 350 = 450（万元），公允价值减去出售费用后的净额 = 500 − 60 = 440（万元），账面价值大于公允价值减去出售费用后的净额，因此应计提减值准备金额 = 450 − 440 = 10（万元），计提减值准备后的资产总额 = 800 − 10 = 790（万元）。

拟出售丙超市的资产在甲公司 2×23 年末资产负债表中应列报的项目为"持有待售资产"，列示金额为 790 万元。

拟出售丙超市的负债在甲公司 2×23 年末资产负债表中应列报的项目为"持有待售负债"，列示金额为 350 万元。

拟出售丙超市的交易对甲公司 2×23 年度利润表的影响金额为 −10 万元。

考点总结

考查内容	知识点			具体内容	
持有待售类别的分类原则	处置组			一项交易中作为整体通过出售或其他方式一并处置的一组资产，以及在该交易中转让的与这些资产直接相关的负债	
	条件			（1）可立即出售； （2）出售极可能发生（通常是在 1 年内完成）	
	延长一年期限例外条款			（1）意外设定条件； （2）发生罕见情况	
	具体应用	专为转售		企业专为转售而新取得的非流动资产或处置组，在同时满足下列条件时，应在取得日将其划分为持有待售类别： （1）在取得日满足预计出售将在 1 年内完成； （2）短期（通常为 3 个月）内很可能满足	
		长期股权投资	情形	个别报表	合并报表
			100% 股权全部出售	全部股权划分持有待售类别	子公司所有资产和负债划分持有待售类别
			100% 股权出售 60%	同上	同上
			80% 股权出售 40%	同上	同上
			80% 股权出售 20%	不划分持有待售类别	
			40% 股权出售 10%	不划分持有待售类别	
			40% 股权出售 30%	出售的 30% 股权划分持有待售类别，剩余 10% 股权在处置前，按权益法处理	

考查内容	知识点		具体内容
持有待售类别的计量	划分持有待售类别前的计量		按照相关会计准则规定计量非流动资产或处置组中各项资产和负债的账面价值
	划分持有待售类别时的计量	自有转换	（1）持有待售的非流动资产或处置组整体的账面价值低于其公允价值减去出售费用后的净额： 企业不需要对账面价值进行调整。 （2）如果账面价值高于其公允价值减去出售费用后的净额： 企业应将账面价值减记至公允价值减去出售费用后的净额。 借：资产减值损失 　　贷：持有待售资产减值准备
		专为转售	（1）持有待售的非流动资产或处置组整体的账面价值低于其公允价值减去出售费用后的净额： 企业不需要对账面价值进行调整。 （2）如果账面价值高于其公允价值减去出售费用后的净额： 企业应将账面价值减记至公允价值减去出售费用后的净额。 借：持有待售资产 　　资产减值损失 　　贷：银行存款等 【注意1】该减值一经计提，后期不得转回。 【注意2】出售费用为增量费用，不含财务费用与所得税费用
	划分持有待售类别后的计量	非流动资产	（1）不计提折旧或摊销； （2）计提减值： 借：资产减值损失 　　贷：持有待售资产减值准备 （3）转回减值： 借：持有待售资产减值准备 　　贷：资产减值准备 【注意】划分为持有待售类别前确认的资产减值损失不得转回
		处置组	（1）企业在资产负债表日重新计量持有待售的处置组时，应当首先按照相关会计准则规定计量处置组中的流动资产、适用其他准则计量规定的非流动资产和负债的账面价值。 （2）对于持有待售的处置组确认的资产减值损失金额，如果该处置组包含商誉，应当先抵减商誉的账面价值，再根据处置组中适用本章计量规定的各项非流动资产账面价值所占比重，按比例抵减其账面价值。 【注意】已抵减的商誉账面价值，以及适用本章计量规定的非流动资产在划分为持有待售类别前确认的资产减值损失不得转回
	不再继续划分为持有待售类别的计量		非流动资产或处置组因不再满足持有待售类别划分条件而不再继续划分为持有待售类别或非流动资产从持有待售的处置组中移除时，应当按照以下两者孰低计量： （1）划分为持有待售类别前的账面价值，按照假定不划分为持有待售类别情况下本应确认的折旧、摊销或减值等进行调整后的金额； （2）可收回金额
	终止确认		企业应当将尚未确认的利得或损失计入当期损益

专项突破

一、试题部分

甲公司为增值税一般纳税人，2×21 年至 2×24 年发生的相关交易和事项如下。

资料一：2×21 年 1 月 1 日，甲公司与乙公司签订建造合同，将 A 研发中心和 B 销售部门交由乙公司承建。2×21 年 12 月 20 日，A 研发中心和 B 销售部门的建造工程基本完工，并办理建造价款结算。其中，A 研发中心的建造价款为 800 万元，B 销售部门的建造价款为 200 万元，以上款项均不包括增值税。2×21 年 12 月 20 日，甲公司收到乙公司开具的增值税专用发票中列明的价款为 1 000 万元，增值税税额为 90 万元。甲公司以银行存款支付。

资料二：2×21 年 12 月 25 日，甲公司以银行存款支付 A 研发中心和 B 销售部门建造期间产生的监理费 10 万元，已收到增值税普通发票。

资料三：2×21 年 12 月 31 日，A 研发中心和 B 销售部门达到预定可使用状态。A 研发中心预计可使用年限为 20 年，预计净残值为 8 万元。B 销售部门预计可使用 10 年，预计净残值为 2 万元。均采用年限平均法计提折旧。

资料四：A 研发中心为甲公司的总部资产，且甲公司认定其与两个资产组即 M 生产线和 N 生产线有关。2×23 年 12 月 31 日，M 生产线和 N 生产线的账面价值分别为 1 000 万元和 4 000 万元。因新生产技术的出现，甲公司认为 M、N 生产线有减值迹象。2×23 年 12 月 31 日，甲公司对 M、N 生产线进行减值测试，可收回金额分别为 1 088.32 万元和 4 467.84 万元。已知 A 研发中心可以合理和一致地分摊至两个资产组，以 M、N 生产线的账面价值比例进行分摊。

资料五：2×23 年 12 月 31 日，甲公司与丙公司签订合同，约定 5 个月后将 B 销售部门出售给丙公司。假定符合持有待售相关资产的其他条件。B 销售部门在 2×23 年 12 月 31 日、2×24 年 1 月 31 日、2×24 年 2 月 29 日的公允价值减去出售费用后的净额分别为 162 万元、152 万元、165 万元。

本题不考虑除增值税以外的相关税费及其他因素。

要求：

（1）编制甲公司 2×21 年 12 月 20 日结算建造价款和 12 月 25 日支付监理费的会计分录。

（2）计算 A 研发中心和 B 销售部门分摊监理费的金额，并编制相关会计分录。

（3）编制甲公司 2×21 年 12 月 31 日 A 研发中心和 B 销售部门达到预定可使用状态的会计分录。

（4）计算甲公司 2×23 年 12 月 31 日对 A 研发中心应计提的减值，并编制相关会计分录。

（5）编制甲公司 B 销售部门在 2×23 年 12 月 31 日、2×24 年 1 月 31 日、2×24 年 2 月 29 日的会计分录。

二、答案部分

【答案】

（1）会计分录如下：

借：在建工程——A 研发中心　800

　　　　——B 销售部门　200

　　应交税费——应交增值税（进项税额）

　　　　　　　　　　　　　　　90

　　贷：银行存款　　　　　　　1 090

借：在建工程——待摊支出　　10

　　贷：银行存款　　　　　　　10

（2）①A 研发中心应分摊监理费的金额 = 10 × 800/（800 + 200）= 8（万元）。

②B 销售部门应分摊监理费的金额 = 10 × 200/（800 + 200）= 2（万元）。

③会计分录如下：

借：在建工程——A 研发中心　8

　　　　——B 销售部门　　2

　　贷：在建工程——待摊支出　10

（3）会计分录如下：

借：固定资产——A 研发中心　808

　　　　——B 销售部门　202

　　贷：在建工程——A 研发中心　808

　　　　——B 销售部门　202

（4）①A研发中心计提减值之前的账面价值=808-（808-8）/20×2=728（万元）。

②M生产线应分摊总部资产账面价值的金额=728/（1 000+4 000）×1 000=145.6（万元）。

③N生产线应分摊总部资产账面价值的金额=728/（1 000+4 000）×4 000=582.4（万元）。

由于，M生产线包含总部资产的账面价值=1 000+145.6=1 145.6（万元），大于可收回金额是1 088.32万元，所以，甲公司应确认的减值损失金额=1 145.6-1 088.32=57.28（万元）。则M生产线和总部资产应分摊的减值额如下：

a. M生产线应分摊的减值额=57.28×1 000/1 145.6=50（万元）。

b. 总部资产应分摊的减值额=57.28×145.6/1 145.6=7.28（万元）。

④N生产线包含总部资产的账面价值=4 000+582.4=4 582.4（万元），大于可收回金额是4 467.84万元，应确认的减值损失金额=4 582.4-4 467.84=114.56（万元）。则N生产线和总部资产应分摊的减值额如下：

a. N生产线应分摊的减值额=114.56×4 000/4 582.4=100（万元）。

b. 总部资产应分摊的减值额=114.56×582.4/4 582.4=14.56（万元）。

⑤A研发中心应计提的减值额=7.28+14.56=21.84（万元）。

借：资产减值损失　　　　171.84

　　贷：固定资产减值准备——M生产线

　　　　　　　　　　　　50

　　　　　　　　——N生产线

　　　　　　　　　　　　100

　　　　　　　　——A研发中心

　　　　　　　　　　　　21.84

（5）①划分为持有待售资产之前，B销售部门的账面价值=202-（202-2）/10×2=162（万元）。

②会计分录：

a. 2×23年12月31日：

借：持有待售资产——B销售部门

　　　　　　　　　　　　162

　　累计折旧　　　　　　40

贷：固定资产　　　　　　　202

b. 2×24年1月31日：

借：资产减值损失　　　　10

　　贷：持有待售资产减值准备　　10

2×24年2月29日，持有待售资产的账面价值=162-10=152（万元），公允价值减去出售费用后的净额为165万元，因此应以原计提的减值额为限进行减值恢复。

借：持有待售资产减值准备　　10

　　贷：资产减值损失　　　　10

【解析】本题考查的知识点是固定资产的初始计量——自行建造的固定资产、总部资产减值测试、持有待售类别的计量。

（1）企业以出包方式建造固定资产，其成本由建造该项固定资产达到预定可使用状态前所发生的必要支出构成，包括发生的建筑工程支出、安装工程支出，以及需分摊计入的待摊支出。待摊支出，是指在建设期间发生的、不能直接计入某项固定资产价值，而应由所建造固定资产共同负担的相关费用，包括为建造工程发生的管理费、可行性研究费临时设施费、公证费、监理费、应负担的税金、符合资本化条件的借款费用、建设期间发生的工程物资盘亏、报废及毁损净损失，以及负荷联合试车费等。

以出包方式建造固定资产的具体支出，由建造承包商核算，"在建工程"科目实际成为企业与建造承包商的结算科目，企业将与建造承包商结算的工程价款作为工程成本统一通过"在建工程"科目进行核算。

企业采用出包方式建造固定资产发生的支出中需分摊计入固定资产价值的待摊支出应按下列公式进行分摊：

待摊支出分摊率=累计发生的待摊支出÷（建筑工程支出+安装工程支出+在安装设备支出）×100%

××工程应分摊的待摊支出=（××工程的建筑工程支出+××工程的安装工程支出+××工程的在安装设备支出）×待摊支出分摊率

（2）企业在对某一资产组进行减值测试时，应当先认定所有与该资产组相关的总部资产再根据相关总部资产能否按照合理和一致的基础分摊至该资产组，分别下列情况进行处理：

①对于相关总部资产能够按照合理和一致的

基础分摊至该资产组的部分，应当将该部分总部资产的账面价值分摊至该资产组，再据以比较该资产组的账面价值（包括已分摊的总部资产的账面价值部分）和可收回金额，并按照前述资产减值损失处理顺序和方法处理。

②对于相关总部资产中有部分资产难以按照合理和一致的基础分摊至该资产组的，应当按照下列步骤进行处理：

a. 在不考虑相关总部资产的情况下，估计和比较资产组的账面价值和可收回金额并按照前述资产减值损失处理顺序和方法处理。

b. 认定由若干个资产组组成的最小的资产组组合，该资产组组合应当包括所测试的资产组与可以按照合理和一致的基础将该总部资产的账面价值分摊其上的部分。

c. 比较所认定的资产组组合的账面价值（包括已分摊的总部资产的账面价值部分）和可收回金额，并按照前述资产减值损失处理顺序和方法处理。

d. 经上述减值测试并调整相应资产账面价值后，比较包括未分摊的总部资产在内的资产组组合的账面价值与可收回金额，并按照前述资产减值损失处理顺序和方法处理。

（3）企业初始计量持有待售的非流动资产或处置组时，如果其账面价值低于其公允价值减去出售费用后的净额，企业不需要对账面价值进行调整；如果账面价值高于其公允价值减去出售费用后的净额，企业应当将账面价值减记至公允价值减去出售费用后的净额，减记的金额确认为资产减值损失，计入当期损益，同时计提持有待售资产减值准备。

（4）企业在资产负债表日重新计量持有待售的非流动资产时，如果其账面价值高于公允价值减去出售费用后的净额，应当将账面价值减记至公允价值减去出售费用后的净额，减记的金额确认为资产减值损失，计入当期损益，同时计提持有待售资产减值准备。

如果后续资产负债表日持有待售的非流动资产公允价值减去出售费用后的净额增加，以前减记的金额应当予以恢复，并在划分为持有待售类别后非流动资产确认的资产减值损失金额内转回，转回金额计入当期损益，划分为持有待售类别前确认的资产减值损失不得转回。

专题十九　企业合并与合并财务报表

命题思路

本专题是综合题的必考内容。2017 年综合题、2018 年综合题、2020 年综合题、2021 年综合题、2023 年综合题和 2024 年综合题涉及本专题的知识点。本专题每年的主观题分值大约为18 分。通过近几年真题分析，可以发现本专题是综合题每年必考的内容，预计 2025 年综合题也会涉及本专题的内容。历年考查本专题的主要知识点是合并商誉的计算、编制合并资产负债表时应进行抵销处理的项目、编制合并利润表时应进行抵销处理的项目等，考查的知识点很难。本专题的综合题在命题时，通常是与长期股权投资和企业合并等内容结合，所以，考生在学习时，应当关注上述章节的关联性。本专题内容难度系数很大，建议考生备考时按照以下顺序：

（1）掌握长期股权投资中以合并方式取得的长期股权投资。

（2）掌握企业合并中企业合并的会计处理（含同一控制下企业合并和非同一控制下企业合并）。

（3）掌握财务报表中合并商誉的计算、六大调整抵销分录、报表项目列示。

其中，六大调整抵销分录，即便不能很好理解，也应强制性记忆，这是考试的必考内容，而且题目偏套路化，所以，有时即便没有很好理解，按照分录的内容进行作答，本专题也能得很多分。因此，考生在本专题的备考中务必加强合并抵销分录记忆，以便在考试中尽量拿到高分。

经典例题

1. 甲公司 2×24 年度有关交易或事项如下：

甲公司 2×24 年 1 月 1 日发行 1 000 万股普通股（每股面值 1 元，市价 8 元），从其母公司处购入乙公司 60% 股权，并于当日对乙公司实施控制。股权转让协议约定，如果乙公司 2×24 年度经审计的净利润高于 2 000 万元，甲公司需另外向母公司支付乙公司实现的净利润与 2 000 万元的差额。2×24 年 1 月 1 日，甲公司估计乙公司 2×24 年度预计能实现净利润 2 100 万元。甲公司以银行存款支付发行股票的佣金 50 万元，及企业合并相关的法律咨询费用 30 万元。

2×24 年 1 月 1 日，乙公司在最终控制方合并财务报表中的所有者权益的账面价值为 9 000 万元，其中，股本 2 400 万元，资本公积 3 500

万元，盈余公积 1 500 万元，未分配利润 1 600 万元。

2×23 年 12 月 31 日，甲公司的资本公积（股本溢价）的余额为 3 000 万元。不考虑税费及其他因素。

要求：

（1）计算甲公司购入乙公司的合并成本。

【答案】

甲公司购入乙公司的合并成本 = 9 000 × 60% = 5 400（万元）。

（2）编制 2×24 年 1 月 1 日甲公司个别财务报表中对乙公司投资的会计分录。

【答案】

借：长期股权投资　　　　　　5 400

贷：股本　　　　　　　　　　　1 000

　　资本公积——股本溢价　4 250

　　银行存款　　　　　　　　　　50

　　预计负债（2 100 – 2 000）100

借：管理费用　　　　　　　　　　30

　　贷：银行存款　　　　　　　　　30

（3）编制2×24年1月1日甲公司合并财务报表中的调整抵销分录。

【答案】

借：股本　　　　　　　　　　　2 400

　　资本公积　　　　　　　　　3 500

　　盈余公积　　　　　　　　　1 500

　　未分配利润　　　　　　　　1 600

　　贷：长期股权投资　　　　　　5 400

　　　　少数股东权益

　　　　　（9 000×40%）3 600

借：资本公积　　　　　　　　　1 860

　　贷：盈余公积（1 500×60%）900

　　　　未分配利润

　　　　　（1 600×60%）960

2. 2×24年度甲公司与长期股权投资、合并财务报表有关的资料如下：

资料一：1月1日，甲公司以36 000万元的银行存款作为对价取得了乙公司70%有表决权的股份。乙公司股东变更登记手续及董事会改选工作已于当日完成。交易前，甲公司与乙公司不存在关联方关系且不持有乙公司任何股份；交易后，甲公司能够对乙公司实施控制并将持有的乙公司股份作为长期股权投资核算，当日，乙公司可辨认净资产的公允价值和账面价值均为50 000万元，其中股本25 000万元，资本公积12 000万元，盈余公积5 000万元，未分配利润8 000万元。

资料二：12月1日，甲公司向乙公司销售A产品一台，销售价格为6 000万元，销售成本为4 800万元；乙公司当日收到后作为管理用固定资产并于当月投入使用，该固定资产预计使用年限为5年，预计净残值为0，采用年限平均法计提折旧，12月31日，甲公司尚未收到上述款项，对其计提坏账准备180万元；乙公司未对该固定资产计提减值准备。

资料三：2×24年度，乙公司实现的净利润为0，未进行利润分配，所有者权益无变化。

其他相关资料：

（1）甲、乙公司均以公历年度作为会计年度，采用相同的会计政策。

（2）假定不考虑增值税、所得税及其他因素。

（不要求编制与合并现金流量表相关的抵销分录）

要求：

（1）编制甲公司取得乙公司股份的会计分录。

【答案】

借：长期股权投资　　　　　　36 000

　　贷：银行存款　　　　　　　36 000

（2）计算甲公司在2×24年1月1日编制合并财务报表时应确认的商誉。

【答案】

甲公司在2×24年1月1日编制合并财务报表时应确认的商誉 = 36 000 – 50 000 × 70% = 1 000（万元）。

（3）逐笔编制甲公司2×24年度合并财务报表相关的抵销分录（不要求编制与合并现金流量表相关的抵销分录）。

【答案】

①内部交易固定资产抵销：

借：营业收入　　　　　　　　　6 000

　　贷：营业成本　　　　　　　　4 800

　　　　固定资产——原价　　　　1 200

②内部应收款项抵销：

借：应付账款　　　　　　　　　6 000

　　贷：应收账款　　　　　　　　6 000

借：应收账款——坏账准备　　　180

　　贷：信用减值损失　　　　　　180

③长期股权投资与子公司所有者权益抵销：

借：股本　　　　　　　　　　25 000

　　资本公积　　　　　　　　12 000

　　盈余公积　　　　　　　　　5 000

　　未分配利润　　　　　　　　8 000

　　商誉　　　　　　　　　　　1 000

　　贷：长期股权投资　　　　　36 000

　　　　少数股东权益

　　　　　（50 000×30%）15 000

3. A上市公司于2×24年9月30日通过定向增发本企业普通股对B公司进行合并，取得B

企业 100% 股权。A 公司及 B 公司在 2×24 年 9 月 30 日企业合并前，个别报表中有关资产、负债及所有者权益情况如下所示。

单位：万元

项目	A 公司	B 公司
流动资产	2 000	3 000
非流动资产	14 000	40 000
资产总额	16 000	43 000
流动负债	800	1 000
非流动负债	200	2 000
负债总额	1 000	3 000
股本	1 000	600
资本公积	0	0
盈余公积	4 000	11 400
未分配利润	10 000	28 000
所有者权益总额	15 000	40 000

其他资料：

（1）2×24 年 9 月 30 日，A 公司通过定向增发本企业普通股，以 2 股换 1 股的比例自 B 公司原股东处取得了 B 公司全部股权。A 公司共发行了 1 200 万股普通股以取得 B 公司全部 600 万股普通股。

（2）A 公司每股普通股在 2×24 年 9 月 30 日的公允价值为 20 元，B 公司每股普通股当日的公允价值为 40 元。A 公司、B 公司每股普通股的面值均为 1 元。

（3）2×24 年 9 月 30 日，A 公司除非流动资产公允价值较账面价值高 3 000 万元以外，其他资产、负债项目的公允价值与其账面价值相同。

（4）假定 A 公司与 B 公司在合并前不存在任何关联方关系；不考虑所得税影响。

要求：

（1）根据资料，判断 A 公司合并 B 公司合并中的购买方，并说明理由。

【答案】

①A 公司合并 B 公司中的购买方是 B 公司。

②理由：对于该项企业合并，虽然在合并中发行权益性证券的一方为 A 公司，但因其

生产经营决策的控制权在合并后由 B 公司原股东控制，B 公司应为购买方，A 公司为被购买方。

（2）根据资料，计算确定该项合并中 B 公司的合并成本。

【答案】

①A 公司在该项合并中向 B 公司原股东增发了 1 200 万股普通股，合并后 B 公司原股东持有 A 公司的股权比例 = 1 200/2 200 × 100% = 54.55%。

②假定 B 公司发行本企业普通股在合并后主体享有同样的股权比例，则 B 公司应当发行的普通股股数 = 600/54.55% − 600 = 500（万股），其公允价值 = 500 × 40 = 20 000（万元），所以 B 公司的合并成本为 20 000 万元。

（3）根据资料，计算确定合并财务报表中少数股东权益的列示金额。

【答案】

合并财务报表中少数股东权益的列示金额 = 40 000 × 10% = 4 000（万元）。

【解析】假定 B 公司的全部股东中只有其中的 90% 以原持有的对 B 公司股权换取了 A 公司增发的普通股。A 公司应发行的普通股股数为 1 080 万股（600 × 90% × 2）。企业合并后，B 公司的股东拥有合并后报告主体的股权比例为 51.92%（1 080/2 080）。假定 B 公司向 A 公司发行本企业普通股在合并后主体享有同样的股权比例，在计算 B 公司须发行的普通股数量时，不考虑少数股权的因素，则 B 公司应当发行的普通股股数为 500 万股（600 × 90%/51.92% − 600 × 90%），B 公司在该项合并中的企业合并成本为 20 000 万元 [（1 040 − 540）× 40]，B 公司未参与股权交换的股东拥有 B 公司的股份为 10%，享有 B 公司合并前净资产的份额为 4 000 万元，在合并财务报表中应作为少数股东权益列示。

4. 甲公司是一家上市公司，2×24 年和 2×25 年发生的相关交易或事项如下：

（1）2×24 年 3 月 1 日，甲公司临时股东大会审议通过向乙公司非公开发行股份购买乙公司所持丙公司 100% 股权的议案。2×24 年 6 月 10 日，甲公司非公开发行股份购买丙公司 100% 股权的重组方案经政府相关部门核准，2×24 年 7 月 1 日，甲公司向乙公司非公开发行 2 400 万

股股票，并办理完成发行股份的登记手续，以及丙公司股东的变更登记手续。

当月，甲公司向乙公司发行股份的公允价值为每股 10 元；丙公司 100% 股权的公允价值为 2 400 万元，丙公司可辨认净资产公允价值为 18 000 万元，净资产账面价值 16 000 万元（其中，股本 8 000 万元，资本公积 3 000 万元，盈余公积 1 000 万元，未分配利润 4 000 万元），差异由一项非专利技术导致，其账面价值为 0，公允价值为 2000 万元，该非专利技术自甲公司取得丙公司股权之日起预计使用 10 年，采用直线法摊销，预计净残值为 0。当日，甲公司此次非公开发行股份前的股份数为 8 000 万股。

（2）2×24 年度，甲公司个别财务报表实现净利润 20 000 万元，丙公司个别财务报表实现净利润 6 000 万元，其中 1 月至 6 月为 2 000 万元。

（3）丙公司因其在 2×24 年 6 月 30 日前销售的产品存在质量问题并对客户造成损害，被客户于 2×24 年 12 月提起诉讼要求赔偿损失。2×25 年 3 月 20 日，经产品质量部门和法务部门认定，丙公司因该诉讼事项很可能向客户赔偿 300 万元。甲公司 2×24 年度合并财务报表经批准于 2×25 年 4 月 10 日对外报出。

其他有关资料：

第一，甲公司在购买丙公司 100% 股权前，与乙公司不存在任何关联方关系。

第二，取得丙公司股权后，甲公司与丙公司之间未发生任何交易。

第三，合并商誉未发生减值。

第四，除资料（1）所述发行股份外，甲公司本年内未发生其他股份变动事项。

第五，甲公司、丙公司适用的企业所得税税率均为 25%，甲公司收购丙公司的交易满足税法中特殊性税务处理的条件，乙公司免交企业所得税。

第六，丙公司因产品质量问题导致的损失在实际发生时准予税前扣除。

第七，不考虑所得税外其他税费及其他因素。

答案中的金额单位以万元表示。

要求：

（1）根据资料（1），判断此次合并交易会计上的购买方，并说明理由；计算此次合并交易的合并成本和商誉的金额。

【答案】

①此次合并交易中甲公司是购买方。

②理由：甲公司发行股份后，乙公司拥有甲公司股份比例 = 2 400/（2 400 + 8 000）×100% = 23.08%，不能对甲公司实施控制，不构成反向购买，所以甲公司属于会计上的购买方。

③此次合并交易的合并成本 = 2 400 × 10 = 24 000（万元）。

④此次合并交易中形成的商誉 = 24 000 − （18 000 − 2 000 × 25%）×100% = 6 500（万元）。

（2）根据资料（1），分别编制甲公司在个别报表与合并报表中的相关会计分录。

【答案】

①个别报表：

借：长期股权投资　　　　　24 000
　　贷：股本　　　　　　　　　2 400
　　　　资本公积　　　　　　　21 600

②合并报表：

借：无形资产　　　　　　　2 000
　　贷：递延所得税负债　　　　　500
　　　　资本公积　　　　　　　1 500

借：股本　　　　　　　　　8 000
　　资本公积　　　　　　　4 500
　　盈余公积　　　　　　　1 000
　　未分配利润　　　　　　4 000
　　商誉　　　　　　　　　6 500
　　贷：长期股权投资　　　　　24 000

（3）根据资料（2），计算甲公司应享有的丙公司 2×24 年净利润的金额，并编制相关合并报表分录。

【答案】

①甲公司应享有的丙公司 2×24 年净利润的金额 = （6 000 − 2 000）− 2 000/10 × 6/12 = 3 900（万元）。

②会计分录：

借：长期股权投资　　　　　3 900
　　贷：投资收益　　　　　　　3 900

（4）根据资料（3），判断甲公司是否因该诉讼事项需要调整购买日初始确认的商誉，并说明理由；如果需要调整商誉，计算调整后的商誉金额。

【答案】

①甲公司因该诉讼事项需要调整商誉。

②理由：在合并当期期末以暂时确定的价值对企业合并进行处理的情况下，自购买日算起12个月内取得进一步的信息表明需对原暂时确定的企业合并成本或所取得的资产、负债的暂时性价值进行调整的，应视同在购买日发生，即应进行追溯调整，故调整商誉。

调整后商誉的金额 = 24 000 - (18 000 - 2 000 × 25% - 300 × 75%) × 100% = 6 725（万元）。

考点总结

考查内容	知识点		具体内容	
			初次编制	连续编制
调整分录编制	对子公司个别报表进行调整	同控	若不存在与母公司会计政策和会计期间不一致的情况，则不需要对该子公司个别财务报表进行调整	
		非同控	借：固定资产等 　贷：应收账款等 　　　资本公积 【注意】若资料中涉及所得税，还应确认递延所得税资产/负债 借：管理费用等 　营业成本等 　贷：固定资产 　　　存货等	借：固定资产等 　贷：应收账款等 　　　资本公积 借：未分配利润 　营业成本等 　管理费用等 　贷：固定资产 　　　存货等
	权益法调整对子公司长期股权投资	确认损益	借：长期股权投资 　贷：投资收益	借：长期股权投资 　贷：未分配利润 　　　投资收益
		确认现金股利	借：投资收益 　贷：长期股权投资	借：未分配利润 　投资收益 　贷：长期股权投资
		除净利润外所有者权益变动	借：长期股权投资 　贷：资本公积 　　　其他综合收益	借：长期股权投资 　贷：资本公积 　　　其他综合收益
	内部债权债务抵销		借：应付账款 　贷：应收账款	借：应付账款 　贷：应收账款
			借：应收账款——坏账准备 　贷：信用减值损失	借：应收账款——坏账准备 　贷：未分配利润——年初 借：应收账款——坏账准备 　贷：信用减值损失 【提示】内部应收账款本期余额小于上期余额时，作反分录
			借：所得税费用 　贷：递延所得税资产	借：未分配利润——年初 　贷：递延所得税资产 借：所得税费用 　贷：递延所得税资产

续表

考查内容	知识点	具体内容	
		初次编制	连续编制
调整分录编制	存货价值中包含的未实现内部销售损益的抵销	借：营业收入 　贷：营业成本【倒挤】 　　　存货	借：未分配利润——年初 　贷：营业成本 借：营业收入 　贷：营业成本 借：营业成本 　贷：存货
		借：递延所得税资产 　贷：所得税费用	借：递延所得税资产 　贷：未分配利润——年初 借：递延所得税资产 　贷：所得税费用
		借：少数股东权益 　贷：少数股东损益	借：少数股东权益 　贷：未分配利润——年初 借：少数股东权益 　贷：少数股东损益
	内部固定资产交易抵销	借：营业收入 　贷：营业成本【倒挤】 　　　固定资产 或 借：资产处置损益 　贷：固定资产——原价	借：未分配利润——年初 　贷：营业成本 借：固定资产——累计折旧 　贷：未分配利润——年初
		借：固定资产——累计折旧 　贷：管理费用等	借：固定资产——累计折旧 　贷：未分配利润——年初
		借：递延所得税资产 　贷：所得税费用	借：递延所得税资产 　贷：未分配利润 借：递延所得税资产 　贷：所得税费用
		借：少数股东权益 　贷：少数股东损益	借：少数股东权益 　贷：未分配利润——年初 借：少数股东权益 　贷：少数股东损益
	母公司对子公司长期股权投资与子公司所有者权益抵销	借：股本 　　资本公积 　　盈余公积 　　其他综合收益 　　未分配利润 　　商誉 　贷：长期股权投资 　　　少数股东权益	借：投资收益 　　少数股东损益 　　未分配利润——年初 　贷：提取盈余公积 　　　　对所有者（或股东） 　　　　的分配 　　　未分配利润——年末

专项突破

一、试题部分

1. 2×24 至 2×25 年，甲公司对乙公司进行股权投资的相关交易或事项如下：

资料一：2×24 年 1 月 1 日，甲公司以银行存款 2 300 万元从非关联方处取得乙公司 70% 的有表决权的股份，能够对乙公司实施控制，当日，乙公司可辨认净资产账面价值为 3 000 万元，各项可辨认资产、负债公允价值与其账面价值均相同。本次投资前，甲公司不持有乙公司股份且与乙公司不存在关联方关系。甲公司与乙公司的会计政策、会计期间均相同。

资料二：2×24 年 3 月 10 日，乙公司宣告分派现金股利 300 万元。2×24 年 4 月 1 日，甲公司按其持有的比例收到乙公司发放的现金股利并存入银行。

资料三：2×24 年 4 月 10 日，乙公司将其成本为 45 万元的 A 产品以 60 万元的价格销售给甲公司，款项已收存银行，甲公司将购入的 A 产品作为存货进行核算。2×24 年 12 月 31 日，甲公司该批 A 产品的 80% 已对外销售。

资料四：2×24 年度乙公司实现净利润 500 万元。

资料五：2×25 年 3 月 1 日，甲公司将所持乙公司股份全部对外出售给非关联方，所得价款 2 600 万元存入银行。

甲公司以甲、乙公司个别报表为基础编制合并财务报表，不需要编制与合并现金流量表相关的抵销分录。本题不考虑增值税、企业所得税等相关税费及其他因素，答案中的金额单位以万元表示。

要求：根据上述资料，回答下列小题。

（1）编制甲公司 2×24 年 1 月 1 日取得乙公司 70% 股权时的会计分录，并计算购买日的商誉。

（2）编制甲公司 2×24 年 3 月 10 日在乙公司宣告分配现金股利时和 2×24 年 4 月 1 日收到现金股利时的相关会计分录。

（3）编制甲公司 2×24 年 12 月 31 日与存货内部交易相关的抵销分录。

（4）分别计算甲公司 2×24 年 12 月 31 日合并资产负债表中少数股东权益的金额与 2×24 年度合并利润表中少数股东损益的金额。

（5）编制 2×25 年 3 月 1 日甲公司出售乙公司股份的相关会计分录。

2. 2×24 年 1 月 1 日，甲公司支付银行存款 40 000 万元取得非关联方乙公司 60% 的股权，对其达到控制。当日乙公司可辨认净资产账面价值为 60 000 万元，公允价值与账面价值相等，其中股本 30 000 万元，资本公积 5 000 万元，盈余公积 15 000 万元，未分配利润 10 000 万元。

资料一：2×24 年 7 月 1 日，甲公司将一项管理用无形资产 A 以 770 万元的价格销售给乙公司，该无形资产的原价为 1 000 万元，预计使用年限为 10 年，采用直线法摊销，已摊销 300 万元。乙公司取得该无形资产用于管理部门，采用直线法摊销，预计尚可使用年限为 7 年，预计净残值为 0。

资料二：2×24 年 12 月 31 日，无形资产 A 存在减值迹象，通过减值测试，预计其可收回金额为 705 万元。

资料三：乙公司 2×24 年度实现净利润 7 000 万元，提取法定盈余公积 700 万元。

其他资料：甲公司与乙公司的会计政策、会计期间均相同。假定不考虑增值税、企业所得税等其他因素，答案中的金额单位以万元表示。

要求：根据上述资料，回答下列小题。

（1）编制甲公司 2×24 年 1 月 1 日取得乙公司 60% 股权的相关会计分录。

（2）计算甲公司 2×24 年 1 月 1 日取得股权时商誉的金额，并编制与合并报表有关的抵销分录。

（3）编制甲公司 2×24 年 12 月 31 日与合并资产负债表和合并利润表相关的调整和抵销分录。

3. 2×24 年，甲公司对乙公司进行股权投资的相关交易或事项如下：

资料一：2×24 年 1 月 1 日，甲公司以定向增发 3 000 万股普通股（每股面值为 1 元，公允价值为 6 元）的方式从非关联方取得乙公司 90% 的有表决权股份，能够对乙公司实施控制。

当日，乙公司可辨认净资产的账面价值为 20 000 万元，各项可辨认资产、负债的公允价值均与其账面价值相同。其中：股本 10 000 万元，资本公积 8 000 万元，盈余公积 500 万元，未分配利润 1 500 万元。本次投资前，甲公司不持有乙公司股份且与乙公司不存在关联方关系。甲公司的会计政策、会计期间与乙公司相同。

资料二：2×24 年 9 月 20 日，甲公司将其生产的成本为 700 万元的 A 产品以 750 万元的价格出售给乙公司。当日，乙公司以银行存款支付全部货款。乙公司将购入的 A 产品作为存货进行核算。至 2×24 年 12 月 31 日，乙公司已将上述从甲公司购买的 A 产品对外出售了 80%。

资料三：2×24 年度，乙公司实现净利润 800 万元，提取法定盈余公积 80 万元。

甲公司以甲、乙公司个别财务报表为基础编制合并财务报表，合并工作底稿中将甲公司对乙公司的长期股权投资由成本法调整为权益法。

本题不考虑增值税、企业所得税等相关税费及其他因素，答案中的金额单位以万元表示。

要求：根据上述资料，回答下列小题。

（1）计算甲公司 2×24 年 1 月 1 日取得乙公司 90% 股权的初始投资成本，并编制相关会计分录。

（2）编制甲公司 2×24 年 1 月 1 日与合并资产负债表相关的抵销分录。

（3）编制甲公司 2×24 年 12 月 31 日与合并资产负债表、合并利润表相关的调整和抵销分录。

4. 2×24 年 1 月 1 日，甲公司以银行存款 5 700 万元自非关联方取得乙公司 80% 的有表决权的股份，对乙公司进行控制，本次投资前，甲公司不持有乙公司股份且与乙公司不存在关联方关系，甲公司、乙公司的会计政策和会计期间一致。

资料一：2×24 年 1 月 1 日，乙公司所有者权益的账面价值为 5 900 万元，其中：股本 2 000 万元，资本公积 1 000 万元，盈余公积 900 万元，未分配利润 2 000 万元。除存货的公允价值高于账面价值 100 万元外，乙公司其余各项可辨认资产、负债的公允价值与其账面价值相同。

资料二：2×24 年 6 月 30 日，甲公司将其生产的成本 900 万元的设备以 1 200 万元的价格出售给乙公司，当期，乙公司以银行存款支付货

款，并将该设备作为行政管理用固定资产立即投入使用，乙公司预计设备的使用年限为 5 年，预计净残值为 0，采用年限平均法计提折旧。

资料三：2×24 年 12 月 31 日，乙公司将 2×23 年 1 月 1 日库存的存货全部对外出售。

资料四：2×24 年度，乙公司实现净利润 600 万元，提取法定盈余公积 60 万元，宣告并支付现金股利 200 万元。

不考虑增值税、企业所得税等相关因素，甲公司编制合并报表时以甲、乙公司个别财务报表为基数在合并工作底稿中将甲公司对乙公司的长期股权投资由成本法调整为权益法。答案中的金额单位以万元表示。

要求：根据上述资料，回答下列小题。

（1）分别计算甲公司在 2×24 年 1 月 1 日合并财务报表中应确认的商誉金额和少数股东权益的金额。

（2）编制 2×24 年 1 月 1 日合并工作底稿中与乙公司资产相关的调整分录。

（3）编制甲公司 2×24 年 1 月 1 日与合并资产负债表相关的抵销分录。

（4）编制 2×24 年 12 月 31 日与合并资产负债表、合并利润表相关的调整和抵销分录。

5. 2×24 年，甲公司以定向增发股票方式取得了乙公司的控制权，但不构成反向购买。本次投资前，甲公司不持有乙公司的股份且与乙公司不存在关联方关系。甲、乙公司的会计政策和会计期间一致。相关资料如下：

资料一：1 月 1 日，甲公司定向增发每股面值为 1 元、公允价值为 12 元的普通股股票 1 500 万股，取得乙公司 80% 有表决权的股份，相关手续已于当日办妥。

资料二：1 月 1 日，乙公司可辨认净资产的账面价值为 18 000 万元，其中，股本 5 000 万元，资本公积 3 000 万元，盈余公积 1 000 万元，未分配利润 9 000 万元，除销售中心业务大楼的公允价值高于账面价值 2 000 万元外，其余各项可辨认资产、负债的公允价值与账面价值均相同。

资料三：1 月 1 日，甲、乙公司均预计销售中心业务大楼尚可使用 10 年，预计净残值为 0，采用年限平均法计提折旧。

资料四：5 月 1 日，甲公司以赊销方式向乙

公司销售一批成本为 600 万元的产品，销售价格为 800 万元。至当年年末，乙公司已将该批产品的 60% 出售给非关联方。

资料五：12 月 31 日，甲公司尚未收到乙公司所欠上述货款，对该应收账款计提了坏账准备 16 万元。

资料六：乙公司 2×24 年度实现的净利润为 7 000 万元，计提法定盈余公积 700 万元，无其他利润分配事项。

假定不考虑增值税、所得税等相关税费及其他因素，答案中的金额以万元表示。

要求：根据上述资料，回答下列小题。

（1）编制甲公司 2×24 年 1 月 1 日取得乙公司 80% 股份的相关会计分录。

（2）编制甲公司 2×24 年 1 月 1 日合并工作底稿中对乙公司有关资产的相关调整分录。

（3）分别计算甲公司 2×24 年 1 月 1 日合并资产负债表中商誉和少数股东权益的金额。

（4）编制甲公司 2×24 年 1 月 1 日与合并资产负债表相关的抵销分录。

（5）编制甲公司 2×24 年 12 月 31 日与合并资产负债表、合并利润表相关的调整和抵销分录。

二、答案部分

1.【答案】

（1）①甲公司 2×24 年 1 月 1 日取得乙公司 70% 股权时产生的商誉 = 2 300 – 3 000×70% = 200（万元）。

②会计分录：

借：长期股权投资　　　　　2 300
　　贷：银行存款　　　　　　　　2 300

（2）①2×24 年 3 月 10 日，乙公司宣告分配现金股利：

借：应收股利　　　　　　　210
　　贷：投资收益　　　　　　　　210

②2×24 年 4 月 1 日，甲公司收到现金股利：

借：银行存款　　　　　　　210
　　贷：应收股利　　　　　　　　210

（3）借：营业收入　　　　　　60
　　　　贷：营业成本　　　　　　　60

借：营业成本　　　　　　　3
　　贷：存货　　　　　　　　　　3

借：少数股东权益　　　　0.9

　　贷：少数股东损益　　　　　　0.9

（4）①2×24 年 12 月 31 日乙公司可辨认净资产公允价值 = 3 000 + 500 – 300 = 3 200（万元）。

②2×24 年度合并利润表中少数股东权益 = 3 200×30% – 3×30% = 959.1（万元）。

③2×24 年度合并利润表中少数股东损益 = 500×30% – 3×30% = 149.1（万元）。

（5）借：银行存款　　　　　　2 600
　　　　贷：长期股权投资　　　　　2 300
　　　　　　投资收益　　　　　　　300

【解析】本题考查的知识点是对子公司个别报表调整、成本法、编制合并资产负债表时应进行抵销处理的项目、长期股权投资的处置。

2.【答案】

（1）借：长期股权投资　　　　40 000
　　　　贷：银行存款　　　　　　40 000

（2）①甲公司 2×24 年 1 月 1 日取得股权时商誉的金额 = 40 000 – 60 000×60% = 4 000（万元）。

②合并抵销分录：

借：股本　　　　　　　　30 000
　　资本公积　　　　　　　5 000
　　盈余公积　　　　　　15 000
　　未分配利润　　　　　10 000
　　商誉　　　　　　　　　4 000
　　贷：长期股权投资　　　　　40 000
　　　　少数股东权益　　　　　24 000

（3）①将甲公司的长期股权投资由成本法调整为权益法：

借：长期股权投资　　　　　4 200
　　贷：投资收益　　　　　　　　4 200

②2×24 年末甲公司长期股权投资与乙公司所有者权益的抵销：

借：股本　　　　　　　　30 000
　　资本公积　　　　　　　5 000
　　盈余公积　　　　　　15 700
　　未分配利润　　　　　16 300
　　商誉　　　　　　　　　4 000
　　贷：长期股权投资　　　　　44 200
　　　　少数股东权益　　　　　26 800

③甲公司投资收益与乙公司利润分配的抵销：

借：投资收益　　　　　　　4 200
　　少数股东损益　　　　　2 800

未分配利润——年初　　10 000

  贷：提取盈余公积　　　　　700

   未分配利润——年末　16 300

④甲公司与乙公司内部无形资产交易的抵销：

  借：资产处置收益　　　　　70

   贷：无形资产　　　　　　　70

  借：无形资产　　　　　　　　5

   贷：管理费用　　　　　　　　5

年末，集团报表角度，无形资产账面价值 = 700 − 700/7 × 6/12 = 650（万元），可收回金额为705万元，没有发生减值，不计提减值准备。

个别报表角度，无形资产的账面价值 = 715万元，可收回金额为705万元，计提减值准备 = 715 − 705 = 10（万元）。

抵销分录为：

  借：无形资产　　　　　　　10

   贷：资产减值损失　　　　　10

【解析】本题考查的知识点是长期股权投资的初始计量——非同一控制下企业合并形成的长期股权投资、对子公司个别报表调整、编制合并资产负债表时应进行抵销处理的项目。

3.【答案】

（1）①2×24年1月1日取得乙公司90%股权的初始投资成本 = 3 000 × 6 = 18 000（万元）。

②会计分录：

  借：长期股权投资　　　　18 000

   贷：股本　　　　　　　　3 000

   资本公积——股本溢价 15 000

（2）借：股本　　　　　　　10 000

  资本公积　　　　　　　8 000

  盈余公积　　　　　　　　500

  未分配利润——年初

         1 500

   贷：长期股权投资　　　18 000

    少数股东权益　　　　2 000

（3）①将对子公司的长期股权投资调整为权益法：

  借：长期股权投资　　　　　720

   贷：投资收益　　　　　　　720

②长期股权投资与子公司所有者权益的抵销：

  借：股本　　　　　　　　10 000

   资本公积　　　　　　　8 000

  盈余公积　　　　　　　　580

  未分配利润——年末　　2 220

   贷：长期股权投资　　　18 720

    少数股东权益　　　　2 080

③投资收益与子公司利润分配的抵销：

  借：投资收益　　　　　　　720

   少数股东损益　　　　　　80

  未分配利润——年初　　1 500

   贷：提取盈余公积　　　　　80

    未分配利润——年末　2 220

④内部交易的抵销分录：

  借：营业收入　　　　　　　750

   贷：营业成本　　　　　　　740

    存货　　　　　　　　　10

【解析】本题考查的知识点是长期股权投资的初始计量——非同一控制下企业合并形成的长期股权投资、对子公司个别报表调整、编制合并资产负债表时应进行抵销处理的项目。

（1）因为是非同一控制下的控股合并，所以甲公司取得乙公司长期股权投资的初始投资成本 = 支付资产 + 承担负债 + 发行权益工具的公允价值。

（2）本题中，甲公司购入乙公司股权时，支付对价的公允价值与享有的乙公司可辨认净资产公允价值的份额相等，不产生商誉，所以无须在合并抵销分录中体现商誉。此外，由于是年初购入，合并抵销分录中的"未分配利润——年末"应当改为"未分配利润——年初"。

（3）当期，甲公司购入乙公司商品并形成存货情况时，应作如下抵销处理：按照内部销售收入的金额，借记"营业收入"项目，贷记"营业成本"项目；同时按照期末内部购进形成的存货价值中包含的未实现内部销售损益的金额，借记"营业成本"项目，贷记"存货"项目（或按照内部营业收入形成期末存货的金额，借记"营业收入"项目，按照其对应的销售成本的金额，贷记"营业成本"项目，按其差额，贷记"存货"项目）。

4.【答案】

（1）①合并商誉 = 5 700 − (5 900 + 100) × 80% = 900（万元）。

②少数股东权益 = (5 900 + 100) × 20% = 1 200（万元）。

（2）调整分录：

借：存货 100

　　贷：资本公积 100

（3）长期股权投资与所有者权益抵销分录：

借：股本 2 000

　　资本公积 1 100

　　盈余公积 900

　　未分配利润 2 000

　　商誉 900

　　　贷：长期股权投资 5 700

　　　　　少数股东权益 1 200

（4）①按照公允价值调整分录：

借：存货 100

　　贷：资本公积 100

借：营业成本 100

　　贷：存货 100

②权益法调整分录：

借：长期股权投资 400

　　贷：投资收益 400

借：投资收益 160

　　贷：长期股权投资 160

③调整后长期股权投资账面价值＝5 700＋400－160＝5 940（万元）。

④长期股权投资与所有者权益抵销分录：

借：股本 2 000

　　资本公积 1 100

　　盈余公积 960

　　未分配利润

　　（2 000－60＋500－200）2 240

　　商誉

　　　（5 940－6 300×80%）900

　　　贷：长期股权投资 5 940

　　　　　少数股东权益

　　　　　　（6 300×20%）1 260

⑤投资收益与利润分配抵销分录：

借：投资收益

　　　［(600－100)×80%］400

　　少数股东损益

　　　［(600－100)×20%］100

　　未分配利润——年初 2 000

　　　贷：对所有者（或股东）的分配 200

　　　　　提取盈余公积 60

　　　　　未分配利润——年末 2 240

⑥内部交易抵销分录：

借：营业收入 1 200

　　贷：营业成本 900

　　　　固定资产——原价 300

借：固定资产——累计折旧 30

　　贷：管理费用 30

【解析】本题考查的知识点是对子公司个别报表调整、编制合并资产负债表时应进行抵销处理的项目、编制合并利润表时应进行抵销处理的项目。

（1）商誉＝长期股权投资的初始投资成本－投资日享有的被投资方可辨认净资产公允价值的份额

少数股东权益＝［被投资方所有者权益的账面价值＋（被投资方所有者权益的公允价值－被投资方所有者权益的账面价值）×（1－适用企业所得税税率）］×少数股东持股比例

但是本题中不考虑企业所得税，所以运用上述公式计算时，企业所得税税率为0。

（2）对于属于非同一控制下企业合并中取得的子公司，除了存在与母公司会计政策和会计期间不一致的情况，需要对该子公司的个别财务报表进行调整外，还应当根据母公司为该子公司设置备查簿的记录，以记录该子公司的各项可辨认资产、负债及或有负债等在购买日的公允价值为基础，通过编制调整分录，对该子公司的个别财务报表进行调整，以使子公司的个别财务报表反映为在购买日公允价值基础上确定的可辨认资产、负债及或有负债在本期资产负债表日的金额。

投资日，乙公司存货评估增值，甲公司应按评估增值的金额，借记"存货"项目，贷记"资本公积"项目。本题中由于不考虑企业所得税，所以无须编制递延所得税的相关分录。

（3）在子公司为非全资子公司的情况下，应当将母公司对子公司长期股权投资的金额与子公司所有者权益中母公司所享有的份额相抵销。子公司所有者权益中不属于母公司的份额，即子公司所有者权益中抵销母公司所享有的份额后的余额，在合并财务报表中作为"少数股东权益"处理。在合并工作底稿中编制的抵销分录为：借记"实收资本""资本公积""其他综合收益""盈余公积""未分配利润"项目，贷记"长期股权投资"和"少数股东权益"项目。其中，属于商誉的部分，还应借记"商誉"项目。

（4）按权益法调整对子公司的长期股权投资，在合并工作底稿中编制的调整分录为：对于当期该子公司实现净利润，按母公司应享有的份额，借记"长期股权投资"项目，贷记"投资收益"项目。对于当期子公司宣告分派现金股利或利润时，按母公司应享有的份额，借记"投资收益"项目，贷记"长期股权投资"项目。

投资日，存货评估增值的，期末编制合并抵销分录为：借记"存货"项目，贷记"资本公积"项目；本年度将投资日评估增值存货全部对外售出的，借记"营业成本"项目，贷记"存货"项目。由于本题不考虑企业所得税，所以无须考虑递延所得税事项。

期末，母公司与子公司之间持有对方长期股权投资的投资收益的抵销处理时，在子公司为非全资子公司的情况下，应编制的抵销分录为：借记"投资收益""少数股东损益""未分配利润——年初"项目，贷记"提取盈余公积""对所有者（或股东）的分配""未分配利润——年末"项目。

期末，购买企业内部购进商品作为固定资产等资产使用时的抵销处理时，应编制的抵销分录为：按内部销售收入的金额，借记"营业收入"项目，按固定资产原价中包含的未实现内部销售损益的金额贷记"固定资产——原价"项目，按其差额，贷记"营业成本"项目；同时，对于本期计提的折旧额中包含的未实现内部销售损益的金额，借记"固定资产——累计折旧"项目，贷记"管理费用"等项目。

5.【答案】

（1）相关会计分录如下：

借：长期股权投资　　　　　18 000
　　贷：股本　　　　　　　　　1 500
　　　　资本公积——股本溢价16 500

（2）相关调整分录如下：

借：固定资产　　　　　　　2 000
　　贷：资本公积　　　　　　　2 000

（3）①合并商誉 = 18 000 - （18 000 + 2 000）× 80% = 2 000（万元）。

②少数股东权益 = （18 000 + 2 000）× 20% = 4 000（万元）。

（4）相关抵销分录如下：

借：股本　　　　　　　　　5 000
　　资本公积　　　　　　　5 000
　　盈余公积　　　　　　　1 000
　　未分配利润　　　　　　9 000
　　商誉　　　　　　　　　2 000
　　贷：长期股权投资　　　　18 000
　　　　少数股东权益　　　　 4 000

（5）相关分录如下：

借：固定资产　　　　　　　2 000
　　贷：资本公积　　　　　　　2 000

借：销售费用　　　　　　　　200
　　贷：固定资产——累计折旧　　200

调整后的乙公司净利润 = 7 000 - 200 = 6 800（万元）。

甲公司享有的净利润份额 = 6 800 × 80% = 5 440（万元）。

借：长期股权投资　　　　　5 440
　　贷：投资收益　　　　　　　5 440

借：股本　　　　　　　　　5 000
　　资本公积　　　　　　　5 000
　　盈余公积（1 000 + 700）1 700
　　未分配利润
　　　（9 000 + 6 800 - 700）15 100
　　商誉
　　（23 440 - 26 800 × 80%）2 000
　　贷：长期股权投资
　　　　（18 000 + 5 440）23 440
　　　　少数股东权益
　　　　　（26 800 × 20%）5 360

借：投资收益（6 800 × 80%）5 440
　　少数股东损益
　　　（6 800 × 20%）1 360
　　未分配利润——年初　　9 000
　　贷：提取盈余公积　　　　　700
　　　　未分配利润——年末　15 100

借：营业收入　　　　　　　　800
　　贷：营业成本　　　　　　　　800

借：营业成本　　　　　　　　80
　　贷：存货［（800 - 600）× 40%］80

借：应付账款　　　　　　　　800
　　贷：应收账款　　　　　　　　800

借：应收账款——坏账准备　　　16

贷：信用减值损失　　　　16

【解析】本题考查的知识点是对子公司个别报表调整、编制合并资产负债表时应进行抵销处理的项目、编制合并利润表时应进行抵销处理的项目。

（1）根据资料"本次投资前，甲公司不持有乙公司的股份且与乙公司不存在关联方关系"可知，该业务为非同一控制下企业合并，所以甲公司该长期股权投资的初始入账价值＝支付资产＋承担负债＋发行权益工具的公允价值。本题中，甲公司是以发行股票的方式取得该长期股权投资，所以其初始投资成本＝发行股票的公允价值，借记"长期股权投资"科目；按照发行股票的面值，贷记"股本"科目；发行股票的公允价值与面值间的差额，贷记"资本公积"科目。

（2）对于属于非同一控制下企业合并中取得的子公司，除了存在与母公司会计政策和会计期间不一致的情况，需要对该子公司的个别财务报表进行调整外，还应当根据母公司为该子公司设置备查簿的记录，以记录该子公司的各项可辨认资产、负债及或有负债等在购买日的公允价值为基础，通过编制调整分录，对该子公司的个别财务报表进行调整，以使子公司的个别财务报表反映为在购买日公允价值基础上确定的可辨认资产、负债及或有负债在本期资产负债表日的金额。

投资日，乙公司固定资产评估增值，甲公司应按评估增值的金额，借记"固定资产"项目，贷记"资本公积"项目。本题中由于不考虑企业所得税，所以无须编制递延所得税的相关分录。

（3）商誉＝长期股权投资的初始投资成本－投资日享有的被投资方可辨认净资产公允价值的份额

少数股东权益＝［被投资方所有者权益的账面价值＋（被投资方所有者权益的公允价值－被投资方所有者权益的账面价值）×（1－适用企业所得税税率）］×少数股东持股比例

但是本题中不考虑企业所得税，所以运用上述公式计算时，企业所得税税率为0。

（4）在子公司为非全资子公司的情况下，应当将母公司对子公司长期股权投资的金额与子公司所有者权益中母公司所享有的份额相抵销。子公司所有者权益中不属于母公司的份额，即子公司所有者权益中抵销母公司所享有的份额后的余额，在合并财务报表中作为"少数股东权益"处理。在合并工作底稿中编制的抵销分录为：借记"实收资本""资本公积""其他综合收益""盈余公积""未分配利润"项目，贷记"长期股权投资"和"少数股东权益"项目。其中，属于商誉的部分，还应借记"商誉"项目。

（5）期末，购买企业内部购进商品作为固定资产等资产使用时的抵销处理时，应编制的抵销分录为：按内部销售收入的金额，借记"营业收入"项目，按固定资产原价中包含的未实现内部销售损益的金额贷记"固定资产——原价"项目，按其差额，贷记"营业成本"项目；同时，对于本期计提的折旧额中包含的未实现内部销售损益的金额，借记"固定资产——累计折旧"项目，贷记"管理费用"等项目。

期末，母公司与子公司之间持有对方长期股权投资的投资收益的抵销处理时，在子公司为非全资子公司的情况下，应编制的抵销分录为：借记"投资收益""少数股东损益""未分配利润——年初"项目，贷记"提取盈余公积""对所有者（或股东）的分配""未分配利润——年末"项目。

当期，甲公司购入乙公司商品并形成存货情况时，应作如下抵销处理：按照内部销售收入的金额，借记"营业收入"项目，贷记"营业成本"项目；同时按照期末内部购进形成的存货价值中包含的未实现内部销售损益的金额，借记"营业成本"项目，贷记"存货"项目（或按照内部营业收入形成期末存货的价值，借记"营业收入"项目，按照其对应的销售成本的金额，贷记"营业成本"项目，按其差额，贷记"存货"项目）。

在应收账款计提坏账准备的情况下，某一会计期间坏账准备的金额是以当期应收账款为基础计提的。在编制合并财务报表时，内部应收账款抵销时，其抵销分录为：借记"应付账款"项目，贷记"应收账款"项目；内部应收账款计提的坏账准备抵销时，其抵销分录为：借记"应收账款——坏账准备"项目，贷记"信用减值损失"项目。

专题二十　差错更正与资产负债表日后事项

命题思路

　　本专题包含教材中"第二十二章　会计政策、会计估计变更和差错更正"和"第二十三章　资产负债表日后事项"两章的内容。2017年综合题、2018年综合题、2019年综合题、2021年综合题、2022年综合题、2023年综合题涉及本专题的知识点。通过近几年真题分析，预计2025年综合题也可能涉及本专题的内容。历年考查本专题的主要知识点是资产负债表日后事项的概念、资产负债表日后调整事项的具体会计

处理方法、前期差错更正的会计处理，考查的知识点较难。本专题的综合题在命题时，通常是与收入、或有事项、政府补助等内容结合，所以，本专题内容难度较大。因此，考生在学习时，应当夯实基础，把正确的账务处理牢记于心，考试时结合题目资料，根据正确的账务处理找出有问题的分录，然后结合差错更正与资产负债表日后事项的会计处理要求进行解答即可。

经典例题

　　1. 甲公司为增值税一般纳税人，甲公司2×24年发生如下事项：

　　资料一：2×21年1月1日以银行存款500万元购入一项管理用专利权，预计使用年限为5年，无残值，采用直线法摊销。2×23年末甲公司预计该项无形资产的可收回金额为150万元，因此计提资产减值准备50万元。

　　甲公司2×23年度计提减值准备后该无形资产原预计使用年限、净残值、摊销方法均不变。因市场变化，甲公司预计该无形资产将不能给企业带来未来经济利益，于2×24年12月31日将该无形资产账面价值150万元全部转入资产减值损失。

　　资料二：2×24年2月1日，甲公司停止自用一栋办公楼，并与乙公司（非关联公司）签订租赁协议，将其租赁给乙公司使用，租赁期开始日为2×24年2月1日。2×24年2月1日，甲公司将该办公楼从固定资产转为投资性房地产核算，并采用公允价值模式进行后续计量。该办

公楼2×24年2月1日的账面价值为800万元，公允价值为1 000万元，2×24年12月31日的公允价值为1 100万元。2×24年12月31日，甲公司将上述办公楼列示为投资性房地产1 100万元，并在2×24年确认300万元公允价值变动收益。

　　资料三：2×24年甲公司存在一项待执行合同，为2×24年11月签订的，以每辆10万元的价格销售100辆A型汽车。购买方已经预付定金150万元，若甲公司违约需双倍返还定金。甲公司尚未生产汽车，也未购入原材料，但由于成本上升，甲公司预计每台汽车成本为11万元。甲公司选择执行合同，确认资产减值损失和存货跌价准备100万元。

　　（答案中的金额单位以万元表示）

　　要求：

　　（1）根据资料一，不考虑增值税等其他因素，判断甲公司会计处理是否正确并说明理由；若不正确，请作为当期差错进行更正处理。

【答案】

资料一的处理不正确。

理由：无形资产在 2×24 年度仍处于使用状态，2×24 要进行摊销，2×24 年 12 月 31 日无形资产因市场变化将不能给企业带来未来经济利益时，应将无形资产账面价值转入营业外支出。

专利权在 2×23 年末减值后账面价值为 150 万元，2×24 年度应计提的摊销额 = 150 ÷ (5 − 3) = 75（万元），甲公司应将 2×24 年度结转前账面价值 75 万元（150 − 75）转入营业外支出。

更正分录为：

借：无形资产减值准备　　　　150
　　贷：资产减值损失　　　　　　150
借：管理费用　　　　　　　　75
　　贷：累计摊销　　　　　　　　75
借：营业外支出　　　　　　　75
　　无形资产减值准备　　　　50
　　累计摊销（500/5 × 3 + 75）375
　　贷：无形资产　　　　　　　500

（2）根据资料二，不考虑增值税等其他因素，判断甲公司会计处理是否正确并说明理由；若不正确，请作为当期差错进行更正处理。

【答案】

资料二的处理不正确。

理由：转换日投资性房地产公允价值 1 000 万元大于非投资性房地产账面价值 800 万元的差额 200 万元应计入其他综合收益，后续公允价值变动 100 万元（1 100 − 1 000）应计入公允价值变动损益。

更正分录为：

借：公允价值变动损益　　　　200
　　贷：其他综合收益　　　　　　200

（3）根据资料三，不考虑增值税等其他因素，判断甲公司会计处理是否正确并说明理由；若不正确，请作为当期差错进行更正处理。

【答案】

资料三的处理不正确。

理由：甲公司应选择违约金与执行合同亏损较低者确认为损失，若不执行合同损失违约金 150 万元，执行合同损失金额 = 11 × 100 − 10 × 100 = 100（万元），故应选择执行合同，基于原材料尚未购入，存货尚未生产，则应确认预计负债和营业外支出 100 万元。

更正分录为：

借：存货跌价准备　　　　　　100
　　贷：资产减值损失　　　　　　100
借：营业外支出　　　　　　　100
　　贷：预计负债　　　　　　　　100

2. 甲公司系增值税一般纳税人，适用的企业所得税税率为 25%，按净利润的 10% 计提法定盈余公积。甲公司 2×24 年度企业所得税汇算清缴于 2×25 年 2 月 20 日完成，2×24 年度财务报告批准报出日为 2×25 年 3 月 15 日。甲公司预计未来可产生足够的应纳税所得额用于抵减可抵扣暂时性差异。2×24 年至 2×25 年甲公司发生的交易和事项如下：

资料一：2×24 年 11 月 1 日，甲公司以银行存款 450 万元购入一批商品并已验收入库，采用实际成本法核算。2×25 年 2 月 1 日，该批商品因发生火灾全部毁损。

资料二：2×24 年 12 月 1 日，甲公司收到法院通知，由于未能按期履行销售合同被乙公司起诉，2×24 年 12 月 31 日，案件尚未判决，甲公司预计败诉的可能性为 75%，预计的赔偿金额区间为 70 万元至 100 万元，且该区间内每个金额发生的可能性大致相同。

资料三：2×25 年 2 月 10 日，法院对乙公司起诉甲公司案件作出判决，甲公司须赔偿乙公司损失 90 万元，甲、乙公司均服从判决，不再上诉。当日，甲公司以银行存款向乙公司支付赔款。

资料四：2×25 年 3 月 1 日，甲公司股东大会审议通过甲公司 2×24 年度股利分配方案，决定以 2×24 年末股本总额为基数，每 10 股派送 0.5 元现金股利，共计分配现金股利 2 500 万元。

本题不考虑除所得税以外的其他税费及其他因素。

（答案中的金额单位以万元表示）

要求：

（1）判断 2×24 年 2 月 1 日甲公司商品毁损是否属于资产负债表日后调整事项。如为调整事项，编写相应的调整分录；如为非调整事项，请说明理由。

【答案】

①2×24 年 2 月 1 日甲公司商品毁损不属于资产负债表日后调整事项。

②理由：该批商品发生火灾被毁损的事项是发生于 2×25 年，在 2×24 年的资产负债表日前并未发生，因此，属于资产负债表日后非调整事项。

（2）计算甲公司 2×24 年 12 月 31 日应确认的预计负债金额，并分别编制甲公司确认预计负债及相关递延所得税的分录。

【答案】

①甲公司 2×24 年 12 月 31 日应确认的预计负债 =（70 + 100）/2 = 85（万元）。

②会计分录：

借：营业外支出　　　　　　　85

　　贷：预计负债　　　　　　　　85

借：递延所得税资产　　　　21.25

　　贷：所得税费用　　　　　　21.25

（3）判断 2×25 年 2 月 10 日法院对于乙公司起诉甲公司的判决是否属于资产负债表日后调整事项，如为调整事项，编写相应的调整分录；如为非调整事项，请说明理由。

【答案】

①2×25 年 2 月 10 日法院对于乙公司起诉甲公司的判决属于资产负债表日后调整事项。

②会计分录：

a. 2×25 年 2 月 10 日，法院判决甲公司须赔偿乙公司损失 90 万元：

借：预计负债　　　　　　　　85

　　以前年度损益调整　　　　　5

　　贷：其他应付款　　　　　　　90

b. 2×25 年 2 月 10 日，甲公司以银行存款向乙公司支付赔款：

借：其他应付款　　　　　　　90

　　贷：银行存款　　　　　　　　90

c. 资产负债表日后调整事项的会计处理：

借：以前年度损益调整　　　21.25

　　贷：递延所得税资产　　　　21.25

借：应交税费——应交所得税 22.5

　　贷：以前年度损益调整　　　22.5

借：利润分配——未分配利润 3.75

　　贷：以前年度损益调整　　　　3.75

借：盈余公积　　　　　　　0.38

　　贷：利润分配——未分配利润 0.38

（4）判断 2×25 年 3 月 1 日甲公司股东大会审议通过 2×24 年度股利分配方案是否属于资产负债表日后调整事项；如为调整事项，编写相应的调整分录；如为非调整事项，请说明理由。

【答案】

①2×25 年 3 月 1 日甲公司股东大会审议通过 2×24 年度股利分配方案不属于资产负债表日后调整事项。

②理由：甲上市公司制订利润分配方案，拟分配或经审议批准宣告发放股利或利润的行为，并不会使公司在资产负债表日（2×24 年 12 月 31 日）形成现时义务，虽然发生该事项可导致公司负有支付股利或利润的义务，但支付义务在资产负债表日尚不存在，不应该调整资产负债表日的财务报告，因此，该事项为非调整事项。

考点总结

考查内容	知识点	具体内容
资产负债表日后事项	涵盖期间	自资产负债表日次日至财务报告批准报出日
	非调整事项	（1）资产负债表日后发生重大诉讼、仲裁、承诺； （2）资产负债表日后资产价格、税收政策、外汇汇率发生重大变化； （3）资产负债表日后因自然灾害导致资产发生重大损失； （4）资产负债表日后发行股票和债券以及其他巨额举债； （5）资产负债表日后资本公积转增资本； （6）资产负债表日后发生巨额亏损； （7）资产负债表日后发生企业合并或处置子公司； （8）资产负债表日后，企业利润分配方案中拟分配的以及经审议批准宣告发放的股利或利润

考查内容	知识点	具体内容	
		税法允许扣除/补交税金	调整事项形成暂时性差异
资产负债表日后事项	资产负债表日后事项中所得税调整分录	**汇算清缴日前** 借：应交税费——应交所得税 【或贷方】 　　贷：以前年度损益调整 【或借方】	借：递延所得税资产【或贷方】 　　贷：以前年度损益调整【或借方】 借：以前年度损益调整【或贷方】 　　贷：递延所得税负债【或借方】
		汇算清缴日后 借：递延所得税资产 　　贷：以前年度损益调整 或 借：以前年度损益调整 　　贷：递延所得税负债	

专项突破

一、试题部分

1. 某企业为上市公司，2×24 年财务报表于 2×25 年 4 月 30 日对外报出。该企业 2×25 年日后期间对 2×24 年财务报表审计时发现如下问题：

资料一：2×24 年末，该企业的一批存货已经完工，成本为 48 万元，市场售价为 47 万元，共 200 件，其中 50 件签订了不可撤销的合同，合同价款为 51 万元/件，产品预计销售费用均为 1 万元/件。企业对该批存货计提了 200 万元的减值，并确认了递延所得税。

资料二：该企业的一项管理用无形资产使用寿命不确定，但是税法规定使用年限为 10 年。企业 2×24 年按照税法年限对其计提了摊销 120 万元。

其他资料：该企业适用的所得税税率为 25%，按照 10% 的比例计提法定盈余公积，不计提任意盈余公积。

要求：判断上述事项处理是否正确，说明理由，并编制会计差错的更正分录。

2. 甲公司适用 25% 的企业所得税税率，预计未来期间所得税税率不会发生变化，未来期间能够产生足够的应纳税所得额用以抵减可抵扣暂时性差异。甲公司 2×24 年度财务报告批准报出日为 2×25 年 4 月 20 日，所得税汇算清缴日为 2×25 年 4 月 25 日。甲公司按照净利润的 10% 计提法定盈余公积。甲公司 2×25 年的 1 月 1 日至 4 月 20 日发生如下经济业务：

资料一：2×25 年 2 月 10 日，甲公司发现其在 2×24 年的一笔销售汽车的业务存在会计差错。2×24 年 12 月 20 日，甲公司向乙公司销售 10 辆汽车，合同单价是 45 万元，甲公司额外与乙公司签订了一项 5 年免费保养的合同。该保养合同构成了单项履约义务，每辆汽车及其保养服务的单独售价分别为 42 万元和 8 万元。汽车卖出后甲公司将 450 万元计入了当期销售收入。按照税法的规定，450 万元销售收入应全额作为 2×24 年度的应税收入。

资料二：2×25 年 2 月 15 日，甲公司发现其在 2×24 年度漏确认一项免费质保服务。按照以往经验判断服务的成本为 6 万元，甲公司未确认销售费用和预计负债。税法规定该免费质保服务不允许税前抵扣所得税，待实际发生时才能予以抵扣。

资料三：2×25 年 3 月 15 日，甲公司收到了丙公司因为质量问题退回的一辆汽车。该汽车为 2×24 年 12 月 20 日甲公司销售给丙公司的，当时确认销售收入 300 万元，结转营业成本 250 万元，款项尚未收到。

假定税法允许调整 2×24 年度的企业所得税。

不考虑其他因素。

要求：

(1) 根据资料一，编制甲公司对会计差错更正相关的会计分录。

(2) 根据资料二，编制甲公司对会计差错更正相关的会计分录。

（3）根据资料三，编制甲公司收到退回汽车时相关的会计分录。

3. 甲公司系增值税一般纳税人，2×24年度财务报告批准报出日为2×25年4月20日。甲公司在2×25年1月1日至2×25年4月20日期间发生的相关交易或事项如下：

资料一：2×25年1月5日，甲公司于2×24年11月3日销售给乙公司并已确认收入和收讫款项的一批产品，由于质量问题，乙公司提出货款折让要求。经双方协商，甲公司以银行存款向乙公司退回100万元的货款及相应的增值税税款13万元，并取得税务机关开具的红字增值税专用发票。

资料二：2×25年2月5日，甲公司以银行存款55 000万元从非关联方处取得丙公司55%的股权，并取得对丙公司的控制权。在此之前甲公司已持有丙公司5%的股权，并将其分类为以公允价值计量且其变动计入当期损益的金融资产。原5%股权投资初始入账金额为4 500万元，在2×25年2月5日的账面价值和公允价值分别为4 900万元和5 000万元。甲公司原购买丙公司5%的股权和后续购买55%的股权不构成"一揽子交易"。

资料三：2×25年3月10日，注册会计师就甲公司2×24年度财务报表审计中发现的商誉减值问题与甲公司进行沟通，注册会计师认为甲公司2×24年度多计提商誉减值20 000万元，并要求甲公司予以调整，甲公司接受了该意见。

甲公司按净利润的10%计提法定盈余公积。

本题不考虑除增值税以外的税费及其他因素。

要求：

（1）判断甲公司2×25年1月5日给予乙公司的货款折让是否属于资产负债表日后调整事项，并编制相关的会计分录。

（2）判断甲公司2×25年2月5日取得丙公司控制权是否属于资产负债表日后调整事项，并编制相关的会计分录。

（3）判断甲公司2×25年3月10日调整商誉减值是否属于资产负债表日后调整事项，并编制相关的会计分录。

二、答案部分

1.【答案】

（1）资料一：

①该企业有关存货减值的会计处理不正确。

②理由：同一项存货中包含有合同和无合同的部分时，应当分别考虑计提存货跌价准备，不得相互抵销。

③差错更正的会计处理：

单位：万元

项目	成本	可变现净值	是否发生减值	存货跌价准备
有合同部分	48	50	否	0
无合同部分	48	46	是	300

所以，该批存货需要计提的存货跌价准备的金额为300万元。

更正分录：

借：以前年度损益调整——资产减值损失　100
　　贷：存货跌价准备　100
借：递延所得税资产　25
　　贷：以前年度损益调整——所得税费用　25
借：盈余公积　7.5
　　利润分配——未分配利润　67.5

　　贷：以前年度损益调整　75

（2）资料二：

①该企业关于无形资产摊销的会计处理不正确。

②理由：《企业会计准则第6号——无形资产》中规定，使用寿命不确定的无形资产无需计提摊销。

③差错更正的会计处理：

借：累计摊销　120
　　贷：以前年度损益调整——管理费用　120

借：以前年度损益调整——所得税费用

            30

  贷：递延所得税负债 30

借：以前年度损益调整 90

  贷：盈余公积   9

   利润分配——未分配利润 81

【解析】本题考查的知识点是资产负债表日后调整事项的具体会计处理方法。

（1）存货的期末计量应当遵循"成本与可变现净值孰低"的原则进行计量，且可变现净值计算时，应当按照有合同和无合同两部分来进行会计处理。然后根据正确的账务处理数据调整分录。该业务属于涉及损益和利润分配调整的事项，所以，账务处理时，还应通过"以前年度损益调整"和"利润分配"科目进行核算。

（2）使用寿命不确定的无形资产，根据相关准则规定，无须计提摊销。所以此处，应将计提摊销导致的会计差错进行更正。然后根据正确的账务处理数据调整分录。该业务属于涉及损益和利润分配调整的事项，所以，账务处理时，还应通过"以前年度损益调整"和"利润分配"科目进行核算。

（3）涉及损益的调整事项，发生在资产负债表日所属年度（即报告年度）所得税汇算清缴前的，应调整报告年度应纳税所得额、应纳所得税税额；由于以前年度损益调整增加的所得税费用，记入"以前年度损益调整"科目的借方，同时贷记"应交税费——应交所得税"等科目；由于以前年度损益调整减少的所得税费用，记入"以前年度损益调整"科目的贷方，同时借记"应交税费——应交所得税"等科目。调整完成后，将"以前年度损益调整"科目的贷方或借方余额，转入"利润分配——未分配利润"科目。

2.【答案】

（1）根据《企业会计准则第14号——收入》的规定，合同中包含两项或多项履约义务的，企业应当在合同开始日，按照各单项履约义务所承诺商品的单独售价的相对比例，将交易价格分摊至各单项履约义务。

①汽车应分摊的交易价格 = 450 × (10 × 42)/(10 × 42 + 10 × 8) = 378 （万元）。

②保养服务应分摊的交易价格 = 450 × (10 × 8)/(10 × 42 + 10 × 8) = 72 （万元）。

③差错更正的会计分录：

借：以前年度损益调整——主营业务收入

            72

  贷：合同负债   72

借：递延所得税资产 18

  贷：以前年度损益调整——所得税费用

            18

借：盈余公积   5.4

  利润分配——未分配利润 48.6

  贷：以前年度损益调整 54

（2）借：以前年度损益调整——销售费用

            6

  贷：预计负债   6

借：递延所得税资产 1.5

  贷：以前年度损益调整——所得税费用

            1.5

借：盈余公积   0.45

  利润分配——未分配利润 4.05

  贷：以前年度损益调整 4.5

（3）借：以前年度损益调整——主营业务

  收入   300

  贷：应收账款   300

借：库存商品   250

  贷：以前年度损益调整——主营业务

  成本   250

借：应交税费——应交所得税 12.5

  贷：以前年度损益调整——所得税费用

            12.5

借：盈余公积   3.75

  利润分配——未分配利润

            33.75

  贷：以前年度损益调整 37.5

【解析】本题考查的知识点是资产负债表日后调整事项的具体会计处理方法。

（1）根据收入准则的规定，合同中包含两项或多项履约义务的，企业应当在合同开始日，按照各单项履约义务所承诺商品的单独售价的相对比例，将交易价格分摊至各单项履约义务。其中，保养服务的价格收入，在收取时，还未提供服务，所以，应将收取的款项确认为合同负债，所以编制的调整分录中，应当调减收入。该业务属于涉及损益和利润分配调整的事项，所以，账务处理时，还应通过"以前年度损益调整"和

"利润分配"科目进行核算。

（2）质保服务是甲公司 2×24 年度漏确认的，且属于资产负债表日后调整事项，所以应当根据正确的账务处理数据调整分录。该业务属于涉及损益和利润分配调整的事项，所以，账务处理时，还应通过"以前年度损益调整"和"利润分配"科目进行核算。

（3）退回业务是甲公司于 2×25 年资产负债表日后期间退回 2×24 年度发生的一笔销售业务，属于资产负债表日后调整事项。所以，甲公司应根据正确的账务处理编制调整分录。该业务属于涉及损益和利润分配调整的事项，所以，账务处理时，还应通过"以前年度损益调整"和"利润分配"科目进行核算。

（4）涉及损益的调整事项，发生在资产负债表日所属年度（即报告年度）所得税汇算清缴前的，应调整报告年度应纳税所得额、应纳所得税税额；由于以前年度损益调整增加的所得税费用，记入"以前年度损益调整"科目的借方，同时贷记"应交税费——应交所得税"等科目；由于以前年度损益调整减少的所得税费用，记入"以前年度损益调整"科目的贷方，同时借记"应交税费——应交所得税"等科目。调整完成后，将"以前年度损益调整"科目的贷方或借方余额，转入"利润分配——未分配利润"科目。

3.【答案】

（1）①甲公司 2×25 年 1 月 5 日给予乙公司的货款折让属于资产负债表日后调整事项。

②会计分录：

借：以前年度损益调整——主营业务收入
　　　　　　　　　　　　　　　　100
　　应交税费——应交增值税（销项税额）
　　　　　　　　　　　　　　　　13
　　　贷：应付账款　　　　　　113
借：盈余公积　　　　　　　　　10
　　利润分配——未分配利润　　90
　　　贷：以前年度损益调整——主营业务
　　　　　收入　　　　　　　　100
借：应付账款　　　　　　　　　113
　　　贷：银行存款　　　　　　113

【提示】由于资产负债表日后事项如涉及现金收支项目，均不调整报告年度资产负债表的货币资金项目和现金流量表各项目数字。因此，最

后一笔分录应作为 2×25 年的会计事项处理。

（2）①甲公司 2×25 年 2 月 5 日取得丙公司控制权，不属于资产负债表日后调整事项。

②会计分录：

借：长期股权投资　　　　　　60 000
　　　贷：交易性金融资产——成本
　　　　　　　　　　　　　　　　4 500
　　　　　——公允价值变动
　　　　　　　　　　　　　　　　400
　　　　投资收益　　　　　　100
　　　　银行存款　　　　　　55 000

（3）①甲公司 2×25 年 3 月 10 日调整商誉减值，属于资产负债表日后调整事项。

②会计分录：

借：商誉减值准备　　　　　　20 000
　　　贷：以前年度损益调整——资产减值
　　　　　损失　　　　　　　20 000
借：以前年度损益调整——资产减值损失
　　　　　　　　　　　　　　　　20 000
　　　贷：盈余公积　　　　　　2 000
　　　　利润分配——未分配利润
　　　　　　　　　　　　　　　　18 000

【解析】本题考查的知识点是资产负债表日后事项的内容、资产负债表日后调整事项的具体会计处理方法。

（1）判定一项资产负债表日后事项是否属于调整事项，取决于该事项表明的情况在资产负债表日是否已经存在。若该情况在资产负债表日已经存在，则属于调整事项；反之，则属于非调整事项。

（2）给予乙公司的货款折让，属于资产负债表日后调整事项，且该业务调整时，会影响损益，也属于涉及损益和利润分配调整的事项，所以，账务处理时，还应通过"以前年度损益调整"和"利润分配"科目进行核算。

涉及损益的调整事项，发生在资产负债表日所属年度（即报告年度）所得税汇算清缴前的，应调整报告年度应纳税所得额、应纳所得税税额；由于以前年度损益调整增加的所得税费用，记入"以前年度损益调整"科目的借方，同时贷记"应交税费——应交所得税"等科目；由于以前年度损益调整减少的所得税费用，记入"以前年度损益调整"科目的贷方，同时借记

"应交税费——应交所得税"等科目。调整完成后，将"以前年度损益调整"科目的贷方或借方余额，转入"利润分配——未分配利润"科目。

（3）取得丙公司控制权，不属于资产负债表日后调整事项，是甲公司当期正常会计业务，所以按照相关准则正常进行会计处理即可。

（4）调整商誉减值，属于资产负债表日后调整事项，且该业务调整时，会影响损益，也属于涉及损益和利润分配调整的事项，所以，账务处理时，还应通过"以前年度损益调整"和"利润分配"科目进行核算。需注意的是，商誉减值本身不确认递延所得税事项。